suhrkamp taschenbuch
wissenschaft 139

Manfred Frank, geb. 1945, und Gerhard Kurz geb. 1943, sind als Wissenschaftliche Assistenten an der Universität Düsseldorf tätig. Publikationen: M. Frank, *Das Problem ›Zeit‹ in der deutschen Romantik* [...], München 1972; *Der unendliche Mangel an Sein. Schellings Hegelkritik und die Anfänge der Marxschen Dialektik*, Frankfurt/Main 1975. G. Kurz, *Mittelbarkeit und Vereinigung. Zum Verhältnis von Poesie, Reflexion und Revolution bei Hölderlin*, Stuttgart 1975; sowie diverse Aufsätze beider.

Schellings philosophische Anfänge sind noch weitgehend unaufgeklärt. Der vorliegende Materialienband macht daher in erster Linie auf ein Desiderat der Forschung aufmerksam: Welche Bedeutung hat Schellings Philosophie für die Entwicklung des Deutschen Idealismus? Welche politischen Implikationen hat seine Philosophie? – Der Band bietet unter zugleich chronologischen und systematischen Gesichtspunkten Quellen und Abhandlungen zu wesentlichen Aspekten der Frühphilosophie Schellings.

Materialien zu Schellings philosophischen Anfängen

Herausgegeben von
Manfred Frank und Gerhard Kurz

Suhrkamp

Quellennachweise am Schluß des Bandes

suhrkamp taschenbuch wissenschaft 139
Erste Auflage 1975
© Suhrkamp Verlag Frankfurt am Main 1975
Suhrkamp Taschenbuch Verlag
Alle Rechte vorbehalten, insbesondere das
des öffentlichen Vortrags, der Übertragung durch Rundfunk
oder Fernsehen und der Übersetzung,
auch einzelner Teile.
Satz: IBV Lichtsatz KG, Berlin
Druck: Nomos, Baden-Baden. Printed in Germany.
Umschlag nach Entwürfen von
Willy Fleckhaus und Rolf Staudt.

Inhalt

Einleitung 7

Berichte, Quellen, Briefe 52
   Horst Fuhrmans: Schelling im Tübinger Stift Herbst 1790 – Herbst
   1795 53
   Immanuel Kant: Aus der ›Kritik der Urteilskraft‹ 88
   Friedrich Hölderlin: Urtheil und Seyn 108
   Das sogenannte ›Älteste Systemprogramm‹ 110
   Briefe von, an und über Schelling. Epikurisch Glaubensbekenntnis 113

Zum sogenannten ›Ältesten Systemprogramm‹ 192
   Xavier Tilliette: Schelling als Verfasser des Systemprogramms? ... 193

*Zur Auseinandersetzung mit Kant und Fichte und zu den Anfängen
der Naturphilosophie (1794-1797/1800)* 214
   Harald Holz: Die Struktur der Dialektik in den Frühschriften von
   Fichte und Schelling 215
   Wolfgang Wieland: Die Anfänge der Philosophie Schellings und die
   Frage nach der Natur 237
   Maurice Merleau-Ponty: Der Naturbegriff 280
   Ernst Bloch: Natur als organisierendes Prinzip – Materialismus
   beim frühen Schelling 292

Zur Rechts- und Staatsphilosophie (1796-1800) 306
   Alexander Hollerbach: Schellings Rechts- und Staatsbegriff in den
   Jahren 1796-1800 307

Zur Bedeutung der Kunst für die Philosophie (1800) 328
   Dieter Jähnig: Die Schlüsselstellung der Kunst bei Schelling ... 329
   Odo Marquard: Über einige Beziehungen zwischen Ästhetik und
   Therapeutik in der Philosophie des neunzehnten Jahrhunderts ... 341

Zum Identitätssystem (1801-1804) 379
   G. W. F. Hegel: Vergleichung des Schellingschen Prinzips der Philosophie mit dem Fichteschen 381
   Ludwig Feuerbach: Kritik der Schellingschen Philosophie 399
   Jean-François Marquet: Das Zeitproblem der Identitätsphilosophie 407
   Helmuth Plessner: Das Identitätssystem 414

Eine frühsozialistische Verteidigung Schellings (1842) 431
   Einleitung 433
   Pierre Leroux: Über Schellings philosophische Vorlesung. Apperçu
   zur Lage der Philosophie in Deutschland 444

Anhang 467
   Quellennachweise 469
   Zeittafel 471

»Il y a un homme dont toute l'Allemagne, depuis un demi-siècle, reconnaît dépendre, un homme qui est pour ainsi dire à cette Allemagne intellectuelle ce qu'Homère était à la Grèce. Pas un écrivain de quelque renom dans cette Allemagne qui, directement ou indirectement, n'ait bu à sa coupe. Ou la philosophie allemande aujourd'hui n'existe pas, ou elle relève de lui. Car rien n'est plus clair que la tradition qui rapporte au mouvement qu'il produisit il y a quarante ans tout ce qui a poussé ensuite sur le sol de la pensée. En un mot, on peut dire de l'Allemagne, par rapport à *Schelling*, ce que la Genèse dit du monde primitif: *Erat autem terra labii unius et sermonum eorumdem.*«

Pierre Leroux (*Revue Indépendante*, Tome III, 1842, 581)

Manfred Frank, Gerhard Kurz
Einleitung

I

Jede Auswahl ist willkürlich. Eine repräsentative Dokumentation zur Philosophie des jungen Schelling in einem handlichen Taschenbuchformat zusammenstellen zu wollen, müßte in Anbetracht der Diversität der Forschungspositionen ohnehin als ein hoffnungsloses Unterfangen erscheinen. Diese Materialiensammlung versteht sich daher bescheidener als Verständnishilfe und Anstoß. Sie bietet Quellen und Abhandlungen zu wesentlichen Aspekten der Frühphilosophie Schellings. Wir haben uns dabei bemüht, den chronologischen mit dem systematischen Gesichtspunkt zu verbinden.

II

Schellings Anfänge sind noch weitgehend unaufgeklärt. Auf sie deuten, heißt darum, auf ein Desiderat der Forschung aufmerksam machen. Die Untersuchungen über Schellings Frühzeit sind trotz der verdienstvollen Arbeiten von Fuhrmans hinter den Untersuchungen über die Anfänge des deutschen Idealismus im allgemeinen im Rückstand. Die instruktivste und am reichsten aus den Quellen belegte Darstellung von Schellings Tübinger Stiftszeit stammt von ihm (s. u. 53 ff.). Seit den Forschungen Dieter Henrichs und den durch ihn angeregten Arbeiten gibt es immerhin, was Hölderlin und Hegel betrifft, plausible Hypothesen über die Ausbildung der beiden wesentlichen, von Beginn an divergierenden Denkstile des Idealismus nach Fichte. Danach war Hölderlin wohl der erste, der die kantische »Gränzlinie« überschritten hat, um den Grund des Bewußtseins und seiner Objekte zu fassen. Dieser Überschritt führte zu einer folgenreichen Privilegierung von Ästhetik und Naturphilosophie. Noch wenig erforscht ist dabei aber die Rolle Schellings und die originäre Funktion seines Beitrags zur Tübinger Symphilosophie.

Natürlich ergibt sich diese Situation nicht von ungefähr. Schellings Magisterspecimina (*Über die Möglichkeit einer Philosophie ohne Beinamen nebst einigen Bemerkungen über die Reinholdische Elementarphilosophie; Über die Übereinstimmung der Critik der theoretischen und praktischen Vernunft, besonders in Bezug auf den Gebrauch der Categorien, und die Realisierung in der letzteren*) scheinen verschollen zu sein. Seine revolutionär ambitionierten Kommentare zu Paulusbriefen sind noch nicht vollständig entziffert, ebensowenig der Kommentar zu Platos *Timaios*, von dem zu vermuten ist, daß er Einblicke in die Werkstatt der Arbeit an der Naturphilosophie erlaubt. Die Briefe, die zwischen Hegel und ihm gewechselt wurden, sind noch das Aufschlußreichste zu Schellings philosophischen Anfängen und zu seiner Rolle im Gespräch der drei Stiftler. Wichtig sind auch die wenigen Briefe Hölderlins an Schelling selbst oder an andere, in denen Schelling erwähnt wird. Denn Hölderlins Schritt über Kant hinaus regte Hegel zur Konzeption einer Vereinigungsphilosophie im Zeichen der »Liebe« an, die im Medium der Vermittlung selbst sich zugleich diesseits und jenseits der Reflexionstrennungen bewegt. Dennoch hat Schelling früher als Hegel sich von Kant gelöst. Ja, er hat Hegel davon überzeugt, daß Kant noch vollendet werden müsse. Die große Affinität zu Gedanken Hölderlins hilft den Dialog, der zwischen beiden stattgefunden haben mag, zu rekonstruieren.

Noch ein später Brief Hölderlins (Homburg im Juli 1799) erinnert den 5 Jahre jüngeren Freund, der als Jenaer Professor schon zu Ruhm gelangt war, bescheiden an das »Zutrauen, das Du ehemals an meine philosophischen und poetischen Kräfte zu setzen schienst«[1]. Von ihm zeugt der Zuspruch, den Hölderlin dem verzagten Freund kurz nach Ostern 1795 auf dem Heimweg nach Nürtingen spendete. Schelling klagte damals, »wie weit er noch in der Philosophie zurück sei«[2], und konnte von dem aus Jena heimgekehrten Hölderlin authentisch getröstet werden: »Sei du nur ruhig, du bist grad' so weit als Fichte, ich habe ihn ja gehört.«[3] Ganz verständlich wird dieser Satz freilich erst, wenn man bedenkt, daß Hölderlin in dieser Zeit sich im Besitz eines Arguments wußte, mit dem er die Positionen Kants und Fichtes kritisch behandeln konnte. Er war »einen Schritt weiter über die Kantische Gränzlinie« gegangen, als es Schiller gelungen sei (Brief an Neuffer vom 10. 10. 1794). Die Skizze über *Urtheil und Seyn* ist ebenfalls um die Jahreswende entstanden, wahrscheinlich im Frühjahr 1795. Obgleich ohne eine manifeste ästhetische Intention, rechtfertigt erst sie eine solche Behauptung. Darin lehrt Hölderlin, daß die

Entgegensetzungen der Reflexion aus ein und demselben Einheitsgrund hervorgehen. Immanent ist damit eine Kritik am Prinzip der *Wissenschaftslehre* Fichtes formuliert. Ihr war vorzuwerfen, daß sie den Gedanken der Ichheit als unmittelbar-aktiver Selbstbeziehung einer ursprünglichen, d. h. nicht weiter ableitbaren Einheit inkosequent ausführt. Sie erreicht nämlich die Evidenz der Unbedingtheit absoluten Selbstbewußtseins nur auf dem Umweg über eine Bedingung: die Beziehung auf sich. Das Ich muß freilich eine Minderung seines Bestands erleiden, wenn es sich im Akt der Selbstbejahung an das Entgegengesetzte verliert und von einem Absoluten zu einem relativ Seienden verwandelt. Die unendliche Tätigkeit selbst, in der sich das gründende Subjekt nicht setzt, nicht als unmittelbares Objekt seiner verhält und darum auch kein Bewußtsein hat, ließ sich darum als deren absolute Voraussetzung von der Selbstreflexion, die nur als ihr Abbild begreifbar ist, noch abheben: als die Einheit, in der keine Setzung statthat, als Sein, Vereinigung, als Athesis, wie Hölderlins Freund Sinclair zur gleichen Zeit formuliert.

Hölderlins Fragment *Urtheil und Seyn* führt diesen Gedanken zuerst aus. Gleichzeitig weist es einen möglichen Einwand von Fichte ab. Das transreflexive Sein wird zwar nicht gewußt; doch sei der höchste Satz im Kontext des Wissens – die »intellectuale Anschauung« – eine Forderung und schließe die Gewißheit jener gründenden und in der Reflexion nicht thematisierbaren Einheit ein. Die in der aktuellen Beziehung des Ich auf sich selbst manifeste »Urheilung« sei nämlich außerstande, das Faktum verständlich zu machen, daß man in der Entgegensetzung sich als sich selbst hat. Hölderlin hat später – zumal in der *Verfahrungsweise des poetischen Geistes* – detailliert ausgeführt, in welche Aporien die von ihrer Struktur her zweistellige Reflexion gerät, wenn sie das dritte Moment in der Gleichung des Selbstbewußtseins – das »Sich« – mitthematisieren soll: immer entgleitet ihr entweder die Identität, wenn sie die Entgegensetzung, oder die Entgegensetzung, wenn sie die Identität erfassen will.[4]

Aber schon in *Urtheil und Seyn* erklärt Hölderlin, daß die Einheit im Akt des Selbstbewußtseins, in welchem ich Getrenntes »als dasselbe erkenne«, nur »ungeachtet dieser Trennung« zustande komme und daß sie keinesfalls aus der Selbstbeziehung als solcher herzuleiten sei.

In der Zeit der Niederschrift von *Urtheil und Seyn* befanden sich

Hölderlin und Schelling in latenter Opposition. Offenbar hatte es vorher eine Übereinstimmung gegeben, die sich jetzt in einen désaccord auflöste. In der Zeit, in der sich Hölderlin von Fichte kritisch abkehrte, näherte sich Schelling Fichte an. Hölderlin berichtet Niethammer über ein Gespräch mit Schelling (24. 2. 1796): »Wir sprachen nicht immer accordirend miteinander, [...] Er ist mit seinen neuen Überzeugungen, wie Du wissen wirst, einen besseren Weg gegangen, ehe er auf dem schlechteren ans Ziel gekommen war.« Ebenfalls an Niethammer hatte Hölderlin schon ein wenig vorher geschrieben: »Schelling ist, wie Du wissen wirst, ein wenig abtrünnig geworden von seinen ersten Überzeugungen« (22. 12. 1795).

Diesen désaccord kann man zu rekonstruieren versuchen. Seit der Schrift *Über die Möglichkeit einer Form der Philosophie überhaupt* aus dem Jahre 1794 hat Schelling ein Unbedingtes von der es thematisierenden Reflexion, d. h. von der gesamten Subjekt-Objekt-Relation, unterschieden (vgl. 1, 100; 305 und passim).[5] Wiederholt hat er diese irreflexive Einheit wie Hölderlin als *Sein* bezeichnet: »Ich bin. Mein Ich enthält ein Seyn, das allem Denken und Vorstellen vorhergeht« (1, 167). Ein später getilgter Zusatz der ersten Auflage ging so weit, die »unbedingte Selbstmacht« des Ich nicht in die Praxis, sondern in dieses Sein zu setzen. Ebenso deutlich ist die Ablehnung einer Identifikation des »unendlichen Ichs« mit dem Moralgesetz, welches nur »in Bezug auf ein höheres Gesetz des Seyns« Sinn und Bedeutung erhalte (1, 201, vgl. auch 1, 324). Mit diesen Gedanken steht Schelling in Differenz zu Fichte. Gegen Fichte schreibt Schelling, daß das Selbstbewußtsein, weit entfernt, das Absolute aus sich zu begründen, in die Gefahr gerate, »das Ich zu verlieren« (1, 180). Das »unendliche Ich« Schellings hat von Anfang an den Charakter transreflexiver Identität, d. h. den Charakter einer Einheit im Gegensatz zur Selbstbeziehung (vgl. 1, 324 f.). Gerade hier konnte jedoch Hölderlins Kritik ansetzen. Wenn das »Ich« ein Identisches vor aller Selbstbeziehung bedeutet, dann darf man es nicht mehr wie Fichte »Ich« nennen. Denn von »Ich« zu reden ist nur sinnvoll in einer Subjekt-Objekt-Relation. Hölderlins Fichte-Kritik bestand gerade im Argument, wie der Brief an Hegel vom 26. Januar 1795 zeigt, daß die Rede vom absoluten Ich widersinnig ist. Für das absolute Ich gibt es kein Objekt, also auch kein Bewußtsein, also ist das »absolute Ich (für mich) Nichts« (s. u. 124). Auch differiert Hölderlins Begriff von Identität von dem

Schellings. Das transreflexive »Seyn« begreift Hölderlin nicht als Identität, wie Schelling, sondern als »absolutes Seyn«, in dem keine Trennung vorgenommen werden kann. Identität setzt dagegen Trennung voraus.

In dieser von Fichte erzwungenen widersprüchlichen und inkonsequenten Terminologie Schellings scheint der Streitpunkt zwischen Hölderlin und Schelling gelegen zu haben.

Gleichwohl schlagen schon diese ersten philosophischen Schriften Schellings das Thema seiner Spätphilosophie an. Etwa 15 Jahre später wird er lehren, daß der Mensch die Bedingung seines Existierens nie in seine Gewalt bekommt (VII, 399). Mit Recht wehrte er sich noch 1841/42 gegen die Kritik, die Aufstellung der »positiven Philosophie« sei eine »Sinnesänderung«: »Aber mir war es seit dem Studium der Kantischen Philosophie[6] klar, dass diese nicht die ganze Philosophie seyn könne. Schon in den *Briefen über Dogmatismus und Kriticismus* behaupte ich, dass, dem Kriticismus gegenüber, ein mächtigerer, herrlicherer Dogmatismus[7] sich erhebe; und das war nichts Anderes als die positive Philosophie. So lange Zeit schreibt sich bei mir die *Ahnung einer positiven Philosophie* her.«[8]

Wir haben keinen Grund, diese Äußerung anzuzweifeln. Aus der Zeit des Bruchs mit Fichte und dicht danach sind vergleichbare Formulierungen überliefert. Bekanntlich hoffte Schelling, mit Fichte zu einer Verständigung zu kommen. Die enge Verbundenheit in Jena zeugt von viel gutem Willen auf beiden Seiten, ohne daß von einer echten Gemeinsamkeit geredet werden könnte. Sie war auch kaum zu erreichen, bedenkt man die geheime Konkurrenz mit Fichte, die Schelling von Anfang an motivierte, und die auch umgekehrt Fichte den Zugang zu Schellings Werk verstellte. Die Erfahrung der prinzipiellen Unvereinbarkeit der Positionen Schellings und Fichte, worin Schelling von Hegel bestärkt wurde, hat in den ersten Jahren des neuen Jahrhunderts solche Rücksichten aus dem Wege geräumt. Dieser Bruch ist durch den Briefwechsel genau datierbar. Noch die *Darstellung* von 1801 – die in der Sache sich ganz von Fichte entfernt hat – hält es in der *Vorrede* für »unmöglich, daß wir (er und ich) in der Folge nicht übereinstimmen« und daß »seine Suche noch weit von ihrem Ende sey« (IV, 110). Im Jahr 1806 schreibt Schelling rückblickend: »Es war eine Zeit, in welcher ich Herrn Fichte nicht ganz zu verstehen glaubte, obgleich er es in allewege rühmte; es war die Zeit, in der ich etwas Höheres und Tieferes in seiner Lehre suchte, als ich dort in der That finden konnte. Wirklich gehörte nicht weniger dazu, als die ganze Reihe seiner letzten Schriften [...], um die Überzeugung in mir hervorzubringen, daß ich ihn vollkommen verstanden, und daß diese Genügsamkeit nicht mehr verberge, als sie darstelle. Nun ich die Leerheit mir deutlich gemacht habe, fing das Nichtverstehen auf Herrn Fichtes Seite an und dauert bis zur Stunde fort« (VII, 23). Und weiter: »Der Idealismus, betrachtet er nur wirklich das absolute Erkennen, nämlich die Selbstbejahung, dringt sicher bis zur Indifferenz derselben mit dem Seyn durch, und löst sich auf in sein Entgegengesetztes. Als einen Idealismus solcher Art hatten wir die Fichtesche Lehre gedeutet, indem wir das absolute Ich als die absolute Selbstbejahung und demnach als ewige Form in dem ewigen Wesen betrachteten. Die ausführlichen psychologischen Erklärungen dieses Idealismus durch den Urheber selbst, sein vielfältig bewiesenes Unvermögen, in dem Seyn die Selbstbejahung zu sehen, und die hieraus folgende Einschränkung des wahren Lebens und Seyns auf das Ich des Bewußtseyns oder das Subjekt, haben uns überzeugt, daß wir ihm diesen Standpunkt nur geliehen hatten, und daß er die Idee desselben, wenn sie ihm je vorgeschwebt, wenigstens völlig wieder verloren und also nie deutlich ergriffen hatte« (VII, 53 f.).

Mit Rücksicht auf diese Selbstdarstellung erschien es uns angebracht, den bisherigen – auf Hegels *Geschichte der Philosophie* zurückdatierbaren – Trend der Forschung, Schellings Frühschriften an der *Wissenschaftslehre* kritisch zu messen, nicht zu reproduzieren, sondern eine Arbeit von Harald Holz abzudrucken, die Schellings originären Ansatz zu seinem Recht kommen läßt (s. u. 215 ff.).

Aus einer Fichteschen Perspektive muß Schellings Dezentrierung des »Ichs des Bewußtseyns« (X, 95) als Rückfall in den Dogmatismus erscheinen – und in gewisser Weise hat Hegel später diesem Vorwurf sich angeschlossen.

Natürlich war Schelling das bewußt, nicht zuletzt aus den Briefen, die Fichte ihm in dieser Sache geschrieben hat (s. u. 154 ff.) und an denen Schelling mit Recht bedauern mußte, daß sie sich im Ringen um die gültige Formulierung des eigenen Prinzips erschöpften und die Einsicht ihres Dialogpartners nicht wirklich in den Blick brachten, während Schelling dies – Fichte gegenüber – gleichfalls nicht zu Unrecht für sich in Anspruch nahm. Seine Verteidigungen gegen Fichtes Kritik sprechen – und das darf als ein letzter Beleg für unsere These gelten – weitgehend die Sprache des Freundes Hölderlin. Sie sind so sehr konform mit dessen Überlegungen, daß man allein über die große und ständig vergrößerte Nähe von Gedanken aus Schellings späterer Zeit zu den von Sinclair skizzierten Räsonnements, die Schelling ja nicht gekannt haben wird, auf die Gemeinsamkeit ihrer Quelle zu schließen berechtigt wäre. Sein Schritt über die Grenze des Bewußtseins hinaus glaubt sich nämlich durch folgende Evidenz legitimiert: Unser Wissen findet die Realität und sich selbst als »Totalität« strukturiert vor. Jedem Seienden läßt sich nachweisen, daß es Einheit in der Vielheit ist – Relation, die für Einheit; Einheit, die für Beziehung transparent ist (II, 362/3). Das bedeutet natürlich nicht, daß die Identität beider rein und als solche ein Charakter des Seienden wäre. Im Gegenteil verhält sie zu ihm sich so, daß die ganzheitliche Organisation des Seienden die Identität nur »fordert«[8a] »und ohne diese auf keine Weise gedacht werden kann«. Die Voraussetzung dieser jeder Relation vorgängigen – die innere Reflexivität ihrer Beziehung garantierenden – Einheit wird uns, mit anderen Worten, »durch die Reflexion auf das *Wissen selbst* abgenöthigt« (VI, 137). Identität hat mithin den Charakter einer notwendigen Ermöglichungsbedingung für die synthetische Organisation des Wissens. Dessen relative Vereinigung ihrer und ihres Widerscheins könnte schon deswegen nicht auf die Rechnung der (sezernierenden) Reflexion selbst gehen, weil keines der Relate und auch nicht der Begriff der ›ganzen Relation‹ (Hegels »unendliche Selbstbeziehung«) über den Grund des »Sich« in dieser Beziehung Rechenschaft ablegen könnte. Sie hat zur Voraussetzung eine fugenlose, nicht-synthetische und weder aus Selbstnegation (VI, 163/4) noch aus »*Zusammensetzung*« (l. c., 22/3) generierbare, mithin »ganz unvermittelbare ... Identität« (l. c., 25); und nur auf deren Basis kann sie das sein, was sie ist. Die ganz immanent gewonnene Einsicht in die Abhängigkeit des Wissens von der in ihm sich manifestierenden Einheit führt Schelling zu der allerdings kühnen These der »gänzlichen und absoluten Unabhängigkeit der Identität oder Gleichheit an sich selbst von dem Subjektiven und Objektiven« (VI, 147) als den von ihr befaßten Momenten.

Mit ihr ist das Terrain der sogenannten Identitätsphilosophie beschritten. Ihr Prinzip ist die *im* Wissen selbst (aber nicht *durch* das Wissen) erfolgende ›Indifferentiierung‹ des Ansich mit dem Für-sich, denen ein abstraktes Fürsichbestehen nur in der aus dem Absoluten ausscherenden Relation aufeinander zukommen kann. »Suche«, schreibt Schelling, »das An-sich nicht außer dir oder dich außer ihm, so wird es auch unmittelbar aufhören bloß *für dich* zu seyn« (IV, 356/7).

Fichtes Fassung des Prinzips der *Wissenschaftslehre* glaubt sich diese Formulierung darin überlegen, daß sie schon im Ansatz die Notwendigkeit bestreiten kann, die Realität eines der Relate im andern gründen zu lassen (die des Nichtich im Ich), in welchem Falle dieses als Bedingungsgrund von jenem nur relativ das Seiende-selbst wäre und damit gerade nicht als Unbedingtes betrachtet würde. In Fichtes Konstruktion verkümmert – wie Schelling meint – die Absolutheit der Relation, indem sie ängstlich am ›Ich des Bewußtseins‹ haftet, zu einem uneinholbaren Postulat – eine Konstruktion, die sich methodisch (ihrer Transzendenz halber) vor dem Prinzip der Identitätsphilosophie nicht im geringsten auszeichnete. Auch der Einwand, den Fichtes Briefe obstinat wiederholen, daß die Position der transreflexiven Identität einen vorkritischen Dogmatismus wiederbelebe, vermag Schelling nicht wirklich zu treffen: denn dieser Einwand richtet sich letztlich wider Willen gegen Fichtes eigenen Ansatz, der doch auch die Existenz einer auf Relation (d. h. aber zugleich auf Bewußtsein) unbezüglichen Identität (des »Ichs-als-Idee«) postulieren muß und ohne dies die gesamte Konstruktion einer synthetisch-analytischen Wechselwirkung von Ich und Nicht-Ich nicht aufrechterhalten könnte (vgl. IV, 353 ff.; VI, 122 ff., 126 ff., 143 ff.).

Hegels *Differenzschrift* (1801) (s. u. 381 ff.) hat diese Kritik am Relativismus des Fichteschen Denkens eindrucksvoll klar und nachhaltig unterstützt. »Wäre«, schreibt er, »Subjekt und Objekt absolut entgegengesetzt, nur eins das Subjekt-Objekt, dann könnten die beiden Wissenschaften [die des Objektiven und die des Subjektiven] nicht nebeneinander in gleicher Würde bestehen; nur der eine Standpunkt würde der vernünftige sein« (s. u. 387). Um diese Konsequenz zu vermeiden, muß man – mit Schelling – auch *dem Objekt* (der Natur) *als solchem* seine Subjekt-Objektivität nachweisen, d. h. ihm eine von der Relation aufs *subjektive* Subjekt-Objekt (Fichtes Ich) unabhängige Realität-im-Absoluten zuschreiben. Dies ist der methodische Ort für den Einsatz der Naturphilosophie, wie zu zeigen sein wird. Schelling pflegte diesen Sachverhalt – nicht unabhängig von der durch Hegel eröffneten

Einsicht – so auszudrücken: Innerhalb der Relation des Affirmierenden (Subjekt) und des Affirmierten (Objekt) finde abermals eine »Doublirung« statt (VII, 425), derart, daß »jedes, das Bejahende und das Bejahte, [...] das ganze Absolute« sei (VI, 164f.).

Diese Ineinanderbildung des Affirmierenden und Affirmierten hat Schelling dann innerhalb der Sphäre des *Wirklichen* als Zeit gedacht, durch die das Affirmierende allaugenblicklich seine Einheit an die Differenz (das Affirmierte) verliert – eine Bewegung, die als das ständige Überschreiten der Vergangenheit durch die Zukunft und als ständiges Verfallen der Zukunft an die Vergangenheit reflektiert wird. Jean-François Marquet (s. u. 407ff.) hat zeigen können, daß Schelling in dieser als ›*Unangemessenheit der Idee an ihre Wirklichkeit*‹ ausgetragenen Bewegung schon zur Zeit der Identitätsphilosophie das Definiens der Endlichkeit erblickt. Die Anerkennung von deren Temporalität brach sich freilich erst in den großen Entwürfen der *Weltalter* Bahn und ließ dort den ersten Entwurf einer Zeitontologie sich abzeichnen, dessen Erben Heidegger und Sartre gewesen sind. –

Ist also für Schelling das Affirmierende und Affimierte »das ganze Absolute«, dann ist das Objekt nicht bloß – wie bei Fichte – relativ auf das es Bejahende affirmiert; es affirmiert sich in ihm selbst, insofern es die ganze ungeteilte Identität des Subjekts und des Objekts in sich darstellt; und umgekehrt ist das Subjekt nicht mehr nur das abstrakte Setzende oder Bejahende, sondern ist zumal selbst bejaht (Selbst-Objekt). Die Differenz beider – Plessners Vortrag macht dies recht anschaulich (s. u. 414ff.) – läßt sich dann nurmehr als ein jeweiliges »*Überwiegen*« der unterm »Exponenten« der Objektivität gesetzten Identität von Bejahendem und Bejahtem durch die unterm »Exponenten« der Subjektivität gesetzten selben Identität begreifen und umgekehrt[9] – eine nur in die Erscheinungsphäre fallende, »quantitative Differenz«, zwischen der ein methodisch streng konstruierter Prozeß vermittelt, der das zuerst fast ganz der Äußerlichkeit anheimgefallene und materialisierte Innere in einer Kette immer höher »potenzierter« Rückverinnerungen bis zu einer fast vollkommenen Verinnerlichung des Äußeren im menschlichen Subjekt steigert.

Plessner hält Schellings Identitätssystem für ein Dokument »des vollkommenen Ausgleichs«. Zwar deutet er an, daß die Differenzierung und Prozessualisierung der opaken (weil alle Verhältnisse in der Potenz der Ewigkeit anschauenden) Identitätsformel zu einer Freilegung der »Natur (als) des Grundes des Seins der Identität«, damit zu einer ersten Aufsprengung derselben geführt habe. Dennoch charakterisiert er Schellings Verfahren als symbolisch im Sinne des § 59 der *Kritik der Urteilskraft* (s. u. 88 ff.), als ein Anschauen der ewigen Einheit der Relate in jedem besonderen Ding, das als solches darum nicht Thema des Identitätsdenkens werde. Zur ›panentheistischen‹ Deutung seiner ersten *Darstellung* hat Schelling zweifellos selbst angeregt. Dennoch ist ihm schon während der Entfaltung des Grundgedankens seiner Identitätsphilosophie selbst aufgefallen, daß das Absolute – als Identität seines Seins und Sichwissens gedacht – dennoch nicht Gegenstand eines aktuellen Selbstbewußtseins sein könne. Das *Würzburger System* von 1804 spricht dies bereits recht klar aus, wenn es die »Vernunft« als bloß ideale »Wiederholung« der absoluten – nämlich fugenlos irreflexiven – »Selbstaffirmation Gottes« hinter das Absolute selbst zurückfallen läßt (VI, 146 und 151). Die Explikation dieser Denkfigur, mit der sich die Identitätsphilosophie deutlich Hölderlins ursprünglicher Einsicht treu erweist, erklärt den Gang der sogenannten Spätphilosophie Schellings und damit die Kontinuität dieses Denkens.

Plessners These wäre also zu modifizieren: der absolute Ausgleich findet im Bereich des Symbolisierten statt, dem das Absolute selbst aber gerade in dem Maße transzendent bleibt, wie es nur indirekt sich enthüllt. Innerhalb dieser Sphäre freilich trifft zu, was Plessner zum Verfahren der Schellingschen Welt- und Naturbetrachtung sagt, daß diese die Natur zwar »unter Einsatz experimenteller und messender, quantifizierender Methoden, doch nie zum Zweck ihrer Manipulierbarkeit und Beherrschung, vielmehr allein zum Zweck ihres anschauenden Verständnisses« betrachte. Ohne Zweifel ist solche Naturbetrachtung im Sinne der klassischen ›Theoria‹ von der Entwicklung der Produktivkräfte überholt worden: aber dieser Fortschritt hat die neuzeitliche Entfremdung des Menschen von der Natur bis zur Lebensbedrohung gesteigert, indem er Naturbetrachtung nur unter dem Gesichtspunkt der »Naturbeherrschung«, des »Verfügbarmachens der Phänomene« und letzten Endes ihres Ausbeutbarkeitswertes für die Produktion[10] noch zuließ, dabei freilich einer furchtbaren Verdrängung sich schuldig machte, die daran bestand, die Natürlichkeit des Menschen zu übersehen und darum unbewußt ihn selbst zu einem Ausbeutungsobjekt des technischen Fortschritts zu machen. Die

Unmenschlichkeit unserer Lebensumwelt ist insofern nur der reale Reflex unseres Verrats am »Kompratiotismus mit der Natur«.

III

Man begreift unter diesen Umständen leicht Schellings Empörung über Fichtes »Kampf« gegen die Natur,[11] die dieser zu einer »Schranke ohne alles Reale« (VII, 10), zu einem Objekt der sie ausrottenden und zivilisierenden Moral degradiere und dem »finsteren Götzenbild der Subjektivität« zum Opfer bringe (VII, 27). Nicht im »Kampf«, durch »Tyrannei« gegen die Natur – so hieß es bereits in Hölderlins Vorfassungen zum *Hyperion* (1794/5) – bewähre sich der Geist, sondern im Eingedenken des »freundlichen, verwandten Geistes«, der uns aus der Natur entgegenwinke.[12] Auch Schellings frühe Schriften zeigen – noch unter der Hülle der Fichteschen Terminologie – seine Abneigung gegen eine Konstruktion, die den Autonomieanspruch der Vernunft an ihrer vernichtenden Macht über die Natur – als Fülle des bloß Objektiven – sich erweisen lassen möchte.

Im Brief an Hegel vom 21. Juli 1795 (s. u. 130ff. spricht er von »jenem *moralischen* Despotismus« und findet damit, wenn auch in anderem Zusammenhang, eine erste Formel für seine Kritik an einer oppositiv gedachten Autonomie, die auf Freiheit im emphatischen Sinne gerade dadurch Verzicht tut, daß sie sich einem Zwang unterwirft und eine Differenz verewigt (vgl. IV, 353/4). »Es gibt für ihn« (Fichte), wie er später schreiben wird, »keine Realität des Absoluten als in dem Verhältniß der Sklaverei und Unterwerfung des Ich unter jenes; das Absolute muß in der Gestalt des absoluten Gebietens, das Ich in der Gestalt des unbedingten An- und Aufnehmens dieses Gebietens erscheinen« (V, 113). Diese Denkfigur[13] hält sich durch Schellings früheste Reflexionen auf die Möglichkeit einer Philosophie der Natur durch und kennzeichnet besonders die Phase der Auseinandersetzung mit Fichte.

Man erkennt ihren Sinn, wenn man sich klarmacht, daß ›Freiheit‹ in Schellings Wortgebrauch eine Bedeutungserweiterung gegenüber dem der frühen *Wissenschaftslehre* erfahren hat: Sie ist nicht das Unbedingte in Opposition gegen das Bedingte – ein als Relat auftretendes Unbedingtes wäre schon dadurch nicht mehr unbedingt –, sondern eine deren bloß relative Entgegensetzung übergreifende *Idee* (vgl. I, 330/1) oder, wie es schon in der *Ich*-Schrift heißt: »ein *immanentes* Princip prästabilirter Harmonie, in welchem Freiheit und Natur identisch sind« (I, 241). Nur unter seiner Voraussetzung läßt sich der im Bereich der theoretischen Philosophie (des Systems eines ›völlig blinden Mechanismus der Intelligenz‹) auftretende Widerspruch von Mechanismus und Finalität auflösen (I, 241/2; III, 606). Dieser Ausgang bei einer absoluten Einheit, die nicht mehr als Urhandlung, auch nicht als Fürsichsein (mit dem notwendig mitgeführten Oppositum des Ansichseins und der Folge ihrer nie überwindbaren Entgegensetzung) bestimmt werden konnte, hat von Anfang an jeden Versuch, das Phänomen der Natur aus dem Prinzip der *Wissenschaftslehre* abzuleiten, für Schelling verstellt. Die *Wissenschaftslehre* konnte die Natur nur als die ohne ausdrückliches Selbstbewußtsein vollzogenen Handlungen der Ichheit (theoretische Philosophie) behandeln, mußte dieses System dann freilich als ein vom intelligiblen Zweck relativ abgespaltenes Subsystem, – als ›Mechanismus‹, – als defizienten Modus der Subjektivität traktieren.

Der erste ausgeführte Entwurf einer Naturphilosophie (im III. Teil der *Abhandlungen zur Erläuterung des Idealismus der Wissenschaftslehre* aus dem Jahr 1796) versucht, diese Abstraktion durch einen Rückgriff auf die Mittlerposition der Teleologie zu vermeiden (vgl. schon I, 241, Anm.). Wenn sich zeigen läßt, daß das in unmittelbarer Anschauung aufgenommene Sein (die Materie) weder durch reine Rezeptivität noch durch reines Handeln, sondern nur als ein Gleichgewichtszustand zwischen freier Produktion und gesetzmäßiger Reflexion begriffen werden kann, so ist damit ein Seiendes begriffen, das die Eigenschaft der *Organisation* besitzt (I, 379f.; 386f.). Organisation ist das Schlüsselwort der Schellingschen Naturphilosophie. Von ihr – einer Seinsform, in der ein Wesen von sich zugleich Ursache und Wirkung ist – hatte Kant (s. u. 91ff. gezeigt, daß es nur als Symbol der Idee von Freiheit verständlich gemacht werden kann. Diese Idee besitzt freilich eine bloß subjektive Notwendigkeit für die reflektierende Urteilskraft; ihre Existenz wird nicht behauptet, sondern als Erkenntnisgrund der Naturorganisation nur *postuliert*. Schelling hat den »bewundernswerthen Scharfsinn« von Kants letzter *Kritik* (der die Naturphilosophie zweifellos mehr verdankt als Fichtes *Wissenschaftslehre*) stets gerühmt und noch in einer späten Berliner Vorlesung aus dem Wintersemester 1843/4 dessen Herleitung des Zweckmäßigen, besonderes der Vermittlung der absichtlichen (technica intentionalis) und der unabsichtlichen Technik der Natur (technica naturalis), eingehend erörtert (x, 366 ff.). Schon das Teleologiekapitel im *System des transcendentalen Idealismus* (von 1800; III, 605 ff.) zeigt, in welchem Maße Kants *Kritik der Urteilskraft* Schelling zum Vorbild für einen mehr und mehr von Fichte sich abwendenden Systemabschluß wurde. Wir hielten es darum für wichtig, einige für die Genese der Naturphilosophie erhellende Passagen aus diesem Werk im Textteil zu bringen.

Freilich hat Schelling – im Gegensatz zu Kant – geglaubt, die Restriktion der in der Natur sich manifestierenden (in ihr, wie schon Kant sagte, ›chiffrierten‹) Freiheit an eine bloß subjektive Maxime der reflektierenden Urteilskraft aufgeben und ihre Zweckmäßigkeit als ›ein objektives Prinzip der Vernunft‹ behandeln zu dürfen. (Wolfgang Wieland – s. u. 237 ff. – hat diese Suspendierung des postulatorischen Charakters der Teleologie in Schellings Naturphilosophie sehr genau aufgewiesen.) Schelling hält diesen Schritt für legitim: denn der Technizismus sei den organischen Bildungen selbst »inwohnend«; er durchdringe sie durch und durch und stehe zu ihnen gerade nicht im Äußerlichkeitsverhältnis eines überweltlichen Verursachers, sondern sei ihnen als ihr immanenter und substantieller Zweck eingebildet. Mit dem Verhältnis der Äußerlichkeit des Zwecks zu dem von ihm Bezweckten wäre in der Tat ein mechanisches Verhältnis und nicht – was doch Kants Intention ist – der Organismus, das ›absichtlich-unabsichtliche‹ In- und Durcheinander des äußerlich Verursachten und des vom Vernunftzweck Regierten, beschrieben (x, 367 ff.; 375 f.; vgl. III, 605 ff.).

Dennoch bestreitet auch Schelling nicht ernsthaft, daß die der Natur eingebildete Freiheit nur postuliert werden könne. Freilich hat sich sein Postulatbegriff gegenüber dem Kant/Fichteschen grundlegend geändert.

Als Postulat bezeichnet er einen solchen Begriff, der die von der Theorie zu leistende »ursprüngliche Construktion« als zwingend nur durch eine Inanspruchnahme der Praxis darstellen kann (1, 448; vgl. 1, 330 f.). Doch sieht er die »*Wirklichkeit*« der Idee durch ihr Postuliertsein – im Gegensatz zur Situation des bloßen Gebotenseins in der Ethik – nicht gefährdet. Der höchste Grundsatz kann einfach darum, *weil* er organische Einheit der Freiheit und der Notwendigkeit ist, nichts sein, das sich mechanisch demonstrieren, sondern nur etwas, zu dessen Konstruktion aus Freiheit sich auffordern läßt (vgl. III, 370f.): Im Vollzug ihrer affirmiert sich die ewige Freiheit als das Seiende selbst. (Ein Unbedingstes der Freiheit könnte ja niemals als Glied in einer Kette von Bedingungen auftreten – allein darum muß jede Seinsaussage über sie *postuliert* sein.) Im übrigen impliziert ja der Begriff von konkreter Freiheit schon dadurch, daß er »alles Absolute außer uns aufhebt« (1, 473), seine eigene Absolutheit.

Diese am Leitfaden des Organismus entworfene ›Idee‹ ist darum noch kein Gegenstand des Selbstbewußtsein einerseits, der Moral andererseits (1, 324f.). Vernunft wird vielmehr als derivater Modus, als Manifestation oder ›Selbstbeschränkung‹ des Absoluten gefaßt (1, 330). Als Absolutum selbst hatte sie freilich Fichte in seiner Jenaer Zeit zu fassen gesucht; und wenn Schelling Naturorganisation zunächst als Symbol des Geistes – im Sinne der Fichteschen Ichheit (1, 386f.) – bezeichnet, so kann er zwar das Unbewußte äußerlich an den Zweck der sittlichen Bestimmung knüpfen, verfehlt aber den emphatischen Begriff von Absolutheit als Indifferenz von Freiheit und Notwendigkeit, den schon seine frühesten Briefe und Schriften anvisiert hatten. (Den gleichen Widerspruch gibt es im *Ältesten Systemprogramm*, wenn ausgerechnet im Namen der »Idee der Menschheit« über das »elende Menschenwerk« des Staates hinausgeschritten werden soll.) Sollte Natur »spekulativ« behandelt werden, so war sie als »Symbol« nicht des bloßen Relats ›Ichheit‹, sondern der ›absoluten Idee‹ zu überführen (III, 272), d. h. als ein Seiendes zu fassen, das seinem Wesen nach auch dann das Absolute manifestiert, wenn es unabhängig von seiner Beziehung auf das menschliche Bewußtsein, ja als dessen Grund, betrachtet wird. Denn »nur was aus der absoluten Einheit des Unendlichen und des Endlichen hervorgeht, ist unmittelbar durch sich selbst der symbolischen Darstellung fähig« (V, 115). Erst diese Befreiung der Natur aus der Abhängigkeit vom Subjektivismus der ›produktiven Anschauung‹ fixiert die Bedeutung der Rede von Identität in einem von der *Wissenschaftslehre* unterschiedenen Verstande. Nicht weil die ›Idee‹ durch Vermittlung des Ich auch im Bereich des blind sich vollbringenden Mechanismus der Intelligenz Spuren abkünftiger Einheit manifestiert, hat die Natur Symbolcharakter; sie ist Symbol für die Idee, gerade weil sie unmittelbares Subjekt-Objekt, d. h. Ausdruck der Identität auch ohne Beziehung aufs Ich, ist. Man sieht einerseits sofort, wie eng die Vollendung des Naturgedankens an die Vollendung des

Schellingschen *Systems* gebunden ist – das trug ihm ja den Gesamttitel der Naturphilosophie ein –; andererseits läßt diese Verflechtung eine Pluralität von Bedeutungen des Ausdrucks Naturphilosophie vermuten.

Die Aversion gegen die spiritualistischen Usurpationen des einseitigen Idealismus, die als treibendes Gefühl Schellings im Namen der Naturphilosophie geführten Kampf gegen die Hinterwelten der Moraltheologie befeuert, bringt am besten das *Epikurisch Glaubensbekenntnis Heinz Widerporstens* in beschwingt-derben Knittelversen zum Ausdruck (s. u. 145 ff.). Schelling hat Auszüge des Gedichts noch in späten Vorlesungszyklen vorgetragen, um das von Beginn an Eigentümliche seines Philosophierens zu demonstrieren, nämlich die Methode sukzessiver Höherpotenzierung – d. i. Subjektivierung – eines Prozesses, der beim relativ Objektivsten (der Materie) anhebt, der also »mit der ersten Schritten in der Natur« (x, 138), auf dem Boden der Realität, steht und darum beim Übergang in die Sphäre des Ideellen, der selbstbewußten Natur, keine Mühe hat, die Realität der begrifflichen Welt darzutun. Nicht von ungefähr gestand Goethe, daß er zu dieser Lehre »einen entschiedenen Zug« verspüre (Brief an Schelling vom 27. 9. 1800).

Wenigstens ebenso stark hat Schelling eine weitere Funktion der Naturphilosophie betont: die, »Organ des Selbstbewußtseyns« (III, 273) in dem Sinne zu sein, daß »nur durch eine solche Natur das Selbstbewußtseyn vermittelt werden kann« (ebd.). Die Rede von der Depotenzierung des Ichs oder von des Selbstbewußtseins »transzendentaler Vergangenheit« bezeichnet unter anderen Gesichtspunkten den gleichen Sachverhalt, daß nämlich einerseits das Selbstbewußtsein Resultat einer zu ihm führenden Geschichte ist, deren Anfänge es nicht sich selbst (als bloßer Potenz des Prozesses) zuschreiben kann, da sie nicht in sein aktuelles Bewußtsein fallen; andererseits ohne den Kontakt zu dem ihm »Entgegengesetzten« ein jedes Seins beraubtes Reflexespiel sein würde (vgl. IV, 85 ff.; X, 92 ff.). »Insofern wir [...] wirklich sind«, hatte bereits Novalis geschrieben, »sind wir Natur. Alles Wirkliche in uns gehört der Natur.«[14]

Merleau-Ponty's Vorlesungszusammenfassung über den *Naturbegriff* (s. u. 280 ff.) hat Schellings Versuch, die Phänomene der Geschichte, des Geistes usw. auf der Basis der Natur zu begründen, ausdrücklich gewürdigt und gegen deren Reduktion auf das

Gespenst einer »reinen Negativität« verteidigt. Zugleich macht er das verschämte Verhältnis, das gerade viele Marxisten dem Medium gegenüber, das allein ihren Materialismus transzendental zu fundieren imstande wäre, bewußt. Die symptomatische Verdrängung des Ärgernisses, welches die Engelssche *Dialektik der Natur* (von ihren rein philosophischen Schwächen einmal abgesehen) für den Marxismus darstellt, läßt etwas Lukács' Appellationen an die Wahrheit des Materialismus als teils dogmatisch, teils rhetorisch erscheinen. Statt den »dritten Weg« einer dialektischen Vereinigung von Hegel und Feuerbach zu gehen, huldigt diese Philosophie in ihrer theoretischen Praxis einem apriorischen Konstruktivismus, der sich für materialistisch ausgibt. Diese Verdrängung charakterisiert auch einigermaßen das zwiespältige Verhältnis des orthodoxen Marxismus zu Schelling, dessen Bedeutung für die Fundierung einer das Positive und das Negative vermittelnden wahrhaftigen Dialektik – damit auch für die Phänomenologie des Leibes und des Wahrnehmung – Merleau-Ponty herausstreicht. Ohne daß es ausgesprochen wäre, sieht man hinter dem historischen Plädoyer für die Naturphilosophie Bedenken gegen den geheimen Idealismus Sartres hervorblicken, dessen Philosophie – wie man bemerkt hat - in gewisser Weise als die eines Fichte redivivus angesehen werden kann. Zugleich gibt Merleau-Ponty eine gute Herleitung des Schellingschen Naturgedankens aus der Kantischen Teleologie.

Zu den wenigen orthodoxen Marxisten – und daß er bis ins hohe Alter an der orthodoxen Tradition der Klassiker festgehalten hat, duldet keinen Zweifel –, die ein nicht-verschämtes, sondern im Gegenteil ein durchaus empfänglich-offenes Verhältnis zu den vielfältigen und heiklen Implikaten einer materialistischen Naturphilosophie haben, gehört Bloch, dessen utopisch aufgeladenes Denken seine Kraft gerade aus dem bezieht, was der hegelianisierenden Marx-Orthodoxie bis heute, vorab in den sozialistischen Staaten, weitgehend Anathema geblieben ist. Dem mystisch-anarchischen Denken Blochs, das sich aus den gewissermaßen inoffiziellen Quellen revolutionärer Strömungen unterhalb des geschichtsnotorischen »Fortschritts« speist, erscheint Schellings frühe Naturlehre (s. u. 292 ff.) als zeituntypisches Paradigma »einer dynamischen Theorie der Materie«, deren Brisanz darin liegt, daß sie Natur als organisierende Kraft, als bewegende Potenz faßt. Dieser Gedanke ist konstitutiv für die Blochsche Philosophie;

er begreift sich als Einspruch gegen die idealistische Hypertrophie der Vernunft, die ihre Geschichte ohne, ja gegen den Erzeuger-Grund, auf den sie doch verwiesen bleibt, glaubt durchsetzen zu können. Freilich macht der »marxistische Schelling«[15], der Bloch vordergründig zu sein scheint, gegen Schelling geltend, daß für diesen trotz aller »Naturfeier die Materie eine Kruste der Idee, nicht ihr Substrat« bleibe, wenngleich er nicht unterschlägt, daß in Schellings Naturphilosophie – ungeachtet ihrer idealistischen Prämissen – Natur nicht bloße quantité négligeable des Geistes, sondern dessen externe Bedingung ist. – Alles in allem, so muß man sagen, bleibt Blochs Stellung zu Schelling außerordentlich ambivalent: Soweit er sich, hegelisch, dem Fortschritt verschreibt, muß er auch dessen Konsequenzen absegnen (was er im Fall des Stalinismus ohne jede Halbherzigkeit getan hat); wo er diese aber, mit Schelling, kritisiert, liebäugelt er mit dem utopischen Prinzip Stillstand, das aller spekulativen Naturphilosophie notwendig eignet. Schelling oder Hegel? Schelling und Hegel? Adorno hat die eine Seite dieses Widerspruchs bei Bloch so emphatisch nachempfunden, wie das nur einer tun kann, der sich ihm zutiefst verpflichtet weiß: »Wie jeder menschenwürdige Gedanke gedeiht der Blochische am Rand des Mißlingens: hart an der Sympathie fürs Okkulte«[16]; aber nicht minder hart, so wird man andererseits hinzufügen müssen, an der Sympathie für die brachiale Gewalt des Fortschritts, der gegen alle Widerstände, auch gegen die der Natur, an sein Ziel will.[16a]

Feuerbachs *Kritik der Schellingschen Philosophie* (s. u. 399 ff.) unterbietet den oben dargestellten Standpunkt von Merleau-Ponty insofern, als sie zwar ausdrücklich das »materialistische« Element[17] in der Naturphilosophie würdigt, durch den Versuch jedoch, die Intelligenz in Abhängigkeit von der Natur zu bringen, einer sehr verkürzten Dialektik das Wort redet. Wirkungsgeschichtlich bedeutsam ist, daß Feuerbach die Identitätsthese mit dem Argument angreift, sie gelte nur im Bereich des Nichtwirklichen und führe im Bereich des allein Wirklichen auf einen unüberwindlichen »Zwiespalt zwischen dem die Natur negierenden Idealismus und der den Idealismus negierenden Naturphilosophie«[18] – und zwar gerade darum, weil beide Momente als Absoluta aufträten. Feuerbachs eigene – erkenntnistheoretisch fragwürdige – Radikalisierung des Schellingschen Ansatzes besteht nun darin, daß er den am Ende sich herstellenden »Begriff der Natur als Subjekt-Objekt« als die von der Superstition eines Absoluten befreite »Wiederherstellung der Natur überhaupt«[19] – also als Restitution des Anfangs – interpretiert. Konsequent sieht er »die positive Bedeutung der Schellingschen Philosophie nur in der *Natur*philosophie« (l. c.).

Damit ist natürlich zugleich Hegels Standpunkt attackiert. Denn Hegel – wie wir andeuteten – war ja als einer der ersten geneigt, den Naturbegriff in einem absoluten Sinne zu nehmen, indem er die Möglichkeit einer spekulativen Naturphilosophie für den ersten gelungenen Beweis der Abstraktheit des Fichteschen Kritizismus nahm. Tatsächlich knüpft Hegel in der Jenaer Zeit an den emphatischen Naturbegriff des *Widerporst* so entschieden an, daß er zur »Schlüsselkategorie«[20] seines frühen Systems avanciert und als ein Ausdruck für das Natur und Geist (im engeren Sinne) Umfassende fungiert – analog zu Schellings »Identität« oder »Freiheit«. Das Schellingkapitel der *Differenzschrift* (s. u. 381 ff.) präzisiert die Dialektik von Einheit und Differenz mit so großer Klarheit, daß Schelling gerne von seiner hastig komponierten ersten *Darstellung* abläßt und in seinem Brief an Fichte vom 3. 10. 1801 (s. u. 160 ff.) gerade auf Hegels Schrift verweist. Bemerkenswert ist, daß sie die Grundeinsicht der Identitätsphilosophie, nämlich den Gedanken, daß jedes Relat der absoluten Selbstbeziehung je in sich das ganze Absolute darstelle, durch ein *Timaios*zitat erläutert (s. u. 384), das von der substantiellen Identität des »schönen Bandes« mit den Verbundenen redet. Die *Timaios*exegese, deren Spuren sich auf einen 1791 oder 1792 verfaßten Kommentar des jungen Schelling zurückverfolgen lassen, scheint eine große Bedeutung für die Ausbildung der Naturphilosophie besessen zu haben.[21] Hegels Interpretation in den Vorlesungen zur *Geschichte der Philosophie* scheint das ebenso zu bestätigen wie Schellings häufige Allusionen in seinem gesamten Œuvre (der *Bruno* z. B. trägt ein *Timaios*zitat als Motto).

Es gibt einen weiteren Sinn von Naturphilosophie, den Wolfgang Wieland in einer luziden Analyse (s. u. 237 ff.) herausstellt. Natur ist in Beziehung auf die Entzweiungen der Reflexion ein Zustand des Einsseins, den die Reflexion zerstört. Unter dem Titel Natur wird also eine radikale Selbstkritik des von der Wirklichkeit sich absondernden und als eine besondere Fakultät mit ihr sich »entzweienden« Philosophie geübt. Zugleich enthüllt Wieland sozialpolitische Implikationen dieser Kritik. Die Ablösung der Reflexion vom ›Naturstand‹ wird nämlich sowohl für die im *Systemprogramm* und in zahlreichen Schriften (selbst aus der spätesten Zeit) gegeißelte Trennung des Volkes von »seinen Priestern und Weisen« verantwortlich gemacht, wie sie auch die dort und im Romantikerkreis vertretene Forderung nach einer *neuen Mythologie,* die nicht zufällig als Versinnlichung der Idee von Natur gedacht ist, begründet. Diese alle Menschen verbindende Mythologie, die Natur im Sinne herrschaftsfreier Reziprozität von Freiheit und Notwendigkeit, damit als »Symbol der ewigen Einheit«, erkennen macht, würde zumal eine »neue Religion« begründen (v, 119f.), deren sozial-utopischer Charakter nicht nur auf der Hand liegt, sondern eine frühsozialistische Rezeption nach sich zog. Eine zweite Konsequenz aus der im Namen der Natur geführten Selbstkritik der Reflexion ist das, was man Schellings Anarchismus genannt hat: die Ablehnung jeder Form von Verwaltung menschlicher Freiheit, selbst durch die Gesetze eines erklärtermaßen bürgerlichen Staates.

IV

Das sogenannte *Älteste Systemprogramm* (s. u. 110ff.) ist als Fragment überliefert, ohne Angabe eines Verfassers, in der Handschrift Hegels und wahrscheinlich 1796/97 entstanden. Es ist ein singuläres Dokument nicht nur der Frühgeschichte des deutschen Idealismus, sondern auch in der intellektuellen Biographie der Denker, die man als seine Verfasser glaubte nachweisen zu können.

Dem Fragment liegt ein philosophisches Konzept zugrunde, das die Philosophie Kants mit Hilfe einer spinozistisch revidierten Bewußtseinstheorie Fichtes vollenden will. Es geht über Kants Begründung des Wissens in der Praxis hinaus, indem es mit Fichte die Identität von Selbstgewißheit und Freiheitserfahrung behauptet, die Identität von Theorie und Praxis. Konsequent will es daher die »ganze Metaphysik« als eine »Ethik« formulieren. Es schließt nicht mehr, wie Kant, vom Bewußtsein des Sittengesetzes auf Freiheit, sondern geht von der Evidenz der Freiheit selbst aus, von der Evidenz eines ›Ich‹ als eines »absolut freien Wesens«.

Diesen Ansatz wendet das *Systemprogramm* unmittelbar ins Politische. Es kritisiert die politischen Verhältnisse ineins mit den religiösen. Es ist ebensosehr ein »Agitationsprogramm wie eine Systemskizze« (Henrich). In seiner republikanischen Berufung auf

Freiheit und Gleichheit versteht es sich als die Ethik des mit der französischen Revolution angebrochenen neuen Zeitalters.

Ein solches Konzept rückt das Fragment in den Umkreis der philosophischen und politischen Überzeugungen von Schelling, Hegel und Hölderlin – wie der handschriftliche Befund ja schon indiziert.

Alle drei teilen den kantianischen Anfang und die Überzeugung, daß Kant vollendet werden müsse. Vielsagend verwendet Schelling in einem Brief an Hegel die Metapher, daß mit Kant die »Morgenröthe« aufgegangen sei (4. 2. 1795). Kant ist also noch nicht die Sonne. Schelling hat davon Hegel überzeugt, der anfangs noch die These vertrat, daß Gott ein von der Welt geschiedener moralischer Urheber sei. Mit dieser Lehre, so lautet Schellings Kritik (6. 1. 1795), habe Kant in die Hände seiner dogmatisch-orthodoxen Interpreten gearbeitet.[22] Gemeint ist die Apologie der orthodoxen Offenbarungsreligion mit den Mitteln der kantischen Postulatenlehre bei Storr und Süskind, den Lehrern von Schelling, Hölderlin und Hegel im Tübinger Stift. Diese Apologie antwortete auf die Kritik enragierter Kantianer an der christlichen Religion.[23] Im *Systemprogramm* verweisen auf diesen Kontext die Formulierungen: »Umsturz alles Afterglaubens, Verfolgung des Priesterthums, das neuerdings Vernunft heuchelt, durch d. Vernunft selbst«. Es verbietet, Gott »außer« dem Ich zu suchen.[24] Schellings philosophische *Briefe über Dogmatismus und Kritizismus* sind von dieser Kritik unmittelbar veranlaßt. Sie wenden sich gegen einen Dogmatismus, der sich als Kritizismus ausgibt, gegen die Tübinger Orthodoxie und ihre »Schlupfwinkel des Aberglaubens« (I, 292; vgl. auch die Briefe an Hegel im Januar 1795).

Neben Kant und Fichte gehören zu den Bezugspunkten des Fragments noch Spinoza, Herder, Lessing und Schiller.

Unter dem Eindruck der Spinozadebatte des 18. Jahrhunderts lehnt der Verfasser jede orthodoxe »creatio ex nihilo« ab und nennt als die einzig »gedenkbare Schöpfung aus Nichts« die Vorstellung von mir selbst als einem absolut freien Wesen. Die einschlägigen Stellen hatte sich der junge Hölderlin aus Jacobis Briefen *Über die Lehre des Spinoza an den Herrn Moses Mendelssohn* exzerpiert. Der junge Hegel steht in derselben Tradition,[25] wie Schelling, der eine »Ethik à la Spinoza« plante (Brief an Hegel, 6. 1. 1795; an Niethammer, 23. 1. 1795). Ihre Grundzüge liegen in seiner Schrift *Vom Ich* und in den *Philosophischen Briefen* vor. Freilich sollte dies nicht dazu verleiten, darin die Verfasserschaft Schellings bestätigt zu finden, im Gegenteil: die Art und Weise, wie Schelling das absolute Ich Fichtes mit Spinozas Substanz identifiziert, widerstreitet dem spinozistischen, von Jakobi vermittelten Theorem von der Gleichursprünglichkeit von Ich und Welt: mit dem »freyen, selbstbewußten Wesen« tritt »zugleich« eine ganze »Welt« hervor.[25a]

Der Verfasser stellt sich dann die Frage, wie die »Welt« für ein »moralisches Wesen« beschaffen sein muß, d. h. wie die »Welt« oder die »Natur« beschaffen sein muß, um in ihr in freier Absicht handeln zu können. Damit nimmt er das Thema der *Kritik der Urteilskraft* auf, die die Bedingungen der Vereinigung von Naturkausalität und Kausalität der Freiheit behandelt. Aus der *Kritik der Urteilskraft* bezogen die Schüler Kants ihre Argumente, um über Kant selbst hinauszugehen: Hölderlin, Schelling und Hegel. Unter stillschweigender Berufung auf diese Motivation[26] hat Hegel im Brief an Schelling Ende Januar 1795 ein solches Programm im Rahmen von Kants Postulatenlehre angekündigt. Freilich geht Hegel im Widerspruch zum Fragment von der Existenz Gottes aus. Erst unter dem Einfluß Schellings übernimmt er die Idee eines selbstbewußten, freien Ich. Aus der *Kritik der Urteilskraft* stammt auch das Argument, daß nur das »Idee« heißen könne, was Gegenstand der Freiheit sei. Folgerichtig kann es daher keine Idee vom Staat geben, denn der Staat ist etwas »mechanisches«. In kritischer Anknüpfung an Kants Diktum, daß eine »Maschine« niemals als Symbol einer freien Organisation fungieren kann[27] (s. u. 95 f. und 88 f.), behauptet das *Systemprogramm*, daß jeder Staat »aufhören« soll. Daher verwirft der Verfasser auch die Ideen eines ewigen Friedens, dessen Umrisse Kant 1795 entworfen hatte, insofern sie als Konzeptionen möglicher Staatseinrichtungen gedacht sind, als bloß »untergeordnete« Ideen. Sie sind alle der »Idee der Menschheit untergeordnet«.

Mit der Kritik des Staates als einer Maschine und der daraus gezogenen Konsequenz, daß jeder Staat aufhören soll, steht das *Systemprogramm* in einer mächtigen Tradition des 18. Jahrhunderts, – mit einer deutlich antijakobinischen Spitze. Lessing hatte diese Kritik schon vorgetragen,[28] Herder eine Utopie des absterbenden Staates entworfen.[29] Diese Kritik findet sich auch bei Schlözer, im Pietismus und im zeitgenössischen Kontext in Schillers *Ästhetischer Erziehung*, in Fichtes *Vorlesungen über die Bestimmung des Gelehr-*

ten, bei Novalis, bei Rebmann, in Hegels Jugendschriften, bei Schelling (schon I, 233), in Hölderlins Briefen und in seinem Roman *Hyperion*.

Bei Schelling, Hegel und Hölderlin steht hinter dieser Kritik die Abwehr eines repressiven Begriffs von Beziehung, die sich nur als Herrschaft des einen über das andere äußert. Daher ist auch ihre Kritik an der Ich-Philosophie politisch motiviert: in der Beziehung der Ich-Philosophie zur Natur decken sie die Drohung eines permanenten Terrors auf.

Nicht als sakrosanktes Gotteswerk, sondern als »Menschenwerk« behandelt das Programm »Staat, Verfaßung, Regierung, Gesetzgebung« und behandelt sie damit als veränderbare.[30]

Auch die anderen berühmten Entwürfe des *Systemprogramms* lassen sich einem größeren Kontext zuschreiben.

Der höchste Akt der Vernunft ist ein »ästhetischer Akt«. In der »Schönheit« sind Theorie (»Wahrheit«) und Praxis (»Güte«) »verschwistert«. Diese Verbindung von Theorie und Praxis in der Ästhetik war durch die *Kritik der Urteilskraft* motiviert und von Schiller weitgehend schon vollzogen worden. In der Privilegierung des »ästhetischen Gesichtspunkts« (Jakob Zwilling) fanden die Schüler Fichtes das wichtigste Argument gegen den Subjektivismus Fichtes. Hölderlin wendet es als erster an, es findet sich bei F. Schlegel, bei Novalis, beim Jenaer Bund der freien Männer, schließlich auch bei Schelling und Hegel, sogar bei Fichte selbst.[31] In mehr oder minder großer Übereinstimmung in der Ableitung sahen die Schüler Fichtes im ästhetischen Gesichtspunkt die einzige Möglichkeit, des Ursprungs aller Reflexion und aller Praxis inne zu werden.

Diese ästhetische Vereinigung von Theorie und Praxis beruft sich auf Plato. Die Lektüre von Plato, simultan mit der Kants, gehört geradezu zu den Ursprungsüberlieferungen des Idealismus. Rosenkranz berichtet vom Tübinger Stift, daß Hegel, Hölderlin, Fink, Renz und andere gemeinsam Plato, Kant, Jacobis *Woldemar* und *Allwill*, die *Spinozabriefe* und Hippels *Lebensläufe nach aufsteigender Linie* lasen und diskutierten[32] – ein Hinweis auf das intellektuelle Klima, in dem auch das *Systemprogramm* entstanden ist. Zu Hegel und Hölderlin, der einen Aufsatz über Kants ästhetische Ideen als einen Kommentar zu Platos *Phädrus* plante, treten noch der junge Schelling, der einen Kommentar zum *Timaios* verfaßte, und Novalis.

In diesem Programm kommt der Poesie eine neue »höhere« Würde zu: »sie wird am Ende wieder, was sie am Anfang war – Lehrerin der Menschheit.« Diese geschichtsphilosophische Bedeutung der Poesie ist schon immanente Lehre von Schillers Gedicht *Die Künstler*. Impliziert wird in dieser Formulierung, daß Philosophie und Historie jeweils als ein transitorischer Ausdruck eines entzweiten Weltzustandes zu begreifen sind. Die Philosophie muß daher an ihrer eigenen Aufhebung arbeiten. Denn Philosophie der Freiheit indiziert Mangel an wirklicher Freiheit. Der junge Schelling hat in diesem Sinn die Philosophie begriffen (vgl. Wielands Beitrag), Hölderlin die Dichtkunst.[33] In der Differenzschrift von 1801 hat Hegel in der »Entzweiung« den Grund des »Bedürfnisses der Philosophie« gesehen. In der Vorrede zur *Rechtsphilosophie* wird er diese Situierung der Philosophie wieder aufnehmen.

Ebenfalls auf die *Kritik der Urteilskraft*[34] und auf die Bedeutung der Einbildungskraft in Fichtes *Wissenschaftslehre* verweist die Bemerkung, daß die Philosophie des Geistes eine »ästhetische Philosophie« sein müsse. »Ästhetischen Sinn« als unerläßliche Bedingung des Philosophierens fordern Fichte, Hölderlin, Hegel und Schelling: Philosophieren kann man nur mit ästhetischem »Geist« (I, 341).

Auch die – gewiß noch nicht anachronistisch gewordene – Idee einer »Mythologie der Vernunft« kann sich auf Vorläufer berufen. Einbildungskraft und Vernunft sollen in dieser neuen Mythologie konvenieren. Gemeint ist keine intellektuelle Herablassungsgeste. Ausdrücklich sagt das Programm, daß der »große Hauffen« *und* die »Philosophen« jeweils Einbildungskraft und Vernunft verbinden sollen. Von dieser Verbindung erhofft sich der Verfasser die Verwirklichung seines Ziels der »allgemeinen Freiheit und Gleichheit«. Durch die Mythologie der Vernunft wird das Volk vernünftig und werden die Philosophen sinnlich. In diesen Passagen hat »ästhetisch« im Gegensatz zum kantisch-fichteschen Begriff des »ästhetischen Sinns«, der zu Anfang des *Systemprogramms* verwendet wurde, noch die Bedeutung des 18. Jahrhunderts von anschaulich, sinnlich. In Übereinstimmung mit diesem Sinn schreibt Schelling im 8. seiner *Philosophischen Briefe*, daß eine »vollendete Ästhetik (das Wort im alten Sinne genommen)« »empirische Handlungen« aufstellen wird, die als Nachahmungen der »intellectualen Handlung« fungieren. In den Vorstufen zum *Hyperion* trägt Hölderlin platonische Mythen als Mythologeme der transzendentalen Philosophie vor. Schiller ist darin vorausgegangen. Schelling gehört in diesen Kontext (vgl. I, 280; II, 73; V, 115; 120; X, 194; XI, 565; IX, 247 ff.; X, 194; XI, 565 f., 589 f.) und Friedrich Schlegels *Rede über die Mythologie*. Das Projekt der neuen Mythologie ist das Ergebnis der Forderung nach allgemeiner »Mitteilbarkeit« (Schlegel). Schelling hät es für ein »Verbrechen an der Menschheit, Ideen zu verschweigen, die allgemein mittheilbar sind.« (I, 341).

Jedoch fehlen in diesen Projekten die Verve und das Ziel politischer Agitation, die diese Idee im *Systemprogramm* hat. Allenfalls Hölderlins Projekt einer »ästhetischen Kirche« (Brief vom 4. 6. 1799 an den Bruder) und Hegels Absicht, das Volk »fühlen« zu machen, was Kant gelehrt hatte (Brief an Schelling, 16. 4. 1795), kommen dem nahe. In der Einleitung zur Verfassungsschrift von 1799/1800 wird eine solche »Annäherung« von »Ideen« und »Leben«, von Intellektuellen und Volk, konstatiert.

Die Idee einer Mythologie der Vernunft geht auf das Konzept der Dichtung als »Schleier« der Wahrheit (Goethe, Schiller) zurück, auf Gedanken Winckelmanns und Heynes, vor allem aber auf Forderungen Herders. Herder hat die Notwendigkeit einer neuen Mythologie postuliert, um die faktische Trennung von Gelehrten und Volk aufzuheben.[35] Diese Projekte einer allgemeinen Mitteilbarkeit verbürgenden Mythologie der Vernunft reagieren auf die Erfahrung, daß die moderne Gesellschaft sich in unüberschaubare Subsysteme menschlicher Tätigkeiten und Orientierungen dissoziiert. Sie stellen den Versuch dar, diese Dissoziationen rückgängig zu machen.

Das Ziel allgemeiner Freiheit und Gleichheit wird formuliert als eine »neue Religion«. Diese neue Religion will nichts mit der alten zu tun haben, die, wie sich Hegel ausdrückte, mit dem Despotismus unter einer Decke steckte. In Zusammenfassung der automie- und vereinigungsphilosophischen Neudefinition von Religion meint dieser Titel die freie und zwanglose Umgangs- und Mitteilungssphäre der Menschen.[36]

Der Entdecker des *Systemprogramms*, Franz Rosenzweig, hat es Schelling zugeschrieben (1917). Dagegen wurde später Hölderlin als Verfasser geltend gemacht, was wieder bestritten wurde: Schelling sei doch der Verfasser, Hölderlin komme nur ein, freilich beträchtlicher, Anteil zu (vgl. die Kontroverse zwischen Böhm und Strauss in der *DVjS* 4, 1926 und 5, 1927). Damit schien die Kontroverse beigelegt, bis Pöggelers entschiedene These, Hegel sei der Verfasser, die Debatte wieder eröffnete (*Hegel-Studien*, Beiheft 9, Bonn 1969). Diese Zuschreibung wird neuerdings von Harris bekräftigt.[37] Ein Symposion über das Verfasserproblem hat keine Klärung gebracht. Schellings Autorschaft wurde verteidigt, die Hegels erneut vorgebracht, schließlich wurde wieder, von Strack, Hölderlin reklamiert. (*Das älteste Systemprogramm*, ed. R. Bubner, Hegel-Studien, Beiheft 9, Bonn 1973).

Der Ausgang der Kontroverse ist aufgrund des Quellenbestands offen. Noch jede Zuschreibung, ob an Hegel, Hölderlin oder Schelling, hat trotz vieler Übereinstimmungen Sperriges feststellen müssen. Mindestens stellt das *Systemprogramm* in der intellektuellen Entwicklung dieser Autoren jeweils einen Neuansatz dar.

Im Vergleich zu den philosophischen Überlegungen von Hölderlin, Schelling und Hegel aus der fraglichen Zeit ist das *Systemprogramm* erstaunlich inkohärent. In seiner Diktion weist es über Kant zurück auf die philosophische Diskussion Ende des 18. Jahrhunderts. Seine Ideen sind offensichtlich gemeinsame Überzeugungen einer Generation von Fichteschülern. Daher scheint uns, daß starke Gründe dafür sprechen, einen 4. Mann als Verfasser in Betracht zu ziehen.[38] Dessen Texte mögen bislang noch nicht entdeckt sein. Es gibt viele, an die man denken könnte: in Jena an die Mitglieder des Bundes der freien Männer (Böhlendorff, Horn, Sinclair, Rist, Herbart, Berger, Hülsen, S. Schmid, Zwilling), in Tübingen an Diez, Hesler und den von Schelling und Hegel so hochgeschätzten Renz. Aus diesem Kreis mag auch das Fragment *Communismus der Geister* stammen, das bislang auch noch nicht identifiziert worden ist. Zu bedenken ist auch der bedeutsame Hinweis von Timm, daß die Anonymität des *Systemprogramms* gewollt sei. Die revolutionäre Ichgewißheit wird ja am Ende spinozistisch-johanneisch dem »höheren Geist, vom Himmel gesandt«, geopfert. Aus denselben spinozistischen Motiven hatte sich schon Lessing in seinen Schriften zu einem Anonymus stilisiert.[39]

Gleichwohl sind die Affinitäten des *Systemprogramms* zu Hegel, Hölderlin und Schelling unübersehbar. Es ist wohl sicher, daß das Programm in den Diskussionen der Freunde eine bedeutsame Rolle spielte. Daher haben wir Tilliettes Beitrag abgedruckt, der das Systemprogramm vorsichtig Schelling zuschreibt (s. u. 193 ff.)

Die im *Systemprogramm* angetroffene Metapher der Uhr und des Räderwerks hat auch Schellings Polemik gegen Staat und Gesetz bis in seine letzten Lebensjahre obstinat begleitet (vgl. I, 471; III, 583/4; V, 313; VIII, 11/12 und passim).

Schon die Magisterdissertation des 17jährigen aus dem Jahre 1792 *(Antiquissimi de prima malorum humanorum origine philosophematis Genes. III explicandi tentamen criticum et philosophicum)* deutet den Staat als Folge des vom Sündenfall sich herleitenden Fluchs, der über der Menschheit lastet und die auf zwangloser Interaktion beruhende »societas arbitraria« des Naturstandes in die auf der Basis von Herrschaft des Menschen über den Menschen (dominatio, tyrannis) errichtete »societas necessaria« entfremdet (I, 32 ff.)[40] – eine Vorstellung, der sich die 1810 gehaltenen *Stuttgarter Privatvorlesungen* wiederanschließen, mit dem Unterschied freilich, daß Schelling einen »Himmel auf Erden« inzwischen für unmöglich erklärt, während er in der Magisterdissertation eine allmähliche Überwindung des Zustandes der Entzweiung auf einen Zustand der »φιλανθρωπία« (I, 36) hin, in dem die von der französischen Revolution errungenen »sacrosanctae humanitatis leges, quae rationis legibus nituntur« (I, 38), zur allgemeinen Geltung gebracht würden, für möglich hält.

Diese versöhnliche Aussicht ist nicht repräsentativ für das politische und staatsrechtliche Denken des frühen Schelling, der im Namen der Freiheit gegen jede Mechanisierung des Rechts aufbegehrt, gerade darum freilich eine mechanistische Rechtstheorie entwickelt. Alexander Hollerbach hat dies in seiner auch durch jüngere Publikationen nicht übertroffenen und nicht ersetzten Arbeit über den *Rechtsgedanken bei Schelling* eindrucksvoll vorgeführt (s. u. 307 ff.), indem er anhand einer einläßlichen Interpretation von Schellings *Neuer Deduktion des Naturrechts* aus dem Jahre 1796 die Schwierigkeit jeder bürgerlichen Gesellschaftsethik aufzeigt, die den »allgemeinen Willen« zwar ausschließlich zum Zwecke maximaler Entfaltung der vorrangigen Individualfreiheit einsetzt, diese damit jedoch material einschränkt, was ihrem formalen Anspruch widerstreitet. Jede Verdinglichung von Freiheit naturalisiert den Kampf der konkurrierenden Freiheiten. Die Folge ist, daß die physische Macht über das Recht entscheidet und so die Brüchigkeit einer am Naturrecht sich orientierenden Gesellschaft sich enthüllt.

Darum – dies ist der nächste, im *System des transzendentalen Idealismus* vorgeführte Schritt in Schellings Rechtstheorie – bedarf es einer »zweiten Natur gleichsam« (III, 583), der staatlich garantierten Rechtsverfassung, die die physische Macht organisiertermaßen zugunsten der materialen Rechte der individuellen Freiheit einsetzt, in welcher, mit anderen Worten, das Allgemeine »in der Art eines Naturmechanismus« (III, 584) – drastischer noch: »wie eine [...] von Menschenhänden eingerichtete [...] Maschine« – über das Individuelle herrscht. Die Opposition von schrankenloser Freiheit und Gesetzesmechanismus vermittelt dann aporetisch die »Vorsehung« – ein zaghafter Versuch, die Teleologie erlösend in den Geschichtsprozeß einzuführen. Gelingen konnte dergleichen erst, nachdem die Höhe des Identitätssystems erreicht war.

Es gibt nur einen einzigen Entwurf in Schellings gesamten Œuvre, der an die in der Magisterdissertation beschworene Möglichkeit konkreter politischer Freiheit anzuknüpfen scheint: das die Aporien des Rechtsmechanismus auflösende Organismuskonzept des Staates (1802-1804), mit dem er, wie schon H. E. G. Paulus in seiner Rezension der Hegelschen *Rechtsphilosophie* geltend gemacht hat, in gewisser Weise zum Vorläufer der Hegelschen Staatsidee geworden ist.[41] Dies Konzept, das Claudio Cesa[42] in seinen sozial- und philosophiegeschichtlichen Kontext zu stellen versucht hat, ist deswegen besonders eindrucksvoll, weil es die politische Implikation des eben gewonnenen Naturbegriffs reflektiert und gerade darum unter dem Schein von Konstruktivität eine politische Utopie pur sang vorführt. Mit dem Begriff einer von Relation (Herrschaft) unabhängigen Einheit der Notwendigkeit und der Freiheit sieht Schelling die Möglichkeit eröffnet, die von dem Allgemeinen (»Öffentlichen«) sich absondernde selbstische Freiheit (V, 313; VI, 553) als bloße Privation, als ein für sich selbst Nichtiges zu überschreiten (VI, 552). Die »wissenschaftliche Construktion des Staats« (V, 313) wird darum – soll sie überhaupt möglich sein – aus der »Idee« des Organismus, d. h. eines Seienden, dessen Kausalität nur als im Dienst der Zweckmäßigkeit stehend begriffen werden kann – zu führen sein (V, 315): Sie wird den Staat als reale Manifestation der absoluten Identität ableiten und dabei vermeiden, den »allgemeinen und öffentlichen Geist von dem einzelnen Leben« zurückzuziehen und als tötendes Gesetz – »mechanisch« – über seine Glieder herrschen zu lassen (V, 313). Der abstrakte Despotismus des Alleinregierens verstößt darum gegen das organische Ineinander von Einheit und Vielheit nicht minder als die moralische Terror der »sogenannten bürgerlichen Freiheit«, die »nur die trübste Vermengung der Sklaverei mit der Freiheit, aber kein absolutes und dadurch wieder freies Bestehen der einen oder anderen hervorgebracht« hat (v, 314). In beiden Staatsformen gibt es Herrschaft eines der Relate übers andere; damit werden »Mittler« (Verwaltungsapparate, Polizei, kurz das, was Hegel in durchaus beifälliger Weise den »Stand der Allgemeinheit« nennt),[43] notwendig, die das von ihnen Vermittelte nie zu einer wahrhaft »unabhängigen [...] ihm eigenthümlich inwohnenden und wesentlichen Realität« kommen lassen (v, 315).

Man sieht nach dem Vorangehenden sofort, daß die hier beschworene Utopie eines als Organismus gedachten Staates nichts anderes ist als die emphatisch so genannte »Natur« selbst,[43a] sofern sie sich auf der Ebene des Selbstbewußtseins wiederherstellt. Cesa macht darauf aufmerksam, daß dies Konzept eher eine Steigerung als eine Überwindung des früheren Anarchismus Schellings darstelle, indem es endgültig das Individuum von der Tyrannei des oppositiv gedachten Allgemeinen – dem Naturorganismus analog – erlöse. Der Zweifel, den Schellings späte Philosophie gerade an diesem Konzept äußert, bestätigt diese These vollkommen. Denn der Staat erhält nun wieder – wie schon zwischen 1796 und 1800 – den Titel einer »zweiten Natur«, jetzt freilich mit dem Zusatz, daß in ihr der Mensch seine Abspaltung von der wahren Natur besiegle; daß er die durch seine Schuld entfremdete (»gefallene«) Natur nicht »wiederaufgerichtet« und erlöst und sich darum unter die in der Zwangsmaschinerie des Staates manifeste Macht des Äußeren über das Innere begeben habe (VII, 457-462) – ein Gedanke, an den noch Marxens mystischer Tradition verpflichteter Gedanke einer »Resurrektion der Natur« im Kommunismus ex negativo anknüpft.[44]

Man sieht zugleich die konservative Staatsideologie des späten Schelling vorgebildet, die das negative Verhältnis zum Staat in der Form einer ideellen Abkehr vom Politischen bei gleichzeitig passiver Toleranz gegen das Bestehende reproduziert. Auch in diesen späten Äußerungen beschreibt Schelling den Staat jeder beliebigen Form als Geißel Gottes,[45] als knechtendes Gesetz, als etwa dem menschlichen Willen »gleichsam Eingewebtes und Eingestochenes«, als unerträglichen Druck, als Entfremdung eines bloßen Mittels zum Selbstzweck und gesteht dem Menschen entschieden »ein Streben (zu), ihn zu überwinden« – wenn auch nur in der »Contemplation« (XI, 534 ff.). Hegels Terminierung der Geschichte in einem wie immer beschaffenen Staat lehnt er als »wesentlich illiberal« ab. Der Staat enthalte nichts Positives und sei allein als »conditio sine qua non eines Höheren Lebens« tolerabel. »Ihn zum Zweck zu machen«, widerstehe dem »wahren Streben nach Freiheit«. »Gleichwie der Mensch um so gesunder sich befindet, je weniger er seinen Organismus fühlt, und wie der, dem sein Organismus schon Zweck sein muß, schon als krank anzusehen ist, so sind die Völker, die den Organismus des Staates zu erhalten suchen, schon krank [...]. Hier ist dann ein allgemeines Mißbehagen. Die wahre, arg mißverstandene Aufgabe unserer Zeit ist also, den Staat zu beschränken, nicht bloß in der monarchischen Form, sondern ihn überhaupt in seine Grenze zurückzuweisen.«[46] Konkret tritt Schelling für die konstitutionelle Monarchie ein (die Verweigerung des preußischen Verfassungsversprechens hat er immer getadelt). Er glaubt, daß selbst eine relativ gerechte Konstitution qua Gesetz noch hinreichend unmenschlich sei, damit »eine *Persönlichkeit*« lindernd hinzutreten müsse, nämlich »*die* Persönlichkeit die über das Gesetz hinaus reicht und deßen Mangel erfüllt. Nicht Erhalter eines knechtischen Gehorsams soll er [sc.: der König] sein, sondern die dem Staate unterworfenen selbst wieder frei machen«.[47]

Das ist die konservative Variante der anarchistischen Utopie.

VI

Hinge der politische Gehalt einer Philosophie allein davon ab, in welchem Maße sie sich zur politischen Realität äußert, dann müßte man Jürgen Habermas Recht geben und sagen, daß »Schelling [...] kein politischer Denker«[48] war. Nicht von ungefähr mischen sich in die Stimmen, die Schellings 200. Geburtstag feiern, Töne der Nostalgie und des Aufatmens über den endlichen Untergang der emanzipatorischen Bewegung.

»Wenn nicht alle Anzeichen trügen«, so schreibt beispielhaft Gerd-Klaus Kaltenbrunner, »dann hat die Überschätzung des ›Gesellschaftlichen‹ ihren Höhepunkt bereits überschritten. Wir beginnen zu ahnen, daß die großen Fragen, die vielleicht nie beantwortet werden können, mit denen wir aber leben müssen, in eine Tiefendimension jenseits des Gesellschaftlichen zielen.«[49] Zweifellos stellt sich hier ein entscheidendes Problem. Eine Gesellschaftstheorie, die den Begriff der ›Humanität‹ in einem durchaus affirmativen Sinne verwendet und zugleich die quälenden Fragen der menschlichen Endlichkeit tabuisiert, macht sich ohnehin unglaubwürdig, und zwar gerade darum, weil sie motivierend in den gesellschaftlichen Entwurf eingehen. Darum ist freilich die Verdrängung der zeitlosen ›conditio humana‹ ein ebensolches Politikum, wie die reaktionäre, manichäische Tabuisierung des Gesellschaftlichen im Namen der ewigen Fragen ein Politikum ist. Als solches ist es zu beurteilen. »›An dem Tag‹«, läßt Sartre einen sowjetischen Schriftsteller sagen, »›an dem der Kommunismus herrscht (d. h. der Wohlstand für alle), beginnt die Tragödie des Menschen, seine Endlichkeit.‹ Es ist noch nicht an der Zeit, sie zu entdecken.«[50] Das metaphysische Elend stellt sich stets in konkreter Gestalt dar: in allen seinen Formen, als »Entfremdung, als Ausbeutung des Menschen durch den Menschen, als Unterernährung etc.«[50] ist es zugleich ein soziales Faktum.

Die Achtung vor dem Philosophen, der seine Apologie nicht mehr selbst formulieren kann, schreibt es daher vor, ihn vor jenem Andrang an selbsternannten »Freunden« zu bewahren, die ihm gerade deshalb zuströmen, weil er nicht wie »Fichte und Hegel [...ein] eminent politischer Denker« gewesen sei.[51]

Sie alle sollten sich nicht auf Schelling berufen. Ein Denken, dem signifikante Verweisungen auf den sozialen und politischen Bereich mangeln, kann sehr wohl ein Politikum *sein*. Die bei uns, aber auch in den Schulen des orthodoxen Marxismus gängige Fixierung auf die transzendente Bedeutung (›Botschaft‹) einer intellektuellen Leistung sollte sich daran erinnern lassen, daß große Philosophie in dem Maße, wie sie keinen Zweck zu verfolgen scheint, doch ein Zweck ist.[52] Das gilt umso mehr für eine solche Philosophie, die, indem sie die Kunst als ihr Organon anerkennt, auf den verdinglichten Besitz ihres nur zu postulierenden Prinzips ausdrücklich Verzicht tut und es damit in den Rang eines absoluten Wertes erhebt. Der Idealismus hat sich stets als Symbol der historischen Ereignisse seiner Zeit reflektiert. Für Schelling, der die Synchronie der Französischen Revolution und der deutschen Philosophie als die reale und ideale Seite »eines und desselben von lange her gebildeten Geistes« (VI, 4) begreift, ergab sich dies als analytische Konsequenz seines philosophischen Selbstverständnisses. Das Konzept der abwechselnd unter dem Titel der Natur oder der

Freiheit thematisierten Einheit von Natur und Freiheit hatte in einer und derselben Bewegung eine intellektuelle Bedeutung und *war* ein politisches Programm – gleichsam das in Spekulation kodierte Bekenntnis zu einer vom Zwang freien Interaktion von Relaten, die sich von der Idee harmonischer Einheit in Regie genommen wissen. Das ist der politische Aspekt eines am Organismus sich orientierenden Denkens.

Frühe und hellsichtige Zeugen der »sozialen Wichtigkeit« der Naturphilosophie als solcher waren Heinrich Heine und – in seiner Nachfolge – Moses Heß.[53] Sie befragen Schellings Denken nicht vorrangig nach der Politik, die sein Autor als Person vertrat, sondern nach der Politik, die sein Schritt über den Jakobinismus der Ichphilosophie hinaus repräsentierte. Heine findet in der Anlage der Naturphilosophie eine vollkommene Parallele zu den politischen Vorgängen in Frankreich: als eine »Reaktion im besseren Sinne«[54] habe die Naturphilosophie im Reich des Gedankens den intellektuellen »Despotismus« der Ichphilosophie ganz ebenso wie in der politischen Realität die Restauration den napoleonischen Imperialismus entmachtet. Moses Heß dagegen, der Schellings Philosophie – mit ironischer Reserve gegenüber beiden Verglichenen – für »wesentlich identisch« mit der Sozialphilosophie St. Simons erklärt,[55] meint, Schellings »Vermittlungssystem« habe in der spekulativen Theorie ebenso wie in der sozialen Saint-Simon »die egoistische Handels- und Konkurrenzfreiheit« der »kantfichte'schen« bzw. der frühbürgerlichen Ideologie überwunden – und zwar auf »geniale« Weise.[56]

Worin besteht die Wahrheit dieser Analogie? Offenbar darin, daß Schellings im Namen des Organismus geführte Kritik an der mechanistischen Physik etwa le Sage's (III, 274) im Felde der Theorie exakt jenen Schritt widerspiegelt, durch den die sozialistischen Gesellschaftskonzeptionen über das Naturrechtsdenken hinausgehen. Wenn etwa der Babouvist Filippo Buonarotti unter Berufung auf den »loi naturel« nicht länger mehr nur die formale Gleichheit aller Bürger vor dem Mechanismus des Gesetzes, sondern einen materialen Egalitarismus aller Menschen einklagt, durch den Individuum und Staat einander organisch vermitteln, so signalisiert dies eine unauffällig scheinende, und doch gravierende Bedeutungsverschiebung im Ausdruck »Natur«. Der – seiner Struktur nach klassische und geradezu konventionelle – Appell, der Staat müsse die »unveränderliche Ordnung des Weltalls«[57] als gesellschaftliche Natur wiederherstellen, hat in Buonarottis Wortgebrauch erstmals die Bedeutung einer die nur formale Gleichheit sprengenden organischen Durchdringung und bezeichnet darum einen Paradigmenwechsel, ohne den etwa Marxens Aufforderung, den Staat nicht länger mehr als das Allgemeine dem Individuum entgegenzustellen,[58] gar nicht denkbar gewesen wäre. Mit dieser Verschiebung Hand in Hand geht die Etablierung des Begriffs der ›Organisation‹ – am nachhaltigsten wohl durch die Fourieristen (z. B. Victor Considérant) betrieben –, der schließlich zum Titel der sozialistischen Kampf- und Gesellschaftsform überhaupt avanciert.[59] – Natürlich hat Schelling selbst diese Konsequenzen nicht intendiert (ihm dies abzuverlangen, hieße eine unreflektierte Erwartung an den Widerspiegelungsmechanismus herantragen). Gleichwohl sind nicht die Gesellschaftstheorien, sondern die zeitgenössischen Naturphilosophien zu studieren, will man Auskunft erhalten über die Bedeutungsverschiebung im Begriff der Natur beim Übergang vom 18. ins 19. Jahrhundert.

Glücklicherweise sind Heines und Heß' Vergleichungen nicht die einzigen Anhaltspunkte für eine Diskussion der Rolle der Naturphilosophie für die ersten sozialistischen Theorien. Es gibt Saint-Simonisten und religiöse Sozialisten, die sich unmittelbar auf Schelling berufen haben. Das ist weitgehend unbekannt, und wir möchten durch den auszugsweisen Abdruck einer Verteidigung Schellings durch Pierre Leroux (im Anhang, s. u. 433 bzw. 444 ff.) auf diese Rezeptionsgeschichte aufmerksam machen. Sie zeichnet sich vor der marxistischen (Engels, Marx, Lukács, Marcuse und anderen)[59a] dadurch aus, daß sie nicht vorrangig Politie oder Apolitie einer Philosophie zensiert, sondern den Schlüssel erarbeitet, der reine Spekulation in Sozialtheorie transponierbar macht. Leroux' Plädoyer für Schellings Offenbarungsphilosophie – so wie dieser sie im Berliner Wintersemester 1841/42 vortrug – lehnt jeden äußeren Hinweis auf Schellings reaktionäre Mission in Berlin ab und betrachtet sein Denken ausschließlich unter dem Gesichtspunkt, ob und in welchem Maße es eine für die Zukunft des Sozialismus wesentliche »Wahrheit« verkündigt. Nur unter diesem Gesichtspunkt – keineswegs, um Schellings Spätphilosophie durch die Hintertür in unserer Textauswahl Einlaß zu verschaffen – schien uns Leroux' Essay die Aufnahme in einen Materialienband zu rechtfertigen, der die Genese der Philosophie des jungen Schelling bis hin zur Identitätsphilosophie – seinen, wie Marx sagt, »*aufrich-*

tigen Jugendgedanken«[60] – im Spiegel diverser Interpretationsansätze darstellen soll. Leroux' Schellingrezeption nimmt aber faktisch des späten Schellings Verteidigung der Offenbarung nur für eine konsequente Fortführung des frühen Entwurfs einer »*neuen Mythologie*«, und zwar mit gewissem Recht. Denn schon die Identitätsphilosophie hat – wie Leroux – die Trennung von Philosophie und Religion im Namen der mythisch versinnlichten Idee absoluter Einheit von Natur und Geist bekämpft (v, 115). »Die neue Religion«, schreibt Schelling im Jahre 1802, »die sich schon in einzelnen Offenbarungen verkündet« (v, 120) und die von der Reflexion verschuldete »uralte Entzweiung« (v, 115) auf den »Weg zur Vollendung« bringt (v, 120), »wird in der Wiedergeburt der Natur zum Symbol der ewigen Einheit erkannt; die erste Versöhnung und Auflösung des uralten Zwistes muß in der Philosophie gefeiert werden, deren Sinn und Bedeutung nur der faßt, welcher das Leben der neuerstandenen Gottheit in ihr erkennt« (v, 120). In Opposition zu jenem immanentistischen und areligiösen Sozialismus, den er unter den Schülern Hegels sich tradieren sah, vindiziert Leroux Schellings Verkündigung eines »absoluten Evangeliums« (v, 120), welches die abstrakten Gegensätze der antiken und der christlichen Religion zugleich aufhebe und vereinige, jener apokryph-revolutionären Tradition des »évangile éternel«. Mit dem grundsätzlichen Versicht auf Transzendenz, hält Leroux den Hegelianern entgegen, dementiere eine revolutionäre Bewegung den Glauben an ihre eigene Zukunft und komme dahin, einen bestimmten gesellschaftlichen Zustand als nicht mehr vom Ideal überbietbar hinzustellen.[60a] Falls dies eine Konsequenz des an Hegel anschließenden Sozialismus sein sollte,[61] verdient Leroux' These ganz unabhängig von der Frage, ob sie zu Recht auf Schelling sich beruft, unser Interesse. Der im Anhang gegebene Auszug möchte zu ihrer Diskussion anregen.

VII

Der Begründungszuammenhang von Naturphilosophie und Ästhetik ist Thema der subtilen Analyse Odo Marquards. Die zentrale Stellung, die der Kunst im *System des transzendentalen Idealismus* zugeschrieben wird, setzt die zentrale Stellung der Natur voraus, so wie umgekehrt, nach Marquardt, diese jene erfordert. Nach den »Hauptsätzen« zur Geschichte und zur Natur kulminiert das *System* im Abschnitt »Deduktion eines allgemeinen Organs der Philosophie, oder: Hauptsätze der Philosophie der Kunst nach Grundsätzen des transzendentalen Idealismus«.

Die einzigartige »Schlüsselstellung« (Jähnig), die die Kunst für die Philosophie des jungen Schelling gewinnt, muß als Antwort auf die Frage interpretiert werden, wie das Absolute, Unbedingte zu erkennen sei. Denn für die Reflexion, die stets nur Bedingtes erkennen kann, bleibt ein Unbedingtes unbegreiflich. Wohl unabhängig voneinander haben Schelling und Hölderlin die These vertreten, daß das Absolute nur in der intellektuellen Anschauung, nicht in der theoretischen Reflexion oder im praktischen Handeln zugänglich sei. Ästhetik wird daher »cacumen rerum«.[62]

Jähnig weist in seinen Untersuchungen darauf hin, daß Schelling mit der Lehre von der grundlegenden Funktion der intellektuellen Anschauung mit Fichte übereinstimmt. Beiden ist die intellektuelle Anschauung notwendiges Substrat der Reflexion. Sie ermöglicht überhaupt Kontinuität und Fortschritt in der Reflexion.[63] Sie ist die »Bedingung des Verstehens der ganzen Philosophie« (III, 624f.).

Nun läßt sich in der intellektuellen Anschauung das Absolute zwar erkennen, aber noch nicht in objektiver Form, nicht mit »allgemeiner« Gültigkeit. Erst in den Werken der Kunst wird diese Anschauung objektiv. Nicht nur der Philosoph, sondern jeder erfährt an ihnen, was dem Wissen und dem Handeln unbegreiflich bleibt. Die ästhetische Anschauung ist die objektiv gewordene intellektuelle. Die Kunst ist daher, wie der berühmte Satz lautet, »das einzige wahre und ewige Organon zugleich und Document[63a] der Philosophie« (III, 627). In ihr realisiert sich das Absolute in Form seiner Darstellung im Endlichen. Philosophie wird definiert als Philosophie der Kunst – aber als Philosophie, wie man gegenüber der Kritik seit Hegel festhalten muß.

Diese Bedeutung des Ästhetischen für die Philosophie könnte von Fichtes Lehre vom »ästhetischen Gesichtspunkt« hergeleitet werden, die freilich, wie Hegel sich mokiert, in seinem System eine subalterne Rolle einnimmt: »Auf dem transcendentalen Gesichtspuncte wird die Welt gemacht, auf dem gemeinen ist sie gegeben: auf dem ästhetischen ist sie gegeben, aber nur nach der Ansicht, wie sie gemacht ist«.[64]

Im Kunstwerk wird die Einheit von Produktion und Produkt, von bewußter (Geist) und unbewußter (Natur) Handlung, von

»Kunst« und »Poesie« sichtbar. Auch hier noch wahrt Schelling seinen Ausgang von der *Kritik der Urteilskraft*. Er orientiert das Kunstwerk am Organismus: wie der Organismus ist das Kunstwerk Synthesis von Notwendigkeit und Freiheit – und definiert gerade durch diese Synthesis Freiheit. Es opponiert allem Zwang: es wird erfahren als »Gunst einer höheren Natur« (III, 615).[65] In dieser Realisierung von Freiheit erscheint das Kunstwerk als freie Natur wie umgekehrt die Natur als freies Kunstwerk (III, 627f.). Da diese Synthesis im Wissen und Handeln nicht erreicht wird, erhält das Kunstwerk dadurch eine hermeneutisch-utopische Funktion als Orientierungspunkt von Wissen und Handeln.[66]

Marquard freilich (s. u. 341 ff.) behandelt diese Wende zur Natur und zur Kunst kritisch.[67] Sein Beitrag ist zugleich ein Hinweis auf die aktuelle Bedeutung der Philosophie Schellings, indem er Schelling und Freud in einem Kontext diskutiert, der systematisch und historisch begründet werden kann.[68]

Freud und Schelling gehen beide davon aus, daß Bewußtsein Bewußtwerden heißt, eine fragile Synthesis willkürlicher und unwillkürlicher Antriebsmotivationen, und daß dieses Bewußtsein, wie Existenz überhaupt, als Erinnerung eines dunklen, nie ganz einholbaren Grundes zu begreifen ist.

Marquard diskutiert beide hinsichtlich der Funktion, die Ästhetik bei Schelling und, als Erbe der Ästhetik, Therapeutik bei Freud innehaben. Hier wie dort verberge sich dabei ein Akt der Resignation geschichtlicher Vernunft. Die Kehrseite der Ermächtigung der Natur bei Schelling und Freud sei die Entmächtigung geschichtlichen Handelns. Diese Ermächtigung der Natur ist nach Marquard Ergebnis einer schon bei Kant sich abzeichnenden Abdankung der in weltbürgerlicher Absicht handelnden Vernunft: »Ohnmacht der Vernunft etabliert die Macht des zur Vernunft Anderen, die Macht der Natur«. Jedoch werde dabei die Natur nur in Form einer »unriskanten Präsenz« akzeptiert – in der Sublimation der Kunst. Darin verbirgt sich ein Akt der Kompensation und der Mimikry: um die drohende Natur, die nicht aufzuheben war, zu besänftigen, lobe der Mensch die Natur und lobe sie dadurch – in der Kunst – weg. Vor dieser Aufgabe jedoch muß Marquard zufolge das Ästhetische notwendig versagen.

Diese konservative Kritik an der Ästhetik basiert freilich ihrerseits auf einer Kompensationsfigur. Marquard ermächtigt die Vernunft aus Mißtrauen gegen und Angst vor der Vernunft. Er setzt einen so übermächtigen Begriff von Vernunft an, daß Vernunft notwendig scheitern muß. Sie wird in einen permanenten Kampf mit ihrem »Anderen« gezwungen, sonst ist sie nicht, was sie zu sein hat. Sie definiert sich wesentlich als Vernichtung und Verdrängung der Natur. (Vgl. den Beitrag von H. Plessner.) Die auf verdrängter Natur basierende Ermächtigung der Vernunft führt zu einem Zustand der Labilität, der sich nur noch umso aggressiver gegen die Triebe wenden muß. Die Konsequenz dieses Ansatzes liegt in der Institutionenlehre Gehlens vor. Die ruinöse Dialektik dieses Verhältnisses hat niemand schärfer als Hölderlin aufgedeckt.

Im Gegensatz zu Marquard, der am Schluß freilich seine exponiertesten Thesen etwas revoziert und in der Gefahr ist, Schelling zu sagen und Schopenhauer im Sinn zu haben, ist Schellings Begriff von Vernunft über sich selbst aufgeklärt. Vernunft ist nicht das Andere der Natur, sie ist schon deren – unentwickelter – Teil. Schelling wird von einem Irrationalitätsverdacht nicht getroffen. Er fragt nach den Bedingungen des Bewußtseins, er will die irrationalen Antriebsmotivationen menschlichen Handelns und Wissens entschlüsseln.[69]

Diese Kritik der menschlichen Vernunft ist eine noch unausgeschöpfte Funktion und Leistung der Ästhetik. Noch die Frage der positiven Philosophie Schellings, warum es überhaupt Vernunft gibt, und nicht Unvernunft, knüpft daran an. Die Zuwendung der Vernunft zu ihrem Anderen, zu ihrem Grund, bezeichnet Schelling mit einem Wort, das das Gegenteil von Verdrängung besagen will, mit »Liebe« (vgl. IV, 298).

Eine Einführung in die Kunstphilosophie Schellings stellen wir mit dem Auszug aus Jähnigs Buch vor. Jähnigs Untersuchung, die das *System des transzendentalen Idealismus* behandelt, ist bislang unübertroffen.

Mit Erfolg, wie wir meinen, kann Jähnig nachweisen, daß Schellings Kunsttheorie mehr ist als eine »geniale Verlegenheitslösung« (Schulz). Auch Jähnig (s. u. 329 ff.) entwickelt Schellings tiefe Verschränkung von Philosophie und Ästhetik im Ausgang von Kant. Danach verbindet Schelling Kants Erklärung des Erkenntnisvorgangs im transzendentalen Schematismus und Kants Bestimmung der Freiheit als Wille. Die Struktur dieser Synthesis nennt Schelling in der aristotelischen Bedeutung des Wortes »poetisch«. Die Legitimität der Zuwendung der Philosophie zur Kunst gründet daher im »Dichtungscharakter des Erkennens und im Wahrheitscharakter der Kunst«.⁷⁰ In der Kunst allein wird sich die Philosophie selbst objektiv und erfährt sich der Mensch als ein freies Wesen. Nach 1800 gibt Schelling diese Position auf. Er verläßt die Kunst in demselben Moment, indem er sie zum Organon der Philosophie erklärt. Geschichtsphilosophisch begründet Schelling diese Abkehr durch die Wirkungslosigkeit der Kunst in der Gegenwart. Wie Jähnig vermutet, liegt der Grund für diese Wirkungslosigkeit in der eigentümlichen Zeitlichkeit und Augenblicklichkeit der Kunst. Kunst hat keine geschichtliche Dauer.⁷¹ Doch auch die Abkehr von der Kunst verändert nicht Schellings Begriff von Philosophie. Philosophie ist auf etwas anderes als sie selbst angewiesen. Die leer gewordene Position wird dann von der Offenbarung und der Mythologie eingenommen.

1 F. Hölderlin, *Sämtliche Werke*. Große Stuttgarter Ausgabe *(StA)*, ed. F. Beissner, Stuttgart 1943 ff., 6, 347
2 *Aus Schellings Leben*, ed. G. L. Plitt, 3 Bde, 1869/70, 1, 71
3 ebd.
4 Vgl. G. Kurz, *Mittelbarkeit und Vereinigung. Zum Verhältnis von Poesie, Reflexion und Revolution bei Hölderlin*, Stuttgart 1975, 77 ff.; M. Frank, *Der unendliche Mangel an Sein, Schellings Hegelkritik und die Anfänge der Marxschen Dialektik*, Ffm. 1975, 22 ff. (im Kontext).
5 Zitate aus Schellings Werken (nach der von seinem Sohn 1856 ff. veranstalteten Ausgabe) werden hinfort durch eingeklammerte römische Ziffern im laufenden Text ausgewiesen.
6 Das eindeutig schon auf 1792 zu datieren ist.
7 Reinhard Lauth, *Die erste philosophische Auseinandersetzung zwischen Fichte und Schelling 1795-1797* (ZfphilF., 21, 1967, 348) findet nicht erst dort (vgl. 349 f.), sondern schon in der *Ichschrift* »erste Züge eines dogmatischen Idealismus« (vgl. Schelling selbst, 1, 159, Anm.), die er – aus einer Fichteschen Perspektive – als »Verfehlung des transzendentalen Ansatzes« (359) verwirft. (Sehr ähnlich Ingtraud Görland, *Die Entwicklung der Frühphilosophie Schellings in der Auseinandersetzung mit Fichte*, Frankfurt/M. 1973). – Lauth selbst (l. c.) vermutet in Schellings Haltung einen Reflex Hölderlinscher Anregungen, »der mit dogmatischen Aversionen gegen Fichtes Transzendentalphilosophie von der Universität Jena zurückgekommen war.« Ganz richtig sieht Lauth »hinter all dem [...] eine Vorstellung vom Absoluten (am Werk), die bereits im Keim das spätere Schellingsche Identitätssystem beinhaltet« (354).

8 H. E. G. Paulus (Hg.): *Die endlich offenbar gewordene Philosophie der Offenbarung. [...] Wörtlicher Text [...] der v. Schellingschen Entdeckungen [...] im Berliner Wintercursus 1841/42*, Darmstadt 1843, 394.

8a Diese Formulierung weist fast wörtlich auf Sindairs *Raisonnements* zurück (vgl. die *Programmzettel a* und *b*)!

9 Schelling übernimmt dies Schema weitgehend aus Eschenmayers *Versuch die Gesetze magnetischer Erscheinungen [...] a priori zu entwikkeln* (Tübingen 1797), wie besonders Marquet, *Liberté et existence [...]*, Paris 1973, 115 ff. sehr genau gezeigt hat. Schelling selbst hat diese Abhängigkeit nie geleugnet (vgl. v, 62).

10 Helmuth Plessner, Diskussionsnachtrag zu seinem Vortrag, in: *Studia philosophica* XIV, Basel 1954, 90.

11 Vgl. Fichte, *WW* VI, 316.

12 Hölderlin, *StA* III, 186 und 191; v, 83 ff.

13 Die Hegel zu höchster Klarheit bringt (vgl. *Differenzschrift*, Theorie-Werkausgabe Bd. 2, 79 ff.). Bei Fichte werde der reppressive Sinn von »Beziehung« als »Herrschaft« manifest, das »Lebendige« werde bei ihm »in Begriff und Materie zerrissen«, die organische Vernunftfreiheit in eine mechanische Verstandesfreiheit degradiert, Gemeinschaft nur als wechselseitiges Einander-»Tyrannisieren«, als »Beherrschen und Beherrschtwerden nach Gesetzen eines konsequenten Verstandes«, gedacht usw. (Schelling verdankt diesen Formulierungen sicher kaum weniger als Hegel Schelling verdankt.)

14 Novalis, *Schriften*, hg. von P. Kluckhohn und R. Samuel, Bd. 2,1 (Stuttgart 1965), 144, Nr. 73.

15 Vgl. J. Habermas, *Ein marxistischer Schelling*, in: *Über Ernst Bloch*, Ffm. 1968, 61 ff.

16 T. W. Adorno, *Henkel, Krug und frühe Erfahrung*, in: *Ernst Bloch zu ehren*, hg. von S. Unseld, Ffm. 1965, 18.

16a Die Anregung zum Abdruck des Blochtextes sowie dieser ihn einführende Passus stammen von H.-M. Lohmann, dem wir an dieser Stelle danken [die Herausgeber].

17 Ludwig Feuerbach, *Gesammelte Werke*, hg. von W. Schuffenhauer, Bd. 9, Berlin 1970, 256. Trotz Bedenken gegen reaktionäre Assoziationen hat Feuerbach seine eigene Philosophie auf den Namen der Schellingschen (»positive Philosophie«) getauft (vgl. l. c., 259). Vgl. die ausführliche Interpretation von Feuerbachs Verhältnis zu Schelling in: M. Frank, *Der unendliche Mangel an Sein*, Ffm. 1975, 169 ff.

18 L. c., 48

19 L. c., 50

20 Vgl. Rolf P. Horstmann, *Probleme der Wandlung in Hegels Jenaer Systemkonzeption*. In: *Philosophische Rundschau* 19, 1972, 109.

21 Dieter Henrich teilte uns – wofür wir an dieser Stelle herzlich danken

– mit, daß er in einem Aufsatz über neue Quellen des Idealismus die Rolle des Timaioskommentars und der kantianisierenden Platonliteratur für die Ausbildung des idealistischen Gedankens aufklären werde. Die Stelle in der *Differenzschrift* sei kein direktes Echo auf Schellings Timaioskommentar, der ganz in Schellings kantianisierende Epoche falle. Für die Datierung gebe es – vor der Erarbeitung verbindlicher handschriftlicher Datierungskriterien – vorderhand nur einen terminus post quem (das 1. Heft von Paulus' *Memorabilien* ist bekannt) und einen terminus ante quem (Tiedemanns *Geist des spekulativen Philosophie* und Tennemanns *Plato* sind noch nicht benutzt). Henrichs Studie soll in der Festschrift für Werner Marx (Herbst 1975) veröffentlicht werden.

22 Im Atheismusstreit haben Fichte und Voberg dieselbe Kritik an Kant vorgetragen, aber auch schon 1796 der Kantianer K. H. Heydenreich in seinen *Briefen über Atheismus*.

23 Vgl. D. Henrich/J. L. Döderlein, *Carl Immanuel Diez. Ankündigung einer Ausgabe seiner Schriften und Briefe*, Hegel-Studien, 3, 1965, 276-286

24 Zur Tradition und zum Kontext der Formel »Gott in uns« vgl. Kurz, l. c., 39ff.

25 Vgl. H. S. Harris, *Hegel's Development*, Oxford 1972, 96ff.

25a Vgl. allerdings Schelling 1, 358!

26 Hegel bezieht sich vor allem auf die *Methodenlehre der teleologischen Urteilskraft*

27 *Kritik der Urteilskraft*, 292 (Originalpaginierung)

28 Vor allem in *Ernst und Falk*

29 Vgl. Herder, *Sämtliche Werke*, ed. B. Suphan, Berlin 1877ff., 13, 341; 384f.; 17, 319

30 In den Tagen, in denen wir dieses Vorwort schreiben, hält Günter Grass in Indien eine Rede, in der er dieselbe Opposition von Gotteswerk und Menschenwerk in politischer Absicht verwendet: »Ist das indische Elend schier unabänderlich, weil es als Fatum, Schicksal, Karma verhängt ist, dann werde ich mit bitterer Erkenntnis heimkehren. Oder ist das indische Elend, wie anderes Elend auch, nur Ergebnis der Klassen- und Kastenherrschaft, der Mißwirtschaft und Korruption; dann sollte es aufzuheben sein, dieses Elend, weil es Menschenwerk ist.« Zit. nach der »Süddeutschen Zeitung«, 8./9. März 1975, Feuilleton-Beilage.

31 Vgl. H. Hegel, *Isaak von Sinclair zwischen Fichte, Hölderlin und Hegel*, Frankfurt a. M. 1971, 44; 59 und passim

32 K. Rosenkranz, *G. W. F. Hegels Leben*, Darmstadt 1963, 40

33 Vgl. Kurz, l. c., 163ff.

34 Vor allem auf die Theorie vom »Geist« in »ästhetischer« Bedeutung als Vermögen der ästhetischen Ideen, als »belebendes Princip im Gemüthe«.

35 Herder, l. c., 1, 443 f; 14, 34 ff.
36 Vgl. Kurz, l. c., 34 ff.
37 Harris, l. c., 249 ff.
38 Kurz, l. c., 210, Anm. 37 hatte sich noch für Hegel entschieden.
39 H. Timm, *Gott und die Freiheit. Studien zur Religionsphilosophie der Goethezeit*, Bd. 1: *Die Spinozarenaissance*, Frankfurt a. M. 1974, 133
40 A. Hollerbach (*Der Rechtsgedanke bei Schelling*, Ffm. 1957) hat ganz richtig gesehen, daß Schelling die auf dem »Abfall« (»descensus«) beruhende societas nicht durch freiwillige Übereinkunft (contrat social) zustande kommen läßt, sondern für ein mit Not, Zwang, Autorität einhergehendes Verhängnis ansieht (l. c., 84).
41 Umgekehrt freilich kann man sich fragen, ob Schelling unabhängig von Hegels *Differenzschrift* (besonders ihres Fichteteils) seine Idee mit vergleichbarer Sicherheit hätte ausführen können.
42 Claudio Cesa, *Alle Origine della Concezione »organica« dello Stato : Le Critiche di Schelling a Fichte*, in: *Riv. Critica di Storia della Fil.*, 24 (1969), 134-147.
43 Hegel, *Jenenser Realphilosophie*, hg. von J. Hoffmeister, Hamburg 1969, 257 ff.
43a Bloch nennt sie einmal die »gesellschaftliche Oppositionskategorie« schlechthin (*Naturrecht und menschliche Würde*, Ffm. 1972, 86).
44 *MEW*, 1. Ergänzungsband, 538
45 Es wäre reizvoll zu prüfen, inwieweit Bakunin, der nach Katkows Bericht ein zunächst enthusiastischer Teilnehmer von Schellings Berliner Vorlesung 1841/2 gewesen ist (vgl. *Michail Bakunins sozial-politischer Briefwechsel mit A. I. Herzen und Ogarjow*, Stuttgart 1895, S. XIII) und erst allmählich – wichtige Einsichten Schellings keineswegs verleugnend – gegen die reaktionären Implikationen der ›positiven Philosophie‹ Front machte, womöglich von Schellings Verurteilung des Staates Kenntnis besaß. (Die Beschäftigung mit einem russischen Schellingianer war es schließlich, die Bakunins Entschluß zum Abbruch seiner Offizierslaufbahn und zur Aufnahme des Philosophiestudiums besiegelte.)
46 Zit. nach A. Hollerbach, l. c., 210 (ein dort abgedrucktes Fragment aus einer Münchener Vorlesung Schellings aus dem WS 1833/34).
47 Brief an König Maximilian II. von Bayern, 17. 12. 1853. (In: König Maximilian II. von Bayern und Schelling. *Briefwechsel*, hg. von L. Trost und H. Leist. 1890, S. 245. Dieser Briefwechsel gibt die vorderhand besten Aufschlüsse zu Schellings politischen Anschauungen seiner Spätzeit. Auch im zitierten Brief wird der Staat wieder als »Mechanismus« kritisiert.) Schelling hat den »Straßenkampf« der 48er Revolution aus seiner Wohnung Unter den Linden miterlebt (Brief an Dorfmüller vom 30. März 1848, Plitt III, 211). Seinen Äußerungen dazu ist gemein, daß er die Bestrebung, einen Himmel auf Erden einrichten zu wollen, für

»apokalytische Schwärmerei« (XI, 552) hält, die »radicale Heilung« von dem »langen Elend Deutschlands unter seinen vielköpfigen, großentheils schlechten Regierungen« (an den Bruder Karl, 4. 4. 1848) aber durchaus für wünschenswert erklärt, indem er hinzufügt: »aber Du und ich werden es nicht erleben« (l. c., 213). In einem Brief an Schubert vom 15. 2. 1849 schreibt er, er ziehe das mit der Revolution »ausgebrochene wenn auch verheerende Gewitter« der »vorhergegangenen drückenden Schwüle« vor und »möchte [...] insofern die letztvergangene Zeit um keinen Preis zurücknehmen gegen den jetzigen Zustand, der, so schlecht er ist, dennoch nur der notwendige Übergang ist zur völligen Ausstoßung und endlichen Vernichtung des giftigen, nur zerstören, nicht schaffen könnenden Prinzips« (zit. nach A. Hollerbach, l. c., 272. Vgl. ebd. im Zusammenhang 215 ff. und 263 ff.).
48 Jürgen Habermas, *Dialektischer Materialismus im Übergang zum Materialismus – Geschichtsphilosophische Folgerungen aus Schellings Idee einer Contraction Gottes*, in: *Theorie und Praxis*, Frankfurt/M. 1971, 172. (Unser Zitat bringt keine Kritik an diesem hervorragenden Aufsatz zum Ausdruck.)
49 Gerd-Klaus Kaltenbrunner, *Die Kunst als Erfüllung des Denkens, Zum 200. Geburtstag des romantischen Philosophen Friedrich Wilhelm Schelling*, in: *DZ*, Nr. 5, 24. Januar 1975, S. 10
50 Interview mit Jean-Paul Sartre, *Le Monde*, 18. April 1964 (in: *Kursbuch* 1, Juni 1965, 121).
51 Kaltenbrunner, l. c.
52 Sartre (*Situations II*, Paris 1948, 98), der dies bekanntlich vom Kunstwerk sagt, könnte es ebenso gut von einer antidogmatischen, ihr Prinzip – die Freiheit – postulierenden Philosophie behaupten. Auch sie repräsentiert einen »impératif transcendant et pourtant consenti, repris à son compte par la liberté même« (l. c.).
53 Heinrich Heine, *Beiträge zur deutschen Ideologie*, hg. von Hans Mayer, Frankfurt/M.–Berlin–Wien 1971, 99, und Moses Heß, *Philosophische und sozialistische Schriften 1837-1850*, hg. von Auguste Cornu und Wolfgang Mönke, Berlin 1961, 288.
54 Heine, l. c., 105
55 Die Naturphilosophie habe den Saint-Simonismus allererst ›spekulativ begründet‹, meint er (Heß, l. c., 288). Schelling selbst hat den Saint-Simonismus wie jede Theorie, die an einen »Himmel auf Erden« glaube, als »plumpes Skandal« abgelehnt (*Vorrede zu Cousin*, X, 223). Allerdings kann man mit K. Rosenkranz (*Über Schelling und Hegel. Ein Sendschreiben an Pierre Leroux*, Königsberg 1843, 35/6) vermuten, daß »Schelling die grosse Bedeutung des Saint-Simonismus für die Zukunft Frankreichs nicht nur, sondern der Menschheit« damit keineswegs verkannt habe, sondern nur »jedes Stäubchen von Hinneigung zu den in Frankreich gährenden socialen Elementen« aus Opportunitätserwägen

von sich habe abwischen wollen, da er doch »den Franzosen am Schluss recht grosse Lobsprüche wegen ihres wissenschaftlichen Genius machte«.

56 Moses Heß, l. c., 200 und 288
57 Filippo Buonarotti, *Prinzipienerklärung*, in: *Die frühen Sozialisten*, hg. von Frits Kool und Werner Krause, München 1972, Bd. 1, 135/6.
58 *MEW*, 1. Ergänzungsband (Berlin 1968), 538/9. In den *Grundrissen zur Kritik der politischen Ökonomie* (Berlin 1953, 189) vergleicht er den bürgerlichen Staat (wie Hegel ihn sich vorstellt) einem »organischen System«, das »selbst als Totalität [...] seine Voraussetzungen (hat), und (dessen) Entwicklung zur Totalität [...] eben (darin besteht), alle Elemente der Gesellschaft sich unterzuordnen, oder die ihm noch fehlenden Organe aus sich herauszuschaffen« und »so historisch zur Totalität« sich zu bilden.
59 Vgl. Victor Considérant, *Fouriers System der sozialen Reform*, in: *Die frühen Sozialisten*, l. c., 216 ff.
59a Vgl. dazu den Aufsatz von Adriano Bausola (*Sul modulo economicistico-materialista di lettura del primo idealismo romantico*, in: *Riv. di Fil. Neo-Scolastica*, LI, Jan./Febr. 1959, p. 161-172), der die methodisch konformen, aber in ihren Resultaten konträren Untersuchungen von Lukács und Salvucci gegenüberstellt, um voreilige Ableitungen von philosophischen Gedanken aus ihren »außerphilosophischen Bedingungen« zu problematisieren (l. c., 172).
60 Karl Marx an Ludwig Feuerbach, Kreuznach, 3. Oktober 1843 (*MEW* 27, 420/1)
60a Vgl. eine Anm. im 1. Band seines Werks *De l'Humanité [...]* (2. Aufl. Paris 1845, p. 115), in der Leroux Hegel vorhält, daß er »ait tourné la philosophie à la justification du présent« und daß er einen »optimisme fataliste« vertrete.
61 Die Hilflosigkeit der Verteidigung des sympathischen Hegelianers Rosenkranz gegen diesen Vorwurf (*Über Schelling und Hegel, Sendschreiben an Pierre Leroux*, Königsberg 1843) gibt Leroux noch post festum Recht. In eine ganz ähnliche Situation wie Rosenkranz gegenüber Leroux gerät Michelet gegenüber Ciezkowski, den er zwar nicht umhin kam, zur »Hegelschen Linken« zu zählen, den er aber wegen seiner Präferenz für die Religion der ›Positiven‹ »auf die Bänke der rechten Seite (sich) niederlassen« sieht. Und doch muß er zugeben, daß gerade hier »die religiöse Farbe auch die politische bestimme«, und zwar in einem durchaus vorteilhaften Sinne, indem sie die Vernünftigkeit des Wirklichen zum Soll wiedererhebt (C. L. Michelet, *Entwicklungsgeschichte der neuesten Deutschen Philosophie mit besonderer Rücksicht auf den gegenwärtigen Kampf Schellings mit der Hegelschen Schule.* Berlin 1843, S. 395/6 im Kontext).
62 *StA* VI, 206

63 D. Jähnig, *Schelling. Die Kunst in der Philosophie*. Bd. 1: *Schellings Begründung von Natur und Geschichte*, Bd. 2: *Die Wahrheitsfunktion der Kunst*, Pfullingen 1966/69, 1, 169ff. Schelling schreibt in seiner Schrift *Vom Ich als Prinzip* »intellectuale Anschauung«. Die Abweichung von Kants »intellektueller Anschauung« orientiert sich an Kants Bedeutung von transzendental und Spionozas »amor intellectualis«. Auch Hölderlin schreibt »intellectuale Anschauung«.

63a D. h. *Beweis!*

64 *Werke*, 4, 353 f.

65 Diese Formel resümiert, Schellings Ansatz gemäß, die beiden Teile der *Kritik der Urteilskraft*. Nach Kant wird im ästhetischen Urteil die schöne Natur mit »Gunst« angesehen, im teleologischen hingegen können wir es als eine »Gunst der Natur« selbst ansehen, »daß sie uns durch Aufstellung so vieler schönen Gestalten zur Kultur hat beförderlich sein wollen«, *Kritik der Urteilskraft*, 303 f (Originalpaginierung).

66 Vgl. B. Lypp, *Ästhetischer Absolutismus und politische Vernunft*, Frankfurt a. M. 1972, 94 ff.

67 Den Ansatz dieser Kritik hat Marquard schon entfaltet in seinem Aufsatz: *Kant und die Wende zur Ästhetik*, ZfphilF. 16, 1962, 231-243 und 363-373.

68 Zur Beziehung Freud–Schelling vgl. auch J. C. Horn, *Freuds Grundsprache und Schellings Philosophie der Wirklichkeit*, in: *Das Problem der Sprache*, ed. H.-G. Gadamer, München 1967, 237-248, und auf Marquard basierend H. Dahmer, *Libido und Gesellschaft. Studien über Freud und die Freudsche Linke*, Frankfurt a. M. 1973, 116 ff. Vgl. zum Zusammenhang auch O. Marquard, *Zur Bedeutung der Theorie des Unbewußten für eine Theorie der nicht mehr schönen Künste*, in: *Die nicht mehr schönen Künste*, ed. H. R. Jauss, München 1968, 375-392

69 Lypp, l. c., 112

70 Jähnig, l. c., 2, 305

71 ebd., 318

Berichte, Quellen, Briefe

Horst Fuhrmans
Schelling im Tübinger Stift
Herbst 1790 – Herbst 1795[1]

Der Tradition der Familie folgend bezog der junge Schelling im Herbst 1790 die Universität Tübingen, um Theologie zu studieren. Er nahm – wie es Pflicht war – Wohnung im Stift, wo er bekanntlich mit Hegel und Hölderlin auf eine Stube kam. Die Universität war klein und wenig bedeutend. Sie hatte nur 200-300 Studenten, zumeist Theologen bzw. zukünftige Gymnasiallehrer, während die Mehrzahl der Mediziner und Juristen an der Karlsschule in Stuttgart studierten (die 1794 wieder aufgehoben und mit der Tübinger Universität vereinigt wurde). Im Grunde war die Universität eine jener zahlreichen Landesuniversitäten in Deutschland, deren Aufgabe primär die Ausbildung der notwendigen Kräfte für den Staats-, Kirchen- und Schuldienst des Landes war. Tübingen bedeutete so im geistigen Geschehen der Zeit wenig, und die Universität sah auch nicht ihren Ehrgeiz darin. Die beiden Fakultäten, die für Schelling infrage kamen: die philosophische und die theologische, waren mit nur wenigen Professoren besetzt (im Ganzen kaum mehr als 10). Dabei waren in der philosophischen Fakultät die Ordinarien für Philosophie August Fr. Bök und Jakob Fr. Abel (lezterer zuvor an der Karlsschule, wo er u. a. Lehrer Schillers war, der nicht ohne Verehrung an Abel dachte; seit 1790 in Tübingen). Beide waren ohne Genialität, Bök war von Hause Theologe und betrieb die Philosophie in jener Weise, wie sie damals sehr oft von Theologen für die Theologen gelesen wurde. Abels Denken hatte durch die Begegnung mit den Arbeiten von Leibniz u. a. eine gewisse Lockerung erfahren, ja eine gewisse Weite. Geistreich und liebenswürdig, ohne sonderlich bedeutend zu sein, liebten ihn die Studenten und hörten nicht ungern seine Vorlesungen. Aber freilich: sein eklektizistisches Philosophieren vermochte in den Studenten kein großes philosophisches Feuer zu entzünden – und er versagte vor allem im Entscheidenden: in der Hinführung zu jenen großen Fragen, die durch die Kant'schen Kritiken aufgebrochen waren. Hielt er sich auch frei von aller billigen Polemik gegen Kant, so unterblieb doch auch zugleich das weitaus Wichtigere: eine tiefgründige Auseinandersetzung oder Erörterung alles dessen, was durch Kant aufgerührt war. Er versagte sich vielmehr dem darin Begonnenen, dessen epochemachende Bedeutung er nicht begriff.

Neben Bök und Abel dozierten in der philosophischen Fakultät noch Ch. Fr. Rösler – der Geschichte vortrug – und Ch. F. Pfleiderer, der das Fach der Mathematik und Physik vertrat. Außer ihnen allen aber besaß die Fakultät einen nicht unbedeutenden Kopf in dem Orientalisten Ch. Fr. Schnurrer (wie die meisten Professoren von Hause Theologe und einstiger Stiftler), – ein Mann, der auf seinem Gebiet durchaus dem Neuen offen war, der es freilich vermied, allzu offen seine neuen Sichten vorzutragen oder von da aus ins Theologische vorzustoßen – stand er doch mit den Kollegen der theologischen Fakultät, die seiner Arbeit nicht ohne Argwohn gegenüber standen, nicht sonderlich gut. Auch legte er Wert darauf, seinem Landesfürsten gegenüber als »korrekter« Mann zu gelten; aber er besaß doch Mut und Großzügigkeit genug, bei seinen Schülern moderne Ansichten zuzulassen und sie nicht zu unterbinden. Zugleich Ephorus des Stifts und als solcher nicht ohne Strenge, erfreute er sich wie keiner der anderen Professoren der Verehrung durch die Studentenschaft, die ihn als auf ihrer Seite stehend empfand, gewiß, daß auch er gern das Reglement des Stifts geändert und aufgelockert hätte, und daß er sich nur den Anordnungen des Herzogs unterwarf.

Außer den genannten Ordinarien las zu Schellings Zeit in der philosophischen Fakultät noch als a. o. Professor der Theologe J. Fr. Flatt (seit 1792 o. Professor der theol. Fakultät), kein unbedeutender Mann, der aber für viele Studenten, vor allem für die vorwärts Drängenden, Kühneren durch die Art wie er zu Kant Stellung nahm, zum Stein des Anstoßes und zum harten Ärgernis geworden ist.

In der theologischen Fakultät (deren Professoren Schelling aber erst vom Herbst 1792 an hörte) lehrten die Professoren Ludwig J. Uhland (1722-1802; er dozierte vor allem A. T.), J. Fr. Lebret (1732-1807; er war zugleich Kanzler der Universität), seit 1792 Johann Fr. Flatt (1759-1821; Moral und N. T.) und Gottlieb Storr (1744-1805); letzterer zweifellos der bedeutsamste unter den Theologen, Vertreter der systematischen Theologie, Begründer der älteren Tübinger Schule, ein scharfsinniger Kopf, den manche nicht ungern hörten, ein Mann, der biblischen Dingen sehr offen war, letzthin freilich Vertreter einer konservativen Theologie, die sich bewußt dem »Aufklärerischen« versagte, um im Geist überlieferter Orthodoxie das Christliche zu verkünden, überzeugt, daß das »Neue« Gefährdung bedeute und Zerstörung, dem aber eine Verlebendigung des Überlieferten tiefes Anliegen war.

Schelling ist in Tübingen nicht glücklich geworden, so wenig wie Hegel und Hölderlin. Im Gegenteil: bald sehr offen modernen Fragen seiner Zeit, jung und vorwärtsstürmend, tief verlangend nach Freiheit, ist auch er schnell in Opposition gegen die meisten Professoren getreten, deren Vorlesungen er als überholt empfand und als hoffnungslos reaktionär. Das war das eigentliche Geschehen, das seine Studentenzeit in Tübingen zeitigte. Hegels und Hölderlins Weg wurde auch der seine.[2]

Im Wege der Geschichte ist die Begegnung der Generationen und die Einordnung der aufbrechenden Generation in das Überlieferte immer ein problematisches Geschehen, das sich selten reibungslos vollzieht. Immer wieder gibt es den Augenblick, wo sich die Jugend solcher Einordnung versagt – es für das »Gestrige« erklärend, dessen Übernahme sich nicht lohnt und zu dessen Übernahme sie nicht gewillt ist, um sich glühend Kommendem zu öffnen; Geschehnisse, die sich zumal an den großen Wendepunkten der Geschichte immer wieder ereignen.

Die Zeit, da Schelling in Tübingen eintrat, war eine solche Zeit. »Draußen« in der Welt gingen längst revolutionäre Ideen um. Die überlieferten Obrigkeiten in Kirche und Staat, durch Jahrhunderte, wenn auch oft murrend, ertragen, waren problematisch geworden, problematisch nicht zuletzt ihre metaphysische Grundlage, ihre Einsetzung von Gott (die »gottgesetzte Obrigkeit«). Der Ruf nach Freiheit war wach geworden, und Kirche und Staat wurden als »Hort des Despotismus« gesehen. U. a. hatte Rousseaus »Evangelium« draußen seine Wirksamkeit begonnen und seine Schriften die Menschen tief angerührt. Daß der Mensch im Lauf der Geschichte immer mehr seine Freiheit eingebüßt und »Knecht« geworden sei, um darin sein echtes lebendiges Menschentum einzubüßen, daß es eines großen, echten revolutionären Aktes bedürfe, um den Menschen wieder zu befreien und zu seiner echten Würde und zu einem freien Menschentum zu führen, war zu einer faszinierenden Idee geworden, die in den Herzen vieler lebendig war. Darüberhinaus war die Kritik am Bestehenden mächtig und darin nicht zuletzt die überlieferte Theologie fragwürdig geworden. Die Kritik an der Bibel hatte begonnen (Semler mit seinen Arbeiten; 1777 Lessings Veröffentlichung der Arbeiten von Reimarus). Lang Gelehrtes: daß die Bibel aus göttlicher Inspiration komme und unfehlbares, verpflichtendes Wort Gottes sei, wurde infrage gestellt. Die Bibel selbst schien wie alles andere auf natürlichem Wege geschichtlich geworden zu sein; problematisch in manchem, belastet vom Weg einer ausmalenden Geschichte, schien sie nicht länger befugt, unfehlbare Autorität zu sein und die Menschen binden zu dürfen.

Kants Kritiken waren erschienen und durch sie schien das alte Gebäude der (von der Theologie so sehr gepflegten) Metaphysik unaufhebbar zerstört zu sein. Überall schien Altes endgültig zu zerbrechen vor dem Ansturm der »Aufklärung« und Neues heraufzukommen. Überall meldete sich Kritik und Widerstand, träumend von dem »Neuen«, von der großen Freiheit des Menschen, vom Leben aus eigener Entscheidung und Würde, von einem Leben in Helle und Klarheit, das den Menschen nicht als gefallen und erbsündig dachte, sondern berufen zu einem stolzen, eigenständigen Dasein.

Solche Dinge waren aber auch der Tübinger Studentenschaft und den jungen Tübinger Theologen nicht fremd geblieben, sondern hatten sie vielmehr tief angerührt. Auch sie lasen glühend »ihren« Rousseau und empfingen aus der Lektüre der großen antiken Dichtung Aufruf und Antrieb. Es konnte nicht ausbleiben, daß sie damit in eine Opposition trieben gegen die Universität und die gesamte Obrigkeit ihres Landes überhaupt, war doch Tübingen eine jener Stellen, wo man sich dem Neu-heraufkommenden besonders verschloß, um bewußt das Alte zu pflegen. So war es der Wille des überaus absolutistisch regierenden Herzogs Karl-Eugen (der von 1737-1793 regierte). Wenn überall das Alte fiel oder gefährdet war und seine Verteidigung kaum versucht wurde, so sollte Württemberg und Tübingen zumal der Ort sein, wo versucht wurde, den »guten, alten Geist« festzuhalten und ihn gegen ein »aufklärerisches Jahrhundert« zu retten. Alles – Konsistorium, Stift und Universität – atmete darum den Geist alter Zucht und Überlieferung – Dinge, die die Studenten voll Zorn und Erbitterung sahen. Galt ihre Abneigung, ja ihr Haß dabei besonders dem Herzog und seinem Konsistorium, so erfüllte es die Studenten zugleich mit großer Enttäuschung, daß keiner der Professoren sich dem »Neuen« wirklich öffnete oder sich gar zu dessen Sprecher machte, um es seinerseits kühn mitzutragen und weiterzuführen. Dabei waren es vor allem Storr und Flatt, die den Ärger der Studenten erregten und ihren Spott zumal. Im Gegensatz zu Bök und Abel gingen sie z. B. sehr wohl auf Kant ein, – aber nicht so, wie die kühneren der Studentenschaft es erwarteten. Für viele Theologen war Kant einfach *das* Fanal: voll Begeisterung begrüßten sie ihn als den »Zermalmer« der überlieferten Metaphysik, jener Metaphysik, die ganz die der Theologen gewesen war, darin in öden rationalen Beweisen der Beweis der Existenz Gottes und der Unsterblichkeit der Seele Mitte gewesen war. Drang man auch nicht in das einzelne der Kantschen Fragestellung ein, so war man doch im Kreis der Studenten überzeugt, daß durch Kants Kritiken die vergangene Philosophie endlich unmöglich geworden war. So sah man in Kant *die* große Wende, die Aufbruch ermöglichte ins Kommende. Daß aber Flatt und Storr Kant zwar aufzunehmen versuchten, aber nicht, um ihn als Aufbruch ins Kommende zu fassen, sondern als ein Mittel, das Überkommene zu retten, daß man Kant so ins Ungefährliche umzubiegen und zu »entgiften« versuchte, erregte immer neu die Opposition der wacheren Studenten. Verachtung und Spott waren die Antwort der Studentenschaft, die damit immer tiefer in einen Geist des Widerspruchs geriet und der Kritik. Man erwartete nichts von der »veralteten« Professorenschaft, sondern »hängte ab« und suchte einen eigenen Weg, indem man bald Zirkel gründete, in denen man u. a. Kant las, hoffend, daß es so möglich sei, unvoreingenommen seinem großen, als revolutionär empfundenen Denken zu begegnen. Nicht minder galt der Zorn mancher Storr, der nur zögernd auf die kritischen Arbeiten von Semler einging, sich ihnen aber im letzten versagte und am Orthodoxen festhielt, von einer grundlegenden »Reformierung« bzw. »Aufklärung« des Dogmatischen nichts wissen wollend.

Das alles wäre noch hingegangen und hätte vielleicht nicht sonderlich heftiges Maß angenommen, wäre nicht noch anderes gewesen, was den Geist der Opposition immer neu geweckt hat: das Leben im Stift.

Alle Studenten der Theologie (und der Philologie) waren Stipendiaten des Herzogs (es gab nur 20-30 »oppidani«) und hatten als solche im Stift zu wohnen; und wenn der höchst absolutistische »Landesvater« Karl-Eugen in der Karlsschule einige Lockerungen zugelassen hatte, so nicht im Stift. Er wünschte, daß die Theologenschaft bei ihrem bald starken Einfluß als Pfarrer im Geist des Gehorsams und überlieferter Zucht erzogen würde, um so auch ihrerseits sich in Stadt und Land später dem »Geist des Ungehorsams« entgegenzustellen und die Bürgerschaft in Ehrfurcht gegen die »gottgesetzte Obrigkeit« zu unterrichten, abhold allen Neuerungen und dem Geist der Widersetzlichkeit. Das Stift wurde darum in strenger, fast klösterlicher Zucht geführt, darin von Freiheit kaum die Rede sein konnte. Zucht, Gehorsam und Einordnung waren oberstes Gesetz. So war die Kleidung (eine Art geistliche Kleidung) vorgeschrieben, die Teilnahme am Gottesdienst (gemeinsames Morgengebet, sonntags gemeinsamer Kirchgang), Ausgang und Studienzeiten waren genau festgelegt (man hatte sich jeweils an der Pforte zu melden), das Betreten von Wirtshäusern war verboten, Tanzen, Rauchen etc. Teilnahme an den Vorlesungen war Pflicht und nicht minder die Teilnahme an den Disputationen und Repetitionen, und Repetenten und ihre famuli überwachten überall ihre Durchführung und führten darüber Buch. Nicht nur das: einmal im Semester war über das Benehmen der Studenten an das Konsistorium nach Stuttgart zu berichten, das seinerseits zu den Berichten Stellung nahm und evtl. Strafen festsetzte: ja der Herzog selbst ließ sich die Listen vorlegen, und er zögerte nicht, bisweilen nach Tübingen zu kommen, um inmitten der Studentenschaft Lob und Tadel auszusprechen, – ein höchst problematisches Geschehen in einer Zeit, die voller Umbruch war.

Es überrascht darum nicht, zu erfahren, daß es seit längerem im Stift brodelte.[3] Immer wieder gab es Insubordinationen, Auflehnungen gegen die Stiftsregel, sodaß man selbst in Stuttgart begriff, daß eine Neuregelung der Stiftsordnung notwendig war. Aber als sie dann im Jahre 1793 kam, brachte sie kaum die erwartete Lockerung und führte nur zu neuer Enttäuschung, hielt es doch der Herzog gerade im Angesicht dessen, was draußen in der Welt geschah, für desto notwendiger, die Zügel »anzuziehen« und dem Einbruch des Neuen zu wehren. So wuchs nur die Abneigung der Studenten: man berauschte sich an Rousseau und las voll Eifer und Zustimmung die *Räuber;* war es doch *ihr* Landsmann, der solches dem Herzog entgegengeschleudert hatte; und heimlich gingen Gedichte Schubarts um, jenes »Märtyrers« des herzoglichen Despotismus. Nicht nur das: die Hymnen Klopstocks wurden mit Begeisterung gelesen, und Winckelmanns Wiederentdeckung der Antike ergriff viele.[4] Überall schien das Neue sich groß anzukünden: ein Leben in Freiheit und Würde, ein neues helles Dasein in Harmonie und Schönheit, jener Harmonie, die Hellas einmal besessen zu haben schien. Das verzauberte die jungen Menschen, und die Lektüre Spinozas (durch den Streit Jacobis mit Mendelssohn ihnen bekannt geworden) schien gleichzeitig den Weg in eine neue Religiosität zu zeigen, die gelöster war und freier als die überlieferte.

Was aber dem allem ungemeinen Auftrieb gab, war der Ausbruch der französischen Revolution 1789. Tübingen lag diesem Geschehen ja unvergleichlich näher als andere Städte Deutschlands. So fand man sich viel unmittelbarer davon berührt, zumal da einige Württemberger nach Paris gegangen waren, um unmittelbar dort an der Revolution teilzunehmen, Männer, die man kannte und deren Berichte und Briefe man mit großer innerer Anteilnahme las.[5] Mit unendlicher Freude sah man auf das, was da geschah: dort in Frankreich schien ein Volk wirklich kühn die Aufgabe zu übernehmen, die Menschen in die Freiheit zu führen und zu einer neuen Menschheit, die, dem »Despotismus« entronnen, eine neue Gemeinschaft in Freiheit zu schaffen versuchte.

So gingen bald revolutionäre Ideen im Stift herum, man feierte heimlich den Tag des Bastillesturms, zitierte Schillers *Räuber*, seine Hymne an die Menschheit und erging sich in abfälligen Reden gegen König- und Fürstentum, schien doch ihr Herzog nichts anderes als ein Abbild französischen Königtums in seiner Autokratie und Willkür, die zu beendigen endlich ein ganzes Volk sich entschlossen hatte. Es gab auch in Tübingen manche Äußerungen von Übermut, daß all solche Herrschaft bald ein Ende nehmen würde, aber man mußte nur zu bald begreifen – und man begriff es nur zähneknirschend –, daß die »Stunde der Freiheit« noch fern war, und beugte sich ohnmächtig den Anordnungen.

Tiefe Abneigung gegen die Professoren der theol. Fakultät war die Folge, weit mehr aber gegen das ganze Konsistorium in Stuttgart, das man mit der Fakultät einig wußte, und alles wandte sich letzthin gegen den Herzog, der die Quelle all solcher Haltung gegenüber dem Neuen war. In solchem Raum ist Schelling aufgewachsen, und es kann als sicher gelten, daß die älteren Kommilitonen – nicht zuletzt Hegel und Hölderlin – den jungen Studenten bald mit all diesen Dingen erfüllt haben, die ihr Herz längst in Besitz genommen hatten. Was geschah, zeigte sich bald in Schellings ganzem Verhalten: er trat auf die Seite der »Unzufriedenen«, und hohe Begabung ließ ihn bald einen ihrer Wortführer werden.

Der Studienordnung gemäß hatte Schelling zwei Jahre philosophische Vorlesungen und Einleitungsfächer zu hören (Geschichte, aber auch Physik und Exegese).[6]

Es las im W. S. 1790/91 Prof. Schnurrer über das Evang. Joh. und die kleinen Propheten, Pfleiderer las (als publ.) theoretische Physik, priv. elementare und höhere Mathematik; Flatt aber kündet an: »una hora metaphysicam ad ductum compendii Ulrichiani, altera Logicam tradet & si temporis superfuerit id uni e Ciceronis Academicarum quaestionum libris vel eiusdem Paradoxis interpretandi impendet, paratus etiam vel ad exponendam, & cum Lockiana, Leibnitiana & Malebranchiana comparandam Kantianam de repraesentationum primitivarum origine theoriam, vel ad ennarrandam antiquiorum philosophiae de Deo historiam.« Boek kündigte als öffentl. Vorlesung an »Philosophiam practicam universalem«; als private »Ius naturale«. Im S. S. 1791 setzte Boek in den öffentlichen Vorlesungen seine Vorlesung über das Naturrecht fort und führte in den priv. Vorlesungen seine »Praktische Philosophie« (philos. practicam universalem) zu Ende.

Schnurrer las eine Kritik der Bücher des N. T.; privat führte er die Vorlesungen über die kl. Propheten zu Ende. Ebenso fuhr Pfleiderer in seiner theoretisch. Physik fort und las in priv. Vorlesungen über Experimental-Physik.

Erstmals las in diesem Semester der von der Karlsschule nach Tübingen gekommene J. Fr. Abel. Seine Vorlesungen: publ. Metaphysik; priv. Praktische Psychologie und Ästhetik.

Flatt hingegen kündigte an: Epicteto enchiridion & Platoni Critonem vel Phaedonem interpretabitur, paratus etiam ad tractandam Criticam rationis & Propaedeuticam metaphysices.

Im W. S. 1791/92 las Schnurrer Apostelgeschichte und Isaias; Pfleiderer theoretische Physik und Elementar-Mathematik; Abel empirische Psychologie und (priv.) Logik; Boek publ. Praktische Philosophie (phil. pract. universalem), priv. »juris naturalis principia«. Flatt aber kündigte an: »Praelectiones in criticam purae rationis Kantianam continuabit et ad finem perducet, paratus etiam ad exponendam, si de hora convenerit, historiam philosophiae antiquiorem, vel ad continuandam librorum Ciceronis philosophicorum interpretationem.«

Im S. S. 1792 las Schnurrer die kath. Briefe und Isaias, Pfleiderer fuhr in seiner theoretischen Physik fort und las priv. Experimental-Physik. Abel kündigte an: »[...] publice Prolegomena Metaphysices sec. theoriam Reinholdianam, privatim Theologiam naturalem docebit, additurus etiam, si tempus permiserit, eam Psychologiae partem, quae de facultatibus sentiendi et appetendi agit.«

Boek: »[...] quae de jure gentium naturali restant, in lect. publ. exponet, additurus, si per alias occupationes legitimos tempori ratio permiserit, Metaphysicae morum brevem delineationem.«

Viel Anregungen hat Schelling in den philosophischen Hauptvorlesungen Boeks und Abels wohl nicht empfangen. Er bewahrte ihnen ein freundliches Gedenken, wenn er auch über ihr philosophisches Tun nicht sonderlich hoch gedacht hat. Immerhin machten sie Schelling mit Leibniz bekannt. Freilich: an Kant gingen sie weitgehendst vorbei, will sagen: das Revolutionäre des damit Begonnenen war ihnen wenig klar, und sie glaubten sich der Notwendigkeit einer eingehenden Auseinandersetzung überhoben. Anders – wie schon gesagt – war Flatt, der als a. o. Professor las und in den Vorlesungen ausdrücklich eine Auseinandersetzung mit Kant versuchte, Vorlesungen, die Schelling gehört hat, die er aber tief ungenügend fand.[7] Er und manche mit ihm hielten es wohl für wenig ertragreich, ja hoffnungslos, hier wirklich in die großen Fragen eingeführt zu werden, die Kant aufgeworfen hat. Das »Reaktionäre« schien ihnen bei Flatt zu stark, und so schloß man sich bald jenseits der Vorlesungen zu einem Freundeskreis zusammen, der eifrig Kant las und diskutierte.

Dem Studienlauf gemäß wurde dieses 2jährige philosophische Studium mit der »Magisterprüfung« beendet (der Magister galt dem Dr. phil. anderer Universitäten gleich), bei der der künftige Magister im allgemeinen eine Dissertation eines der Professoren zu verteidigen und zwei eigene kleinere Arbeiten (die »Specimina«) zu schreiben hatte. Entgegen dem Üblichen schrieb Schelling auch die Dissertation selbst und zwar bei Schnurrer. Er schrieb über *Antiquissimi de prima malorum humanorum origine philosophematis Genes. III explicandi tentamen criticum et philosophicum*, eine Arbeit, die bald auch gedruckt wurde.[8]

Die von Schelling geschriebenen Specimina handelten *Über die Möglichkeit einer Philosophie ohne Beinamen, nebst einigen Bemerkungen über die Reinholdische Elementarphilosophie* und: *Über die Übereinstimmung der Critik der theoretischen und prak-*

tischen Vernunft, besonders in Bezug auf den Gebrauch der Categorien, und der Realisierung in der letzteren. Beide Arbeiten waren leider bis jetzt nicht auffindbar, ein bedauerliches Faktum, hätte uns die Kenntnis der Specimina doch vielleicht die Möglichkeit geboten, den philosophischen Weg des 17jährigen genauer in den Blick zu bekommen, ja vielleicht hätten sie uns die Möglichkeit gegeben, jene Sicht zu widerlegen, die meint, Schelling sei anfangs mehr in der Tradition des Vaters philologischen und alttestamentlichen Dingen zugewandt gewesen, um sich erst später dem eigentlich Philosophischen zuzuwenden.[9]

Schellings Dissertation war nicht sonderlich originell. Immerhin zeigte sie, daß Schelling mit den literarischen Erscheinungen seiner Zeit nicht unbekannt war: er kannte Schriften Kants, Herders, Lessings, Semlers u. a. Noch schien ihm der Bericht der Genesis ein tiefsinniger Mythos, aber Ähnliches schien auch an anderen Stellen gedacht worden zu sein, im Mythos der Griechen, in der Gestalt des Prometheus, in der Geschichte der Pandora, und der Bericht der Genesis war wohl jetzt schon für Schelling alles andere als verpflichtendes Bibelwort. Schon begann der junge Theologe sich von der Orthodoxie zu lösen, und wenn man in Tübingen sich nur zögernd der Kritik der Offenbarung öffnete, so tat das der junge Schelling nur zu bereit, weshalb Schnurrer es nicht unterließ (oder waren seine Worte der Kritik nur taktisch gemeint?), sich von den Ansichten des Schülers ein wenig zu distanzieren.[10]

Schelling selbst war von dem in der Dissertation Begonnenen so angerührt, daß er bald eine weitere Arbeit im Winter 1792/93 schrieb: *Über Mythen, historische Sagen und Philosopheme der ältesten Welt*. Auch diese Arbeit wurde bald veröffentlicht[11] und leitete eine nicht unwichtige Verbindung ein: die Verbindung mit Paulus in Jena. Die Arbeit wurde in einer Zeitschrift herausgegeben, den *Memorabilien* (»eine philosophisch-theologische Zeitschrift der Geschichte und Philosophie der Religion« etc.), die Paulus redigierte. Paulus, mit Familie Schelling gut bekannt – er war wie Schelling in Leonberg und sogar im gleichen Haus geboren, da sein Vater ein Vorgänger von Schellings Vater als Helfer in Leonberg gewesen war –, einstiger Stiftler, war dann nach Jena gegangen und dort Professor der Orientalistik geworden. Ganz in aufklärerischem Geist seinen Weg gehend, bald wichtiger Vorkämpfer der liberalen Theologie, nahm er Schellings 2. Veröffentlichung mit Freuden auf, schien sie doch Geist von seinem Geist:

hier schien ein junger Mensch seinen Weg zu beginnen, um wie er selbst sich dem konservativen Geist Tübingens zu versagen und sich neuem theologischen Denken kühner Aufklärung zu öffnen.[12]

Schelling plante bald Weiteres: er wollte über die Kindheitsgeschichte Jesu handeln, eine Arbeit, die[13] begonnen, nicht aber fertiggestellt wurde.

In solchen Arbeiten vollzog sich aber bei Schelling schon in dieser Frühzeit höchst Bedeutsames, was man leicht übersieht, wenn man glaubt, sagen zu dürfen, der junge Schelling sei zunächst im Philologischen und daher »Vorphilosophischen« zu Hause gewesen, um sich erst später dem Eigentlich-Philosophischen zuzuwenden. Das Entscheidende, was hier geschah, war, daß der junge 17jährige, durchaus aus konservativem Haus kommend und in dem konservativen Tübingen studierend, *nicht* den Weg des Überlieferten ging, sondern sich solchen Traditionen versagte, um sich stürmisch dem Kommenden hinzugeben. Mehr noch geschah: im Grunde brach Schelling schon damals mit dem Überliefert-Christlichen, das ihm im Feuer der aufklärerischen Kritik tief fragwürdig geworden war, – und er hat sich im Laufe der folgenden Studienzeit wohl ganz davon abgewandt, überzeugt, daß von daher kein Heil zu erwarten sei, daß die Zerstörung der Orthodoxie nur verdienstvoll sein könne – ja, er ist wohl entschlossen gewesen, auch seinerseits dabei mitzuhelfen.

Unter den Mitstudenten gaben die beiden genannten Arbeiten dem jungen Schelling bald einen gewissen Ruhm,[14] und sie verstanden und sahen voll Freude, wie hier ihr Primus sich dem »Alten« versagte und nicht zögerte, an seiner Beseitigung mitzuarbeiten, um das Denken aus den »Fesseln« der überlieferten Theologie zu befreien, während manche aus der Professorenschaft mit Erschrecken sahen, wie dieser Begabte ihnen entglitt, um mit den »Aufklärern« und »Atheisten« zu gehen.

II

Mit dem W. S. 1792/93 begann für Schelling dann das eigentliche theologische Studium, das regulär 3 Jahre dauerte. Schelling hörte nun die Theologen Lebret, Uhland, Storr und Flatt (der im Sommersemester in die theologische Fakultät übergetreten war).

Die Vorlesungen waren:

Im W. S. 1792: Le Bret Kirchengeschichte; Uhland Jesaias und

Einführung in die Liturgie der Kirche.

Storr: publice [...] theologiam dogmaticam duce Ven. Moro tradet, privatim [...] evangelia Matthaei, Marci & Lucae interpretabitur.

Flatt: eam encyclopaediae methodologiae theologicae partem, qua introductio in theologiam theoreticam continetur, desiderantibus tradet. Daneben kündete er ein exegetisches Kolleg an über die Briefe Pauli an die Philipper, Kolosser und an Philemon, den Jacobusbrief und die Briefe Johannis.

Im S. S. 1793: Le Bret Geschichte der Deisten und Antideisten, der Lutherschen Kirche dieser Zeit und ihrer äußeren und inneren Kontroversen.; Uhland weiterhin Jesaias und Einführung in die Liturgie der luth. Kirche.

Storr: publice b. Mori Epitomen Theologiae christianae, privatim Fortsetzung der Exegese der Evangelien von Matthäus, Marcus und Lucas.

Flatt: publice Theologiae moralis partem alteram, duce b. Doederlein, tradet, privatim vel de recta ratione, religionis Christianae dogmata accomodate ad usum popularem exponendi, praecipiet, vel Criticam rationis practicae Kantianam cum disciplinae Christianae principiis conferet [...]

Im W. S. 1793/94: Le Bret Kirchengeschichte, über Leben und Lehre Jesu Christi, der Apostel [...] aus den Quellen des N. T. und anderen vorhandenen Quellen der Zeit. Uhland: Jesaias und christliche Altertümer oder Einführung in die Liturgie der luth. Kirche.

Storr: publice doctrinae christianae partem theoreticam e sacris literis repetitam explicabit, privatim Joannis evangelium interpretabitur [...]

Flatt: priv. vel introductionem in symbolicam Luth. ecclesiae theologiam desiderantibus dabit, vel practicum dogmatum Christianae religionis momentum exponet [...]

Im S. S. 1794: Le Bret Geschichte des ersten Jahrhunderts über Leben und Lehren Jesu Christi und über Taten und Lehren der Apostel.

Uhland: Weissagungen des Jesaias, Christliche Altertümer, Einführung in die Liturgie der luth. Kirche.

Storr: publice [...] continuabit & absolvet doctrinae christianae partem theoreticam, privatim Pauli Brief an die Römer.

Flatt: publice prolegomena partemque generalem ethicae christianae tradet, privatim, si per alias occupationes licuerit, vel de philosophiae, inde a Cartesii aetate ad theologiam disseret, vel e literis recentioribus, ad theologiam dogmaticam & moralem spectantibus, notatu digniores percensebit [...]

Im W. S. 1794/95: Le Bret Kirchengeschichte und Grundsätze des Kirchenrechts der Protestanten und Katholiken.

Uhland: Kleine Propheten, Einführung in die Symbolischen Bücher der luth. Kirche.

Storr: publice [...] theologiam dogmaticam, duce b. Moro. tradet, privatim Joannis Apocalypsis interpretabitur.

Flatt: publice theologiae moralis partem alteram tradet.

In Schellings letztem Semester: S. S. 1795: Le Bret Kirchengeschichte; Ehe. Uhland: kleine Propheten.

Storr: Mori Epitomen Theologiae christianae perget explicare; priv. die katholischen Briefe.

Flatt: publ. religionis Christianae veritatem probabit; priv. einige kleinere Paulusbriefe.

Schelling dürfte die theologischen Vorlesungen nicht sonderlich gut besucht oder geschätzt haben. Seine späteren Äußerungen über die theologischen Professoren sind so wenig achtungsvoll, daß Schelling von Anfang an ihre Vorlesungen wohl nicht bejaht hat. Auch Storr – sonst angesehen – vermochte ihn nicht zu gewinnen und besonders Flatt galt seine tiefe Abneigung. Hatte er ihn schon in der philosophischen Fakultät nicht ästimiert, so jetzt noch weniger, da er ihm in der theologischen Fakultät begegnete. Seine Art, sich mit Kant auseinanderzusetzen, erregte Schelling nur immer von neuem. Im ganzen wird man wohl sagen müssen, daß Schelling innerlich schon zu sehr dem »Neuen« offen war, als daß ihn diese Vorlesungen hätten interessieren können. Im Studienweg jetzt zur eigentlichen Theologie kommend, war er innerlich mit ihr längst zerfallen. So geschah das zunächst Überraschende: gerade in dem Augenblick, wo die eigentlich philosophischen Vorlesungen zu Ende waren und das Theologische beginnen sollte, brach in Schelling das Philosophische mächtig auf, sodaß er das Theologische mehr oder weniger fallen ließ, um sich ganz dem Philosophischen zuzuwenden. Überzeugt, daß bei den Theologen »nichts zu holen« sei, »dispensierte« er sich oft von den theologischen Vorlesungen und suchte einen eigenen Weg – wobei wohl gesagt werden muß, daß (was viel zu wenig bedacht wird) entscheidender Anstoß zu Schellings Wende letzthin *von außen* kam.

Im Juni 1793 kam Fichte durch Tübingen.[15] Bei vielen draußen gefeiert als der Verfasser der *Kritik der Offenbarung*, sah man an vielen Stellen in ihm den Mann, der kühn das von Kant Begonnene weitertrug, um auch im Religiösen daraus die Konsequenzen zu ziehen. Auch in Tübingen wurde er so bei seiner Durchreise mit viel Achtung aufgenommen, und wenn man erwägt, wie sehr Schelling von Kant begeistert war und von dem darin Begonnenen, wie sehr er in ihm einen Wegbereiter neuen Denkens gesehen hat, einen der »Totengräber« der überlieferten Philosophie und Theologie, so wird man begreifen, wie sehr er nun in die Nähe jenes Mannes sich drängte, der das Kantsche Werk entschlossen aufgenommen hatte, um es – wie es schien – kühner als der Meister weiterzuführen. Es hat darum hohe Wahrscheinlichkeit, daß Schelling schon damals die Nähe Fichtes gesucht und mit ihm gesprochen hat[16] – wie auch Hegel und Hölderlin wohl Fichte gesehen haben.

Dann aber kam Fichte ein zweites Mal im Mai 1794 durch Tübingen,[17] gekrönt mit neuem Ruhm, ahnten doch viele – und Schelling wußte es sicher –, daß er der Verfasser der beiden anonym erschienenen revolutionären Schriften war, der *Zurückforderung der Denkfreiheit von den Fürsten Europas* und der *Beiträge zur Berichtigung der [...] französischen Revolution.* Hier schien endlich auch im deutschen Raum einer das Anliegen der französischen Revolution aufzunehmen, um sich kompromißlos für so kühne Ideen einzusetzen. Schelling ist Fichte damals sicher begegnet – ja es kam zu einem Gespräch mit Fichte, das Schelling wohl tief beeindruckt hat. Bis jetzt hatte er in Fichte den kühnen Denker gesehen, der im Staatlichen wie im Religiösen revolutionär angriff und Neues verkündigte, und er verehrte ihn als solchen. Nun aber zeigte sich ein anderer Fichte noch, – und auch das sollte sehr bedacht werden: Fichte glaubte im vergangenen Winter (1793/94) eine »Entdeckkung« gemacht zu haben.[18] Plötzlich und fast überwältigend waren ihm die Konturen eines neuen Systems sichtbar geworden, das über Kant hinausschritt bzw. ermöglichte, das in Kant nur torsohaft Begonnene zu einer *Einheit* zu führen, darin alles aus einem letzten Prinzip abgeleitet werden konnte, um so endlich Philosophie als Wissenschaft aus einem Guß zu ermöglichen. Fichte hatte versucht, solche Einsichten erstmals schriftlich festzuhalten, und er war nun unterwegs nach Jena, wohin er einen Ruf erhalten hatte, um solches zu verkünden und den Studenten vorzulegen. Fichte dürfte sicher zu Schelling (und anderen) in Tübingen in höchst beredten Worten – seiner ungestümen Art gemäß – davon gesprochen haben, von der Geburt einer echten Wissenschaftslehre etc., um auch den jungen Schelling mitzureißen. Bald erschien dann Fichtes erste Schrift darüber, der *Begriff der Wissenschaftslehre* (den Studenten zu Beginn des S. S. 1794 in die Hand gegeben). Auch Schelling erhielt ein Exemplar, und so wie er den politisch-religiösen Denker bis dahin bejaht hatte (das war einfach sein Weg zu Fichte gewesen), folgte er nun willig dem »neuen« Fichte, dem Fichte der *Wissenschaftslehre*, der im theoretischen Bereich – jenseits des Politischen – Kants Werk zu vollenden versuchte.

Sie tief war Schelling von Fichtes Schrift angerührt, daß er – begabt mit hoher Einfühlungsgabe und fähig, Angedeutetes durchzudenken, zu Neuem zu kombinieren und gültig zu formulieren – sogleich selbst eine Schrift dazu schrieb, sein philosophisches Erstlingswerk, die Schrift *Über die Möglichkeit einer Form der Philosophie* – eine Schrift, die im Herbst 1794 schon erscheinen konnte und die sicher in wenigen Wochen hingeworfen worden ist, – eine Schrift, die gering war im Eigenen, aber nicht ungeschickt in einigen Formulierungen. Begleitet von einem Brief, sandte Schelling die Schrift sofort an Fichte, um ihm seinen tiefen Dank zu sagen, für den »Unterricht«, der auch ihm durch Fichtes von vielen »bewunderten Schriften« zuteil geworden sei.

Leider besitzen wir Fichtes Antwortbrief nicht. Aber Fichte sandte Schelling nun die ersten Bogen jener Schrift, die die grundlegende Schrift des Fichteschen Systems bis heute geblieben ist: der *Grundlage der gesamten Wissenschaftslehre*.

Wie weit Schelling diesen ersten Bogen wirklich durchgearbeitet hat, muß dahingestellt bleiben. Immerhin genügte schon eine flüchtige Lektüre dieser ersten Bogen (den letzten Teil lernte Schelling erst später kennen!), um ihm den Anstoß zu einer neuen Schrift zu geben, zur Schrift *Vom Ich als Princip der Philosophie oder über das Unbedingte im menschlichen Wissen* (Vorwort vom März 1795, die Schrift erschien Ostern 1795). Man wird nicht sagen können, daß diese Schrift tief in Fichtes Fragestellungen eingedrungen ist: für die Öffentlichkeit begründete diese Schrift aber schnell Schellings Ruhm (wenn es auch ablehnende Rezensionen gab). Hier schien – so sah man es damals und so sah es auch Fichte (ja Schelling selbst?) – die in Fichte über Kant hinausdrängende Philosophie einen jungen, genialen Mitkämpfer gefunden zu haben, der mit kühnen Thesen das Ganze erläuterte und vorwärts trieb. Und es hat ohne Zweifel etwas höchst Erregendes, zu sehen, wie der eben beginnende Fichte mitten auf dem Wege plötzlich einen anderen – den jungen, noch studierenden Schelling – mitgerissen hat, der nun seinerseits neue Formulierungen versuchte und weitere Konsequenzen zu durchdenken und zu formulieren versuchte. Daß hier zugleich Problematisches am Werk war, daß Schelling sich darin einem Geist anvertraute, der im Grunde aus anderem kam und zu anderem hinwollte, ja daß er Fichtes System in seinen letzten Gründen noch garnicht kannte – denn er kannte ja nur einen Teil der *WL*. –, daß Fichte für ihn Führung war und Verführung zugleich – das sollte er (aber auch Fichte) erst später in schmerzlichen Auseinandersetzungen erfahren, eine Erfahrung, die freilich auch anderen (Hölderlin!) nicht erspart geblieben ist.

Wie Schelling damals gesonnen war, zeigt überaus klar ein Brief an Hegel, den Schelling im Dezember 1794 geschrieben hat.

Hegel war in Bern. Schellings frühe Veröffentlichungen veranlaßten ihn, Schelling zu schreiben und nach Tübingen zu fahren. Schellings Antwort: Tübingen verfalle wieder der Reaktion. »Wir (er, Hegel, Hölderlin u. a.) erwarteten alles von der Philosophie und glaubten, daß der Stoß, den sie auch den Tübinger Geistern beigebracht hatte, nicht so bald wieder ermatten würde.« Aber es ist doch so. Man zäumt einen neuen Kantianismus auf – der Altes wieder ermöglicht, und die schon fast hektisch gewordene Theologie atmet wieder auf. »Zwar giebt es jetzt hier der Kantianer die Menge [...], aber nach vieler Mühe haben nun endlich unsere (Tübinger) Philosophen den Punkt gefunden, wie weit man (da es einmal ohne die leidige Philosophie nimmer fort will) mit dieser Wissenschaft gehen dürfe. Auf diesem Punkt haben sie sich fest gesetzt, angesiedelt und Hütten gebaut, in denen es gut wohnen ist und wofür sie Gott den Herrn preisen! – Und wer wird sie noch in diesem Jahrhundert daraus vertreiben? [...] Eigentlich [...] haben sie einige Ingredienzien des K.schen Systtems herausgenommen, [...] woraus nun [...] die Theologie, welche schon hektisch zu werden anfing, nun bald gesünder, als jemals, einhertreten wird. Alle möglichen Dogmen sind nun schon zu Postulaten der praktischen Vernunft gestempelt [...] Es ist Wonne, den Triumph dieser philosophischen Helden mit anzusehen.« Und dann – sehr grundsätzlich: »Wenn ein großer Mann erscheint und einen neuen meteorischen Gang (!!), weit über die Köpfe der bisherigen Menschen weg, vorschlägt, wie angst und bange wird es da dem großen Haufen der gemäßigten, wohlgeregelten Menschen, die die Mittelstraße wandeln, und welche Noth ist es, bis sie endlich im Schweiße ihres Angesichts zwischen dem neuen exzentrischen und dem alten bequemen und abgetretenen Wege eine neue Mittelstraße gefunden haben, auf der ein rechtlicher Mann in Fried und Ruhe einträchtig mit andern Parteien wandeln kann. Diese Mittelstraße ist nun gefunden. Nun Friede und Ruhe und sanfter Schlaf mit ihrem Geiste an allen Enden und Orten! Sie haben nun wieder ausgearbeitet! Ihr Maß ist voll.« Und kennzeichnend für Schellings Lage: »Von meinen theologischen Arbeiten kann ich Dir nicht viel Nachricht geben. Seit einem Jahr (seit Ende 1793, Anfang 1794) beinahe sind sie mir Nebensache geworden. Das einzige, was mich bisher interessierte, waren historische Untersuchungen über das A. und N. T. und den Geist der ersten christlichen Jahrhunderte [...], seit einiger Zeit aber ist auch dieß abgebrochen. Wer mag sich im Staube des Altertums begraben, wenn ihn der Gang *seiner* Zeit alle Augenblicke wieder auf- und mit sich fortreißt. Ich lebe und webe gegenwärtig in der Philosophie. Die Philosophie ist noch nicht am Ende. Kant hat die Resultate gegeben: die Prämissen fehlen noch [...] Wir müssen noch weiter mit der Philosophie! – Kant hat *Alles* weggeräumt (!!) – aber wie sollten sie's merken? Vor ihren Augen muß man es in Stücke zertrümmern, daß sie's mit Händen greifen! O der großen Kantianer, die es jetzt überall gibt! Sie sind am Buchstaben stehen geblieben [...] Es ist eine Lust anzusehen, wie sie den moralischen Beweis an der Schnur zu ziehen wissen [...] Fichte wird die Philosophie auf eine Höhe heben, vor der selbst die meisten der bisherigen Kantianer schwindeln werden [...] (fehlt ein Stück im Text) Nun erhalte ich den Anfang der Ausführungen von Fichte selbst, die ›Grundlage zur gesamten Wissenschaftslehre‹ [...] Nun arbeit auch ich an einer (Schrift) [...] sie soll die höchsten Principien aller Philosophie aufstellen [...] – Glücklich genug, wenn ich einer der ersten bin, die den neuen Helden, Fichte, im Lande der Wahrheit begrüßen! – Segen sei dem großen Mann! Er wird das Werk vollenden [...]: hast Du die ›Zurückforderung der Denkfreiheit von den Fürsten Europas‹ gelesen? Wo nicht, so lasse sie von Jena kommen [...]« Und Schellings und Hegels Briefe aneinander nahmen jetzt einen höchst revolutionären Ton an: Fichtes Beispiel riß sie vorwärts. Denn Hegel antwortete sogleich: »Was Du mir von dem theologisch-Kantischen [...] Gang der Philosophie in Tübingen sagst, ist nicht zu verwundern. Die Orthodoxie ist nicht zu erschüttern [...] ich glaube, es wäre interessant, die Theologen, die kritisches Bauzeug zur Befestigung ihres gotischen Tempels herbeischaffen, in ihrem Ameisen-Eifer so viel möglich zu stören, ihnen alles erschweren, aus jedem Ausfluchtswinkel herauszupeitschen, bis sie keinen mehr fände(n) und sie ihre Blöße dem Tageslicht ganz zeigen müßten. Unter dem Bauzeug, das sie mit dem Kantischen Scheiterhaufen entführen, um die Feuersbrunst der Dogmatik (!) zu verhindern, tragen sie aber wohl immer auch brennende Kohlen mit heim [...] Laß uns oft Deinen Zuruf wiederholen: ›Wir wollen nicht zurückbleiben!‹ [...]« Schellings sehr grundsätzliche Antwort schon am 4. 2. 1795: »Wir wollen beide weiter, wir wollen beide verhindern, daß nicht das Große, was unser Zeitalter hervorgebracht hat, sich wieder mit dem verlegenen Sauerteig vergangner Zeiten zusammenfinde; – es soll rein, wie es aus dem Geist seines Urhebers (Kant) ging, unter uns bleiben und, ist es möglich, nicht mit Verunstaltungen und Herabstimmungen zur alten hergebrachten Form, sondern in seiner ganzen Vollendung, in seiner erhabensten Gestalt und mit der lauter Verkündigung, daß es der ganzen bisherigen Verfassung der Welt und der Wissenschaften den Streit auf Sieg oder Untergang anbiete von uns zur Nachwelt gehen [...] Mit Kant ging die Morgenröte auf, – was Wunder, daß hie und da in einem sumpfigen Tal noch ein kleiner Nebel zurückblieb, während die höchsten Berge schon im Sonnenglanz standen [...].« Und da Hegel Schellings Schrift *Von der Möglichkeit* gelesen hatte, schrieb Hegel dem Freunde »[...] ich sehe darin die Arbeit eines Kopfes, auf dessen Freundschaft ich stolz sein kann, der zu der wichtigsten Revolution im Ideensystem von ganz Deutschland seinen großen Beitrag liefern wird [...] Vom Kantischen System und dessen höchster Vollendung (in Fichte, Schelling u. a.) erwarte ich eine Revolution in Deutschland. [...] Hölderlin schreibt mir oft von Jena; er ist ganz begeistert von Fichte, dem er große Absichten zutraut. Wie wohl muß es Kant tun, die Früchte seiner Arbeit schon in so würdigen Nachfolgern zu erblicken. Die Ernte wird einst herrlich sein!« (Sc am 16. 4. 1795.[19])

Man sieht: die Freunde waren wie elektrisiert: mit Fichte schien das Entscheidende zu gelingen, endlich Kant zur Vollendung zu führen – um damit aller alten Philosophie und Theologie den Gar aus zu machen. Man war wie verzaubert, und selten hat Schelling in seinem Leben so überschwengliche Briefe geschrieben. Hier wa alles Aufbruch ins »Neue« und Absage an das Alte zugleich.

Schelling dürfte kaum von all solchen Dingen bei seinen Mitstudenten geschwiegen haben. So wurde er immer mehr für sie Vorbild und Wortführer des Kommenden, einer, auf den sie schauten und von dem sie Entscheidendes erwarteten.

In solchem Sturm ging mit dem Sommer 1795 Schellings theologisches Studium zu Ende, und mitten in so stürmischem Unterwegssein hatte Schelling im S. S. 1795 sein theologisches Abschlußexamen abzulegen. Schelling tat es wohl sehr nebenbei. Auch dieses Mal hätte er es dabei belassen können, die Dissertation eines Professors zu verteidigen, aber er zog es vor, auch jetzt eine eigene Dissertation zu schreiben. Es überrascht nicht angesichts der ganzen Situation, daß er am liebsten eine Dissertation geschrieben hätte, die nicht gezögert hätte – wenigstens indirekt – die Auseinandersetzung mit der so scharf abgelehnten Tübinger Theologie zu beginnen. So plante er eine Dissertation *De praecipuis orthodoxorum antiquiorum adversus haereticos armis*; aber man riet ihm entschieden ab, und da er begriff, daß er noch »unfrei« war, wählte er von früheren Studien her ein harmloses Thema: *De Marcione Paullinarum epistolarum emendatore*, eine Arbeit, die er unter Storr schrieb und die von ihm im Juni in einer Disputation verteidigt wurde. Im November legte er dann in Stuttgart – mit einer Probepredigt u. a. – das theologische Examen ab – im Tiefsten längst unterwegs zu anderen Dingen.

Mitten in den Examensarbeiten gab es noch eine neue Verbindung mit Jena, eine Verbindung mit Niethammer. Wie Paulus und Schelling Württemberger, Stiftler, Theologe, war auch er wie Paulus von Tübingen nach Jena gegangen und dort a. o. Prof. der Philosophie geworden. Sofort bei Fichtes Kommen im S. S. 1794 hatte er sich Fichte angeschlossen, nicht nur das: gewillt, dem Durchbruch dieses Denkens zu dienen, hatte er mit Beginn des Jahres 1795 begonnen, eine Zeitschrift herauszugeben, das *Philosophische Journal einer Gesellschaft teutscher Gelehrter*, das im letzten ganz der Sache Fichtes dienen sollte. Schelling – durch seine beiden philosophischen Arbeiten, die ihn in der Nähe Fichtes auszuweisen schienen –, schnell bekannt geworden, wurde nun – im Juni oder Juli – von Niethammer aufgefordert, am *Phil. Journal* mitzuarbeiten. Er sagte sofort zu. Das Ergebnis waren die *Briefe über Dogmatismus und Kritizismus*, kühne Briefe, die zum Teil noch in Tübingen entstanden und die nach Schellings späterem Geständnis als

Auseinandersetzung mit dem Tübinger »Kantianismus«, dieser »Philosophie der Halbheit« gemeint waren[20] – ein verwegenes Unterfangen Schellings, der freilich seinen Beitrag (in Tübingen entstand nur der 1. Teil = Brief 1-4) anonym veröffentlichte und sich unmittelbarer Angriffe gegen die Tübinger enthielt. – Die *Briefe* kamen wohl im August 1795 heraus; es waren die letzten Tage, da Schelling noch in Tübingen war, Briefe, die eine unverkennbare Nähe zu Fichte zeigen, die freilich nicht ohne Unsicherheiten und Sprunghaftigkeiten waren, aber kühn im Ton, drängend auf Entscheidung...

Wenn Schelling so im Spätsommer 1795 sein theologisches Studium in Tübingen abschloß, so ist klar, daß er – nicht anders als Hegel und Hölderlin – nicht daran dachte, in den kirchlichen Dienst zu treten. Dazu war ihm das Ganze viel zu fremd geworden und sein Sinn anderem zugewandt. Er schied vielmehr zornig, ja »erbittert« über alles im Studium Erfahrene, zerfallen mit der Orthodoxie, ja darin zugleich dem Eigentlich-Christlichen entfremdet, im Herbst von Tübingen, nicht gewillt, im »Vaterland« zu bleiben und dem Überlieferten zu dienen. Es vielmehr zerstören zu helfen, damit ein Neues werde, das heller war, größer, beglückender – das war sein Wille. Großes schien ihm gefordert: Bruch mit dem Alten und Heraufführung eines *neuen* Weltbildes, einer neuen Philosophie, ja einer *neuen Religion*. Und so vage auch das einzelne vor seinen Augen stand, das Herz kannte im Tiefsten seinen Weg und hoffte auf ein Gelingen.

Die nächsten Pläne waren unklar. Klar war nur das eine: rauszukommen aus Württemberg, raus »in die Welt«, in die geliebte und so ersehnte »Freiheit«. Ihre Erfahrung mochte dann auch das zeitigen, dem seine tiefste Sehnsucht galt: die Geburt eines neuen Weltentwurfs.

Wie Schellings Briefe zeigen, war sein Blick u. a. auf Hamburg gerichtet. Dort in der freien Hansestadt zu leben, in der Stadt, in der Reimarus gelebt hatte und Lessing, in deren Nähe jetzt noch Jacobi wohnte und Klopstock – um dort evtl. als »freier Schriftsteller« Fuß zu fassen –, schien ihm erstrebenswert.

Aber zunächst ging er (wohl Anfang September) heim zum Vater nach Schorndorf, wo Schelling dem Vater einige Male im Pfarrdienst half, zu dem ihn nichts drängte. Und noch hatte sich Schelling auf das (mündliche) theologische Abschlußexamen vorzubereiten, das er dann am 12./13. 11. in Stuttgart abgelegt hat.

Inzwischen war auch die Entscheidung über die vorläufige Zukunft gefallen: es ging zunächst nach Stuttgart, wo Prof. Ströhlin die beiden jungen Barone v. Riedesel aus Darmstadt bei sich aufgenommen hatte und sie unterrichtete. Da er einen Hofmeister suchte, der die beiden jungen Freiherrn auf Reisen und evtl. auf ein Universitätsstudium begleiten sollte, meldete sich Schelling, hoffend, das werde die Möglichkeit sein, »in die große, weite Welt« zu kommen.

Es war – wenn man will – die typische Haltung eines jungen Menschen, in der Schelling Tübingen mit Abschluß seines Studiums im Herbst 1795 verließ: voll Kritik am Überlieferten und es ablehnend, erfüllt von Oppositionsgeist, durstend nach Freiheit, froh, dem »Despotismus« von Staat und Kirche entfliehen zu können, erfüllt zugleich mit Sehnsucht nach Neuem, das anders sein sollte als das Überlieferte.

Es liegt nahe, in solcher Haltung nichts als eine Episode zu sehen, eine Phase des Menschwerdens, die »von selbst vergeht«, um Reiferem Platz zu machen. Sind doch weder Schelling noch Hegel später »Revolutionäre« im üblichen Sinn geworden, Umstürzler in einem großen Sinn. Im Gegenteil: älter geworden, mußten beide den wirklichen Aufbruch revolutionären Geistes erleben (1830 bzw. 1848 und schon vorher 1817 die Bestrebungen der deutschen Burschenschaft), aber sie haben sich später solchem nicht geöffnet oder gar daran teilgenommen. Im Gegenteil: sie wurden zu Hütern des Bestehenden und bekannten sich in konservativem Geiste zum Bestehenden als dem in der Geschichte Gewachsenen (»das Wirkliche ist das Vernünftige«) und damit zu Thron und Königtum, als andere leidenschaftlich deren Abschaffung verlangten. Nicht nur das: Schelling suchte später gerade das Christliche zu »retten«, ja ihm zu einer Neugeburt zu verhelfen (und das macht das ganz Fundamentale seiner 2. Lebensphase aus), als eine neuheraufkommende Generation in einer Art zweiter Welle der Aufklärung es dem Spott preisgab (Heine, Feuerbach, die ganzen Linkshegelianer) und seine Verdrängung versuchte.

Solches ist wahr und verfehlt doch im Tiefsten die wirkliche Wahrheit. Das in Tübingen Erlebte war weder für Hölderlin noch für Hegel noch für Schelling belanglose Episode. Es vollzog sich vielmehr in ihm die Grundlegung all ihrer folgenden Arbeit. In Tübingen fielen für sie alle Entscheidungen, die weithinwirkend geworden sind.

Sie fielen einmal im »Negativen«: darin, daß sich diese Hochbegabten und Schöpferischen dem Christlichen und seiner Weltsicht versagten. Dann aber ist vor allem zu sagen: jugendliches Erleben wurde bei ihnen gerade nicht belanglose, vorübergehende Phase, sondern das Bedeutsame ihres Aufbruchs war, daß in ihnen aus typisch jugendlichem Erleben eine *neue Weltsicht* geboren wurde, darin jugendliches Weltgefühl eine unerhörte Objektivation gewann und Weg wurde zu einer umfassenden neuen Philosophie, darin alles von daher seine Akzentuierung erhielt, um sie – wenn auch später in einigem gewandelt – bis zum Ende zu behalten. Hier lebte nicht das blinde Freiheitspathos junger, unreifer Menschen, das sich wirr und ziellos im Verneinen gefällt und nicht ins Positive findet; dieses Pathos der Freiheit gebar vielmehr eine neue Weltsicht, darin das Seiende in all seinen Formen in einem neuen Zueinander gefaßt wurde, in einem Zueinander in Harmonie *und Freiheit*. Daß das gelang, gab und gibt dieser jugendlichen Opposition Gültigkeit und Rang. Denn im Tiefsten meinte ja ihr Verlangen nach Freiheit nicht einfach Befreiung von politischer Unfreiheit und dogmatischem Zwang – gewiß das auch. Daran entzündete sich geradezu ihr Wollen – aber im Grunde war solches nur Modell eines Tieferen und viel Umfassenderen: alles »Unfreie« ist das in Grenzen Gedrängte, ist das Zurückgedrängte, Sein in Distanz zum Herrschenden. Immer ist darin Gegenüber: von Herr und Knecht, von Bestimmendem und Bestimmtem, von Herrschendem und Unterworfenem, von Aktivem und Passivem, von Gebendem und Empfangendem, von Subjekt und Objekt: immer Distanz! – Wie anders aber ist alles »Freie«. Es ist gerade das über seine Grenzen Steigende, das zum anderen Hingehende und Hinströmende, das zum anderen Findende und nicht in sich Zurückgedrängte und Beschlossene, darin nicht Gegenüber ist von Herr und Knecht, von Objekt und Subjekt, sondern *Verbundenheit in Freiheit*, darin Gemeinschaft ist von einander Nahem und »Freundschaft« zumal. Das war es, was im Tiefsten ihrer aller Sehnsucht war und hinter ihrer Sehnsucht nach »Freiheit« stand: die Sehnsucht aus Distanz und »Zerrissenheit« zur *Verbundenheit alles Seienden mit allem Seienden*: daß alles Seiende einander nicht das Fremde ist, sondern einander verwandt; daß Seiendes nicht unverbunden neben Seiendem steht, sondern ihm nahe ist und verbunden. Das junge Denken der Hegel, Hölderlin und Schelling hat im Grunde aus *einer* großen Attitude gelebt: aus der Sehnsucht nach der großen, umfassenden Einheit alles Seins, was nicht – wie oft interpretiert worden ist – dessen Einerleiheit meinte, sondern ihr *Eins-sein* in Verbundenheit und Nähe. Das meinte ihr »Ἐν καὶ πᾶν« und ihre Sehnsucht, daß das »Reich Gottes komme«!

Damit brach aber Vielfältiges auf und verlangte neue Fassung: das Verhältnis von Gott und Welt, von Natur und Geist, von Subjekt und Objekt, von Mensch zu Mensch u. a.

Gegen den Gott, der der »ganz Andere« ist, Hoheit und Majestät, »absolutes Wesen«, ewig, unvergänglich – demgegenüber der Mensch aber armselige Kreatur inmitten einer endlichen, hinfälligen, gefallenen, sündigen Welt; Knecht und Sünder vor dem absoluten Gott, ausgeliefert seiner Barmherzigkeit, der Sünde immer neu verfallend und vom Zorn Gottes bedroht, suchte man eine neue Verbundenheit zwischen Gott und dem Menschen, jene »selige Verbundenheit«, die Hellas gekannt zu haben schien, darin nicht die Distanz zwischen Gott und der Kreatur das Primäre war, sondern ihr Verbundensein: daß der Mensch Kreatur ist, aber von Gott geschaffen; daß der Mensch ein anderer ist als Gott, aber sein Ebenbild zugleich; tief von Gott bejaht, tief von ihm getragen und durchdrungen, stehend in seiner Huld und Gnade. Und nicht anders Welt als ein von Gott Getragenes und Erfülltes, darin sich immer neu die Inkarnation des »Göttlichen« begibt.

Gegen jene Zerrissenheit von Natur und Geist, wie sie Descartes zu Beginn der Neuzeit verkündet (wie nie das Mittelalter zuvor), darin der Geist anders ist als die Natur, und Natur anders als der Geist; daß sie kein Verbundenes sind, sondern ein Getrenntes: Natur ohne Geist und Geist ohne Natur, sodaß das Erkennen des Einen durch das Andere unfaßbar schien und der Einfluß aufeinander zumal – wollte man neu die Verbundenheit von Natur und Geist. Natur nie ohne Geist, sondern von ihm durchdrungen und von ihm geprägt, darin Geist immer neu Wirklichkeit wird im Bereich der »Natur« (das Wunder des Schönen!) – Geist aber nicht ohne »Natur«, sondern als Geist im Leibhaften, ihn adelnd und zugleich aus ihm »entspringend«, der Mensch als ein Glied der Erde, die in *seinem* Geist »zu sich selbst kommt«. Gegen die Zerrissenheit von Regierenden und »Untergebenen« stellte man das – weithin »geträumte« – Bild der griechischen Polis, die die Menschen nicht zu scheiden, sondern zu verbinden schien in beglückender Gemeinschaft. Es war in allem jenes gewollt, was Hölderlin dann in seinem *Hyperion* verkündet hat (lasen ihn Hegel und

Schelling mit heißem Herzen?), dieses: »Eins zu sein mit allem, was da lebt (mit Göttern und Menschen, mit Natur und allen lebendigen Wesen), das ist der Himmel des Menschen«. Gegen alles Getrenntsein und alle Distanz von Gott und Welt, von Gott und Mensch, von Subjekt und Objekt, neue Verbundenheit und neue Gemeinschaft, und dann Sein »in Freiheit«.

Es ist klar, daß solches Wollen die innerste Tendenz hat – und die Gefahr –, sich im Pantheistischen zu verlieren (und wer wollte sagen, daß das Tübinger »Dreigestirn« die Grenzen immer gewahrt hat?) – aber im ganzen macht man es sich zu leicht, wenn man alles o. W. ins Pantheistische zerrt, statt des viel Tieferen (und Differenzierteren!) der so tief ersehnten »Philosophie der All-Verbundenheit« zu gedenken, deren Sehnsucht nach »Einheit« nicht Einerleiheit meinte, Eins(1!)-sein im Ontischen, sondern Eins-sein im Geiste!

Es hat nichts Verwunderliches, daß solches junge Denken und solche Sehnsucht sich dem Christlichen glaubte versagen zu müssen. Die Botschaft von Erbsünde und Gefallenheit, von Sünde, Gnade und Erlösung konnte hier nicht auf Gehör rechnen, sah man doch gerade darin das Feindliche und Zerstörende, das die so sehr ersehnte »Einheit« des Göttlichen und des Menschen zerriß. Vom Christlichen war hier nur *Eines* annehmbar und zu verkünden: daß Welt und Mensch aus dem Göttlichen »entsprungen« sind, daß Göttliches und Irdisches darum nicht einander fremd sind, daß vielmehr das Göttliche sich immer neu im Irdischen »inkarniert« und »Mensch wird« –, daß Gott versöhnt *ist* und die Zeit der neuen Nähe angebrochen: »Gottes Reich«. Eine säkularisierte Christlichkeit fand so hier Gelegenheit zu verwirrenden Formeln. Und das überlieferte Christentum schien darin unannehmbar und dessen Ablehnung gefordert. So ging keiner von ihnen in den Pfarr- oder theologischen Dienst. Hegel nicht und Hölderlin nicht. Nicht minder versagte Schelling sich dem. Er ging wissend anderen Weg – bedauert von seinen Lehrern; daß es ihnen nicht gelungen war, diesen jungen Genius zu gewinnen, daß ihnen hier junge Menschen die Gefolgschaft versagten und ihnen entglitten waren, um Wege zu gehen, die nicht die ihrigen sein konnten.[21]

Wenn aber Schelling zu so großen Dingen damals hindrängte, so muß natürlich zugleich gesagt werden, daß er sie mehr ahnte als im letzten begriff oder gar durchdacht hatte. Vieles war einfach aufgegriffen worden, und so klar die Ablehnung des Überlieferten war, so ungewiß war im letzten die Formulierungsmöglichkeit des letzthin Gewollten. Sein Weg zum Endgültigen (das ich nicht vor 1801 ansetzen würde) war darum weit und wandlungsreich und nicht ohne Sprunghaftigkeiten. Ja, im ganzen wird man sagen müssen, daß ein anderer das letzthin Gemeinte früher vor Augen sah und – wenigstens als Dichter – zu formulieren vermochte: Hölderlin. Schelling ging weiteren Weg, ging ihn nicht zuletzt darum, weil er sich tiefer als die anderen (Hölderlin und Hegel) mit Fichte einließ. Angerührt – und wie leicht war Schelling anzurühren – von dieser »Philosophie der Freiheit« (denn aus diesem Pathos hat sie ja zunächst ganz gelebt), schien Fichte für Schelling der Weg schlechthin. Daß er Umweg und Gefährdung zugleich bedeutete, begriff Schelling erst langsam (und auch hier Hölderlin früher als er). Und zugleich: wie vieles bei Kant und Fichte war von Schelling garnicht wirklich durchdacht! Und doch schenkte ihm solcher »Umweg« über Fichte viel. Hätte Fichte in der Gefolgschaft Kants nicht allen zuvor so glühend und ausschließlich Würde und Rang des Geistes verkündet – keiner von seinen Nachfolgern hätte den Geist so sehr feiern und eine Philosophie aufbauen können, darin das alles Verbindende und Einende der Geist wurde: der Geist *im* Sein.

Tübingen war so ein Anfang, ein wichtiger Anfang: noch war alles zu tun. Aber schon stand das Ziel vor Augen, zumindest die Richtung, daraus alles Folgende geboren worden ist.

Zeugnisse über Schellings Studienzeit in Tübingen

Semestralzeugnisse des Stifts[22]
Martini 1790:
Frid. Guil. Joseph. Schelling Bebenhus. M. Jos. Frid. Schelling profess. ibid. fil nat. 1775 rec. 1790
Ing. felix, studia urgens, mores boni
Georgii 1791: *ebenso*
Martini 1791: Ing. felix, studia urgens, mores [boni][23] probi
Georgii 1792: Ing. felix, studia urgens [mores probi][24], mores boni quidem, sed ad legem non prorsus adstricti
Martini 1792: mores boni quidem, sed ad legem non prorsus adstricti
Georgii 1793: fehlt

Martini 1793: mores boni quidem, sed ad legem non prorsus adstricti
Georgii 1794: *sind keine Zeugnisse eingetragen*
Martini 1794: mores boni quidem, sed ad legem non prorsus adstricti
Martini 1795: bey den Baronen von Riedesel 13. Nov. 1795 geht auf auswärtige Universitäten 22. März 1796:
Martini 1798: Schellings Name ist durchgestrichen
darunter: Prof. zu Jena 28. Aug. 1798

1 Vgl. zum Folgenden die instruktive Arbeit von Martin Leube, *Die Geschichte des Tübinger Stifts, 1770-1950*, 1954; dazu: Martin Leube, *Die geistige Lage im Stift in den Tagen der französischen Revolution*, in: Blätter für württ. Kirchengeschichte. N. F. 39. J. 1935, S. 149 ff., ferner: W. Betzendörfer, *Hölderlins Studienjahre*, 1922.
2 Hölderlins Briefe an die Mutter aus der Stiftszeit, und die Briefe, die Schelling seit Herbst 1793 an Hegel in Bern geschrieben hat, sind in der Schärfe ihrer Ablehnung der Tübinger Theologie dafür ein beredtes Zeugnis geworden. Im übrigen dürfte es selbstverständlich sein, daß es nicht zuletzt der Einfluß der älteren Stubengenossen war, darunter eben der Hegels und Hölderlins, der Schelling bald in die allgemeine oppositionelle Haltung der älteren Studenten mitriß.
3 Vgl. dazu das sehr typische Schicksal von Karl Fr. Reinhard (in: Wilhelm Lang, *Graf Reinhard*, 1896), geboren 1761, Sohn eines Geistlichen, 1778-1783 im Stift, Primus seiner Promotion, auch er – wie später Hegel, Hölderlin und Schelling – sich in dieser Zeit von der Theologie, ja dem Christlichen distanzierend, voller Zorn auf das Stift, über das er später gesagt hat: »Ich danke dem Stift, in dem ich fünf Jahre verloren habe, nichts als durch peinliche Entbehrung auf ein hohes Grad gespanntes Freiheitsbedürfnis. Ich weiß nicht, hab ich's der Elastizität meines Charakters oder der Schonung meiner Aufseher zu danken, daß mein Geist gerade nur bis zu dem Punkt niedergedrückt wurde, wo er den Druck nicht aushalten konnte, ohne zu brechen« (Lang, S. 30). Reinhard zögerte nicht, nach Verlassen des Stifts dieses öffentlich in einer Schrift anzugreifen (1785) und in ihr zu schreiben: »Nirgends existiert mehr in allen protestantischen Ländern eine Anstalt von einer so mönchisch = despotischen äußern und innern Verfassung« – ein Aufsatz, den die Stiftler mit Jubel, die Professoren mit Betroffenheit aufgenommen hatten. Reinhard zog es infolgedessen vor, ins Ausland zu ge-

hen, nach Paris, wo er sich bald der Revolution anschloß, um schnell diplomatische Karriere zu machen. Seit 1795 immer wieder Gesandter Frankreichs, 1799 kurze Zeit Außenminister, dann Gesandter im Dienste Napoleons, später der Bourbonen, 1837 gestorben als Pair von Frankreich, seit 1807 eng bekannt mit Goethe (vgl. Goethe und Reinhard, *Briefwechsel*, 1957), mit Fr. Schlegel, mit den Gebrüdern Boisserée, war er für die Stiftler bald das große Vorbild. Schon er hatte die Bekanntschaft des Dichters der *Räuber* gesucht, und dieser hatte ihm eines Tages die »Räuber« geschenkt; und auch mit Schubart war er bekannt geworden. So negativ wie sein Urteil war im Grunde auch das Hölderlins Jahre später, das in seiner Heftigkeit überrascht. An die Mutter: er fürchte, die Universitätsjahre würden ihm das Leben auf immer verbittern. An Neuffer, man müsse in Tübingen unter »Verdrießlichkeiten [...] Schikanen, [...] Ungerechtigkeiten [...] leiden [...]«, und er bleibe nur der Mutter zuliebe. Ein ander Mal an die Mutter: »Überhaupt ists unbeschreiblich, unter welchem Druck das Stipendium wirklich ist.« 1793, als die neuen Statuten kommen sollten: »Mir sollte leid tun, wenn sie so eingerichtet wären, daß kein vernünftiger Mensch ohne seine Ehre zu vergeben, sie eingehen *könnte,* und wenn wir nicht dagegen wirken könnten, denn in diesem Falle bin ich fest entschlossen, mir eine andre Lage auszufinden, und sollt' ich auch mein Brot im Schweiße meines Angesichts verdienen müssen. Gott weiß, wie lieb mir die Meinigen sind, und wie sehr ich wünsche, nach ihrem Gefallen zu leben, aber unmöglich ist's mir, mir wiedersinnische, zwecklose Gesetze aufdringen zu lassen und an einem Orte zu bleiben, wo meine besten Kräfte zugrunde gehen würden. [...] Ich bin bei weitem nicht (der) einzige [...], der diesen Entschluß gefaßt hat. [...] Wir müssen dem Vaterlande und der Welt ein Beispiel geben, daß wir nicht geschaffen sind, um mit uns nach Willkür spielen zu lassen. Und die gute Sache darf immer auf den Schutz Gottes hoffen.« Wenig später: er hoffe auf den Sieg der Franzosen über Österreich. Andernfalls wird der »Mißbrauch fürstlicher Gewalt [...] schrecklich werden. Glaube mir das! und bete für die Franzosen, die Verfechter der menschlichen Rechte.«

4 Vgl. Hölderlin in einem Brief an Neuffer (November 1791), er arbeite an einem Hymnus an die Menschheit. Aber alles gehe langsam voran. »Sonst hab' ich noch wenig getan: vom großen Jean Jacques mich ein wenig über Menschenrechte belehren lassen, und in hellen Nächten mich an Orion und Sirius, und dem Götterpaar Kastor und Pollux geweidet [...]« Von Hegel ist eigens berichtet, daß er viel über Rousseaus Schriften gesessen habe.

5 Reinhard hat bereits 1789 mehrere Briefe über den Bastillesturm (zustimmende Briefe) im *Schwäbischen Museum* veröffentlicht und 1791 in Schillers *Thalia* einen Aufsatz: *Übersicht einiger vorbereitender Ursachen der französischen Staatsveränderung*; und es bekümmerte ihn

1793, daß Schiller sich von der Revolution abzuwenden schien. Zu Reinhard war bald ein anderer gestoßen, ein Karlsschüler: Georg Kerner, der ältere Bruder von Justinus Kerner, der dann von 1795 an mehrere Jahre Reinhard als Sekretär begleitet hat. Auch er nahm aktiv an der Revolution teil, ja seine Briefe darüber kamen unmittelbar ins Tübinger Stift, wo sein Bruder Ludwig (1793 eingetreten) Theologie studierte. Georg K. hat nicht nur aus »Tyrannenhaß« das Adelsdiplom der Familie zerrissen, sondern sein Bruder Ludwig war bald ohne Maß vor Begeisterung. Justinus Kerner hat später darüber berichtet (der Bericht bezieht sich auf die Jahre 1792/93): »Er war von Bewunderung seines Bruders Georg stets durchdrungen, staunte ihn hoch an und wünschte nur [...], auch ein freier Weltbürger werden zu können.« Er schrieb ihm oft nach Paris und klagte über den Vater, der den Geist der Zeit nicht zu fassen wisse. Hier im Stift (schrieb er ihm) wird die ganze Größe der französischen Revolution schon lange begriffen. Die Erde rauche von Tyrannenblut, »das ist aller Losung; in dreifarbigen Kokarden reisen wir in die Vakanz und: Vive la liberté! ruft der eine, begegnet er dem Freunde, und dieser antwortet: Vive la nation!« Dem Vater aber schrieb er: »In dem Kerker dieses theologischen Stifts schmachte ich nicht länger mehr, die Zeit ist herangekommen, wo ein jeder ein freier Weltbürger ist. Ich habe mir einen Büchsenranzen gekauft, in diesen werde ich Kants Schriften packen und mit ihnen nach Paris wandern.« Ein anderer (J. G. Pfahl) schilderte später (1802) die damalige Stimmung im Stift: »Man bewunderte in der französischen Revolution den herrlichsten Triumph der Vernunft und den höchsten Sieg der Philosophie; [...] Es war nun von keinem theologischen Studium mehr die Rede. Das sei leere Spreu [...] und das höchste Interesse des Verstandes liege in *der* Wissenschaft, welche die Menschen lehre, frei und gleich zu werden und allen geistlichen und weltlichen Despotismus in die Pfanne zu hauen. Man [...] forschte Tag und Nacht in Rousseaus Traum von dem bürgerlichen Vertrage [...] Was in Frankreich geschah, dünkte [...] ohne Ausnahme einzig und göttlich: [...] Jeder Fürst war [...] ein Tyrann. [...] Die Unterwerfung unter den Willen eines einzigen schien [...] tiefste Herabwürdigung der Menschenwürde [...]« (von Pfahl spöttisch gemeint. Sein Buch: *Ulrich Höllriegel, Geschichte eines Magisters (des Stifts)*, 1802, zitiert nach M. Leube, *Das Tübinger Stift*, 1954, S. 115 ff.). Die Begeisterung für Frankreich hielt hier in Tübingen bei den Stiftlern noch lange an. Sie währte mindestens noch bis 1798. Noch zu dieser Zeit begrüßte man die Siege der Franzosen. Es kann kein Zweifel sein, daß Hegel und Schelling an dieser Begeisterung für die französische Revolution teilgenommen haben. Nicht nur das: beide nahmen an einem »politischen Club« teil, in dem viel diskutiert wurde – eine Teilnahme, die im Mai 1793 zu bedrängenden Untersuchungen führte, veranlaßt durch die Flucht eines der Stiftler namens August

Wetzel (1772 bis nach 1827), der von 1788-1790 mit Schelling in Maulbronn gewesen und im Herbst 1790 als Compromotionale Schellings mit ins Tübinger Stift eingetreten war, wo sie mit Hegel, Hölderlin, Hiller und einigen Mömpelgarden einen Freudenkreis bildeten, »der bald durch die lebhaft begrüßte französische Freiheitsbewegung eine politische Färbung erhielt«. Wetzel, ein unruhiger Geist, dürstend nach Freiheit und von Anfang an gegen die Stiftsordnung revoltierend, war im April 1792 schon einmal aus dem Stift nach Straßburg geflohen, um dort einem Jacobinerklub beizutreten (und hier in Straßburg entstand damals die Marseillaise durch Rouget de Lisle!), war dann aber im August 1792 ins Stift zurückgekehrt, wo ihn vielleicht die Fürsprache seines Onkels, des Geschichtsprofessors Fr. Rösler, gerettet hat. Aber mit ihm war nun einer im Stift, der selbst unmittelbar mit der Revolution in Berührung gekommen war, und er brachte nun all das in Straßburg Erlebte mit zu seinen Freunden, deren Bund sich als Lesegesellschaft getarnt zu haben scheint. »Man las verbotene französische Zeitungen und verschlang die neuesten Pariser Nachrichten«, und es liegt nahe, daß W. es war, der den Tübinger Freunden die Marseillaise ›mitgebracht‹ hat. Dabei soll es Schelling gewesen sein, der sie ins Deutsche übersetzt. Wir wissen nichts Näheres über die einzelnen Vorgänge, es kann aber sein, daß man z. B. die Hinrichtung von König Ludwig im Januar 1793 nicht ohne Jubel begrüßte, wahrscheinlich hat man auch öfters die Marseillaise gesungen, Kokarden getragen etc. Das alles aber kam zu Ohren der Obrigkeit (vielleicht durch Verrat des Klubmitgliedes J. J. Kob, der selbst aus Straßburg stammte und Hiller 1791 ins Stammbuch geschrieben hatte »Vivre libre ou mourir«!). Wetzel sah keinen andren Weg, da er als Rädelsführer galt, als am Vorabend des 13. Mai 1793 (an dem Tag kam der Herzog nach Tübingen, um die neuen Statuten zu verkünden) zu fliehen. Alle Klubmitglieder waren in großer Sorge, und auch Schelling scheint sich vor peinlichen Untersuchungen gefürchtet haben. Er schrieb eine größere Verteidigungsschrift an den Prorector, die bisher leider nicht aufgefunden werden konnte. Der Herzog ließ indes bald von einer eingehenden Untersuchung ab, im Personalbuch des Stifts wurde über Wetzel nur eingetragen: »democrata« [...] »rejectus Mai 1793«. In solchem Zusammenhang mag also stimmen, was G. L. Plitt (Hg.), *Aus Schellings Leben*, 3 Bde. 1869/70, 1, 31 berichtet: bald »wurden freisinnige Reden gehalten, Freiheitslieder gedichtet, aus dem französischen übersetzt, gesungen, deklamiert. Besonders kam das Marseiller Lied hoch in Ehren«, dem Plitt freilich hinzusetzt: »die Übertragung derselben ins Deutsche sollte Schelling gemacht haben. Dieß war nun freilich nicht der Fall«. Später (1839) wußte der einstige Stiftler Leutwein zu berichten, man hätte gelegentlich auch einen Freiheitsbaum errichtet und umtanzt, und Hegel und Schelling hätten sich vor allem in schwärmerischer Freundschaft daran beteiligt. Aber mag es nun mit all dem gewesen sein, wie immer: die Resonanz, die das Geschehen in Frankreich unter der Tübinger Studentenschaft gefunden hat, dürfte groß gewesen sein. Es schuf eine längwährende revolutionäre Stimmung im Stift, darin die Bereitschaft zu Einordnung und Unterordnung gering war. Der ganze Ton der späteren Briefe zwischen Hegel und Schelling, aber selbst der bei Hölderlin, dürfte wesentlich von daher mitbestimmt sein. Die französische Revolution war so kein Geschehen am Rande. Es bestimmte vielmehr entscheidend die geistige Situation der Tübinger Studenten (zu Wetzel vgl. Georg Schmidgall: *August Wetzel*, in: *Schwäbische Lebensbilder*, Bd. 5. S. 138 ff. – Wetzel ist denn auch wirklich 1793 wieder nach Frankreich gegangen, dem Revolutionsheer beigetreten, und wie Reinhard bis zu seinem Tode in Frankreich geblieben, französischer Staatsangehöriger geworden etc.).

6 Die Vorlesungen wurden lateinisch angekündigt. Ich gebe authentisch nur die wichtigeren Vorlesungen. Das Studium kannte wenig Ferien. Das W. S. begann jeweils offiziell mit dem Fest des Engels Michael (29. 9.), faktisch begann es aber jeweils mit dem 18. 10. Vom 18. 9.-18. 10. waren 4 Wochen Ferien. Gerechnet wurde das Semester bis zum Sonntag Quasimodigeniti (1. Sonntag nach Ostern). Im allgemeinen gab es aber über Ostern 14 Tage Ferien (vom Palmsonntag bis Quasimodigeniti). Das S. S. begann dann am 1. Sonntag nach Ostern und währte bis Ende September (Michael). Im September waren auch die Examen.

7 Nach dem Vorlesungsverzeichnis erklärte sich Flatt schon im S. S. 1790 bereit, »potiora Kantianae criticae capita« zu erklären (kam nicht zustande? Hölderlin und Hegel sagen in ihrem Magister-Curriculum nichts darüber); dann wieder im S. S. 1791. Dieses Mal kam es sicher zustande und wurde im W. S. 1791/92 fortgesetzt. Schelling hat in seinem Magister-Curriculum ausdrücklich erwähnt, er habe neben den üblichen Vorlesungen bei Flatt »Criticam purae rationis Kantianam« gehört. Es paßt darum gut, wenn Schellings Sohn später zu berichten weiß (Plitt I. 27), Schelling habe früh Schulzes Auszug der Kantschen Kritik besessen; das noch erhaltene Exemplar hätte den Eintrag gehabt: 1791, »abs. pr. d. 23. Mart. ej.« Ein Kursgenosse Hegels hat später berichtet, man hätte einen Kantkreis im Stift gehabt, Hegel hätte freilich kaum daran teilgenommen. »Und ich, der ich mich damals in Kantsche Literatur sehr stark einließ und deswegen mit Schelling, Breyer (Schellings Vetter), Flatt [...], Rep(etent) Diez, diesem Kantschen enragé [...] häufig conversirte, konnte mit meinen Unterhaltungen über Kant, Reinhold, Fichte [...] bei Hegel wenig Anklang finden« (zitiert nach Leube, *Die Geschichte des T. St., 1770-1950*. S. 110). Das von Leube herbeigebrachte Material (vgl. auch das Folgende) zeigt genügend, wie ungern man im Stift die Lektüre Kants durch die Stipendiaten gesehen hat, bzw. die Weise, wie man ihn aufgenommen hat. Im Jahre 1793 ließ

Storr übrigens erscheinen: »Annotationes theologicae ad philosophicam Kantii de religione doctrinam«, eine Arbeit, die höchst scharfsinnig war. Schelling dürfte sie abgelehnt haben. Denn gegen diese Schrift und Flatts Vorlesungen gingen wohl seine scharfen Urteile im Brief an Hegel, vgl. Hoffmeister 1. 13. – Viel scheint sich mit Kant auch Hölderlin beschäftigt zu haben. Vgl. Brief an die Mutter 1791 (Große Ausgabe Bd. 6) über die Gottesbeweise. 1793 an Neuffer: »Und so bleib ich meist in meiner Klause bis abends; oft in der Gesellschaft der heiligen Muse [...]; jetzt gerade wieder in Hrn. Kants Schule.« Sein Abschlußzeugnis vom Sommer 1793 rühmte von ihm »philosophiae, imprimis Kantianae [...] assiduus cultor«.
8 Das Examen war jeweils im September, und ihm folgte dann die feierliche Promotion in der Aula (vgl. Betzendörfer, S. 45). Schellings Diplom ist auf den 26. 9. datiert.
9 Plitt 1. 26, 30. Aber vielleicht hat Schellings Sohn nicht ganz unrecht, wenn er schreibt: »Ohne Schnurrers [...] Anregung möchte er sich noch früher, als es geschah, und gleich anfangs ganz dem Studium der Philosophie in die Arme geworfen haben.«
10 Plitt 1. 35
11 Sie kam im Herbst 1793.
12 Wenn Schelling in Tübingen »seinen Glauben verlor« (vgl. später an den Vater: »Zur Theologie tauge ich nicht, weil ich indeß um nichts orthodoxer geworden bin«), so war solches Schicksal nicht absonderlich. Ähnlich erging es bekanntlich Hegel, ähnlich Hölderlin, vorher Reinhard und vielen anderen. Es wäre darum völlig falsch, zu meinen, im Stift hätte unter den Theologen ein besonders religiöser oder christlicher Geist geherrscht. Professoren und Repetenten, aber auch Pfarrer draußen im Land, haben sich in jenen Jahren immer wieder über die jungen Tübinger Theologen beschwert. Zumindest gingen viele der Tübinger Studenten nicht von dort, ohne in eine erhebliche (wenn auch oft vorübergehende) Distanz zum Christlichen getreten zu sein. Auch Hegel, Hölderlin und Schelling haben in späterer Zeit wieder – jeder freilich in sehr anderer Weise – Nähe zum Christlichen gesucht, wobei offen bleiben mag, ob sie je wieder dahin fanden. Sicher ist: »Tübingen« und das dort Erlebte ließ sie zunächst alle in Distanz treten.
13 Schellings Vorrede ist erhalten (vgl. Plitt 1. 39). Sie hat sehr kennzeichnende Züge: die Theologie befinde sich gegenwärtig »in einer Krise«, der sie – das sollte sicher gegen Flatts Kantianismus gesagt sein – durch eine neue Verbindung mit der Philosophie zu entgehen hoffe, erhebe doch die »Philosophie mächtiger vielleicht als jemals ihre Stimme«. Dem aber sei zu wehren; man müsse eine rein »historische Interpretation der Bibel« anstreben. Nur rein historische Untersuchungen könnten alles klären. Es bestehe einfach »die Notwendigkeit [...], auf dem bisher mit so großem Vortheil der Theologie betretenen Wege der hi-

storischen Nachforschung weiter fortzugehen«, und sie sei »dringender als jemals«. Der Umfang solcher Untersuchungen sei »unermeßlich groß«, aber nur so bestehe Hoffnung, endlich auf die Wahrheit zu kommen etc.

14 Man vergleiche dazu Hegels spätere typische Reaktion. Als er im Herbst 1793 Tübingen verlassen hatte, um nach Bern zu gehen, und als er dort Schellings Aufsatz in den *Memorabilien* in die Hände bekommen hatte, schrieb er am 24. 12. 1794 an Schelling, er habe Lust bekommen, mit ihm neu in Verbindung zu treten, »indem ich [...] die Anzeige eines Aufsatzes von Dir [...] las und Dich auf Deinen alten Wegen antraf, wichtige theologische Begriffe auf die Seite schaffen zu helfen. – Ich kann Dir nicht anders als eine erfreuliche Teilnahme darüber bezeugen [...], ich glaube, die Zeit ist gekommen, da man überhaupt freier mit der Sprache heraus sollte, zum Teil auch schon tut und darf«. Vgl. auch Plitt: Schellings »aufklärende [...], kritische Bestrebungen waren im Stift sehr wohl bekannt«. (1. 37) »So galt Schelling damals [...] als Vorkämpfer für Aufklärung in der Theologie, als ein Bahnbrecher des gelehrten Rationalismus.« (38)

15 Er war auf dem Weg nach Zürich zu seiner Braut, der er aus Tübingen schrieb: bald »bin ich so glücklich, mich von den vielen Ehrenbezeugungen, die mir hier wiederfahren [...] sind, [...] loszureißen« (Schulz, *Fichtes Briefwechsel*, 2. Aufl. 1930, 1. 289).

16 Es scheint mir kein Zweifel, daß auch Hegel und Hölderlin damals Fichte begegnet sind. Als Fichte im Mai 1794 erneut durch Tübingen kam, schrieb Schelling einfach an Hegel: »Fichte, als er das letzte Mal hier war«. So kann man wohl nur sprechen, wenn allen Fichte bekannt war, sonst hätte Schelling doch wohl seinen Eindruck von Fichte schildern müssen. Leider fehlt ein Brief Hölderlins an Hegel vom Winter 1794/95, in dem er sich eingehend über Fichte geäußert hat. Der Brief hätte hier klären können (vgl. Hegel an Schelling, Januar 1795: »Hölderlin schreibt mir zuweilen aus Jena [...] Er hört Fichte'n und spricht mit Begeisterung von ihm. [...]«

17 Fichte war dieses Mal auf dem Wege von Zürich nach Jena, um dort seine Professur anzutreten. Er schrieb am 3. 5. 1794 an seine Frau von Stuttgart aus: »Zu Tübingen brachte ich den gestrigen Nachmittag unter immer sich erneuernder u. vermehrender Gesellschaft zu [...]«

18 Fichte an Niethammer im Winter 1793/94: »Meiner innigen Überzeugung nach hat Kant die Wahrheit blos angedeutet [...] Noch hat keiner ihn verstanden; keiner wird ihn verstehen, der nicht auf seinem eigenen Wege zu Kant's Resultaten kommen wird, und dann wird die Welt staunen. Dies sind meine Hoffnungen und Erwartungen [...] die ich aber in meiner Brust verschließe« (Fichte *Bw.* 1. 306. Vgl. auch Brief an Flatt in Tübingen, S. 314, 325). Am 4. 12. 1794 in einem Brief, vor seinen Augen stehe die Idee einer wissenschaftlichen Philosophie, »die

sich selbst mit der Mathematik messen könne – ein Projekt, dessen Gelingen mir schon so gut wie sicher ist«. Er wolle nach Jena kommen und zeigen, daß er »im Besitz eines solchen Systems seyn möchte« (a.a.O., S. 332). »Zum Glük bin ich [...] in der Arbeit so vorgerükt, daß ich das Ende wenigstens schimmern sehe.« Ähnlich an Lavater, im März an Reinhold, an Hufeland, an Niethammer, dort auch (a.a.O., S. 335) das Wort von der »Entdeckung« und: »Ich bin diesen Winter glücklich gewesen und ich glaube [...] das Philosophiren zum Wissen erheben zu können« (a.a.O., S. 356). So versuchte er in jenen Tagen, alles erstmals zu formulieren. Es war die Geburtsstunde der Schrift: *Über den Begriff der Wissenschaftslehre oder der sogenannten Philosophie, eine Einladungsschrift zu seinen Vorlesungen. [...]* Schelling begegnete also einem höchst bewegten Fichte, der erfüllt war von seiner neuen Idee.

19 Schellings Schrift *Vom Ich* erhielt Hegel Ende Juli. Seine Antwort vom 30. 8.: »Dank sei Dir [...]; jeder, dem das Heil der Wissenschaften und das Weltbeste am Herzen liegt, wird Dir [...] danken. [...] Es fällt mir hiebei ein Urteil ein, das vorigen Sommer ein Repetent von Dir fällte; er sagte mir, Du seiest nur zu aufgeklärt für dieses Jahrhundert, im nächsten etwa werden Deine Grundsätze an ihrem Platze sein«.

20 Schelling hat 1809 zu den *Briefen* erklärt: »Die Briefe [...] enthalten eine lebhafte Polemik gegen den damals fast allgemeingeltenden und vielfach gemißbrauchten sogenannten moralischen Beweis von der Existenz Gottes, aus dem Gesichtspunkt des damals nicht weniger allgemein herrschenden Gegensatzes von Subjekt und Objekt.« – Solche Tendenzen der Schrift sind dem heutigen Leser nicht o. w. offenbar. War es von Anfang an aber so von Schelling gemeint, so war darin deutlich ein Angriff gegen Storr und Flatt gewollt. Vgl. im Übrigen Schellings Brief an Hegel vom 6. 1. 1795. Hegels Antwort war nicht anders gestimmt: man solle den Theologen all diese Dinge entreißen, »[...] damit »die Feuersbrunst der Dogmatik« nicht verhindert werde. Freilich im Sachlichen war Hegel zögernder. Fichte selbst sei an dem ganzen gegenwärtigen Weg der Theologie nicht unschuldig; seine *Kritik der Offenbarung* sei schon einen unguten Weg gegangen. Schelling am 4. 2. an Hegel: er solle mithelfen, daß »noch vollends die letzte Tür des Aberglaubens verrammelt« werde. Man müsse der »philosophischen Torheit« ein Ende machen. Dann sehr bezeichnend: »Schon oft wollt' ich im Ärger über den Unfug der Theologen zur Satire die Zuflucht nehmen [...]« etc. Und Schelling versuchte dann mit Hegel über Reichweite und Sinn des moralischen Beweises zu diskutieren, ob Hegel wirklich noch etwas von ihm erwarte. [...] Unter solchen Umständen schrieb Schelling den ersten Teil der *Briefe*, um Hegel ausdrücklich auf sie aufmerksam zu machen. Hegels Stellungnahme zu ihnen ist leider nicht bekannt, da ein Brief von ihm von Ende Mai, Anfang Juni 1796 fehlt. Schelling am 20. 6. 1796 aus Leipzig an Hegel: »Tausend Dank

für Dein Urteil über meine Briefe (Hegel hatte inzwischen wohl auch den 2. Teil gelesen). Es war mir interessant zu wissen, ob sie an *Dir* die Probe halten.«

21 Schellings theologische Examensarbeit war bei Storr gearbeitet, der sie wohlwollend beurteilt hat (vgl. Plitt 1. 67), wenn er auch nicht auf eine leise Mahnung verzichtete: »quamvis in alio doctrinarum genere versantis« (vgl. auch den Schluß a.a.O., 68, der die Hoffnung aussprach, Schelling werde eines Tages zur Theologie zurückkehren). Storr begriff wohl damals nicht, wie sehr Schelling u. a. ihn damals abgelehnt haben. Schelling hat auch später – als es 1797/98 um eine Berufung nach Tübingen ging, selbst dem Vater gegenüber (was sehr wunderlich ist, denn der Vater war wohl ein konservative Geist, der freilich sehr an seinem Sohn hing wie dieser an ihm) keinen Hehl aus seiner Haltung gemacht. Vgl. am 4. 9. 97: »Zur Theologie tauge ich nicht, weil ich indeß um nichts orthodoxer geworden bin.« (Plitt 1. 208) Prof. Storr wurde 1797 nach Stuttgart ins Konsistorium berufen; und es scheint, daß er seine Meinung über Schelling dann sehr geändert hat. Ihn hat vielleicht Schelling in seinen Briefen an den Vater immer wieder gemeint. Am 4. 9. 1797: »Der Brief an Dir. St. wird, hoffe ich, Ihren und seinen Beifall haben – Ihren, weil Ihnen die Satire unschuldig scheinen, seinen, weil er sie nicht verstehen wird« (Plitt 1. 205). Am 7. 3. 98: »Einer Nachricht zufolge hat Director St. aufs neue eine gar schlimme Meinung von meiner Orthodoxie – Gottlob, daß ich diesen Erzhammel des württembergischen Schafstalls auslachen kann.« (a.a.O., 216) Am 30. 3. 98: »Es ist unglaublich, welchen blinden Haß dieser eingeschränkte Kopf allem Neueren geschworen hat. Wenn er auch gegen Sie nichts geäußert hat, ist er mir doch im Stillen ganz entgegen, um so mehr, da er, Gott weiß warum, mich für einen Menschen hielt, an welchem die Orthodoxie noch Hoffnung hätte, und sich jetzt betrogen glaubt, und mich für einen Heuchler hält, da ich ihm doch nie zu jener Meinung Veranlassung gegeben.« (a.a.O., 220) Wir sind heute wohl in der Lage, die Änderung in Storrs Meinung erklären zu können. Es war wahrscheinlich Prof. Flatt, er, dem Schellings Abneigung immer gegolten hat, der Storr über Schelling »aufklärte« (ein glücklicher Fund von Martin Leube hat uns einen Brief Flatts an den Diakon Süskind – er war zu Schellings Zeit Repetent in Tübingen – vom Sommer 1797 bekannt gemacht. Vgl. M. Leube, *Die geistige Lage im Stift in den Tagen der französischen Revolution, Blätter für württembergische Kirchengeschichte*, Neue Folge, 39. Jahrg. 1935, S. 166. Darin heißt es: »Schellings Briefe (über Dogmat. und Krit.) habe ich noch nicht gelesen und bin auch nicht sehr begierig darauf. Aber daß das darin enthaltene System ein wahrer Atheismus ist, ist mir im voraus um so wahrscheinlicher, da ich schon in seiner früheren Schrift (über das Ich), der Dunkelheiten unerachtet, welche sie enthält, den Umriß eines vollkommenen (von einer gewissen Seite dem

Spinozischen ganz ähnlichen) Atheismus sehr deutlich wahrgenommen habe. Und damit stimmt auch das Urteil eines meiner hiesigen Freunde, der auch die Briefe gelesen hat, ganz zusammen. Es ist wahrhaft traurig, daß ein so guter Kopf sich so sehr verirrt! Mir scheint der Grund davon zum Teil auch im Herzen zu liegen. Aber vielleicht ist mein Urteil im gegenwärtigen Fall nicht ganz unparteiisch, da Schelling und seine Freunde in einem solchen Verhältniß gegen mich standen, und gewiß ohne Schuld von meiner Seite standen, welches für mich anfangs um so mehr Quelle mancher geheimer Leiden war, da ich so ganz genau wußte, wie ganz planmäßig sie daran arbeiteten, das Gute, das ich wirken wollte, zu verhindern und mir auf alle Weise wehe zu tun. […] Vergeben habe ich, soweit es nach meiner Überzeugung das Christentum fordert, auch diesen Menschen gewiß. Aber eine nähere Verbindung mit ihnen kann ich freilich so lang nicht wünschen und volles Zutrauen kann ich so lang mit ihnen nicht haben, als ich nicht von der Änderung ihrer Gesinnung überzeugt bin. […]« Da Flatt enge Verbindung mit Storr hatte, mag er ihm leicht Ähnliches berichtet haben. Süskind hat später öfters literarisch Stellung gegen Schelling genommen (vgl. 1812). Wie Schelling im übrigen in Tübingen in den Jahren 1794 und 1795 gesonnen war, zeigen aufs Deutlichste seine Briefe an Hegel und dessen Antworten (Hegel an Schelling am 24. 12. 1794 – Schelling an Hegel am 6. 1. 1795 – Hegel an Schelling Ende Januar – Schelling an Hegel am 4. 2. 95 – Hegel an Schelling am 16. 4. 95 – Schelling an Hegel am 21. 7. 95 – Hegel an Schelling am 28. 8. 1795.

22 Aus den Semesterberichten, die die Stiftsregistratur des Evangel. Stifts Tübingen bewahrt. Schon veröffentlicht bei W. Betzendörfer, *Hölderlins Studienjahre*, 1922, S. 104. – Mir erneut im ganzen Text freundlicherweise von Herrn Repetenten M. Brecht mitgeteilt. Vgl. dazu die Zeugnisse über Hölderlin und Hegel. Hölderlin: »Ingenium bonum, diligens«, 1788 »mores boni«, dann »recti«, oder »probi«. Hegel: es heißt von Martini 1788 – Mart. 1793: »Ingenium bonum, diligens«; anfangs »mores boni«, dann »recti«; »probi«; Georgii 1791 und Martini 1791 »mores languidi«, dann wieder »mores probi« (»Ingenium felix« galt als höchste Auszeichnung!).

23 24 Ist jeweils gestrichen.

[Alle Anmerkungen von Horst Fuhrmans, z. T. gekürzt, d. H.]

Immanuel Kant
Aus der ›Kritik der Urteilskraft‹

§ 59.
Von der Schönheit als Symbol der Sittlichkeit

Die Realität unserer Begriffe darzutun werden immer Anschauungen erfordert. Sind es empirische Begriffe, so heißen die letzteren *Beispiele*. Sind jene reine Verstandesbegriffe, so werden die letzteren *Schemate* genannt. Verlangt man gar, daß die objektive Realität der Vernunftbegriffe, d. i. der Ideen, und zwar zum Behuf des theoretischen Erkenntnisses derselben dargetan werde, so begehrt man etwas Unmögliches, weil ihnen schlechterdings keine Anschauung angemessen gegeben werden kann.

Alle *Hypotypose* (Darstellung, subiectio sub adspectum), als Versinnlichung, ist zwiefach: entweder *schematisch*, da einem Begriffe, den der Verstand faßt, die korrespondierende Anschauung a priori gegeben wird; oder *symbolisch*, da einem Begriffe, den nur die Vernunft denken, *und* dem[1] keine sinnliche Anschauung angemessen sein kann, eine solche untergelegt wird, mit welcher das Verfahren der Urteilskraft demjenigen, was sie im Schematisieren beobachtet, bloß analogisch,[2] d. i. mit ihm bloß der Regel dieses Verfahrens, nicht der Anschauung selbst, mithin bloß der Form der Reflexion, nicht dem Inhalte nach, übereinkommt.

Es ist ein von den neuern Logikern zwar angenommener, aber sinnverkehrender, unrechter Gebrauch des Worts *symbolisch*, wenn man es der *intuitiven* Vorstellungsart entgegensetzt; denn die symbolische ist nur eine *Art* der intuitiven. Die letztere (die intuitive) kann nämlich in die *schematische* und in die *symbolische* Vorstellungsart eingeteilt werden. Beide sind Hypotyposen, d. i. Darstellungen (*exhibitiones*):[3] nicht bloße *Charakterismen*, d. i. Bezeichnungen der Begriffe durch begleitende sinnliche Zeichen, die gar nichts zu der Anschauung des Objekts Gehöriges enthalten, sondern nur jenen, nach dem Gesetze der Assoziation der Einbildungskraft, mithin in subjektiver Absicht, zum Mittel der Reproduktion dienen; dergleichen sind entweder Worte, oder sichtbare (algebraische, selbst mimische) Zeichen, als bloße *Ausdrücke* für Begriffe.*

Alle Anschauungen, die man Begriffen a priori unterlegt, sind also entweder *Schemate* oder *Symbole*, wovon die erstern direkte, die zweiten indirekte Darstellungen des Begriffs enthalten. Die ersteren tun dieses demonstrativ, die zweiten vermittelst einer Analogie (zu welcher man sich auch empirischer Anschauungen bedient), in welcher die Urteilskraft ein doppeltes Geschäft verrichtet, erstlich den Begriff auf den Gegenstand einer sinnlichen Anschauung, und dann zweitens die bloße Regel der Reflexion über jene Anschauung auf einen ganz andern Gegenstand, von dem der erstere nur das Symbol ist, anzuwenden. So wird ein monarchischer Staat durch einen beseelten Körper, wenn er nach inneren Volksgesetzen, durch eine bloße Maschine aber (wie etwa eine Handmühle), wenn er durch einen einzelnen absoluten Willen beherrscht wird, in beiden Fällen aber nur *symbolisch* vorgestellt. Denn, zwischen einem despotischen Staate und einer Handmühle ist zwar keine Ähnlichkeit, wohl aber zwischen der Regel,[4] über beide und ihre Kausalität zu reflektieren. Dies Geschäft ist bis jetzt noch wenig auseinander gesetzt worden, so sehr es auch eine tiefere Untersuchung verdient; allein hier ist nicht der Ort, sich dabei aufzuhalten. Unsere Sprache ist voll von dergleichen indirekten Darstellungen, nach einer Analogie, wodurch der Ausdruck nicht das eigentliche Schema für den Begriff, sondern bloß ein Symbol für die Reflexion enthält. So sind die Wörter *Grund* (Stütze, Basis), *abhängen* (von oben gehalten werden), woraus *fließen* (statt folgen), *Substanz* (wie Locke sich ausdrückt: der Träger der Akzidenzen), und unzählige andere nicht schematische, sondern symbolische Hypotyposen, und Ausdrücke für Begriffe nicht vermittelst einer direkten Anschauung, sondern nur nach einer Analogie mit derselben, d. i. der Übertragung der Reflexion über einen Gegenstand der Anschauung auf einen ganz andern Begriff, dem vielleicht nie eine Anschauung direkt korrespondieren kann. Wenn man eine bloße Vorstellungsart schon Erkenntnis nennen darf (welches, wenn sie ein Prinzip nicht der theoretischen Bestimmung des Gegenstandes *ist*,[5] was er an sich,[6] sondern *der*[5] praktischen, was die Idee von ihm für uns und den zweckmäßigen Gebrauch derselben werden soll, wohl erlaubt

---

* Das Intuitive der Erkenntnis muß dem Diskursiven (nicht dem Symbolischen) entgegen gesetzt werden. Das erstere ist nun entweder *schematisch*, durch *Demonstration*; oder *symbolisch*, als Vorstellung nach einer bloßen *Analogie*.

ist): so ist alle unsere Erkenntnis von Gott bloß symbolisch; und der, welcher sie mit den Eigenschaften Verstand, Wille, u.s.w., die allein an Weltwesen ihre objektive Realität beweisen, für schematisch nimmt, gerät in den Anthropomorphism, so wie, wenn er alles Intuitive wegläßt, in den Deism, wodurch überall nichts, auch nicht in praktischer Absicht, erkannt wird.

Nun sage ich: das Schöne ist das Symbol des Sittlichguten; und auch nur in dieser Rücksicht (einer Beziehung, die jedermann natürlich ist, und die auch jedermann andern als Pflicht zumutet) gefällt es, mit einem Anspruche auf jedes andern *Beistimmung*,[7] wobei sich das Gemüt zugleich einer gewissen Veredlung und Erhebung über die bloße Empfänglichkeit einer Lust durch Sinneneindrücke bewußt ist, und anderer Wert auch nach einer ähnlichen Maxime ihrer Urteilskraft schätzet. Das ist das *Intelligibele*, worauf, wie der vorige Paragraph Anzeige tat, der Geschmack hinaussieht, wozu nämlich selbst unsere oberen Erkenntnisvermögen zusammenstimmen, *und*[8] ohne welches zwischen ihrer Natur, verglichen mit den Ansprüchen, die der Geschmack macht, lauter Widersprüche erwachsen würden. In diesem Vermögen sieht sich die Urteilskraft nicht, wie sonst in empirischer Beurteilung, einer Heteronomie der Erfahrungsgesetze unterworfen: sie gibt in Ansehung der Gegenstände eines so reinen Wohlgefallens ihr selbst das Gesetz, so wie die Vernunft es in Ansehung des Begehrungsvermögens tut; und sieht sich, sowohl wegen dieser innern Möglichkeit im Subjekte, als wegen der äußern Möglichkeit einer damit übereinstimmenden Natur, auf etwas im Subjekte selbst und außer ihm, was nicht Natur, auch nicht Freiheit, doch aber mit dem Grunde der letzteren, nämlich dem Übersinnlichen verknüpft ist, bezogen, in welchem das theoretische Vermögen mit dem praktischen, auf gemeinschaftliche und unbekannte Art, zur Einheit verbunden wird. Wir wollen einige Stücke dieser Analogie anführen, indem wir zugleich die Verschiedenheit derselben nicht unbemerkt lassen.

1) Das Schöne gefällt *unmittelbar* (aber nur in der reflektierenden Anschauung, nicht, wie Sittlichkeit, im Begriffe). 2) Es gefällt *ohne alles Interesse* (das Sittlichgute zwar notwendig mit einem Interesse, aber nicht einem solchen, *was* vor dem Urteile über das Wohlgefallen vorhergeht, verbunden, sondern *was*[9] dadurch allererst bewirkt wird). 3) Die *Freiheit* der Einbildungskraft (also der Sinnlichkeit unseres Vermögens) wird in der Beurteilung des

Schönen mit der Gesetzmäßigkeit des Verstandes als einstimmig vorgestellt (im moralischen Urteile wird die Freiheit des Willens als Zusammenstimmung des letzteren mit sich selbst nach allgemeinen Vernunftgesetzen gedacht). 4) Das subjektive Prinzip der Beurteilung des Schönen wird als *allgemein*, d. i. für jedermann gültig, aber durch keinen allgemeinen Begriff kenntlich, vorgestellt (das objektive Prinzip der Moralität wird auch für allgemein, d. i. für alle Subjekte, zugleich auch für alle Handlungen desselben Subjekts, und dabei durch einen allgemeinen Begriff kenntlich, erklärt). Daher ist das moralische Urteil nicht allein bestimmter konstitutiver Prinzipien fähig, sondern ist *nur* durch Gründung der Maximen auf dieselben und ihre Allgemeinheit möglich.

Die Rücksicht auf diese Analogie ist auch dem gemeinen Verstande gewöhnlich; und wir benennen schöne Gegenstände der Natur, oder der Kunst, oft mit Namen, die eine sittliche Beurteilung zum Grunde zu legen scheinen. Wir nennen Gebäude oder Bäume majestätisch und prächtig, oder Gefilde lachend und fröhlich; selbst Farben werden unschuldig, bescheiden, zärtlich genannt, weil sie Empfindungen erregen, die etwas mit dem Bewußtsein eines durch moralische Urteile bewirkten Gemütszustandes Analogisches enthalten. Der Geschmack macht gleichsam den Übergang vom Sinnenreiz zum habituellen moralischen Interesse, ohne einen zu gewaltsamen Sprung, möglich, indem er die Einbildungskraft auch in ihrer Freiheit als zweckmäßig für den Verstand bestimmbar vorstellt, und sogar an Gegenständen der Sinne auch ohne Sinnenreiz ein freies Wohlgefallen finden[10] lehrt.

§ 64
Von dem eigentümlichen Charakter der Dinge als Naturzwecke

[…] Um aber etwas, das man[11] als Naturprodukt erkennt, gleichwohl doch auch als Zweck, mithin als *Naturzweck*, zu beurteilen: dazu, wenn nicht etwa hierin gar ein Widerspruch liegt, wird schon mehr erfordert. Ich würde vorläufig sagen: ein Ding existiert als Naturzweck, *wenn es von sich selbst (obgleich in zwiefachem Sinne)*[12] *Ursache und Wirkung ist*; denn hierin liegt eine Kausalität, dergleichen mit dem bloßen Begriffe einer Natur, ohne ihr einen Zweck unterzulegen, nicht verbunden, aber auch alsdann, zwar ohne Widerspruch, gedacht, aber nicht begriffen werden kann. Wir wollen die Bestimmung dieser Idee von einem Naturzwecke zuvörderst durch ein Beispiel erläutern, ehe wir sie völlig auseinander setzen.

Ein Baum zeugt erstlich einen andern Baum nach einem bekannten Naturgesetz. Der Baum aber, den er erzeugt, ist von derselben Gattung; und so erzeugt er sich selbst der *Gattung* nach, in der er, einerseits als Wirkung, andererseits als Ursache, von sich selbst unaufhörlich hervorgebracht, und eben so, sich selbst oft hervorbringend, sich, als Gattung, beständig erhält.

Zweitens erzeugt ein Baum sich auch selbst als *Individuum*. Diese Art von Wirkung nennen wir zwar nur das Wachstum; aber *dieses*[13] ist in solchem Sinne zu nehmen, daß *es*[14] von jeder andern Größenzunahme nach mechanischen Gesetzen gänzlich unterschieden, und einer Zeugung, wiewohl unter einem andern Namen, gleich zu achten ist. Die Materie, die er zu sich hinzusetzt, verarbeitet dieses Gewächs vorher zu spezifisch-eigentümlicher Qualität, *welche* der[15] Naturmechanismus außer ihr nicht[16] liefern kann, und bildet sich selbst weiter aus, vermittelst eines Stoffes, der, seiner Mischung nach, sein eignes Produkt ist. Denn, ob er zwar, was die Bestandteile betrifft, die er von der Natur außer ihm erhält, nur als Edukt angesehen werden muß: so ist doch in der Scheidung und neuen Zusammensetzung dieses rohen Stoffs eine solche Originalität des Scheidungs- und Bildungsvermögens dieser Art Naturwesen anzutreffen, *daß* alle Kunst *davon* unendlich[17] weit entfernt bleibt, wenn sie es versucht, aus den Elementen, die sie durch Zergliederung derselben *erhält*,[18] oder auch dem Stoff, den die Natur zur Nahrung derselben liefert, jene Produkte des Gewächsreichs wieder herzustellen.

Drittens erzeugt ein Teil dieses Geschöpfs auch sich selbst so: daß die Erhaltung des einen von der Erhaltung der andern wechselsweise abhängt. Das Auge an einem Baumblatt, dem Zweige eines andern eingeimpft, bringt an einem fremdartigen Stocke ein Gewächs von seiner eignen Art hervor, und eben so *das Pfropfreis*[19] auf einem andern Stamme. Daher kann man auch an demselben Baume jeden Zweig oder Blatt als bloß auf diesem gepfropft oder okuliert, mithin als einen für sich selbst bestehenden Baum, der sich nur an einen andern anhängt und parasitisch nährt, ansehen. Zugleich sind die Blätter zwar Produkte des Baums, erhalten aber diesen doch auch gegenseitig; denn die wiederholte Entblätterung würde ihn töten, und sein Wachstum hängt von ihrer Wirkung[20] auf den Stamm ab. Der Selbsthülfe der Natur in diesen Geschöpfen bei ihrer Verletzung, wo der Mangel eines Teils, der zur Erhaltung der benachbarten gehörte, von den übrigen ergänzt wird; der Mißgeburten oder Mißgestalten im Wachstum, da gewisse Teile, wegen vorkommender Mängel oder Hindernisse, sich auf ganz neue Art formen, um das, was da ist, zu erhalten, und ein anomalisches Geschöpf hervorzubringen: will ich hier nur im Vorbeigehen erwähnen, ungeachtet sie unter die wundersamsten Eigenschaften organisierter Geschöpfe gehören.

§ 65.
Dinge, als Naturzwecke, sind organisierte Wesen

Nach dem im vorigen § angeführten Charakter muß ein Ding, *welches*, als[21] Naturprodukt, doch zugleich nur als Naturzweck möglich erkannt werden soll, sich zu sich selbst wechselseitig als Ursache und Wirkung verhalten, welches ein etwas uneigentlicher und unbestimmter Ausdruck ist, der einer Ableitung von einem bestimmten Begriffe bedarf.

Die Kausalverbindung, sofern sie bloß durch den Verstand gedacht wird, ist eine Verknüpfung, die eine Reihe (von Ursachen und Wirkungen) ausmacht, welche immer abwärts geht; und die Dinge selbst, welche als Wirkungen andere als Ursache voraussetzen, können von diesen nicht gegenseitig zugleich Ursache sein. Diese Kausalverbindung nennt man die der wirkenden Ursachen (nexus effectivus). Dagegen aber kann doch auch eine Kausalverbindung nach einem Vernunftbegriffe (von Zwecken) gedacht werden, welche, wenn man sie als Reihe betrachtete, sowohl abwärts als aufwärts Abhängigkeit bei sich führen würde, in der das Ding, welches einmal als Wirkung bezeichnet ist, dennoch aufwärts den Namen einer Ursache desjenigen Dinges verdient, wovon es die Wirkung ist. Im Praktischen (nämlich der Kunst) findet man leicht dergleichen Verknüpfung, wie z. B. das Haus zwar die Ursache der Gelder ist, die für Miete eingenommen werden, aber doch auch umgekehrt die Vorstellung von diesem möglichen Einkommen die Ursache der Erbauung des Hauses war. Eine solche Kausalverknüpfung wird die der Endursachen (nexus finalis) genannt. Man könnte die erstere vielleicht schicklicher die Verknüpfung der realen, die zweite der idealen Ursachen nennen, weil bei dieser Benennung zugleich begriffen wird, daß es nicht mehr als diese zwei Arten der Kausalität geben könne.

Zu einem Dinge als Naturzwecke wird nun *erstlich* erfordert, daß die Teile (ihrem Dasein und *der*[22] Form nach) nur durch ihre Beziehung auf das Ganze möglich sind. Denn das Ding selbst ist ein Zweck, folglich unter einem Begriffe oder einer Idee befaßt, die alles, was in ihm enthalten sein soll, a priori bestimmen muß. Sofern aber ein Ding nur auf diese Art als möglich gedacht wird, ist es bloß ein Kunstwerk, d. i. das Produkt einer von der Materie (den Teilen) desselben unterschiedenen vernünftigen Ursache, deren Kausalität (in Herbeischaffung und Verbindung der Teile) durch ihre Idee von einem dadurch möglichen Ganzen (mithin nicht durch die Natur außer ihm) bestimmt wird.

Soll aber ein Ding, als Naturprodukt, in sich selbst und seiner innern Möglichkeit doch eine Beziehung auf Zwecke enthalten, d. i. nur als Naturzweck und ohne die Kausalität der Begriffe von vernünftigen Wesen außer ihm möglich sein: so wird *zweitens* dazu erfordert: daß die Teile desselben sich dadurch zur Einheit eines Ganzen verbinden, daß sie von einander wechselseitig Ursache und Wirkung ihrer Form sind. Denn auf solche Weise ist es allein möglich, daß umgekehrt (wechselseitig) die Idee des Ganzen wiederum die Form und Verbindung aller Teile bestimme: nicht als Ursache – denn da wäre es ein Kunstprodukt – sondern als Erkenntnisgrund der systematischen Einheit der Form und Verbindung alles Mannigfaltigen, was in der gegebenen Materie enthalten ist, für den, der es beurteilt.

Zu einem Körper also, der an sich und seiner innern Möglichkeit nach als Naturzweck beurteilt werden soll, wird erfordert, daß die Teile desselben einander insgesamt, ihrer Form sowohl als Verbindung nach, wechselseitig, und so ein Ganzes aus eigener Kausalität hervorbringen, dessen Begriff wiederum umgekehrt (in einem Wesen, welches die einem solchen Produkt angemessene Kausalität nach Begriffen besäße) Ursache von demselben nach einem Prinzip, folglich[23] die Verknüpfung der *wirkenden Ursachen* zugleich als *Wirkung durch Endursachen* beurteilt werden könnte.

In einem solchen Produkte der Natur wird ein jeder Teil, so, wie er nur *durch* alle übrige da ist, auch als *um der andern* und des Ganzen *willen* existierend, d. i. als Werkzeug (Organ) gedacht: welches aber nicht genug ist (denn er könnte auch Werkzeug der

Kunst sein, und so nur als Zweck überhaupt möglich vorgestellt werden); sondern als ein die andern Teile (folglich jeder den andern wechselseitig) *hervorbringendes* Organ, dergleichen kein Werkzeug der Kunst, sondern nur der allen Stoff zu Werkzeugen (selbst denen der Kunst) liefernden Natur sein kann: und nur dann und darum wird ein solches Produkt, als *organisiertes* und *sich selbst organisierendes Wesen*, ein *Naturzweck* genannt werden können.

In einer Uhr ist ein Teil das Werkzeug der Bewegung der andern, aber nicht *ein Rad*[24] die wirkende Ursache der Hervorbringung *des*[25] andern; ein Teil ist zwar um des andern Willen, aber nicht durch denselben da. Daher ist auch die hervorbringende Ursache derselben und ihrer Form nicht in der Natur (dieser Materie), sondern außer ihr in einem Wesen, *welches* nach[26] Ideen eines durch seine Kausalität möglichen Ganzen wirken kann, enthalten. Daher bringt auch, *so wenig wie* ein[27] Rad in der Uhr das andere, noch weniger eine Uhr andere Uhren hervor, so daß sie andere Materie dazu benutzte (sie organisierte); daher ersetzt sie auch nicht von selbst die ihr entwandten Teile, oder vergütet ihren Mangel in der ersten Bildung durch den Beitritt der übrigen, oder bessert sich etwa selbst aus, wenn sie in Unordnung geraten ist: welches alles wir dagegen von der organisierten Natur erwarten können. – Ein organisiertes Wesen ist also nicht bloß Maschine: denn die hat lediglich *bewegende* Kraft; sondern *sie*[28] besitzt in sich *bildende* Kraft, und zwar eine solche, die *sie*[29] den Materien mitteilt, welche sie nicht haben (sie organisiert): also eine sich fortpflanzende bildende Kraft, welche durch das Bewegungsvermögen allein (den Mechanism) nicht erklärt werden kann.

Man sagt von der Natur und ihrem Vermögen in organisierten Produkten bei weitem zu wenig, wenn man dieses ein *Analogon der Kunst* nennt; denn da denkt man sich den Künstler (ein vernünftiges Wesen) außer ihr. Sie organisiert sich vielmehr selbst, und in jeder Spezies ihrer organisierten Produkte, zwar nach einerlei Exemplar im Ganzen, aber doch auch mit schicklichen Abweichungen, die die Selbsterhaltung nach den Umständen erfordert. Näher tritt man vielleicht dieser unerforschlichen Eigenschaft, wenn man sie ein *Analogon des Lebens* nennt: aber da muß man entweder die Materie als bloße Materie mit einer Eigenschaft (Hylozoism) begaben, die ihrem Wesen widerstreitet, oder ihr ein fremdartiges mit ihr *in Gemeinschaft stehendes* Prinzip (eine Seele) beigesellen: wozu man aber, wenn ein solches Produkt ein Natur-

produkt sein soll, organisierte Materie als Werkzeug jener Seele entweder schon voraussetzt, und jene also nicht im mindesten begreiflicher macht, oder die Seele zur Künstlerin dieses Bauwerks machen, und so das Produkt der Natur (der körperlichen) entziehen muß. Genau zu reden hat also die Organisation der Natur nichts Analogisches mit irgend einer Kausalität, die wir kennen.*
Schönheit der Natur, weil sie den Gegenständen nur in Beziehung auf die Reflexion über die *äußere* Anschauung derselben, mithin nur der Form der Oberfläche wegen beigelegt wird, kann mit Recht ein Analogon der Kunst genannt werden. Aber *innere Naturvollkommenheit, wie sie diejenigen* Dinge[30] besitzen, *welche nur*[31] als *Naturzwecke* möglich sind und darum organisierte Wesen heißen, *ist* nach[32] keiner Analogie irgend eines uns bekannten physischen, d. i. Naturvermögens, ja, da wir selbst zur Natur im weitesten Verstande gehören, selbst nicht einmal durch eine genau angemessene Analogie mit menschlicher Kunst denkbar und erklärlich.

Der Begriff eines Dinges, als an sich Naturzwecks, ist also kein konstitutiver Begriff des Verstandes oder der Vernunft, kann aber doch ein regulativer Begriff für die reflektierende Urteilskraft sein, nach einer entfernten Analogie mit unserer Kausalität nach Zwecken überhaupt die Nachforschung über Gegenstände dieser Art zu leiten und über ihren obersten Grund nachzudenken; das letztere zwar nicht zum Behuf der Kenntnis der Natur, oder jenes Urgrundes *derselben, sondern* vielmehr[33] eben desselben praktischen Vernunftvermögens in uns, mit welchem wir die Ursache jener Zweckmäßigkeit in Analogie betrachteten.

Organisierte Wesen sind also die einzigen in der Natur, welche, wenn man sie auch für sich und ohne ein Verhältnis auf andere Dinge betrachtet, doch nur als Zwecke derselben möglich gedacht

---

* Man kann umgekehrt einer gewissen Verbindung, die aber auch mehr in der Idee als in der Wirklichkeit angetroffen wird, durch eine Analogie mit den genannten unmittelbaren Naturzwecken Licht geben. So hat man sich, bei einer neuerlich unternommenen gänzlichen Umbildung eines großen Volks zu einem Staat, des Worts *Organisation* häufig für Einrichtung der Magistraturen u.s.w. und selbst des ganzen Staatskörpers sehr schicklich bedient. Denn jedes Glied soll freilich in einem solchen Ganzen nicht bloß Mittel, sondern zugleich auch Zweck, und, indem es zu der Möglichkeit des Ganzen mitwirkt, durch die Idee des Ganzen wiederum, seiner Stelle und Funktion nach, bestimmt sein.

werden müssen, und die also zuerst dem Begriffe eines *Zwecks*, der nicht ein praktischer sondern Zweck *der Natur* ist, objektive Realität, und dadurch für die Naturwissenschaft den Grund zu einer Teleologie, d. i. einer Beurteilungsart ihrer Objekte nach einem besondern Prinzip, verschaffen, dergleichen man in sie einzuführen (weil man die Möglichkeit einer solchen Art Kausalität gar nicht a priori einsehen kann) sonst schlechterdings nicht berechtigt sein würde.

§ 72
Von den mancherlei Systemen über die Zweckmäßigkeit der Natur

Die Richtigkeit des Grundsatzes: daß über gewisse Dinge der Natur (organisierte Wesen) und ihre Möglichkeit nach dem Begriffe von Endursachen geurteilt werden müsse, selbst auch nur, wenn man, um ihre Beschaffenheit durch Beobachtung kennen zu lernen, einen *Leitfaden* verlangt, ohne sich bis zur Untersuchung über ihren ersten Ursprung zu versteigen, hat noch niemand bezweifelt. Die Frage kann also nur sein: ob dieser Grundsatz bloß subjektiv gültig, d. i. bloß Maxime unserer Urteilskraft oder ein objektives Prinzip der Natur sei nach welchem ihr, außer ihrem Mechanism (nach bloßen Bewegungsgesetzen), noch eine andere Art von Kausalität zukomme, nämlich die der Endursachen, unter denen jene (der bewegenden[34] Kräfte) nur als Mittelursachen ständen.

Nun könnte man diese Frage, oder Aufgabe für die Spekulation, gänzlich unausgemacht und unaufgelöst lassen; weil, wenn wir uns mit der letzteren innerhalb den Grenzen der bloßen Naturerkenntnis begnügen, wir an jenen Maximen genug haben, um die Natur, so weit als menschliche Kräfte reichen, zu studieren und ihren verborgensten Geheimnissen nachzuspüren. Es ist also wohl eine gewisse *Ahnung*[35] unserer Vernunft, oder ein von der Natur uns gleichsam gegebener Wink, daß wir vermittelst jenes Begriffs von Endursachen wohl gar über die Natur hinauslangen und sie selbst an den höchsten Punkt in der Reihe der Ursachen knüpfen könnten, wenn wir die Nachforschung der Natur (ob wir gleich darin noch nicht weit gekommen sind) verließen, oder wenigstens einige Zeit aussetzten, und vorher, worauf jener Fremdling in der

Naturwissenschaft, nämlich der *Begriff* der Naturzwecke[36], führe, zu erkunden versuchten.

Hier müßte nun freilich jene unbestrittene Maxime in die ein weites Feld zu Streitigkeiten eröffnende Aufgabe übergehen: Ob die Zweckverknüpfung in der Natur eine besondere Art der Kausalität für dieselbe *beweise*; oder ob sie, an sich und nach objektiven Prinzipien betrachtet, nicht vielmehr mit dem Mechanism der Natur einerlei sei, oder auf einem und demselben Grunde beruhe: nur daß wir, da dieser für unsere Nachforschung in manchen Naturprodukten oft zu tief versteckt ist, es mit einem subjektiven Prinzip, nämlich der Kunst, d. i. der Kausalität nach Ideen versuchen, um sie der Natur der Analogie nach unterzulegen; welche Nothülfe uns auch in vielen Fällen gelingt, in einigen zwar zu mißlingen scheint, auf alle Fälle aber nicht berechtigt, eine besondere, von der Kausalität nach bloß mechanischen Gesetzen der Natur selbst unterschiedene, Wirkungsart in die Naturwissenschaft einzuführen. Wir wollen, indem wir das Verfahren (die Kausalität) der Natur, wegen des Zweckähnlichen, welches wir in ihren Produkten finden, Technik nennen, diese in die *absichtliche* (technica intentionalis), und in die *unabsichtliche* (technica naturalis), einteilen. Die erste soll bedeuten: daß das produktive Vermögen der Natur nach Endursachen für eine besondere Art von Kausalität gehalten werden müsse; die zweite: daß sie mit dem Mechanism der Natur im Grunde ganz einerlei sei, und das zufällige Zusammentreffen mit unseren Kunstbegriffen und ihren Regeln, als bloß subjektive Bedingung, sie zu beurteilen, fälschlich für eine besondere Art der Naturerzeugung ausgedeutet werde. [...]

§ 77
Von der Eigentümlichkeit des menschlichen Verstandes, wodurch[37] *uns der Begriff eines Naturzwecks möglich wird*

Wir haben in der Anmerkung Eigentümlichkeiten unseres (selbst des oberen) Erkenntnisvermögens, welche wir leichtlich als objektive Prädikate auf die Sachen selbst überzutragen verleitet werden, angeführt; aber sie betreffen Ideen, denen angemessen kein Gegenstand in der Erfahrung gegeben werden kann, und die alsdann nur zu regulativen Prinzipien in Verfolgung der letzteren dienen konnten. Mit dem Begriffe eines Naturzwecks verhält es sich zwar eben so, was die Ursache der Möglichkeit eines solchen Prädikats betrifft, die nur in der Idee liegen kann; aber die ihr gemäße Folge (das Produkt selbst) ist doch in der Natur gegeben, und der Begriff einer Kausalität der letzteren, als eines nach Zwecken handelnden Wesens, scheint die Idee eines Naturzwecks zu einem konstitutiven Prinzip desselben zu machen: und darin hat sie etwas von allen andern Ideen Unterscheidendes.

Dieses Unterscheidende besteht aber darin: daß gedachte Idee nicht ein Vernunftprinzip für den Verstand, sondern für die Urteilskraft, mithin lediglich die Anwendung eines Verstandes überhaupt auf mögliche Gegenstände der Erfahrung ist; und zwar da, wo das Urteil nicht bestimmend, sondern bloß reflektierend sein kann, mithin der Gegenstand zwar in der Erfahrung gegeben, aber darüber der Idee gemäß gar nicht einmal *bestimmt* (geschweige völlig angemessen) *geurteilt*, sondern nur über ihn reflektiert werden kann.

Es betrifft also eine Eigentümlichkeit *unseres* (menschlichen) Verstandes in Ansehung der Urteilskraft, in der Reflexion derselben über Dinge der Natur. Wenn das aber ist, so muß hier die Idee von einem andern möglichen Verstande, als dem menschlichen, zum Grunde liegen (so wie wir in der Kritik der r. V. eine andere mögliche Anschauung in Gedanken haben mußten, wenn die unsrige als eine besondere Art, nämlich der,[38] für welche Gegenstände nur als Erscheinungen gelten, gehalten werden sollte), damit man sagen könne: gewisse Naturprodukte *müssen*, nach der besondern Beschaffenheit unseres Verstandes, *von uns*, ihrer Möglichkeit nach absichtlich[39] und als Zwecke erzeugt, *betrachtet werden*, ohne doch darum zu verlangen, daß es wirklich eine besondere Ursache, welche die Vorstellung eines Zwecks zu ihrem Bestimmungsgrunde hat, gebe, mithin ohne in Abrede zu ziehen, daß nicht ein anderer (höherer) Verstand, als der menschliche, auch im Mechanism der Natur, d. i. einer Kausalverbindung, zu der nicht ausschließungsweise ein Verstand als Ursache angenommen wird, den Grund der Möglichkeit solcher Produkte der Natur antreffen könne.

Es kommt hier also auf das Verhalten *unseres* Verstandes zur Urteilskraft an, daß wir nämlich darin eine gewisse Zufälligkeit der Beschaffenheit des unsrigen aufsuchen, um *die* als[40] Eigentümlichkeit unseres Verstandes, zum Unterschiede von anderen möglichen, anzumerken.

Diese Zufälligkeit findet sich ganz natürlich in dem *Besondern*, welches die Urteilskraft unter das *Allgemeine* der Verstandesbegriffe bringen soll; denn durch das Allgemeine *unseres* (menschlichen) Verstandes ist das Besondere nicht bestimmt; und es ist zufällig, auf wie vielerlei Art unterschiedene Dinge, die doch in einem gemeinsamen Merkmale übereinkommen, unserer Wahrnehmung vorkommen können. Unser Verstand ist ein Vermögen der Begriffe, d. i. ein diskursiver Verstand, für den es freilich zufällig sein muß, welcherlei und wie sehr verschieden das Besondere sein mag, das ihm in der Natur gegeben werden, und *das* unter[41] seine Begriffe gebracht werden kann. Weil aber zum Erkenntnis doch auch Anschauung gehört, und ein Vermögen einer *völligen Spontaneität der Anschauung* ein von der Sinnlichkeit unterschiedenes und davon ganz unabhängiges Erkenntnisvermögen, mithin Verstand in der allgemeinsten Bedeutung sein würde: so kann man sich auch einen *intuitiven* Verstand *(negativ, nämlich bloß als nicht diskursiven)*[42] denken, welcher nicht vom Allgemeinen zum Besonderen und so zum Einzelnen (durch Begriffe) geht, und für welchen jene Zufälligkeit *der* Zusammenstimmung[43] der Natur in ihren Produkten nach *besondern* Gesetzen zum Verstande nicht angetroffen wird, welche dem unsrigen es so schwer macht, das Mannigfaltige derselben zur Einheit des Erkenntnisses zu bringen; ein Geschäft, das der unsrige nur durch Übereinstimmung der Naturmerkmale zu unserm Vermögen der Begriffe, welche sehr zufällig ist, zu Stande bringen kann, *dessen*[42] ein anschauender Verstand aber nicht bedarf.

Unser Verstand hat also das Eigene für die Urteilskraft, daß im Erkenntnis durch denselben, durch das Allgemeine das Besondere nicht bestimmt wird, und dieses also von jenem allein nicht abgeleitet werden kann; gleichwohl aber dieses Besondere in der Mannigfaltigkeit der Natur zum Allgemeinen (durch Begriffe und Gesetze) zusammenstimmen soll, um darunter subsumiert werden zu können, welche Zusammenstimmung unter solchen Umständen sehr zufällig und für die Urteilskraft ohne bestimmtes Prinzip sein muß.

Um nun gleichwohl die Möglichkeit einer solchen Zusammenstimmung der Dinge der Natur zur Urteilskraft (welche wir als zufällig, mithin nur durch einen darauf gerichteten Zweck als möglich vorstellen) wenigstens denken zu können, müssen wir uns zugleich einen andern Verstand denken, in Beziehung auf welchen, und zwar vor allem ihm beigelegten Zweck, wir jene Zusammenstimmung der Naturgesetze mit unserer Urteilskraft, die für unsern Verstand nur durch das Verbindungsmittel der Zwecke denkbar ist, als *notwendig* vorstellen können.

Unser Verstand nämlich hat die Eigenschaft, daß er in seinem Erkenntnisse, z. B. der Ursache eines Produkts, vom *Analytisch-Allgemeinen* (von Begriffen) zum Besondern (der gegebenen empirischen Anschauung) gehen muß; *wobei*[44] er also in Ansehung der Mannigfaltigkeit des letztern nichts bestimmt, sondern diese Bestimmung für die Urteilskraft von der Subsumtion der empirischen Anschauung (wenn der Gegenstand ein Naturprodukt ist) unter dem Begriff erwarten muß. Nun können wir uns aber auch einen Verstand denken, der, weil er nicht wie der unsrige diskursiv, sondern intuitiv ist, vom *Synthetisch-Allgemeinen* (der Anschauung eines Ganzen, als eines solchen) zum Besondern geht, d. i. vom Ganzen zu den Teilen; der also und dessen Vorstellung des Ganzen die *Zufälligkeit* der Verbindung der Teile nicht in sich enthält, um eine bestimmte Form des Ganzen möglich zu machen, die unser Verstand bedarf, welcher von den Teilen, als allgemein-gedachten Gründen, zu verschiedenen darunter zu subsumierenden möglichen Formen, als Folgen, fortgehen muß. Nach der Beschaffenheit unseres Verstandes ist hingegen ein reales Ganze der Natur nur als Wirkung der konkurrierenden bewegenden Kräfte der Teile anzusehen. Wollen wir uns also nicht die Möglichkeit des Ganzen als von den Teilen, wie es unserm diskursiven Verstande gemäß ist, sondern, nach Maßgabe des intuitiven (urbildlichen), die Möglichkeit der Teile (ihrer Beschaffenheit und Verbindung nach) als vom Ganzen abhängend vorstellen: so kann dieses, nach eben derselben Eigentümlichkeit unseres Verstandes, nicht so geschehen, daß das Ganze den Grund der Möglichkeit der Verknüpfung der Teile (welches in der diskursiven Erkenntnisart Widerspruch sein würde), sondern nur, daß die *Vorstellung* eines Ganzen den Grund der Möglichkeit der Form desselben und der dazu gehörigen Verknüpfung der Teile enthalte. Da das Ganze nun aber als dann eine Wirkung *(Produkt)* sein würde, dessen *Vorstellung* als die *Ursache* seiner Möglichkeit angesehen wird, das Produkt aber einer Ursache, deren Bestimmungsgrund bloß die Vorstellung seiner[45] Wirkung ist, ein Zweck heißt: so folgt daraus: daß es bloß eine Folge aus der besondern Beschaffenheit unseres Verstandes sei, wenn wir Produkte der Natur nach einer andern Art der Kausalität, als der

der Naturgesetze der Materie, nämlich nur nach der der Zwecke und Endursachen uns als möglich vorstellen, und daß dieses Prinzip nicht die Möglichkeit solcher Dinge selbst (selbst als Phänomene betrachtet) nach dieser Erzeugungsart, sondern nur der unserem Verstande möglichen[46] Beurteilung derselben angehe. Wobei wir zugleich einsehen, warum wir in der Naturkunde mit einer Erklärung der Produkte der Natur durch Kausalität nach Zwecken lange nicht zufrieden sind, weil wir nämlich in derselben die Naturerzeugung bloß unserm Vermögen, sie zu beurteilen, d. i. der reflektierenden Urteilskraft, und nicht den Dingen selbst zum Behuf der bestimmenden Urteilskraft angemessen zu beurteilen verlangen. Es ist hiebei auch gar nicht nötig zu beweisen, daß ein solcher intellectus archetypus möglich sei, sondern nur, daß wir in der Dagegenhaltung unseres diskursiven, der Bilder bedürftigen, Verstandes (intellectus ectypus), und der Zufälligkeit einer solchen Beschaffenheit, auf jene Idee (eines intellectus archetypus) geführt werden, diese auch keinen Widerspruch enthalte.

  Wenn wir nun ein Ganzes der Materie, seiner Form nach, als ein Produkt der Teile und ihrer Kräfte und Vermögen, sich von selbst zu verbinden, (andere Materien, die diese einander zuführen, hinzugedacht) betrachten: so stellen wir uns eine mechanische Erzeugungsart desselben vor. Aber es kommt auf solche Art kein Begriff von einem Ganzen als Zweck heraus, dessen innere Möglichkeit durchaus die Idee von einem Ganzen voraussetzt, von der selbst die Beschaffenheit und Wirkungsart der Teile abhängt, wie wir uns doch einen organisierten Körper vorstellen müssen. Hieraus folgt aber, wie eben gewiesen worden, nicht, daß die mechanische Erzeugung eines solchen Körpers unmöglich sei; denn das würde soviel sagen, als, es sei eine solche Einheit in der Verknüpfung des Mannigfaltigen *für jeden Verstand* unmöglich (d. i. widersprechend) sich vorzustellen, ohne daß die Idee derselben zugleich die erzeugende Ursache derselben sei, d. i. ohne absichtliche Hervorbringung. Gleichwohl würde dieses in der Tat folgen, wenn wir materielle Wesen, als Dinge an sich selbst, anzusehen berechtigt wären. Denn alsdann würde die Einheit, welche den Grund der Möglichkeit der Naturbildungen ausmacht, lediglich die Einheit des Raums sein, welcher aber kein Realgrund der Erzeugungen, sondern nur die formale Bedingung derselben ist; obwohl er mit dem Realgrunde, welchen wir suchen, darin einige Ähnlichkeit hat, daß in ihm kein Teil ohne in Verhältnis auf das Ganze (dessen Vorstellung also der Möglichkeit der Teile zum Grunde liegt) bestimmt werden kann. Da es aber doch wenigstens möglich ist, die materielle Welt als bloße Erscheinung zu betrachten, und etwas als Ding an sich selbst (welches nicht Erscheinung ist) als Substrat zu denken, diesem aber eine korrespondierende intellektuelle Anschauung (wenn sie gleich nicht die unsrige ist) unterzulegen; so würde ein, ob zwar für uns unerkennbarer, übersinnlicher Realgrund für die Natur Statt finden, zu der wir selbst mitgehören, in welcher wir also das, was in ihr als Gegenstand der Sinne notwendig ist, nach mechanischen Gesetzen, die Zusammenstimmung und Einheit aber der besonderen Gesetze und der Formen nach denselben, die wir in Ansehung jener als zufällig beurteilen müssen, in ihr als Gegenstande der Vernunft (ja das Naturganze als System) zugleich nach teleologischen Gesetzen betrachten, und sie nach zweierlei Prinzipien beurteilen würden, ohne daß die mechanische Erklärungsart durch die teleologische, als ob sie einander widersprächen, ausgeschlossen wird. [...]

§ 78
Von der Vereinigung des Prinzips des allgemeinen Mechanismus der Materie mit dem teleologischen in der Technik der Natur

[...] Ob also gleich sowohl der Mechanismus als der teleologische (absichtliche) Technizism der Natur, in Ansehung ebendesselben Produkts und seiner Möglichkeit, unter einem gemeinschaftlichen obern Prinzip der Natur nach besondern Gesetzen stehen mögen: so können wir doch, da dieses Prinzip *transzendent* ist, nach der Eingeschränktheit unseres Verstandes beide Prinzipien *in der Erklärung* eben derselben Naturerzeugung alsdenn nicht vereinigen, wenn selbst die innere Möglichkeit dieses Produkts nur durch eine Kausalität nach Zwecken *verständlich* ist (wie organisierte Materien von der Art sind). Es bleibt also bei dem obigen Grundsatze der Teleologie: daß, nach der Beschaffenheit des menschlichen Verstandes, für die Möglichkeit organischer Wesen in der Natur keine andere als absichtlich[47] wirkende Ursache könne angenommen werden, und der bloße Mechanism der Natur zur Erklärung dieser ihrer Produkte gar nicht hinlänglich sein könne; ohne doch dadurch in Ansehung der Möglichkeit solcher Dinge selbst durch diesen Grundsatz entscheiden zu wollen.

Da nämlich dieser nur eine Maxime der reflektierenden, nicht der bestimmenden Urteilskraft, daher[48] nur subjektiv für uns, nicht objektiv für die Möglichkeit dieser Art Dinge selbst, gilt (wo beiderlei Erzeugungsarten wohl in einem und demselben Grunde zusammenhangen könnten); da ferner, ohne allen zu der teleologisch-gedachten Erzeugungsart hinzukommenden Begriff von einem dabei zugleich anzutreffenden Mechanism der Natur, dergleichen Erzeugung gar nicht als Naturprodukt beurteilt werden könnte: so führt obige Maxime zugleich die Notwendigkeit einer Vereinigung beider Prinzipien in der Beurteilung der Dinge als Naturzweck bei sich, aber nicht, um eine ganz, oder in gewissen Stücken, an die Stelle der andern zu setzen. Denn an die Stelle dessen, was (von uns wenigstens) nur als nach Absicht möglich gedacht wird, läßt sich kein Mechanism, und an die Stelle dessen, was nach diesem als notwendig erkannt wird, läßt sich keine Zufälligkeit, die eines Zwecks zum Bestimmungsgrunde bedürfe, annehmen: sondern nur die eine (der Mechanism) der andern (dem absichtlichen Technizism) unterordnen, welches, nach dem transzendentalen Prinzip der Zweckmäßigkeit der Natur, ganz wohl geschehen darf.

Denn, wo Zwecke als Gründe der Möglichkeit gewisser Dinge gedacht werden, da muß man auch Mittel annehmen, deren Wirkungsgesetz *für sich* nichts einen Zweck Voraussetzendes bedarf, mithin mechanisch und doch eine untergeordnete Ursache absichtlicher Wirkungen sein kann. Daher läßt sich selbst in organischen Produkten der Natur, noch mehr aber, wenn wir, durch die unendliche Menge derselben veranlaßt, das Absichtliche in der Verbindung der Natursachen nach besondern Gesetzen nun auch (wenigstens durch erlaubte Hypothese) zum *allgemeinen Prinzip* der reflektierenden Urteilskraft für das Naturganze (die Welt) annehmen, eine große und sogar allgemeine Verbindung der mechanischen Gesetze mit den teleologischen in den Erzeugungen der Natur denken, ohne die Prinzipien der Beurteilung derselben zu verwechseln und eines an die Stelle des andern zu setzen; weil in einer teleologischen Beurteilung die Materie, selbst, wenn die Form, welche sie annimmt, nur als nach Absicht möglich beurteilt wird, doch, ihrer Natur nach, mechanischen Gesetzen gemäß, jenem vorgestellten Zwecke auch zum Mittel untergeordnet sein kann: wiewohl, da der Grund dieser Vereinbarkeit in demjenigen *liegt*,[49] was weder das eine noch das andere (weder Mechanism, noch Zweckverbindung), sondern das übersinnliche Substrat der Natur ist, von dem wir nichts erkennen, für unsere (die menschliche) Vernunft beide Vorstellungsarten der Möglichkeit solcher Objekte nicht zusammenzuschmelzen sind, sondern wir sie nicht anders, als nach der Verknüpfung der Endursachen, auf einem obersten Verstande gegründet beurteilen können, wodurch also der teleologischen Erklärungsart nichts benommen wird.

Weil nun aber ganz unbestimmt, und für unsere Vernunft auch auf immer unbestimmbar ist, wieviel der Mechanism der Natur als Mittel zu jeder Endabsicht in derselben tue; und wegen des oberwähnten intelligibelen Prinzips der Möglichkeit einer Natur überhaupt, gar angenommen werden kann, daß sie durchgängig nach beiderlei allgemein zusammenstimmenden Gesetzen (den physischen und den der Endursachen) möglich sei, wiewohl wir die Art, wie dieses zugehe, gar nicht einsehen können: so wissen wir auch nicht, wie weit die für uns mögliche mechanische Erklärungsart gehe; sondern nur so viel gewiß: daß, so weit wir nur immer darin kommen mögen, sie doch allemal für Dinge, die wir einmal als Naturzwecke anerkennen, unzureichend sein,[50] und wir also, nach der Beschaffenheit unseres Verstandes, jene Gründe insgesamt einem teleologischen Prinzip unterordnen müssen.

Hierauf gründet sich nun die Befugnis, und, wegen der Wichtigkeit, welche das Naturstudium nach dem Prinzip des Mechanisms für unsern theoretischen Vernunftgebrauch hat, auch der Beruf: alle Produkte und Ereignisse der Natur, selbst die zweckmäßigsten, so weit mechanisch zu erklären, als es immer in unserm Vermögen (dessen Schranken wir innerhalb dieser Untersuchungsart nicht angeben können) steht, dabei aber niemals aus den Augen zu verlieren, daß wir die, welche wir allein unter dem Begriffe vom Zwecke der Vernunft zur Untersuchung selbst auch nur aufstellen können, der wesentlichen Beschaffenheit unserer Vernunft gemäß, jene mechanischen Ursachen ungeachtet, doch zuletzt der Kausalität nach Zwecken unterordnen müssen.

---

1 A: »*aber* dem«.
2 Akad.-Ausg.: »analogisch ist«.
3 A: »*exhibitio*«.

4 Akad.-Ausg.: »zwischen den Regeln«.
5 Zusatz von B u. C.
6 Akad.-Ausg.: »an sich sei«.
7 A: »*Bestimmung*«.
8 Zusatz von B u. C.
9 C.: »*welches*«.
10 A: »*zu* finden«.
11 A: »*was* man«.
12 Zusatz von B u. C.
13 A: »*dieser*«.
14 A: »*er*«.
15 A: »*die* der«.
16 Akad.-Ausg.: »außer ihm nicht«.
17 A: »anzutreffen, *von der* alle Kunst unendlich«.
18 Zusatz von B u. C.
19 A: »*der Propfreis*«.
20 A: »von *dieser* ihrer Wirkung«.
21 A: »*was* als«.
23 Akad.-Ausg.: »Prinzip sein, folglich«; Akad.-Ausg. erwägt: »Prinzip ist, folglich«.
24 Zusatz von B u. C.
25 A u. C.: »*der*«.
26 A: »*was* nach«.
27 A: »auch *nicht* ein«.
28 Zusatz von B; C: »*es*«.
29 C: »*es*«.
30 A: »*Naturvollkommenheit, dergleichen* Dinge«.
31 A: »*die* nur«.
32 A: »*sind* nach«.
33 A: »*Urgrundes desselben, als* vielmehr«.
34 Akad.-Ausg.: »die bewegenden«.
35 A: »*Ahndung*«.
36 A: »Fremdling *vom Begriffe* in der Naturwissenschaft, nämlich der der Naturzwecke«.
37 A: »*dadurch*«.
38 Akad.-Ausg.: »die«.
39 A: »Verstandes ihrer Möglichkeit nach *von uns als* absichtlich«; Akad.-Ausg.: »Verstandes *von uns* ihrer Möglichkeit nach als absichtlich«.
40 A: »um *diese* als«.
41 A: »und *was* unter«.
42 Zusatz von B u. C.
43 A: »*die* Zusammenstimmung«.
44 A: »*dabei*«.

45 Akad.-Ausg.: »ihrer«.
46 Akad.-Ausg.: »nur die unserem Verstande mögliche«.
47 Akad.-Ausg. erwägt: »als eine absichtliche«.
48 Akad.-Ausg.: »Urtheilskraft ist, daher«.
49 Zusatz von B u. C.
50 Akad.-Ausg. erwägt: »sei« oder »seien«.

Friedrich Hölderlin
Urtheil und Seyn

Urtheil. ist im höchsten und strengsten Sinne die ursprüngliche Trennung des in der intellectualen Anschauung innigst vereinigten Objects und Subjects, diejenige Trennung, wodurch erst Object und Subject möglich wird, die Ur=Theilung. Im Begriffe der Theilung liegt schon der Begriff der gegenseitigen Beziehung des Objects und Subjects aufeinander, und die nothwendige Voraussezung eines Ganzen wovon Object und Subject die Theile sind. »Ich bin Ich« ist das passendste Beispiel zu diesem Begriffe der Urtheilung, als *Theoretischer* Urtheilung, denn in der praktischen Urtheilung sezt es sich dem *Nichtich,* und *nicht sich selbst* entgegen.

Wirklichkeit und Möglichkeit ist unterschieden, wie mittelbares und unmittelbares Bewußtsein. Wenn ich einen Gegenstand als möglich denke, so wiederhohl' ich nur das vorhergegangene Bewußtseyn, kraft dessen er wirklich ist. Es giebt für uns keine denkbare Möglichkeit, die nicht Wirklichkeit war. Deswegen gilt der Begriff der Möglichkeit auch gar nicht von den Gegenständen der Vernunft, weil sie niemals als das, was sei seyn sollen, im Bewußtseyn vorkommen, sondern nur der Begriff der Nothwendigkeit. Der Begriff der Möglichkeit gilt von den Gegenständen des Verstandes, der der Wirklichkeit von den Gegenständen der Wahrnemung und Anschauung.

Seyn – drükt die Verbindung des Subjects und Objects aus.

Wo Subject und Object schlechthin, nicht nur zum Theil vereiniget ist, mithin so vereiniget, daß gar keine Theilung vorgenommen werden kan, ohne das Wesen desjenigen, was getrennt werden soll, zu verlezen, da und sonst nirgends kann von einem Seyn *schlechthin* die Rede seyn, wie es bei der intellectualen Anschauung der Fall ist.

Aber dieses Seyn muß nicht mit der Identität verwechselt werden. Wenn ich sage: Ich bin Ich, so ist das Subject (Ich) und das Object (Ich) nicht so vereiniget, daß gar keine Trennung vorgenommen werden kann, ohne, das Wesen desjenigen, was getrennt werden soll, zu verlezen; im Gegenteil das Ich ist nur durch diese Trennung des Ichs vom Ich möglich. Wie kann ich sagen: Ich! ohne Selbstbewußtseyn? Wie ist aber Selbstbewußtseyn möglich? Dadurch daß ich mich mir selbst entgegenseze, mich von mir selbst trenne, aber ungeachtet dieser Trennung mich im entgegengesezten als dasselbe erkenne. Aber in wieferne als dasselbe? Ich kann, ich muß so fragen; denn in einer andern Rüksicht ist es sich entgegengesezt. Also ist die Identität keine Vereinigung des Objects und Subjects, die schlechthin stattfände, also ist die Identität nicht = dem absoluten Seyn.

Das sogenannte
»Älteste Systemprogramm«*

recto
eine Ethik. Da die ganze Metaphysik künftig in d. *Moral* fällt – wovon Kant mit seinen beiden praktischen Postulaten nur ein *Beispiel* gegeben, nichts *erschöpft* ((hat,)) hat] so wird diese Ethik nichts anders[1] als ein vollständiges System aller Ideen, oder, was dasselbe ist, aller praktischen Postulate (enthalten –)
seyn. Die erste Idee ist natürl. d. Vorst. *von mir selbst,* als einem absolut freien Wesen. Mit dem freyen, selbstbewußten Wesen tritt zugleich eine ganze *Welt* – aus dem Nichts hervor – die einzig wahre und gedenkbare *Schöpfung aus Nichts* – Hier werde ich auf die Felder der Physik herabsteigen; die Frage ist diese: Wie muß eine Welt für ein moral s Wesen beschaffen seyn? Ich möchte unsrer langsamen an Experimenten mühsam schreitenden – Physik, einmal wieder Flügel geben.
So – wenn die Philosophie die Ideen, die Erfahrung die Data angibt, können wir endl. die Physik im Großen ((bekommen.)) bekommen, die ich von spätern Zeitaltern erwarte. Es scheint nt daß die jezige Physik einen schöpferischen Geist, wie der unsrige ist, od. seyn soll, befriedigen könne.
Von der Natur komme ich aufs *Menschenwerk.* Die Idee der Menschheit voran – will ich zeigen, daß es keine Idee vom *Staat* gibt, weil der Staat etwas *mechanisches* ist, so wenig als es eine Idee von einer *Maschine* gibt.
Nur was Gegenstand der *Freiheit* ist, heist *Idee.* Wir müßen also auch über den Staat hinaus! – Denn jeder Staat muß freie Menschen als mechanisches Räderwerk behandeln; u. das soll er nicht; also soll er *aufhören*.
Ihr seht von selbst, daß hier ((als)) alle die Ideen, vom ewigen Frieden u.s.w. nur *untergeordnete* Ideen einer höhern Idee sind. Zugleich will ich hier d. Principien für eine *Geschichte der Menschheit* niederlegen, u. das ganze elende Menschenwerk von Staat, Verfaßung, Regierung, Gesezge-

bung – bis auf die Haut entblösen. Endl. kommen d. Ideen von einer moral. Welt, Gottheit, Unsterblichkeit – Umsturz alles ((Aberglaubens)) Afterglaubens, Verfolgung des Priesterthums, das neuerdings Vernunft heuchelt, durch d. Vernunft selbst. – (Die) absolute Freiheit aller Geister, die d. intellektuelle Welt in sich tragen, u. weder Gott noch Unsterblichkeit *ausser sich* suchen dürfen.

Zuletzt die Idee, die alle vereinigt, die Idee der *Schönheit,* das Wort in höherem platonischem Sinne genommen. Ich bin nun überzeugt, daß der höchste Akt der Vernunft, der, indem sie alle Ideen umfast, ein ästhe-(sti)tischer Akt ist, und daß *Wahrheit und Güte, nur in der Schönheit* verschwistert sind – Der Philosoph muß eben so viel ästhetische Kraft besitzen,

verso
als der Dichter. Die Menschen ohne ästhetischen Sinn sind unsre BuchstabenPhilosophen. Die Philosophie des Geistes ist eine ästhetische Philos. (M) Man kan in nichts geistreich, seyn (,) selbst über Geschichte kan man nicht geistreich raisonniren – ohne ästhetischen Sinn. Hier soll offenbar werden, woran es eigentl. den Menschen fehlt, die keine Ideen verstehen, – und treuherzig genug gestehen, daß ihnen alles dunkel ist, sobald es über Tabellen u. Register hinausgeht.

Die Poësie bekömmt dadurch e höhere Würde, sie wird am Ende wieder, was sie am Anfang war – *Lehrerin der (Geschichte) Menschheit;* denn es gibt keine Philosophie, keine Geschichte mehr, die Dichtkunst allein wird alle übrigen Wissenschaften u. Künste überleben.

Zu gleicher Zeit hören wir so oft, der große Hauffen müße eine *sinnliche Religion* haben. Nicht nur dr große Hauffen, auch der Phil. bedarf ihrer. Monotheismus der Vern. des Herzens, Polytheismus dr Einbildungskraft u. der Kunst, dis ists, was wir bedürfen!

Zuerst werde ich hier von einer Idee sprechen, die so viel ich weiß, noch in keines Menschen Sinn gekommen ist – wir müßen eine neue

Mythologie haben, diese Mythologie aber muß im Dienste der Ideen stehen, sie mus e Mythologie der *Vernunft* werden.

Ehe wir die Ideen ästhetisch d. h. mythologisch machen, haben sie für das *Volk* kein Interesse u. umgek. ehe d. Mythol. vernünftig ist, muß sich dr Philos. ihrer schämen. So müssen endl. aufgeklärte u. Unaufgeklärte sich d. Hand reichen, die Myth. muß philosophisch werden, und das Volk vernünftig, u. d. Phil. muß mythologisch werden, um die Philosophen sinnl. zu machen. Dann herrscht ewige Einheit unter uns. Nimmer der verachtende Blik, nimmer das blinde Zittern des Volks vor seinen Weisen u. Priestern. Dann erst erwartet uns *gleiche* Ausbildung
aller Kräfte, des Einzelnen sowohl als aller Individuen (,). Keine Kraft wird mehr unterdrükt werden, dann herrscht allgemeine Freiheit und Gleichheit der Geister! – Ein höherer Geist vom Himmel gesandt, muß
diese neue Religion unter uns stiften, sie wird das lezte, gröste Werk der Menschheit seyn.

1 anders] anders *vielleicht auch zu lesen:* andres.
* Im Text bedeutet: ( ) gestrichen, (( )) zuerst statt des folgenden Worts (und Satzzeichens).

Briefe von, an und über Schelling
Epikurisch Glaubensbekenntnis

Vater Schelling an Chr. Fr. Schnurrer
20. 5. 1793[1]

Hochwohlgeborener, hochwürdiger, hochzuverehrender Herr Prorektor!
Eure Magnifizenz werden sich die Bekümmernis gewiß selbst lebhaft genug vorstellen können, in welche die neuesten Nachrichten von unserm Sohn mich und meine Frau versetzt haben. Meine Frau bekam den ersten Brief von ihm letzten Dienstag,[2] der noch vor Smi Ankunft geschrieben war[3] und uns nur vor der Hand, wenn allenfalls etwas vor unsre Ohren käme, beruhigen sollte. Sie verbarg denselben vor mir, weil sie besorgte, ich möchte zu meinen vielen Arbeiten, die ich gerade vor mir hatte, untüchtig werden. Samstag abends kam ein zweiter nach, der etwas näheren Aufschluß über die Sache gab.[4] Erst gestern legte mir mein Frau beide Briefe miteinander vor. Er beruft sich darauf, daß er Eurer Magnifizenz seine Verteidigungsschrift übergeben, und daß Sie dieselbe Smo eingehändigt, überhaupt väterlich in der ganzen Sache sich für ihn höchster Orten verwendet hätten. So unschuldig er sich aber auch gegen mich hinstellen will, so wenig glaube ich ihm das auf sein Wort allein, sondern bin voll banger Sorge. Vorderst danke nun Ew. Magnifizenz ehrerbietigst für die gütigste Verwendung für den unvorsichtigen Jüngling; dann aber verbinde damit die gehorsamste Bitte, Sie möchten sich jetzt auch des bekümmerten Vaters und der Mutter desselben annehmen und uns nur einige Nachricht, was wir zu hoffen oder zu fürchten haben, gütigst zugehen lassen, auch, nachdem die Sache steht, mir raten, was zu tun sei, und ob Sie nicht für nötig erachten, daß auch in höchsten Orten, [ich] als Vater etwas für den Menschen tue? Gott wird Ihnen und Ihren liebsten Kindern diese Liebe vergelten!

Schorndorf
d. 20. Mai 1793.

Euer Magnifizenz
gehorsamstverbundenster,
M. Schelling.

Vater Schelling an Chr. Fr. Schnurrer
21. 6. 1793

Euer Magnifizenz   Schorndorf den 21. Jun. 1793.

wollte ich mit einer schriftlichen Bitte um die Erlaubnis, daß mein Sohn mit seinen Eltern in Kirchheim zusammenkommen dürfte, nicht vor der Hand beschwerlich fallen, weil ich mir als möglich denken könnte, daß Sie es versagen müßten, und ich Ihre Güte nicht in den Fall setzen wollte, mir etwas versagen zu müssen. Jetzt, da Ew. Magnifizenz die Erlaubnis ohne mein Bitten zu erteilen die Gewogenheit gehabt, erlauben Sie mir, Ihnen wenigstens hintennach gehorsamst zu danken. Ich bekenne, daß ich seit der neulichen leidigen Begebenheit ihn gerne persönlich bei mir gehabt hätte, um als Vater mit ihm sprechen, und ihn selbst, wenn er sich je unerlaubter Verbindungen[5] bewußt wäre, zu einem redlichen Geständnis, wenigstens gegen mich, bringen zu können, welches einem Briefe anzuvertrauen ich ihm weder zumuten konnte noch wollte. Hierin habe [ich] nun wohl nichts von ihm erhalten können, und er beteuerte auch gegen mich, sich nie in nichts eingelassen zu haben, das nicht alle Welt wissen dürfe. Hingegen habe [ich] das für mich erreicht, daß ich nun doch weit beruhigter bin, als ich vorhin nicht war. Von seinen ersten Kindesjahren an bis auf die Zeit, da ich ihn aus meiner unmittelbaren Aufsicht entlassen mußte, hat er unzählige Fehler jugendlicher Übereilung sich zu Schulden kommen lassen. Nie aber entsinne ich mich, ihn unredlich oder lügenhaftig befunden zu haben; sondern, was er auch getan hatte, wenn er auch unfehlbare Ahndung voraus sah, war immer sogleich und auf mein erstes Fragen wenigstens ein stillschweigendes Bekenntnis da. In dieser Rüksicht muß ich also fast auch diesmal der standhaften Behauptung seiner Unschuld trauen. Indessen habe [ich] ihm auch bei dieser Gelegenheit die dringendsten Ermahnungen zu immer mehr Vorsicht in seinem ganzen Wandel überhaupt, und in Absicht auf die Auswahl seiner Freunde und Vertrauten insonderheit, mit auf den Weg gegeben. Was er mir nicht genug sagen und rühmen konnte, war Euer Magnifizenz bei dieser Gelegenheit so vorzüglich gegen ihn erprobte väterlich gütige Gesinnung. Seine Dankbarkeit, Vertrauen und Liebe sind nun ganz der unbegrenzten Verehrung gleich, von der vorhin gegen Ew. Magnifizenz beseelt war. Wir Ältern danken auch in unserm Teil nochmals ehrerbietigst.

Schorndorf   Euer Magnifizenz
den 21 ut supra.   gehorsamstverbundenster.
                                                           M. J. S. Schelling.

Schelling an Fichte
26. 9. 1794

Euer Wohlgeboren   Tübingen, den 26. Sept. 1794.[6]
bin ich so frei, anliegende kleine Schrift[7] zu überschicken, nicht als ob ich glaubte, daß Sie Ihre Aufmerksamkeit vor andern besonders wert wäre, sondern weil ich gern diese Veranlassung ergreife, Ihnen für den Unterricht, der auch mir durch Ihre bewunderten Schriften[8] zuteil geworden ist, den reinsten, innigsten Dank, und die Versicherung meiner unbedingtesten Hochachtung darzubringen. Vielleicht hat die anliegende Schrift sogar einiges Recht, Euer Wohlgeboren überreicht zu werden, dadurch erhalten, daß sie vorzüglich in bezug auf Ihre letzte Schrift,[9] die der philosophischen Welt neue, große Aussichten eröffnet hat, geschrieben und zum Teil wirklich durch sie veranlaßt ist.

Einiges blieb mir in dieser Schrift bis jetzt noch dunkel, mehreres andere aber, und namentlich das, was der Hauptgedanke derselben zu sein scheint, ist mir, wenn ich mich nicht ganz trüge, deutlicher geworden. Wäre für einen Anfänger, der es erst beweisen muß, daß er des besondern Unterrichts der Philosophen wert sein könnte, die Bitte nicht allzu unbescheiden, sich bisweilen da, wo er durch allzu große Schwierigkeiten aufgehalten wird, nur einen belehrenden Wink von jenen Männern erbitten zu dürfen – wäre, sage ich, diese Bitte nicht allzu unbescheiden, wie gerne würde ich die bei Ihnen, verehrtester Mann, wagen! – Doch ich weiß, daß ich hierauf keine Ansprüche habe, und daß ich selbst die Freiheit, mit der ich mich hier an Sie gewendet habe, und welche die Schranken jugendlicher Schüchternheit allzusehr zu übersteigen scheint, nur mit meinem Gefühl von Dankbarkeit, und mit der unauslöschlichen Hochachtung entschuldigen kann, mit der ich die Ehre habe, zu sein

Euer Wohlgeboren gehorsamster Diener   F. Schelling

Hegel an Schelling
24. 12. 1794

Mein Lieber!
                Bern, am heiligen Abend vor Weihnachten
Schon längst hätte ich gern die freundschaftliche Verbindung, in
der wir ehmals miteinander standen, einigermaßen mit Dir erneuert. – Dies Verlangen erwachte vor kurzem wieder von neuem, indem ich (erst neulich) die Anzeige eines Aufsatzes von Dir in den
Paulus'schen Memorabilien[10] las und Dich auf Deinem alten Weg
antraf, wichtige theologische Begriffe aufzuklären und nach und
nach den alten Sauerteig auf die Seite zu schaffen zu helfen.[11] – Ich
kann nicht anders, als Dir eine erfreuliche Teilnahme darüber bezeugen, – ich glaube, die Zeit ist gekommen, da man überhaupt
freier mit der Sprache heraus sollte, zum Teil auch schon tut und
darf. – Nur meine Entfernung von den Schauplätzen literarischer
Tätigkeit setzt mich außerstand, von einer Sache, die mich so sehr
interessiert, hie und da Nachrichten zu erhalten, – und Du würdest
mich sehr verbinden, wenn Du mir teils davon, teils von Deiner
Arbeiten von Zeit zu Zeit Nachricht geben wolltest. Ich sehne
mich sehr nach einer Lage, – in Tübingen nicht, – wo ich das, was
ich ehmals versäumte, hereinbringen und selbst hie und da Hand
ans Werk legen könnte. – Ganz müßig bin ich nicht, aber meine
zu heterogene und oft unterbrochene Beschäftigung läßt mich zu
nichts Rechtem kommen. –

Zufälligerweise sprach ich vor einigen Tagen hier den Verfasser
der Dir wohl bekannten Briefe in Archenholz' Minerva, – von O
unterzeichnet, angeblich einem Engländer. Der Verf. ist aber ein
Schlesier und heißt Oelsner.[12] Er gab mir Nachricht von einigen
Württembergern in Paris, auch von Reinhard, der im Département
des affaires étrangères einen Posten von großer Bedeutung hat.[1]
Oelsner ist ein noch junger Mann, dem man ansieht, daß er viel gearbeitet; – er privatisiert diesen Winter hier.

Was macht den Renz?[14] Hat er sein Pfund vergraben? Ich hoffe
nicht; – es wäre gewiß der Mühe wert, ihn zu veranlassen oder aufzumuntern, daß er seine gewiß gründlichen Untersuchungen über
wichtige Gegenstände zusammentrüge; dies könnte ihn vielleicht
für den Verdruß schadlos halten, den er seit langer Zeit gehabt hat.
Ich habe einige Freunde in Sachsen, die ihm wohl zum weiteren
Unterbringen behilflich wären. Wenn Du ihn nicht für ganz abge

neigt hältst, so muntere ihn zu so etwas auf, suche seine Bescheidenheit zu überwinden, in jedem Falle grüße ihn meinetwegen.

Wie sieht es denn sonst in Tübingen aus? Ehe nicht eine Art von Reinhold oder Fichte dort auf einem Katheder sitzt, wird nichts Reelles herauskommen. Nirgends wird wohl so getreulich wie dort das alte System fortgepflanzt; – und wenn dies auch auf einzelne gute Köpfe keinen Einfluß hat, so behauptet sich die Sache doch in dem größeren Teil, in den mechanischen Köpfen; – in Ansehung dieser ist es sehr wichtig, was ein Professor für ein System, für einen Geist hat, denn durch sie wird dies größtenteils in Umlauf gebracht oder recht darin erhalten.

Von andern Widersprüchen als den Storr'schen gegen Kants Religionslehre[15] habe ich noch nicht gehört, doch wird sie wohl schon mehr erfahren haben. Aber der Einfluß derselben, der jetzt freilich noch still ist, wird erst mit der Zeit ans Tageslicht kommen.

Daß Carrier guillotiniert ist, werdet Ihr wissen. Lest Ihr noch französische Papiere? Wenn ich mich recht erinnere, hat man mir gesagt, sie seien in Württemberg verboten. Dieser Prozeß ist sehr wichtig und hat die ganze Schändlichkeit der Robespierroten enthüllt.

Tausend Grüße an Süskind und Kapff

Dein Freund Hgl.
Chez Mr. le Capit. Steiger

[Am Rande der 2. Seite:]
Mögling[16] sagte mir neulich, Süskind glaube, die Briefe in die Schweiz werden alle aufgebrochen; aber ich versichere Dir, Ihr könnt hierüber ganz unbesorgt sein.

[Am Rande der 3. Seite:]
Noch eine Bitte: ob mir Süskind nicht die Blätter aus der Oberdeutschen Zeitung schicken könnte, worin Maucharts Repertorium rezensiert ist?[17] – Ich wüßte sie hier nicht aufzutreiben.

Schelling an Hegel
6. 1. 1795

Tübingen, am heil. Dreikönigsabend 1795.
Du erinnerst Dich also doch noch Deiner alter Freunde? Beinahe

glaubte ich mich und uns alle von Dir vergessen. Überhaupt scheinen unsre alten Bekannten uns nimmer zu kennen. Renz ist in unserer Nähe, wir sehen und hören nichts von ihm, und – Hölderlin?[18] – ich vergeb' es seiner Laune, daß er unsrer noch nie gedacht hat. Hier meine Hand, alter Freund! Wir wollen uns nimmer fremd werden! Ich glaube sogar, wir könnten uns indes neu geworden sein: desto besser zum neuen Anfang!

Willst Du wissen, wie es bei uns steht? – Lieber Gott, es ist ein αὐχμὸς eingefallen, der dem alten Unkraut bald wieder aufhelfen wird. Wer wird es ausjäten? – Wir erwarteten alles von der Philosophie und glaubten, daß der Stoß, den sie auch den Tübinger Geistern beigebracht hatte, nicht so bald wieder ermatten würde. Es ist leider so! Der philos. Geist hat hier bereits seinen Meridian erreicht, – vielleicht, daß er noch eine Zeitlang in der Höhe kreist, um dann mit akzeleriertem Falle unterzugehen. Zwar gibt es jetzt Kantianer[19] die Menge, – aus dem Munde der Kinder und Säuglinge hat sich die Philosophie Lob bereitet, – aber nach vieler Mühe haben nun endlich unsre Philosophen den Punkt gefunden, wie weit man (da es nun einmal ohne die leidige Philosophie nimmer fort will) mit dieser Wissenschaft gehen dürfe. Auf diesem Punkt haben sie sich festgesetzt, angesiedelt und Hütten gebaut, in denen es gut wohnen ist und wofür sie Gott den Herrn preisen! – Und wer wird sie noch in diesem Jahrhundert daraus vertreiben? Wo sie einmal fest sind, da bringe sie der – – weg! – Eigentlich zu sagen, haben sie einige Ingredienzien des K[ant]schen Systems herausgenommen (von der Oberfläche, versteht sich), woraus nun tamquam ex machina so kräftige philosophische Brühen über quemcunque locum theologicum verfertigt werden, daß die Theologie, welche schon hektisch zu werden anfing, nun bald gesünder und stärker[20] als jemals einhertreten wird. Alle möglichen Dogmen sind schon zu Postulaten der praktischen Vernunft gestempelt und, wo theoretisch-historische Beweise nimmer ausreichen, da zerhaut die praktische (Tübingische) Vernunft den Knoten. Es ist Wonne, den Triumph dieser philosophischen Helden mit anzusehen. Die Zeiten der philosophischen Trübsal, von denen geschrieben steht, sind nun vorüber! –[21]

Wenn ein großer Mann erscheint und einen neuen meteorischen Gang, weit über die Köpfe der bisherigen Menschen weg, vorschlägt, wie angst und bange wird es da dem großen Haufen der gemäßigten, wohlgeregelten Menschen, die die Mittelstraße wandeln, und welche Not ist es, bis sie endlich im Schweiß ihres Angesichts zwischen dem neuen exzentrischen und dem alten bequemen und abgetretenen Wege eine neue Mittelstraße gefunden haben, auf der ein rechtlicher Mann in Fried und Ruhe einträchtig mit andern Parteien wandeln kann. Diese Mittelstraße ist nun gefunden! Nun Friede und Ruhe und sanfter Schlaf mit ihrem Geiste an allen Enden und Orten! Sie haben nun wieder ausgearbeitet! Ihr Maß ist voll!

Du schreibst von meinem Aufsatz in Paulus' Memorabilien. Er ist schon ziemlich alt, flüchtig gearbeitet, vielleicht aber doch nicht ganz umsonst geschrieben. Von meinen theologischen Arbeiten kann ich Dir nicht viel Nachricht geben. Seit einem Jahre beinahe sind sie mir Nebensache geworden. Das ein[z]ige, was mich bisher interessierte, waren historische Untersuchungen über das A. und N. T. und den Geist der ersten christlichen Jahrhunderte,[22] – hier ist noch am meisten zu tun; – seit einiger Zeit ist aber auch dies abgebrochen. Wer mag sich im Staub des Altertums begraben, wenn ihn der Gang *seiner* Zeit alle Augenblicke wieder auf- und mit sich fortreißt. Ich lebe und webe gegenwärtig in der Philosophie. Die Philosophie ist noch nicht am Ende. Kant hat die Resultate gegeben: die Prämissen fehlen noch. Und wer kann Resultate verstehen ohne Prämissen? – Ein Kant wohl, aber was soll der große Haufe damit? *Fichte*, als er das letzte Mal hier war,[23] sagte, man müsse den Genius des Sokrates haben, um in Kant einzudringen. Ich finde es täglich wahrer. – Wir müssen noch weiter mit der Philosophie! – Kant hat *Alles* weggeräumt, – aber wie sollten sie's merken? Vor ihren Augen muß man es in Stücke zertrümmern, daß sie's mit Händen greifen! O der großen Kantianer, die es jetzt überall gibt! Sie sind am Buchstaben stehen geblieben und segnen sich, noch so viel vor sich zu sehen. Ich bin fest überzeugt, daß der alte Aberglaube nicht nur der positiven, sondern auch der sogenannten natürlichen Religion in den Köpfen der meisten schon wieder mit den kantischen Buchstaben combiniert ist. – Es ist eine Lust anzusehen, wie sie den moralischen Beweis an der Schnur zu ziehen wissen. Eh' man sich's versieht, springt der deus ex machina hervor, – das persönliche individuelle Wesen, das da oben im Himmel sitzt! –

Fichte wird die Philosophie auf eine Höhe heben, vor der selbst die meisten der bisherigen Kantianer schwindeln werden [...]
ür, sie müssen, vollends der reinen, alle Schla

augen! Wenn mich nicht alles trügt, so
Du sein Programm
die das Porto austrügen.²⁴
Nun erhalte ich den Anfang der Ausführungen von Fichte selbst, die »Grundlage zur gesamten Wissenschaftslehre«. (Du wirst sie im Intelligenzblatt der allgemeinen Literaturzeitung angezeigt gelesen haben.²⁵ Sie kommt aber nicht in den Buchhandel und soll indes bloß Manuskript für seine Zuhörer sein.) Ich las und fand, daß mich meine Prophezeiungen nicht getäuscht hatten. – Nun arbeit' ich an einer Ethik à la Spinoza,²⁶ sie soll die höchsten Prinzipien aller Philosophien aufstellen, in denen sich die theoretische und praktische Vernunft vereinigt. Wenn ich Mut und Zeit habe, soll sie nächste Messe oder längstens nächsten Sommer fertig sein. – Glücklich genug, wenn ich einer der ersten bin, die den neuen Helden, Fichte, im Lande der Wahrheit begrüßen! – Segen sei mit dem großen Mann! er wird das Werk vollenden! Im Vorbeigehen gesagt: hast du die Zurückforderung der Denkfreiheit von den Fürsten Europas gelesen? Wo nicht, so lasse sie von Jena kommen. Dort ist sie zu haben. – Wer wollte ihren Verfasser verkennen?²⁷ – Sie ist in Reformators [...] mich nicht alles trügt, so geht der

Hegel an Schelling
Ende Januar 1795

Mein Lieber!
Wieviel Freude mir Dein Brief gemacht hat, brauche ich Dir nicht weitläufiger zu sagen; mehr als Dein treues Andenken an Deine Freunde konnte mich nur der Gang interessieren, den Dein Geist längst betreten hatte und den er jetzt immer noch fortsetzt. Nie sind wir uns als Freunde fremd geworden, noch weniger sind wir uns in Ansehung dessen fremd, was das große Interesse jedes vernünftigen Menschen ausmacht und zu dessen Beförderung und Ausbreitung er, so viel in seinen Kräften steht, beizutragen suchen wird.

Seit einiger Zeit habe ich das Studium der Kantischen Philosophie wieder hervorgenommen, um s[eine] wichtigen Resultate auf manche uns noch gang und gäbe Idee anwenden zu lernen oder diese nach jenen zu bearbeiten. Mit den neuern Bemühungen, in tiefere Tiefen einzudringen, bin ich ebenso wenig noch bekannt, als mit den Reinholdischen,[28] da mir diese Spekulationen nur für die theoretische Vern[unft] von näherer Bedeutung als von großer Anwendbarkeit auf allgemeiner brauchbare Begriffe zu sein schienen. Ich kenne daher diese Bemühungen in Ansehung ihres Zwecks nicht näher, ich ahne es nur dunkler. Aber daß Du mir die Bogen, die Du drucken ließest, nicht mitgeteilt hast,[29] – davon hätte Dich die Besorgnis wegen des Portos doch nicht abhalten sollen. Gib sie nur auf den Postwagen, nicht auf die Briefpost! Sie werden mir höchst schätzbar sein.

Was Du mir von dem theologisch-kantischen (si diis placet) Gang der Philosophie in Tübingen sagst, ist nicht zu verwundern. Die Orthodoxie ist nicht zu erschüttern, solang ihre Profession mit weltlichen Vorteilen verknüpft in das Ganze e[ine]s Staats verwebt ist. Dieses Interesse ist zu stark, als daß sie sobald aufgegeben werden sollte, und wirkt, ohne daß man sich's im Ganzen deutlich bewußt ist. So lang hat sie den ganzen, immer zahlreichsten Trupp von gedanken- und höherem Interesse -losen Nachbeter[n] oder Schreiber[n] auf ihrer Seite. Liest dieser Trupp etwas, das seiner Überzeugung (wenn man ihrem Wortkram die Ehre antun will, es so zu nennen) entgegen ist und von dessen Wahrheit so etwa[s] fühlten, so heißt es: »Ja, es ist wohl wahr«, legt sich dann auf's Ohr, und des Morgens trinkt man seinen Kaffee und schenkt ihn andern ein, als ob nichts geschehen wäre. Ohnedem nehmen sie mit allem vorlieb, was ihnen angeboten wird und was sie im System des Schlendrians erhält. Aber ich glaube, es wäre interessant, die Theologen, die kritisches Bauzeug zur Befestigung ihres gotischen Tempels herbeischaffen, in ihrem Ameisen-Eifer so viel [wie] möglich zu stören, ihnen alles [zu] erschweren, [sie] aus jedem Ausfluchtswinkel herauszupeitschen, bis sie keinen mehr fände[n] und sie ihre Blöße dem Tageslicht ganz zeigen müßten. Unter dem Bauzeug, das sie dem kantischen Scheiterhaufen entführen, um die Feuersbrunst der Dogmatik zu verhindern, tragen sie aber wohl immer auch brennende Kohlen mit heim; sie bringen die allgemeine Verbreitung der philosophischen Ideen. –

Zu dem Unfug, wovon Du schreibst und dessen Schlußart ich mir danach vorstellen kann, hat aber unstreitig Fichte durch seine *Kritik aller Offenbarung* Tür und Angel geöffnet. Er selbst hat mäßigen Gebrauch gemacht; aber wenn seine Grundsätze einmal fest angenommen sind, so ist der theologischen Logik kein Ziel und Damm mehr zu setzen. Er räsoniert aus der Heiligkeit Gottes, was er vermöge seiner rein moralischen Natur tun müsse u.s.w., und hat dadurch die alte Manier, in der Dogmatik zu beweisen, wieder eingeführt; es lohnte vielleicht der Mühe, dies näher zu beleuchten. – Wenn ich Zeit hätte, so würde ich suchen, es näher zu bestimmen, wieweit wir – nach Befestigung des moralischen Glaubens die legitimierte Idee von Gott jetzt rückwärts brauchen z. B. in Erklärung der Zweckbeziehung u.s.w., sie von der Ethikotheologie her jetzt zur Physikotheologie mitnehmen und da jetzt mit ihr walten dürften. Dies scheint mir der Gang überhaupt zu sein, den man bei der Idee der Vorsehung – sowohl überhaupt, als auch bei Wundern und, wie Fichte, bei Offenbarung – nimmt u.s.w. – Sollte ich dazu kommen, meine Meinung breiter zu entwickeln, so werde ich sie Deiner Kritik unterwerfen, aber im voraus dabei um Nachsicht flehen. – Meine Entfernung von mancherlei Büchern und die Eingeschränktheit meiner Zeit erlauben mir nicht, manche Idee auszuführen, die ich mit mir herumtrage. Ich werde wenigstens nicht viel weniger tun, als ich kann. Ich bin überzeugt, nur durch kontinuierliches Schütteln und Rütteln von allen Seiten her ist endlich eine Wirkung von Wichtigkeit zu hoffen, es bleibt immer etwas hangen; und jeder Beitrag von der Art, auch wenn er nichts Neues enthält, hat sein Verdienst; – und Mitteilung und gemeinschaftliche Arbeit erneuert und stärkt. Laß uns oft Deinen Zuruf wiederholen: »Wir wollen nicht zurückbleiben!«

Was macht Renz? Es scheint in seinem Charakter etwas Mißtrauisches zu sein, das sich nicht gern mitteilt, nur für sich arbeitet, andre nicht der Mühe wert hält, für sie etwas zu tun, oder das Übel für zu unheilbar hält. Vermöchte es Deine Freundschaft nicht über ihn, ihn zu Tätigkeit aufzufordern, gegen die jetzt lebende Theologie zu polemisieren? Die Notwendigkeit, und daß es nicht überflüssig ist, erhellt doch aus der Existenz derselben.

Hölderlin schreibt mir zuweilen aus Jena,[30] ich werde ihm wegen Deiner Vorwürfe machen. Er hört Fichte'n und spricht mit Begeisterung von ihm als einem Titanen, der für die Menschheit kämpfe und dessen Wirkungskreis gewiß nicht innerhalb der Wände des Auditoriums bleiben werde. Daraus, daß er Dir nicht schreibt, darfst Du nicht auf Kälte in der Freundschaft schließen, denn diese hat bei ihm gewiß nicht abgenommen, und sein Interesse für weltbürgerliche Ideen nimmt, wie mir's scheint, immer zu.

Das Reich Gottes komme, und unsre Hände seien nicht müßig im Schoße!

Einen Ausdruck in Deinem Briefe von dem moralischen Beweise verstehe ich nicht ganz: »den sie so zu handhaben wissen, daß das individuelle, persönliche Wesen herausspringe.« Glaubst Du, wir reichen eigentlich nicht so weit? Lebe wohl!

Vernunft und Freiheit bleiben unsre Losung, und unser Vereinigungspunkt die unsichtbare Kirche. H.

[Am Rande:] Antworte mir recht bald; grüße meine Freunde!

Hölderlin an Hegel
26. 1. 1795

Jena. d. 26 Jenn. 95.

Dein Brief war mir ein fröhlicher Willkomm bei meinem zweiten Eintritt in Jena. Ich war zu Ende des Dez. mit der Majorin von Kalb und meinem Zögling, mit dem ich zwei Monate allein hier zugebracht hatte, nach Weimar abgereist, ohne so eine schnelle Rückkehr selbst zu vermuten. Das mannigfaltige Elend, das ich durch die besonderen Umstände, die bei meinem Subjekte stattfanden, im Erziehungswesen erfahren mußte, meine geschwächte Gesundheit und das Bedürfnis, mir wenigstens einige Zeit selbst zu leben, das durch meinen hiesigen Aufenthalt nur vermehrt wurde, bestimmte mich noch vor meiner Abreise nach Jena, den Wunsch, mein Verhältnis zu verlassen, der Majorin vorzutragen. Ich ließ mich durch sie und Schiller überreden, den Versuch noch einmal zu machen, konnte aber den Spaß nicht länger als 14 Tage ertragen, weil es unter anderem auch mich beinahe ganz die nächtliche Ruhe kostete, und kehrte nun in vollem Frieden nach Jena zurück, in eine Unabhängigkeit, die ich im Grunde jetzt im Leben zum ersten Male genieße und die hoffentlich nicht unfruchtbar sein soll. Meine produktive Tätigkeit ist jetzt beinahe ganz auf die Umbildung der Materialien von meinem Romane gerichtet. Das Fragment in der Thalia[31] ist eine dieser rohen Massen. Ich denke bis Ostern damit fertig zu sein, laß mich indes von ihm schweigen. *Den Genius der Künheit*, dessen Du Dich vielleicht noch erinnerst, hab' ich, umgearbeitet, mit einigen andern Gedichten in die Thalia gegeben. Schiller nimmt sich meiner sehr an und hat mich aufgemuntert, Beiträge in sein neues Journal, die Horen, auch in seinen künftigen Musenalmanach zu geben.

Göthe hab' ich gesprochen, Bruder! Es ist der schönste Genuß unsers Lebens, so viel Menschlichkeit zu finden bei so viel Größe. Er unterhielt mich so sanft und freundlich, daß mir recht eigentlich das Herz lachte, u. noch lacht, wenn ich daran denke. Herder war auch herzlich, ergriff die Hand, zeigte aber schon mehr den Weltmann; sprach oft ganz so allegorisch, wie auch Du ihn kennst; ich werde wohl noch manchmal zu ihnen kommen; Majors von Kalb werden wahrscheinlich in Weimar bleiben, (weswegen meiner auch der Junge nicht mehr bedurfte, und mein Abschied beschleunigt werden konnte) und die Freundschaft, worin ich besonders mit der Majorin stehe, macht mir öftere Besuche in diesem Hause möglich.

Fichtens spekulative Blätter – Grundlage der gesamten Wissenschaftslehre – auch seine gedruckten Vorlesungen über die Bestimmung des Gelehrten werden Dich sehr interessieren. Anfangs hatt' ich ihn sehr im Verdacht des Dogmatismus; er scheint, wenn ich mutmaßen darf, auch wirklich auf dem Scheidewege gestanden zu sein, oder noch zu stehn – er möchte über das Faktum des Bewußtseins in der *Theorie* hinaus, das zeigen sehr viele seiner Äußerungen, und das ist eben so gewiß und noch auffallender transzendent, als wenn die bisherigen Metaphysiker über das Dasein der Welt hinauswollten – sein absolutes Ich (= Spinozas Substanz) enthält alle Realität; es ist alles, u. außer ihm ist nichts; es gibt also für dieses abs. Ich kein Objekt, denn sonst wäre nicht alle Realität in ihm; ein Bewußtsein ohne Objekt ist aber nicht denkbar, und wenn ich selbst dieses Objekt bin, so bin ich als solches notwendig beschränkt, sollte es auch nur in der Zeit sein, also nicht absolut; also ist in dem absoluten Ich kein Bewußtsein denkbar, als absolutes Ich hab' ich kein Bewußtsein, und insofern ich kein Bewußtsein habe, insofern bin ich (für mich) nichts, also das absolute Ich ist (für mich) Nichts.

So schrieb ich noch in Waltershausen, als ich seine ersten Blätter las, unmittelbar nach der Lektüre des Spinoza, meine Gedanken nieder; Fichte bestätigt mir

Seine Auseinandersetzung der Wechselbestimmung des Ich und Nicht-ich (nach s. Sprache) ist gewiß merkwürdig; auch die Idee des Strebens p. p. Ich muß abbrechen und muß Dich bitten, all' das so gut als nicht geschrieben anzusehen. Daß Du Dich an die Religionsbegriffe machst, ist gewis in mancher Rüksicht gut und wichtig. Den Begriff der Vorsehung behandelst Du wohl ganz parallel mit Kants Teleologie; die Art, wie er den Mechanismus der Natur (also auch des Schicksals) mit ihrer Zweckmäßigkeit vereiniget, scheint mir eigentlich den ganzen Geist seines Systems zu enthalten; es ist freilich dieselbe, womit er alle Antinomien schlichtet. Fichte hat in Ansehung der Antinomien einen sehr merkwürdigen Gedanken, über den ich aber lieber Dir ein andermal schreibe. Ich gehe schon lange mit dem Ideal einer Volkserziehung um, u. weil Du Dich gerade mit einem Teile derselben, der Religion, beschäftigest, so wähl ich mir vieleicht Dein Bild und Deine Freundschaft zum *conductor* der Gedanken in die äußere Sinnenwelt, und schreibe, was ich vielleicht später geschrieben hätte, *bei guter Zeit* in Briefen an Dich, die Du beurteilen und berichtigen sollst.

Schelling an Hegel
4. 2. 1795

Tübingen, d. 4ten Febr. 95.
Nein, Freund, wir sind uns nicht fremd geworden, wir finden uns auf den alten Wegen zusammen; und haben diese auch eine Wendung genommen, die wir vielleicht beide nicht vermuteten, so ist es bei uns beiden dieselbe. Wir wollen beide weiter, – wir wollen beide verhindern, daß nicht das Große, was unser Zeitalter hervorgebracht hat, sich wieder mit dem verlegnen Sauerteig vergangner Zeiten zusammenfinde; – es soll rein, wie es aus dem Geist seines Urhebers ging, unter uns bleiben, und ist es möglich, nicht mit Verunstaltungen und Herabstimmungen zur alten hergebrachten Form, sondern in seiner ganzen Vollendung, in seiner erhabensten Gestalt und mit der lauten Verkündigung,[32] daß es der ganzen bisherigen Verfassung der Welt und der Wissenschaften den Streit auf Sieg oder Untergang anbiete, von uns zur Nachwelt gehen.

Bei Reinhold's Versuchen, die Philosophie auf ihre letzten Prinzipien zurückzuführen, hat Dich Deine Vermutung, daß sie die Revolution selbst, die durch die Kritik der reinen Vernunft hervorgebracht war, nicht weiter führen,[32a] gewiß nicht getäuscht. Indessen war auch *das* eine Stufe, über welche die Wissenschaft gehen mußte, und ich weiß nicht, ob man es nicht Reinhold zu verdanken hat, daß wir nun so bald, als es meinen sichersten Erwartungen nach geschehen muß, auf dem höchsten Punkte stehen werden. Von diesem letzten Schritt der Philiosophie erwarte ich auch, daß dann vollends der letzte Schleier niederfallen – das letzte philosophische abergläubische Spinnengewebe der *privilegierten* Philosophen zerreißen³³ werde. Mit Kant ging die Morgenröte auf, – was Wunder, daß hie und da in einem sumpfigen Tal noch ein kleiner Nebel zurückblieb, während die höchsten Berge schon im Sonnenglanz standen. Die Morgenröte muß vor der Sonne vorhergehen, auch hat die Natur durch das *allmähliche* Entstehen des vollen Tags und den Uebergang durch die Dämmerung mütterlich für blöde Augen gesorgt: aber, wenn die Morgenröte einmal da ist, dann muß die Sonne kommen, und auch in die tiefsten Winkel Licht und Leben ausstrahlen und die Sumpfnebel zerstreuen.³⁴

Ein herrlicher Gedanke, den Du auszuführen im Sinne hast.³⁵ Ich beschwöre Dich, so eilig wie möglich Hand an's Werk zu legen. Wenn Du entschlossen bist, nicht müßig zu bleiben, so hast Du *hier* ein Feld ehrlicher Ernte und großen Verdienstes. Du hast dann noch vollends die letzte Türe des Aberglaubens verrammelt. Du schreibst es selbst, daß, solange jene Schlußart, die Fichte in der *Kritik aller Offenbarung* – vielleicht aus Akkomodation oder um seine Freude mit dem Aberglauben zu haben und den Dank der Theologen lachend einzustecken – wieder aufbrachte, noch als gültig angesehen wird, der philosophischen Torheit kein Ende ist. Schon oft wollt' ich im Ärger über den Unfug der Theologen zur Satire die Zuflucht nehmen und die ganze Dogmatik – mit allen Anhängseln der finstersten Jahrhunderte auf praktische Glaubensgründe zurückführen; aber die Zeit mangelte mir, und Gott weiß, ob's nicht, wenn die Satire *durchgeführt* worden wäre, von den Meisten im Ernst genommen worden wäre und ich so schon in meinen jungen Jahren, im stillen wenigstens, die Freude gehabt hätte, als ein philosophisches Kirchenlicht zu glänzen. – Die Sache muß mit Ernst angegriffen werden, und aus Deiner Hand, Freund, will ich den Anfang dazu erwarten. – Noch eine Antwort auf Deine Frage: ob ich glaube, wir reichen mit dem moralischen Beweis nicht zu einem persönlichen Wesen? Ich gestehe, die Frage hat mich überrascht; ich hätte sie von einem Vertrauten Lessings nicht erwartet – doch Du hast sie wohl nur getan, um zu erfahren, ob sie bei mir ganz entschieden sei; für Dich ist sie gewiß schon längst entschieden. Auch für uns sind die orthodoxen Begriffe von Gott nicht mehr.³⁶ – Meine Antwort ist: wir reichen *weiter* noch als zum persönlichen Wesen. Ich bin indessen Spinozist geworden! Staune nicht. Du wirst bald hören, wie? Spinoza³⁷ war die Welt (das Objekt schlechthin im Gegensatz gegen das Subjekt) – *Alles*, mir ist es das *Ich*. Der eigentliche Unterschied der kritischen und der dogmatischen Philosophie scheint mir darin zu liegen, daß jene vom absoluten (noch durch kein Objekt bedingten) Ich, diese vom absolutem Objekt oder Nicht-Ich ausgeht. Die letztere in ihrer höchsten Konsequenz führt auf Spinozas System, die erstere aufs Kantische. Vom *Unbedingten* muß die Philosophie ausgehen. Nun fragt sich's nur, worin dies Unbedingte liegt, im Ich oder im Nicht-Ich. Ist diese Frage entschieden, so ist *Alles* entschieden.[38] – Mir ist das höchste Prinzip aller Philosophie das reine, absolute Ich, d. h. das Ich, inwiefern es bloßes Ich, noch gar nicht durch Objekte bedingt, sondern durch *Freiheit* gesetzt ist. Das A und O aller Philosophie ist Freiheit. – Das absolute Ich befaßt eine unendliche[39] Sphäre des absoluten Seins, in dieser bilden sich *endliche* Sphären, die durch *Einschränkung* der absoluten Sphäre durch ein Objekt entstehen (Sphären des Daseins – theoretische Philosophie.) In diesen ist lauter Bedingtheit, und das Unbedingte führt auf Widersprüche. – Aber wir *sollen* diese Schranken durchbrechen, d. h. wir sollen aus der endlichen Sphäre hinaus in die *unendliche* kommen (*praktische* Philosophie). Diese fordert also Zerstörung der Endlichkeit und führt uns dadurch in die übersinnliche Welt. (Was der theoretischen Vernunft unmöglich war, sintemal sie *durch das Objekt* geschwächt war, das tut die praktische Vernunft.) Allein in dieser können wir nichts finden als unser absolutes Ich, denn nur dieses[40] hat die unendliche Sphäre beschrieben. Es gibt keine übersinnliche Welt für uns als die des absoluten Ichs. – *Gott* ist nichts als das absolute Ich, das Ich, insofern es *Alles* Theoretische[41] zernichtet hat, in der *theoretischen* Philosophie also = 0 ist. Persönlichkeit entsteht durch Einheit des Bewußtseins. Bewußtsein aber ist nicht ohne Objekt möglich; für Gott aber, d. h. für das absolute Ich gibt es *gar kein* Objekt, denn dadurch hörte es auf, absolut zu sein. – Mithin gibt es keinen persönlichen Gott, und unser höchstes Bestreben ist die Zerstörung unserer Persönlichkeit, Übergang in die absolute Sphäre des Seins, der aber in Ewigkeit nicht *möglich* ist; – daher nur *praktische* Annäherung zum Absoluten, und daher – *Unsterblichkeit*. Ich muß schließen. Lebe wohl. Antworte bald

Deinem Sch.

N. S. Die verlangten Bogen[42] schicke ich Dir und erwarte Dein aufrichtiges, *strenges*[43] Urteil darüber. – An Renz verzweifle ich *von jetzt* ganz. Nächstens ein Mehreres. Willst *Du* nicht an ihn schreiben? Ich will den Brief besorgen, aber der Brief müßte klug eingerichtet sein, damit ihn sein Onkel lesen dürfte.

Hegel an Schelling
16. 4. 1795

Mein Lieber!
Das Verspäten meiner Antwort hat teils in mancherlei Geschäften, teils auch in Zerstreuungen seinen Grund, welche durch die politischen Feste, die hier gefeiert wurden, veranlaßt waren. Alle 10 Jahre wird der conseil souverain um die etwa 90 in dieser Zeit abgehenden Mitglieder ergänzt. Wie menschlich es dabei zugeht, wie alle Intrigen an Fürstenhöfen durch Vettern und Basen nichts sind gegen die Kombinationen, die hier gemacht werden, kann ich Dir nicht beschreiben. Der Vater ernennt seinen Sohn oder den Tochtermann, der das größte Heiratsgut zubringt und so fort. Um eine aristokratische Verfassung kennen zu lernen, muß man einen solchen Winter, vor den Ostern, an welchen die Ergänzung vorgeht, hier zugebracht haben!

Noch mehr hinderte mich aber an einer bäldern Antwort der Wunsch, Dir ein gründliches Urteil über Deine mir zugeschickte Schrift,[44] wofür ich Dir sehr danke, zu schreiben, Dir wenigstens zu zeigen, daß ich Deine Ideen ganz gefaßt habe. Aber zu einem gründlichen Studium derselben hatte ich nicht Zeit; nur soweit ich die Hauptideen aufgefaßt habe, sehe ich darin eine Vollendung der Wissenschaft, die uns die fruchtbarsten Resultate geben wird, – ich sehe darin die Arbeit eines Kopfs, auf dessen Freundschaft ich stolz sein kann, der zu der wichtigsten Revolution im Ideensystem von ganz Deutschland seinen großen Beitrag liefern wird. Dich aufzumuntern, Dein System ganz auszuführen, würde Beleidigung sein, da eine Tätigkeit, die einen solchen Gegenstand ergriffen hat, dessen nicht bedarf. Vom Kantischen System und dessen höchster Vollendung erwarte ich eine Revolution in Deutschland, die von Prinzipien ausgehen wird, die vorhanden sind und nur nötig haben, allgemein bearbeitet, auf alles bisherige Wissen angewendet zu werden. Immer wird freilich eine esoterische Philosophie bleiben, – die Idee Gottes als des absoluten Ichs wird darunter gehören. Bei einem neuern Studium der Postulate der praktischen Vernunft hatte ich Ahnungen gehabt von dem, was Du mir in Deinem letzten Brief deutlich auseinandersetzest, was ich in Deiner Schrift fand und was mir die *Grundlage der Wissenschaftslehre* von Fichte vollends aufschließen wird; durch die Konsequenzen, die sich daraus ergeben werden, werden manche Herren in Erstaunen gesetzt werden. Man wird schwindeln bei dieser höchsten Höhe aller Philosophie, wodurch der Mensch so sehr gehoben wird; aber warum ist man so spät darauf gekommen, die Würde des Menschen höher anzuschlagen, sein Vermögen der Freiheit anzuerkennen, das ihn in die gleiche Ordnung aller Geister setzt? Ich glaube, es ist kein besseres Zeichen der Zeit als dieses, daß die Menschheit an sich selbst so achtungswert dargestellt wird; es ist ein Beweis, daß der Nimbus um die Häupter der Unterdrücker und Götter der Erde verschwindet. Die Philosophen beweisen diese Würde, die Völker werden sie fühlen lernen, und ihre in den Staub erniedrigten Rechte nicht fordern, sondern selbst wieder annehmen, – sich aneignen. Religion und Politik haben unter *einer* Decke gespielt, jene hat gelehrt, was der Despotismus wollte, Verachtung des Menschengeschlechts, Unfähigkeit desselben zu irgend einem Guten, durch sich selbst etwas zu sein. Mit Verbreitung der Ideen, wie etwas sein soll, wird die Indolenz der gesetzten Leute, ewig alles zu nehmen, wie es ist, verschwinden. Diese belebende Kraft der Ideen – sollten sie auch immer noch Einschränkungen an sich haben – wie die des Vaterlandes, seiner Verfassung, u.s.w. – wird die Gemüter erheben, und sie werden lernen, ihnen aufzuopfern, da gegenwärtig der Geist der Verfassungen mit dem Eigennutz einen Bund gemacht, auf ihn sein Reich gegründet hat. Ich rufe mir immer aus dem Lebensläufer[45] zu: »Strebt der Sonne entgegen, Freunde, damit das Heil des menschlichen Geschlechtes bald reif werde! Was wollen die hindernden Blätter? Was die Äste? – Schlagt euch durch zur Sonne, und ermüdet ihr, auch gut! Desto besser läßt sich schlafen!«.

Es fällt mir ein, daß dieser Sommer Dein letzter in Tübingen ist. Wenn Du eine eigene Disputation schreibst,[46] so will ich Dich ersucht haben, sie mir sobald als möglich zuzuschicken (gib sie nur auf den Postwagen und schreibe auch darauf, daß sie durch den Postwagen weiter befördert werden soll); auch wenn Du sonst etwas drucken läßt, so ersuche den Buchhändler Cotta, es mir zu[kommen] zu lassen. Ich bin auf die Produkte der Ostermesse begierig; Fichtes W[issenschaftslehre][47] nehme ich mir vor, auf den

Sommer zu studieren, wo ich überhaupt mehr Muße haben werde, einige Ideen auszuführen, mit denen ich schon lange umgehe, wobei mir der Gebrauch einer Bibliothek abgeht, welches ich doch sehr nötig hätte. Schillers Horen, zwei erste Stücke, haben mir großen Genuß gewährt; der Aufsatz über die ästhetische Erziehung des Menschengeschlechts ist ein Meisterstück.[48] Niethammer kündigte zu Anfang des Jahres ein Philosophisches Journal an;[49] ist etwas daraus geworden? Hölderlin schreibt mir oft von Jena; er ist ganz begeistert von Fichte, dem er große Absichten zutraut.[50] Wie wohl muß es Kant tun, die Früchte seiner Arbeit schon in so würdigen Nachfolgern zu erblicken. Die Ernte wird einst herrlich sein! Süskind danke ich für seine freundschaftliche Bemühung, die er für mich übernommen hat. Was macht Renz? Deinen Äußerungen nach ist mir sein Verhältnis zu seinem Onkel unbegreiflich und benimmt mir den Mut, mich an ihn zu wenden. – Was nimmt Hauber für einen Weg?[51]

Lebe wohl, mein Freund! Ich möchte uns einst wieder versammelt sehen, um manches einander mitzuteilen, voneinander zu hören, was unsere Hoffnungen bestätigen könnte[52] –

Bern, den 16. Apr. 95.   Dein H.

Schelling an Hegel
21. 7. 1795

Tübingen, d. 21. Jul. 95.
Endlich komme ich dazu, Dir, l. Freund, Deinen letzten Brief zu beantworten. Anfangs wollte ich nur so lange warten, bis meine Disputation[53] geschrieben wäre, um sie Dir Deinem Verlangen gemäß schicken zu können. Als ich dies Geschäft vom Hals hatte, wurde ich krank, mußte nach Haus gehen, um mich da zu erholen, und bin nur erst seit ungefähr 8[54] Tagen wieder hier. Nun ist es mir wahres Bedürfnis, mich durch Unterhaltung mit einem Freunde, wie Du bist, aufzurichten. Mein einförmiges Leben, an welchem ich immer weniger Lust habe und das mir durch Verhältnisse, die Du wohl kennst, gänzlich freue Äußerung meiner Gesinnungen verbittert, treibt mich an, in der Stille meine Freunde zu suchen und mit ihnen gemeinschaftlich mich der Hoffnungen zu freuen, die ich großenteils auch ihrem Umgange verdanke.

Was unsern gegenwärtigen Zustand um vieles bessert, sind die

Hoffnungen, die uns die Tätigkeit und die aufgeklärte Gesinnung des neuen Herzogs einflößen.⁵⁵ Der Despotismus unsrer philosophischen Halbmänner wird, wie ich hoffe, durch diese Veränderung einen großen Stoß bekommen. Es ist unbegreiflich, wie viel jener *moralische* Despotismus geschadet hat: hätt' er noch einige Jahre gedauert, er hätte die Denkfreiheit in unserm Vaterlande tiefer, als *kein* politischer Despotismus [zu tun] im Stande gewesen wäre, niedergedrückt. Ignoranz, Aberglaube und Schwärmerei hatten allmählich die Maske der Moralität und – was noch weit gefährlicher ist – die Maske der Aufklärung angenommen. Gewiß hätte sich in kurzer Zeit mancher die Zeiten der krassesten Finsternis zurückgewünscht; denn der Kreis, den diese beschreibt, ist weit gegen die Schranken, welche jene halbe Aufklärung um uns gezogen hätte. Es war nimmer bloß um Kenntnis, Einsicht, Glaube zu tun; es ging um *Moralität:* von Beurteilung der Kenntnisse, der Talente, war nimmer die Rede, man beurteilte nur den Charakter. Man wollte keine gelehrten, man wollte nur moralisch-gläubige Theologen, Philosophen, die das Unvernünftige vernünftig machen und der Geschichte spotten. – Doch Du sollst einst mündlich eine Charakteristik dieser Periode bekommen; ich glaube, ihren Geist so gut wie irgend ein andrer zu kennen. Ich bürge Dir dafür, daß du erstaunen würdest.

Du erhältst hier meine Disputation. Ich war genötigt, sie schnell zu schreiben, und erwarte deswegen Deine Nachsicht. Gern hätte ich ein anderes Thema gewählt, wenn ich frei gewesen wäre, und das erste Thema, das ich bearbeiten wollte (de praecipuis orthodoxorum antiquiorum adversus haereticos armis) und das ohne alles mein Verdienst die beißendste Satire geworden wäre, mir nicht gleich anfangs privatim mißraten worden wäre.

Noch weit mehr aber bitte ich Dich um Deine Nachsicht mit der andern Schrift, die Du anbei erhältst.⁵⁶ Wie sehr hat mich das Urteil in Deinem letzten Brief beschämt. Ich heuchle diese Empfindung nicht; aber ich fühle es nur gar zu sehr, was dieser neuen Schrift sowie der früheren fehlt, und ich verzeihe es gerne – gerne jedem, der mir, wenn er dasselbe Gefühl hat, es mitteilt. Nur spät vielleicht werde ich wieder gutmachen, was ich bis jetzt verdorben habe. Mein Hauptfehler war, daß ich die *Menschen* nicht kannte, daß ich zu viel von ihrem guten Willen – vielleicht selbst zu viel von ihrer Divinationsgabe erwartet habe. Auch Du hattest in Deinem letzten Briefe nach ganz andere Begriffe. Gewiß, Freund, die Revolution, die durch die Philosophie bewirkt werden soll, ist noch ferne. Die meisten, die mitwirken zu wollen schienen, treten nun erschrocken zurück. Das hätten sie nicht vermutet!–

Fichtes Wirksamkeit scheint vollends gar für jetzt wenigstens ganz unterbrochen zu sein. Mutiger Eifer gegen akademische Torheiten der Jenaischen Studenten, verbunden mit der wahrscheinlich noch insgeheim mitwirkenden Kabale neidischer Kollegen hat ihm die fürchterlichsten Ausbrüche eines allgemeinen Hasses der Studierenden zugezogen. Zu Anfang dieses Sommers war er genötigt Jena auf eine Zeitlang wenigstens zu verlassen, jetzt, sagt man, sei er wieder zurückgekehrt – aber, l. Gott, mit welchen Aussichten? – Öffentlich – in vielen Journalen – wird ihm moralisch-politisch-philosophisch der Prozeß gemacht.[57]

In Jakobs Philosophischen Journalen wird er behandelt, wie sonst kaum der Auswurf der Literatur behandelt wurde.[58] Alle, die seine Beiträge etc., seine neue Philosophie vor den Kopf gestoßen, triumphieren. – Von Schiller (dem wahrscheinlichen Verfasser der Briefe über die ästhetische Erziehung des Menschengeschlechts in den Horen) wird geurteilt, daß es Schande für einen solchen Mann sei, sich mit einem Fichte gemein zu machen. Alle Schwachköpfe sind empört!

Hölderlin ist, wie ich höre, zurückgekommen.[59] Hier haben wir noch nichts von ihm gesehen. Renz ist Vikar in Maulbronn, nun, so viel ich weiß, in besserer, vergnügterer Lage. Er hat nun angefangen, bisweilen zu schreiben. Wolltest Du mir einen Brief für ihn schicken, so weiß ich, daß ihn das außerordentlich freuen würde. – Hauber – mit der Zeit gewiß ein großer Mathematiker – nimmt den Weg, den man von einem solchen Kopf vermuten[60] kann. – Niethammers Philosophisches Journal ist erschienen: es enthält zum Teil vorzügliche Abhandlungen – Er hat mich um Beiträge gebeten; im 5ten Stück – wenn Du das Journal lesen kannst – wirst Du philosophische Briefe finden, die von mir sind.[61]

Dir und Mögling (warum läßt dieser nichts von sich hören? man sagt hier, er werde zurückkommen) tausend Grüße von allen Bekannten.

Ich hoffe, Du wirst mich den langen Aufschub meiner Antwort nicht entgelten lassen. Lebe wohl, teurer Freund.

Der Deinige Sch.

Hegel an Schelling,
30. 8. 1795

Tschugg bei Erlach über Bern, den 30. Aug. 95.
Die Geschenke, mein Bester, die Du mir geschickt hast,[62] sowie Dein Brief haben mir die lebhafteste Freude verursacht und den reichsten Genuß gewährt, und ich bin Dir aufs äußerste dafür verbunden. Unmöglich ist es mir, Dir alles zu schreiben, was ich dabei empfand und dachte.

Deine erste Schrift,[63] der Versuch, Fichtes Grundlage zu studieren, zum Teil meine eigenen Ahndungen, haben mich in den Stand gesetzt, in Deinen Geist einzudringen und seinem Gange zu folgen, viel mehr, als ich es noch bei Deiner ersten Schrift[64] imstande war, die mir aber jetzt durch deine zweite erklärt wird. Ich war einmal im Begriff, es mir in einem Aufsatz deutlich zu machen, was es heißen könne, sich Gott zu nähern, und glaubte, darin eine Befriedigung des Postulats zu finden, daß die praktische Vernunft der Welt der Erscheinungen gebiete und der übrigen Postulate. Was mir dunkel und unentwickelt vorschwebte, hat mir Deine Schrift aufs Herrlichste und Befriedigende aufgeklärt. Dank sei Dir dafür, – für mich, – und jeder, dem das Heil der Wissenschaften und das Weltbeste am Herzen liegt, wird Dir, wenn auch jetzt nicht, doch mit der Zeit danken. – Was Dir im Wege stehen wird, verstanden zu werden und zu Deinen Betrachtungen Eingang zu finden, wird, stelle ich mir vor, überhaupt das sein, daß die Leute schlechterdings ihr Nicht-Ich nicht werden aufgeben wollen. In moralischer Rücksicht fürchten sie Beleuchtung – und den Kampf, in den ihr behagliches Bequemlichkeits-System geraten kann. Im theoretischen Sinne haben sie von Kant zwar gelernt, daß der bisherige Beweis für Unsterblichkeit und der ontologische u.s.w. nicht stichhaltig sind (sie hielten es für Aufdeckung einer künstlichen Täuschung, s. S. 17 Deiner Schrift[65]), aber sie haben noch nicht begriffen, daß das Mißlingen solcher Abenteuer der Vernunft und ihres Überfliegens des Ichs in ihrer Natur selbst gegründet ist. Daher ist bei ihnen z. B. auch in ihrer Behandlung der Eigenschaften Gottes nichts geändert worden; nur der Grund wurde anders gelegt, und diese Eigenschaften Gottes sind (wie sich unser Lebensläufer irgendwo ausdrückt) noch immer der Dietrich, womit diese Herrn alles aufschließen. Wenn ihnen S. 103 Deiner Schrift nicht auch darüber das Verständnis öffnet (denn selbst diese Schlüsse zu machen, sind sie zu träg; man muß ihnen alles totidem verbis vorsagen), so sind es capita insanabilia.

Der Rezensent Deiner ersten Schrift in der Tübinger Gelehrten Zeitung[66] mag in andern Rücksichten verehrungswürdig sein, aber in ihr einen objektiven Grundsatz als den höchstens zu finden zu glauben, hat doch wahrlich keinen Tiefsinn gezeigt, – es wird wohl Abel sein.[67] Den heillosen Rezensenten aber in Jakob's Philosophischen Annalen hast Du behandelt, wie er es verdiente.[68] Jakob wird wohl auch an der Fichte'schen Philosophie zum Ritter werden wollen, wie Eberhard an der Kantischen, und ihre pompvoll angekündigten Zeitschriften werden ein gleiches Schicksal haben.[69]

Die trüben Aussichten, die Du für die Philosophie in Deinem Briefe zeigst, haben mich mit Wehmut erfüllt.

[*Hier sind anderthalb Zeilen durch Schellings Hand fast unleserlich gemacht worden. Der Anfang läßt sich noch entziffern:* »Du sagst, Du habest viele Bedenken, und Du müßtest wieder«]

Über die Folgen, die das Mißverstehen Deiner Grundsätze für Dich haben könnte, bist Du erhaben. Du hast schweigend Dein Werk in die unendliche Zeit geworfen: hie und da angegrinst zu werden, das, weiß ich, verachtest Du. Aber in Rücksicht auf andere, die vor den Resultaten zurückbeben, ist Deine Schrift so gut wie nicht geschrieben. Dein System wird das Schicksal aller Systeme derjenigen Männer haben, deren Geist dem Glauben und den Vorurteilen ihrer Zeit vorausgeeilt ist. Man hat sie verschrien und aus seinem System heraus widerlegt; indes ging die wissenschaftliche Kultur still ihren Gang fort, und in fünfzig Jahren später hat die Menge, die nur mit dem Strom ihrer Zeit fortschwimmt, mit Verwunderung gefunden, daß die Werke, die sie in der Polemik vom Hörensagen als längst widerlegte Irrtümer enthaltend kennen lernte, wenn sie zufälligerweise selbst ein solches zu Gesicht bekommen, das herrschende System ihrer Zeiten enthalten. Es fällt mir hierbei ein Urteil ein, das vorigen Sommer ein Repetent von Dir fällte; er sagte mir, Du seiest nur zu aufgeklärt für dieses Jahrhundert, im nächsten etwa werden Deine Grundsätze an ihrem Platz sein. In Rücksicht auf Dich scheint mir dies Urteil fade, aber charakteristisch in Rücksicht auf den, der es fällte, und die ganze große Klasse derjenigen, die es nicht für wohlgetan halten, über die Linie der in ihrem Zeitalter, Zirkel und Staate herrschenden Aufklärung, über das allgemeine Niveau sich zu erheben, sondern die behagliche Hoffnung haben, es werde alles schon mit der Zeit kommen, und dann sei es für sie noch übrig Zeit genug, einen Schritt vorwärts zu tun; oder vielmehr haben sie die Hoffnung, sie werden schon auch mit fortgeschoben werden. Selbst die Beine aufgehoben, meine Herrn!

Den Geist, den die vorige Regierung[70] einzuführen drohte, habe ich in Deiner Beschreibung erkannt, er ist in Heuchelei und Furchtsamkeit (einer Folge des Despotismus) gegründet und selbst wieder Vater der Heuchelei, – der Geist, der in jeder öffentlichen Konstitution herrschend werden muß, die den chimärischen Einfall hat, Herzen und Nieren prüfen zu wollen und Tugend und Frömmigkeit zum Maßstab der Schätzung des Verdienstes und der Austeilung der Ämter zu nehmen. Ich fühle innigst das Bejammernswürdige eines solchen Zustandes, wo der Staat in die heilige Tiefe der Moralität hinabsteigen und diese richten will; bejammernswürdig ist er, auch wenn der Staat es gut meinte, noch unendlich trauriger, wenn Heuchler dies Richteramt in die Hände bekommen, welches geschehen *muß*, wenn es anfangs auch gut gemeint gewesen wäre. Dieser Geist scheint auch Einfluß auf die Ergänzung Eures Repetentenkollegiums gehabt [zu] haben, das, wenn es aus gut organisierten Köpfen bestünde, manchen Nutzen stiften könnte.

Bemerkungen über Deine Schrift[71] kannst Du von mir nicht erwarten. Ich bin hier nur ein Lehrling; ich versuche es, Fichtes Grundlage zu studieren. Erlaube mir eine Bemerkung, die mir einfiel, damit Du wenigstens den guten Willen siehst, deinem Verlangen, Dir Bemerkungen mitzuteilen, Genüge zu tun. § 12 Deiner Schrift legst Du dem Ich das Attribut als einziger Substanz bei; wenn Substanz und Akzidenz Wechselbegriffe sind, so scheint mir, wäre der Begriff von Substanz nicht auf das absolute Ich anzuwenden;[72] wohl auf das empirische Ich, wie es im Selbstbewußtsein vorkommt. Daß Du aber von diesem (die höchste Thesis und Antithesis vereinigenden) Ich nicht sprächest, machte mich der vorhergehende § glauben, wo Du dem Ich Unteilbarkeit zuschreibst, welches Prädikat nur dem absoluten, nicht dem Ich, wie es im Selbstbewußtsein vorkommt, beizulegen wäre, in welchem es nur als einen Teil seiner Realität sich setzend vorkommt.

Was ich Dir über Deine Disputation[73] schreiben könnte, wäre, Dir meine Freude über den freiern Geist der höhern Kritik, der darin webt, zu bezeugen, der, wie ich nicht anders von Dir erwartete, unbestochen von der Ehrwürdigkeit der Namen, das Ganze vor Augen hat und nicht Worte für heilig hält, – und Dir über Deinen Scharfsinn und Gelehrsamkeit Komplimente zu machen. – Ich habe darin besonders auch einen Verdacht bestätigt gefunden, den ich schon längst hegte, daß es für uns und die Menschheit vielleicht ehrenvoller ausgefallen wäre, wenn irgend eine, es sei welche es wolle, durch Konzilien und Symbole verdammte Ketzerei zum öffentlichen Glaubenssystem gediehen wäre, als daß das orthodoxe System die Oberhand behalten hat.

Fichte dauert mich; Biergläser und Landsväterdegen haben also der Kraft seines Geistes widerstanden; vielleicht hätte er mehr ausgerichtet, wenn er ihnen ihre Roheit gelassen und sich nur vorgesetzt hätte, sich ein stilles, auserwähltes Häufchen zu ziehen. Aber schändlich ist es doch wohl, – seine und Schillers Behandlung von seinwollenden Philosophen. Mein Gott, was für Buchstabenmenschen und Sklaven sind noch darunter!

Niethammers Journal hoffe ich alle Tage zu erhalten und freue mich besonders auf Deine Beiträge. Dein Beispiel und Deine Bemühungen ermuntern mich von neuem, der Ausbildung unserer Zeiten, so viel [wie] möglich, nachzurücken.

Hölderlin, höre ich, sei in Tübingen gewesen; gewiß habt [Ihr] immer angenehme Stunden miteinander zugebracht; wie sehr wünschte ich, der dritte Mann dazu gewesen zu sein!

Von meinen Arbeiten ist nicht der Mühe wert zu reden; vielleicht schicke ich Dir in einiger Zeit den Plan von etwas zu, das ich auszuarbeiten gedenke, wobei ich mit der Zeit Dich besonders auch um freundschaftliche Hilfe, auch im kirchenhistorischen Fache, wo ich sehr schwach bin und wo ich mir am besten bei Dir Rat holen kann, ansprechen werde.

Da Du Tübingen bald verläßt, so sei so gut, mich von dem, was Du vorzunehmen im Sinne hast und von dem künftigen Orte Deines Aufenthalts, wie von allen Deinen Schicksalen, bald zu benachri[cht]igen. Schone vor allem, um Deiner und Deiner Freunde willen, Deine Gesundheit; sei nicht so geizig mit der Zeit, die Du auf Erholung anzuwenden hast! Grüße meine Freunde herzlich. Das nächstemal lege ich Dir einen Brief an Renz bei; es würde den Abgang dieses verzögern. Grüße ihn indes herzlich von meiner Seite, wenn Du ihm schreibst! Lebe wohl, antworte mir bald! Du kannst nicht glauben, wie wohl es mir tut, in meiner Einsamkeit von Dir und meinen andern Freunden von Zeit zu Zeit etwas zu hören.

Dein Hgl.

Hölderlin an Niethammer, 22. 12. 1795

Löchgau. d. 22 Dec. 95.
Mein verehrungswürdiger Freund!
Ich hätte Dir immer so vieles sagen mögen und habe Dir nie nichts gesagt. Ich hoffte Dir manches schreiben zu können, und habe Dir noch nichts geschrieben. Aber das weist Du, ohne daß ich es sage und schreibe, wie sehr ich das Verdienst in dem Manne ehre, der sich nur meinen Freund nannte, da er doch auch mein Lehrer war, und wie herzlich ich mich darüber freue, daß dieses Verdienst mit jedem Tage allgemeiner gerechter anerkannt wird.
[...]
Gerne möcht' ich mich durch Briefe entschädigen, wozu mich Deine Güte berechtigte, aber es wird mir schwer, mich da mitzuteilen, wo ich mit mir selbst noch nicht einigermaßen im reinen bin, und so muß ich einsam bleiben, wider meinen Willen.
Ich reise jetzt zu einer Hofmeisterstelle nach Frankfurt (zu Bankier Gontard), und wenn ich da Ruhe und Zeit genug gewinnen kann, so mach' ich mir vielleicht bald die Freude, mich über einiges von Dir zurechtweisen zu lassen.
Schelling ist, wie Du wissen wirst, ein wenig abtrünnig geworden, von seinen ersten Überzeugungen. Er gab mir diese Woche viele Empfehlungen an Dich auf. –
[...]
Ich schließe sehr ungern; aber ich bin etwas beeilt.

Ganz der Deinige.
M. Hölderlin.

Schelling an Hegel, Januar 1796

Mein Bester!
Endlich komme ich dazu, Dir wieder zu schreiben und von meiner Existenz Nachricht zu geben. Du wirst mir verzeihen, daß ich un-

sere Korrespondenz so lange vernachlässigte,⁷⁴ wenn ich Dir sage, daß ich Dir erst dann wieder schreiben wollte, wenn ich Dir von meinem künftigen Aufenthalt zuverlässige Nachricht geben könnte. Dieser blieb aber bis in den November vorigen Jahres unbestimmt. Seitdem bin ich hier als Hofmeister zweier Barone v. Riedesel in Prof. Ströhlins Haus.⁷⁴ᵃ Ich traf aber da so mannigfaltige – und zum Teil ganz neue Beschäftigungen – an, war auch bis jetzt wegen Beibehaltung der Stelle so unentschlossen, daß ich Dir nicht schreiben konnte und wollte. Ich nahm die Stelle an, weil man mir ganz *unbedingt* von einer Reise nach Frankreich und England, auf der ich die beiden jungen Leute begleiten sollte, gesprochen hatte. Erst, als ich sie antreten sollte,⁷⁵ setzte man Bedingungen hinzu, daß das Königtum in Frankreich wiederhergestellt!! und der Friede mit England gemacht sei. Alle meine schönen Hoffnungen für eine solche Reise sind nun größtenteils dahin. Doch sehe ich allmählich ein, daß ich froh sein muß, bei dieser Gelegenheit wenigstens aus Württemberg hinaus zu kommen. Ich soll sie nächsten Frühling nach Leipzig – und wenn ich ihre Studienzeit da aushalte (die doch wohl nicht zu lange dauern wird) an die principales cours de l'Allemagne!! und – unter den oben genannten Bedingungen – auch weiter begleiten. Ich bin nun entschlossen, sie wenigstens nach Leipzig zu begleiten, wenn mir nicht ihre Vormünder⁷⁶ bei einer persönlichen Zusammenkunft Forderungen machen, die ich nicht erfüllen kann und die sich so ziemlich aus den Fragen erraten lassen, die man hier und da wegen meiner gemacht hat, ob ich Demokrat, Aufklärer, Illuminat u.s.w. sei? In diesem Falle bin ich doch wenigstens außerhalb Württembergs und dann entschlossen, auf eigne Rechnung irgendwo im Ausland mich auf einige Zeit niederzulassen und – ist es möglich – der guten Sache durch öffentliche Arbeiten zu dienen. Mein Plan geht vorzüglich auf Hamburg.

Willst Du mir, l. Freund, nach hierher antworten, so bitte ich Dich, es sogleich zu tun, weil ich am Ende Februar von hier abreise.⁷⁷ Du sollst, sobald ich irgendwo fest bin, wieder von mir hören. Verzeihe, daß ich solange von mir selbst sprach. Es ist Zeit, auch nach Dir selbst zu fragen.

Gewiß, l. Freund, bist Du indes nicht untätig gewesen. Hast Du von Deinem Plane indes nichts ausgeführt? Ich wartete immer, etwas von den Resultaten Deiner Untersuchungen irgendwo zu finden. Oder hast Du etwas Größeres unter der Hand, das Zeit fordert und womit Du Deine Freunde auf einmal überraschen willst?

In der Tat, ich glaube von Dir *fordern* zu dürfen, daß Du Dich auch *öffentlich* an die gute Sache anschließt. Sie hat indes mehr Freunde und Verteidiger, als ich in meinem letzten Brief zu hoffen wagte. Es kommt darauf an, daß junge Männer, entschieden, alles zu wagen und zu unternehmen, sich vereinigen, um von verschiedenen Seiten her dasselbe Werk zu betreiben, nicht auf einem, sondern auf verschiedenen Wegen dem Ziel entgegenzugehen, überall aber gemeinschaftlich zu handeln übereinkommen, und der Sieg ist gewonnen. Es wird mir alles zu eng hier – in unserm Pfaffen- und Schreiberland. Wie froh will ich sein, wenn ich einmal freiere Lüfte atme. Erst dann ist es mir vergönnt, an Pläne ausgebreiteter[78] Tätigkeit zu denken, wenn ich sie *ausführen* kann, und auf Dich, Freund, – auf Dich darf ich gewiß dabei rechnen?

Herr Klett, der mit zwei Herrn von Pr[?] im nämlichen Haus mit mir ist, hat mir gesagt, daß Du Dich wohl befindest und daß er eine kleine Reise mit Dir gemacht habe. In Lausanne ist von einem Berner – namens Zehnter – eine philosophische Disputation erschienen, die – für jene Gegend wenigstens – merkwürdig sein muß. Du wirst sie ohne Zweifel gelesen haben: vielleicht könntest Du auch mir ein Exemplar davon schicken. – Hast Du Niethammers *Journal* bisher gelesen? Für Deine Arbeiten können vielleicht auch die *philosophischen Briefe über Dogmatismus und Kritizismus* (deren Fortsetzung nächstens folgen wird) einiges Interesse haben.[79] – Lebe wohl, tausendmal wohl. Ich hoffe, Du begleitest mich noch mit Deinen Segenswünschen auf dem ersten Ausflug aus dem Vaterland!

Viele Grüße von Süskind, der hier als Hofmeister – *siedet*. Auch von Pfister,[80] item Hofmeister allhier. Grüße Mögling, der den Winter recht epikureisch – auf seinem Dörfchen verleben wird. Daß Hölderlin in Frankfurt ist, wirst Du wissen.[81]

Der Deinige Sch.

Schelling an Niethammer, 22. 1. 1796

Stuttgart den 22ten Jan. 1796

Endlich kann ich Euer Wohlgeboren den Beschluß der philosophischen Briefe schicken,[82] den Sie gewiß früher erhalten hätten, wenn ich nicht durch die totale Veränderung meiner Lage,[83] und die heterogenen Beschäftigungen, denen ich mich unterziehen mußte, an Ihrer[84] Vollendung bis jetzt gehindert worden wäre. Freilich wünsche ich nun, daß sie baldmöglichst abgedruckt würden. Noch mehr wünsche ich, auch über die 2te Abteilung Ihr Urteil zu hören. Die Zufriedenheit, die Sie über die ersten Briefe bezeugt haben, war mir äußerst angenehm. Da in der Abhandlung selbst ein Unterschied gemacht wird zwischen *Dogmatismus* und *Dogmaticismus*, so bitte ich E. Wohlgeboren geh., dafür zu sorgen, daß dieses Wort überall gerade so gedruckt werde, als es im Ms. geschrieben ist. Zu dieser Bitte veranlaßt mich die Bemerkung, daß in der ersten Abteilung überall Dogmaticism gedruckt ist. Wäre es möglich, daß auch von der zweiten Abteilung einige besondere Abdrücke für mich gemacht würden, und wollten Sie dann die Güte haben, alles zusammen hierher zu schicken, so würden Sie mich zu neuem großem Dank verpflichten. Ebendeswegen wünsche ich auch, daß die zweite Lieferung *auf einmal* abgedruckt und eher für ein späteres Stück aufgespart, als verstückelt würde.

Verzeihen Sie, daß ich Ihnen mit einer solchen Menge Bitten beschwerlich falle.

Ihren Auftrag, Fichtes *Wissenschaftslehre*[85] zu rezensieren, nehme ich mit desto größerem Vergnügen an, da ich selbst bisher nicht Zeit genug gehabt habe, dieses Werk eigentlich zu *studieren*. Den praktischen Teil derselben habe ich bis jetzt noch nicht einmal gelesen. Insofern also ist Ihr günstiges Urteil, als ob ich mich mit Fichte's Philosophie ganz vertraut gemacht hätte, allzu günstig. Doch glaube ich den Geist derselben im allgemeinen gefaßt zu haben, wenn ich auch mit dem Detail und dem Buchstaben der Wissenschaftslehre bis jetzt sehr wenig bekannt bin. Ebendeswegen kann ich auch, (besonders da noch andere Beschäftigungen und tägliche Zerstreuungen hinzukommen) Ihren Auftrag nur unter der Bedingung annehmen, daß Sie mir die Frist von ungefähr zwei Monaten dazu vergönnen.

Ihre gütige Erkundigung nach meiner gegenwärtigen Lage weiß ich als Beweis Ihrer Gewogenheit dankbar zu schätzen. Ich bin seit dem November vorigen Jahres hier, in Stuttgart, als künftiger Führer und Begleiter zweier Barone v. Riedesel in H. Prof. Ströhlin's Haus. Diese Lage hat bis jetzt wenig Angenehmes für mich, da ein großer Teil meiner Zeit für mich so gut wie verloren ist. Doch unterzog ich mich dieser Beschwerlichkeit, in der Hoffnung, künftig dafür entschädigt zu werden. Ich solle sie nächsten Frühling nach Leipzig, und wenn ich ihre Studienzeit dort aushalte, auf weitere Reisen – *vielleicht* nach England, und – wenn in Frankreich das Königtum wiederhergestellt sein wird! – auch dahin begleiten. Zunächst kann ich also nur auf eine Reise nach Leipzig gewisse Rechnung machen. Überdies sorge ich, man werde noch in Ansehung der Erziehung Forderungen an mich machen, die meinen Grundsätzen schlechterdings zuwider sind.[86] In diesem Fall würde ich eher auf jene, als auf diese Verzicht tun. – Mein Plan ist, in diesem Fall auf eigene Rechnung zunächst eine deutsche Universität – (Göttingen oder Jena) – zu besuchen. Nur bin ich so wenig unterrichtet von der Art, sich mit Vorteil – und was die Hauptsache ist – mit wenigen Kosten da aufzuhalten, daß einige Nachricht darüber mir auf jeden Fall erwünscht wäre. Meine weiteren Pläne sind bis jetzt ganz unbestimmt und gehen – wie der Lebensplan jedes vernünftigen Wesens – zunächst auf nichts, als eine unabhängige und freie Existenz. Wo ich diese finde, da ist mein Vaterland. Ihr schmeichelhaftes Urteil über meine Bestimmung ist mir insofern mehr als nur schmeichelhaft, weil ich bei dieser Bestimmung *jenen* Zweck mehr als auf einem andern Wege zu erreichen hoffen dürfte. Ich bin entschlossen, eine Zeitlang mich größtenteils wenigstens der Philosophie zu widmen. Das nächste, was ich unternehme, ist ein System der Ethik, (ein Gegenstück zu Spinoza, ein Werk, dessen Idee mich schon längst begeistert und das schon begonnen ist)[87] – eine Philosophie der Geschichte der Menschheit[88] (die Einleitung dazu ist fertig: wenn Sie ihr einen Platz im Philos. Journal einräumen wollen, steht Sie Ihnen zu Befehl) – und eine Auslegung der Kritik der Urteilskraft nach meinen Prinzipien.[89] – Doch habe ich Theologie, Geschichte, Sprachen nicht aufgegeben. Zum Beweis davon bin ich so frei, Ihnen eine akademische Abhandlung aus dem Fach der Theologie zu überschicken.[90] – (Könnten Sie dieselbe allenfalls bei der *A. L. Z.* zur Rezension befördern,[91,92] so wäre mir dies aus mehreren Gründen sehr angenehm. – Wann wird denn wohl die neue Philosophie da zur Sprache kommen?) –

Sie sehen, hochzuverehrender H. Professor, daß meine Pläne bis jetzt ganz unbestimmt sind, und daß ich die nähere Bestimmung derselben vom Zufall, oder vom Rat und der Unterstützung guter Freunde abhängen lasse. Wollten Sie die Güte haben, mir auf jeden Fall einigen guten Rat – vorzüglich über den Plan einer Besuchung deutscher Universitäten – mitzuteilen, so würden Sie sich dadurch neues Verdienst um mich erwerben. In diesem Fall aber muß ich geh. bitten, dies bald zu tun, weil ich im Anfang des März von hier abreisen werde.

Verzeihen Sie mein flüchtiges, regelloses Schreiben. Ich mußte eilen, um das Paket noch auf die Post zu bringen.

Ich empfehle mich Ihrer fortdauernden Gewogenheit, und habe die Ehre, mit vollkommenster Hochachtung zu sein

Euer Wohlgeboren\
gehors. Diener\
Schelling

*Hölderlin an Niethammer,\
24. 2. 1796*

Mein verehrungswürdiger Freund!
Ich verschob es von einem Tag zum andern, Dir von mir Nachricht zu geben. Ich würde wohl auch noch länger mit dem Brief, den ich Dir schulde, zuwarten, wenn ich von Dir nicht an mein Versprechen gemahnt würde. Du tust dies so sanft, daß ich ordentlich beschämt bin. Du fragst mich, wie ich mich in meiner neuen Lage fühle, und ob ich mit den Aufsätzen, die ich Dir noch in Jena zu schreiben versprach, bald zu Ende kommen werde.

Die neuen Verhältnisse, in denen ich jetzt lebe, sind die denkbar besten. Ich habe viel Muße zu eigener Arbeit, und die Philosophie ist wieder einmal fast meine einzige Beschäftigung. Ich habe mir Kant und Reinhold vorgenommen und hoffe, in diesem Element meinen Geist wieder zu sammeln und zu kräftigen, der durch fruchtlose Bemühungen, bei denen Du Zeuge warst, zerstreut und geschwächt wurde.

Aber der Nachhall aus Jena tönt noch zu mächtig in mir, und die Erinnerung hat noch zu große Gewalt, als daß die Gegenwart mir heilsam werden könnte. Verschiedene Linien verschlingen sich in meinem Kopf, und ich vermag sie nicht zu entwirren. Für ein kontinuierliches angestrengtes Arbeiten, wie es die gestellte philosophische Aufgabe erfordert, bin ich noch nicht gesammelt genug.

Ich vermisse Deinen Umgang. Du bist auch heute noch mein philosophischer Mentor, und Dein Rat, ich möge mich vor Abstraktionen hüten, ist mir heute so teuer, wie er mir früher war, als ich mich darin verstricken ließ, wenn ich mit mir uneins wurde. Die

Philosophie ist eine Tyrannin, und ich dulde ihren Zwang mehr, als daß ich mich ihm freiwillig unterwerfe.

In den philosophischen Briefen will ich das Prinzip finden, das mir die Trennungen, in denen wir denken und existieren, erklärt, das aber auch vermögend ist, den Widerstreit verschwinden zu machen, den Widerstreit zwischen dem Subjekt und dem Objekt, zwischen unserem Selbst und der Welt, ja auch zwischen Vernunft und Offenbarung, – theoretisch, in intellektualer Anschauung, ohne daß unsere praktische Vernunft zu Hilfe kommen müßte. Wir bedürfen dafür ästhetischen Sinn, und ich werde meine philosophischen Briefe *Neue Briefe über die ästhetische Erziehung des Menschen* nennen. Auch werde ich darin von der Philosophie auf Poesie und Religion kommen.

Schelling, den ich vor meiner Abreise sah, ist froh, in Deinem Journal mitzuarbeiten und durch Dich in die gelehrte Welt eingeführt zu werden. Wir sprachen nicht immer akkordierend miteinander, aber wir waren uns einig, daß neue Ideen am deutlichsten in der Briefform dargestellt werden können. Er ist mit seinen neuen Überzeugungen, wie Du wissen wirst, einen besseren Weg gegangen, ehe er auf dem schlechteren ans Ziel gekommen war. Sag' mir Dein Urteil über seine neuesten Sachen.

Empfiehl mich allen, bei denen ich in freundlichem Andenken bin und erhalte mir Deine Freundschaft, die mir so teuer war. Es wäre der schönste Lohn für mich, wenn ich Dich bald durch Früchte erfreuen könnte, von denen ich sagen werde, daß ihr Reifen durch Deine Pflege und Wartung mitbefördert worden ist.

Dein Hölderlin.

Schelling an Hegel,
20. 6. 1796

Leipzig, den 20. Juni 96.
Ich schreibe Dir, mein Bester, mit umgehender Post[93] und eben deswegen kürzer, als ich Dir gerne schreiben möchte. Ich wartete schon lange auf Antwort von Dir, als mir neulich Süskind schrieb, Du würdest wahrscheinlich die Stelle in Frankfurt vorziehen.[94] In der Ungewißheit, in der ich Deinetwegen war, konnte ich auch in Jena keine näheren Erkundigungen einziehen. Soviel kann ich Dir noch jetzt schreiben, daß die Bedingungen sehr vorteilhaft waren,

unter denen man Lehrer zu engagieren suchte. Näheres weiß ich nicht mehr, und ich sorge sogar, entweder, daß Du jetzt zu spät kämest, oder gar, daß das ganze Projekt gescheitert ist. Bis jetzt wenigstens habe ich nichts mehr davon gehört. Auf jeden Fall aber werde ich mich bei einer kleine Reise, die ich diese Woche noch nach Jena machen werde,[95] oder, wenn dies nicht geschehen sollte, sogleich schriftlich des näheren erkundigen. Sollte noch nichts versäumt sein, so werde ich Dir unverzüglich Nachricht davon erteilen. So viel ich weiß, sollte die Pension vorzüglich für junge Leute von 12-18 Jahren errichtet werden. Ob die Lehrer sehr spezielle Aufsicht haben, weiß ich nicht. Wie sehr würde ich mich freuen, Dich, mein Bester, nach langer Entfernung so nahe bei mir zu wissen, besonders, da ich hierselbst von allem Zusammenhang mit meinen alten Freunden losgerissen bin. Ich bin hier der ein[z]ige Württemberger. Aber es könnten viele Landsleute hier sein, die mir nicht das wert wären, was Du allein mir sein würdest. – Erlaube mir, daß ich Dir noch etwas sage! Du scheinst gegenwärtig in einem Zustand der Unentschlossenheit und – nach Deinem letzten Briefe an mich – sogar Niedergeschlagenheit zu sein, der Deiner ganz unwürdig ist. Pfui! Ein Mann von Deinen Kräften muß diese Unentschlossenheit nie in sich aufkommen lassen. Reiße Dich baldmöglichst los. Sollte es mit Frankfurt und Weimar nicht gelingen, so erlaube mir, daß ich mit Dir einen Plan verabrede, Dich aus Deiner jetzigen Lage zu ziehen. Für Dich muß es überall Mittel genug geben. Du siehst, ich rechne viel auf unsre Freundschaft, indem ich so gerade heraus spreche. Freunde müssen dies Recht gegeneinander haben. Noch einmal, Deine jetzige Lage ist Deiner Kräfte und Ansprüche unwürdig!

Tausend Dank für Dein Urteil über meine Briefe.[96] Es war mir interessant, zu wissen, ob sie an *Dir* die Probe halten. – Du wirst doch wohl auch Nicolai's Reisebeschreibung, neuesten Teil, und seine Erbärmlichkeiten über mich etc. gelesen haben. Ich werde Dir nächstens die Antwort darauf zuschicken können. Bald mehr. Unveränderlich der Deinige

> Schelling.[97]
> Mademoiselle Hegel à Stuttgart
> pour Mr. Hegel à Tschugg
> Canton Berne.

F. W. J. Schelling
Epikurisch Glaubensbekenntniss Heinz Widerporstens [98]

Kann es fürwahr nicht länger ertragen,
Muß wieder einmal um mich schlagen,
Wieder mich rühren mit allen Sinnen,
So mir dachten zu zerrinnen
Von den hohen überirdschen Lehren,
Dazu sie mich wollten mit Gewalt bekehren,
Wieder werden wie unser einer,
Der hat Mark, Blut, Fleisch und Gebeiner.
Weiß nicht wie sie's können treiben,
Von Religion reden und schreiben;
Mag über solchem Zeug nicht brüten,
Will denn unter sie hineinwüten
Und mir nicht von den hohen Geistern
Lassen Verstand und Sinn verkleistern,
Sondern behaupte zu dieser Frist,
Daß nur das wirklich und wahrhaft ist,
Was man kann mit den Händen betasten,
Was zu begreifen nicht Not tut fasten,
Noch sonst ander' Casteiung,
Oder gewaltsame Leibesbefreiung.

Zwar als sie sprachen davon so trutzig,
Wurd' ich eine Weile stutzig,
Las, als ob ich was verstehen könnt',
Darum so Reden als Fragment.
Wollt' mich wirklich drein ergeben,
Lassen von gottlos Werk und Leben;
Hoffte dem Bösen gar zum Spotte
Selber zu machen mich zum Gotte,
Und war schon über Kopf und Hals
Vertieft im Anschauen des Weltenalls,
Als mich tät der Witz gemahnen,
Daß ich wär auf der falschen Bahnen,
Sollte kehren in's alte Gleis
Und mir nichts machen lassen weis.
Welches zu tun ich nicht war faul;
War doch nicht gleich wieder der alte Saul,

Mußte, um zu vertreiben die Grillen,
Davon mir tät der Kopf noch trillen,
Den Leib auf alle Weis' beraten,
Mir holen lassen so Wein als Braten.
Solches tät mir trefflich frommen,
War ganz in meine Natur gekommen,
Konnt' wieder mit Frauen mich ergehn,
Aus beiden Augen helle sehn,
Darob ich mich gar sehr ergötzt,
Alsbald zum Schreiben niedersetzt.
Sprach so in meinen innern Gedanken:
Tu nicht von deinem Glauben wanken,
Der dir geholfen durch die Welt
Und Leib und Seel zusammenhält;
Können dir's doch nicht demonstrieren
Und auf Begriffe reduzieren.
Wie sie sprechen vom innern Licht,
Reden viel und beweisen nicht,
Füllen mit großen Worten die Ohren,
Ist weder gesotten noch gegoren,
Sieht aus wie Phantasie und Dichtung,
Ist aller Poesie Vernichtung.
Könnens nicht anders von sich geben noch sagen,
Als wie sie's in sich fühlen und tragen.
Darum so will auch ich bekennen,
Wie ich in mir es fühle brennen,
Wie mir's in allen Adern schwillt,
Mein Wort so viel wie anderes gilt,
Der ich in bös' und guten Stunden,
Mich habe gar trefflich befunden,
Seit ich gekommen bin ins klare,
Die Materie sei das einzig Wahre,
Unser aller Schutz und Rater,
Aller Dinge rechter Vater,
Alles Denkens Element,
Alles Wissens Anfang und End.
Halte nichts vom Unsichtbaren,
Halt' mich allein am Offenbaren,
Was ich kann riechen, schmecken und fühlen.
Mit allen Sinnen drinnen wühlen.

Mein einzig Religion ist die,
Daß ich liebe ein schönes Knie,
Volle Brust und schlanke Hüften,
Dazu Blumen mit süßen Düften,
Aller Lust volle Nährung,
Aller Liebe süße Gewährung.
Drum sollt's eine Religion noch geben,
(Ob ich schon[99] kann ohne solche leben)
Könnte mir von den andren allen
Nur die katholische gefallen,
Wie sie war in den alten Zeiten,
Da es gab nicht Zanken noch Streiten,
Waren alle ein Muß und Kuchen,
Tätens nicht in der Ferne suchen,
Täten nicht nach dem Himmel gaffen,
Hatten von Gott 'n lebend'gen Affen,
Hielten die Erde für's Zentrum der Welt,
Zum Zentrum der Erde Rom bestellt,
Darin der Statthalter residiert
Und der Weltteile Szepter führt,
Und lebten die Laien und die Pfaffen
Zusammen wie im Land der Schlaraffen.
Dazu sie im hohen Himmelshaus
Selber lebten in Saus und Braus,
War ein täglich Hochzeit halten
Zwischen der Jungfrau und dem Alten;
Dazu das Weib im Haus regiert
Und wie hier unten die Herrschaft führt.
Hätte über das alles gelacht,
Doch mir es wohl zu Nutz gemacht.
Allein das Blatt hat sich gewandt;
Ist eine Schmach, ist eine Schand,
Wie man jetzund aller Orten
Ist so gar vernünftig worden,
Muß mit Sittlichkeit stolzieren,
Schönen Sprüchen paradieren;
Daß alle Wege selbst die Jugend
Wird geschoren mit der Tugend,
Und auch ein christkatholscher Christ
Ebenso wie ein andrer ist.

Drum hab' ich aller Religion entsagt,
Keine mir jetzt mehr behagt,
Geh weder zur Kirch noch Predigt,
Bin alles Glaubens rein erledigt,
Außer an die, die mich regiert,
Mich zu Sinn und Dichtung führt,
Das Herz mir täglich rührt
Mit ew'ger Handlung,
Beständ'ger Verwandlung,
Ohne Ruh noch Säumnis,
Ein offen Geheimnis,
Ein unsterblich Gedicht,
Das zu allen Sinnen spricht,
So daß ich kann nichts mehr glauben noch denken,
Was sie mir nicht in die Brust tut senken,
Noch als gewiß und recht bewahren,
Was sie mir nicht tut offenbaren,
In deren tief gegrabnen Zügen
Muß, was wahr ist, verborgen liegen;
Das Falsche nimmer in sie mag kommen,
Noch ist es auch von ihr genommen;
Durch Form und Bild sie zu uns spricht
Und verhehlet selbst das Innre nicht,
Daß wir aus den bleibenden Chiffern
Mögen auch das Geheime entziffern,
Und hinwiederum nichts mögen begreifen,
Was sie uns nicht gibt mit Händen zu greifen.
Drum ist eine Religion die rechte,
Müßt sie im Stein und Moosgeflechte,
In Blumen, Metallen und allen Dingen
So zu Luft und Licht sich dringen,
In allen Höhen und Tiefen
Sich offenbaren in Hieroglyphen. –
Wollte gern vor dem Kreuz mich neigen,
Wenn ihr mir einen Berg könnt zeigen,
Darin dem Christen zum Exempel
Wär von Natur erbaut ein Tempel,
Daß oben hohe Türme prangten,
Große Glocken an Magneten hangten
Und an Altären, in den Hallen

Kruzifixe von schönen Kristallen,
In Meßgewändern mit goldenen Franzen
Silbernen Kelchen und Monstranzen,
Und was sonst ziert die Kirchendiener,
Stünden versteinerte Kapuziner.
Weilen aber bis zu dieser Frist
Ein solcher Berg nicht gewesen ist,
Will ich mich nicht lassen narren,
Sondern in Gottlosigkeit verharren,
Bis einer werd' zu mir gesandt,
Geb mir den Glauben in die Hand,
Welches er wohl wird lassen bleiben.
Daher ich es will so forttreiben,
Wenn ich auch lebt bis an den jüngsten Tag,
Den wohl auch[100] keiner erleben mag.
Glaub', die Welt ist von jeher gewesen,
Wird auch nimmer in sich verwesen;
Möcht wissen, wenn sie sollt verbrennen
Mit allem Holz und Gesträuch darinnen,
Womit sie wollten die Hölle heizen
Die Sünder zu kochen und zu beizen.
So bin ich aller Furcht entbunden,
Kann an Leib und Seel' gesunden,
Statt mich zu gebärden und zu zieren,
In's Universum zu verlieren,
In der Geliebten hellen Augen
In tiefes Blau mich untertauchen.

Wüßt[101] auch nicht, wie mir vor der Welt sollt'[102] grausen,
Da ich sie kenne von innen und außen.
Ist gar ein träg und zahmes Tier,
Das weder dräuet[103] dir noch mir,
Muß sich unter Gesetze schmiegen,
Ruhig zu meinen Füßen liegen.
Steckt[104] zwar ein Riesengeist darinnen,
Ist aber versteinert mit seinen[105] Sinnen,
Kann nicht aus dem engen Panzer heraus
Noch sprengen das[106] eisern' Kerkerhaus,
Obgleich er oft die Flügel regt,
Sich gewaltig dehnt und bewegt,

In toten und lebend'gen Dingen
Tut nach Bewußtsein mächtig ringen;
Daher der Dinge Qualität,
Weil er drin quellen und treiben tät,
Die Kraft, wodurch Metalle sprossen,
Bäume im Frühling aufgeschossen,
Sucht wohl an allen Ecken und Enden
Sich an's Licht herauszuwenden,
Läßt sich die Mühe nicht verdrießen,
Tut jetzt in die Höhe schießen,
Seine Glieder und Organ' verlängern,
Jetzt wieder verkürzen und verengern,
Und sucht durch Drehen und durch Winden
Die rechte Form und Gestalt zu finden.
Und kämpfend so mit Füß' und Händ'
Gegen widrig Element,
Lernt er im Kleinen Raum gewinnen,
Darin er zuerst kommt zum Besinnen;
In einen Zwergen eingeschlossen
Von schöner Gestalt und graden Sprossen,
Heißt in der Sprache Menschenkind,[107]
Der Riesengeist sich selber find't.
Vom eisernen Schlaf, vom langen Traum
Erwacht, sich selber erkennet kaum,
Über sich gar sehr verwundert ist,
Mit großen Augen sich grüßt und mißt;
Möcht alsbald wieder mit allen Sinnen
In die große Natur zerrinnen,
Ist aber einmal losgerissen,
Kann nicht wieder zurück fließen,
Und steht zeitlebens eng und klein
In der eignen großen Welt allein.
Fürchtet wohl in bangen Träumen,
Der Riese könnt'[108] sich ermannen und bäumen,
Und wie der alte Gott Satorn
Seine Kinder verschlingen im Zorn.
Denkt nicht, daß er es selber ist,
Seiner Abkunft gar[109] vergißt,
Tut sich mit Gespenstern plagen,
Könnt also zu sich selber sagen:

Ich bin der Gott, der sie im Busen hegt,
Der Geist, der sich in Allem bewegt.
Vom ersten Ringen dunkler Kräfte
Bis zum Erguß der ersten Lebenssäfte,
Wo Kraft in Kraft, und Stoff in Stoff verquillt,
Die erste Blüt', die erste Knospe schwillt,
Zum ersten Strahl von neu gebornem[110] Licht,
Das durch die Nacht wie zweite Schöpfung bricht
Und aus den tausend Augen der Welt
Den Himmel so Tag wie Nacht erhellt.[111]
Hinauf[112] zu des Gedankens Jugendkraft,
Wodurch Natur verjüngt sich wieder schafft,
Ist Eine Kraft, Ein Pulsschlag nur, Ein Leben,
Ein Wechselspiel von Hemmen und von Streben.
Deswegen mir nichts ist so sehr verhaßt
Als so ein fremder fürnehmer Gast,
Der auf der Welt herum stolziert
Und schlechte Red' im Munde führt
Von der Natur und ihrem Wesen;
Dünkt sich besonders auserlesen.
Ist eine eigne Menschenrasse,
Von eignem Sinn und geistlicher Rasse,
Halten all' andre für verloren,
Haben ewigen Haß geschworen
Der Materie und ihren Werken,
Tun sich dagegen mit Bildern stärken,
Reden von Religion als einer Frauen,
Die man nur dürft' durch Schleier schauen
Um nicht zu empfinden sinnlich Brunst,
Machen darum viel Wörterdunst,
Fühlen sich selbst hoch übermächtig,
Glauben sich in allen Gliedern trächtig,
Von dem neuen Messias noch ungeboren,
In ihrem Ratschluß auserkorn
Die armen Völker groß und klein
Zu führen in einen Schafstall hinein,
Wo sie aufhören sich zu necken,
Hübsch christlich in Eins zusammen blecken,
Und was sie sonst noch verkünden prophetisch.
Sind von Natur zwar unmagnetisch,

Doch wenn sie 'nen echten Geist berühren,
Von seiner Kraft was in sich spüren,
Glauben sie seien es selber geworden,
Können von selber zeigen nach Norden.
Wissen sich doch nur schlecht zu raten,
Reden so mehr von andrer Taten,
Verstehen alles wohl zu rütteln,
Gedanken untereinander zu schütteln,
Meinen viel Geist daraus zu entwickeln,
Tut aber nur in der Nasen prickeln,
Polemisch affiziren den Magen
Und allen Appetit verschlagen.
Rat jedem, der es hat gelesen,
Von der Verderbnis zu genesen,
Auf'm Sofa mit einem schönen Kinde
Zu explizieren die Lucinde.

Jenen aber und ihres Gleichen
Will ich kund tun und nicht verschweigen,
Daß ich ihre Fromm' und Heiligkeit,
Ihre Übersinn- und Überirdigkeit
Will ärgern mit tüchtig Werk und Leben,
So lange mir noch ist gegeben
Die Anbetung der Materie und des Lichts,
Dazu die Grundkraft deutschen Gedichts,
So lang' ich an süßen Augen werd' hangen,
So lang' ich mich werd' fühlen umfangen,
Von der Einz'gen liebreichen Armen,
An ihren Lippen mich erwarmen,
Von ihrer Melodie durchklungen,
Von ihrem Leben so durchdrungen,
Daß ich nur nach dem Wahren kann trachten,
Allen Dunst und Schein verachten,
Daß mir nicht können die Gedanken
Wie Gespenster da und dorthin schwanken,
Haben Nerven, Fleisch, Blut und Mark,
Und werden geboren frei, frisch und stark.

Den andern aber entbiet ich Gruß
Und sage noch zum guten Schluß:

Hol der Teufel und Salitter
Alle Russen und Jesuiter.

Solches hab' in der Frau Venus Horst
Geschrieben, ich Heinz Widerporst
Der zweit genannt mit diesem Namen,
Gott geb' noch vielen solchen Samen.[113]

Hegel an Schelling,
2. 11. 1800

Frankfurt am Main, den 2. Nov. 1800
Ich denke, lieber Schelling, eine Trennung mehrerer Jahre könne mich nicht verlegen machen, um eines partikulären Wunsches willen Deine Gefälligkeit anzusprechen. Meine Bitte betrifft einige Adressen nach Bamberg, wo ich mich einige Zeit aufzuhalten wünsche. Da ich mich endlich imstande sehe, meine bisherigen Verhältnisse zu verlassen, so bin ich entschlossen, eine Zeitlang in einer unabhängigen Lage zuzubringen und sie angefangenen Arbeiten und Studien zu widmen. Ehe ich mich dem literarischen Saus von Jena anzuvertrauen wage, will ich mich vorher durch einen Aufenthalt an einem dritten Ort stärken. Bamberg ist mir um so mehr eingefallen, da ich Dich dort anzutreffen hoffte; ich höre, Du bist wieder nach Jena zurück, und in Bamberg kenne ich keinen Menschen, noch weiß ich sonst eine Adresse dahin zu bekommen; erlaube mir, Dich darum und um Deinen guten Rat zu ersuchen; um eine Einrichtung wegen Kost, Logis und dergl. zu finden, würde es so mir höchst dienlich sein; je bestimmtere Angaben Du mir erteilen wirst, desto mehr [werde] ich Dir verbunden sein und desto mehr Zeit und unnütze Kosten ersparen; ebenso angenehm wird es mir sein, wenn Du mir den Weg zu einigen literarischen Bekanntschaften verschaffen wirst. Sollte Deine Lokalkenntnis einen andern Ort, Erfurt, Eisenach oder dergl. vorziehen, so bitte ich Dich um Deinen Rat; ich suche wohlfeile Lebensmittel, meiner körperlichen Umstände willen ein gutes Bier, einige wenige Bekanntschaften; das übrige gleich – würde ich eine katholische Stadt einer protestantischen vorziehen; ich will jene Religion einmal in der Nähe sehen. – Entschuldige meine Bitte mit dem Mangel an Bekannten, die hierin näher lägen, und meine Umständlichkeit

über solche Partikularitäten verzeih unserer alten Freundschaft.

Deinem öffentlichen großen Gange habe ich mit Bewunderung und Freude zugesehen;[114] Du erläßt es mir, entweder demütig darüber zu sprechen oder mich auch Dir zeigen zu wollen; ich bediene mich des Mittelworts, daß ich hoffe, daß wir uns als Freunde wieder finden werden. In meiner wissenschaftlichen Bildung, die von untergeordneteren Bedürfnissen der Menschen anfing, mußte ich zur Wissenschaft vorgetrieben werden, und das Ideal des Jünglingsalters mußte sich zur Reflexionsform, in ein System zugleich verwandeln; ich frage mich jetzt, während ich noch damit beschäftigt bin, welche Rückkehr zum Eingreifen in das Leben der Menschen zu finden ist. Von allen Menschen, die ich um mich sehe, sehe ich nur in Dir denjenigen, den ich auch in Rücksicht auf die Äußerung und der Wirkung auf die Welt [als] meinen Freund finden möchte; denn ich sehe, daß Du rein, d. h. mit ganzem Gemüte und ohne Eitelkeit, den Menschen gefaßt hast. Ich schaue darum auch, in Rücksicht auf mich, so voll Zutrauen auf Dich, daß Du mein uneigennütziges Bestreben, wenn seine Sphäre auch niedriger wäre, erkennest und einen Wert in ihm finden könnest. – Bei dem Wunsche und der Hoffnung, Dir zu begegnen, muß ich, wie weit es sei, auch das Schicksal zu ehren wissen und von seiner Gunst erwarten, wie wir uns treffen werden.

Lebe wohl, ich ersuche Dich um baldige Antwort,

Dein
Freund Wilh. Hegel[115]

Fichte an Schelling,
31. 5. 1801 – zugestellt am 7. 8. 1801

d. 31. Mai 1801 [*Notiz Schellings:* Erst im August Erhalten[116]] Ihr Brief vom 24. Mai, mein innigst geliebter Freund, hat mir eine Freudigkeit, und Hoffnung für die Wissenschaft wiedergegeben, die ich seit einiger Zeit ziemlich aufgegeben hatte.[117] Der erste Erfolg ist, daß er mich in die Möglichkeit setzt, durchaus offen mit Ihnen zu sprechen, ohne daß ich befürchten müßte, früher herbeizuführen, was für das Beste der Wissenschaft lieber gar nicht geschehen sollte.

Achtung zwischen Männern, die dieselbe Wissenschaft bearbeiten, und die es wissen, wie ich es von mir seit 8 Jahren weiß, daß sie das Rechte ergriffen haben, kann nur darin bestehen, daß sie gegenseitig das höchste Vertrauen auf die Geschicklichkeit des andern setzen, stets am vorteilhaftesten erklären, und wo die vorteilhafteste Erklärung nicht mehr ausreicht, hoffen, der Irrende werde durch sein Talent schon auf den rechten Weg kommen. So habe ich stets gegen Sie mich betragen, und Sie, da Sie mich im Irrtum glauben mußten, haben dasselbe mir erzeugt. Jetzt nur von mir in Beziehung auf Sie.

Ihre einstmalige Äußerung im Philosophischen Journale von zwei Philosophien, einer idealistischen und realistischen, welche – beide wahr, nebeneinander bestehen könnten; der ich auch sogleich sanft widersprach,[118] weil ich sie für unrichtig ansah, erregte freilich in mir die Vermutung, daß Sie die Wissenschaftslehre nicht durchdrungen hätten;[119] aber sie äußerten darauf so unendlich viel Klares, Tiefes, Richtiges, daß ich hoffte: Sie würden Zeit genug [finden] das Fehlende zu ersetzen.

Sie teilten mir später Ihre Ansicht von der Naturphilosophie mit. Ich sah hierin wieder den alten Irrtum,[120] hoffte aber, daß in der Bearbeitung jener Wissenschaft selbst Sie den rechten Weg finden würden. Es kam mir zuletzt Ihre Äußerung von der Möglichkeit einer Ableitung der Intelligenz aus der Natur vor.[121] Ihnen zu sagen, was ich ohne Zweifel – *jedem andern* gesagt haben würde, – Sie an den greiflichen Zirkel in der Ableitung einer Natur aus der Intelligenz, und hinwiederum der Intelligenz aus der Natur, zu erinnern, und zu meinen, daß ein Mann wie Sie so etwas übersehen haben könnte, konnte mir nicht einfallen. Ich erklärte mir also jenen Satz bei Ihnen, so wie Sie wissen; ohne mich weiter über das Recht, das Intelligible in eine Naturphilosophie hineinzuziehen, zu erklären; indem ich glaubte, daß auch hierüber ihnen der Wink genügen werde.[122]

Endlich erhielt ich Ihr System der Philosophie[123] und das begleitende Schreiben. Sie sagen in der Einleitung einiges problematisch über *meinen* Idealismus, Sie sprechen im Schreiben von einer *gewöhnlichen* Ansicht des Idealismus, welches, wenn Sie etwa das erste kategorisch gedacht, und in Absicht des letzteren gedacht haben, daß *ich* diese Ansicht des Idealismus, die wohl die gewöhnliche sein mag, auch habe, beweist, daß Ihr Mißverständnis meines Systems fortdauert. Ich habe dieses Ihr früheres Schreiben nicht bei der Hand,[124] aber wenn ich mich recht erinnere, sagten Sie in demselben, ich gestehe zu, daß gewisse Fragen durch die bisherigen

Prinzipien noch nicht erledigt wären.¹²⁵

Dies gestehe ich nun gar nicht zu. Es fehlt der Wissenschaftslehre durchaus nicht in den Prinzipien, wohl aber fehlt es ihr an Vollendung; die höchste Synthesis nämlich ist noch nicht gemacht, die Synthesis der GeisterWelt. Als ich Anstalt machte, diese Synthesis zu machen, schrie man eben Atheismus.¹²⁶

Soviel ich in Ihrem System gelesen habe, möchten wir wohl in Absicht der *Sachen* auf dasselbe hinauskommen, keinesweges aber in Absicht der *Darstellung*, u. diese gehört hier durchaus wesentlich zur Sache. Ich glaube z. B. und glaube es erweisen zu können, daß Ihr System in sich selbst (ohne stillschweigende Erläuterungen aus der Wissenschaftslehre) keine Evidenz hat, und durchaus keine erhalten kann. Gleich Ihr erster Satz beweist dies.

Ganz deutlich Ihnen zu werden, verspreche ich mir nur von der neuen Darstellung.

Vorläufig nur so viel. Die Fragen, ob die Wissenschaftslehre das Wissen subjektiv, oder objektiv nehme, ob sie Idealismus sei, oder Realismus, haben keinen Sinn; denn diese Distinktionen werden erst innerhalb der W. L. gemacht, nicht außerhalb ihrer und vor ihr vorher; auch bleiben sie ohne die W. L. unverständlich. Es gibt keinen besondern Idealismus, oder Realismus, oder Naturphilosophie u. dergl., die da *wahr* wären; sondern es gibt überall nur Eine Wissenschaft, dies ist die W. L.: und alle übrigen Wissenschaften sind nur *Teile* der W. L. und sind wahr, und evident, nur inwiefern sie auf dem Boden derselben ruhen.

Es kann nicht von einem *Sein* (alles worauf ein bloßes *Denken* bezogen, und, was hieraus folgt, darauf der *Real-Grund* angewandt wird, ist *Sein*, gesetzt auch man nennte es V[ernunft]), sondern es muß von einem *Sehen* ausgegangen werden; auch muß die Identität des Ideal- und Real-Grundes, = der Identität des Anschauens und Denkens aufgestellt werden. z. B.¹²⁷

Fassen Sie auf Ihr Bewußtsein, daß zwischen zwei Punkten nur Eine Gerade ist. Zuförderst haben Sie da eben Ihr Sich-*Erfassen*, u. *Durchdringen*, den Akt der Evidenz, und dieses [ist] mein *Grundpunkt*. Sie setzen voraus, und sagen schlechthin aus, daß dieser Satz *von* allen möglichen Linien, sowie *für* alle möglichen Intelligenzen gelte; und dies geht Ihnen so zu: Sie setzen in der ersten Rücksicht sich als *Bestimmtes* (Materiales) in der letztern als *Bestimmbares*. Das erstere, d. h. eben die Form des *Sich-Erfassens*, gibt Ihnen mit der Zeit *sich als Individuum*; das letztere, wo sie eben, um es nur als *bestimmbar* zu setzen, die leere Form der Ichheit setzten, gibt Ihnen späterhin die *Geisterwelt*.[128] Das allgemeine (endliche) Bewußtsein ist sonach die absolute Vereinigung des Bewußtseins der Geisterwelt, und des Individuum. Das letztere ist der Idealgrund der erstern; die erstere der (nie aber *erkennbare*, und durch die Evidenz zu *durchdringende*) Realgrund des letzteren.[129]

Sie setzten sich, d. i. Ihr Erfassen, Ihr Zusammenfallen der Subjekt-Objektivität, als *Bestimmtes;* sagte ich. Dieses geschieht in dem absoluten, durch kein Bewußtsein zu überfliegenden u. wiederum zu reflektierenden Bewußtsein; jene Bestimmtheit ist daher auch eine *absolute*, durch kein Bewußtsein zu reflektierende und zu durchdringende *Bestimmtheit* = der nun einmal gegebenen Wirklichkeit, oder Realität, dem *Sein*. Sein ist – *sich nicht durchdringendes Sehen*. Setzen Sie diese Bestimmtheit indessen (sie wird unten eine andere Ansicht bekommen,) als ein Quantum der gegenüberliegenden Bestimmbarkeit, so liegt der Realgrund, daß gerade dieses Quantum, nicht mehr noch weniger abgetrennt wurde, außerhalb alles[130] Bewußtseins; er ist = X. der Evidenz ewig undurchdringlich.

Setzen Sie das absolute Bewußtsein = A. so ist in ihm Form des Bewußtseins als *Bestimmbares* = B. ─⫞─ C. Bestimmtheit des Bewußtseins, und es wird in ihm abgebildet ein *ideales* Übergehen von C zu B, und ein *reales,* aber nur der Form nach zu beschreibendes von B zu C. – In a. Durchgangs- und Wendepunkt sich entgegenlaufender Richtungen. (Hier liegt der Grund der Synthesis.)

Hier steht am Rand: vid. die Beilage. – *Die Beilage hat folgenden Text:*

Die Evidenz gilt *von* allen (im Bewußtsein C.) und *für* alle (im Bewußtsein B.) Woher dies: wo ist der Vereinigungs- und Wendepunkt dieser doppelten Gültigkeit? Antwort. C. ist selbst ein *In* in Beziehung auf B. und ein *Für* in Beziehung auf sich selbst. Nichts ist *von* allen gültig, was nicht ebendarum auch *für* alle gültig wäre, und umgekehrt: denn das *von* ist selbst nur das – nur als *Bestimmtes* genommene *Für:* und das *Für* selbst nur das, nur als bestimmbar genommene, *Von*. Das *Von* aber geht von dem *Für* realiter aus (und eben darum auch die Welt des Von, die Sinnenwelt, von der Welt des *Für*, der Geisterwelt) ebendarum, weil in dem absoluten Bewußtsein das erstere das *Bestimmte* ist von dem letzteren, als *Bestimmbaren*. Wohl aber geht idealiter das Für von dem Von aus; das Allgemeine wird durch Erkennung des Besondern, die Geisterwelt durch die Sinnenwelt erkannt. Wir haben gar kein *bestimmtes* (individuelles) Bewußtsein, ohne das *bestimmbare* (universelle der endlichen Vft) zu haben, und umgekehrt. Dieses Gesetz ist eben Grundgesetz der Endlichkeit, und dieser *Wechsel*punkt ist ihr Standpunkt.

Unser keiner denkt ihm selber, noch wähnt er, ihm selber zu denken, so gewiß er – denkt.

Brief fährt fort: Lassen wir jetzt das Bewußtsein A. liegen, und gehen zu C. Dieses ist nun eben auch *Bewußtsein;* und es kommt zum Bewußtsein durch *die Form der Evidenz*, doch so daß die *Bestimmtheit* bleibe. Ein unmittelbares Bewußtsein dieser Art ist nun (ich trage hier nur kurz die Resultate vor) das Bewußtsein des Handelns, das da wieder einen Zweckbegriff, als sein Bestimmendes, und dieser einen *Ding*-Begriff, als sein Bestimmbares voraussetzt: u. hier erst, in dieser kleinen Region des Bewußtseins liegt eine Sinnenwelt: eine Natur.[132]

Das ganze Bewußtsein C. ist sonach selbst nur *Objekt* des Bewußtseins A. Es hat aber absolute Gültigkeit *für alle*, inwiefern es in der ursprünglichen Form des Bewußtseins A. ist. Dieses ganze geschlossene Bewußtsein C.[133] wieder in A. aufgenommen, gibt ein System der Geisterwelt (das obige B.) und einen *unbegreiflichen* Realgrund der Getrenntheit der Einzelnen, und ideales Band aller = Gott. (Dies ist's, was ich die intelligible Welt nenne.) Diese letzte Synthesis ist die höchste. Will man das, was auch diesem Blicke noch undurchdringbar bleibt, Sein nennen, und zwar das absolute, so ist Gott das reine Sein; aber dieses Sein ist an sich nicht etwa Kompression, sondern es ist durchaus Agilität, reine Durchsichtigkeit, Licht, nicht das Licht zurückwerfender Körper. Das letztere ist es nur für die endliche Vft: es ist daher nur für diese, nicht aber an sich ein *Sein*.

Die Synthesis des Bewußtseins A u. C. (A + C. = A + C in X = dem absoluten Begreifen, und darum dem in jedem einzelnen Begreifen Unbegreiflichen) ist das Prinzip der endlichen Vft.[134] Die W. L. stellt das System aus diesem Prinzip dar; sie *stellt sonach das durchaus universelle Bewußtsein der gesamten Geisterwelt, als solches,* dar, und ist selbst dieses Bewußtsein. Jedes Individuum ist eine *besondere Ansicht* jenes Systems aus einem eignen Grundpunkte, aber dieser Punkt ist der Wissenschaftslehre, die selbst Wissenschaft, ein Durchdringen des universellen Bewußtseins ist, *undurchdringlich* = X. Weit entfernt sonach, daß die W. L. vom Individuum, als solchem ausgehen sollte,[135] kann sie nicht einmal bis zu demselben hinkommen. Dem *Leben* aber ist jenes X. *faktisch* (nicht genetisch) durchdringlich.

Jedes Individuum ist ein rationales Quadrat einer irrationalen Wurzel, die in der gesamten Geisterwelt liegt; und die gesamte Geisterwelt ist wiederum rationales Quadrat der – *für sie,* und ihr universelles Bewußtsein, welches jeder hat, und haben kann – irrationalen Wurzel = dem immanenten Lichte oder Gott.

[136]Die Sinnenwelt aber, oder die Natur, ist durchaus nichts denn Erscheinung, eben des immanenten Lichtes. (Eine Naturphilosophie mag wohl von dem schon fertigen und stehenden Begriffe einer Natur ausgehen:[137] aber dieser Begriff selbst und seine Philosophie sind in einem System des gesamten Wissens erst aus dem absoluten X. bestimmt durch die Gesetze der endlichen V[ernun]ft abzuleiten. Ein Idealismus aber, der noch einen Realismus neben[138] sich duldete, wäre gar nichts: oder wenn er doch etwas sein wollte, müßte er die allgemeine formale Logik sein.[)]

Besonders aus dem letztern muß sich ergeben, wie meine Philosophie sich zu der Ihrigen, sowie zu den Ahnungen, Wünschen, und Mißverständnissen unserer Zeitgenossen verhält. Inwiefern man meinem Ich irgend eine Spur von Individualität aufrückte, mußte man freilich auf ein Ableiten dieses Individuellen bedacht sein. Sie sehen aus dem obigen, daß ich gleichfalls ableite (darin also sind wir einig); nur um's Himmels willen nicht aus einer Natur, oder einem begreiflichen Universum, oder irgendetwas, worauf der Realgrund anwendbar ist.

Ich muß es jetzt Ihnen überlassen, ob Sie mit weiteren Erörterungen Ihres Systems die Erscheinung meiner neuen Darstellung abwarten wollen, oder nicht. Daß *ich* meiner Sache sehr sicher bin, darf ich Ihnen wohl freimütig sagen; teils um der inneren Natur der Evidenz selbst willen; teils aus dem äußeren Grunde, daß ich jetzt wiederum beinahe ein ganzes Jahr nichts getan habe, als von den verschiedensten Seiten und Wegen diese Untersuchungen an[zu]spinnen, und immer wieder, gegen Wissen und Willen, auf dasselbe gekommen [bin], was in meiner, von mir durchaus vergessenen alten Darstellung vor 8 Jahren gefunden wurde: ferner, wegen der merkwürdigen Organisation des Ganzen. Doch versteht es sich von selbst, daß ich dadurch Ihrer Prüfung nicht vorgreifen will.

Daß Differenzen zwischen uns weiter laut würden, würde der guten Sache gewiß sehr schaden, und von den Feinden der Wissenschaft, und den Blödsinnigen auf die schlimmste Weise benutzt werden. [...]

Schelling an Fichte,
3. 10. 1801

Jena, den 3. Oktober 1801.
Unsere Differenzpunkte, verehrtester Freund, in meinem Brief samt und sonders auseinanderzusetzen, und bis auf die erste Differenz, von der sie herstammen, Punkt für Punkt zurückzuverfolgen, möchte fast unmöglich sein. Ich begnüge mich daher, vorzüglich nur einige Mißverständnisse und Vorurteile, in denen Sie, Ihrem letzten Schreiben[139] nach zu urteilen, unfehlbar befangen sind, aufzulösen und fasse mich in einige wenige Sätzen zusammen, nachdem der Vorsatz, ausführlicher zu sein, bis jetzt nichts als das stete Verschieben meiner Antwort zur unvermeidlichen Folge gehabt hat.

Die Identität des Ideal- und Realgrundes ist = der Identität des Denkens und Anschauens. Sie drücken mit dieser Identität die höchste spekulative Idee aus, die Idee des Absoluten, dessen Anschauen im Denken, dessen Denken im Anschauen ist. (Zur Erläuterung berufe ich mich der Kürze halber auf Kants Kritik der Urteilskraft §. 74 Anmerk.) Da diese absolute Identität des Denkens und Anschauens das höchste Prinzip ist, so ist sie, wirklich *als absolute Indifferenz* gedacht, notwendig zugleich das höchste Sein; anstatt daß das endliche und bedingte Sein, (z. B. der einzelnen körperlichen Dinge) immer eine bestimmte Differenz des Denkens und Anschauens ausdrückt. Hier trüben sich Ideelles und Reelles wechselseitig. Die ungetrübte Indifferenz beider ist nur im Absoluten. Ich bitte, um auf dem kürzesten Weg zu der Anschauung dieser absoluten Indifferenz und des damit notwendig und unmittelbar verbundenen höchsten Seins zu gelangen, an den absoluten *Raum* zu denken, der eben die (wieder angeschaute) höchste Indifferenz der Idealität und Realität ist, die höchste Durchsichtigkeit, Klarheit, das reinste Sein, das wir anschauen. – *Ihnen* ist Sein durchaus gleichbedeutend mit Realität, ja wohl gar mit Wirklichkeit. Das Sein κατ' εξοχην aber hat keinen Gegensatz mehr, denn es ist die absolute Einheit des Ideellen und Reellen selbst.

Sie wollen nun aber schlechterdings, daß dieses höchste Sein, was nicht mehr Realität, im Gegensatz gegen Idealität ist, als reine Agilität, absolute Tätigkeit, gedacht werde. Allein, es kann Ihnen unmöglich entgehen, daß absolute Tätigkeit = absolute Ruhe (= Sein), daß also von dem wahren Absoluten so wenig ein Handeln prädiziert werden kann, wie von dem absoluten Raum, seinem Universalbild (wie oben gezeigt worden), von dem man nur sagen kann, daß er *ist*, nimmermehr aber, daß er tätig sei. (Wenn Sie hiermit noch den umgekehrten Schluß verbinden, daß dasjenige, von welchem ein Handeln wahrhaft prädiziert werden kann, eben deswegen nicht das wahre Absolute sein könne, so ist mir dies sehr erwünscht.)

Dieses Absolute, behaupte ich in meiner *Darstellung*, existiert unter der Form der quantitativen Differenz (dies ist die Anschauung, die immer eine bestimmte ist) im Einzelnen und der quantitativen Indifferenz (dies ist das Denken) im Ganzen. (Als Einheit aufgefaßt, ist es also absolute Gleichheit des Denkens und Anschauens. In dem Denken ist so viel wie in dem Anschauen und umgekehrt; eins dem andern adäquat.) Sie sagen etwas Ähnliches mit dem, was Ihre letzte Synthesis ist, – dem, was zugleich unbegreiflicher Realgrund der Getrenntheit der Einzelnen und Idealgrund der Einheit Aller ist. Sie erheben sich allerdings zu *diesem* Sein, welches nicht Realität – nicht Wirklichkeit – sondern über allen Gegensatz von Ideellem und Reellem erhaben, die absolute Identität davon ist. Aber dieses Sein ist Ihnen die *letzte* Synthesis. Ich dächte aber, wenn sie wirklich zugleich die höchste ist, so ist sie eben darum das Absolute, das Unbedingte selbst, also unfehlbar zugleich das *Erste*, von dem ausgegangen werden muß.

Entweder müssen Sie nie aus dem *Sehen*, wie Sie sich ausdrücken, das heißt eben aus der Subjektivität heraus, und *eines jeden Ich*, wie Sie einmal in der Wissenschaftslehre sagen, muß die absolute Substanz sein und bleiben, oder gehen Sie einmal heraus, auf Einen auch unbegreiflichen Realgrund, so gilt jenes ganze Zurückweisen an die Subjektivität nur *vorläufig*, bis das wahre Prinzip gefunden ist; und ich weiß nicht, wie Sie sich erwehren wollen, wenn, nachdem Sie bei jener Synthesis angekommen sind, andere herzutreten, die nun *diese* als das Erste behandelnd, den Weg in der umgekehrten Richtung zurücklegen, Ihr Prinzip bloß für vorläufig und Ihre Philosophie ebenso wie die Kantische für bloß propädeutisch erklären. Denn propädeutisch ist doch wohl eine Untersuchung, in der das höchste Prinzip Resultat, letzte Synthesis, ist. Verzeihen Sie, wenn ich diesen Schritt voraus genommen und ohne Sie bei diesem Punkt abzuwarten, zu bestimmen gewagt habe, was, sobald Sie dabei angekommen sind, unvermeidlich sein wird.

Sie selbst, indem Sie sagen: »wir möchten wohl, was die Sachen betrifft, ziemlich einig sein, obwohl ganz verschieden in der Darstellung, – diese aber sei wesentlich«, legen dadurch deutlicher, als ich zu sagen vermöchte, an den Tag, daß man um *Ihr System* zu *erhalten* sich erst *entschließen* muß, vom Sehen auszugehen und mit dem Absoluten (dem eigentlich Spekulativen) zu enden, ungefähr so, wie in der Kantischen Philosophie das Moralgesetz zuerst und Gott zuletzt vorkommen muß, wenn das System halten soll. Die Notwendigkeit, vom Sehen auszugehen, bannt Sie mit Ihrer Philosophie in eine durch und durch bedingte Reihe, in der vom Absoluten nichts mehr anzutreffen ist. Das Bewußtsein oder Gefühl, das Sie selbst davon haben mußten, zwang Sie schon, in der *Bestimmung des Menschen* das Spekulative, weil Sie es nämlich in Ihrem *Wissen* wirklich nicht finden konnten, in die Sphäre des Glaubens überzutragen, von dem meines Erachtens in der Philosophie so wenig die Rede sein kann, wie in der Geometrie. Sie erklärten in derselben Schrift, fast mit so viel Worten: das eigentlich Ur-Reale, d. h. doch wohl das wahrhaft Spekulative, sei im Wissen nirgends aufzuzeigen. Ist dies nicht Beweises genug, daß Ihr Wissen nicht das absolute, sondern irgendwie noch bedingtes Wissen ist, welches die Philosophie, wenn es in ihr herrschend sein müßte, zu einer Wissenschaft wie jede andere herabsetzen würde.

Was jetzt Ihre höchste Synthesis ist,[140] war wenigstens Ihren früheren Darstellungen fremd, denn nach diesen war die moralische Weltordnung (ohne Zweifel das, was Sie jetzt reale Getrenntheit der Einzelnen und ideale Einheit Aller nennen) selbst Gott; dies ist jetzt, wenn ich recht sehe, nicht mehr der Fall und dies verändert die ganze Sache Ihrer Philosophie um ein beträchtliches.

Dies alles, was ich als Spur Ihres Annäherns vom bloßen Philosophieren zur wahren Spekulation betrachte, gibt auch mir die Hoffnung und Freudigkeit, wir werden uns endlich ganz in dem Punkte begegnen, der, nach Ihrer bisherigen Methode, Ihnen notwendig mehr oder weniger entfliehen mußte, und der auch durch ein stufenweises Aufsteigen von unten nie erreicht, sondern nur mit einemmal und auf absolute Art gefaßt werden kann.

Sie scheinen in Ihrem letzten Brief zurückzunehmen, was Sie in Ihrem früheren zugaben, oder gar zu bezweifeln, ob Sie es wirklich geschrieben haben.[141] Vielleicht ist es aus diesem Grund nicht unzweckmäßig, die Stelle, auf welche es ankommt, Ihnen wörtlich mitzuteilen.

»Zu verstehen glaube ich Sie recht wohl«, schreiben Sie, »und verstand Sie schon vorher, nur glaube ich nicht, daß diese Sätze aus den bisherigen Prinzipien des Transzendentalismus folgen, sondern ihnen vielmehr entgegen sind; daß sie nur durch eine weitere Ausdehnung der Transzendentalphilosophie selbst in ihren Prinzipien begründet werden können, zu welcher ohnedies das Zeitbedürfnis aufs dringendste auffordert.[142]

Hierauf melden Sie nun, daß nach Vollendung der neuen Darstellung der Wissenschaftslehre diese Erweiterung Ihr erstes Geschäft sein werde.

Ihr Gesichtspunkt bringt es so mit sich, daß Ihnen Ihre Philosophie als die absolut-wahre erscheinen muß bloß darum, weil sie *nur nicht falsch* ist. Spinoza setzt als die beiden Attribute der Substanz Gedanke und Ausdehnung. Er leugnet nicht, daß alles, was ist, auch aus dem bloßen Attribut des Denkens und durch bloße Modos des unendlichen Denkens erklärt werden könne. Diese Erklärungsart würde er gar nicht falsch, er würde sie nur nicht absolut-wahr, sondern in der absoluten selbst begriffen finden. Etwas Ähnliches findet zwischen uns statt; woraus Sie unter anderem auch sich erklären können, warum unserer Differenz im Grunde und von Anfang an unerachtet, ich gleichwohl habe den Idealismus als Organ brauchen, ja, wie Sie sagen, so viel Klares, Tiefes sogar darüber vorbringen können.

Sie geben dem Realgrund der Getrenntheit des Einzelnen den Beisatz: *unbegreiflich*. Unbegreiflich ist er freilich für die von unten aufsteigende Verstandesreflexion, die sich mit dem Gegensatz des Endlichen (Ihre Getrenntheit) und Unendlichen (Ihre Einheit Aller) in unauflösliche Widersprüche verwickelt (Kants Antinomien), nicht aber für die *Vernunft*, welche die absolute Identität, das untrennbare Beisammensein des Endlichen mit dem Unendlichen, als das Erste setzt und von dem Ewigen ausgeht, welches weder endlich noch unendlich, sondern beides gleich ewig ist. Diese *Vernunftewigkeit* ist das eigentliche Prinzip aller Spekulation und des wahren Idealismus, das Vernichtende der Kausalreihe des Endlichen, der sie dem Wesen nach (natura) in jedem Augenblick der Zeit ebenso vorangeht, als sie ihr ursprünglich voranging, so wie sie umgekehrt niemals auf eine andre Weise *vor* ihr war, als sie noch jetzt und immer ist, nämlich der Natur nach.

Sie müssen mir verzeihen, wenn ich sage, daß durch Ihr ganzes Schreiben ein völliges Mißverständnis meiner Ideen geht, das sehr natürlich ist, da Sie sich eben nicht bekümmert haben, sie wirklich kennen zu lernen. Dagegen ist von allen Ideen, die Sie in Ihrem Schreiben mir mitzuteilen die Güte haben, keine, die mir fremd wäre. Ich kenne auch, wie Sie mir vielleicht zugestehen werden, zum Teil aus eigenem Gebrauch alle die Künste, mit welchen der Idealismus als das einzig notwendige System demonstriert wird. Diese Künste, die gegen alle Ihre bisherigen Gegner treffend waren, sind gegen mich von keiner Wirkung, da ich nicht Ihr Gegner bin, obwohl Sie aller Wahrscheinlichkeit nach der meinige sind. Ich habe schon oben gesagt, daß ich Ihr System nicht falsch finde, denn es ist ein notwendiger und integrierter Teil des meinigen.

Sehr zu wünschen wäre, Sie hätten immer und zu jeder Zeit befolgt, was Sie in Ihrem letzten Brief aussprechen: »was Idealismus und Realismus sei, kann nur *innerhalb* der Wissenschaftslehre untersucht werden.«[143] (Es folgt unmittelbar daraus, daß die wahre Wissenschaftslehre, d. h. die echte spekulative Philosophie so wenig Idealismus als Realismus sein könne. Haben Sie aber Ihre Philosophie nicht bestimmt genug als Idealismus charakterisiert?) Sie würden dann sich leichter auch in meinen Satz vereinigen können, daß das echte System der Philosophie nach außen völlig indifferent, obwohl nach innen different sein könne. Dieser Begriff der absoluten Indifferenz des wahren Systems nach außen, war allein hinreichend, Ihnen die Vorstellung von dem meinigen, als statuiere es zwei nebeneinander bestehende Philosophien, zu ersparen.

Ich mag mich wohl in den Briefen über Dogmatismus und Kritizismus,[144] in dem ersten noch rohen und unentwickelten Gefühl, daß die Wahrheit höher liege, als der Idealismus geht, unbeholfen genug ausgedrückt haben; indes kann ich mich auf diese Briefe als ein sehr frühes Dokument des Gefühls berufen, das bei Ihnen auf Veranlassung der atheistischen Streitigkeiten nicht weniger zum Vorschein kam, und Sie zwang, das im Wissen (d. h. eben im Idealismus) vermißte Urreale (Spekulative) aus dem Glauben herzuholen. Meine idealistische und realistische Philosophie verhalten sich also gerade und genau so, wie Ihr Wissen und Glauben, deren Gegensatz Sie noch überdies völlig unaufgehoben zurückließen, und wenn Sie dort an mir irre wurden, so habe ich dagegen hier aufgehört, Ihnen folgen zu können.

Diese Briefe ließen Sie freilich gleich sehen, »daß ich die Wissenschaftslehre nicht durchdrungen habe«. Dies kann nun um so eher der Fall gewesen sein, da ich, als jene Briefe entstanden, von der Wissenschaftslehre in der Tat nur die ersten Bogen kannte. Aber freilich habe ich sie in diesem Sinn bis jetzt nicht durchdrungen, noch bin ich gesonnen, sie in diesem Sinn jemals zu durchdringen, nämlich so, daß ich bei dieser Durchdringung der Durchdrungene sei. Diese Meinung habe ich von der Wissenschaftslehre nie gehabt, und habe sie also noch viel weniger jetzt, daß ich sie als das Buch betrachtete, worauf nun fernerhin jeder im Philosophieren angewiesen wäre und angewiesen werden müßte, obgleich freilich das Urteil in philosophischen Dingen um ein beträchtliches erleichtert wäre, wenn es dazu bloß eines ausgestellten Testimoniums des Verstehens oder Nichtverstehens derselben von Ihnen bedürfte.

Wenn ich gegen jemand behauptete: Im alten Testament sind Mythen und er antwortete darauf: Wie sollte das sein, da es ja die Einheit Gottes lehrt, wäre es meine Schuld, wenn dieser das Wort »Mythologie« nicht hören könnte, ohne damit den trivialen Begriff der Götterlehre zu verbinden? Fast so geht es mir bei vielen mit dem Begriff »Naturphilosophie«. Kann ich dafür, wenn man mir keinen andern Begriff der Natur zuschreibt, als den jeder Chemiker und Apotheker auch hat? Aber Fichte, der noch ganz andre Waffen gegen mich hat, macht es sich allzu leicht, wenn er mich aus einem solchen Begriff zu widerlegen, nur würdigt. Um so mehr wundere ich mich, daß Sie sich von Naturphilosophie einen so willkürlichen Begriff machen, da Sie ja selbst bekennen, daß diese Seite meines Systems eine Ihnen noch völlig unbekannte Region ist. Sie sagen die »Sinnenwelt, oder (??) die Natur ist durchaus nichts als Erscheinung des immanenten Lichtes.«[145] Ist es möglich, dachte ich, als ich dies las, daß es Fichte nicht einfallen kann, *eben dies* zu beweisen, könnte Zweck der Naturphilosophie sein. – Wie leid ist es mir, daß Sie sich davon nicht durch die Lektüre meiner letzten Darstellung haben überzeugen wollen!

Nicht undeutlich sind Sie der Meinung, durch Ihr System die Natur annihiliert zu haben, da Sie vielmehr mit dem größten Teil desselben nie aus der Natur herauskommen. Ob ich die Reihe des Bedingten reell oder ideell mache, ist, spekulativ betrachtet, völlig gleichgültig, denn in dem einen Falle so wenig wie in dem andern, komme ich aus dem Endlichen heraus. Sie glaubten durch das letztere die ganze Forderung der Spekulation erfüllt zu haben; und *hier ist ein Hauptpunkt unserer Differenz.*

Von dem dritten Grundsatz an, mit dem Sie in die Sphäre der Teilbarkeit, der wechselseitigen Limitation, d. h. des Endlichen gelangen, ist Ihnen Philosophie eine stete Reihe von Endlichkeiten – eine höhere Kausalitätsreihe. Die wahre Annihilation der Natur (in *Ihrem* Sinn) kann nicht darin bestehen, daß man sie nur im ideellen Sinn gleichwohl reell sein läßt, sondern nur darin, daß man das Endliche zu der absoluten Identität mit dem Unendlichen bringt, das heißt, daß man außer dem *Ewigen* nichts, und das Endliche so wenig im reellen (gemeinen) Sinn, wie im ideellen (Ihrem) Sinn zugibt.

In welche kleine Region des Bewußtseins Ihnen die Natur nach Ihrem Begriff davon fallen müsse, ist mir zur Genüge bekannt. Sie hat Ihnen durchaus keine spekulative, sondern nur teleologische Bedeutung. Sollten Sie aber wirklich z. B. der Meinung sein, daß das Licht nur ist, damit die Vernunftwesen, indem sie miteinander sprechen, sich auch sehen, und die Luft, damit sie, indem sie einander hören, miteinander sprechen können?

Über das, was Sie weiter von einem Idealismus, der einer Realismus neben sich duldet, erwähnen, habe ich nichts zu bemerken, als daß Sie damit in dem hauptsächlichsten Mißverständnis über mich begriffen sind, welches in einem Brief aufzulösen, viel zu weitläufig ist, um so mehr, da ich hierüber nur auf meine letzte Darstellung verweisen darf. Sollte diese nicht hinreichend sein, so muß ich meine Hoffnung auf die künftigen Erläuterungen über diesen Hauptpunkt zwischen Ihnen und mir setzen.

Binnen kurzem erhalten Sie ein philosophisches Gespräch von mir, von dem ich wünsche, daß Sie es lesen.[146] Die Fortsetzung meiner Darstellung wird auch binnen dieses und des künftigen Monats erscheinen.[147]

Ich von meiner Seite werde mich alles entscheidenden Urteils über Ihr gesamtes System so lange enthalten, bis die *neue Darstellung* erschienen ist.[148] Dies versteht sich von selbst. Ebenso erwarte ich von Ihnen, daß Sie die Vollendung meiner Darstellung abwarten, und daß Sie diese wirklich lesen, ehe Sie ein Urteil darüber fassen und aussprechen. Vor dem Publikum würden solche Wendungen, wie: So weit ich in Ihrer Darstellung gelesen habe etc. eben nicht die beste Wirkung tun.

Sollte aber der Wunsch, daß die Differenzen zwischen uns weiter nicht laut werden, so gemeint sein, daß *ich* damit nur so lange warte, bis es *Ihnen* gelegen ist, sie laut werden zu lassen, oder daß ich Ihnen indes erlaube, in Ankündigungen der neuen Wissenschaftslehre u.s.w. mich als Ihren geistvollen Mitarbeiter zu rühmen, dabei aber dem Publikum auf eine feine und versteckte Weise, daß es auch die Nicolais und Rezensenten der Allg. D. B. merken, unter die Füße zu geben, daß ich Sie nicht verstehe, so sehen Sie wohl, daß dieser Vorschlag etwas unbillig ist.[149]

Daß meine Philosophie eine andere ist, als die Ihrige, betrachte ich als ein sehr geringes Übel, das ich zur Not noch ertragen kann. Aber die Ihrige haben darstellen wollen, und auch darin nicht einmal glücklich gewesen zu sein – lieber Fichte, dies ist wirklich etwas zu hart, besonders da wenn das Erste ausgemacht ist, über das Zweite Ihr Wort ohne alle Gründe hinreicht. Wollen Sie also auch nicht förmliche Erklärung der Differenz, so erzeigen Sie mir wenigstens nicht die schon bei Ihrer letzten Ankündigung meinerseits völlig unverdiente Güte, mich als Ihren Mitarbeiter anzunehmen; denn jene Annahme vor dem *Publikum* fällt in eine Zeit, wo Sie *für sich* bereits zur Genüge wissen konnten, daß ich nicht ein und denselben Zweck mit Ihnen habe.

Ruhig über das Ende und meiner Sache für mich gewiß, überlasse ich vorläufig gern einem jeden selbst, unser Verhältnis herauszufinden; ich kann aber auch keinem seine gesunden Augen nehmen oder es auf irgend eine Weise zu bemänteln suchen. So ist erst dieser Tage ein Buch von einem sehr vorzüglichen Kopf erschienen, das zum Titel hat: *Differenz des Fichteschen und Schellingschen Systems der Philosophie*, an dem ich keinen Anteil habe, das ich aber auch auf keine Weise verhindern konnte.[150]

Den »sonnenklaren Beweis« haben Sie vergessen, beizulegen. Ich habe ihn aber gleichwohl in Händen gehabt, der Idealismus darin schien mir ziemlich psychologisch, fast wie in Lichtenbergs nachgelassenen Schriften; auch hat es mir leid getan, daß Sie unter den Beschäftigungen für abgängige Philosophen auch das Brillenschleifen vorschlagen, das bekanntlich Spinoza stark getrieben hat, der obwohl er sich außer der Philosophie noch mit einigen anderen

Dingen beschäftigte, dennoch ein sehr großer Philosoph war.

Leben Sie wohl und bleiben Sie mir gewogen. Mit der aufrichtigsten Verehrung und den redlichsten Gesinnungen

der Ihrige
Schelling.[151]

Fichte an Schelling,
15. 1. 1802

Berlin, d. 15. Jenner. 1802.

[...]
Unsere wissenschaftliche Differenz in diesem Briefe zu berühren, würde mich, wenn auch nichts anderes, doch der frühere beigelegte Brief von mir,[152] bewegen. Sie werden freilich über die in demselben angestrichene Stelle, *die ich eben deswegen angestrichen* habe, lächeln. Sie bezeugen es in dem ersten Hefte des Journals an vielen Stellen, daß alle Quantität, u. Relation, durchaus nicht in das Absolute fällt, – u. doch haben Sie in der Tat die in meinem Briefe angeführte Stelle niedergeschrieben, und Ihre ganze neue Darstellung hat wohl kräftigere der Art. – Und – setze ich hinzu – so muß es sein – Ihr Sein, und Ihr Wissen selbst sind auch nur *in Relation*, und Sie müssen, da Sie von beiden wissen, und reden, beides durch ein *Höheres* erklären, von dem Sie eben auch wissen müssen und Ihr System ist in Beziehung auf das Absolute nur *negativ*, wie Sie das meinige – so nämlich wie Sie es verstehen, – beschuldigen; und das Ihrige erhebt sich eben nicht zum *Grundreflexe*, und darum glauben Sie, daß das meinige, eben so, wie ich vom Kantischen gesagt, auf dem *Reflexionspunkte* stehen geblieben.

Es gibt ein *relatives Wissen*, *Nebenglied* vom Sein. – *Unter* diesem relativen Wissen gibt es freilich wieder ein anderes Sein. In dem Standpunkte *dieses* Wissens haben Sie nun immer meine Wissenschaftslehre gefunden. Das Nebenglied *dieses* Wissens ist das höchste, und eben darum absolute, Sein, – *Sein* sage ich. Zu dem Begriffe dieses Seins glauben Sie nun über die W. L. hinweg sich erhoben zu haben; und vereinigen nun die Nebenglieder, – nicht *materialiter* durch Einsicht, sondern *formaliter*, weil das Bedürfnis des Systems Einheit ist, nicht durch *Anschauung* (die ja etwas Positives liefern müßte) sondern durch *Denken* (das nur ein *Verhältnis* postuliert) - in eine *negative Identität d. i. Nicht-Verschieden*-

heit des Wissens u. Seins, in einen Indifferenzpunkt u.s.w. Aber sehen Sie vor der Hand z. B. das absoluteste Sein, das Sie aufstellen mögen, nur darauf an, so finden Sie in ihm das deutliche Merkmal einer Zusammensetzung, die begreiflich nicht ohne *Scheidung* vorgegangen sein kann; daher Sie auch ganz richtig aus diesem Sein das (relative) Wissen und aus diesem Wissen wiederum das Sein ableiten. Desgleichen finden Sie im relativen Wissen auch. – Ihr Punkt liegt also allerdings höher, als der im relativen Wissen, den Sie der W. L. zuschreiben, und ist N. 2 wenn jener N. 3 ist. Aber es gibt einen noch höhern, in welchem eben das *Sein,* und sein *Nebenglied* Wissen erst, sowohl geschieden, als zusammengesetzt wird;[153] dieser Punkt ist eben auch ein Wissen (nur nicht *von* etwas, sondern das *absolute*) und in diesem hat die W. L. stets gestanden, (und ist eben darum *transzendentaler Idealismus*) und ihn unter anderm durch den Ausdruck des Ich, in welchem erst das Ich – versteht sich das relative – und das Nicht-Ich geschieden wird, angedeutet. – Dies wollte ich auch in einem frühern Briefe zu verstehen geben, in dem ich sagte, das Absolute (der Philosophie, versteht sich) bleibe doch immer ein *Sehen.*[154] Sie erwiderten, es könne kein Sehen von Etwas sein, was denn sehr richtig ist, ich auch nicht vermeinte; und wodurch denn die Sache auf sich beruhen mußte. – So ergeht es Spinoza. Das *Eine* soll *Alles* (bestimmter, das *Unendliche,* denn es gibt hier keine Totalität) sein, und umgekehrt; was denn ganz richtig ist. Aber *wie* das Eine zu Allem, und das All zu Einem *werde* – den Übergangs-Wende- und *realen Identitäts*punkt derselben kann er uns nicht angeben, daher hat er das Eine verloren, wenn er aus dem All greift, und das All, wenn er das Eine faßt. Drum stellt er auch die *beiden* Grundformen des Absoluten, Sein, und Denken eben ohne weiteren Beweis hin, wie Sie eben auch, – durch die W. L. keineswegs berechtigt, tun. – Aber es scheint mir an sich klar, daß das Absolute nur eine absolute, d. h. in Beziehung auf Mannigfaltigkeit, durchaus nur *Eine,* einfache, sich ewig gleiche *Äußerung* haben kann; und diese ist eben *das absolute Wissen.* Das absolute *selbst* aber ist kein Sein, noch ist es ein Wissen, noch ist es Identität, oder Indifferenz beider: sondern es ist eben – das *Absolute* – und jedes zweite Wort ist vom Übel.[155]

Hieraus folgt nun freilich, daß ein transzendentaler Idealismus, wie Sie ihn in der W. L. gefunden, und in Ihrem Werke dargestellt haben, eigentlich nichts weiter ist,[156] als ein Formalismus, eine Einseitigkeit, höchstens ein nach einem nicht guten Plane abgesonderter Abschnitt einer Wissenschaftslehre: – folgt, daß die Naturphilosophie durchaus nicht ein besonderer Pol der Phil. sondern nur ein Teil derselben sei, folgt, daß, wenn sie so betrachtet wird, derselben durchaus nicht der Idealismus (denn in diesem liegt sie mitten darin) sondern nur die *Ethik*, die Lehre vom intelligiblen Sein, gegenüberstehe.

Sollten diese hingeworfenen Winke Ihrer Aufmerksamkeit nicht ganz unwert scheinen; oder sollte die vorteilhafte Meinung von mir, daß ich, da Sie mir selbst zugestehen, daß ich, – dies mein Zurückbleiben abgerechnet, ehemals doch ganz erträgliche Sachen vorgebracht, jetzt ein Jahr unbefangener Arbeit und Untersuchung nicht durchaus verloren haben möchte, einiges Gewicht für Sie haben, so wünschte ich wohl, daß Sie sowohl als Hegel über diesen Streitpunkt nicht weiteres Aufhebens, und dadurch, wie ich glaube, die Mißverständnisse nicht zahlreicher machten; bis meine neue Darstellung erschienen ist, die zu Ostern erscheinen wird.[157] Ich habe [vor] – nicht etwa aus Schonung gegen Sie, – ich bin nicht so kleindenkend, um zu glauben, daß Sie derselben bedürfen, – sondern um Anstoß zu vermeiden, über diesen Punkt, den ich allerdings erörtern muß, gar nicht Sie, sondern lediglich Spinoza zu meinem Gegner zu machen; und es wird dann von Ihnen abhängen, fortzufahren, oder einzulenken, wie Sie selbst es gut getan finden.

Ich hoffe, mein teuerster verehrtester Freund, dieser ganze Brief spricht so deutlich meine Achtung und Liebe für Sie aus, daß es keiner besonderen Versicherung derselben zum Schlusse bedarf.

Ganz der Ihrige
Fichte.[158]

1 Schnurrer war am 13. 5. 1793 in Gegenwart des Herzogs für ein halbes Jahr zum Prorektor gewählt worden. An sich ging Vater Schellings Schreiben an Schnurrer wohl nicht, weil Sch. Prorektor der Universität war, sondern es ging an ihn als Ephorus des Stifts.
2 am 14. 5.
3 Herzog Karl Eugen war am 13. 5. nach Tübingen gekommen, er war anwesend bei der Wahl Schnurrers zum Prorektor, das Wichtigste war aber am gleichen Tage die Verkündigung der neuen Statuten des Stifts

Worauf Vater Schellings Brief sich unmittelbar bezieht, ist nicht eindeutig auszumachen. Plitt vermutet aber wohl richtig, daß es um die Begeisterung der Stiftler für die französische Revolution ging. Schon bei Plitt wird bezweifelt, daß Schelling und Hegel an der Errichtung eines Freiheitsbaumes beteiligt gewesen seien, aber nicht wird bestritten – und es kann nicht bestritten werden – daß viele Stiftler eine zeitlang voll Begeisterung für die französische Revolution gewesen sind. Bei Plitt wird nun erzählt, der Herzog habe im Mai 1793 von all solchen Dingen gehört, ja daß die Stiftler die Marseillaise sängen, Schelling habe sie ins Deutsche übersetzt, man führe »freisinnige Reden«, dichte Freiheitslieder etc. »Besonders kam das Marseiller Lied hoch zu Ehren […] Voll Ärger reiste er [der Herzog] sogleich nach Tübingen ab. Dort angekommen, hieß er die Stipendiaten im Speisesaal sich versammeln, Schelling und einige Berüchtigte mußten vortreten. Der Herzog hatte die Übersetzung der Marseillaise in der Hand und hielt sie Schelling hin mit den Worten: »Da ist in Frankreich ein saubres Liedchen gedichtet worden, wird von den Marseiller Banditen gesungen, kennt er es?« Dabei habe er Schelling fixiert und ihn später gefragt, ob ihm die Sache leid sei, »worauf dieser geantwortet haben soll: ›Durchläucht, wir fehlen alle mannigfaltig‹« (Plitt I. 31/32). Ähnlich hat K. Rosenkranz später (1844) in *G. W. Fr. Hegel's Leben* berichtet: »Es bildete sich im Stift ein politischer Club. Man hielt die französischen Zeitungen. Man verschlang ihre Nachrichten. Durch einen Apotheker […] ward dies leidenschaftliche politische, wiewohl harmlose Interesse verraten. Der Herzog Karl selbst kam zur Untersuchung nach Tübingen. Der Hauptradelsführer […] entrann noch zu guter Stunde nach Straßburg. Der Herzog war aber weise genug, aus der Sache nicht viel zu machen«. […] Die Meldung über den Club dürfte richtig sein, es stimmt auch die Nachricht von der Flucht eines Stiftlers. Aus Schellings Promotion war wirklich Christian August Wetzel kurz vor dem Kommen des Herzogs entwichen. Er war schon einmal aus dem Stift »geflohen« (1792) und nach Straßburg gegangen, aber man hatte ihn dank verwandtschaftlicher Verbindungen wieder aufgenommen. Dieses Mal – im Mai 1793 – ist er neu nach Frankreich gegangen und dort geblieben. Aber es stimmt nicht, daß der Herzog wegen dieses Vorgangs nach Tübingen gekommen war. Er kam zur Verkündigung der neuen Statuten und hat bei seinem Aufenthalt im Stift von Wetzels Flucht nichts gewußt – man hat ihm erst Stunden später davon berichtet. Es mag also sein, daß der Herzog bei Gesprächen mit den Stiftlern, evtl. mit Schelling von der Marseillaise gesprochen hat, daß er Schelling wegen der Übersetzung angesprochen hat etc. Aber solches geschah wohl mehr im gelockerten Gespräch und nicht als hochpeinliche Untersuchung. Hätte eine solche stattgefunden, die Repetenten-Annalen hätten sicher davon berichtet. Sie wissen aber nichts davon (vgl. Repet.-Annalen S. 217ff.: »[…] Um 11 Uhr erfolgte diese dann endlich [die Ankunft des Herzogs]. Ser. trat mit der Frau Herzogin […] herein, ging die Reihen hinab und hielt hierauf eine kurze Rede […] Der Sekretär verlas sodann die Statuten, u. Ser. schärfte hierauf die Beobachtung derselben nochmals in einer kurzen Anrede ein […] An diesen Akt schloß sich dann sogleich das Essen an, während dem Seren. u. seine Gesellschaft an den Tischen herumgingen, u. sich mit dem Kollegium u. den Stipendiaten unterhielten. Seren. reiste noch am nämlichen Tag ohne weitere Solennitäten wieder ab«). Schnurrer hat später über den Besuch des Herzogs gesagt: »Bei allem feierlichen Ernst war der Herzog an diesem Tage in einer milden, heitern, sanft anziehenden Stimmung, die sich besonders über der Tafel äußerte. Seine Anhänglichkeit an die ihm immer wertere Anstalt war noch im Steigen« (a.a.O., S. 75). Der Herzog hat das Stift nie mehr betreten. Er starb am 24. 10. 1793. – Freilich ist anderes richtig: noch als der Herzog an diesem Tage in Tübingen weilte, aber wohl nach Verlassen des Stifts, hat ihm jemand von Wetzels Flucht berichtet, daß der Geheime Rat davon unterrichtet sei etc. Nach Leube hat der Herzog, nach Hohenheim zurückgekehrt, noch am selben Abend dem Geh. Rat Vorwürfe gemacht, daß man ihm den »Zwischenfall« verschwiegen habe. Wetzel wurde nun offiziell aus dem Stipendium ausgeschieden, und es gab wohl mancherlei Untersuchungen im Stift, mit wem Wetzel besonders Kontakt gehabt habe etc. Wetzel war aus Schellings Promotion. Ob man darum zunächst sich an Schelling als den Primus dieser Promotion gewandt, oder ob Schelling wirklich guten Kontakt mit W. gehabt hat, muß offenbleiben. […] Nach Leube erlauben die vorhandenen Akten nicht, die ganze Angelegenheit zu klären. Immerhin geben die »Repetenten-Annalen (die nichts über Wetzels Flucht u. a. sagen) einiges. Vom Ende des herzoglichen Besuches wird berichtet: »Seren. reiste noch am nämlichen Tage ohne weitere Solennitäten wieder ab; das Konsistorium den folgenden Tag, nachdem […] H. Dir. Ruoff das Kollegium [der Repetenten] nochmals zu aller möglichen Genauigkeit u. Strenge in Exekution der neuen Gesetze ermahnt, aber auch den drei ältesten Mitgliedern einen kleinen, übrigens sehr schonend angebrachten Verweis über einen Vorfall gegeben hatte, dessen Geschichte noch nachgeholt werden muß. Vorigen Winter nämlich hatte sich im Stipendium eine Gesellschaft gebildet, welche wöchentlich ein- oder ein paarmal auf der Krankenstube oder einer Senioratsstube in der Abendrekreation mit allerlei lustigen Einfällen u. Vorlesung komischer Gedichte u. prosaischer Aufsätze sich u. anderen (die ums Geld den Zutritt hatten) die Zeit vertrieb. Man nannte diese Versammlung das Unsinnskollegium. Wir wußten insoweit von der Sache gar wohl, denn man sprach unverhohlen davon, vermuteten aber nichts Anstößiges dabei u. hielten uns nicht für berechtigt, eine unschuldig scheinende Freude der Stipendiaten, die nicht gerade mit Tumult verbunden war, zu stören. Unter der Hand vermutete man freilich auch, daß Komödien gespielt u. gewisse, in öffentl. Ämtern stehende Männer agiert, u. lächerlich gemacht würden. Allein teils waren's nur dunkle, unbestimmte Sagen, teils wußten nur einzelne unter uns privatim hie u. da etwas Näheres, das ohne sub sigillo, als von Privatpersonen erzählt worden war, u. wovon kein öffentl. Gebrauch gemacht werden konnte, gesetzt, auch die Data wären bestimmter u. vollständiger gewesen als sie es waren. Indessen rückte die Ostervakanz herbei, u. während derselben bekam das Konsistorium durch Privatbriefe [...] Wind davon. Das Stipendium war in diesen Briefen höchst nachteilig geschildert. Es werden (hieß es) Komödien gespielt, welche irreligiösen u. höchstprofanen Inhalts wären. Es existiere ein Club, in welchem über Religion gespottet u. verdiente Männer lächerlich gemacht werden. An öffentlichen Orten, in Wirtshäusern, werden von Stipendiaten Lästerungen über die Religion ausgestoßen, Christus ein Betrüger genannt, mit Mahomed in eine Klasse gesetzt pp. Noch während der Vakanz erging deswegen ein Befehl ans Inspektorat, worin diesem u. dem Repetentenkollegium das Befremden des Konsistoriums zu erkennen gegeben wurde, daß solche Dinge geduldet u. dem Konsistorium nicht berichtet würden; u. zugleich eine strenge Untersuchung nach der Vakanz anzustellen befohlen wurde. Diese wurde dann wirklich angestellt, u. zu diesem Ende Süskind, Stein u. Cleß (die neuen Kollegen konnten natürlich nichts davon wissen) vor die Herrenstube gefordert [...] Jeder erschien besonders u. wurde ad protocollam vernommen: ob er von den Dingen, welche laut des Rescripts vorgefallen sein sollen, nichts gehört hätte? Unsere Antworten auf die vorgelegten Fragen kamen am Ende darauf hinaus: daß uns außer vagen u. unbestimmten Gerüchten, die wir noch dazu meistens erst in der Vakanz gehört hätten, nichts bekannt geworden; daß wir wohl öfters in den Rekreationen auf einer oder der anderen Stube mehrere Stipendiaten, die beieinander gewesen, bemerkt, auch reden, vorlesen, mitunter lachen, musizieren gehört, aber nie einen außerordentlichen Tumult, oder etwas Verdächtiges wahrgenommen, das uns besonders zu visitieren veranlaßt hätte. Wir haben wohl von einem sogenannten Unsinnskollegium gehört, aber nichts Arges, sondern eine bloße lustige, übrigens unschuldige gesellschaftl. Unterhaltung (dergleichen zu allen Zeiten im Stipendium bald unter dieser bald unter jener Form gewöhnlich gewesen) darunter vermutet; u. auf die unbestimmten Gerüchte hin können wir uns nicht für berechtigt halten, etwas anzugeben. Von profanen u. irreligiösen Reden in Wirtshäusern wissen wir gar nichts pp. Es war vorauszusehen, daß auf diese Art u. bei solchen Umständen nichts Erhebliches bei der Untersuchung herauskommen würde. Übrigens machten wir uns auf einen

Verweis vom Konsistorium gefaßt, weil schon das erste Reskript deutlich genug zu verstehen gab, daß man uns Nachlässigkeit als Schuld gäbe. Dieses wurde denn auch bei der oben bemerkten Gelegenheit mündlich angebracht; u. damit hatte die Sache ein Ende. – Den ganzen Sommer über wurde dann auch nicht mehr das Geringste von solchen Unsinnskollegien bemerkt; u. überhaupt zeigte sich ein merklicher Einfluß der neuen Einrichtungen u. Statuten auf äußere Ordnung u. Ruhe im Kloster.« (Repetenten-Annalen im Archiv des Ev. Stifts Tübingen S. 221 ff.) [...] Ob die Veröffentlichung der Briefe von Diez an Niethammer, die angekündigt ist, erhellendes Material bringen wird, muß offenbleiben. – Es scheint im übrigen, daß das Übersetzen der Marseillaise eine gewisse Rolle im Stift gespielt hat. Sinclair schrieb im Oktober 1793 an F. W. Jung, Hölderlin käme als zu bekommender Hofmeister kaum noch in Frage, aber er könne ihm Magister Griesinger empfehlen (wohl Johannes Jacob. Griesinger, geb. 1772, aus der Promotion von 1789, Breyer etc., wobei er hinzufügt: »Incidenter will ich Ihnen auch bemerken, daß er einer der eifrigsten Patrioten ist. Er ist Übersetzer des Marseiller Lieds« (*Große St. Hölderlin-Ausgabe*, S. 471). Griesinger hat übrigens 1798 eine Schrift veröffentlicht: »Was gewinnen wir wenn Schwaben eine Republik wird?« – Nach solcher Formulierung Sinclairs 1793, lange vor Plitts Äußerung und nach der selbstverständlichen Art, wie Sinclair Griesinger als Übersetzer der Marseillaise nennt, kann Schelling wohl als Übersetzer ausgeschieden werden. [...]

4 am 18. 5. Beide Briefe Schellings – wohl vom 12. und vom 16. 5. – sind nicht bekannt, wie auch die Suche nach der Verteidigungsschrift erfolglos war. Schelling mag den Eltern im Brief vom 12. 5. kurz die Flucht Wetzels angedeutet haben, womöglich hat er auch angedeutet, mit welcher Sorge man die Ankunft des Herzogs am 13. 5. erwartet hat. Jahrelang war über die neuen Statuten verhandelt worden. Man erwartete im Stift von ihnen keine neuen Freiheiten, sondern nur strengere Bestimmungen, womöglich, um dem »Freiheitstaumel« der Stiftler zu begegnen. Vgl. die Äußerungen von Schnurrer: »Der Herzog legte einen großen Wert auf strenge Ordnung und Gesetzlichkeit; Autorität hielt er für das sicherste Mittel, sie zu bewirken [...]« Im März 1793: »[...] ich sorge [...], die neuen Statuten kommen jetzt schon zu spät. Unsre jungen Leute sind großenteils von dem Freiheits-Schwindel angesteckt, und das allzulange Zögern mit der neuen Einrichtung hat viel dazu geholfen«, aus: Schnurrer, *Erläuterungen der Württembergischen Kirchen [...] und Gelehrten-Geschichte*, Tübingen 1798, hier zitiert nach der *Großen Stuttgarter Hölderlinausgabe* Bd. 7,1 S. 406, 436. Vgl. auch Hölderlins Brief (o. D.) an die Schwester: »Über acht Tage werd' ich wohl etwas Bestimmtes schreiben können wegen unserer Statuten. Mir sollte leid tun, wenn sie so

eingerichtet wären, daß kein vernünftiger Mensch, ohne seiner Ehre zu vergeben, sie eingehen könnte, und wenn wir nicht dagegen wirken könnten – denn in diesem Falle bin ich fest entschlossen, mir eine andere Lage auszufinden [...]« (*Große St. H. Ausgabe*, Bd. 2. S. 74). Das war offenbar der Kern aller Verdächte. Die Akten geben übrigens keine Auskünfte, vor allem zeigt sich auch nichts in Schellings Zeugnissen. [...] Offenbar »liebte« man die Denunzierung der Stipendiaten wegen ihrer angeblichen Parteinahme für die Revolution. So kam im August 1793 eine neue Klage, diesmal aus dem Vorder-Österreichischen, was den Herzog zu neuen peinlichen Untersuchungen veranlaßte. Der oben 169 f. gebrachte Bericht aus den Repetenten-Annalen fährt fort: »Desto befremdender wars, als plötzlich den 18ten Aug. ex specialissima resolutione ein Befehl ans Inspektorat kam, des Inhalts: »man wisse von sicherer Hand, daß die Stimmung des Stipend. äußerst demokratisch sei, daß der Königsmord, u. die Anarchie in Frankreich öffentl. gebilligt werden. Es solle daher eine schleunige Untersuchung angestellt u. Bericht darüber erstattet werden«. Das Inspektorat konnte wohl nichts anders tun, als abermals das Repetentenkollegium darüber hören. Wir wurden deswegen [...] gleich den folgenden Tag (d. 19. Aug.) vor die Herrenstube gefordert; u. jedem einzeln ungefähr folgende Fragen vorgelegt – 1) ob ihn se. eigene Bemerkungen darauf geleitet haben, daß die Stimmung der Stipendiaten demokratisch wäre? R. Nein! Eine solche Stimmung müßte sich durch Mangel an Subordination an den Tag legen; dieser aber finde sich im ganzen nicht; u. die Gesetze werden nicht weniger als sonst respektiert, auch den Repetenten (Ausnahmen bei einzelnen Stipendiaten habe es immer gegeben, u. werde es immer geben) mit Achtung begegnet. 2) ob er sonst, außerhalb des Klosters, gehört habe, daß die Stipendiaten Demokraten wären? R. Man wisse nichts bestimmtes anzugeben: vage Gerüchte, u. Erzählungen von Urteilen dieses oder jenes Stipendiaten über historisch-politische Gegenstände gehören nicht zur Sache, u. haben keine fidem publicam. 3) ob er je gehört habe, daß der Königsmord öffentl. verteidigt, u. die Anarchie in Frankreich gebilligt werde? R. Gerade das Gegenteil – so viel er aus Unterredungen mit einzelnen Stipendiaten habe schließen können – werde der ermordete König bemitleidet, u. die Anarchie verabscheut. Auch wisse man, daß einige Stipendiaten ihre Freude über die Wiedereroberung von Mainz laut geäußert haben. 4) ob er keine Mittel anzugeben wisse, wie etwas herausgebracht werden könnte? R. Keine. Er wisse die Gesinnungen eines Menschen nur aus s. Handlungen u. Äußerungen zu beurteilen, u. diese seien, so viel ihm bekannt, nicht demokratisch u. anarchisch. Was auf den Bericht des Inspektorats u. die Protokolle des Verhörs erfolgen wird, steht nun zu erwarten; vermutlich nichts. Nachtrag zu vorstehender Geschichte. Auf die ganze Sache erfolgte wirklich nichts. Privatim vernahm man, daß die Repetenten, welche in dem Verhör gewesen waren, sich durch ihre unbefriedigenden Antworten bei Ser. in etwelchen Verdacht gesetzt hätten, als wären sie selbst Demokraten u. mit den Stipendiaten im Einverständnis!!!« Schnurrer selbst war über all die ständigen Verdächtigungen so ungehalten, daß er dem Herzog seinen Rücktritt als Ephorus anbot. Vgl. seine Antwort an den Herzog am 22. 8. 1793: »[...] Wie konnte ich ruhig bleiben, da ich sehe, daß das Herzogl. Stipendium die öffentliche Meinung gegen sich haben muß? Es ist noch nicht lange, daß es der Irreligiosität beschuldigt wurde. Nun steht es auch unter der Anklage des Demokratismus, sogar der Verteidigung der Anarchie und – des Königsmords. Vor wenigen Monaten ward mir aus Ulm geschrieben: es werde das selbst allgemein erzählt und geglaubt, daß die Stipendiaten sogar unter meinen Augen den Freiheitsbaum errichtet haben. Und was kann nicht alles gesagt werden [...]« Am 5. 9. 1793 an den Herzog, der begütigend geschrieben hatte: »[...] Nun ist es leider dahin gekommen, daß auch Ausländer von der Ausartung des Herzogl. Stipendiums in Anarchismus sich ganz überzeugt halten, und daß E. H. D. deswegen von mehr als einer Seite angegangen worden sind, dieser frechen und strafbaren Stimmung zu steuren [...] Ich habe nach E. H. D. gnädigstem Befehl alles mir mögliche getan, um auf einen sichern Grund zu kommen; ich habe einzelne Repetenten und einzelne Stipendiaten vertraulich und mit aller Klugheit [...] ausgefragt. Alle stimmen überein, daß, nachdem jene Bewegung um Ostern vorüber gegangen, gänzliche [...] Ruhe in dem Stipendium herrsche« (zitiert nach der *Großen St. Hölderlinausgabe* 7,1 S. 444 ff.).

6 Schellings frühester erhaltener Brief! Fichte hat sicher geantwortet (vgl. *Briefe von und an Hegel* 1. 15), aber der Brief ist nicht erhalten. Briefe zwischen Schelling und Fichte gibt es dann erst wieder von 1799 ab, als Fichte Jena hatte verlassen müssen. Im Jan. 1802 gab es dann den Bruch zwischen beiden und die letzten Briefe (vgl. *Fichtes und Schellings philosophischer Briefwechsel*, herausgegeben von J. H. Fichte und K. Fr. A. Schelling, 1856: jetzt in: J. G. Fichte, *Briefwechsel*, herausgegeben von Hans Schulz, 2 Bände, 2. Aufl. 1930).

7 *Über die Möglichkeit einer Form der Philosophie überhaupt*, Tübingen 1794

8 *Kritik aller Offenbarung*, 1792; anonym 1793: *Zurückforderung der Denkfreiheit von den Fürsten Europens*, und: *Beiträge zur Berichtigung der Urteile des Publikums über die französische Revolution*.

9 1794 *Über den Begriff der Wissenschaftslehre oder der sogenannten Philosophie*

10 Hegel hatte im Herbst 1793 sein theologisches Examen abgelegt und hatte in Bern eine Hauslehrerstelle angenommen.

11 Schellings Arbeit *Über Mythen, historische Sagen und Philosopheme der ältesten Welt*.

12 *Briefe aus Paris, über die neuesten Begebenheiten in Frankreich,* von C. E. O. in: *Minerva* (ein Journal historisch-politischen Inhalts, herausgeg. von J. W. v. Archenholz, n° 14 f., wo eingehend über die Französische Revolution berichtet wurde).
13 Vgl. oben 76, Anm. 3
14 der Primus der Promotion Hegel, Hölderlin – von seinen Mitstudenten hochgeschätzt. Vgl. Plitt I. S. 69: »Man sagte damals, es seien nur drei Studenten in Tübingen, welche griechisch verständen, Hölderlin, Schelling und Renz. Renz war der Primus in der Promotion Hegel's, welcher auch Hölderlin angehörte. Schelling setzte ihn in bezug auf Talent und jede Vortrefflichkeit über alle seine Freunde und pflegte auch später zu sagen, daß er in seinem Leben nie einen talentvolleren Menschen gekannt habe. Leider starb Renz früh [...]« Renz war am 20. 9. 1793 nicht zum öffentlichen Examen erschienen und darum vom Examen suspendiert worden (er konnte es erst Ostern 1794 machen und hatte bis dahin im Stift bleiben müssen; vgl. *Große Stutt. Hölderlinausgabe* 7,1 S. 465 ff.)! Wie Schelling Renz geschätzt hat, zeigt eine Äußerung Schellings vom Herbst 1813: da die theologische Professur des jüngeren Flatt freigeworden war, schrieb er an Georgii: »Wegen der theologischen Lehrstelle in Tübingen scheint es noch immer anzustehen [...] Aber warum denkt man denn auch jetzt nicht an den trefflichen Helfer Renz in Laufen? Mag er auf dem Land auch von den Studien abgekommen sein: er ist der Mann sich bald wieder hineinzufinden, alles nachzuholen und die ziemlich veraltete, den Besseren schon lang' widerwärtig gewordene Lehrart mit ganz neuem Geiste beleben. Fast muß ich glauben, eine herrschende Partei fürchtet sich vor ihm; ich weiß wohl, daß er nie in ihren Wegen gewandelt, nie mit ihrer unnatürlichen Theologie zufrieden gewesen; aber wie seine Theologie beschaffen, kann man, dünkt mich, aus der Wirkung seiner Predigten schließen, dergleichen meines Wissens nie weder die Gelehrsamkeit des sonst so achtungswerten Storr, noch die Süßkindische Mikroskopie hervorgebracht oder hervorzubringen gelehrt hat. Daß er auch jetzt noch, wie ehemals in Tübingen, an Talenten und gründlichem Geist weit über alle hervorragt, die etwa mit ihm rivalisieren können, glaube ich ebensogut annehmen zu dürfen, wie daß sein vortrefflicher Charakter unverändert derselbe geblieben ist.« (Plitt II. S. 339).
15 Storr *Annotationes quasdam theologicas ad philosophicam Kantii de religione doctrinam,* Tübingen 1793, deutsch 1794.
16 F. H. W. Mögling, aus der Promotion Hegels und Hölderlins.
17 J. D. Mauchart, *Allgemeines Repertorium für empirische Psychologie,* Nürnberg 1792 ff. (rec. in der *Oberdeutschen allgemeinen Literaturzeitung,* Sp. 135 ff. Sp. 1254 ff.)
18 Hölderlin, der mit Hegel zusammen im Herbst 1793 das theol. Ex-

amen gemacht hatte, hatte zunächst – schon im Dezember 1793 – eine Hauslehrerstelle in Waltershausen (bei Frau v. Kalb) angenommen, war dann aber im November 1794 nach Jena gegangen. Er hatte von Waltershausen Hegel am 10. 7. 1794 geschrieben: »Ich bin gewiß, daß Du indessen, zuweilen meiner gedachtest, seit wir mit der Losung ›Reich Gottes‹ voneinander schieden.« Hölderlin, *Sämtliche Werke, Große Stuttgarter Hölderlin-Ausgabe*, Bd. 6 S. 126). In dem Brief an Hegel: »Kant und die Griechen sind beinahe meine einzige Lektüre.«
19 Plitt: »hier den Kantianer«
20 »und stärker« fehlt bei Plitt.
21 Meint die Arbeiten und Vorlesungen von Flatt und Storr; vgl. Schellings *Briefe über Dogmatismus und Kritizismus* 1796 mit Schellings Äußerung von 1809 (bei Neuauflage): »Die Briefe [...] enthalten eine lebhafte Polemik gegen den damals fast allgemeingeltenden und vielfach gemissbrauchten sogenannten moralischen Beweis von der Existenz Gottes [...]« (heute *S. W.* 1. 283)
22 Vgl. Plitt 1. 39 ff.
23 Es war im Mai 1794. Fichte ist so zweimal durch Tübingen gekommen, einmal im Juni 1793, ein zweites Mal im Mai 1794. Es besteht heute die Tendenz anzunehmen, daß Schelling beim ersten Besuch Fichte gar nicht gesehen und beim zweiten nicht gesprochen hat. (vgl. Reinhard Lauth, *Die erste philosophische Auseinandersetzung zwischen Fichte und Schelling 1795-1797*, in: *Zeitschrift f. phil. Forschung*, 1967, S. 340. Dort S. 340 zu Fichtes erstem Besuch in T.: »Es ist so gut wie ausgeschlossen, daß Schelling damals Fichte gesehen hat«. Zum 2. Besuch, im Mai 1794: Schelling »kann als Schüler, der sich in ehrerbietiger Distanz zu halten hatte, Fichte gesehen haben, ohne mit ihm sprechen zu können. Sicher hat Schelling damals von Fichtes Besuch gewußt« (S. 343). Es ist wahr, daß man nicht beweisen kann, daß Schelling Fichte beim ersten Besuch gesehen und beim zweiten gesprochen hat. Aber ebensowenig ist zu beweisen, daß Schelling Fichte nicht gesehen und nicht gesprochen hat. Mir scheint das erstere sehr viel wahrscheinlicher: Daß Schelling Fichte schon beim ersten Besuch gesehen und womöglich sogar gesprochen hat, und ähnlich war es vielleicht beim zweiten Besuch [...]
24 Ein Stück des Textes ist verlorengegangen, da bei dem letzten Briefblatt die untere Hälfte schräg weggerissen ist. [...] – Es scheint nicht unmöglich, das Wesentliche des verlorenen Briefstücks zu rekonstruieren. Schelling hat Hegel offenbar geschrieben, Fichte habe nach seinen politischen Schriften nun den Weg in die systematische Philosophie eingeschlagen und sein Wollen in einer Programmschrift, dem *Begriff der Wissenschaftslehre* kundgemacht. Darum an Hegel: wenn »Du sein Programm« kennenlernen willst, so lies diese Schrift. Dann dürfte Schelling davon gesprochen haben, daß ihm diese Schrift Fich-

tes Anlaß geworden sei, die Theologie beiseite zu schieben und sich seinerseits philosophisch zu versuchen. Schelling dürfte Hegel geschrieben haben, daß er seine erste philosophische Schrift verfaßt habe: *Über die Möglichkeit einer Form der Philosophie überhaupt.* Er habe gerade die Bogen dieser kleinen Schrift da, schicke sie aber nicht, da sie »das Porto nicht austrügen«. [...]

25 *Grundlage der gesamten Wissenschaftslehre als Handschrift für seine Zuhörer* 1794. Dabei war zunächst nur der 1. Teil erschienen – angezeigt in der Jenaer *Allgemeinen Literaturzeitung* Intell. Bl. Nr. 113 vom 1. X. 1794, wo auch die *Vorlesungen über die Bestimmung des Gelehrten* angezeigt wurden. [...]

26 Faktisch arbeitete Schelling an jener Schrift, die im Mai 1795 mit dem Titel erschienen ist *Vom Ich als Princip der Philosophie* (das Vorwort ist vom 29. 3. 1795). Offenbar hatte Schelling sie umfassender gedacht. Das Vorwort endete nämlich mit dem Satz: »[...] und hoffen darf ich, daß mir noch irgend eine glückliche Zeit vorbehalten ist, in der es mir möglich wird, der Idee, ein Gegenstück zu Spinozas Ethik aufzustellen, Realität zu geben« (heute S. W. 1. 159). Vgl. an Niethammer im Januar 1796: »Das nächste, was ich unternehme ist, ein System der Ethik (ein Gegenstück zu Spinoza, ein Werk, dessen Idee mich schon längst begeisterte, und das schon begonnen ist [...])«. Faktisch sind ja die *Briefe über Dogmatismus und Kriticismus* dieser Gegenwurf. Womöglich war von Schelling zunächst eine umfassende Arbeit gemeint, die das in der Schrift *Vom Ich* und in den *Briefen* Gebrachte systematisch und in einer Einheit entwickeln sollte. Jedenfalls war er so beschäftigt, daß er eine Aufforderung des ehemaligen Repetenten J. C. Diez, an Niethammers eben beginnendem *Philosophischen Journal* mitzuarbeiten, zunächst ablehnte. Vgl. Diez an Niethammer am 8. 1. 1795: »Schelling, den ich in Deinem Namen aufforderte, hat keine Lust etwas einzuschicken. Willst Du, daß ich weiter avanciere, – ich ließ ihn eben deswegen nochmals zu mir kommen, so benachrichtige mich hiervon« (aus einem unveröffentlichten Brief. Veröffentlichung ist angekündigt.)

27 Fichte. Er hatte auch diese Schrift wie die über die französische Revolution anonym erscheinen lassen.

28 Reinhold, *Versuch einer neuen Theorie des menschlichen Vorstellungsvermögens,* Jena 1789.

29 wohl die Bogen von Schellings Schrift *Über die Möglichkeit [...] Brief* vom 6. 1. 95

30 Vgl. Hölderlin an Hegel am 10. 7. 1794. Ein weiterer Brief fehlt wohl. Hölderlin schrieb wieder am 26. 1. 95, aber diesen Brief besaß Hegel wohl noch nicht, als er den obigen Brief an Schelling schrieb.

31 Das *Fragment von Hyperion* erschien Ende 1794 in der *Thalia* Schillers.

32 Plitt: »Verkündigung kommen«
32a Vgl. Hegels Äußerung im Brief vom Januar 1795: »da mir diese Spekulationen nur für die theoretische Vernunft von näherer Bedeutung als von großer Anwendbarkeit auf allgemeiner brauchbare Begriffe zu sein schienen.«
33 Bei Plitt (I. 75) »zerrissen«
34 »Die Morgenröte« bis »zerstreuen« fehlt bei Hoffmeister I 21.
35 Vgl. Hegel's Äußerung: »Wenn ich Zeit hätte [...]«
36 Lessing, als ihm Jacobi Goethes Prometheus zeigte: »Die orthodoxen Begriffe von der Gottheit sind nicht mehr für mich«. So Lessing am 5. 7. 1785, von Jacobi der Öffentlichkeit mitgeteilt in: *Über die Lehre des Spinoza in Briefen an Herrn Moses Mendelssohn (1785).*
37 Hoffmeister I. 22: »Spinoza'n«
38 *Vgl. dazu Schellings im Sommer 1795 begonnene Briefe über Dogmatismus [...], die ganz von hier her entworfen sind; ferner Vom Ich, S. W.* I S. 191.
39 Plitt: »eine absolute«
40 Plitt: »dies«
41 bei Plitt (I. 77): »Alles theoretisch zernichtet«
42 von Schellings Schrift *Über die Möglichkeit [...]*
43 Plitt: »Und verlange eine strenges [...]«
44 *Über die Möglichkeit [...]*
45 Theodor G. v. Hippel, *Lebensläufe nach aufsteigender Linie*, Berlin 1778 ff., III. I. 200
46 Vgl. das Folgende
47 Stück ausgerissen
48 Schillers *Briefe über die ästhetische Erziehung* in den Horen 1794 ff.
49 Niethammers *Philosophisches Journal einer Gesellschaft Teutscher Gelehrter* hatte Anfang 1795 mit dem Erscheinen begonnen. Im Herbst 1795 erschien auch Schelling (zunächst anonym) als Mitarbeiter mit seinen *Briefen über Dogmatismus und Kriticismus*
50 Vgl. Hölderlins Brief vom 26. 1. 1795
51 Karl Friedrich Hauber
52 geschah erst 1801 in Jena
53 zum theologischen Examen *De Marcione Paullinarum epistolarum emendatore* (heute *S. W.* I. S. 115 ff.) von Schelling verteidigt am 27. 7. 1795
54 Schelling war vom 28. 6. bis 12. 7. zu Hause.
55 Am 20. 5. 1795 war Herzog Ludwig Eugen gestorben und als Nachfolger sein Bruder Friedrich Eugen Herzog geworden (22. 11. 1797). Herzog Ludwig E. hatte als bigott gegolten (er war katholisch).
56 *Vom Ich als Princip der Philosophie* – war im Mai oder Juni 1795 erschienen. – Hat Sch. die Schrift auch Fichte geschickt? – Dieter Henrich hält solches für selbstverständlich. Vgl.: »Schelling hat sie ihm

aber sicherlich wiederum so schnell wie möglich zugeschickt. Sein Begleitbrief ist leider nicht überliefert.« (D. Henrich, *Hölderlin über Urteil und Sein*, in: *Hölderlin-Jahrbuch*, 14. Bd., 1965/66, S. 78) – In Wirklichkeit wissen wir nichts darüber, ob Schelling seine Schrift Fichte geschickt hat. Wenn ja, hätte es dann nicht einen Begleitbrief Schellings geben müssen, ja einen Dankbrief Fichtes? Wir besitzen nichts davon. Mir scheint es darum durchaus möglich, daß Schelling seine Schrift Fichte nicht geschickt hatte (war Fichtes Wort zur Schrift über die *Möglichkeit* etwa Schelling zu kurz gewesen, zu nichtssagend?). Solches scheint fast naheliegender. Vgl. Fichte am 2. 7. an Reinhold: »Schelling's Schrift ist, soviel ich davon habe lesen können, ganz Kommentar der meinigen. Aber er hat die Sache trefflich gefaßt, und mehrere, die mich nicht verstanden, haben seine Schrift sehr deutlich gefunden. Warum er das nicht sagt, sehe ich nicht ganz ein. Leugnen wird er es nicht wollen, oder können. Ich glaube schließen zu dürfen, er wollte, wenn er mich nicht recht verstanden haben sollte, seine Irrtümer nicht auf meine Rechnung geschoben wissen: u. es scheint, daß er mich fürchtet. Das hätte er nicht nötig. Ich freue mich über seine Erscheinung. Besonders lieb ist mir sein Hinsehen auf Spinoza: aus dessen System das meinige am füglichsten erläutert werden kann« (Schulz, 1. S. 481).

57 Fichte hatte im W. S. 1794/95 Stellung genommen gegen studentische Geheimverbindungen (die Orden), hatte darüber eine Denkschrift nach Weimar geschickt. Es kam zu studentischen Kundgebungen gegen Fichte, so daß Fichte zu Ende des W. S. seine Vorlesungen abgebrochen hatte. Da sich die Unruhen in den Osterferien noch gesteigert hatten, hatte Fichte für das S. S. 1795 um eine Beurlaubung gebeten und war nach Osmannstädt bei Weimar gegangen. Erst gegen Ende des S. S. 1795 gelang – nicht ohne soldatische Hilfe – Wiederherstellung der Ruhe in Jena.

58 *Philosophische Annalen* herausg. von L. H. Jakob, 4. Stück, Halle 1795. Dort wurde Fichtes *Grundlage* und sein Grundriß völlig »verrissen«, aber auch Schellings Schrift *Von der Möglichkeit [...]*. Schelling schrieb sofort eine Erklärung (Tübingen 23. 2. 1795), die er in der Jenaer *All. Lit. Zeitung* erscheinen ließ (*A. L. Z.* vom 25. 3. 1795, Intell. Bl. Nr. 31) und er nahm auch Stellung im Vorwort seiner Schrift *Vom Ich [...]* (heute nur partim *S. W.* 1. 155). In seiner Erklärung, die nur wenige Zeilen umfaßte, erklärte er, eine Antikritik sei überflüssig, er werde im Vorwort seiner neuen Schrift *Vom Ich [...]*, »die auf die nächste Messe – – erscheint«, antworten. »Der Rec. wird selbst am besten wissen, daß seine Insinuationen sehr *verständlich*, und seine Verdrehungen meiner Worte *handgreiflich* sind. Tübingen den 23ten Febr. 1795. M. Schelling«.

59 zur Mutter nach Nürtingen. [...] Der Weggang war wie eine Flucht

gewesen. Schelling und Hölderlin haben sich im Herbst dann getroffen.
60 Plitt: »erwarten«
61 Schellings *Briefe über Dogmatismus und Kriticismus*, die zunächst (in ihrem ersten Briefteil in Bd. 2. Heft 3. 1795) anonym kamen und von Schelling nicht zuletzt als Auseinandersetzung mit der »Tübinger Theologie« gedacht waren. Da Schellings Studium in Tübingen noch nicht abgeschlossen war, schien Vorsicht geboten.
62 *Vom Ich* und *De Marcione* [...]
63 meint wohl die erste der beiden im Juli übersandten Schriften d. h. die Schrift *Vom Ich*
64 überhaupt d. h. die Schrift *Über die Möglichkeit*
65 *Vom Ich;* heute S. W. I. S. 168 Anmerk.
66 *Tübingische gelehrte Anzeigen auf das Jahr 1795*, 12. St. vom 9. 2. 95, S. 93, 94, 95. Die Rezension war recht günstig. Sie sprach von dem »Versuch eines hiesigen hoffnungsvollen jungen Gelehrten«. Fragte dann am Schluß, ob diese »Berichtigung« des Kant'schen Systems, die »ohne Zweifel mit nicht geringem Scharfsinn« versucht sei, »aber auch dem Geiste der Critik gemäß, und zur Befriedigung ihres Urhebers [sei], das [sei] eine andere Frage«. Auch hätte die ganze Untersuchung »lichtvoller« sein können.
67 der Tübinger Philosoph
68 durch die Erklärung vgl. oben Anm. 58
69 Eberhard gab 1787-95 das *Philosophische Magazin* heraus, 1793-95 ein *Philosophisches Archiv*, scharf gegen Kant; dieser antwortete 1790 mit der Abhandlung *Über eine neue Entwicklung, durch die alle Kritik der reinen Vernunft durch die ältere entbehrlich gemacht werden soll.*
70 Ludwig Eugens
71 *Vom Ich*
72 § 12, S. W. I. 192 »Wenn Substanz das Unbedingte ist, so ist das Ich die einzige Substanz. Denn gäbe es mehrere Substanzen, so gäbe es ein Ich außer dem Ich, was ungereimt ist. Dennoch ist alles, was ist, im Ich und außer dem Ich ist nichts«.
73 *De Marcione.*
74 Letzter Brief Schellings war vom 21. 7. 95, der Hegels vom 30. 8. 95.
74a Die beiden jungen Barone, die Schelling als Hofmeister zu betreuen hatte, waren: Ludwig Georg Friedrich Carl Hermann Riedesel Freiherr zu Eisenbach, geb. Darmstadt am 13. 9. 1778 († 24. 2. 1828 als hessen-darmstädtischer Hofjägermeister) und Friedrich Ludwig Carl Wilhelm Riedesel Freiherr zu Eisenbach, geb. 12. 1. 1780 († schon zu Berlin im April 1806 als preuß. Leutnant im Garderegiment Gensdarmes). Die beiden Brüder hatten noch eine Schwester Luise Charlotte Amalie Riedesel Freiin zu Eisenbach, geb. 1781. Die Geschwister waren Vollwaisen. Ihr Vater Volprecht Hermann Friedrich Riedesel Frh.

zu Eisenbach war 1785 in Lauterbach gestorben (hessen-darmst. Oberst, Oberjägermeister, Geh. Rat), die Mutter im Januar 1781, kurz nach der Geburt des 3. Kindes. Die Familie gehörte der Ludwigsecker Linie an.
75 Plitt: »angetreten hatte«
76 Freiherr von Gatzert in Darmstadt und Riedesel Freiherr zu Eisenbach in Lauterbach/Oberhessen vgl. das Folgende.
77 Man reiste erst am 28. 3. nach Leipzig ab (vgl. Plitt I. S. 95, dort irrtümlich 2. März).
78 Plitt: »ausgedehnter«
79 Der 1. Teil war ja inzwischen erschienen; aber Hegel hatte nicht spontan auf sie reagiert.
80 Vgl. oben
81 Schelling sagt merkwürdig wenig über Hölderlin. In Wirklichkeit hatten sich Schelling und Hölderlin im Dezember getroffen. Vgl. Hölderlin an Niethammer am 22. 12. 1795 »Schelling ist, wie Du wissen wirst, ein wenig abtrünnig geworden von seinen ersten Überzeugungen. Er gab mir diese Woche viele Empfehlungen an Dich auf«. (Hölderlin, *S. W., Große Stuttgarter Ausgabe* Bd. 6, 1 S. 191). Ende Dezember 1795 war Hölderlin nach Frankfurt gereist, um seine Stelle bei Gontards anzutreten. – Einen Brief Hölderlins an Hegel vom 25. 11. 95 erwähnt Schelling nicht. Schelling traf Hölderlin dann Anfang April 1796 in Frankfurt.
82 Brief 5-10 (S. W. I. 300ff.) erschienen in Heft 11 (Bd. III, Heft 3), das an sich noch zum Jahrgang 1795 gehörte. Nun veröffentlicht mit Namen und als *Briefe über Dogmatismus und Kriticismus* (so auch 1809). Die Änderung in »Dogmaticismus« hatte Niethammer eigenmächtig vorgenommen.
83 Die Annahme der Hofmeisterstelle und Übersiedlung nach Stuttgart.
84 ihrer!
85 Fichtes *Grundlage der gesamten Wissenschaftslehre*, im Sommer 1794 bogenweise veröffentlicht, ohne vollendet zu werden, war Ostern 1795 als Buch erschienen, nun vollendet durch Hinzufügung des 3. Teils (des »Praktischen Teils«). Schelling hatte den »Theoretischen Teil« als Bogen im Winter 1794/95 von Fichte zugesandt erhalten und hat Fichtes dann erscheinendes Buch offenbar nicht gelesen. Fichtes so entscheidende Position vom Praktischen her war ihm also Anfang 1796 noch unbekannt, also ein sehr Wesentliches des Fichteschen philosophischen Einsatzes.
86 Schellings Darstellung berührt sich hier aufs Engste mit dem Brief an Hegel Januar 1796.
87 An Hegel schon Januar 1795: »Nun arbeit' ich an einer Ethik à la Spinoza; sie soll die höchsten Prinzipien aller Philosophie aufstellen, in denen sich die theoretische und praktische Vernunft vereinigt. Wenn

ich Mut und Zeit habe, soll sie nächste Messe oder längstens nächsten Sommer fertig sein« (a.a.O. 15). Und in der Nachschrift zur Schrift *Vom Ich* im März 1795: »[...] und hoffen darf ich es, daß mir noch [...] eine glückliche Zeit vorbehalten ist, in der es mir möglich ist, der Idee, ein Gegenstück zu Spinozas Ethik aufzustellen, Realität zu geben« (S. W. 1. 159). Die Arbeit kam freilich nie.
88 kam nicht
89 kam nicht
90 wohl seine theol. Dissert. *De Marcione [...]*
91 Eine Rezension kam nicht.
92 Die in Jena erscheinende, einflußreiche *Allgemeine Literatur Zeitung*, kantischer Philosophie geöffnet, nur zögernd offen für Fichtes und Schellings Denken. Sie brachte erst im März 1797 (Nr. 90ff.) eine sehr zustimmende Rezension der ersten 4 Bände des *Ph. Journals* und verkündete, mit den dort erschienenen Beiträgen Fichtes und Schellings beginne eine neue Ära der Philosophie. Die Rezension war von niemand anderem als Friedrich Schlegel! (Vgl. *Friedrich Schlegel und Novalis*, 1957, S. 74.)
93 Es gab also im Juni einen Brief Hegels an Schelling, den wir nicht kennen.
94 Hegel hatte offenbar Schelling gebeten, sich in Jena nach einer Möglichkeit für ihn umzusehen. Ähnlich hatte Hegel Hölderlin gebeten, sich in Frankfurt nach einer Möglichkeit umzusehen. Auch dieser Brief Hölderlins an Hegel ist verloren – leider! Denn wahrscheinlich hat Hölderlin darin von seiner Begegnung mit Schelling erzählt. Vgl. dazu Hölderlin an Hegel am 24. 10. 1796: »Du erinnerst Dich, daß ich zu Anfang des Sommers von einer äußerst vorteilhaften Stelle schrieb und daß es mein ganzer Wunsch um Deinet- und meinetwillen wäre, daß du hierher kämest [...]« Hegel ist ja dann wirklich Anfang des Jahres 1797 nach Frankfurt übersiedelt. Vgl. auch Hegels *Eleusis* vom August 1796.
95 fand wohl statt (vgl. Bd. 1. S. 83 d. A.).
96 *Briefe über Dogmatismus [...]* Auch hier ist es höchst bedauerlich, daß wir nicht wissen, was Hegel dazu gesagt hat.
97 Dann brach der Briefwechsel Hegel–Schelling seltsamerweise ab, dieser höchst lebendige und lebhafte Briefwechsel. Hegel ging zu Beginn des Jahres 1797 nach Frankfurt, wo er mit Hölderlin vereint war. Wir kennen für längere Zeit keinen Brief Hölderlins und keinen Hegels an Schelling. Hölderlin schrieb nach der Frankfurter Begegnung mit Schelling (Anfang April 1796) erst im Juli 1799 wieder an Schelling (vgl. Bd. 1. S. 170): Hegel schwieg gar bis zum November 1800.
98 Im Herbst 1799 gedichtet: Wie Fr. Schlegel an Schleiermacher berichtet als Protest gegen Schleiermacher's soeben erschienene *Reden über die Religion* (Schelling mochte die Reden zunächst nicht). Aber auch

gegen Novalis' im gleichen Zusammenhang entworfenen Aufsatz *Europa oder die Christenheit* (ihn hatte Schleiermacher's Buch sehr angerührt) vgl. Fr. Schlegel an Schleiermacher: »Du kannst es leicht denken, was zwei solche Feuer und Wasser sprudelnde Menschen wie Hardenberg und Tieck für ein Wesen zusammen treiben. Auf den ersten hast Du (nämlich das Du der Reden) eine ungeheure Wirkung gemacht. Er hat uns einen Aufsatz über Christentum vorgelesen und für das Athenäum gegeben [...] Da die Menschen es so grimmig trieben mit ihrem Wesen [sc. der Religion], so hat Schelling dadurch einen neuen Anfall von seinem alten Enthusiasmus für die Irreligion bekommen, worin ich ihn [...] aus allen Kräften bestätigte. Darob hat er ein epikurisch Glaubensbekenntnis in Hans Sachs Goethes Manier entworfen [...] Unsre Philironie ist sehr dafür, es auch im Athenäum zu drucken [...] Doch müssen wir's noch mehr überlegen. Einige ernsthafte Stellen gefallen mir sehr außer den witzigen [...] Gestern abend hat Tieck die erste Hälfte seiner Genoveva vorgelesen [...]« Wohl im Dezember erneut an Schlegel »Wilhelm kann heute noch nicht entscheiden, ob die Europa [von Novalis] und der Widerporst gedruckt werden sollen [...]« Dorothea an Schl. am 9. 12. 1799: »Europa und der Widerporst werden beiderseits *nicht* im Athenäum gedruckt. Dem Himmel sei es tausendmal und noch tausendmal gedankt – Ich war gleich von vorneherein sehr dagegen, aber das war eine Stimme in der Wüste. Endlich wollte es Wilhelm nicht ohne eine Note, die wollte Schelling nicht, Goethe ward zum Schiedsrichter genommen und der hat es ganz und gar verworfen. Vivat Goethe.« (Goethe hatte sicher Sorge wegen des im Frühjahr gewesenen Atheismusstreites, man werde nun auch Schelling des Atheismus zeihen, aber bei Novalis war wohl tiefe innere Ablehnung im Spiel.) A. W. Schlegel an Schl. am 16. 12. 1799: »Daß die Nicht-Einrückung des Aufsatzes von Hardenberg und des Widerporst beschlossen worden, wird Friedrich gemeldet haben. Ich war schon früher dieser Meinung, wurde aber überstimmt und provozierte auf Goethe. Dieser ist dann sehr in die Sache eingegangen, und hat mit umständlicher und gründlicher Entwicklung gegen die Aufnahme und für mich entschieden« (*Aus Schleiermacher's Leben*, Bd. 3, S. 134, 136, 140, 143). So ist Schellings Gedicht ganz erst 1869 durch Plitt bekannt geworden, nachdem Schelling selbst zuvor ein Stück in seiner Zeitschrift im Jahre 1800 (anonym, so daß man noch jahrelang überlegt hat, wer der Verfasser sei; vgl. Bd. 1. S. 335 d. A.) veröffentlicht hat (vgl. auch Hans Kunz, *Schellings Gedichte und dichterische Pläne*, Diss. phil. Zürich 1955, S. 40ff.).

99 Plitt: »gleich«
100 Plitt: »auch wohl«
101 Hier begann das Stück, das Schelling in Bd. 1, 2 der *Zeitschrift für sp. Physik* gebracht hat (anonyme Überschrift: *Noch etwas über das Ver-*

hältnis der Naturphilosophie zum Idealismus, Heft 1, 2 S. 152-155). Schelling hat dies Stück in seiner Spätzeit in seinen Vorlesungen oft vorgelesen, so schon im S. S. 1821 in Erlangen, dann im W. S. 1827/28 in München, im W. S. 1832/33.

102 1800 »könnt'«.
103 1800 »dräut'«.
104 1800 wohl irrtümlich »Stickt«.
105 1800 »allen«.
106 1800 »sein«.
107 1800 »(Heißt in der Sprache Menschenkind)«.
108 1800 »möcht«.
109 Plitt: »ganz«.
110 1800 »neugebohrnem«.
111 1800 folgt jetzt, und damit schloß alles: »Ist eine Kraft, Ein Wechselspiel und Weben. Ein Trieb und Drang nach immer höherm Leben.« Erst Plitt brachte 1869 erstmals das Ganze. Das Stück im Heft 1 2 brachten 1854 die *Sämtliche Werke* Bd. IV S. 46ff.
112 1800: »herauf« – Druckfehler v. II 1 S. 155. (ebenso »wiederschafft«).
113 Das in Plitt I. S. 289 dann folgende Stück: »Die starre Brust [...]« gehört nicht zum Glaubensbekenntnis, sondern ist ein Stück des von Schelling um 1800 geplanten großen Weltgedichts. Schellings Sohn brachte es auch in Bd. x der S. W. (Seltsamerweise datierte er es auf die Jahre 1807ff. und gab ihm die Überschrift: »Das himmlische Bild« (*S. W.* Bd. x. S. 447ff.). Auf eine Wiedergabe kann hier verzichtet werden (vgl. im Übrigen Hans Kunz, *Schellings Gedichte und dichterische Pläne*, Diss. phil. Zürich 1955 S. 55ff.).
114 Schelling hat nach 1796 offensichtlich keines seiner Werke Hegel zugesandt, weder die *Ideen* von 1797, noch die *Weltseele* von 1798, noch das *System des Idealismus* von 1800.
115 Schellings Antwortbrief fehlt.
116 Als A. W. Schlegel im August 1801 für Monate nach Jena ging, gab ihm Fichte (endlich!) den schon Ende Mai geschriebenen Brief an Schelling mit – den von Schelling so lang erwarteten.
117 von Schelling angestrichen (doppelt)
118 Schellings *Briefe über Dogmatismus und Kritizismus*. Vgl. dazu R. Lauth, *Die erste philosophische Auseinandersetzung zwischen Fichte und Schelling 1795-1796* (in: *Zeitschrift für philosophische Forschung* Bd. 21, 1967, S. 341 ff.), wo darauf hingewiesen wird, daß Fichte schon bald – und zwar selbst im *Philosophischen Journal* von 1797-1798 – Schelling leise kritisiert hat (in dem *Versuch einer neuen Darstellung der W. L.* und der *Zweiten Einleitung in die W. L.*).
119 Hier von Schelling am Rand angestrichen (doppelt).
120 Wieder am Rand angestrichen.
121 am Rand angestrichen.

122 Doppel-Strich am Rand.
123 vom 15. 5. mit der *Darstellung*. In der Einleitung (heute *S. W.* IV., 107) hatte Schelling erstmals seine große Philosophie als Einheitsphilosophie verkündet, die nicht Natur- und Transzendentalphilosophie nebeneinander stehen lassen wolle als zwei verschiedene Sichten etc. [...] »Niemals habe ich [...] verhehlt, sondern vielmehr mit den deutlichsten Äußerungen [...] ausgesprochen, daß ich weder das, was ich Transzendental-, noch das, was ich Naturphilosophie nenne, jedes für sich das System der Philosophie selbst, oder für mehr als eine einseitige Darstellung desselben halte.« Und dann folgte jene Stelle, die Fichte meinte (sie stand also nicht im begleitenden Brief, sondern in der Einleitung der *Darstellung*): »Wenn es Leser [...] gegeben hat, die dies nicht gewahr geworden [...], so ist dies nicht meine, sondern ihre Schuld, so wie es auch nicht an mir gelegen hat, daß der laute Widerspruch gegen die gewöhnliche Art, sich den Idealismus vorzustellen, der schon durch die Naturphilosophie existiert hat, bis jetzt nur von dem scharfsinnigen Eschenmayer bemerkt und selbst von Idealisten toleriert worden ist.« (*S. W.* IV. S. 108).
124 Doppel-Strich am Rand.
125 Brief vom 15. 5. Schelling hatte sich bezogen auf eine Formulierung Fichtes im Brief vom 27. 12. »Nur glaube ich, daß diese Sätze [...] nur durch eine noch weitere Ausdehnung der Transzendental-Philosophie, selbst in ihren Prinzipien begründet werden können, zu welcher ohnedies das Zeitbedürfnis uns dringendst auffordert.«
126 am Rand von Schelling doppelt angestrichen.
127 am Rande des ganzen Stückes ist zur Heraushebung ein Doppel-Halbkreis gezeichnet: (er umfaßt das ganze Stück).
128 am Rand von Schelling: N. B.
129 am Rand von Schelling: N. B. N. B. und wieder als Doppelbogen.
130 von Schelling unterstrichen, darüber ein ?; am Rand N. B.
131 Das Stück von »Nichts« an ist von Schelling angestrichen mit Randbemerkung: vortreffl.
132 am Rande ein Großes: N. B.
133 Schelling am Rande: »mit dem F. bisher ganz allein zu thun gehabt hat.«
134 Der ganze Satz ist von Schelling am Rand angestrichen.
135 am Rande von Schelling: N. B.
136 *Von Fichte dazu an den Rand geschrieben – seitenquer:* »Ich lese soeben in der Erlanger L. Z. Nr. 67. Was S. 531 vorkommt, enthält ganz meine Gedanken: nur daß ich hierüber mich nicht *zweifelhaft*, sondern *kategorisch* ausdrüken würde. So ist auch das Räsonnement S. 533f. trefflich.« [Meint die vielleicht von Eschenmayer (oder Schad?) stammende Rezension von Schellings *Entwurf eines Systems d. N.* und *Einleitung zu seinem Entwurf [...]* in der Erlanger *L. Z.* vom 7. 4.

1801. Schelling war anfangs über die Rezension erfreut, dann aber an A. W. Schlegel am 3. 7.: »[...] es soll mich nicht wundern, wenn sie Fichte sehr gut gefunden hat«. – Nun – Schelling hatte richtig vermutet: wie der obige Brief zeigt, hatte Fichte der Rezension schon Ende Mai sehr zugestimmt.

137 Am Rand von Schelling angestrichen mit: N. B.
138 »neben«, von Schelling unterstrichen und am Rand angestrichen.
139 vom 31. 5.
140 vgl. In der *Bestimmung des Menschen*.
141 vgl. Schellings Brief vom 15. 5. 1801, Fichtes vom 31. 5. mit Fichtes vom 27. 12. 1800
142 aus Fichtes Brief vom 27. 12. 1800.
143 vgl. S. 156.
144 im *Philosophischen Journal* 7. und 11. Heft, 1795.
145 vgl. Fichtes Äußerung S. 159.
146 vgl. *S. W.* IV S. 7.
147 meint nicht, wie man 1856 glaubte annehmen zu sollen – und H. Schulz übernahm es (vgl. Schulz II. S. 339) – die erst 1802 erschienene Abhandlung gegen Reinhold (im *Kritischen Journal*), sondern Schellings *Bruno oder über das göttliche und natürliche Prinzip der Dinge. Ein Gespräch*, wo einer der Gesprächsteilnehmer ja geradezu Fichte ist. Dieses Gespräch sollte dabei zunächst nicht als Buch erscheinen, sondern in 2 Heften der *Zeitschrift f. sp. Ph.*; dort sollte auch die *Fernere Darstellung* erscheinen, die erst im August 1802 in Heft 1 Bd. 1 der *Neuen Zeitschrift f. sp. Ph.* kam. (Schon Plitt hat übrigens festgestellt, daß das von Schelling Fichte angekündigte *Gespräch* den *Bruno* meinte. Vgl. Plitt 1. 357).
148 Die nie kam.
149 spielte wieder auf die Formulierung in der *Ankündigung* vom Januar 1801 an.
150 Zugleich hatte sich aber Schelling entschlossen, mit Hegel – nicht mit Fichte – die so oft beredete *Kritische Zeitschrift* (die *Revision*) herauszugeben. Sie kam Anfang des Jahres 1802: das *Kritische Journal*. Darüberhinaus hatte sich Hegel im August habilitiert (bei der Disputation hatten Schelling und sein Bruder Karl mitgewirkt), im W. S. 1801/02 begann er seine Vorlesungen. Schon am 19. 9. im Intelligenzblatt der Jenaer *A. L. Z.* v. Nr. 175 hätte unter den Vorlesungsankündigungen Fichte lesen können: »Eine Einleitung über die Idee und Grenze der wahren Philosophie gibt Hr. Prof. Schelling und Dr. Hegel [...] Eine philosophische Disputation hält in Verbindung mit Hr. Dr. Hegel Hr. Prof. Schelling«. Die neue Gemeinschaft hieß so nicht länger Fichte–Schelling, sondern Schelling–Hegel. Fr. Schlegel schrieb an Schleiermacher über Hegels Schrift: (am 21. 9. 1801): »Hast Du Hegel's Schrift gelesen? Wie unendlich besser würdest Du etwas solches

schreiben, und wie kann man eine gute Sache so schlecht führen, oder vielmehr an die Stelle des Fichte etwas so noch Schlechteres setzen wollen. Ich denke einer von uns müßte bald etwas über den Spinoza schreiben, den sie wahrlich nicht verstehen, damit sie den doch ungehudelt lassen […]« (*Aus Schleiermacher's Leben*. Bd. 3, S. 195/6). Fr. Schlegel hat auch Schellings *Darstellung* abgelehnt (die er freilich erst im Jahre 1802 gelesen zu haben scheint, und er ist auch in diesem Fall auf Fichtes Seite getreten). Vgl. an Schleiermacher am 12. 4. 1802: »Das neue System von Schelling habe ich dieser Tage gelesen, und bin ordentlich erschrocken es *so* zu finden. Noch nie ist die absolute Unwahrheit so rein und deutlich ausgesprochen; es ist wirklich Spinozismus, aber nur ohne die Liebe, d. h. ohne das einzige was ich im Spinoza wert halte. Es ist nun das, wovon die Leute so lange gesprochen und danach getrachtet haben, ein System der reinen Vernunft, der ganz reinen nämlich, wo von Phantasie, Liebe, Gott, Natur, Kunst, kurz von allem, was der Rede wert ist, gar nicht mehr die Rede sein kann. Persönlich ists Schelling's Letztes. Aus diesem bodenlosen Nichts, dieser vollendeten Erkältung gibts keinen Rückzug, wenn man sich selbst so hineingearbeitet hat. Fichte hat Recht, es unbedingt zu verachten […]« (a.a.O., 314/315). Als Schellings *Bruno* 1802 kam, mußte Fr. Schlegel sein Urteil freilich ein wenig revidieren.

151 Auch dieses Mal – wie schon im Mai – schrieb Fichte schon bald eine Antwort an Schelling, sandte sie aber nicht ab. Die Antwort gelangte erst am 15. 1. 1802 an Schelling.
152 vom 15. 10. 01
153 Randbemerkung Schellings: »Über Ideal und Real«.
154 vgl. Brief Fichtes vom 31. 5. 1801 vgl. S. 341 d. B.
155 Am Rand dieser Zeile als Bemerkung Schellings: »Selbstäußerung (Tätigk.) führe (?) nur in d. Ersch. […]«
156 vgl. Brief Schellings vom 3. 10. 1801
157 kam nicht.
158 Dieser Brief war der letzte Brief Fichtes an Schelling.

[Alle Anmerkungen von H. Fuhrmanns. Die Orthographie der Briefe wurde vorsichtig modernisiert. (d. H.)]

Zum sogenannten
›Ältesten Systemprogramm‹

Xavier Tilliette
Schelling als Verfasser des Systemprogramms?

Wenn wir sämtliche Handschriften, die in unseren Schubladen lagern, für uns beanspruchten, wäre unser Werk reicher, als es tatsächlich ist: befinden sich darunter doch Exzerpte, Auszüge und Abschriften. Von dieser einfachen Feststellung ausgehend hat damals Fr. Rosenzweig, gar zu voreilig, das sogenannte *Systemprogramm* Schelling zugeschrieben und Hegels Autorschaft bestritten oder eher unterdrückt.[1] Seine Argumente schienen überzeugend zu sein; die entfachte Diskussion, an der außer Rosenzweig noch Strauss, Böhm und Cassirer teilnahmen, kreiste nur um Schelling und Hölderlin als mögliche Urheber. Man ließ den Schreiber Hegel außer acht. Nachdem sich die Gelehrten fast einstimmig für Schelling ausgesprochen hatten, ist es ein großes Verdienst von O. Pöggeler, die These Rosenzweigs zu erschüttern und das berühmte Bruchstück für Hegel zurückzufordern.[2]

Seine Beweisführung besticht, und ich möchte keinesfalls als bedingungsloser Verteidiger der Verfasserschaft Schellings auftreten, zumal ich nach seinem Urbino-Vortrag eine Abhandlung über das Systemprogramm aus meinem Schelling-Buch getilgt habe.[3] Immerhin bestehen Bedenken und Schwierigkeiten, selbst wenn man die nicht mehr haltbaren graphologischen Beweise und äußeren Merkmale aufgibt. Die Restitution an Hegel löst nicht alle Knoten auf, sie stellt sogar neue Fragen, die ich später erörtern werde. Vorläufig bin ich der Ansicht, daß innere Gründe immer noch stark für Schelling sprechen.

Doch vorab, ist es schon endgültig beschlossen, daß es sich nicht um eine Abschrift handeln kann? Bloß graphologische Hinweise reichen nicht aus und sind nicht maßgebend. Gewiß! Und Rosenzweig hat irrtümlich vorausgesetzt, daß man die eigene Handschrift ändern kann, nur weil ein Original die Augen fesselt. Dennoch fällt hier die verhältnismäßig hohe Anzahl von Korrekturen, Streichungen und Kürzungen auf. War es Hegels Sitte, seine Gedanken so zu raffen, selbst auf die Gefahr hin, mehrere Schreibfehler zu hinterlassen? Jedenfalls sind einige Verbesserungen ziemlich zweideutig.[4]

Doch besitzen solche Hinweise ein geringeres Gewicht. Wir sind vielmehr auf die sogenannte immanente Kritik und den Inhalt verwiesen. Da sollte man zunächst zu bestimmen versuchen, zu welcher Art oder Gattung die Schrift gehört. Offensichtlich handelt es sich um keinen Privatbrief. Es kann wohl auch kaum ein »Rundschreiben« sein, obwohl man es gern als ein »Manifest« betrachtet. Man sieht nicht deutlich, warum sich Schelling oder Hegel an das Publikum oder an die Freunde gewandt hätte. Es fehlt auch jede Spur irgendeines Widerhalls. Außerdem stellt man bei genauerer Lektüre fest, daß der vermutliche bzw. vermeintliche »Absender« keine richtigen »Empfänger« anspricht. Das »Ihr seht von selbst« ist eine rhetorische Wendung. Die Vermutung, daß es sich um eine Unterlage für einen mündlichen Vortrag handelt, scheint demgegenüber weit plausibler zu sein. Der Gebrauch von »Ich« und »Wir« bestätigt anscheinend diesen Gesichtspunkt. Allerdings ist der Gebrauch ziemlich schillernd. Die Redewendung »hier werde ich auf die Felder«, die zu einer mündlichen Darstellung paßt, wird bald durch die andere »ich möchte unserer Physik Flügel geben«, abgelöst, die nicht mehr paßt. Ebenso die folgenden Sätze: »ich komme aufs Menschenwerk [...] usw.« und »ich will hier die Prinzipien *niederlegen*, ich bin nun überzeugt«, »hier soll offenbar werden [...]«. Dann aber »ich werde von einer Idee sprechen [...]« und »soviel ich weiß [...]«. Also unterstützt die Form der direkten Rede die Hypothese vom »Konzept eines mündlichen Vortrages«. Jedenfalls haben wir es mit einem Text zu tun, der eilig, ja hastig verfaßt wurde, im Stil nachlässig, schlagartig, und wie in einem Atemzug niedergeschrieben. Er ist zweifelsohne ein Entwurf, der sich wahrscheinlich nicht auf ein Lebenswerk bezieht, sondern eher auf ein bestimmtes Werk; kurz, eine Art Vorwort, Prolegomena zu einer künftigen Schrift. Der Verfasser sammelt rasch seine Gedanken und faßt sie zusammen, um sie nicht zu vergessen. Inzwischen fließen aus seiner Feder fertige Ausdrücke, treffende Worte, die die Notizen beleben und später zu verwenden sind. Ich würde meinen, das Ganze mutet etwa wie »philosophische Briefe« an, eine Gattung, mit der übrigens Hegel wenig vertraut war.

Wie dem auch sei, die Annahme, daß das Bruchstück eine Abschrift ist, bereitet ein undurchdringliches Rätsel, nämlich das Rätsel der Übergabe, worüber sich Rosenzweig allzu schnell hinweggesetzt hat. Ich kann mir vorstellen, daß man dieses Rätsel preisgibt und damit den gordischen Knoten zerhaut, der so schwer zu lösen ist, zumal wir nicht die geringste Auskunft, die flüchtigste Anspielung darüber finden. Wie hat ein Schellingsches Blatt von solcher Bedeutung in die Papiere Hegels gelangen können? Und weshalb hätte es Hegel sauber abgeschrieben und anschließend ad acta gelegt? Der *materielle* Einwand gegen Schellings Urheberschaft ist tatsächlich schwerwiegend. Freilich fehlt es nicht an Mutmaßungen, um die Lücken aufzufüllen. Z. B. der einfallsreiche Fuhrmans: »So hat Schelling vielleicht für die Freunde sein *Systemprogramm* im Frühjahr 1796 entworfen. Sie sollten wissen, wohin er alles zu führen gedachte und sie mögen dem sehr zugestimmt haben, trug sie doch alle gemeinsame Hoffnung auf das Kommen eines Neuen (des ›Reiches Gottes‹).«[5] Was die Übergabe an Hegel anbetrifft, so stellt sich Fuhrmans folgendes vor: »Um Hölderlin zu zeigen, wie er alles versuchen, ja wie es ihm gelingen werde, *doch* zum Ziel zu kommen, entwarf Schelling dann (vor der Frankfurter Begegnung) – so schien es mir der Erwägung wert – das Programm und brachte es Hölderlin nach Frankfurt mit, um es ihm dort vorzulegen […] Das würde auch klären, warum wir zunächst keine Briefe über das Programm haben: Schelling schickte es nicht an Hölderlin, sondern gab es ihm in Frankfurt. Der mag es dann an Hegel geschickt haben (eben mit dem verlorenen Brief ›zu Anfang des Sommers‹, um ihm zu schreiben: ich habe viel mit Schelling diskutiert, wie er mit Fichte weiterkommen wolle – sieh', hier ist sein Entwurf. Hier magst du sehen, wo er hinaus will).«[6]

Solche an den Haaren herbeigezogenen Induktionen entbehren jeder Bestätigung. Es lohnte sich also, einmal die Konsequenz zu ziehen und dem Schreiber die Ehre der Autorschaft zurückzugeben. Es spricht nämlich einiges dafür, daß gewisse Vorurteile Franz Rosenzweig daran hinderten, sich ernsthaft und redlich mit dieser einfachen Lösung zu befassen. Sollen wir also auf die Unterschrift Schelling verzichten? Wenn dennoch der Eindruck aufrechterhalten wird, daß der fragliche Text weiterhin Schelling zuzuschreiben ist – indem man das ärgerliche Problem der Übergabe ausklammert – so muß es aus triftigen Gründen geschehen, die zwangsläufig in der Linie Rosenzweig–Strauss fortschreiten und rückwärts Hegels Anteilnahme in Frage stellen. Aber ich muß gestehen, daß nach der sorgfältigen Prüfung durch Pöggeler die Vertreter der entgegengesetzten Ansicht in die Defensive rücken.

Ich möchte einige Bemerkungen zu folgenden Punkten machen:
1) daß die Gegenbeweise – nämlich die Beweise gegen Schellings Autorschaft – m. E. weder plausibel noch sachlich zutreffend sind,

daß man also über das Ziel hinausschießt, indem man den Inhalt des Programms dem damaligen Denken Schellings entgegensetzt, 2) daß sich im Gegenteil das Programm leicht in die fließende Entwicklung Schellings einfügt, 3) schließlich, daß es schwerlich zu dem paßt, was wir vom jungen Hegel wissen und vernehmen, vor allem von seiner Eigenart und Denkweise, seinen Absichten und künftigen Arbeiten.

Rosenzweig und sein Gönner Strauss[7] sind etwas leichtfertig mit den Parallelstellen bei Schelling umgegangen. Dies muß zugegeben werden. Die Obduktion eines Textes ist gefährlich, wenn man sich auf spätere Zitate beruft, was bei den beiden obengenannten Gelehrten oft vorkommt. Es bleibt jedoch merkwürdig, daß nachträgliche Äußerungen Schellings mit angeblich von ihm unbekannten Ausdrücken übereinstimmen, während Leitgedanken des jungen Hegel anscheinend in Vergessenheit geraten – ich denke vor allem an die Losung der »neuen Mythologie«. Ich habe versucht, unabhängig von Rosenzweig und Strauss, eine möglichst sorgfältige Tafel der Parallelen herzustellen, und zwar mit Bevorzugung der ungefähr gleichzeitigen Aussagen. Das Ergebnis fällt immer noch positiv zugunsten Schellings aus. Freilich begegnen wir auch in Hegels Jugendschriften manchen Ähnlichkeiten, die trotzdem keinen Ausgleich bieten.[8]

Natürlich sind nicht alle Vergleichspunkte bei Schelling ausschlaggebend. Hier und da ist ihre Beweiskraft nichtig; sie stammen lediglich aus dem Gemeingut der Kultur und der Sprache. Dennoch kann man etliche Worte und Wortprägungen aufzählen, welche eindeutig auf Schelling hinweisen. Z. B. *eine Ethik – absolut freies Wesen – Schöpfung aus Nichts – schöpferischer Geist – Idee der Menschheit – Gegenstand der Freiheit – Freiheit aller Geister – intellektuelle Welt – Buchstabenphilosophen – neue Mythologie* [...] Dagegen sind die wörtlichen Übereinstimmungen bei Hegel sparsamer: *die Data* (ein kantisches Überbleibsel) – *im Großen – Räderwerk – die Schönheit –* und die Paarungen *Vernunft – Herz – Einbildungskraft* [...] Wortgebilde wie die *Staatsmaschine, Geschichte der Menschheit* und *der große Haufen* kehren bei beiden wieder, übrigens sind sie gar nicht eigentümlich.

Vor allem aber erinnern der lebhafte Ton der Herausforderung, der Klang der Sätze, das verblüffende Selbstvertrauen und die herrscherliche Zuversicht an das erste Auftreten Schellings, etwa in *Vom Ich*, den *Philosophischen Briefen* und der *Allgemeinen*

Übersicht. Die kühne Verkündigung der Freiheit, das Versprechen, die Physik wieder zu beflügeln, die Verachtung der politischen Ordnung und des waltenden Despotismus, die Entlassung des oben sitzenden Gottes, die Geringschätzung der kurzsichtigen Philosophen, der Bund der Geister, die schwungvolle Beschwörung der »besseren Menschheit« [...] das alles trägt auffällig Schellingsches Gepräge. Solche Belege genügten Rosenzweig, um sofort im *Systemprogramm* den »Hermes des deutschen Idealismus«, den jungen Eroberer im neuen Lande zu wittern. Es mag sein, daß dies Verfahren kurzschlüssig ist und die Auswertung des Stils zu früh ansetzt. Der Ehrgeiz und die frische Begeisterung sind nicht nur Schelling eigen, sie gehören zu einer weitverbreiteten Stimmung in diesem Zeitalter des abklingenden »Sturm und Drang« und der Revolution; der polemische Eifer entbrannte in den Kreisen um Fichte und Schiller. Nun ist der Verfasser des *Systemprogramms* allem Anschein nach ein Fichteaner, d. h. ein Kantianer erster Prägung und ein glühender Anhänger Schillers, mit den *Briefen über die ästhetische Erziehung des Menschen* vertraut. Solch eine Feststellung ist gewiß zweischneidig, denn Hegel befaßte sich sehr mit der ursprünglichen Lehre Kants (gegen Fichte hegt er eher Mißtrauen) und er war ein großer Verehrer seines Landsmannes Schiller. Außerdem gilt sie ebenfalls für den »dritten Mann« Hölderlin, dessen Schiller-Verständnis noch die anderen zwei übertrifft. Wir dürfen nicht übersehen, daß das Tübinger Erbe ihnen gemeinsam war. Aber die Wiedergabe im *Systemprogramm* entspricht mehr dem Stil und dem Gemütszustand Schellings, wie wir sie anderswo kennenlernen. Es gibt da etwas Herbes, Abruptes, Eigenwilliges, Übermütiges, dem wir sonst in diesem Maße in den authentischen Ausführungen Hegels nicht begegnen, der bekanntlich vor- und umsichtig mit seinen Themen verfährt. Ich weiß, daß dies kein stichhaltiges Argument ist. Immerhin bin ich versucht, in bezug auf Hegels Autorschaft den musikalischen Vergleich von Strauss, den Pöggeler wiederholt, zu umschreiben: das *Systemprogramm* im Kopf haben und Hegel lesen heißt »soviel wie Bruckner spielen und Brahms dazu singen«.[9] [...] und trotz der Unterscheidung zwischen einem »esoterischen« und einem »exoterischen« Hegel, macht mich die Tatsache stutzig, daß sich Hegel in den Jahren 1797-1801 ungeheuer verwandelt haben müßte. Hingegen betritt Schelling schlafwandlerisch den Pfad, den das *Systemprogramm* vorzeichnet.

Das heißt nicht, daß alle Bedenken und Aporien beseitigt sind. Ich möchte sie hervorheben, bevor ich ihnen zu begegnen versuche. Allerdings teile ich die Meinung Pöggelers nicht, daß der Ausdruck »Vorstellung von mir selbst« im Falle einer Autorschaft Schellings befremdet: denn er läßt sich ausreichend dokumentieren, abgesehen von der Polemik gegen Becks Standpunkt-Lehre.[10] Aber es gibt Stellen, für welche der Schellingsche Vorrat eher karg ist.

1. Die Invektive gegen den Staat paßt gewissermaßen zur zornigen Mentalität des jungen Schelling, zu manchen Ausbrüchen, besonders im Briefwechsel mit Niethammer, und zu dem revolutionären Geist, den er früh atmete und der ihn beseelte. Dennoch fehlen schriftliche Zeugnisse, die sie einwandfrei unterstützen, zumal Schelling in seinen politischen Hoffnungen bald ernüchtert wurde und seinem Sansculottismus abschwörte; es schwenkte schnell um auf die Würden des Gelehrtenstandes. Vergleichsweise war Hölderlin der am meisten Betroffene (wir erinnern uns an Hyperions Klagen). Man darf annehmen, mit Hollerbach[11] und anderen, daß die unvollendete *Deduktion des Naturrechts* auch das Staatsrecht *ad absurdum* geführt hätte, wie der erste Teil das Naturrecht vernichtet hatte. Aber in einem Brief an Niethammer, vom 28. Februar 1797, lautet es: »Was Sie schreiben: Sie sehen jetzt nicht mehr in positiven Gesetzen bloße Fesseln des Despotismus usw., dünkt mir völlig wahr, so sehr Ihnen das auch mit einer Äußerung am Ende meines Aufsatzes (gelegentlich einer neuen Schrift, die ich nebenbei erwähnen wollte) vielleicht zu kontrastieren scheint. Es kam mir längst vor, als ob sich Naturrecht und Staatsrecht ungefähr so verhielten wie Religion und Theologie, und als ob ein philosophisches Staatsrecht nicht mehr tauge, als eine philosophische Theologie«.[12] Dieses »es kam mir längst vor«, ist nur eine Redeweise. In dieser Hinsicht bleibt ein Widerspruch aus. Doch muß man annehmen, daß Schelling sehr schnell der Kurve entgegeneilte, die in die Auffassung des Staates als einer zweiten Natur im *System des transzendentalen Idealismus* mündet.

2. Verfänglicher ist der Absatz über die Schönheit, wo Hölderlinsche Anregungen hell hervorblitzen. Er findet wenig Anklänge und Stützpunkte in den diesbezüglichen gleichzeitigen Schriften Schellings; wir denken besonders an die *Briefe*. Der Ausdruck »der höchste Akt der Vernunft« ist nicht üblich, sogar unauffindbar – wohl aber Handlung, Handeln (des Geistes, der Seele). Indessen ist der Gedanke, zumal wegen der Anspielung auf Plato, nicht aus

der Luft gegriffen. Der Zusammenhang der Transzendentalien, nämlich Wahrheit, Güte, Schönheit, ist nie von Schelling so klar hervorgehoben worden (er rührt mit großer Wahrscheinlichkeit von Schiller her, in einem Brief an Körner, vom 9. Februar 1789, anläßlich des Gedichtes »Die Künstler«).[13] Überhaupt ist die Lehre von der Schönheit, der Primat der Kunst und der Dichtung, kein ursprünglich Schellingsches Gedankengut. Sie nehmen bemerkenswerterweise die Periode seiner romantischen Philosophie vorweg. Sie spiegeln die Welt wider, wo Schiller und noch mehr Hölderlin ihre Heimat hatten. Genügt es, diese Kronzeugen zu erwähnen, um Schellings Autorschaft zu retten und zu rechtfertigen? Vorläufig stelle ich nur fest, daß Fichte gleichfalls das Privileg der Ästhetik und der Einbildungskraft betonte – auch im Anschluß an die *Kritik der Urteilskraft*.[14] Andererseits schwankt Schelling zwischen zwei Auffassungen des Schönen: Ästhetik als Eingang in die Philosophie,[15] der Philosophie untergeordnet (erster *Brief*) – und »vollendete Ästhetik«, mit dem Bild der Götter und dem Gipfel der tragischen Kunst, die für ein »Titanengeschlecht« erfunden worden ist (*Brief* 10).[16] Außerdem behält er sich die Absicht vor, eine »Philosophie der Kunst« zu entwickeln.[17] Also ist der Einschub der Schönheit in den Gedankengang nicht unbedingt erratisch. Mehr dazu gleich. Ich lasse es unentschieden, ob Hegel hier die Oberhand gewinnt.

Die »sinnliche Religion« und die folgenden Ausführungen bieten allerdings eine härtere Nuß. Nicht nur die Antithese Monotheismus-Polytheismus, sondern die Paarung Vernunft–Herz – und demzufolge der Gegensatz Vernunft–Einbildungskraft – setzen eine Thematik an, die einstweilen in der Luft schwebt. Bei aller Gabe der Vorsehung, ist es nicht eine Zumutung, den Keim des Künftigen hier herauszulesen? Der Vorteil des Historikers als des »rückwärts gekehrten Propheten,[18] die erfreuliche Bergsonsche Erfindung der »rückgängigen Bewegung des Wahren« – *mouvement rétrograde du vrai* – entheben uns der Aufgabe nicht, die jeweiligen Gegebenheiten zu prüfen. Nun hängt die »neue Mythologie« der *Philosophie der Kunst* mit der Naturphilosophie zusammen, während die des *Systemprogramms* »im Dienste der Vernunft« steht. Freilich bezieht sich die neue Mythologie am Ende des *Transzendentalen Idealismus*[19] auf die Wissenschaft, und Rosenzweig ist die Fußnote nicht entgangen, in der Schelling »eine vor mehreren Jahren ausgearbeitete Abhandlung über Mythologie« erwähnt, »welche binnen kurzem erscheinen soll«. (Daraus ist, nebenbei gesagt, nichts geworden.) Aber diese Abhandlung beschränkte sich offenbar auf die alte Mythologie als »Mittelglied zwischen Wissenschaft und Dichtung«. Das anschließende Stichwort der neuen Mythologie wird vorsichtig angestimmt, ohne den Posaunenschall, der es im *Systemprogramm* begleitet.

Zudem verflüchtigt sich dieses wichtige Kennzeichen angesichts der zögernden Äußerungen Schellings über die »neue Mythologie«. In der Jenaer *Philosophie der Kunst* wird sie nicht als eigene Erfindung angegeben und angepriesen; sie wird sogar fast kaltgestellt. Grund dafür ist die in der Zwischenzeit erschienene *Rede über die Mythologie* des Schlegelschen *Gespräches über die Poesie* (*Athenäum* 1800), wo die neue Mythologie feierlich verkündet wird. Heißt es dann, daß der Gedanke Eigentum Schlegels war und ihm entliehen wurde? Nicht unbedingt. Der Urheber mag wohl Schelling sein. Inzwischen fand nämlich die Dresdner Begegnung statt (Sommer 1798), die Anlaß zu fruchtbarem Austausch und zur Fühlungnahme mit der romantischen »Hansa« war.[20] Die Verwertung des Gedankens durch Schlegel hätte dann verständlicherweise Schelling genötigt, von seinem Besitz Abstand zu nehmen. Wir haben ein Zeugnis von Gries: auf dem Rückweg nach Jena (Herbst 1798), Schelling, die neue Mythologie »vorphantasierend« – eine Erinnerung, die 17 Jahre später noch nicht erloschen war; der verstummte Philosoph ruft sie wach, indem er dem tauben Dichter sein Büchlein *Die Gottheiten von Samothrake* sendet.[21] Außerdem vertritt der Ludovico des *Gespräches* wahrscheinlich Schelling selbst. Schlegel hätte ihm also die Reden des Freundes in den Mund gelegt. Dennoch zögert J. Körner nicht, Fr. Schlegel die Priorität zu geben, weil ein Brief Schellings, vom 13. November 1817, höflich gesteht: »In diesem Gedanken zähle ich Sie als Hauptvorgänger«. Dessen ungeachtet hat Fr. Schlegel in der späteren Ausgabe seiner *Werke* überall den Begriff der neuen Mythologie gemildert und durch »Symbolik« ergänzt. Ein Hinweis, daß er sich nicht an den Fund klammerte. Jedenfalls läßt die gemeinsame Verwertung der neuen Mythologie bei Schelling und Schlegel Rückschlüsse auf das seltsame Schweigen Hegels zu. Wir werden noch am Ende darauf eingehen.

Schließlich sind wir es beim jungen Schelling nicht gewohnt, so viel Interesse und Sorge für das Volk zu finden, geschweige denn die Bedeutung der Sinnlichkeit zu erkennen. Trotzdem ist sein Aristokratismus viel differenzierter als man glaubt. Er unterscheidet, wie Herder, zwischen Volk und Pöbel, freien Geistern und Masse. Seine Wut gilt den Dummen und Unfähigen unter den Philosophen und Schriftstellern, die sich anmaßen, die neue Philosophie der Unverständlichkeit zu bezichtigen. Das *Procul esto!* ertönt nicht gegen die Ungebildeten, sondern gegen die falschen und schlechten Weisen. In dieser Hinsicht hält Schelling Schritt mit Fichte. Überdies schwebt er, wie immer, zwischen Extremen, die er zu versöhnen bemüht ist. Denn das Bewußtsein des Erkorenen, des Auserwählten, schließt die Schillersche Millionen-Sympathie nicht aus. Er übernimmt nach Fichte und seinen herrlichen Vorlesungen *Über die Bestimmung des Gelehrten* die Aufgabe der Bildung, der Erziehung.[22] Sehr bezeichnend dafür ist der orakelhafte Schluß der *Briefe* und mehr noch die Rezension von Niethammers *Über Offenbarung und Volksunterricht*,[23] die die früher erwähnte Neigung zur Positivität bestätigt. Freilich vermissen wir in den gleichzeitigen Schriften die ausdrückliche Bekehrung zum Sinnlichen und Bildlichen, die Auferstehung des Mythos, das philosophische Bedürfnis einer Berührung mit der Wirklichkeit (die nicht weit entfernt vom getadelten Epikureismus wäre). Die Anrufung der neuen Religion klingt fast sonderbar, zumal die Religion geläufig als »System der Vorsehung« bestimmt und beschrieben wird. Dennoch glaube ich, daß es, von diesem Gesichtspunkt aus, mit Schelling nicht schlimmer bestellt ist als mit Hegel.

Ich habe schon begonnen, die Schwierigkeiten etwas zu schlichten. Setzen wir diese Aufgabe fort. Es besteht kein Zweifel, daß die Physik »im Großen« des *Systemprogramms* keine Naturphilosophie im Sinne des späteren Schelling ist – auch nicht die spekulative Physik, die ein »Spinozismus der Physik« ist und sich als autonome Wissenschaft an der Seite des transzendentalen Idealismus erhebt. Denn der Fortschritt »auf den Feldern der Physik« wird durch den Idealismus Fichtescher Prägung angebahnt. Höchstens wird die künftige Einteilung Physik–Ethik–Poetik vorgeahnt. Aber dieser transzendentale Charakter der Naturwissenschaft entspricht gerade den Intentionen des Verfassers der *Abhandlungen*, wie sie aus diesem Werk, dem Vorwort der *Ideen* und einigen Kapiteln dieser Rhapsodie zu entnehmen sind: »Man wird, schreibt Schelling, ihre Wirkung in anderen Wissenschaften spüren, weil sie (die transzendentale Philosphie) die Köpfe nicht nur *weckt*, sondern, wie durch einen elektrischen Schlag, ihre Pole umkehrt«.[24]

Die Polemik gegen den Staat findet kaum Grundlagen im Frühwerk Schellings. Trotzdem ist sie beinahe selbstverständlich bei einem Bewunderer Rousseaus, Herders, Schillers und Fichtes. Der politische Nihilismus und Anarchismus, der hier tobt, die Zurückforderung der Freiheit, der Anspruch, Staat, Verfassung, Regierung und Gesetzgebung [...] auf den Schlachthof zu treiben [...] stören durchaus nicht das Bild des überheblichen, zornigen jungen Mannes. Selbst der übertriebene Angriff zeugt für eine augenblickliche Gemütserregung. So war Schelling, schroff, unbedächtig, so ist er jahrelang geblieben, auch in hohem Alter. Andererseits ist die Berufung auf die »intellektuelle Welt« fast eine Chiffre.[25]

Die Hervorhebung der Schönheit folgt unmittelbar den Anregungen Schillers und Hölderlins. Freilich ist es ein bißchen riskant, das *nun* zu unterstreichen und ihm eine chronologische Bedeutung beizumessen (etwa als Echo zu der Mitteilung von Hölderlin: »Schelling, wie du wissen wirst, ist seinen früheren Überzeugungen ein wenig abtrünnig geworden«).[26] Aber es steht fest, daß die Pointe der Passage auf die Vereinigung von »Ästhetik« und »Philosophie des Geistes« zielt. Die Schönheit ist weniger der Einklang des Ganzen, die Göttin der Harmonie und das Ἓν διαφέρον ἑαυτῷ,[27] als das platonische Urbild, die Ideenwelt, die intellektuelle Anschauung. Mit der ästhetischen Kraft und dem »ästhetischen Sinn« betreten wir dann bekannte Wege.[28] Die einzige klaffende Lücke ist die fehlende Verbindung Natur–Schönheit. Proleptisch ist die Anwendung der ästhetischen Intuition auf ein Ganzes der Geschichte (des großen Gedichtes, das das Genie der Vorsehung sinnt) – sowie das Überleben der Dichtung und, in noch fernerer Zukunft, die Entstehung der sinnlichen Religion (im Vorwort der *Weltalter* wird sie heimlich vorausgesetzt).[29]

Der Umgang mit Hölderlin – dessen Einfluß sowieso unverkennbar ist – ersetzt größtenteils die fehlenden Belege im Schellingschen Werk. Nichts hindert letzten Endes, daß sich Schelling fremde Gedanken angeeignet hat. Nicht nur Novalis und Friedrich Schlegel, sondern Fichteaner kleineren Formats, wie Weisshuhn und Hülsen,[30] fanden im dürren Bau der *Grundlage* eine Quelle poetischer Palingenese und einen Vorrat ästhetischer Anschauungen. Bloß die schlagende Formel »Monotheismus der Vernunft – Polytheismus der Einbildungskraft« ist einmalig und fällt sozusagen aus den

Wolken. Aber auch bei Hegel hat sie keinen nachweisbaren Anklang.

Zusammenfassend möchte ich sagen, daß der größte und fast einzige Einwand gegen Schellings Urheberschaft die Tatsache ist, daß die Handschrift nicht von ihm stammt. Sonst liefert die Analyse des Textes solide Gründe, die uns immer noch bewegen können, ihm das *Systemprogramm* zuzuschreiben. 1. Er ist derjenige, der in den Jahren 1796-1797 am ehesten imstande war, solch einen Entwurf zu konzipieren, 2. er ist derjenige, der sichtlich diesen Entwurf ausgeführt oder auszuführen versucht hat, 3. er ist derjenige, dessen damalige Haltung und Lage sich am klarsten mit dem Inhalt des Fragmentes vereinbaren läßt: man braucht nur seine Briefe um den Monat Mai 1796 durchzublättern: Besuch in Heidelberg, Begegnung unter anderen mit dem Prof. Schmid und hartgesottenen Kantianern[31] – kurz darauf in Leipzig Beziehungen zu Platner und Hindenburg – dann in Jena ein langes Gespräch mit Schiller[32] – soeben angeknüpfte Freundschaft mit Carus und fortdauernde Feindschaft mit den »Zionswächtern« von Tübingen[33] – Besuch Märklins und rege Unterhaltungen mit ihm[34] – Studien der Physik, Chemie und Mathematik.[35]

Freilich sind das bloß Indizien. Einen schlagenden Beweis wird man nie ermitteln. Aber wenn Stil und Manier nicht täuschen, muß man sich Mühe geben, wollte man den Hegel der Jugendschriften im *Systemprogramm* erkennen – so daß Pöggeler auch einen »exoterischen« und einen »esoterischen« Hegel unterscheidet. Gewiß hatte Hegel viel gemeinsam mit Schelling und Hölderlin, er war ja mit ihnen im Seminar, im Treibhaus des Tübinger Stifts, aufgewachsen. Die Auseinandersetzung mit Kant und den Kantianern lag ihm am Herzen. Aber wie er sich indirekt in seinen Aufzeichnungen schildert, war er nüchtern und doch umständlich, unentschlossen und doch methodisch, mit einem Anflug von Ironie, bedachtsam und schon »unterirdisch« – also nichts, was der draufgängerischen Art unseres Fragmentes entspräche. Hegel war Fichte nicht zugetan und die Begeisterung Schellings für die *Wissenschaftslehre* hat er nicht geteilt. Vor allem zeigt er nirgendwo ein Interesse für die Physik, der er Flügel geben sollte!

Der Angriff gegen den Staat und die damit zusammenhängende Verherrlichung der Menschheit passen jedoch zu seiner Weltanschauung. Ich möchte bemerken, daß er die Sehnsucht nach dem verlorenen griechischen Staat nicht mit der Erscheinung der gegenwärtigen Staaten verbindet. Man muß es ihm unterstellen [...] Dagegen ist die Vorstellung der Schönheit sein Lieblingsthema: das Schöne, die schöne Religion, die schöne Phantasie, der Geist der Schönheit, der Spiegel der Schönheit, die »Idee in ihrer Schönheit« [...] Das Ideal der Griechen, der Kaloskagathos, ist bei ihm eine Selbstverständlichkeit. Aber gerade deshalb scheint der Begriff des idealischen bzw. ätherischen Wesens des Programmes fernzuliegen. Abgesehen von künftigen Entwicklungen – denn der hat sich verändert, der im Vorwort der *Phänomenologie* schreibt: die kraftlose Schönheit haßt den Verstand [...], abgesehen davon vermisse ich die Einschaltung der »Philosophie des Geistes«, die den betreffenden Passus auszeichnet. Und wie steht Hegel zur Dichtung? Die ästhetische Rührung ist nicht seine Stärke. Im Sommer 1796 wandert er in den Berner Alpen. Die herrliche, ewig schneegekronten Berge rufen nur die kühle Feststellung hervor: *es ist so*.[36] Um dieselbe Zeit schreibt er nieder: »Das Gedächtnis ist der Galgen, an dem die griechischen Götter erwürgt hängen. Eine Galerie solcher Gehenkten aufweisen, mit dem Winde des Witzes sie im Kreise herumtreiben, sie einander necken machen und in allerlei Gruppen und Verzerrungen blasen, heißt oft Poesie – Gedächtnis ist das Grab, der Aufbehälter des Toten. Das Tote ruht darin als Totes«.[37] Gewiß schließt die grollende Bemerkung eine Kehrseite ein. Und wir erinnern uns an das Gedicht *Eleusis*. Deswegen darf man nicht ohne Vorbehalt Hegel als »Exemplar der reinsten Prosa« betrachten, wie Schelling später hämisch sagt. Immerhin hat er nie die Poesie über Philosophie und Geschichte gestellt, im Gegensatz zu Schelling.

Die Träume der Jugend, die den zweiten Teil des Fragmentes beflügeln, können trotz des Mangels an deutlichen Parallelen, an die bekannte Gärung des »feurigen Kopfes«[38] Schelling anknüpfen. Die entgegengesetzte Schwierigkeit treffen wir bei Hegel, trotz der zahlreicheren Belege. Es fehlt nämlich nun der Zauberschlag, der den Sinn verwandelt und die Pforten der Zukunft kühn aufreißt. Sogar in *Volksreligion und Christentum*, dem Text, der die meisten Ähnlichkeiten aufweist, sind die Akzente anders gesetzt, ist die Perspektive verschoben. Wir haben das *Systemprogramm* im Kopf und lesen hier:

»Phantasie, Herz und Sinnlichkeit müssen dabei nicht leer ausgehen«[39]

»Ohne daß die Vernunft leer dabei ausgeht«[40]
»Es wäre wohl gut, um abenteuerliche Ausschweifungen der Phantasie zu verhüten, schon mit der Religion selbst Mythen zu verbinden, um der Phantasie wenigstens einen schönen Weg zu zeigen, den sie sich mit Blumen bestreuen kann«[41]
»Wenn Religion aufs Volk soll wirken können, so muß sie ihn *(sic)* freundlich überall begleiten«[42]

Mir scheint, zwischen dem Futurismus des *Systemprogramms* und Äußerungen jener Art, die sich leicht vermehren ließen, klafft ein Graben. Man möchte dem jungen Autor zurufen: hic salta! Aber er springt nicht. Wenn er in *Die Positivität der christlichen Religion* die Repristination der Mythologie streift, hängt er am griechischen Vorbild; und die »lebendige Gegenwart« ist immer noch eine Vergangenheit.[43]

Es ist wohl möglich, daß sich Hegels Beteiligung besser dokumentieren läßt; schließlich sagt ein französisches Sprichwort: chacun voit midi devant sa porte. Aber grundsätzlich steht der Verteidiger Schellings nicht auf verlorenem Posten. Angesichts eines Textes voller Reminiszenzen meldet oder empfiehlt sich Schelling als der empfänglichere und wendigere. Selbstverständlich reicht das nicht aus. Aber die umgekehrte »Zurückforderung« zugunsten Hegels läßt eine letzte Frage offen, die zu beantworten wäre. Denn es ist überaus merkwürdig, daß der romantische Kreis, Schelling einbezogen, mit dem Philosophen der »neuen Mythologie« schaltet und waltet. Währenddessen hüllt sich der Urheber dieser Idee »die noch in keines Menschen Sinn gekommen ist« hartnäckig ins Schweigen […] Wenn die Verwandtschaft *Rede über die Mythologie – Philosophie der Kunst* (oder *System des transzendentalen Idealismus*) schon Rudolf Haym auffiel,[44] was hätte er gesagt, wäre er im Besitz des Programms gewesen? (es erübrigt sich, die Konsonanzen herzustellen). Er hätte bestimmt daraus geschlossen, Schelling sei der Anreger Schlegels. Allerdings sind die Dinge komplizierter. Vielleicht handelt es sich nur um eine prästabilierte Harmonie. Denn Novalis seinerseits, der Schelling wenig mochte, ahnt ebenfalls eine »Mythologie der Natur« und eine »Mythologie der Geschichte«. In der Widmung an »Julius« (Fr. Schlegel) sagt er ihm voraus, er werde der Paulus der »neuen Religion« sein. Schon 1797 beschäftigt sich Fr. Schlegel mit dem Gedanken einer »Mythologie φσ«;[45] er versichert, daß »alle transzendentale Philosophie μυ ist.«[46] Im Jahre 1799, also nach der Begegnung mit

Schelling, stellt er fest: »Schellings Idealismus und Realismus schon ganz außer den Grenzen der φσ bezieht sich auf *Mysterien der Harmonie. Magie der Ideen*«,[47] fügt er hinzu. 1801 setzt er dazu an, Mythologie *durch die Tat* zu konstituieren[48] [...] Liegt nicht da die Weiterführung des Frühgedankens, den Schelling »vorphantasiert« hatte? Leider ist nicht zu ermitteln, ob Schelling schon vor dem Dresdner Sommer Fr. Schlegel begegnet war. Schelling jedenfalls, wäre er der Verfasser des Systemprogramms, hätte sein Versprechen größtenteils erfüllt.

Wenn man indes befürchtet, Schelling über seinen Schatten springen zu lassen, muß man umgekehrt erklären, warum Hegel seinerseits zurückgeschritten ist und seine Spuren verwischt hat – es sei denn, er ist nur der fleißige »Diaskeuast«[49] des Programms (ein Ausdruck, der Fr. Schlegel eigen ist). Aber es ziemt sich nicht, die Gestalt des Propheten Bileam zu beschwören. Eher muß ich um Verzeihung bitten, daß ich die Hand Esaus gesehen und trotzdem die Stimme Jakobs gehört habe.

Vergleichstabelle

Systemprogramm	Schelling	Hegel
	Schellings Werke, hrsg. M. Schröter (E = Ergänzungsband)	N = H. Nohl, Hegels theologische Jugendschriften
	Plitt, Aus Schellings Leben in Briefen	H = J. Hoffmeister, Dokumente aus Hegels Leben
	Br. = F. W. J. Schelling, Briefe, hrsg. H. Fuhrmans	
eine Ethik	I 83 176 179 181 229 Plitt I 74 Br I 61	N 51 58 234 H 174
die Metaphysik	I 223 229-230 236 392 (Beispiel) 655	N 56 214 226
Postulate	I 167 331 (erschöpfen) 368-376	
System aller Ideen	I 167 277 355-356 398 I E 201 II 559	N 4 22 50 70
Die erste Idee ...	I 167 318-320 325 339 341	
... Vorstellung ...	344 357 372- II 355	
absolut freies Wesen	I 248 264 321 325 332 339 341	

Systemprogramm	Schelling	Hegel
freies selbstbew. Wesen	I 290 292 313 316 367 667 bis 668 I E 229	
eine ganze Welt	I 284 293 314 322 364 I E 225-226 229 II 537 600	
Schöpfung aus Nichts	I 282 308 320 I E 229 II 20 (transzendentale Schöpfung)	
Felder der Physik	I 83 272 A. 385 (herabsteigen) 398 689 692 I E 582	
moralisches Wesen	I 172 (moralisches Eigentum) 364 367	
Flügel geben	I 277 318 (Schwung) 326 (Schwung, Flug) 387 (Schwungfedern) 669 (Schwung, Flug) II 370 I E 362 583-584	N 5 (Schwung)
Ideen ... Data im Großen	I 265 277 325 329-330 389	N 55 230 239 N 28 31
schöpferischer Geist	I 235 282 327 670 696-697 I E 200	
ist ... sein soll	I 341	
Menschenwerk	I 327 345 A. (Werk)	
Idee der Menschheit	I 274 A. 393 656 II 593	
Staat	I 157-158 A. 342 Br. I 103	N 52
Maschine	I 395-396 II 583-586 II E 487	N 13 19 27 142 150 223 227 255
Gegenstand der Freiheit	I 167 230 A. 236 256 265 316 330 355-356 389	
Räderwerk		N 71 223 237
aufhören		N 225 348
untergeordnet	I 359 I E 220	
höhere Idee	I 323 333 339 I E 220	
Geschichte der Menschheit	I 405 II 590 Br. I 61	N 231 H 171
bis auf die Haut	I 386 Br. I 102	
moralische Welt	I 190	
Aberglaube, Priestertum	I 263 403-404 (Pfaffenstolz) Plitt I 73 93	N 9 16 142 147 216
Vernunft heuchelt	I 216 263-265 329 A. 399 bis 400 402 Plitt I 78 Br. I 99	N 43 51 207 331

Systemprogramm	Schelling	Hegel
Vernunft und Freiheit	I 356	N 75
Freiheit aller Geister	I 216 265 332	
intellektuelle Welt	I 168 242 245 250 264 325 339 344 345 A. 356 664 II 374	N 18 (intelligible Welt)
Gott, Unsterblichkeit	I 263 274 A. 376 Plitt I 77	N 48 364
außer sich	I 245 256 397 Plitt I 77	
Schönheit	I 242 (Ästhetik) 283 II 620 bis 621	N 28 51 71 296 300 316 327-328 330 334-335 358 365 H 171 323
ästhetischer Akt	I 208-209 242 257 326 A. 330 (unästhetische Köpfe) II 619	N 75 300 359 H 171
Wahrheit und Güte	I 120	N 34 (ἀγαθόν) 62 362
verschwistert	I 338 I E 141	
Philosoph ... Dichter	II 351	
Buchstabenphilosophen	I 204 329 A. 331 375 380 Plitt I 73 100	H 49 169
ästhetischer Sinn	II 351	
Philosophie des Geistes	I 291 379 381	
geistreich	I 300 341 (Geistesarmut)	
raisonnieren	I E 216	N 8
über ... Tabellen	I 167 I E 230 A.	
Poesie	I 101 140 415 704 I E 361 II 623 628-629	N 348
der große Hauffen	I E 201 II 430 Plitt I 72 Br I 103	N 22 38
sinnliche Religion	I 248 283 331 II 619-620	N 14 53 56 357 366
Vernunft, Herz, Einbildungskraft	I 281 283 318 334 355 371 II 559 626	N 14-15 19-20 23 28 37 39 54-56 214 224 332-333 358
in keines Menschen ..	I 233 A. 287 673 683 II 408 III 283	
neue Mythologie	I 396 404-405 669 II 629	N 24 H 317 322

Systemprogramm	Schelling	Hegel
im Dienste	I 355 404 II 559	H 322 (Form von Ideen)
Volk	I 204 265 403-404	N 14 17 19 27 218 322
sich schämen		N 26
aufgeklärte und unaufgeklärte	I 215-216	N 216
Myth. philos.	I 341-342	
sinnlich	I 345 A.	
ewige Einheit	I 72 81-82	N 296 318-319 322 333
zittern	I 262 265	N 23 (Herrschsucht) 38 42 175
Ausbildung	I 341-342 659 II 551	N 19 53 55 336
Unterdrückung		N 38 42 70
allg. Freiheit und Gleichheit	I 72 82 176 179 265 367	N 322
unter uns stiften	I 404-405	N 332 336 347 376 H 324

1 *Das älteste Systemprogramm des deutschen Idealismus.* Heid. Akad. der Wissenschaften. Philos.-histor. Klasse. Jahrg. 1917. 5. Abh. (*Kleinere Schriften.* Berlin 1937. 230-277).
2 *Hegel-Studien,* Beiheft 4. Hegel-Tage Urbino 1965. *Hegel, der Verfasser des ältesten Systemprogramms des deutschen Idealismus,* 17-32.
3 *Schelling, Une philosophie en devenir.* 2 Bde., Paris 1970.
4 Z. B. »als« gestrichen, statt »alle« (»alle die Ideen«, eine übrigens nachlässige Formel) – weiter unten, ein zweites Komma (geistreich, seyn,) wurde irrtümlich getilgt, was eine gewisse Unaufmerksamkeit verrät.
5 H. Fuhrmanns, *Schelling. Briefe und Dokumente.* Bd. 1. Bouvier, Bonn 1962. 452.
6 A.a.O. 58 Anm.
7 *Hölderlins Anteil an Schellings frühem Systemprogramm,* von Ludwig Strauss. *Deutsche Vierteljahresschrift f. Lit. wiss. u. Geistesgesch.,* Halle. 5. Bd. 5. Jhrg. 1927, 679-734.
8 S. die Tabelle am Ende des Referates.
9 Pöggeler, *Art. cit.* 31.
10 *Schellings S. W.* (Hrsg. Schröter), 1. Hptbd. 325 (vgl. 343-347).

11 A. Hollerbach, *Der Rechtsgedanke bei Schelling*. Frankfurt 1957.
12 *Briefe* (Fuhrmans) 103.
13 Freilich wird das Begriffspaar Wahrheit–Schönheit vorherrschend zur Zeit von Schellings Schrift *Bruno*.
14 Z. B. *Fichtes WW, WL*, 215-218.
15 *Schellings S.W.* 326 Anm.
16 A.a.O., 262.
17 A.a.O., 389.
18 Nach Fr. Schlegels bekanntem Wort.
19 *S.W.* II, 629 und Anm.
20 *Sic* die Freunde.
21 Plitt, *Aus Schellings Leben* II, 364.
22 Der Gedanke wurde neulich ausgeführt und mit manchen Zeugnissen belegt von einem italienischen Gelehrten, *Claudio Cesa, La filosofia politica di Schelling*, Laterza, Bari 1969. Dieses Buch wurde mir erst nach der Abfassung meines Vortrags zugänglich.
23 S. W. 398-406.
24 A.a.O., 327.
25 Freilich hier im Sinne einer Unterschrift!
26 In einem Brief an Niethammer vom 22. Dez. 1795 (*S.W.* VI, 207)
27 Hölderlins und Hyperions Motto.
28 Interessante Ansätze und Hinweise – selbstverständlich ohne Schellings Autorschaft in Frage zu stellen – in einem Aufsatz von *H. O. Burger* mit dem bezeichnenden Titel, *Eine Idee, die noch in keines Menschen Sinn gekommen ist.* (*Stoffe, Formen, Strukturen. Studien zur deutschen Literatur.* Festschrift für H. H. Borcherdt, hrsg. von Alb. Fuchs u. Helmut Motekat. München 1962, 1-20). Wegen der Mythologie der Vernunft verweist der Verfasser auf den Zeichner der Kantischen Vernunftlehre (1795), Asmus Jacob Carstens.
29 *S.W.* IV, 582.
30 Der frühverstorbene Weisshuhn (1795) war mit Fichte eng befreundet. L. A. Hülsen, ein rasch verblaßter Stern des Jenaer Bundes, starb, noch jung, im Jahre 1810.
31 *Plitt*, 100.
32 *Plitt*, 111-113.
33 *Plitt*, 119.
34 *Plitt*, 120 (Hölderlin war zuvorgekommen).
35 *Plitt*, 129-130.
36 J. Hoffmeister, *Dokumente zu Hegels Entwicklung*, 226.
37 A.a.O., 261.
38 Nach Fichtes Lieblingsausdruck.
39 H. Nohl, *Hegels theologische Jugendschriften*, Tübingen 1907, 20.
40 A.a.O., 39.
41 A.a.O., 24.

42 A.a.O., 26.
43 A.a.O., 217-218
44 *Die Romantische Schule* (Darmstadt 1961) 648, 693.
45 *F. Schlegels S. W.* (Kritische Ausgabe v. *Eichner*) XVIII, 82.
46 A.a.O., 91.
47 A.a.O., 305.
48 A.a.O., 376.
49 Eine Schlegelsche Erwähnung: Kritischer Kommentator und Ausleger, der homerische Vorlagen verarbeitet.

Zur Auseinandersetzung
mit Kant und Fichte
und zu den Anfängen
der Naturphilosophie
(1794-1797/1800)

Harald Holz
Die Struktur der Dialektik in den Frühschriften von Fichte und Schelling

Die Beziehungen zwischen dem Frühwerk Schellings, d. h. den Schriften etwa zwischen 1794-96, und den gleichzeitigen Schriften Fichtes, d. h. hier vor allem bis zur *Grundlage der gesamten Wissenschaftslehre* v. 1794, waren schon oft Gegenstand der Analyse. So vielfältig die Ergebnisse derselben auch waren, so scheint heute doch eine gewisse Übereinstimmung darin zu herrschen, daß man, sowenig wie Fichte als einen eigentlichen Anhänger Kants im Schulsinn, ebensowenig Schelling – auch schon in seinen Anfängen – als eigentlichen Fichteaner im Schulsinn betrachten kann.[1] Zwar ist es natürlich richtig, daß, wie Fichte auf Kants Philosophie fußt, so auch ähnlich Schelling auf derjenigen von Fichte; aber das schließt Selbständigkeit im strengen Sinn auch schon in der Bestimmung des philosophischen Ausgangspunktes nicht aus, und ferner ist nur eine Ähnlichkeit, nicht mehr, im Verhältnis von Schelling zu Fichte (im Vergleich zu dem von Fichte zu Kant) festzustellen.

Hier soll nun das Verhältnis zwischen Fichte und Schelling, wie es sich in den frühen Schriften (im eben genannten Zeitraum) abzeichnet, etwas näher untersucht werden, und zwar unter möglichster Beschränkung auf den Vergleich formaler Strukturen, d. h. unter dem Gesichtspunkt, wie das eigentlich konstruktive Gerüst, vermittels dessen beide ihre ersten Systementwürfe konzipieren, nämlich die Dialektik, zwischen ihnen Gemeinsamkeiten und Differenzen erkennen läßt.[1a]

I

Zunächst zu Fichte. Am knappsten und überschaubarsten hat sich Fichte über die Struktur seiner Methode ausgesprochen in der Schrift *Über den Begriff der Wissenschaftslehre* (1794); ich stütze mich daher hier vor allem auf diese Schrift, deren Programm im übrigen von der noch im gleichen Jahr erscheinenden *Grundlage der gesamten Wissenschaftslehre* ausgeführt wird. – Fichte geht aus vom Begriff der Wissenschaft, deren wesentliche Kennzeichen gegenüber allen anderen Gestalten des Wissens ihre »systematische Form« ist; d. h. es hängen alle Sätze, in denen Wissen vermittelt wird, miteinander so zusammen, daß sie alle »in einem einzigen Grundsatze« ihr Fundament haben.[2] Es muß sich dabei freilich um wirkliches Wissen (aktuell oder potenziell) handeln, nicht bloß um in sich formallogisch konsequente Erdichtungen.[3] Was das heißt, soll sogleich noch deutlicher erklärt werden. Zuvor jedoch soll uns das Problem, das auch Fichte am meisten bewegt, interessieren, nämlich das der Einheit einer Wissenschaft, genauer, der Einheit der Wissenschaft schlechthin, und schließlich der Einheit des Wissens selbst. – Wissenschaftlichkeit kommt Erkenntnissen zu, wenn der in den einzelnen Sätzen ausgesagten Wahrheit »Gewißheit« zukommt,[4] näherhin, was den Ursprung dieser Gewißheit betrifft, wenn ihnen allen gleiche Gewißheit zukommt; d. h. zugestanden auch, daß allen einzelnen Sätzen für sich genommen, mag ihre Verknüpfung untereinander auch logisch einwandfrei sein, keine hinreichende Gewißheit zukomme, so genügt schon ein einziger Satz, dem eine solche Gewißheit zukäme, und von dem abhängend alle anderen mit Notwendigkeit miteinander verbunden wären, um Wissenschaftlichkeit zu statuieren, also ein Wissen, das bloßem Meinen enthoben ist.[5] Ein solcher »Grundsatz« begründet eine jede Wissenschaft, und nur ein einziger solcher Grundsatz,[6] denn sonst hätte man eben nicht *ein* Prinzip der Gewißheit, sondern mehrere, wodurch eine eigentliche Wissenschaft als ein System gewisser Sätze, nicht mehr möglich wäre.[7] – Die Frage ist nun weiter, worin denn nun der innere Grund der Setzung von Gewißheit für alle anderen Sätze gelegen ist, wenn erst einmal die Gewißheit des ersten Grundsatzes erkannt ist, und dies führt zur Frage: »Wie ist Gehalt und Form einer Wissenschaft überhaupt, d. h. wie ist die Wissenschaft selbst möglich?«[8] Damit ist die Frage nach der Wissenschaft von der Wissenschaft überhaupt gestellt;[9] sie führt unmittelbar in das Zentrum der Philosophie selbst. Freilich, die Möglichkeit derselben läßt sich nicht mehr durch begriffliche Analyse, sondern »nur durch ihre Wirklichkeit« dartun. Philosophie ist somit »schlechthin die Wissenschaft oder die Wissenschaftslehre«.[10]

Die Aufgabe dieser Wissenschaftslehre nun ist es 1., »für alle möglichen Wissenschaften die systematische Form zu begründen«,[11] – 2. muß sie aber selbst systematische Form haben. D. h.

sie muß nicht nur den allerersten Grundsatz überhaupt, also ihre Wissenschaftlichkeit ihrem Gehalt nach, sondern auch ihre Form – wir würden heute sagen: die Struktur ihres noetischen Entwurfs – in sich haben und durch sich selbst begründen.[12] Gehalt ist dabei für Fichte das, »von dem man etwas weiß«, Form dasjenige, »was man davon weiß«; ein Satz ohne Gehalt oder Form ist unmöglich.[13] Damit befinden wir uns schon im Eingang zu den Erörterungen der Wissenschaftslehre, nämlich ihrer Gliederung des allerersten, absoluten Grundsatzes in eine unbedingte und bedingte Dimension: jeweils gemessen an seinem Verhältnis zu Gehalt und Form.[14] – Die Dialektik, in der Fichte das innere Verhältnis der Bestimmungen des allerersten Grundsatzes entwickelt, hat nun zunächst hypothetischen Charakter: bei unbedingtem Gehalt wird die Form des ersten Grundsatzes bedingt sein, bei unbedingter Form wird durch sie der Gehalt bestimmt werden.[15] Daraus resultiert wiederum die Gesamtzahl der Formulierungen des allerersten Grundsatzes: Es gibt einen schlechthin nach Form und Gehalt durch sich selbst bestimmten, einen allein der Form nach, und einen allein dem Gehalt nach durch sich selbst bestimmten Grundsatz.[16] Damit ist schon ein bestimmtes Grundmuster für die Dialektik Fichtes gegeben, in das sich alle späteren Schritte des methodischen Fortgangs einordnen lassen. – Ob es freilich einen solchen obersten Grundsatz auch tatsächlich gibt, oder ob nicht das Erste ein Mythos ist,[17] oder vielleicht unser Wissen pluralistisch und finitistisch ist, so daß es letztlich keine absolute Gewißheit gäbe und wir »immer bereit sein« müßten, »uns irgendwo ein neues Häuschen anzubauen«,[18] – diese Frage kann nur durch den Versuch selbst entschieden werden.[19]

Auf die Fragen, die Fichte im Anschluß an diese bisher gegebene Deduktion stellt, nach dem Umfang der aus der Wissenschaftslehre ableitbaren übrigen Wissenschaften, nach der entsprechenden Grenze, nach ihrem Verhältnis zur formalen Logik, soll hier nicht näher eingegangen werden. Uns interessiert hier nur die Frage nach dem Verhältnis zu ihrem Gegenstand.[20] – Das Objekt der Wissenschaftslehre ist »das System des menschlichen Wissens«, das unabhängig von seiner Wissenschaft, die es behandelt, »vorhanden« ist, aber durch sie »in systematischer Form« erstellt wird.[21] Dies Vorhergegebene sind die »Handlungen« des menschlichen Geistes, die untereinander systematisch zusammenhängen.[22] – Immer noch hypothetisch steckt Fichte vor diesem Hintergrund dann den Rahmen ab, innerhalb dessen sich die Wissenschaftslehre zu entfalten hat: Da es um das Wissen des Wissens schlechthin – als Handlung – in seinem letzten Grunde geht, könnte man den ganzen Stoff dieser Wissenschaft eingegrenzt sein lassen von den beiden Aussagen: 1. der Selbstsetzung der Intelligenz (im Satz formuliert: Ich bin) und 2. der Setzung von etwas mit jenem ersten notwendig Verbundenen, das nicht sie ist.[23] – Der Erweis der Richtigkeit des ganzen systematischen Entwurfs aber kann durch nichts anderes gegeben werden, als wiederum nur durch die in der Ausführung des Systems selbst zu beobachtende Feststellung der Übereinstimmung dessen, was die Philosophie als erste (oder letzte) Gründe bzw. deren Wirkungsweise eruiert, mit der Wirklichkeit, wie sie uns die Erfahrung selbst bietet.[24] In diesem Sinn ist Fichtes Methode spekulativ experimentierend;[25] insofern sind wir »nicht Gesetzgeber des menschlichen Geistes, sondern seine *Historiographen.*« Die Spekulation selbst wird zum Feld einer »*pragmatischen Geschichtsschreibung*« des menschlichen Geistes.[26]

Der formale Aufbau des Ganzen der Wissenschaftslehre erfolgt dann im Rahmen dieser experimentierenden Spekulation vor dem Hintergrund jener beiden Pole im Gegenstandsbereich: Ich und Nicht-Ich. Das Ich wäre dann »in zweierlei Rücksicht zu betrachten«, 1. als dasjenige, in dem einmal das Nicht-Ich gesetzt sein muß; denn gesetzt sein muß dies, sonst wäre es gar kein möglicher Gegenstand der Erkenntnis. 2. Das Ich aber, sofern es dem Nicht-Ich *entgegen*gesetzt gedacht wird, ist nicht mehr jenem ersten Ich gleich, von dem das Nicht-Ich, aber dann auch das dem Nicht-Ich entgegengesetzte Ich überhaupt »gesetzt« ist. Zwischen Nicht-Ich und (entgegengesetztem) Ich herrscht die Gleichheit des Gesetztseins, und zugleich die Differenz im Gehalt. Dies läßt sich wiederum in dem allerersten, obersten, umfassenden Ich nur denken, wenn ein drittes Moment gefunden wird, in dem sie beide formell übereinstimmen. Dies wird von Fichte »Quantität« genannt, womit allerdings bloße »Teilbarkeit« schlechthin[27] gemeint ist; im Blick auf Schelling kann man auch sagen: reine (wenn auch keineswegs unbestimmte) Vielheit schlechthin.

Das erste, absolute Ich schlechthin wird also schon auf dem Niveau seiner allerersten Bestimmtheit in mehrfacher Hinsicht unter der Rücksicht von Quantität und Differenz oder von Einheit und Vielheit charakterisiert: Es herrscht Einheit, sofern das absolute Ich als Grund der Vereinbarkeit beider anderen Momente, des entgegengesetzten Ich und des Nicht-Ich, fungiert. Als solches ist es Grund von Mehrheit schlechthin unter seinen untergeordneten Gliedern. – Zugleich damit aber ist auch eine Mehrheit zwischen ihm selbst (als Grund) und seinen Resultanten (der bestimmten Einheit zwischen seinen untergeordneten Komplexen und diesen selbst) gesetzt. Dieser erstkonstituierende Komplex von Einheit und Diversität wird von Fichte auf dieser Stufe seines Philosophierens nicht mehr weiter zum Gegenstand der Reflexion gemacht.[28] Hier wird Schelling schon sehr früh einen Punkt der Kritik an Fichte finden. – Sehr bezeichnend aber für die Grundstruktur der Systematik, die Fichte durch alle die verschiedenen Entwürfe bis hin zur Spätphase leitet, ist der zweite Gesichtspunkt, unter dem diese ursprüngliche Polarität von Ich und Nicht-Ich – wie man es wohl nennen darf – betrachtet wird: Der Begriff der Teilbarkeit scheint unmittelbar auf die aporetische Vorstellung eines Ich zu führen, das durch das Nicht-Ich bestimmt wird. Die sich hier auftuende Verlegenheit wird dadurch vermieden, daß also auch in dieser Rücksicht das Ich noch kausal bestimmend ist, und zwar im Hinblick auf das *ganze* Verhältnis von Ich und Nicht-Ich. Da aber das Ich, das hier kausal bestimmend sein soll, zwar jenes zweite, abgeleitete Ich ist, nichtsdestoweniger aber gerade in der Tätigkeit seiner Kausalität vermittels der absoluten Kausalität des ersten Ich operiert, so muß, damit überhaupt das Nicht-Ich nicht völlig in einer solchen Kausierung seine Funktion verliert, ebendiese Kausalität jener ersten Dimension entzogen sein, die den theoretischen Teil der Wissenschaftslehre bestimmt: Sie darf als nichts in sich Vorstellbares, und damit zu einem fixierbaren Ende oder Resultat Gelangtes gedacht werden. D. h. aber, sie muß als schlechthin nicht-vorstellbar, wenn auch als kausal wirkend gedacht werden: was für Fichte an dieser Stelle allein im Begriff des *Strebens* verifiziert erscheint. Da es sich dabei um absolute Kausalität handelt, wodurch das Ich sich zum Nicht-Ich bestimmend verhält, so ist der Gegenstand dieses Strebens *unendlich*. Damit ist in knappster Form die Grundlage des praktischen Teils der Wissenschaftslehre programmatisch erarbeitet.[29]

Zusammenfassend läßt sich der Fortgang im Aufbau der Wissenschaftslehre also so formulieren: 1. Grundsatz: Ich bin (im Sinn: Ich bin Ich), – 2. Grundsatz: Wenn ich bin, so ist auch ein Nicht-Ich, – 3. Grundsatz: Ich und Nicht-Ich sind gesetzt als in Beziehung zueinander stehend (woraus die Bestimmung beider als teilbar resultiert).³⁰ – Der dialektisch vermittelnde Begriff erscheint dabei als derjenige der *Setzung:* sowohl absolut, im Gegenüber zu einem ersten Anderen in der Vermittlung, als auch bedingt, d. h. unter gewissen einschränkenden Aspekten. – Aus dem letzten Grundsatz folgen aber zwei weitere, auf denen sich unmittelbar die Wissenschaftslehre, also die Philosophie als theoretische und praktische aufbaut: (4.) »Ich und Nicht-Ich bestimmen sich gegenseitig« derart, daß gilt: »das Ich setzt sich als bestimmt durch das Nicht-Ich« – daraus resultiert die theoretische Philosophie –; und derart, daß gilt: (5.) »das Ich setzt sich als bestimmend das Nicht-Ich«³¹ – daraus resultiert die praktische Philosophie. – Die theoretische Philosophie dient dabei allein als Grundlage der praktischen, dazu ist sie allerdings auch unumgänglich erfordert; die praktische Philosophie ist aber, aufs Ganze der Philosophie gesehen, »bei weitem der wichtigste« Teil.³² Die Einzelfragen, wie z. B.: Warum gibt es ein Subjekt und ein Objekt, welches sind die Gesetzmäßigkeiten der Beziehung zwischen beiden?, werden daher befriedigend allein aus dem unendlichen Streben erklärt. Der ganze Aufbau der theoretischen Philosophie und die Theoretisation ihres Gegenstandes, wozu eine »Theorie des Angenehmen, des Schönen und Erhabenen, der Gesetzmäßigkeit der Natur in ihrer Freiheit, der Gotteslehre, des sogenannten gemeinen Menschenverstandes […] ein Naturrecht und eine Sittenlehre […]«³³ gehören, dienen letztlich nur dazu, dem sittlichen Handeln das Feld seiner gegenständlichen Ermöglichung vorzugeben.³⁴

II

Hier soll die Erörterung Fichtes abgebrochen und statt dessen der Versuch Schellings untersucht werden, nun seinerseits, sowohl an Fichte anknüpfend wie auch sich von ihm distanzierend, einen Entwurf des Aufbaus und der Konstruktion der Philosophie im ganzen zu leisten. – Dabei werde ich mich vor allem auf die Schriften bis etwa 1796, also auf die eigentlichen Frühschriften, stützen.³⁵ Daß diese frühesten Schriften in der Sicht jedenfalls des späteren Schelling gegenüber Fichte einen eigenen Ansatz besagen, geht daraus hervor, daß er in ihnen das »heuristische Prinzip« seiner ganzen späteren Schriften niedergelegt sein lassen will.³⁶ Auch wenn man eine gewisse Blickverschiebung aus der Sicht des alten Schelling mit in Rechnung stellen muß, liegt in dieser Äußerung doch wenigstens so viel Wahres, daß in den Frühschriften die zentrale Thematik Schellings schon zu finden ist, und dies in der ständigen Auseinandersetzung mit der zeitgenössischen Philosophie, worin Fichte zwar einen hervorragenden, aber doch nicht den einzigen Platz einnahm. Wie bekannt, tritt schon sehr früh Spinoza in Schellings Gesichtskreis,[37] aber auf der anderen Seite wiederum wird auch Kants Werk zu Rate gezogen.[38] – Seine erste philosophische Schrift von Rang (*Über die Möglichkeit einer Form der Philosophie überhaupt*, 1794) ist zwar noch weithin Referat von Fichtes Schrift *Über den Begriff der Wissenschaftslehre*, setzt aber doch einen eigenen Akzent in der Behandlung des ersten Prinzips der Philosophie überhaupt, insbesondere des Verhältnisses von Form und Inhalt in demselben. Schellings eigener Ansatz deutet sich an in seiner Kritik an der Kantischen Fassung des obersten Grundsatzes der Philosophie: Schelling zufolge hat Kants Grundprinzip in sich selbst keine hinreichende Einheit, woraus sich die geordnete Verschiedenheit analytischer und synthetischer Urteile herleite;[39] ferner wird auch die Kategorientafel in ihrem inneren Zusammenhang mit jenem allerersten Prinzip, welches das Denken überhaupt zu bestimmen hat, nicht einsichtig;[40] und schließlich hat Kant den Gegenstandsbereich, für den diese Prinzipien zu gelten haben, schon zu sehr spezialisiert, woraus das Ungenügende in seiner Fragestellung nach dem ersten oder dem Grundprinzip alles Denkens überhaupt resultiert.[41] Schellings Kritik findet ihren zentralen Ansatzpunkt darin, daß Kant die Grundform, welche alles Denken bestimmt (und ebenso den Gegenstand des Denkens), zwar operativ richtig anwendet – z. B. ergibt innerhalb der vier Hauptgruppen der Kategorien sich eine Art von Dialektik, so daß jeweils »die dritte Form aus der Verbindung der ersten und zweiten ihrer Klasse entspringe« usw.[42] –, daß er aber den ursprünglichen, »ersten« Prinzipiencharakter dieser Struktur nicht erkannt habe; dies zeige sich z. B. darin an, daß er genau diese Urform mit anderen abgeleiteten zusammen »in einer gleichen Reihe« gesetzt hat: Die Kategorie der Relation erscheint in der Kategorientafel an dritter Stelle mit den Begriffen von Quantität, Qualität und Modalität.[43] Daß aber »die Formen der Relation nicht nur allen übrigen zu Grunde liegen«, sondern wirklich identisch mit der Urform (der analytischen, synthetischen und des aus beiden resultierenden Denkens) sind, wird von Schelling dann weiter im einzelnen abgeleitet.[44] Damit geht er einen Schritt über den Ansatz Fichtes hinaus, insofern das, was Fichte zwar auch an den Anfang der Philosophie stellt, aber doch eben nur als ein Faktum der Vernunft, des reinen Bewußtseins, betrachtet, von Schelling zum ausdrücklichen Gegenstand einer eigenen Begründungsreflexion gemacht wird. Damit verbindet sich bei ihm die Ableitung der ursprünglichen Formen des Urteilens überhaupt: Das kategorische Urteil ist ursprüngliche Struktur des Denkens unter der Rücksicht »unbedingten Gesetztseins«; letztes Prinzip ist hier das »Gesetz des unbedingten Gesetztseins« selbst oder der Satz des Widerspruchs. – Das hypothetische Urteil ist ursprüngliche Struktur des Denkens unter der Rücksicht des »bedingten Gesetztseins«; letztes Prinzip ist hier der sog. Satz vom Grunde. – Das disjunktive Urteil ist ursprüngliche Struktur des Denkens unter der Rücksicht, daß durch ein Ganzes von Bedingungen überhaupt Etwas gesetzt ist; letztes Prinzip ist hier für Schelling der Satz von einem Dritten,[45] auf das sich zwei sich wechselseitig Ausschließende beziehen.[46] – Anders betrachtet kann man auch sagen, daß der kategorische Charakter in seinem Prinzip einen Satz verlangt, der schlechthin durch seine Form unbedingt ist und zugleich ebensosehr durch seinen Inhalt; der also keinen höheren Inhalt, und keine grundlegendere Form überhaupt voraussetzt. – Das aber ist allein der Fall im Satz vom Widerspruch. – Der hypothetische Charakter verlangt in seinem Prinzip einen Satz, der seiner Form nach bedingt ist, und zwar so, daß sie nur durch den Inhalt eines höheren Satzes (der Geltung nach) möglich wird. Das aber besagt genau das Prinzip vom Grunde. – Der disjunktive Charakter des dritten Satzes bringt demgegenüber eigentlich nichts wesentlich Neues mehr dazu, obwohl in ihm als der Verbindung der beiden vorhergehenden Formen des Denkens doch eine weitere Grundform der Möglichkeit, zu denken, überhaupt gegeben ist.[47]

Es klingt zunächst ganz wie bei Fichte, wenn gesagt wird, von den drei Grundsätzen, in die sich das erste Prinzip der ganzen Philosophie gliedert, sei der erste, »schlechthin, seinem Inhalt und seiner Form nach, der zweite nur seiner Form nach unmittelbar, der dritte nur seinem Inhalt nach unmittelbar unbedingt«. D. h. Ich und Nicht-Ich sowie das beide in sich vereinigende Dritte erschöpfen den ganzen Inhalt der Philosophie und ihres Gegenstandes, daher auch sind sie Grund aller »Form«,[48] oder der Art der inneren, d. h. ursprünglich kausalen, Verknüpfung.[49] Aber was hier fehlt, ist der unmittelbare Übergang zur Grundlage der praktischen Philosophie, es fehlt auch schon hier im ersten Prinzip die völlig konsequente Hinordnung auf die Ermöglichung sittlichen Handelns wie bei Fichte. – Statt dessen beansprucht schon hier das Thema der ursprünglichen *Einheit* des obersten Prinzips in rein theoretischer Betrachtungsweise ein gewisses Eigenrecht; damit zusammen geht ferner eine formellere Betrachtungsweise der verschiedenen Momente des ersten Prinzips, d. h. der drei ersten Grundsätze.[50]

In den beiden folgenden Schritten folgt dann gewissermaßen so etwas wie eine Explikation des im allerersten Anfang Angedeuteten, indem Konsequenzen gezogen werden.[51] – Der Gang der Schellingschen Überlegungen ist dann der, daß zunächst das Prinzip der Philosophie untersucht wird, und d. h. hier: der zentrale Gegenstand, mit dem sie es zu tun hat, – und gleichzeitig damit auch die Methode, die sich aus der Weise der Adäquation unseres Denkens in betreff dieses Gegenstandes ergibt –: dieser Gegenstand ist zunächst das Absolute selbst, unter völligem Absehen von allem, was für es selbst Anderes ist; man könnte auch sagen, das Absolute *für sich* betrachtet.[52] – Die sich unmittelbar daran anschließende Frage ist die nach der Beziehung zwischen dem Absoluten an sich selbst und dieser unserer Welt sowie unserem Denken als dem Anderen des Absoluten, genauer noch: nach der Möglichkeit einer solchen Beziehung, eines solchen Verhältnisses überhaupt. Die Antwort lautet bekanntlich, daß ein solcher Übergang streng genommen nur in einer Hinsicht möglich ist, nämlich allein vom Endlichen zum Unendlichen: als Streben.[53] – Die weitere Frage nach der näheren Art und Weise, wie nun dieses Streben als Vermittlung der beiden Bereiche genauer zu bestimmen ist, führt auf den Gedanken einer Zweigleisigkeit oder *systematischen Polarität* des Gesamtaufbaus des Gegenstandes der Philosophie wie auch damit der Philosophie selbst: auf eine philosophische Theorie der Objektivität, und eine solche der Subjektivität, aber so, daß beide wechselseitig einander zugeordnet sind und sich zu einer umfassenden Totalität durchdringen.[54] – Mit diesen Gedanken, die etwa bis 1797 entwickelt werden, schließt ein erster systematischer Wurf ab, in welchem Schelling in der ständigen, kommentierenden Auseinandersetzung mit Fichte die Grundlagen seines eigenen philosophischen Systems ausarbeitet.[55]

Gewissermaßen nur in Auswahl soll dazu noch ein charakteristischer Gesichtspunkt aus den drei soeben genannten Schriften skizziert werden, der es erlaubt, das Wesentliche der Schellingschen

Methode, im Unterschied zu der Fichtes, herauszuheben. – Dies betrifft den Versuch, das Absolute schon ganz im Anfang möglichst von sich selbst her – ich nannte es vorhin schlagwortartig in seinem »Für sich« – zu denken, so, daß sich dies unser Denken als ein – sich in seiner Nicht-Absolutheit eines bloßen Instrumentariums (durch die Reflexion) bewußt werdendes – dienendes Vehikel zum Absoluten hin erweist. – Die Schwierigkeit liegt an dieser Stelle darin, daß ungeachtet des diskursiven Denkinstrumentariums das Absolute an und für sich selbst gedacht werden soll;[56] das geht zunächst nicht anders als durch grundsätzliche Negationen: Das Absolute ist nicht Objekt oder Ding (weder als Gattungsbegriff, noch als transzendenter Begriff, noch auch einfachhin als Existenz gefaßt).[57] Es ist weder Objekt noch auch Subjekt (als dem Objekt Entgegenstehendes).[58] Es ist weder reines Denken für sich, noch auch reines Sein für sich, sondern die In-Differenz des absolut Realen und absolut Idealen.[59] – Damit ist für 1797 ein Überschreiten des Fichteschen Entwurfs (von 1794) gesichert: Das Absolute wird zwar – in der Negation des spinozistischen Absoluten, das im Bereich des Nicht-Ich verbleibt[60] – als »Ich« definiert, und dieses, wenn auch vermittelt (!), in einem Bezug auf das individuelle Ich gesehen;[61] doch wenn das Absolute auf absolute Weise gedacht werden soll,[62] so ist es nicht nur weder Art, noch Gattung, noch Individuum, weder zusammenfassend, noch zusammengefaßt, weder begrifflich erfaßbar, noch demonstrierbar, noch überhaupt vermittelbar,[63] weder empirisch eines noch vieles:[64] Es ist überhaupt nicht objektivierbar.[65] Da es aber auch nicht Nichts ist, ja als der Grund von Allem eine bestimmte Funktion hat, wenn auch nur wiederum auf dies unser Denken (wenigstens des Absoluten) hin, so zieht Schelling die Konsequenz, daß das Absolute (das keinesfalls Nicht-Ich sein kann) »nur durch sich selbst als unbedingt gegeben« sein muß,[66] daß seine Realität nur durch sich selbst, nicht durch ein irgendwie geartetes Anderes, garantiert sein kann.[67] Das aber, so wird weiter geschlußfolgert, bedeutet eine Art von Allgegenwart des Ich in allen seinen Attributen – die es nur uneigentlich sind –, und dies besagt für das Ich einerseits eine unendliche Fülle,[68] andererseits: formale Identität.[69] Diese unendliche Fülle charakterisiert sich näher als eine Folge konstitutiver Bestimmungen: Einheit von Denken und Sein, Sein und Nichts, Tätigkeit und Ruhe (Subjektivität und Objektivität).[70] Die formelle Identität wiederum ist nicht bloße Tautologie, sondern die

Form der absoluten Selbstsetzung.

Wenn man einmal von der polemischen Gefärbtheit vieler Schellingscher Äußerungen aus dieser Zeit absieht,[71] so ergibt sich für die Methode, die hier angewandt wird, folgendes: Der Negation der endlichen Eigenschaften und Bestimmungen in bezug auf den Begriff des Absoluten geht die Forderung voraus, das Prinzip der Philosophie in seinem absoluten Sinn, d. h. im möglichst absoluten Sinn, zu erstellen. Gleichbedeutend damit ist die Forderung einer ursprünglichen, transzendentalen Konstruktion des zentralen Gegenstandes der Philosophie und zugleich der Philosophie selbst, d. h. des Ich oder des Absoluten.[72] Das erste Prinzip nun dieses zentralen Gegenstandes, mit dem zugleich auch das erste Prinzip der Philosophie gegeben wäre, zu suchen, setzt also einen zunächst im einzelnen noch unbestimmten affirmativen Vorgriff auf das Absolute voraus. Daneben aber geschieht die nähere Bestimmung des Absoluten als eben dieses Prinzips durch bestimmte Negation. Diese selbst aber umfaßt die wesentlichen Kategorien der Bestimmung des Endlichen; dabei ist es nebensächlich, von wo aus, von welchem Punkt die Reihe der Negation beginnt. Ebenso wesentlich aber ist dann in einem weiteren Schritt die Grenzbestimmung oder die Artikulierung der Grenzfunktion der Gesamtheit dieser Negationen: Das Absolute wird auf dieser Stufe begriffen als nicht dualistisches,[73] wohl aber, wenn man es so nennen darf, polares – d. h. gegensätzliches, aber keineswegs eine innere Einheit dieser Gegensätze verneinendes, ausschließendes – Prinzip. Das schließt konsequenterweise ein, daß auf dieser Ebene der Spekulation die Beziehung von Einheit und Vielheit in einer *einzigartigen* Weise zu bestimmen ist, die so keineswegs ohne weiteres wiederholbar ist. Die Charakterisierung des Absoluten auf diesem Niveau erfolgt bei Schelling – es wurde schon gesagt – »formalistischer« als es etwa bei Fichte der Fall war, insofern gerade die Beziehung von Vielheit und Einheit als solche thematisiert wurde. Dieser Schritt aber, von der Negation der endlichen Bestimmungen zu einer Integration von Einheit und Vielheit, ließ sich nicht auf der Ebene jener Negation selbst vollziehen; es wurde damit ein neues operatives Niveau der Erkenntnis gesetzt. Dies genau meint zunächst, wie ich glaube, der Begriff der *intellektualen* Anschauung.[74] – Hier geht es primär um das Thema der Methode, um das dialektische Vorgehen. Die intellektuale Anschauung kann daher in dem, was sie inhaltlich meint, hier nicht weiter verfolgt werden. –

Das Besondere dieser Dialektik, die sich aus dem Zusammen von ursprünglicher positiver Setzung, bestimmender Negation, und deren Transzendierung zu erneuter, nun bestimmterer Positivität, ergibt, ist dann vielleicht dies, wie schon angedeutet, daß diese zweite Positivität, wenn sie erst einmal überhaupt statuiert wird, auch sogleich bis an die Grenzen des überhaupt nur Möglichen ›ausgenutzt‹ wird. – Für den Begriff des Absoluten heißt dies: Ist es überhaupt erst einmal möglich, so *muß* es auch bis an die Grenzen des ihm Möglichen expliziert werden.[75] Damit erhält der Begriff des Absoluten jedoch ein eigenes Schwergewicht zugesprochen. Denn es erhebt sich die Frage: Wenn das Absolute weder jede einzelne auf das Endliche zutreffende Bestimmung ist, aber zugleich eine identische Allgegenwart dieser Bestimmungen in Etwas besagt, darüber hinaus den Zusammenfall konträrer allgemeiner Bestimmungen bedeutet und sein Begriff auf das äußerste auf seine eigenen Möglichkeiten hin ausgeschöpft werden soll, – wenn das so ist, dann erhebt sich die interessante Möglichkeit, den letzten Grund für diesen Bestimmungskomplex in etwas anzusetzen, was radikal (im Sinne von ›unbedingt wurzelhaft‹) unabhängig von *dem* Denken ist, das eben durch Endlichkeit, Diskursivität usw. gekennzeichnet ist; es würde also das Absolute so von sich her primär charakterisiert. Dieser Schritt zeichnet sich in den Frühschriften erst als eine Möglichkeit, als eine äußerste Hypothese in bezug auf das Absolute ab.[76] Umgekehrt aber ist eine solche Möglichkeit nur dann wirklich als belangvoll zu erheben, wenn zuvor alle Möglichkeiten, das Absolute nicht von sich her, sondern von dem ihm Anderen – also von unserem Denken her – zu bestimmen, ausgeschöpft sind. – Man sieht, wie schon hier bestimmte Grundstrukturen von Schellings Denken sich abzeichnen, die dann in seinem späteren Werk mehr zur Wirkung kommen werden.[77]

III

Will man abschließend die Ansätze beider Denker in methodischer und inhaltlicher Hinsicht charakterisieren, so läßt sich von Fichte sagen, daß er im Vergleich zu Schelling eine gleichsam mehr »lineare« Denkform[78] bevorzugt, die zwar grundsätzlich auch im ersten Ansatz eine gewisse Mehrheit (eben auf Prinzipienebene) einschließt, die aber dann – wenigstens dem Anspruch nach – alle weiteren Schritte im Aufbau des Systems in streng einheitlicher, formal sich identischer Methode leistet, d. h. so, daß jeder Schritt im ganzen des Systemaufbaus seine endgültige Stelle in bezug auf sein systematisches »Vorher« und »Nachher« hat. Dem widerspricht nicht die in kontinuierlichem Vorgriff sich zu übesteigen versuchende Reflexion auf die absolute Struktur des ersten Prinzips, die sich durch die *Wissenschaftslehre* von 1794 bis 1812 durchhält.[78a] – Demgegenüber eignet Schellings Ansatz schon von seinem ersten Anfang her eine gewisse Pluralität, die zwar zunächst mehr »inhaltlich« bestimmt erscheint, die aber dann auch in seiner Methodik sich auswirkt: freilich nicht so, als ob Schelling gleich mehrere Methoden, je nach dem Gegenstand, anwenden würde, aber doch so, daß innerhalb ein und derselben Methode das Wesentliche des Fortgangs nicht so sehr in der strengen Ordnung eines Nacheinander, sondern im Ausschöpfen der Möglichkeiten einer Einheit-von-Mehrerem gemäß dem Schema eines sachlichen Zugleich besteht. – Damit hängt zusammen, daß an die Stelle des Primats des Problems des Sittlichen bei Fichte – dem dann die Problematik von Einheit und Vielheit des systematischen Entwurfs zunächst als etwas Zweites eingeordnet erscheint – bei Schelling der Primat des Problems von Einheit und Vielheit als solchen, d. h. aber dann auch in verschiedenen Problemfeldern und auf verschiedenen Problemebenen, tritt.[79] Im Zuge dieses anderen Ansatzes wird dann bei ihm sehr bald schon der Aspekt einer den Akzent auf den theoretischen Ausgleich zwischen theoretischer (und damit letztlich auf die Welt der »Natur« bezogener) und ethisch-praktischer Betrachtungsweise legenden Philosophie in den Vordergrund treten.

Damit ist weiter gegeben, daß zwar später sehr wohl die Thematik einer Staats-, Geschichts- und Religionsphilosophie sich Fichte als Konsequenz dieses seines ursprünglichen Ansatzes ergeben würde, daß aber weder eine Naturphilosophie noch eine Ästhetik[79a] (als eine Philosophie der Kunst und des Schönen) und ebensowenig eine philosophische Aufarbeitung des Mythos in seinen Interessenkreis treten würden. – Umgekehrt wiederum läßt sich bei Schelling von der hier skizzierten Struktur seines allerersten Anfangs her eine Reihe von Phänomenen in ihrem inneren Zusammenhang verständlich machen, die sonst nur schwer oder gar nicht als in sich zusammenhängend einsichtig zu machen sind. Dazu gehört einmal der erstaunliche Befund einer intensiven Hinwendung zum Platonismus, sei es nun Platons Philosophie selbst, oder seien es die spätantiken Systematiker seiner ursprünglichen Philosophie, und hier vor allem Plotin.[79b] Platons Philosophie in der systematischen Form, die Plotin ihr gegeben hat, muß von den im Grundkonzept Schellings liegenden immanenten Entfaltungsmöglichkeiten her eine großartige und tiefwirkende katalysatorische Funktion für Schellings Denken zugesprochen werden; Spinoza, der von manchem der Zeitgenossen Schellings als der »konsequente Plotin« aufgefaßt wurde,[80] stellte hier nur den Anfang eines Weges innerlich kombinierter systematischer Ausarbeitung und philosophiehistorischer Auseinandersetzung dar. Es bedurfte nur noch eines äußeren Anstoßes,[81] um Schelling auf diese Bahn zu weisen. Auf der anderen Seite stellt unserer Meinung nach die Dreiheit der sog. Transzendental- und Naturphilosophie sowie des sog. Identitätssystems eine zweite Stufe des ursprünglichen Entwurfs dar, innerhalb deren jeder dieser »Systemteile« nicht in einer (im Sinne Fichtes oder gar Hegels verstandenen) *linearen* Dialektik einander zugeordnet ist, sondern eher jeweils eine von einem anderen Ausgangspunkt korrelativ her entworfene Gesamtkonzeption darstellt, die jeweils – dem Ausgangspunkt entsprechend – einen Schwerpunkt, den sie sich thematisch gewählt hat, breiter entwickelt, die aber wesentlich durch Wechselseitigkeit des Bezuges und des inneren Bedingtseins und Angewiesenseins eines jeden der je eigenen Prinzipien dieser drei Systemteile oder -aspekte aufeinander charakterisiert ist. Die Gesamtstruktur ist dann hier einerseits teleologisch: Die Auflösung bringt erst das Gesamtsystem, das aber als solches schon in die nächste Phase wiederum des Schellingschen Philosophierens verweist, also hier in die Phase von Freiheits- und Weltalterphilosophie, – andererseits aber auf seine formale Gestalt hin besehen erst recht von einer gewissen Pluralität in der Prinzipiensphäre bestimmt erscheint.

Die Bedeutung der Relation und der Korrelativität für die Eigenart der Schellingschen Dialektik kann kaum überschätzt werden,[82] auch wenn sie nach dem genialen Aufblitzen in einer der Erstlingsveröffentlichungen später nicht mehr so explizit zum Gegenstand der Reflexion gemacht worden ist. – Dies eine sei noch hervorgehoben: Den philosophiegeschichtlichen Hintergrund des Schellingschen Philosophierens bildet neben der Auseinandersetzung mit der zeitgenössischen Philosophie eines Kant (mit dem Schwergewicht auf der *Kritik der Urteilskraft*), Fichte, Reinhold, Mendelssohn, Bardili u. a. der Platonismus.[83] Und dies in einem Maße, daß man es gegen manche Irrwege der zeitgenössischen Schellingforschung als eine Arbeitsthese formulieren möchte: Schelling kann nur verstanden werden, und zwar in *allen* Phasen seines Philosophierens, wenn man als geschichtlichen, mehr noch aber als systematischen Hintergrund den *ursprünglichen* Platonismus, wie er von Platon bis zu Plotin sich ausgebildet hat, ansieht.[84] Viele der Schwierigkeiten und Eigenarten der Philosophie Schellings, in seiner Sprache, Begrifflichkeit, Systematik, und sogar in seiner Thematik, sind fast die gleichen, wie sie im Platonismus (so wie er eben umrissen wurde) auftreten.[85]

1 Von der Literatur werden hier nur die neuesten Veröffentlichungen herangezogen. So vgl. etwa R. Lauth, *Die erste philosophische Auseinandersetzung zwischen Fichte und Schelling, 1795-1797*, in: ZfphF. 21 (1967) 341-367; W. Hartkopf, *Die Dialektik Fichtes als Vorstufe zu Hegels Dialektik*, in: ZfphF. 21 (1967) 173-207, und ders., *Die Dialektik in Schellings Frühschriften*, a.a.O., 22 (1968) 3-23, 228-248; W. Schulz, *Fichte–Schelling, Briefwechsel*, Frankfurt/M. 1968, Einleitung: 7-50; dort auch weitere Literaturangaben 51-54; W. Szilasi, *Schellings Anfänge und die Andeutung seines Anliegens*, in: *Studia philosophica* 14 (1954) 51-67; M. Gueroult, *La philosophie Schellingienne de la liberté*, a.a.O., 146-161.

1a Es wird daher auf eine einläßlichere Auseinanderlegung der verschiedenen »Einflußlinien« (so vor allem von Kant und Spinoza her) verzichtet (vgl. dazu auch die Literatur in der vorigen Anm.). Daß ich mich an dieser Stelle auf Fichte beschränke, hat seinen Grund darin, daß er für die Ausbildung der eigenen *Dialektik* Schelling den entscheidenden Anstoß gegeben hat, daran dürfte auch die Äußerung Schellings über seinen Wahlspinozismus (Brief v. 4. 2. 1795 an Hegel: Plitt, *Aus Schellings Leben, In Briefen*, Leipzig, 1869-70 [3 Bde.], I, 76) nichts ändern.

2 Vgl. WW I, 38. – Fichtes Werke werden hier zit. nach der Ausg. v. F. Medicus, Auswahl in 6 Bdn., Leipzig, 1908-11 (zit. *Med.*).

3 A.a.O., 39.

4 A.a.O., 40.

5 A.a.O., 41.

6 A.a.O., 42.

7 Vgl. a.a.O. 53 f.

8 A.a.O., 43.

9 A.a.O., 44.

10 A.a.O., 45.

11 A.a.O., 47.
12 A.a.O., 48 f.
13 A.a.O., 49: Z. B. »Gold ist ein Körper«; Gehalt: Gold, Körper, – Form: deren Verbindung.
14 Vgl. a.a.O., 91-107. Hierauf bezieht sich Schelling in seiner ersten Schrift von 1794: *Von der Form einer Philosophie überhaupt*.
15 A.a.O., 49 f.
16 A.a.O., 50; – Vgl. dazu auch Anm. 14.
17 A.a.O., 52.
18 A.a.O., 53 f.
19 A.a.O., 54.
20 A.a.O., 57.
21 A.a.O., 70.
22 A.a.O., 71.
23 A.a.O. – Die Form deckt sich ohnehin mit der strengen Verbindlichkeit der Verknüpfung von Sätzen, welche einesteils Gegenstand der Dialektik, andernteils Gegenstand der formalen Logik ist; nur daß die Wissenschaftslehre auch zugleich jeweils den letzten Grund dieser Verbindlichkeit evident macht (im Gegensatz zur Logik); vgl. a.a.O., 66-70.
24 Vgl. z. B. a.a.O., 65, 70.
25 Vgl. a.a.O., 73-75.
26 A.a.O., 77.
27 A.a.O., 108; 212; vgl. ferner in den *Ges. Werken*, hrsg. v. I. H. Fichte, Berlin, 1834-1846, I, 108 (zitiert als: *WW*).
28 A.a.O., 213: vgl. *WW* I, 104, 246.
29 A.a.O.; vgl. *WW* I, 261.
30 Vgl. a.a.O., 214. – Den Unterschied zwischen der Programmschrift (*Über den Begriff der Wissenschaftslehre*, 1794) und der ausgeführten *Wissenschaftslehre* vernachlässigen wir hier. Er würde besonders das Verhältnis der beiden ersten Grundsätze zum Begriff der Setzung betreffen.
31 *WW* I, 246.
32 *Med.* I, 213.
33 A.a.O., 213 f.
34 Vgl. etwa *WW* I, 246 f., IV, 1-12, 15 f. – Der Begriff des Strebens hat dabei weitreichende Folgen: So ist z. B. das sittlich Gute als solches bestimmt durch das Streben nach der endgültigen Vereinigung des abgeleiteten Ich mit dem absoluten, was unter anderer Rücksicht mit der Einheit von Subjektivem und Objektivem gemeint ist. – Das radikal Böse wird dann zur Trägheit eben dieser Tendenz gegenüber (vgl. z. B. *Sittenlehre:* IV, 196 ff.).
35 Nur am Rande sei bemerkt, daß ich entgegen der landläufigen Meinung der Schellingforschung das sog. *Systemprogramm* von 1796 nicht Schelling zuzuschreiben geneigt bin, sondern die These von O. Pögge-

ler für wahrscheinlicher halte, daß Hegel oder ein anderer der Verfasser ist (vgl. dazu *Hegel-Studien*, Beiheft 4 [Hegel-Tage Urbino 1965] 17-32.) Immerhin liegt das vergleichsweise eher kantianisierende spekulative Niveau des sog. *Systemprogramms* erheblich unter dem der gleichzeitigen Schriften Schellings. – Es soll ferner nicht übersehen werden, daß die Schriften Schellings bis etwa 1796 Anfängerarbeiten sind; das ändert m. M. nach jedoch nichts daran, daß auch und gerade in ihnen schon charakteristische Strukturen des späteren Denkens zu finden sind.

36 Plitt, III, 134: An Dorfmüller vom 24. 4. 1838.
37 Und zwar wohl auch durch die Hinweise Fichtes in seiner *WL* selbst vermittelt (vgl. z. B. Schellings *WW*, hrsg. v. F. C. A. Schelling, Berlin 1856ff.: 1, 100, 121 f., 255); freilich läßt sich dies erst mit Sicherheit vom Zeitpunkt der Schrift *Vom Ich als Prinzip der Philosophie* an behaupten; vgl. ferner den Brief v. 4. 2. 1795 an Hegel, (Plitt, I, 76).
38 Vgl. dazu z. B. W. Szilasi, a.a.O., W. Hartkopf, a.a.O.
39 Schelling, a.a.O. I, 103 f.
40 A.a.O., 105. – Der Zusammenhang wird nach Schelling von Kant nur ›versichert‹.
41 A.a.O., 105 f. – Gemeint ist natürlich die Frage nach der Prinzipienstruktur des urteilenden Denkens, sofern es sich auf *Gegenstände möglicher Erfahrung* bezieht.
42 A.a.O.
43 A.a.O., 107.
44 A.a.O.
45 A.a.O. – Zum ersten Grundsatz vgl. noch 96-98, zum zweiten Grundsatz 98 f., zum dritten Grundsatz 99-101.
46 A.a.O., 99.
47 A.a.O., 104.
48 A.a.O., 100 f.
49 A.a.O., 100, Anm.
50 Der wesentliche Vorwurf, der Schelling in diesem Zusammenhang gemacht wird (was die Schriften von 1795-1796 betrifft), wird teils als Nichterreichen der vollen Höhe der Fichteschen Transzendentalphilosophie (so Lauth, a.a.O., 349 ff.) oder als »Metaphysizierung« des transzendentalphilosophischen Entwurfs Fichtes bezeichnet (so Hartkopf, a.a.O., 16 f., 236-239, 247 f.), was sich freilich gegenseitig ergänzt. – Demgegenüber soll hier gezeigt werden, daß eine solche Einschätzung Schellings eher von einem Standpunkt bestimmt wird, der Schellings Denken wesentlich von Fichtes Position her in den Blick nimmt und dabei das Eigenständige des Schellingschen Ansatzes, besonders was seine formellen Strukturen betrifft, übersieht. – Schellings prinzipientheoretische Grundlegung der Philosophie birgt zwar von Anfang an ein Element in sich, das über einen (dem Schwerpunkt nach) subjekt-

theoretischen Ansatz hinausweist; wenn man einmal die Struktur ganz formal betrachtet, sucht er den subjekttheoretischen Ansatz in ein umfassenderes Ganzes methodisch einzuordnen. Die relative *Nebeneinanderordnung* von Transzendental- und Naturphilosophie der nächsten Phase ist so keine Zufälligkeit. Daß dies Unternehmen die transzendentale Frage nach dem Einen als Prinzip einschließt, und im *Verfolg dieser Frage* für Schelling sich die weitere Frage nach der Möglichkeit auch einer An-sich-Bestimmtheit ergibt: Unabhängig vom obersten subjekttheoretisch bestimmten Prinzip (dem absoluten Ich als dem Prinzip des Ineinsfalls von Seins- und Sollensordnung in ethischer Perspektive), – dies alles besagt nur, daß Schellings transzendentale Reflexion von Anfang an in ihrer Struktur die Möglichkeit von (irgendeiner) Transzendenz nicht ausschloß. Dies für den Anfang einer neuen (unkritischen) Metaphysik zu erklären, gerät in die Gefahr, die Kantische Kritik ihrerseits zu dogmatisieren.

Hierzu sei noch ein interessanter Querverweis auf standpunktbezogene Interpretation klassischer Philosophie gegeben: H. M. Baumgartner scheint in seinem Versuch einer transzendentalphilosophischen Auslegung des platonischen ›ἀγαθόν‹ im *Staat* (509 B) Platon einen spezifisch von Fichte her genommenen Problemrahmen zuzuteilen (in: *Von der Möglichkeit, das Agathón als Prinzip zu denken; Parusia*, Festschr. f. J. Hirschberger, Frankfurt/M. 1965, 89-102), darin in der Nachfolge von P. Natorp stehend. Darüber wird gerade die Eigenart Platons, für den – nach dem neuesten Stand der Forschung – das ›Eine‹ wesentlich der Überbegriff über dem ›Guten‹ gewesen ist, übersehen; vgl. dazu H. J. Krämer, Ἐπέκεινα τῆς οὐσίαδ, *Arch. f. Gesch. d. Philosophie* 51 (1969), 1-30, bes. 20f. Gerade aber hier liegt m. W. einer der wesentlichen Anknüpfungspunkte Schellings.

51 Die Schriften bis 1797 haben als äußeren Anlaß den Zweck, Kommentar zu Fichtes *WL* zu sein.
52 Dies ist Inhalt bes. der Schrift *Vom Ich als Prinzip der Philosophie oder Über das Unbedingte in unserem Wissen.*
53 Dies ist vor allem Gegenstand der Überlegungen der *Philos. Briefe über Dogmatismus und Kritizismus.*
54 Dieser Gedankengang wird vor allem ausgeführt in den *Abhandlungen zur Erläuterung des Idealismus der Wissenschaftslehre.* – Meine Auffassung unterscheidet sich von derjenigen D. v. Uslars (*Die innere Bewegung der absoluten Identität bei Schelling*, in: *Stud. gen.* 21 [1968] 503-514), insofern auch in dieser Polarität Raum für Antithetik durch wechselseitige Negation ist. – Will man ferner Schellings Entwurf einer an der Grundidee der Intuition orientierten Philosophie auf seine Verwertbarkeit als metatheoretisches Modell für gewisse moderne Formen der biologischen und psychologischen Wissenschaften reduzieren (a.a.O., 511ff.), so scheint man doch das spezifisch transzendentalphi-

losophische Anliegen Schellings, gerade schon in den Frühschriften, zu unterschätzen.
55 Darin sind grundgelegt die Ansätze zur Natur-, zur Transzendental-, sowie zur Kunst- und Geschichtsphilosophie.
56 Dies ist den inhaltlichen Äußerungen Schellings zu entnehmen. Die methodischen Überlegungen nehmen auch hier schon einen breiten Raum ein. – Die Schwierigkeiten, die sich an diesem Punkt der systematischen Entwicklung aus dem Verhältnis von intellektueller Anschauung und diskursivem Denken ergeben, könnten erst im Licht sämtlicher, d. h. auch der späteren, Äußerungen Schellings (bis etwa 1806) zu dieser Problematik ausgeräumt werden.
57 Schellings *WW* I, 164, 170, 184.
58 A.a.O., II, 61 f.
59 A.a.O., 60ff.
60 A.a.O., I, 171 (271?).
61 Vgl. z. B. a.a.O., I, 180, 206, 368.
62 A.a.O., 184.
63 A.a.O.; vgl. auch 308.
64 A.a.O., 183. – Diese Negationen gelten (entgegen v. Uslar) für 1795!
65 A.a.O., 167.
66 A.a.O., 168.
67 A.a.O., 177.
68 A.a.O., 182f. – Man sieht hier deutlich Spinozas System als Modell im Hintergrund (vgl. oben Anm. 35; Brief an Hegel v. 4. 2. 1795).
69 A.a.O., 177ff.
70 Ganz verfehlt erscheint daher der Versuch Hartkopfs, den Begriff des Geistes – und damit letztlich auch die intellektuelle Anschauung – vom Begriff des empirischen Ich her verstehen zu wollen (a.a.O., 230f.).
71 Was natürlich den Wert der Aussagen in einigen Punkten wesentlich modifizieren dürfte.
72 A.a.O., 451.
73 A.a.O., 412.
74 Vgl. Anm. 70.
75 Man sieht, daß dieser Gedankengang in seiner Struktur eine gewisse Verwandtschaft mit Teilstücken des sog. ›ontologischen Arguments‹ in sich enthält: Den Schluß von einer Minimalposition des Möglichen auf dessen Totalität (in seinem Wesenswas), und von diesem Möglichen als solchem auf die entsprechende Notwendigkeit.
76 Hier kann man implizit einen Ansatz der Probleme der Spätphilosophie sehen.
77 Das umschließt auch einen gewissen Experimentcharakter. Die *ausschöpfende* Gestalt des für unser Denken absolut Möglichen läßt sich eben nicht von vornherein in eindeutiger Weise vorwegnehmen, sondern zeichnet sich erst im Vollzug des als optimal wahrscheinlich ent-

worfenen Systems ab. Hier hat die Verschiedenartigkeit des jeweiligen Einstiegs bei Schelling ihren eigentlichen Grund. – Es handelt sich also nicht nur bei dieser Art des Denkens um die Zweideutigkeit eines noch nicht zur vollen konstruktiven Reife und Selbstkritik gelangten Denkens, das zwischen transzendentalem und empirischem Ich nicht hinreichend zu unterscheiden vermöchte (so Hartkopf a.a.O., 234, 238f.) sondern um die folgerichtige Entfaltung des spezifisch eigenen Ansatzes, bzw. eines Momentes an demselben.

78 Vgl. dazu etwa K. Leisegang, *Denkformen*, Leipzig 1928, wo ein ähnlicher Gegensatz zwischen Kants und Hegels Denken statuiert wird (149ff., 182ff.).

78a Die Problemlage erscheint dadurch gekennzeichnet, daß von vornher ein Pluralität als etwas (zwar Notwendiges, aber doch) Sekundäres der dynamischen Identität des absoluten Prinzips einzustrukturieren versucht wird. – Vgl. dazu auch D. Henrich, *Fichtes ursprüngliche Einsicht*, Frankfurt/M., 1967.

79 Dem steht nicht entgegen die wiederholte Aufnahme einer und derselben Thematik; im Gegenteil, darin ist der Versuch zu sehen, den immer wieder als unzulänglich befundenen eigentlich systematischen *Anfang* zureichend zu gewinnen.

79a Diese war jedenfalls 1794 – z. Z. des Einvernehmens mit Schiller – als Systemteil geplant (vgl. *Med.* I., 213).

79b Vgl. z. B. den Briefwechsel v. April 1804 mit Windischmann über Platons *Timaios*, Plotin u. Bruno (Plitt, II, 8f., 16f.).

80 Ein erstes Zeugnis dafür wäre (spätestens 1801/02) der Dialog *Bruno* später sind die Hinweise auf Platon expliziert und implizit gerade in der Zeit des Identitätssystems sehr häufig.

81 Vgl. hierzu das demnächst v. Verf. erscheinende Buch *Spekulation und Faktizität. Untersuchungen zum Begriff der Freiheit und seinen Voraussetzungen in der Philosophie des mittleren und späten Schelling* [Seither erschienen: Bonn (Bouvier)]

82 Vgl. dazu die vorige Anm.

83 Vgl. dazu das Wort des späten Schelling, daß man in der Philosophie von Platon ausgehen und mit Aristoteles enden müsse (XI, 380).

84 Damit soll nicht geleugnet werden, daß z. B. J. Böhme, Bengel und Oetinger auch vom Platonismus (oder soll man hier vielleicht doch eher von einem Kryptoplatonismus sprechen?) bestimmte Denker sind; wenigstens Oetinger ist im übrigen in stärkerem Maße von der *theologischen* Tradition des schwäb. Protestantismus im engeren Sinne beeinflußt, als in der zeitgenössischen Schellingforschung gewöhnlich zugestanden wird, also nicht so vorwiegend von der Kabbala, Paracelsus u. Weigel. Vieles deutet aber darauf hin, daß für Schelling der ganz *unmittelbare* Bezug auf Platons (und auch Plotins) Philosoph wesentlicher und entscheidender gewesen ist als der Bezug a

die eben Genannten.

85 Nur in Gestalt einer Schluß-Anmerkung – eine andere Darstellungsform würde diese Abhandlung nicht zulassen – sei es gestattet, in aller gebotenen Knappheit eine Lösung des Dilemmas der Schellingforschung zu skizzieren: Entweder ein sich durchhaltender, gleichbleibender Kern des philosophischen Interesses, der Fragestellung und des Methodenansatzes – aber wie erklärt sich dann die sehr breite Skala der verschiedenen ›Einflußrichtungen‹ auf Schelling? Oder aber diese verschiedenen Einflüsse erhalten wieder mehr Gewicht – gerät man dann nicht in Gefahr, die These vom ›Proteus Schelling‹, in anderer Gestalt, wieder aufleben zu lassen? – M. E. ist das sich durchhaltende, gleichbleibende Element in Schellings Philosophieren *nicht* so sehr eine durch bestimmte Daten der Philosophiegeschichte eindeutig und für immer festzulegende Thematik (etwa: Fichtekritik, Versuch der Synthesis von Fichte und Spinoza, Auseinandersetzung mit neuplatonischer Ontologie und Kosmologie, Freiheitsproblematik, Diskussion von Geschichtlichkeit und philosophischer Theologie im Anschluß an Platon, Aristoteles u. a.) u. ä. Das sich Durchhaltende ist demgegenüber etwas wesentlich *Formaleres*, zu welchem sich *alle* diese und noch weitere ›Einflüsse‹ wie ein reines *Material* verhalten: Nämlich das von Kant zwar als Programm bestimmte, aber nicht mehr eingelöste Unternehmen, auf der Grundlage der Vernunftkritik eine Transzendentalphilosophie zu entwerfen, welche die Anliegen der alten Metaphysik (auf neuer Grundlage, versteht sich) in sich aufzunehmen erlaubt. D. h. es war nichts Geringeres als eine sowohl kritische als auch Metaphysik-offene Transzendentalphilosophie noch zu leisten. Die der Durchführung dieses Programms immanente Kantkritik führte zugleich zu einer Vertiefung dieses Programms selbst. – Man kann also als Schellings eigentliche zentrale Denkstruktur das fundamentale Interesse an einer philosophischen *Systematik* (im soeben umrissenen Rahmen) bezeichnen; hierin trifft er sich übrigens durchaus mit Fichte. Der Unterschied zu Fichte wäre dann mit einem der Philosophiehistorie entnommenen Vergleich primär eine Thematisierung alles dessen, was mit der platonischen Idee des Ἕν umschrieben würde, während bei Fichte primär eine Thematisierung des Ἀγαθόν gegeben wäre: versteht sich als Akzentuierung bestimmter Ansätze an ein und demselben ursprünglichen Begriff des Absoluten.

Nachbemerkung des Autors

Zu Anm. 7: Die hier auftretende Aporie entfiele nur dann, wenn mehrere Grundsätze sich zueinander jeweils wie Bedingung (A) zum Bedingten (B), aber dies (B) auch wiederum sich als (neue) Bedingung (a) für jene (A) verhalten würden; A würde also auch Bedingtes (b). Wären für diese letztere

Umkehrung alle übrigen Sätze – außer A und B also – deren Vermittlung und würde grundsätzlich auch von jedem der übrigen Sätze das gleiche Umkehrungsverhältnis gelten, so ergäbe sich ein quasi-kreisförmiger Aufbau des Ganzen. Vgl. aber auch noch die Bemerkungen zu Anm. 78.

Zu Anm. 78: Der Kreis (vgl. 1 188f.) ist als solcher wiederum nur gleichsam eine (einzige) Umfangslinie. Bei unendlichem Radius erhalte sie den Anschein einer geraden Linie: D. h. entsprechend bei ungenügender Prinzipienfundierung – etwa sofern der Zusammenfall von Letzt- und Selbstbegründung nicht erreicht wird – entstünde der Eindruck eines, gegen den eigenen methodischen Ansatz, nur unzureichend geschlossenen Systems.

Wolfgang Wieland
Die Anfänge der Philosophie Schellings und die Frage nach der Natur

I

Schellings Naturphilosophie ist für viele das Musterbeispiel einer Spekulation, die die Grenzen möglicher Erkenntnis mißachtet und sich zu Thesen versteigt, deren Wahrheitsanspruch prinzipiell unkontrollierbar ist. Es scheint so, als stehe Schelling den zu seiner Zeit bereits etablierten experimentellen Naturwissenschaften ohne Verständnis, ja mit Ressentiment gegenüber, und als versuche er, vor den Mühseligkeiten empirischer Forschung in einen Bereich zu fliehen, in dem vor allem geistreiche und phantasievolle Kombinationen honoriert werden. Es ist auffallend, daß seine Naturphilosophie heute keineswegs nur von der Naturwissenschaft abgelehnt wird; auch in Philosophie und Philosophiehistorie steht das Urteil über diese Erscheinungsform idealistischen Denkens zumeist fest. Daran ändert sich auch dann nichts, wenn man Schelling wenigstens noch mit den Methoden der Geistesgeschichte seiner Zeit oder aus seiner Entwicklung verstehen will. In Wirklichkeit spricht sich in dieser Haltung ein viel härteres Urteil über den philosophischen Gedanken und seinen Wahrheitsanspruch aus, als es durch eine mit Gründen geführte Argumentation überhaupt gefällt werden kann. Wenn sich auch das philosophische Interesse seit einiger Zeit wieder stärker auf Schelling richtet, so sind es doch mehr die Entwürfe seiner mittleren und späteren Zeit, deren Probleme zum Gegenstand von Untersuchungen werden. Die Schriften, mit denen er zuerst die Aufmerksamkeit seiner Zeit auf sich zu lenken verstand, läßt man dagegen auf sich beruhen. Auf dem Wege »Von Kant zu Hegel« ist mit der Naturphilosophie des frühen Schelling der Tiefpunkt einer Entwicklung bezeichnet, deren Stadien man ohnehin oft nicht so sehr nach ihrem Eigenwert, sondern nach ihrem Ausgangspunkt oder nach ihrem vermeintlichen Endpunkt beurteilt. Die Naturphilosophie scheint als »Weltphilosophie« allzusehr aus der durch die transzendentale Fragestellung provozierten Entwicklung herauszufallen. Der Übergang von Fichtes Wissenschaftslehre zur Naturphilosophie stellt sich dann als ein Bruch, wenn nicht gar als ein unkritischer Rückfall hinter das dar, was eben erst durch eine unvergleichliche Anstrengung des Denkens erreicht worden war.

Es hat unter solchen Umständen wenig Sinn, einzelne Theoreme dieser Naturphilosophie einer Prüfung zu unterziehen. Wichtiger ist es, sich über die Voraussetzungen klar zu werden, unter denen sich für Schelling die Aufgabe, eine Naturphilosophie zu entwerfen, stellt. Auch wenn es richtig ist, daß Schelling gerade in den naturphilosophischen Schriften gelegentlich immer wieder versucht ist, das als Behauptung auszusprechen, was dem Inhalt und der Begründung nach höchstens eine Vermutung sein könnte, so darf man darüber nicht vergessen, daß am Ursprung seiner Naturphilosophie eine Fragestellung steht, die einer Aporie der Transzendentalphilosophie entspringt. Es wird zu zeigen sein, warum Schelling der Meinung sein konnte, daß seine Wendung zur Natur nicht einen unkritischen Rückfall hinter Kant und Fichte darstellt, sondern daß sie sich konsequent aus dem auf die Spitze getriebenen Ansatz der Subjektivitätsphilosophie ergibt.

Man hat schon mancherlei Behauptungen und Vermutungen darüber formuliert, welcher Art die Einflüsse sind, die Schelling in seiner Naturphilosophie assimiliert. Fragen dieser Art sind legitim, wenn sie einer bewußten oder unbewußten Verlegenheit dem Text gegenüber entspringen. Es ist für unser Verhältnis zur Philosophiegeschichte aber schon allzu selbstverständlich geworden, daß man überall dort, wo der Gedanke nicht mehr durch sich selbst zu überzeugen vermag, geneigt ist, sich vom Inhalt des Textes dadurch zu distanzieren, daß man ihn in historische Wirkungs- und Abhängigkeitsrelationen einordnet. Die äußere oder innere Entwicklungsgeschichte des Autors tritt an die Stelle der sachlichen Diskussion seiner Gedanken. Ohne allen Zweifel ist die Entwicklungsgeschichte eines Denkers oder eines Systems Gegenstand legitimen geisteswissenschaftlichen Interesses. Geht es aber um die inhaltliche Prüfung des Textes auf seinen Wahrheitsgehalt – und dies gehört zu jeder philosophischen Auslegung –, so kann die genetische Methode höchstens noch Hilfsfunktionen erfüllen. Wahrheit ist immer nur unter den Bedingungen der Geschichte möglich, aber sie begründet sich nicht aus solchen Bedingungen. Jeder philosophische Text tritt mit dem Anspruch auf, Wahrheit mitzuteilen. Daß jeder derartige Anspruch zu einer bestimmten Zeit und unter bestimmten äußeren Umständen erscheint, ist trivial. Er läßt sich aber aus solchen Umständen niemals begründen; bei ihnen handelt es sich niemals um Ursachen, sondern immer nur um Bedingungen des Wahrheitsanspruchs. Der Text wird verdinglicht, wenn man seinen Wahrheitsanspruch nicht ernst nimmt. Er mag dann als Knotenpunkt vielfältiger geistesgeschichtlicher Ursachen und Wirkungen erscheinen. Doch es ist gerade die Intention des Autors, über die man in einem solchen Falle hinweggesehen hat. Wer Sätze mit dem Anspruch auf Wahrheit vorträgt, hat nicht oder wenigstens nicht nur die Absicht, ein Stadium seiner eigenen Entwicklung darzustellen oder in historische Wirkungszusammenhänge einzugreifen. Übersieht man dies, so verstößt man gegen Regeln, die zu den Grundsätzen einer einwandfreien philosophischen Textauslegung gehören. Jeder ernst zu nehmende Autor hat Anspruch darauf, daß sein Text zunächst einmal darauf befragt wird, was er mitteilen will, und wie er dies mitteilt.

Es ist kaum nötig zu bemerken, daß es Schelling seinen Interpreten in dieser Hinsicht nicht immer leicht macht. Zu verschlungen scheinen die Wege und Wandlungen seines eruptiven Denkens zu sein, als daß sie immer die Konsequenzen eines geradlinigen Gedankenzusammenhangs erkennen ließen. Das zeigt sich schon darin, daß es kein »Hauptwerk« gibt, von dem aus man sich den Weg durch die Fülle der Schriften und Entwürfe bahnen könnte. Auch »die« Naturphilosophie Schellings gibt es bekanntlich nicht. Was vorliegt, ist eine Reihe von Schriften, deren Aussagen zumindest in ihrem Wortsinn nicht immer miteinander harmonieren, und deren vorläufigen Charakter schon ihre Titel erkennen lassen. Man vergißt aber nur zu oft, daß die logische Ordnung der Gedanken durchaus kein Abbild der zeitlichen Ordnung ihres Auftretens zu sein braucht. Oft spricht Schelling eine Vermutung aus, stellt eine Begründung in Aussicht und schlägt dann zunächst ganz andere Wege ein. So kommt es dazu, daß Schelling gelegentlich mehrere in entgegengesetzte Richtungen zielende vorläufige Versuche zur selben Zeit nicht nur anstellt, sondern sie im Bewußtsein ihrer Vorläufigkeit der Öffentlichkeit mitteilt. Wer daher Schellings Denken in seinem Zusammenhang verstehen will, darf es nicht als erwiesen ansehen, daß dieser Zusammenhang am ehesten noch dann sichtbar gemacht werden kann, wenn man sich als Leitfaden die Entstehungszeit seiner Schriften wählt. Umgekehrt berechtigt natürlich auch der Mißerfolg, den alle bisherigen Versuche, Schellings Denken genetisch verständlich zu machen, erlitten haben, noch nicht zu der Annahme, daß ein Zusammenhang in Schellings Denken nicht aufzuweisen sei.

II

Es ist bekannt, daß einer der Anstöße, die in der Frühgeschichte des Deutschen Idealismus wirksam wurden, von der Postulatenlehre in Kants *Kritik der praktischen Vernunft* ausging. Kant will dort bekanntlich zeigen, daß die eine Vernunft als theoretische Vernunft zwar niemals zu einer begründeten Erkenntnis über Gott und Unsterblichkeit gelangen könne, daß sie aber als praktische Vernunft um des moralischen Gesetzes willen an etwas glaube, was sie doch niemals beweisen kann. In diesem Sinne postuliere die praktische Vernunft die Existenz Gottes und die Unsterblichkeit der Seele; daß sie dies tue, sei keineswegs in ihr Belieben gestellt, da es sich um Bedingungen des Objekts des durch das moralische Gesetz bestimmten Willens handle.

Diese Lehre Kants hat dem Verständnis seit jeher eine Reihe von Schwierigkeiten bereitet. Der Schein besteht, daß Kant hier inkonsequenterweise der Vernunft wieder zugesteht, was er ihr vorher, in der theoretischen Philosophie, mit überzeugenden Gründen streitig gemacht hatte. Wäre dem so, dann läge allerdings eine Inkongruenz oder gar ein Widerspruch in der Lehre Kants vor. Auch wäre dann nicht zu sehen, welchen Sinn die komplizierten Überlegungen der theoretischen Philosophie überhaupt noch haben können, wenn die praktische Philosophie den transzendenten Bereich, den die *Kritik der reinen Vernunft* für immer verschlossen zu haben glaubte, mit leichter Mühe wieder zugänglich macht und Aussagen über ihn zuläßt. Es ist verständlich, daß eine so verstandene Postulatenlehre von supranaturalistischen Theologen aufgegriffen werden konnte, die hier einen Weg gefunden zu haben glaubten, der ihnen die Möglichkeit einer neuen und originellen Ableitung dogmatischer Sätze zu eröffnen schien.[1] Schellings Entwicklung ist in entscheidender Weise dadurch geprägt worden, daß sein Tübinger Theologiestudium zeitweise im Zeichen der so verstandenen Postulatenlehre stand. Wie die Briefe an Hegel[2] zeigen, hatte er für diesen Versuch, bei Kant die Grundlagen des Supranaturalismus zu finden, nur bitteren Spott übrig, und er faßte den Entschluß, dem zum Durchbruch zu verhelfen, was er als den wahren Kern der Transzendentalphilosophie ansah.

Doch was will die Postulatenlehre und die Lehre vom Primat der reinen praktischen Vernunft überhaupt sagen? Kant behauptet nirgends, die Vernunft könne gleichsam auf einem Umweg – also etwa auf dem Umweg über moralphilosophische Überlegungen – in ein sonst und von Rechts wegen für sie verschlossenes Gebiet geführt werden. Die Postulatenlehre soll nach seiner Intention überhaupt keine neue Beweismethode für Sätze über die Existenz Gottes und über die Unsterblichkeit der Seele liefern. Denn es handelt sich gar nicht darum, daß die praktische Philosophie theoretische Sätze über das Bestehen transzendenter Sachverhalte als wahr oder als falsch erweisen soll. Kant spricht denn auch deutlich genug aus, daß der Bereich der Erkenntnis durch die Postulate der praktischen Vernunft nicht im geringsten erweitert werden kann. Die Vernunft sucht zwar nicht nur im theoretischen, sondern auch im praktischen Gebrauch nach einem Unbedingten; dieses Unbedingte in praktischer Rücksicht ist aber das »höchste Gut«, in dem Tugend und Glückseligkeit als notwendig verbunden gedacht werden. Die Existenz Gottes, die Freiheit und die Unsterblichkeit der Seele werden in diesem praktischen Begriff eines höchsten Gutes vereinigt gedacht; doch daraus, daß die praktische Vernunft notwendig nach dem »höchsten Gut« strebt, folgt für die erkennende Vernunft weder seine Wirklichkeit, noch auch nur seine Wahrscheinlichkeit. Die Postulatenlehre will vielmehr etwas anderes sagen: Wer nach dem Sittengesetz handelt, entwickelt im Hinblick auf das letzte Ziel seines Willens notwendig einen bestimmten Glauben und fordert die Existenz Gottes und die Unsterblichkeit der Seele. Unabhängig vom Prinzip der Moralität läßt sich dieser Glaube niemals begründen. Nur von hier erhält er seine Rechtfertigung; die *Kritik der praktischen Vernunft* weist dann nach, daß er in der Tat auch nur im Bereich des sittlichen Handelns Legitimität beanspruchen kann. Hier kommt alles darauf an zu sehen, daß es sich nach Kants Meinung nicht um Postulate handelt, die erst in der *Kritik der praktischen Vernunft* aufgestellt würden. Die *Kritik der praktischen Vernunft* lehrt vielmehr nur, daß die praktische Vernunft – oder, wie Kant formuliert, die Vernunft in ihrem praktischen Gebrauch – selbst diese Postulate aufstellt. Die *Kritik der praktischen Vernunft* will nur Erkenntnisse über diese Zusammenhänge vermitteln. Sie ist als solche gerade nicht das unmittelbare Resultat eines praktischen Gebrauches der Vernunft: die praktische Philosophie fordert von der Vernunft keine Erkenntnis bestimmter Sachverhalte oder auch nur den Glauben daran. Sie erkennt nur, daß die Vernunft in ihrem praktischen Gebrauch immer schon von bestimmten Voraussetzungen ausgeht, die sich sogar in der Form theoretischer Sätze ausdrücken lassen, einer Erfüllung im Bereich der Theorie jedoch weder fähig sind noch bedürfen. Sie zeigt, daß diese Postulate allein dort ihren Ort haben, wo sie auch entsprungen sind, nämlich im Bereich der Praxis. Auch wenn die Postulate als theoretische Sätze ausgedrückt werden, so bleiben diese Sätze in ihrer Anwendung doch auf den praktischen Gebrauch der Vernunft bezogen und eingeschränkt; sie haben legitimerweise immer nur mit Objekten unseres Willens zu tun. Die Rede vom »moralischen Gottesbeweis« ist also systematisch irreführend. Die Postulatenlehre eröffnet keinen Weg zu einer auf neue Weise nunmehr moralphilosophisch begründeten Metaphysik, sondern sie soll umgekehrt gerade zeigen, warum auch über die Moralität kein Weg zur Metaphysik gefunden werden kann. Eine ihrer wesentlichsten Aufgaben besteht ja gerade darin, unberechtigte theoretische Grenzüberschreitungen des praktischen Vernunftglaubens abzuwehren.

Schelling wußte, daß man die Postulatenlehre Kants nicht im Sinne einer Kryptometaphysik verstehen darf. Er hat sie auch niemals so verstanden, als würde hier gleichsam ein neues Beweisverfahren für Sätze vorgeschlagen, die auf andere Weise nicht bewiesen werden können. Die *Philosophischen Briefe über Dogmatismus und Kriticismus* von 1795 wenden sich in ihrer Gesamtheit gegen eben diese Auffassung. Gleichwohl macht Schelling von den Grundbegriffen der Postulatenlehre einen ganz anderen Gebrauch als Kant. So sieht er davon ab, daß es sich für Kant bei Gott und Unsterblichkeit immer noch um *Gegenstände* der praktischen Vernunft handelt – wenn auch nicht um Gegenstände theoretischen Wissens, so doch um solche des Wollens, Glaubens und Hoffens, insofern es unter der Bedingung des Prinzips der Moralität steht. Schelling hebt nun im Gegensatz zu Kant alle Gegenständlichkeit auf. Die Ideen von Gott und Unsterblichkeit haben keine Bedeutung mehr für die Subjektivität, sondern nur noch eine Bedeutung in der Subjektivität. Er will die Subjektivität darüber aufklären, daß sie es in Wahrheit beim Inhalt der Postulate allein mit sich selbst zu tun habe.

Was Schelling an der Kantischen Postulatenlehre so sehr fasziniert, ist im wesentlichen nur der Gedanke, daß es möglich ist, auf

Grund eines praktischen Interesses einen bestimmten Vernunftglauben nicht etwa nur zu erklären, sondern vor allem auch zu legitimieren. Wenn es nun auch nicht möglich ist, auf diese Weise zu begründeten Behauptungen über die objektive Wirklichkeit zu kommen, so kann man andererseits vielleicht doch jener »praktischen Wirklichkeit«, mit der sich der sittlich Handelnde in seinem Vernunftglauben umgibt, ein solches Gewicht verleihen, daß die der theoretischen Vernunft zugeordnete gegenständliche Wirklichkeit ihr gegenüber zwar nicht verschwindet, jedoch aufhört, Gegenstand des primären Interesses zu sein. Schellings Gegensatz zu Kant ist zunächst einmal durch eine derartige Modifikation im Bereich des Interesses begründet. Nur solange man auf dem Standpunkt des theoretisch reflektierenden Bewußtseins und seines Interesses steht, kommt dem Inhalt der Postulate der praktischen Vernunft eine geringere Realität zu. Schellings Wendung ist, von hier aus gesehen, überraschend einfach: er versucht, die Position des theoretisch Reflektierenden ganz zu verlassen und statt dessen von der Position des frei Handelnden aus zu philosophieren. Es ist, wenn diese Analogie erlaubt ist, die Position der praktischen Vernunft, die Schelling bezieht, und gerade nicht die Position der Kritik der praktischen Vernunft. Schelling polemisiert keineswegs gegen die Schranken, in die Kant die theoretische Erkenntnis gewiesen hatte. Seinem Selbstverständnis nach bleibt er zunächst immer noch Kantianer. Die Differenz liegt in Wahrheit in einem unterschiedlichen Verständnis hinsichtlich dessen, was als Wirklichkeit im strengen Sinne des Wortes anerkannt werden soll. Die an sich bestehende, selbständige Wirklichkeit ist für Schelling vergleichsweise uninteressant geworden gegenüber der Wirklichkeit, die sich die Subjektivität selbst in ihrer Sphäre aufbaut und die durch ihr freies Handeln erst konstituiert wird. In dieser Sphäre findet der Mensch keine eigentlichen Objekte mehr vor (1, 243).[3]

Deutlicher noch als in den von Schelling selbst veröffentlichten Frühschriften werden diese Intentionen in jenem in einer Handschrift Hegels überlieferten Fragment, das von seinem Herausgeber F. Rosenzweig vielleicht etwas mißverständlich als *Ältestes Systemprogramm des Deutschen Idealismus* bezeichnet worden ist. In diesem – vielleicht nicht ohne Beteiligung Hölderlins – von Schelling formulierten Entwurf heißt es gleich zu Anfang des überlieferten Bruchstückes:

»Da die ganze Metaphysik künftig in die Moral fällt – wovon

Kant mit seinen beiden praktischen Postulaten nur ein Beispiel gegeben, nichts erschöpft hat, so wird diese Ethik nichts andres als ein vollständiges System aller Ideen, oder was dasselbe ist, aller praktischen Postulate seyn. Die erste Idee ist natürlich die Vorstellung von mir selbst, als einem absolut freyen Wesen. Mit dem freyen, selbstbewußten Wesen tritt zugleich eine ganze Welt – aus dem Nichts hervor – die einzig wahre und gedenkbare Schöpfung aus Nichts. – Hier werde ich auf die Felder der Physik herabsteigen; die Frage ist diese: wie muß eine Welt für ein moralisches Wesen beschaffen seyn?«

Hier wird nicht mehr danach gefragt, wie sich eine objektive Welt dem menschlichen Erkenntnisvermögen darstellt; es geht allein um die *für ein moralisches Wesen* existierende, d. h. unter der Bedingung der Existenz von Freiheit entworfene Welt. So wird hier zugleich die Haltung deutlich, die für die Beziehung des spekulativen Idealismus zu Kant immer bestimmend geblieben ist: Man will zwar niemals das restaurieren, was Kant – auch nach der Überzeugung der Idealisten – ein für allemal zerstört hatte. Man ist beinahe ängstlich darum bemüht, die Sätze innerhalb der Systementwürfe niemals so zu formulieren, daß sie wie Theoreme vorkritischer Metaphysik verstanden werden könnten. Man siedelt sich vielmehr, wie man glaubt, innerhalb des Bereiches der kritischen Philosophie an, versucht aber nun, hier anstatt der nicht mehr möglichen theoretischen Metaphysik alter Form spekulative Theorien ganz neuer Art aufzubauen, indem man auf das alte Ideal theoretischer Wahrheit, das auch Kant nur modifiziert, aber keineswegs zerstört hatte, ganz verzichtet. In diesem Sinn fordert Schelling im *Systemprogramm*, daß die ganze Metaphysik künftig in die Moral falle – und nicht etwa nur, daß die Metaphysik durch die Moral begründet werden müsse. Was er hier intendiert, ist eine Metaphysik des moralischen Wesens. Dies ist nicht so zu verstehen, als sollte das moralische Wesen nur der Gegenstand einer metaphysischen Betrachtung sein, sondern so, daß das moralische Wesen als solches in seiner Autonomie diese Metaphysik entwerfen soll, wie es auch seine Welt in einem freien Akt selbst erschafft. Der Kantischen Kritik glaubt Schelling dadurch entgehen zu können, daß er konsequent darauf verzichtet, die Sätze des auf dieser Basis konstruierten Systems mit dem Anspruch, theoretische oder gegenständliche Erkenntnis zu sein oder zu liefern, auszustatten.

Wenn man also Schelling gerecht werden will, wird man berücksichtigen müssen, daß er in seinen Anfängen gar keine Erkenntnisse im traditionellen Sinn, aber auch nicht im Sinn der Kantischen Philosophie vermitteln will. Er bezieht, durch bestimmte Gedankengänge Kants angeregt, die Position der Praxis und verabsolutiert die Kantische Einsicht, daß sich die Praxis (die »Freiheit«) ihre eigene Wirklichkeit und ihr eigenes Wirklichkeitsverständnis aufbaut, das von der Theorie weder begründet noch widerlegt werden kann. Die Theorie kann lediglich theoretische Ansprüche dieses auf die Praxis und auf einen verabsolutierten Freiheitsbegriff gegründeten Wirklichkeitsverständnisses abwehren.

III

Man kann Schellings Naturphilosophie als einen großangelegten Versuch ansehen, die natürliche Welt im Sinne des *Systemprogramms* so zu konstruieren, wie sie sich für ein »moralisches Wesen«, d. h. unter der Bedingung, daß Freiheit möglich sein soll, darstellen muß. Damit hat man die Probleme, die diese Philosophie stellt, noch nicht aufgeklärt; man hat aber wenigstens einen Leitfaden für eine solche Aufklärung an die Hand bekommen. Um den Ansatzpunkt der Naturphilosophie zu begreifen, muß man jedoch auch die ersten systematischen Entwürfe, die Schelling der Öffentlichkeit vorgelegt hatte, berücksichtigen.

Diese Schriften werden in der Forschung oft so gedeutet, als sei Schelling hier noch treuer, aber unselbständiger Anhänger Fichtes. Nun ist es evident, daß vor allem die beiden Arbeiten *Ueber die Möglichkeit einer Form der Philosophie überhaupt* (1794) und *Vom Ich als Princip der Philosophie oder über das Unbedingte im menschlichen Wissen* (1795) ihrer Entstehung wie ihrem Inhalt nach das Erscheinen von Fichtes Schriften *Über den Begriff der Wissenschaftslehre* und *Grundlage der gesamten Wissenschaftslehre* voraussetzen. Die Beziehung zur ersten *Wissenschaftslehre* Fichtes hat aber diese frühesten Schriften Schellings dem Interesse der Forschung in oft ungerechtfertigter Weise entzogen. Wenn der Anstoß zu ihrer Konzeption zweifellos auch von Fichte her kommt, so sind sie doch in ihrer Durchführung keine Schülerarbeiten, sondern, wie man leicht sieht, so eigenständig, daß ein Rekurs auf Fichte für das Verständnis nur noch gelegentlich von Nutzen ist.[4] Man macht sich viel zu selten die Tatsache bewußt, daß die Basis des für die Entwicklung der idealistischen Philosophie charakteristischen Überholungs- und Überbietungsprozesses in der Regel nicht die zu Ende reflektierten Systementwürfe waren, sondern meistens nur deren Ansatzpunkte und Fundamentalthesen. So auch hier: Schelling hatte zunächst nur den Anfang von Fichtes *Wissenschaftslehre* gelesen[5] und war dann sogleich eigene Wege gegangen, für die vor allem das Vorbild Spinozas entscheidend wurde.[6]

Die Schrift *Vom Ich* erweist sich gerade dann, wenn man auf die Differenzen zu Fichtes *Wissenschaftslehre* achtet, als eine vorzügliche Einführung in das Denken Schellings. Das Thema dieser Schrift ist das »Unbedingte«, das hier daraufhin untersucht werden soll, inwiefern es sich im menschlichen Wesen auffinden läßt. Dieses Unbedingte ist aber nicht das als Faktum der Vernunft hinzunehmende Prinzip der Moralität. Die Reflexion setzt in dieser Schrift ganz beim theoretischen Wissen im traditionellen Sinne an, wenn sie danach fragt, wie sich mögliches Wissen begründen lasse. Wie bezieht sich das Wissen auf seinen Gegenstand, wodurch hat es »Realität«? In vielen Fällen läßt sich der Realitätsanspruch eines bestimmten Wissens auf die schon erwiesene Realität eines anderen Wissens zurückführen. Doch die Prinzipienfrage ist damit nicht beantwortet: auf jeden Fall muß nach dem Wissen gefragt werden, auf das alles andere Wissen zurückgeführt werden kann. Unser Wissen ist zwar zunächst immer ein bedingtes Wissen. Schelling benützt aber den Begriff des Bedingens so, daß er die Möglichkeit eines unendlichen Regresses ausschließt: Alles Bedingtsein weist seinem Wesen nach auf ein Unbedingtes zurück. Dies ist das Unbedingte im menschlichen Wissen, von dem der Titel der Schrift spricht.

Schelling fragt nun, wie man sich dieses Unbedingten versichern kann. Er stellt diese Frage nicht, ohne zugleich auf die Bedingungen einer sinnvollen Rede vom Absoluten zu reflektieren. Ein Blick auf die Sprache ermöglicht zwar noch nicht die Antwort, gibt aber doch einen Hinweis für die weitere Erörterung: »Bedingen« ist nämlich ein Wort, von dem sich sagen läßt, »daß es beinahe den ganzen Schatz philosophischer Wahrheit enthalte« (I, 166): »Bedingen« bezeichnet eine Handlung, durch die etwas zum Ding gemacht wird; das Unbedingte ist dann aber gerade das, was noch nicht zum Ding gemacht ist und auch nie dazu gemacht werden kann. Wie läßt sich aber über das Unbedingte etwas ausmachen? Die Methode, die Schelling hier anwendet, bedient sich nicht wie die Fichtes der Reflexion auf die Bedingungen des Bewußtseins. Schelling geht vielmehr nur vom *Begriff* des Unbedingten aus.[7] Seine Methode ließe sich mit einem Ausdruck unserer Tage vielleicht als Sinnanalyse oder Formanalyse bezeichnen; er fragt danach, was im Begriff des Unbedingten schon enthalten ist:[8] »Im Gebiete des Absoluten selbst gelten keine anderen als bloß analytische Sätze« (1, 308). Das bedeutet nicht, daß man mit Hilfe der Sinnanalyse das Absolute ganz erfassen könnte, wohl aber, daß mit der Sinnanalyse alle rationalen Möglichkeiten in bezug auf das Absolute bereits erschöpft sind. Sie gibt Antwort auf die Frage, die nur scheinbar eine bloße Vorfrage ist: welche Bedingungen erfüllt sein müssen, wenn man sinnvoll von einem Unbedingten reden und irgendeinem Inhalt das Prädikat der Unbedingtheit zusprechen will? Schelling entwickelt in den ersten Paragraphen der Schrift *Vom Ich* solche Bedingungen:

Das Unbedingte des Wissens darf kein Satz sein, der der Begründung durch einen anderen Satz fähig oder bedürftig wäre. Denn auch jede Begründung wäre noch eine Bedingung; durch sie würde ein Abhängigkeitsverhältnis hergestellt, das die Unbedingtheit ausschlösse. Daher kann das Unbedingte des Wissens kein begründungsfähiger Satz sein. Entsprechend kann es auch keinen Existenzbeweis für das Unbedingte geben, der etwas anderes wäre als das, was sich schon ohnehin durch die Mittel einer Begriffsanalyse ergibt. – Das Unbedingte darf ferner niemals ein Ding oder ein Gegenstand für das Wissen sein. Keinerlei Gegenständlichkeit ist mit dem Charakter der Unbedingtheit zu vereinbaren: Ein Gegenstand ist immer ein Objekt für ein Subjekt. Ein Gegenstand des Wissens ist insofern, als er Gegenstand ist, vom Wissen abhängig und kann deswegen kein Unbedingtes sein. Da also kein Objekt ohne Subjekt denkbar ist, kann ein Unbedingtes, das diesen Namen verdient, niemals von etwas, das von ihm verschieden ist, gewußt oder erkannt werden. Das liegt nicht an der Beschränktheit unseres Erkenntnisvermögens und auch nicht daran, daß das Unbedingte niemals ein Gegenstand möglicher Erfahrung sein könnte, sondern es folgt bereits aus dem Begriff des Absoluten selbst.

Es hat also den Anschein, als wäre alles Wissen notwendig immer nur Wissen von einem Bedingten und als müßte deswegen eine Philosophie des Unbedingten unmöglich sein. Das Unbedingte ist notwendig unerkennbar und alle Theorie kann nur die Aufgabe haben, diese Unerkennbarkeit zu explizieren. Ist nun aber das Unbedingte gleichwohl der eigentliche Gegenstand der Philosophie, so bedeutet das, daß sie von Hause aus unfähig ist, ihre Aufgabe zu erfüllen. Es besteht also bei der Philosophie eine unaufhebbare Diskrepanz zwischen Anspruch und Leistung. »Das Absolute kann nur durchs Absolute gegeben werden« – so lautet die Formel, mit der Schelling diese Zusammenhänge auszudrücken sucht (1, 163, 167). Das Absolute muß deshalb allem Denken, das sich auf das Absolute richten will, immer schon zuvorgekommen sein.

Man sieht leicht, daß dieser Ansatz Schellings von der Postulatenlehre der Kantischen Ethik weit entfernt ist. Schelling verläßt hier noch nicht den Umkreis der theoretischen Philosophie, wenn er versucht, die Frage nach dem Unbedingten, zu deren Beantwortung Kant ein kunstvolles Gedankengebäude konstruiert hatte, gleichsam mit einem Kunstgriff zu beantworten. Freilich hat Schelling dabei den Boden der Kantischen Philosophie bereits verlassen. Er akzeptiert nicht die Voraussetzung, daß die von unserer Vernunft gebildeten Begriffe immer nur im Hinblick auf mögliche Erfahrung Gültigkeit haben. Er treibt Begriffsanalyse und läßt die Frage, wie es mit der Erkenntnis im Bereich möglicher Erfahrung steht, auf sich beruhen. Er erhebt auch gar nicht den Anspruch, mit Hilfe der Begriffsanalyse etwas über eine »objektive« Wirklichkeit ausmachen zu können. Er entwickelt gegenüber Kant ein neues Vorverständnis dessen, was als Wirklichkeit zu gelten hat: Mag Erkenntnis aus bloßen Begriffen die empirische Wirklichkeit auch verfehlen, so bleibt immer noch der Ausweg, sich an die Welt und an die Wirklichkeit zu halten, die von den Begriffen als solchen konstituiert wird. Für Kant ist beispielsweise der Begriff Gottes »nur« eine Idee, weil sie nur regulative Funktionen erfüllt und weil nichts ihr Korrespondierendes in der Anschauung gegeben werden kann. Schelling behauptet nicht das Gegenteil; für ihn fällt lediglich das »nur« weg, weil ihm die Wirklichkeit, die die Idee für die Subjektivität besitzt, hier viel wichtiger ist als jene objektive Wirklichkeit, die den Gegenstand möglicher Erfahrung des Menschen bildet.

Schelling überspringt hier also den Bereich der Erfahrungserkenntnis: das Unbedingte ist nicht nur deshalb kein Objekt möglicher Erkenntnis, weil es kein Gegenstand möglicher Erfahrung ist, sondern auch schon deshalb, weil es zum Begriff des Unbedingten gehört, kein Objekt werden zu können, und zwar auch nicht für das reine Denken. Die Reflexion auf das Unbedingte fördert also zutage, daß es eine Theorie des Unbedingten nicht geben kann und daß sich nur die Unmöglichkeit einer solchen Theorie dartun läßt. Es ist dies keine formallogische Unmöglichkeit. Denn der Inhalt des Begriffs des Unbedingten impliziert nichts Widersprüchliches: man kann durchaus den Begriff eines Unbedingten bilden, zu dessen Merkmalen es gehört, kein mögliches Objekt des Denkens zu sein. Die Schwierigkeit ergibt sich erst dadurch, daß man diesen Begriff wirklich zu denken versucht: dann will man nämlich etwas tun, was auf Grund des Inhalts dieses Begriffs gerade unmöglich sein sollte. Wenn man hier von einem »Widerspruch« reden will, dann nur so, wie man im Idealismus gern von Widerspruch redet, wenn er ihn nicht als eine Beziehung zwischen Inhalten des Denkens, sondern als eine solche zwischen der Tätigkeit des Denkens und seinem Inhalt behandelt.

Schelling bezeichnet das auf diese Weise anvisierte ungegenständliche Unbedingte zunächst als *absolutes Ich* und legt es mit Hilfe von Kategorien aus, die der Sphäre des Ich entstammen. Doch wenn man seinen Ansatz verstehen will, muß man sehen, daß er nicht vom Ich des Bewußtseins ausgeht, um von hier aus zum Unbedingten zu gelangen; er geht vielmehr von einer Sinnanalyse des Begriffs des Unbedingten aus und deutet es als absolutes Ich, das jenseits der Gegenständlichkeit und der Scheidung von Subjekt und Objekt steht und in dem das Prinzip des Seins und des Denkens zusammenfallen. Damit ist die Differenz zu Fichte bezeichnet; nichts anderes kann legitimerweise gemeint sein, wenn man vom »Spinozismus« Schellings spricht.[9]

Wenn sich bei der Begriffsanalyse des Unbedingten aber diese Schwierigkeiten ergeben, was bleibt einer Philosophie, die vom Unbedingten handeln will, dann noch zu tun übrig? Hier ist der Ursprung dessen, was man oft als Schellings Sprung in den Irrationalismus oder in die Mystik charakterisiert. Besteht keine Möglichkeit, auf rationale Weise zum Unbedingten zu gelangen, dann bleibt, wenn man sich nicht für einen Verzicht entscheidet, nur noch jener Sprung übrig, mit dem man sich der Notwendigkeit allen Begründens und Argumentierens enthebt. Dies ist der systematische Ort, an dem der Begriff der intellektualen Anschauung auftaucht. Für Schelling bezeichnend ist aber weniger, daß überhaupt ein solcher Sprung getan wird, sondern vielmehr, daß er als das Ergebnis einer konsequent durchgeführten Sinnanalyse erscheint.

IV

In dem an Spinoza orientierten Begriff der intellektualen Anschauung konzentrieren sich die Schwierigkeiten, die die Philosophie des frühen Schelling bietet. Hier wird die Differenz gegenüber Fichte offenkundig. Man weiß längst, daß sich die Aussagen, die Schelling über die intellektuale Anschauung macht, nicht zu einer einheitlichen Theorie zusammenfügen lassen. Daß bei diesem Begriff neben Spinoza Kant im Hintergrund steht, ist sicher; aber auch Kants Grenzbegriff der intellektualen Anschauung als eines dem Menschen nicht zukommenden Vermögens, sich seine Gegenstände durch das Denken selbst zu geben, hilft nicht sehr weit, wenn es darum geht, die Funktion des Schellingschen Begriffs zu verstehen. Doch um was für eine Funktion handelt es sich? Hier zeigen sich sogleich Schwierigkeiten; denn die Widersprüche ergeben sich gerade dann, wenn man die Lehre von der intellektualen Anschauung mit den Mitteln der Reflexion auszulegen versucht. Ist die intellektuale Anschauung etwas Vorgefundenes oder etwas erst noch zu Realisierendes? Ist sie der Weg, der zum Unbedingten hinführt oder ist sie dieses Unbedingte selbst?

Die verschiedenartigen Bestimmungen, die Schelling von der intellektualen Anschauung gibt, wurden schon oft behandelt. Sie brauchen hier nicht vollständig aufgeführt zu werden. Schelling spricht von der intellektualen Anschauung gelegentlich wie von einer inneren Erfahrung (1, 318), bei der alle Zeit getilgt ist, oder wie von einem extremen Zustand, zu dem sich der Mensch auf einem mystischen Weg erheben kann[10] (1, 183). Dann wieder ist von ihr die Rede als von einem Zustand, der niemals fester Besitz, sondern immer nur Zielpunkt einer unendlichen Annäherung sein kann; in diesem Zustand eines »höheren Lebens« (1, 321) ist die Persönlichkeit »zernichtet« (1, 200); daher kann dieser Zustand sogar mit dem Tode verglichen werden (1, 324). Ob es sich also bei der intellektualen Anschauung um einen wirklichen Zustand handelt oder aber um ein unerreichbares, nur richtungweisendes Leitziel, ist bei Schelling nicht eindeutig.[11] Gelegentlich scheint sich Schelling mit der bloßen Denkmöglichkeit zufrieden zu geben; vor allem auch dort, wo er von der intellektualen Anschauung als von einem Zustand spricht, an dessen praktische Erreichbarkeit zu glauben Schwärmerei wäre (1, 332). Sie ist sich ihrer selbst nicht bewußt (1, 180), denn sie ist die freie Handlung, durch die alles Selbstbewußtsein erst entsteht. Kann sie auch kein Selbstbewußtsein sein (I, 324), so doch »Selbstbeschauung« (I, 326). Da sie kein Objekt haben kann (I, 181), aber auch kein Objekt des Wissens neben anderen Objekten ist, muß sie wenigstens Gegenstand eines Glaubens im Sinne Jacobis sein können (I, 216). Schelling kann aber auch von einer intellektualen Anschauung der Welt (I, 285) wie unserer selbst (I, 319) sprechen. Die intellektuale Anschauung kann dann wieder als ein Prinzip erscheinen, das zwar nicht in jedem zum Bewußtsein kommt, wohl aber unabhängig davon im Bewußtsein immer schon zugrunde liegt (I, 443); so verstanden, ist sie kein vorübergehender Zustand, aber auch kein Leitideal, sondern ein bleibendes, unveränderliches Organ (IV, 362).

Man wird sich angesichts solcher Diversitäten nicht mit der Auskunft begnügen wollen, daß jeder Mystiker vom Ziel seines Weges gewöhnlich nur in gegensätzlichen Bestimmungen redet. Ohnehin erzielt man in der Mehrzahl der Fälle nur Aussagen von sehr geringem Informationswert, wenn man bestimmten Sachverhalten das Prädikat »mystisch« beilegt. Auch die Suche nach Vorgängern, eine andere Verlegenheitslösung, hilft nicht weiter. Zwar bestehen Beziehungen nicht nur zu Spinoza und zu Kant, sondern auch zur cognitio centralis des schwäbischen Pietismus.[12] Doch diese Beziehung kann höchstens die Art erklären, wie Schelling seine Rede von der intellektualen Anschauung ausgestaltet; sie gibt das Kolorit, aber die systematischen Ausgangspunkte sind nicht vergleichbar. – Die Aussagen, die der frühe Schelling über die intellektuale Anschauung macht, sind Ausdruck einer spekulativen Verlegenheit, die sich aus dem Ergebnis der Sinnanalyse des »Unbedingten« ergibt. Wenn jede äußere Beziehung, in der das Unbedingte stände, schon seine Unbedingtheit beeinträchtigte, so kann es, wie sich gezeigt hat, für das endliche Bewußtsein niemals die Möglichkeit geben, das Unbedingte zu objektivieren. Das Unbedingte kann daher nur in einer Beziehung zu sich selbst stehen. Es kann nicht hervorgebracht werden, sondern es kann sich nur selbst zu dem machen, was es ist. Schon die gnoseologische Relation, in die sich das endliche, gegenständliche Bewußtsein zu ihm stellen könnte, beeinträchtigte die Unbedingtheit. Insofern kann die intellektuale Anschauung nur »Selbstbeschauung« des Absoluten sein. In der Sprache der Tradition, vor der sich Schelling in dieser Zeit freilich noch ängstlich hütet, würde dies heißen, daß Gott selbst der einzige Theologe ist. Will sich daher das endliche Bewußtsein überhaupt selbst ins Spiel bringen, so bleibt ihm nur die Möglichkeit, im Absoluten aufzugehen und in der Einung mit ihm seine eigene Individualität auszulöschen. Denn für ein Bedingtes kann es kein Unbedingtes geben, sondern immer nur für das Unbedingte selbst. Insofern kann es sich für das endliche Bewußtsein hier in der Tat um den »Tod« handeln oder doch wenigstens um den Schlaf, den Schelling in diesem Zusammenhang ebenfalls einmal als Beispiel wählt (1, 391). Doch von dem, was schon durch seinen Begriff so bestimmt ist, daß es kein mögliches Objekt eines Subjekts sein kann, läßt sich, wenn überhaupt, nur in indirekter Weise, nämlich in Bildern und Symbolen reden. Und wenn dieses höchste Prinzip nicht erst in der Freiheitsschrift von 1809, sondern schon in den frühesten Veröffentlichungen als Wollen verstanden wird (z. B. 1, 401), so ist damit gerade nicht das individuelle und empirische Wollen gemeint, das auf ein bestimmtes Objekt gerichtet und schon deswegen unfrei ist, sondern ein absoluter Wille, der Ursache seiner selbst ist und sich nur auf sich selbst richten kann, weil es für ihn nichts außerhalb seiner selbst gibt.

Aus den Modellen und Symbolen, mit deren Hilfe Schelling von der intellektuellen Anschauung spricht, wird zumindest dies klar: sie erscheint nur dann, wenn über sie vom Standpunkt des endlichen Bewußtseins aus, d. h. in objektivierender und dinglicher Weise geredet wird, als ein Medium oder als ein Vermögen, mit dessen Hilfe sich das endliche Bewußtsein des Absoluten versichern will. Doch für das endliche Bewußtsein soll das Unbedingte ja gerade unerreichbar sein. Gibt man aber die Position des endlichen Bewußtseins auf, so kann die intellektuale Anschauung kein bloßes Organon des Absoluten mehr sein: sie ist dann selbst dieses Absolute. Dem endlichen Bewußtsein wird nicht etwa nur ein erhabenes Objekt vorgehalten, sondern es wird ihm zugemutet, in einem freien Akt sich selbst aufzugeben und seinen eigenen Standpunkt zu verlassen. Darin gründen die Schwierigkeiten, die mit den Gegensätzlichkeiten in Schellings Rede über die intellektuale Anschauung verbunden sind. Streng genommen, könnte man über sie nur vom Standpunkt des Absoluten selbst aus reden. Doch bleibt immer die Rede eines endlichen Bewußtseins, auch wenn es sich nur noch in gleichsam gebrochener Weise aussprechen kann.

Man kann von diesem höchsten Punkt immer nur ausgehen; es führt aber kein Weg zu ihm hin. Wenn Schelling daher einmal an einer späteren Stelle in platonischer Manier fragt, ob die intellektuale Anschauung lehrbar, durch Unterricht zu erwerben, angeboren oder aber ein göttliches Geschick sei (IV, 361), so ist ihm die Frage schon deshalb nicht beantwortbar, weil er die Alternative nicht akzeptiert. Von hier aus wird die Tatsache verständlich, daß es für Schelling keine eigentliche Theorie der intellektualen Anschauung geben kann. Sie kann zwar gleichsam nachträglich noch einmal wieder zum Gegenstand einer Reflexion gemacht werden; sie wird aber durch diese Reflexion niemals überholt, zumal da die Reflexion hier ihr eigenes Ungenügen erfährt. Das zeigt sich nicht zuletzt darin, daß Schelling, wenn er auf die intellektuale Anschauung zu sprechen kommt, auf das prinzipielle Ungenügen einer jeden Sprache hinweisen kann.[13] So ist es verständlich, daß Schellings Rede im Umkreis der intellektualen Anschauung oft auf Sätze in Form der Aussage verzichtet und sich statt dessen imperativischer Formen bedient.[14]

Die so exponierte Frage nach dem Unbedingten hat Schelling sein Leben lang begleitet. Jeder seiner vielen Systementwürfe läßt sich als Versuch deuten, dieses in den frühesten Schriften zunächst auf formale Weise eingeführte Absolute und den Weg zu ihm näher zu bestimmen. Das wird besonders deutlich im Hinblick auf seine Spätphilosophie: Wie die Untersuchungen von W. Schulz[15] gezeigt haben, gehört die Überzeugung, daß das endliche Bewußtsein jenes Absolute außer sich setzen muß, weil es ihm prinzipiell unzugänglich ist, zu den Voraussetzungen dieser Spätphilosophie. Dies bedeutet jedoch nicht, daß Schelling in seiner Frühzeit explizit die entgegengesetzte Auffassung vertreten hätte. Die Eindeutigkeit, mit der Schelling hier die intellektuale Anschauung als unmittelbare Gewißheit des Bewußtseins verstanden hätte, besteht in Wahrheit gar nicht. Die Schwierigkeiten und Mehrdeutigkeiten, die mit dem Begriff der intellektualen Anschauung verbunden sind, rühren gerade daher, daß Schelling die Frage in der Schwebe läßt, ob das vermittels der intellektualen Anschauung realisierte Absolute für den Menschen ein erreichbarer Zustand im Sinne einer unmittelbaren Gewißheit ist oder ob es sich dabei um ein im Hintergrund stehendes und vom Bewußtsein niemals realisierbares transzendentales Ideal handelt. Schelling verfügt zu dieser Zeit noch nicht über die erforderlichen begrifflichen Mittel für die hier notwendigen Differenzierungen. Daß er hier eine Frage in der Schwebe läßt, kann man freilich erst dann präzise feststellen, wenn man die zur Differenzierung erforderlichen begrifflichen Mittel besitzt und dann gleichsam von einer höheren Reflexionsstufe aus zurückblickt. Zusammenhänge dieser Art bewirken, daß derjenige, der Schellings Denken »unitarisch« interpretieren will, ebenso die zur Stützung seiner These nötigen Belegstellen finden kann wie derjenige, der eindeutig unterschiedene Entwicklungsstadien voneinander abgrenzen will.

v

Mit dem bisher Angeführten wurde nur der Hintergrund von Schellings Naturphilosophie beleuchtet. Der Ansatz dieser Philosophie läßt sich daraus allein aber noch nicht verstehen. Man wird ihr auch schwerlich gerecht werden, wenn man in ihr nur den Versuch sieht, die Subjektivitätsphilosophie, die angeblich bei Fichte dem Problem der Natur noch nicht gerecht werden kann, durch eine Philosophie der objektiven Welt zu »ergänzen«. Das gilt allenfalls für die dritte der *Abhandlungen zur Erläuterung des Idealismus der Wissenschaftslehre*, in der Schelling den Versuch unternimmt, in die Transzendentalphilosophie eine Naturphilosophie einzubauen (I, 383 ff.). Doch auch von dem als absolutes Ich gedeuteten Unbedingten der intellektualen Anschauung führt kein gerader Weg zur Naturphilosophie.

Einen der Ansatzpunkte von Schellings Naturphilosophie findet man, wenn man von einer Überlegung Fichtes in § 1 (Ziff. 7b) der *Wissenschaftslehre* von 1794 ausgeht, wo gezeigt werden soll, daß das Sein des Ich ausschließlich darin besteht, daß es sich selbst als seiend setzt. Das heißt das Selbstbewußtsein ist und hat keine Substanz, sondern existiert nur als reine Aktualität. Zum Zweck der Erläuterung folgt eine Frage: »Man hört wohl die Frage aufwerfen: was war ich wohl, ehe ich zum Selbstbewußtseyn kam? Die natürliche Antwort darauf ist: ich war gar nicht; denn ich war nicht Ich. Das Ich ist nur insofern, inwiefern es sich seiner bewusst ist«.[16] Solche Fragen, die hinter das Selbstbewußtsein zurückgehen wollen, sind für Fichte falsch gestellt. Denn sie setzen eine Abstraktion voraus, die nach den Grundsätzen der Wissenschaftslehre deswegen gar nicht möglich ist, weil bei aller Abstraktion immer noch das abstrahierende Bewußtsein vorausgesetzt werden muß, das niemals hintergangen werden kann. Fichte kann also nicht mit den Mitteln der Reflexion den Zauberkreis des Selbstbewußtseins verlassen. Doch wenn auch das Selbstbewußtsein nicht aus einem ihm vorhergehenden Substrat abgeleitet oder verständlich gemacht werden kann, so besagt dies noch nicht, daß eine Vorgeschichte überhaupt nicht existierte. Schelling sucht nun nach einem Weg, auf dem er sinnvolle Skepsis auch gegenüber der Selbstgewißheit des Selbstbewußtseins üben kann. So fragt er nach den mundanen Bedingungen, die erfüllt sein müssen, wenn ein Selbstbewußtsein entstehen soll – wobei er im Auge behält, daß es sich deswegen aus solchen Bedingungen noch nicht ableiten läßt.[17] Die Natur ist in diesem Fall der Inbegriff der das Ich ermöglichenden Bedingungen. Dies ist einer der Grundgedanken seiner Naturphilosophie, die gleichsam die Vorgeschichte des Selbstbewußtseins darzustellen unternimmt. Dieser Ansatz führt schließlich zu der Auffassung, nach der Naturphilosophie und Transzendentalphilosophie gleichberechtigt sind, weil sie sich gegenseitig, gleichsam in reziprokem Verhältnis zu begründen vermögen. Denn die so verstandene Natur und das Ich umgreifen sich gegenseitig. Schelling hat diese Auffassung vor allem im *System des transzendentalen Idealismus* von 1800 entwickelt.

Die Einleitung zu den *Ideen zu einer Philosophie der Natur* von 1797 zeigt aber noch einen anderen Zugang zur Naturphilosophie. Hier reflektiert Schelling nicht mehr nur auf die Strukturen der Subjektivität und des Selbstbewußtseins, er nimmt auch nicht mehr die Möglichkeit philosophischer Reflexion als selbstverständlich hin, sondern er stellt auch die von alledem handelnde Philosophie als solche in Frage. Es hatte sich ja schon gezeigt, daß die Philosophie ihre Absicht, das Unbedingte zu denken, nicht realisieren kann. So wird auch die Frage nach den ihr selbst zumeist verborgenen Voraussetzungen der Philosophie gestellt. Damit, und nicht etwa mit der Einbeziehung eines von Fichte angeblich vergessenen Gebietes, ist der entscheidende Schritt getan: Schelling nimmt die philosophische Reflexion nicht mehr als etwas problemlos Gegebenes hin, sondern fragt nach den Bedingungen ihrer Möglichkeit.[18] Er will gerade nicht unterstellen, das Selbstbewußtsein und speziell die philosophische Reflexion sei eine dem Menschen von Natur aus zukommende Möglichkeit, die als solche keiner Erörterung bedürfe. Vor allem aber bezweifelt er, daß sich in der Selbstgewißheit des Selbstbewußtseins das oberste Prinzip allen Wissens und aller Dinge finden lasse. Damit wird aufs neue die durch eine einseitige Betonung der transzendentalen Fragestellung in Vergessenheit zu geraten drohende Frage nach den realen Voraussetzungen des Bewußtseins und der Vernunft als philosophische Frage restituiert. So geht Schelling in der Naturphilosophie von der Einsicht aus, daß Philosophie gerade nichts Natürliches ist. Der Mensch verläßt seinen Naturzustand dadurch, daß er sich seiner selbst bewußt wird, daß er philosophiert und nach der Natur fragt: »Sobald der Mensch sich selbst mit der äußeren Welt in Widerspruch setzt, ist der erste Schritt zur Philosophie geschehen. Mit jener Trennung zuerst beginnt Reflexion; von nun an trennt er was die Natur auf immer vereinigt hatte, trennt den Gegenstand von der Anschauung, den Begriff vom Bilde, endlich (indem er sein eigenes Objekt wird) sich selbst von sich selbst« (II, 13). Wenn die Philosophie danach fragt, wie die Natur und die Welt der Erfahrung möglich ist, wenn sie das Selbstbewußtsein zum Gegenstand ihrer Untersuchung macht, so manifestiert sich darin diese Entgegensetzung nur in jener besonders extremen Form, die alles gegenständliche Bewußtsein, das von seinem eigenen Ursprung nichts weiß, ermöglicht. Die Naturphilosophie fragt bei Schelling also nicht nur nach den Bedingungen der Möglichkeit der Natur, sondern gleichzeitig auch nach den Bedingungen der Möglichkeit eben dieser Frage: Sie ist aber nur möglich geworden durch ein Ereignis, das Schelling später, in einer kleinen Schrift von 1802, auch einmal »Entzweiung« (V, 115) nennt, ein Ereignis, das zu der »unbedingten Forderung das Absolute außer sich zu haben« führt (V, 109).

Aus diesem Grunde ist Schellings Naturphilosophie ihrem Ansatz und ihrer Intention nach zugleich eine Selbstkritik der Philosophie überhaupt. Denn Philosophie setzt zu ihrer Existenz voraus, daß der Mensch mit der äußeren Welt in Gegensatz geraten ist. Dieser Gegensatz schafft erst die Bedingungen dafür, daß ein *Bedürfnis* (II, 15) nach Philosophie entstehen kann. So ist die Philosophie, wie jener Akt der Entgegensetzung überhaupt, nur aus Freiheit möglich: »Philosophie ist nicht etwas, was unserm Geiste ohne sein Zuthun, ursprünglich und von Natur beiwohnt. Sie ist durchaus ein Werk der Freiheit. Sie ist jedem nur das, wozu er sie selbst gemacht hat; und darum ist auch die Idee von Philosophie nur das Resultat der Philosophie selbst, welche als eine unendliche Wissenschaft zugleich die Wissenschaft von sich selbst ist« (II, 11). Die Philosophie ist daher nicht nur durch ihren jeweiligen Lehrgehalt charakterisiert, sondern auch durch etwas, was ihr gewöhnlich verborgen ist – nämlich dadurch, daß sie eine *Tätigkeit* ist, die erst möglich wird, wenn bestimmte Bedingungen erfüllt sind. Schelling kommt es deshalb zunächst darauf an, die Philosophie über sich selbst aufzuklären; weil ihre Intention zumeist nur auf einen bestimmten Lehrinhalt geht, nicht aber auf sich selbst, d. h. auf das, was sie im Unterschied zu diesem Lehrgehalt eigentlich *ist*, bleibt sie sich selbst zumeist ein Rätsel. Schelling sucht sie als Manifestation eines Bewußtseinszustandes zu erweisen, der selbst nur wieder eine Epoche innerhalb eines Entwicklungsprozesses ist.

Auch hier liegt eine der Wurzeln des sogenannten Irrationalismus Schellings. Sieht man nämlich den Wesenskern einer Philosophie primär nicht in den Ergebnissen einer Tätigkeit, sondern in der Aktualität dieser Tätigkeit selbst, dann ist es nicht so wesentlich, daß der Philosophierende in den Besitz bestimmter Sätze gelangt, den Sinn dieser Sätze versteht und sie adäquat begründen kann, wesentlich ist dann vielmehr, daß er jene Tätigkeit selbst nachvollzieht.[19] Denn Philosophie ist für Schelling diese Tätigkeit – und nicht etwa nur eine Theorie über sie. Im Vollzug dieser Tätigkeit, der durch eine theoretische Reflexion auf sie niemals ersetzt werden kann, sieht Schelling einen Akt der Freiheit. Deswegen ist ihm jede wahre Philosophie esoterisch: »Man muß also jener Frage selbst, mit der alle Philosophie beginnt, *fähig* seyn, um philophiren zu können. Diese Frage ist nicht eine solche, die man ohne eignes Zuthun andern nachsprechen kann. Sie ist ein freihervorgebrachtes, selbst aufgegebenes Problem« (II, 18). Dies ist keine Esoterik, die sich auf die Kenntnis bestimmter für wahr gehaltener Aussagen gründet, Aussagen, die nur einem bestimmten Kreis mitgeteilt werden. Im Gegenteil: Was überhaupt ausgesagt werden kann, soll auch ausgesagt werden. Schon in den *Briefen über Dogmatismus und Kriticismus* hält es Schelling geradezu für ein »Verbrechen an der Menschheit, Grundsätze zu verbergen, die allgemein mittheilbar sind« (I, 341). Schellings Esoterik orientiert sich denn auch an der Fähigkeit, einen Akt der Freiheit auszuführen, und gerade nicht an Sätzen, auch nicht an solchen, die sich ihrerseits auf diese Ausführung beziehen.[20] Selbst diese Sätze sind allgemein mitteilbar; bei jener Tätigkeit handelt es sich aber um etwas, das nicht mitgeteilt, sondern nur aus eigener Anstrengung praktiziert werden kann. Die wahre Philosophie wird daher nicht durch einen äußeren Machtspruch, sondern »durch sich selbst zur esoterischen«, weil sie »nicht gelernt, nicht nachgebetet, nicht nachgeheuchelt, nicht auch von geheimen Feinden und Ausspähern nachgesprochen werden kann« (1, 341).

Dem Philosophieren geht ein *Naturzustand* voraus, in dem der Mensch noch einig ist mit seiner Welt.[21] Für einen Menschen in diesem Naturzustande sind Gegenstand und Vorstellung noch identisch; es gibt für ihn weder ein Selbstbewußtsein, noch gibt es Objekte. Er hat sich in diesem Naturzustand noch nicht von den Dingen distanziert, weil er sich noch nicht seiner selbst bewußt geworden ist (II, 12 ff.).[22] Dieser Naturzustand ist also nicht nur ein Bewußtseinszustand, wohl aber ist er ein Zustand, der nicht ohne eine ihm adäquate Bewußtseinsform definiert werden kann. – Die Spekulation hingegen – oder, wie es in der zweiten Auflage der *Ideen* von 1803 heißt: die bloße Reflexion – setzt voraus, daß die Einheit mit der Welt bereits aufgelöst ist; sie bewegt sich in der Trennung von den Dingen und ist sich Selbstzweck. Von ihr grenzt Schelling die »wahre« Philosophie ab: für diese ist die Reflexion bloßes Mittel.[23] Das bedeutet nicht, daß dieser wahren Philosophie noch andere Mittel zur Verfügung stünden. Auch sie ist gezwungen, sich der Mittel der Reflexion zu bedienen. Der Unterschied liegt nur darin, daß die wahre Philosophie weiß, daß es sich um ein Mittel handelt, daß sie sich seiner bedienen kann, ohne ihm ausgeliefert zu sein. Die Eigenart der »wahren« Philosophie liegt also auch nicht im Sinngehalt bestimmter Sätze, sondern in der Art, mit diesen Sätzen umzugehen. Schelling fordert hier eine Philosophie, die sich nicht nur von allen Dingen, sondern auch von sich selbst distanzieren kann und die sich dessen bewußt ist, daß sie von Bedingungen abhängt, über die sie nicht verfügt. Es ist dies keine »praktische« Philosophie im Sinne Kants, sondern eine Philosophie, die zwar wie jede Philosophie durch eine bestimmte »Praxis«, nämlich durch einen Akt der Freiheit ermöglicht ist, sich aber auch dessen eingedenk bleibt. Der Weg zur »wahren« Philosophie führt also nur über die Selbstnegation des reflexiven Denkens.

Die Philosophie ist eine Tätigkeit, die nicht nur einen Ursprung hat, der außerhalb ihrer Grenzen liegt, sondern sie hat auch ein außerhalb ihrer liegendes Ziel: Sie ist durch jene Entzweiung zwischen Mensch und Natur möglich geworden und strebt nun bewußt oder unbewußt danach, diese Entzweiung wieder aufzuheben. Sie ist sich nicht nur kein Selbstzweck, sondern hat das Ziel, sich selbst dadurch überflüssig zu machen, daß sie die Bedingungen aufhebt, unter denen sie selbst erst möglich, aber auch notwendig geworden ist. So ist sie ein »nothwendiges Uebel«, eine »Disciplin der verirrten Vernunft« und »arbeitet [...] zu ihrer eigenen Vernichtung« (II, 14). Die »wahre« Philosophie zeichnet sich von der gewöhnlichen Philosophie dadurch aus, daß sie diese Zusammenhänge durchschaut und daher das Ziel bewußt anstreben kann, das den Gang der ihrer selbst und ihres Ursprungs nicht bewußten spekulativen Philosophie ohnehin schon bestimmt. Die erste Auflage der *Ideen* drückt diese Gedanken in einer mehr enthusiastischen Form aus: »Der Philosoph, der seine Lebenszeit oder einen Theil derselben dazu anwendet, der spekulativen Philosophie in ihre bodenlosen Abgründe zu folgen, um dort ihr letztes Fundament zu untergraben, bringt der Menschheit ein Opfer, das, weil es Aufopferung des Edelsten ist, was er hat, vielleicht den meisten andern gleichgeachtet werden darf. Glücklich genug, wenn er die Philosophie so weit bringt, daß auch das letzte Bedürfniß derselben, als einer besonderen Wissenschaft, und damit sein eigener Name auf immer aus dem Gedächtniß der Menschen verschwindet« (II, 15). Schon die prinzipiell nicht objektivierbare intellektuale Anschauung hatte eine ähnliche Funktion: Sie sollte das Unbehagen realisieren, das vom reflexiven und diskursiven Denken nicht erreicht werden konnte. In der Einleitung zu den *Ideen* ist das Ziel der Philosophie, nämlich die Aufhebung der Entzweiung, ebenfalls kein gegenständliches Wissen. Das Ziel ist aber auch nicht mehr jener mystische Sprung, dessen Vollziehbarkeit problematisch *bleibt;* hier geht Schelling davon aus, daß die Trennung nicht ohne bewußte und planmäßige Arbeit aufgehoben werden kann, wenn auch nicht allein durch sie. – Wenn sich nun die Philosophie von einem Ziel her versteht, das außerhalb ihrer selbst liegt, kann sie daher nur ein Übergangsphänomen sein. Sie ist daher keine »Theorie«, die sich selbst genügt. Vor allem kann sie die Aufhebung der Trennung nicht dadurch befördern, daß sie dieses Ziel zum Gegenstand der Reflexion macht. Daher ist es durchaus konsequent, wenn es Schelling in der Einleitung zu den *Ideen* nur bei diesen ganz kurzen Bemerkungen zur Philosophie der Philosophie bewenden läßt und sogleich dazu übergeht, mit Hilfe der Reflexion die Prinzipien zu diskutieren, die der Erforschung der Erscheinungen der natürlichen Welt zugrunde liegen. Hier versucht er vor allem, Gedanken Kants fruchtbar zu machen, insbesondere die *Metaphysischen Anfangsgründe der Naturwissenschaft,* deren Grundsätze er in Richtung auf eine Vermittlung der Differenz zwischen Reflexion und Empirie weiterentwickeln will.

Schelling arbeitet mit der Kategorie des Bedürfnisses, wenn er die Philosophie über sich selbst und ihren Ursprung aufklären will.[24] Er spricht nämlich von einem Bedürfnis, durch das die Philosophie erst möglich geworden ist und das durch die Philosophie befriedigt werden soll (II, 14). Die Tatsache und die Art dieses Bedürfnisses bestimmt die inhaltliche Arbeit der Philosophie, ohne daß diese von einem Zusammenhang wissen muß. Schellings Absicht geht nicht auf eine Metatheorie in Gestalt einer Philosophie der Philosophie. Das wäre nur ein Versuch, durch Fixierung der Haltung der Reflexion die Philosophie daran zu hindern, ihr Ziel zu verwirklichen.[25] Das Bedürfnis nach Philosophie soll auch nicht so befriedigt werden, daß es immer wieder aufs neue entstehen kann. Es geht vielmehr darum, die Ursachen zu beseitigen, die dieses Bedürfnis erst hervorrufen. Es ist erst dann endgültig aufgehoben, wenn die Entzweiung des Menschen von der natürlichen Welt wieder überwunden und ein Naturzustand, nun aber nicht vor der Freiheit, sondern durch die Freiheit, wieder erreicht ist.

Die Natur, von der hier die Rede ist, ist kein Sachbereich unter anderen Sachbereichen, die der Mensch zum Gegenstand der Reflexion erhebt, sondern sie ist das, was aller Reflexion und allem Selbstbewußtsein vorausliegt. Sie ist das, aus dem sich der Mensch durch jene Entzweiung, die Bewußtwerdung und Objektivierung zugleich ist, herausgesetzt hat. So zeigt die Naturphilosophie bei Schelling ein doppeltes Gesicht: sie hat einerseits die natürliche Welt zu durchdringen, wie sie sich auf der Ebene der Reflexion, also der Entgegensetzung zwischen Subjekt und Objekt darbietet. Sie hat aber auch ins Auge zu fassen, daß es sich bei der so verstandenen Natur nur um einen Übergangszustand handelt, weil sie durch die Subjektivität bedingt ist. Sie muß der Natur daher auch insofern gerecht zu werden suchen, als die Natur jener Entzweiung vorausliegt.[26] Aus diesem Grund unternimmt es die Naturphilosophie, die Natur als Absolutes zu denken. Die Frage geht dann darauf, wie eine Natur gedacht werden muß, wenn sich in ihr die Subjektivität erheben und sich gegen sie stellen kann. Die Subjektivität soll sich an die Natur als an ihren eigenen Ermöglichungsgrund erinnern und auf diesem Wege die Entzweiung überwinden. – Das *Systemprogramm* fragte: »Wie muß eine Welt für ein moralisches Wesen beschaffen sein?« Diese Frage läßt sich auch so verstehen, daß sie nach den Bedingungen fragt, unter denen eine Welt gedacht werden kann, in der ein freies und sich dieser Welt gegenübersetzendes und sie objektivierendes Wesen möglich ist. Schellings Naturphilosophie will diese Frage beantworten. Bei dieser Antwort wird die Philosophie zugleich darauf aufmerksam gemacht, daß sie selbst nicht von Natur aus existiert.

Wie die auf dieser Grundlage entworfene Naturphilosophie im einzelnen aussieht, auf welche Weise der Begriff des Organismus bald zum Zentralbegriff von Schellings Überlegungen wird, warum Schelling das Ganze der Natur mit Hilfe von teleologischen Kategorien konstruiert – solche Fragen müssen wir hier auf sich beruhen lassen. Überraschend bleibt, daß die Selbstkritik des reflexiven Denkens und die Frage nach der urständlichen Natur zugleich den Weg zur Empirie freigibt. In keiner späteren Schrift hat sich Schelling so unbefangen auf sie eingelassen wie in den *Ideen*. Daß dieser Zusammenhang zwischen der Selbstkritik der Philosophie und der Freigabe der Empirie nicht nur akzidentell ist, wird am deutlichsten durch den Schlußabschnitt der *Briefe über Dogmatismus und Kriticismus* belegt: »Unser Geist fühlt sich freier, indem er aus dem Zustande der Spekulation zum Genuß und zur Erforschung der Natur zurückkehrt, ohne daß er befürchten muß, durch eine immer wiederkehrende Unruhe seines unbefriedigten Geistes aufs neue in jenen unnatürlichen Zustand zurückgeführt zu werden« (I, 341). Es ist nach den Worten dieser Schrift gerade die Erfahrung, die einen der Aufgabe der mühsamen Spekulation enthebt – freilich erst dann, wenn man zuerst diese Aufgabe der Spekulation übernommen und zu Ende geführt hat. Dann erst sind die Ideen unserer Spekulation »in Leben und Daseyn übergegangen«.

VI

Was ist unter dieser Aufhebung der Entzweiung, der Vermittlung von Mensch und Natur, durch die sich zugleich die Philosophie als besondere Wissenschaft überflüssig macht, zu verstehen? Die *Ideen* von 1797 entwickeln in dieser Hinsicht keine klaren Vorstellungen, zumal da es hier bei einigen wenigen knappen Hinweisen bleibt. Wenn man indes in Rechnung stellt, daß Schelling, gleich vielen anderen Autoren seiner Zeit, in den veröffentlichten Schriften möglicherweise weniger sagt, als er sagen könnte, wenn er keinerlei Rücksichten zu nehmen hätte, dann können diese Dinge auch noch in einem ganz anderen Licht erscheinen. Das nicht veröffentlichte und nur als private Mitteilung konzipierte *Sy-*

stemprogramm sowie briefliche Äußerungen helfen hier weiter.

Wenn Schelling von der Trennung einer ursprünglichen Einheit zwischen Mensch und Natur spricht, so greift er damit ein Lieblingsmotiv der Zeit auf. Doch wichtiger als die Herkunft des Motivs ist die Art, wie er es aufgreift und auf der Basis der transzendentalen Fragestellung verarbeitet. Wenn er auf eine endzeitliche Aufhebung dieser Trennung hofft, so betrifft dieses Ereignis nicht nur das Denken und die Reflexion. Die Reflexion ist ihm nämlich nur die am meisten charakteristische, aber durchaus nicht die einzige Manifestation dieser Trennung. Die erhoffte Aufhebung der Entzweiung erscheint im *Systemprogramm* in der Gestalt einer neuen Religion, die paradox als »Mythologie der Vernunft« bezeichnet wird. Dies ist im Sinne eines nicht gewachsenen, sondern geschaffenen Mythos zu verstehen, in dem sich die spekulierende Vernunft zugleich mit aller Positivität in Religion und Staat selbst aufhebt. In diesem zukünftigen Reich gibt es keine Philosophie mehr; sie hat auf ihre Wissenschaftlichkeit Verzicht getan und ist ins »Leben« übergegangen. Es gibt aber auch keine Religion im alten Sinn mehr, denn sie ist, indem sie auf ihre Positivität Verzicht getan hat, ebenfalls ins »Leben« übergegangen. Der Schlußabschnitt des *Systemprogramms* skizziert diese Utopie: »Ehe wir die Ideen ästhetisch, d. h. mythologisch machen, haben sie für das Volk kein Interesse und umgekehrt ehe die Mythologie vernünftig ist, muß sich der Philosoph ihrer schämen. So müssen endlich Aufgeklärte und Unaufgeklärte sich die Hand reichen, die Mythologie muß philosophisch werden und das Volk vernünftig, und die Philosophie muß mythologisch werden, um die Philosophen sinnlich zu machen. Dann herrscht ewige Einheit unter uns [...] Keine Kraft wird mehr unterdrückt werden. Dann herrscht allgemeine Freiheit und Gleichheit der Geister! – Ein höherer Geist vom Himmel gesandt, muß diese neue Religion unter uns stiften, sie wird das letzte größte Werk der Menschheit seyn.«

Die Aufhebung der Trennung ist nicht nur ein Bewußtseinswandel, sondern als solcher ist sie zugleich auch ein politisches und soziales Ideal. Die Reflexion mit allen ihren Spielarten hat sich von dem in der Unmittelbarkeit verharrenden »Volk« gelöst und damit zugleich die Möglichkeit seiner Unterdrückung geschaffen. Daher erscheint das endzeitliche Ideal hier als die endgültige Aufhebung der Trennung zwischen Philosophie und Volk, die zugleich die Verwirklichung des Freiheits- und des Gleichheitsideals zur Folge haben soll. Denn die Entzweiung ist Schelling nicht nur der Ursprung der Philosophie und des reflexiven Selbstbewußtseins, sondern zugleich auch der Ursprung aller Herrschaft und des Staates. Die Idee der Aufhebung der Entzweiung ist nun aber noch kein politisches Konzept, aber doch eine politisch-soziale Utopie. Schon ein vorhergehender Abschnitt des *Systemprogramms* befaßt sich mit dem Staat und fordert im Namen der Freiheit seine Abschaffung.[27] Schelling akzeptiert noch nicht einmal das Maß an physischer Gewalt, das zur Garantie der bürgerlichen Freiheit nötig ist. Er gibt sich hier als utopischer Anarchist: weil Staat und Philosophie derselben Wurzel entspringen, ist die erhoffte und erstrebte Aufhebung des einen mit der Aufhebung des anderen notwendig verbunden; »die Dichtkunst allein wird alle übrigen Wissenschaften und Künste überleben«, und die Geschichte wird mit dem Abbau aller Herrschaftsstrukturen an ihr Ende gekommen sein. Denn die neue Religion soll das Bewußtsein der Menschen so verwandeln, daß es einer äußeren Sicherung der Freiheit nicht mehr bedarf.

Daß diese Vorstellungen mit den in der Einleitung zur ersten naturphilosophischen Schrift mehr angedeuteten als ausgesprochenen Hoffnungen konvergieren können, beweist der aus dem Jahre 1802 stammende Aufsatz aus dem *Kritischen Journal: Über das Verhältnis der Naturphilosophie zur Philosophie überhaupt*, ein Aufsatz, der früher schon einmal Hegel zugeschrieben worden war. Dieser Aufsatz sieht den »Grundirrthum« der modernen Kultur in der unbedingten »Forderung das Absolute außer sich zu haben« (v, 108f.). Auch das Christentum steht unter den Bedingungen dieser Entzweiung, die aufgehoben werden soll. Schelling erwartet seine Verklärung »in die Heiterkeit und Schönheit der griechischen Religion«. Die zeitlichen und äußeren Formen des Christentums werden zerfallen; »dann ist der Himmel wahrhaft wieder gewonnen und das absolute Evangelium wieder verkündet«. Es ist aber gerade die der Entzweiung vorausliegende Natur, die zum Symbol der für die Zukunft erwarteten und die Entzweiung überwindenden Religion wird: »Die neue Religion, die schon sich in einzelnen Offenbarungen verkündet [...] wird in der Wiedergeburt der Natur zum Symbol der ewigen Einheit erkannt« (v, 119f.).

Die Briefe, die Schelling und Hegel wechselten, nachdem Hegel sein Studium abgeschlossen und Tübingen verlassen hatte, zeigen deutlich genug, daß sich die Tübinger Freunde von einer die Ansätze Kants und Fichtes fortentwickelten Philosophie der Freiheit nicht nur Einsichten, sondern auch geschichtliche und politische Wirkungen versprachen. Der konkrete Ansatzpunkt der Kritik war freilich zunächst immer noch die Tübinger supranaturalistische Orthodoxie. Deren Dogmatik sollte, wie jede mögliche positive Dogmatik überhaupt, auf der Grundlage der neuen Philosophie ad absurdum geführt werden. Schelling besaß wie Hegel genug historisches Verständnis, um zu sehen, daß theologische Dogmatik und Kirchenverfassung auf die Dauer niemals gleichgültig nebeneinander existieren können. Die württembergische Kirchenordnung und ihre Handhabung war es vor allem, die die Tübinger Freunde nur mit Widerwillen an ein späteres Leben im Dienst der Landeskirche denken ließ. Weil für sie der Geist der Unterdrückung vor allem in der hierarchisch verfaßten Kirche verkörpert ist, bedingen sich politische und theologische Kritik hier gegenseitig; sie werden vom Standpunkt eines epochalen Bewußtseins aus geübt, für das die Beschäftigung mit der Transzendentalphilosophie und die Erfahrung der Französischen Revolution[28] in gleicher Weise bestimmend waren. So kommt Schelling dazu, die Verfassung der politischen Welt und die der Wissenschaft in Parallele zu setzen. Er schreibt am 4. 2. 1795 an Hegel: »[...] wir wollen beide verhindern, daß nicht das Große, was unser Zeitalter hervorgebracht hat, sich wieder mit dem verlegenen Sauerteig vergangener Zeiten zusammenfinde – es soll rein [...] unter uns bleiben, und ist es möglich [...] mit der lauten Verkündigung, daß es der ganzen bisherigen Verfassung der Welt und der Wissenschaften den Streit auf Sieg oder Untergang anbiete, von uns zur Nachwelt gehen«.[29] In manchen anderen Briefstellen werden ähnliche Gedanken formuliert. Man erhoffte für Deutschland politische Konsequenzen aus der philosophischen Revolution, die mit Kant begonnen hatte.[30] Das »Reich Gottes«, in dem die Tübinger Freunde das Ende der Geschichte erwarteten und das ihnen ihr Losungswort abgab, ist daher nicht nur ein theologischer Begriff, sondern artikuliert auch bestimmte politische Erwartungen. Der Inhalt dieser Erwartungen ist ein Zustand, in dem alle Politik aufgehoben ist, weil die Bedingungen, unter denen sie notwendig wird, beseitigt sind. Man kann diese Idee des Reiches Gottes richtig würdigen, wenn man daran denkt, daß hier Ideale der Französischen Revolution in eigenartiger Weise eine theologische Sublimation erfahren haben – eine Sublimation freilich, die Schelling gerade nicht zum politischen Akteur, sondern zum naherwartenden Utopisten macht, der sich mit gleichgesinnten Freunden zu einem esoterischen Bund zusammenschließt und mit ihnen die Idee des Reiches Gottes verwalten will, bis sie von der Geschichte selbst für die Welt verwirklicht wird und so den Gegensatz von Philosophie und Volk überwindet. Dieses Reich Gottes bedeutet nicht nur das Ende der hierarchisch und nach politischem Vorbild verfaßten Kirche, sondern zugleich auch das Ende jeden religiösen Glaubens, sofern dieser an Dogmen gebunden oder an gegenständlichen Fakten orientiert ist. Die Kritik an aller positiven Religion findet ihren unmittelbarsten Ausdruck in dem 1799 entstandenen, aber erst aus dem Nachlaß vollständig veröffentlichten *Epikurisch Glaubensbekenntniß Heinz Widerporstens* (*Plitt* 1, 282 ff.). Hier wird gerade die Natur als Instanz gegenüber allem statutarischen Kirchenglauben aufgerufen: »Wollte gern vor dem Kreuz mich neigen, / Wenn ihr mir einen Berg könnt zeigen, / Darin dem Christen zum Exempel / Wär von Natur erbaut ein Tempel«.

Es ist ohne weiteres verständlich, daß in den veröffentlichten Schriften Schellings der politische und religionskritische Aspekt zurücktritt. Die Rücksicht auf die bestehenden Verhältnisse war schon bald stärker als der Wille zur Veränderung. Hat man aber erst einmal auf die politischen Hoffnungen und Erwartungen des jungen Schelling achten gelernt, so zeigen auch manche Stücke der veröffentlichten Schriften ein anderes Gesicht. Wenn Schelling von der »letzten Hoffnung zur Rettung der Menschheit« spricht, die lange genug alle Fesseln des Aberglaubens getragen habe (1, 339), oder wenn er vom Anschauungsvermögen handelt, das nicht nur durch »todte Spekulation«, sondern auch durch »gesellschaftliche Verdorbenheit« ertötet sein könne (1, 353), so handelt es sich schwerlich um Dinge, deren Relevanz allein auf die Auseinandersetzungen innerhalb der Gelehrtenrepublik beschränkt ist. Auch Schellings Sinn für Esoterik muß hier noch einmal erwähnt werden. Schelling gibt ihm an manchen Stellen Ausdruck und läßt gelegentlich durchblicken, daß er den möglichen politischen Sinn einer derartigen Esoterik sehr wohl in seine Überlegungen aufgenommen hat (1, 418). Auch der zu überwindende Gegensatz von Philosophen und Volk erscheint in der Nachschrift zur Naturrechtsschrift in einer Form, die ohne Kenntnis des *Systemprogramms* kaum verständlich wäre (1, 280).[31]

Daß die Utopie des Reiches Gottes inhaltlich nicht positiv bestimmt wird, ist nicht weiter auffallend – das ist eine Eigenart vieler Utopien, oft sogar eine ihrer Existenzbedingungen. Auffallend bleibt aber, daß Andeutungen, die die Einleitung zu den *Ideen* geben, nicht auf eine theologisch begründete Utopie zielen, ebensowenig aber auf eine Utopie, die als Entwurf der reflektierenden Philosophie aufträte. Schellings Utopie will ja gerade kein Gegenstand der Philosophie mehr sein, sondern die Verwirklichung der wahren Philosophie selbst. Die Philosophie hat zwar auch noch eine kritische Funktion gegenüber dem utopischen Bewußtsein. Diese wird aber relativiert dadurch, daß die Philosophie diese ihre Funktion von jenem Eschaton zugewiesen erhält. Deswegen kann es sich bei Schellings Utopie nicht um differenzierte Pläne handeln, die nur auf ihre Verwirklichung warteten. Der künftige Zustand soll gerade nicht von einer ihn planenden Vernunft abhängig sein. Daher ist es der Sache nach ganz konsequent, wenn Schellings Utopie inhaltlich unbestimmt bleibt.

Das außerhalb ihrer selbst liegende Ziel der Philosophie ist in den *Ideen* anders als im *Systemprogramm* und in den *Briefen* kein Inhalt einer Naherwartung mehr. Zwar hat Schelling seine Erwartung eines künftigen »Reiches Gottes« niemals aufgegeben. Das Ideal dieser Erwartung rückt aber bald in eine immer fernere Zukunft. Dem entspricht auf der anderen Seite, daß die Entzweiung gleichzeitig ihre Eigenschaft, als ein Akt der Freiheit zeitloses Schicksal des seiner selbst bewußten Menschen zu sein, verliert und statt dessen eine geschichtsphilosophische Deutung erhält. Sie wird dann als Charakteristikum der modernen gegenüber der antiken Welt herausgestellt: Erst die neue Welt ist es, die den Menschen mit der Natur entzweit:[32] »Die neuere Welt ist allgemein die Welt der Gegensätze, und wenn in der alten, aller einzelnen Regungen ungeachtet, doch im Ganzen das Unendliche mit dem Endlichen unter einer gemeinschaftlichen Hülle vereinigt liegt, so hat der Geist der späteren Zeit zuerst diese Hülle gesprengt und jenes in absoluter Entgegensetzung mit diesem erscheinen lassen« (v, 272). So drücken es die *Vorlesungen über die Methode des akademischen Studiums* von 1802 aus (vgl. auch v, 290). Eine »mythologische Welt« (v, 445) soll zwar einst die moderne Welt ablösen und deren Gegensätze überwinden. Diese Welt steht aber jetzt nicht mehr unmittelbar bevor. Der Geschichtsphilosophie, die Schelling nun entwirft, wächst die Funktion zu, den durch die

Nichterfüllung der Naherwartung geschaffenen leeren Raum auszufüllen. Diese Geschichtsphilosophie, im *System des transzendentalen Idealismus* von 1800 erstmals dargestellt, sieht den Endzweck der Weltentwicklung in der in einer ungewissen Zukunft liegenden Verwirklichung Gottes. Bis zum Eintritt dieser Endzeit übernimmt – gleichsam schon im Vorgriff – die Kunst als Organon der wahren Philosophie die Aufgabe, zwischen den Gegensätzen zu vermitteln.[33]

Schelling intendiert niemals eine politische Theorie, höchstens insofern, als er nach den Bedingungen fragt, unter denen die Notwendigkeit einer Politik überhaupt aufgehoben ist. Entscheidend ist aber, daß schon diese Bedingungen nicht mehr mit Mitteln der Politik hergestellt werden. Denn das Endziel ist Gegenstand der Erwartung und gerade nicht einer Aktion. Lehrreich ist in diesem Zusammenhang das erst aus dem Nachlaß veröffentlichte *System der gesamten Philosophie und der Naturphilosophie insbesondere* von 1804. Dieses System gipfelt – für Schelling ganz ungewöhnlich – in einer Theorie des Staates. Man darf hier keine Parallele zu Hegels Staatsauffassung ziehen. Denn Schelling läßt keinen Zweifel daran, daß er hier überhaupt nicht an einen wirklichen Staat denkt, in dem Herrschaft von Menschen über Menschen ausgeübt wird. Jener Staat, in dem sich Wissenschaft, Religion und Kunst durchdringen, ist in Wahrheit nichts anderes als das endzeitliche Gottesreich, in dem gleich allen Dingen auch die Philosophie ihr Ziel erreicht und sich als Wissenschaft entbehrlich gemacht hat, weil sie ganz zum »Leben mit und in einer sittlichen Totalität« geworden ist (VI, 575 f.).[34]

Wenn Heinrich Heine 1834 in seiner zunächst für das französische Publikum bestimmten Schrift über die *Geschichte der Religion und der Philosophie in Deutschland* Verbindungslinien zwischen Philosophie und Politik vor allem im Bereich des Deutschen Idealismus zu ziehen suchte, so kam er bestimmten Intentionen des jungen Schelling und des jungen Hegel viel näher, als er selbst auf Grund der ihm zugänglichen Texte wissen konnte. Wie man auch die wohl niemals ganz aufzuklärende politische Einstellung beider in der Zeit vor 1800 beurteilen mag – es kann kein Zweifel daran bestehen, daß die Begeisterung für die Französische Revolution die ganze Stiftszeit geprägt hat. Ebenso sicher ist, daß man Schelling kein politisches Konzept unterstellen darf. Man weiß, wie sehr er in der Fähigkeit, der Politik im Detail und in der Konkretion gerecht zu werden, von Hegel übertroffen wurde. Doch für die Beurteilung seiner frühen Entwürfe ist dies nicht das Entscheidende. Entscheidend ist vielmehr seine Einsicht, daß die reflexive Philosophie und eine letztlich immer auf Zwang beruhende Sozialordnung nicht unabhängig voneinander sind und auch nur zusammen aufgehoben werden können. Schellings philosophischer Rang zeigt sich nicht zuletzt darin, daß er auch die Philosophie selbst niemals naiv oder unkritisch hinnimmt, sondern auch nach den Bedingungen ihrer eigenen Möglichkeit und den Konsequenzen ihrer Wirklichkeit fragt. Er weiß, daß diese Bedingungen und Konsequenzen auch einen politischen und gesellschaftlichen Aspekt haben. Das ist nicht nur in der hier bisher allein berücksichtigten Frühzeit so. Noch die nie vollendeten *Weltalter* entwerfen in der Vorrede die Utopie einer künftigen Zeit, in der es keine Philosophie mehr gibt, weil dann die Gründe für das Bedürfnis, das nach ihr verlangt, endgültig beseitigt sind. Der Versuch, »Philosophie mit Natur wieder zu vereinigen«, erscheint hier nur als ein erster Schritt auf einem Wege, der zu dem Endziel führt, an dem die Entgegensetzung der »Welt des Gedankens« und der »Welt der Wirklichkeit« überwunden ist: »Es wird Eine Welt seyn, und der Friede des goldnen Zeitalters zuerst in der einträchtigen Verbindung aller Wissenschaften sich verkünden«.[35]

Schelling ist trotz alledem kein politischer Denker. Eine politische Theorie hat er nie entwickelt, und das ist schwerlich ein Zufall: ist es auch nicht einzusehen, wie sich aus den Prinzipien seines Denkens eine politische Theorie bruchlos sollte ableiten lassen. Doch das schließt die politische Relevanz seines Denkens nicht aus. Freilich ergibt sich eine solche Relevanz bei Schelling gelegentlich erst dann, wenn man seinen Ansätzen eine entsprechende Deutung gibt. Wie von jeder Aktion, so gilt auch von jeder Theorie, daß die Frage nach ihrer Relevanz und ihren Konsequenzen unabhängig von der Frage nach den Intentionen beantwortet werden muß. Man wird aber eine politisch-soziale Relevanz auch von Schellings Subjektivitätsphilosophie schwer leugnen können: Ein Gedanke wie der eines Ich, das aus sich eine Welt produziert, aber nicht sieht, daß es sich hier um seine Produktion handelt, das sich daher als von der von ihm produzierten Welt abhängig erfährt und den Folgen dieser Abhängigkeit entfliehen will – ein Gedanke dieser Art paßt zu gut auf die Struktur unserer Lebenswelt, als daß man sich nicht versucht fühlen könnte, die von Schelling entwikkelten Denkformen bei der Lösung ihrer Probleme in Anspruch zu nehmen.

Merkwürdig bleibt die Tatsache, daß die Philosophie nach Hegels Tod Wege einschlug, auf denen von verschiedenen Seiten aus Ansätze, die wir beim jungen Hegel sowie in den unveröffentlichten Schriften und Dokumenten des jungen Schelling finden, wieder aufgenommen zu werden scheinen. Die Frage ist, ob es sich dort der Sache nach um ein Zurückfallen hinter eine Position, auf der diese Ansätze schon überwunden waren, handelt oder ob dies nicht der Fall ist. Diese Frage wird wohl immer unentscheidbar bleiben: man kann nicht gut die von einem Autor veröffentlichten Texte gegen seine unveröffentlichten Schriften, gegen Briefe oder gegen Dokumente rein privaten Charakters ausspielen. Zurückgehaltene Entwürfe darf man nicht so auslegen, als handelte es sich um Schriften, deren Veröffentlichung nur zufällig unterblieben wäre; man darf indessen auch nicht unterstellen, daß es sich um bloße Versuche handelt, für die der Autor selbst gar nicht einstehen wollte. Kommensurabel sind Aussagen eines Autors nur unter der Bedingung, daß sie sich an denselben Adressaten richten. Diese Bedingung ist aber bei Schelling im Verhältnis zwischen veröffentlichten Schriften und unveröffentlichten Dokumenten nicht gegeben. Die Differenz ist bei ihm um so gravierender, weil er ja selbst bisweilen bewußt philosophische Esoterik zu kultivieren sucht. Sicher ist, daß jede Auslegung philosophischer Werke und Entwürfe, die von ihrem Autor nicht veröffentlicht worden sind, Schwierigkeiten gegenüber steht, die gewöhnlich in der Philosophiegeschichte viel zu wenig ernst genommen werden.

VII

Schellings Naturphilosophie muß von ihrem Ansatz her notwendigerweise ambivalent erscheinen, wenn der Naturbegriff selbst ambivalent ist. Die Natur erscheint der Reflexion als Gegenstand unter den Bedingungen der Entzweiung, als Natur wird aber auch andererseits das bezeichnet, was dieser Entzweiung vorhergeht und insofern zugleich Leitziel für deren Überwindung ist. Sofern nun die Natur als dasjenige verstanden wird, was der Trennung voraufliegt, so werden ihr die Prädikate des Absoluten zugesprochen, über die Schelling in seinen Überlegungen zur intellektualen Anschauung gehandelt hatte. Das analytisch bestimmte Absolute, zuerst als »Ich« gedacht, wird also nun als alles umfassende »Natur« gedeutet. Daher muß auch der Ursprung der Subjektivität mit allen ihren Vermögen bis hin zur Reflexion in diese urständliche Natur verlegt werden. Diese Natur soll mithin so gedacht werden, daß sie sogar die Entstehung eines Nichtnatürlichen, eben der Freiheit ermöglichen soll. Schelling sucht bekanntlich dieses Problem so zu lösen, daß er die Natur nicht als ein ewig in sich ruhendes Absolutes versteht, sondern als ein dynamisches Absolutes, das bestrebt ist, seine Absolutheit in allen seinen Produkten darzustellen. Diese mimetische Produktivität durchläuft verschiedene Grade der Vollkommenheit. Der Begriff des Absoluten liefert der Naturphilosophie das Kriterium für die Beurteilung der einzelnen Stufen der Naturentwicklung. Die Naturphilosophie betrachtet also jedes Naturwesen daraufhin, ob und inwieweit es den Anspruch, das Absolute darzustellen, einlösen kann.

Die Tragweite dieses spekulativen Entwurfs einer Naturphilosophie spiegelt sich in Schellings Verhältnis zur neuzeitlichen Naturwissenschaft. Denn Schelling hält diesen oftmals modifizierten Entwurf zugleich wenigstens grundsätzlich für die empirische Wissenschaft und ihre Ergebnisse offen. Daß sein 1796 begonnenes Studium der Naturwissenschaften, insbesondere seine Beschäftigung mit elektrischen, magnetischen, chemischen Phänomenen, ein wichtiges Moment in der Genese der Naturphilosophie war, kann nicht bezweifelt werden. Wichtiger aber als die Feststellung genetischer Zusammenhänge ist eine Antwort auf die Frage nach der systematischen Stellung, die der Naturwissenschaft in Schellings Naturphilosophie zugewiesen wird. Es fällt auf, daß man in den *Ideen* von 1797 nirgends die Geringschätzung der Erfahrung gegenüber findet, wie sie von einer gedankenlosen Kritik Schelling immer wieder vorgeworfen worden ist. Schelling geht hier vielmehr auf die aktuellen Probleme der positiven Naturwissenschaft seiner Tage in einer Weise ein, die noch weit davon entfernt ist, vorschnelle Verallgemeinerungen zuzulassen. Wenn man seine Naturphilosophie, wie es oft geschieht, der Romantik zuordnen zu können glaubt, so kann man sich jedenfalls nicht auf die Schrift von 1797 berufen. Es ist kein Zufall, daß gerade dieses Buch im Jenaer Romantikerkreis entschieden abgelehnt wurde.[36] Die Unbefangenheit gegenüber der Empirie[37] war natürlich begünstigt durch die radikale Skepsis der spekulativen Philosophie gegenüber, wie sie sich gerade in der Einleitung der *Ideen* ausspricht. Hier scheint der Platz der Philosophie gleichsam einmal vorübergehend unbesetzt zu sein. Doch gerade von hier aus ergeben sich die Fragen, die Schellings weiteres Denken bestimmt haben. Welchen Platz erhält aber nun die empirische Forschung in seiner Naturphilosophie?

Wenn man nur einzelne, aus dem Zusammenhang der einzelnen einschlägigen Schriften aus den Jahren 1797 bis 1806 genommene Aussagen über das Verhältnis von Naturwissenschaft und Naturphilosophie nebeneinanderhält, wird man freilich sehr leicht Widersprüche feststellen können. Doch dann wird man der Tatsache nicht gerecht, daß Schelling die Natur bald unter den Bedingungen der Reflexion, bald aber auch unter den Bedingungen jener umfassenden Vernunft betrachtet, die die Reflexion überwinden will. So ist die Naturphilosophie von der Naturwissenschaft dann unabhängig, wenn diese die Bedingungen untersucht, unter denen eine Natur und sie selbst als Philosophie erst möglich wird. Hier geht es um die Frage, wie eine Natur gedacht werden muß, wenn begreiflich gemacht werden soll, daß in und aus ihr eine Subjektivität entstehen kann, die sich ihr gegenüberstellt und sie negiert. Jene Voraussetzung, wonach die Produkte der Natur im Hinblick auf eine stufenweise, quantitativ differenzierte Repräsentation des Unbedingten zu beurteilen sind, gibt hier einen Rahmen. Insofern nun aber dieser Rahmen ausgefüllt werden soll, sieht sich Schelling auf die experimentelle Wissenschaft angewiesen. Das bedeutet aber nicht, daß naturwissenschaftliche Sätze nun ohne weiteres zu naturphilosophischen Sätzen werden könnten oder umgekehrt, wohl aber, daß spezielle naturphilosophische Hypothesen einer Korrektur oder Bestätigung durch Ergebnisse der empirischen Wissenschaft durchaus zugänglich sind, daß ferner die Naturphilosophie der Arbeit der empirischen Forschung vielleicht die Richtung geben, sie aber eben doch niemals ersetzen kann, weil sie sie in einer bestimmten Hinsicht sogar voraussetzt. Das Verhältnis zwischen beiden wird am Ende der Vorrede zur ersten Auflage der *Ideen* so bestimmt: »Es ist wahr, daß uns Chemie die Elemente, Physik die Sylben, Mathematik die Natur lesen lehrt; aber man darf nicht vergessen, daß es der Philosophie zusteht, das Gelesene auszulegen« (II, 6).[38] Man mag sich darüber streiten, ob Schelling später bei dieser Auslegung gelegentlich vielleicht einmal zu weit gegangen ist. Manche dieser angeblich absurden Thesen in seiner Naturphilosophie sind indes in Wahrheit nur gewagte Vermutungen von der

Art, wie sie von denen, die an der Forschung teilnehmen, zu allen Zeiten angestellt worden sind, weil der induktive Aufbau der Erkenntnis in jedem Fall einer Orientierungshilfe bedarf. Wenn man über Grundbegriffe reden will, so muß man sich, wie Schelling an Lichtenberg anknüpfend betont, ohnehin einer Bildersprache bedienen (II, 99). Wie immer man also Einzelheiten dieser Philosophie auch beurteilen will, so bleibt doch die Tatsache bestehen, daß sich die Naturphilosophie in allen Detailfragen auf die Ergebnisse der Erfahrungswissenschaft stützen muß.

Jene Empirie, über die sich Schelling gelegentlich in abfälligem Sinn äußert, ist gerade nicht die von Hause aus auf systematische Einheit hin orientierte und auf sie angewiesene Erfahrungswissenschaft, sondern es ist jene Naturgeschichte, die auf merkwürdige Einzelphänomene gerichtet ist, diese sammelt und beschreibt. Es ist das disparate Wissen der »Tabellen und Register«, das im *Systemprogramm* von 1796 auf eine niedere Stufe verwiesen wird. »Spekulative Physik« ist aber für Schelling zunächst nichts anderes als die im Gegensatz dazu auf eine systematische Einheit ausgehende Wissenschaft. Nach der *Einleitung zu dem Entwurf eines Systems der Naturphilosophie* von 1799 führt der Weg zu dieser Einheit, die einen Blick in die »innere Construction« der Natur vermitteln soll, über das planmäßig ausgeführte Experiment, das nichts anderes als »ein Eingriff durch Freiheit in die Natur« ist. »Jedes Experiment ist eine Frage an die Natur, auf welche zu antworten sie gezwungen wird. Aber jede Frage enthält ein verstecktes Urtheil a priori« (III, 276). Der »spekulativen Physik« wächst so die Aufgabe zu, auf Lücken im System aufmerksam zu machen, die noch mit Hilfe eines Experimentes ausgefüllt werden müssen. So läßt es sich verstehen, daß Schelling zum Experimentieren gelegentlich geradezu auffordert;[39] daß er der Naturphilosophie die Annahme verborgener Grundstoffe und überhaupt die Annahme von qualitates occultae verbietet; daß er die von ihm aufgestellten Hypothesen an der Erfahrung geprüft sehen will.[40] Freilich ist diese Erfahrungswissenschaft noch lange kein Selbstzweck: Erfahrungen führen erst in der Verbindung mit Apriorischem zum systematischen Wissen. Schelling sieht eine ungeahnte Mathematisierung der Wissenschaften voraus und spielt sogar einmal mit dem Gedanken einer Auflösung aller Wissenschaften in eine universelle Mathematik (I, 463).

Die so als spekulative Physik verstandene Naturphilosophie soll also die Prinzipien aufdecken, unter denen sich die Mannigfaltigkeit der einzelnen Erfahrungen schließlich zu einer systematischen Einheit zusammenfügen läßt. Sie soll der Naturwissenschaft jene umfassenden Ideen vorhalten, die sie in ihrer immer durch Antizipationen geleiteten Arbeit stets voraussetzen muß. Schon die Einleitung zu den *Ideen* sucht die Bedingungen anzugeben, unter denen diese Aufgabe bewältigt werden kann. Im besonderen ist es der Gedanke eines ewigen Kreislaufs aller Dinge, den Schelling als Leitidee für die Deutung der Natur im Ganzen in Anspruch nimmt.[41] Er hält ihn durchaus einer empirischen Bewährung für fähig; auch in späterer Zeit hat er ihn wieder aufgenommen, wie es besonders schön die Naturphilosophie der *Weltalter*fragmente zeigt. Wie immer man Ansätze dieser Art auch beurteilen mag, so war Schelling vielleicht der letzte große Denker, der noch mit einem gewissen Erfolg versucht hatte, die Ergebnisse der naturwissenschaftlichen Forschung in ihrer ganzen Breite zu rezipieren und für eine Naturphilosophie fruchtbar zu machen. Daß dies nicht nur für eine kurze Periode seines Denkens gilt, zeigt nicht zuletzt die schöne Akademierede von 1832 *Über Faraday's neueste Entdeckung* (IX, 439ff.). Sie beweist, daß Schelling die Bedeutung der Entdeckung der elektromagnetischen Induktion für das System der naturwissenschaftlichen Erkenntnis sofort erkannt hatte.

Die Naturphilosophie ist bei Schelling insofern mit der empirischen Wissenschaft verbunden, als sie sich der Tatsache annimmt, daß alle Erfahrung nach systematischer Einheit strebt, wenn sie zur Wissenschaft werden will. Sie läßt sich deswegen aber nicht auf die Aufgaben einschränken, die man heute der Wissenschaftstheorie der Naturwissenschaften überträgt. In dieser Wissenschaftstheorie ist in den letzten Jahrzehnten sehr fruchtbare Arbeit geleistet, und es sind wichtige Ergebnisse erzielt worden. Das war aber nur möglich, weil diese Wissenschaftstheorie ihren Fragenbereich in einer bestimmten Weise eingrenzte und damit Sicherheit und Definitheit ihrer Aussagen erkaufte. Der diese Theorie betreibende, reflektierende Theoretiker kommt in der Theorie selbst nicht vor. Philosophie unterscheidet sich aber von jeder gegenständlichen Wissenschaftstheorie weniger dadurch, daß sie inhaltlich ganz andere Fragen stellte, als dadurch, daß sie solche Eingrenzungen möglichen und erlaubten Fragens, auf denen die Sicherheit der Wissenschaft – und die der Wissenschaftstheorie – beruht, nicht akzeptiert, sondern alles, auch sich selbst, ihren Ursprung und ihr

Endziel, zum Gegenstand der Frage macht. Deswegen ist Schellings Naturphilosophie nicht nur Wissenschaftstheorie und spekulative Physik, sondern zugleich auch Selbstkritik der Philosophie.[42]

Dem zur »spekulativen Physik« führenden, von der Idee einer systematischen Einheit allen Wissens geleiteten Ansatz kann man, wenn man von den Bemühungen unserer Tage ausgeht, möglicherweise leichter gerecht werden. Gerade deshalb verdient aber auf der anderen Seite Schellings Intention, auf dem Weg über eine neuartige Zuwendung zur Natur die Entzweiung, durch die auch Reflexion und Herrschaftsstrukturen erst möglich geworden sind, zu überwinden, besondere Aufmerksamkeit, und dies nicht nur wegen ihrer längst bekannten Berührungen mit der Naturerfahrung Hölderlins. Hier wird wieder einmal manifest, daß der Deutsche Idealismus ein Philosophieren auf der Grundlage ständig sich überholender produktiver Skepsis nicht nur war, sondern daß er sich zuweilen auch selbst so verstand. Am Ursprung von Schellings Naturphilosophie, wie sie im *Systemprogramm* und am Beginn der Einleitung zu den *Ideen* greifbar wird, steht eine Skepsis gegenüber aller Reflexion und Spekulation als solcher. Diese Skepsis stellt die Unbedingtheit jedes philosophischen Wahrheitsanspruchs dadurch in Frage, daß sie das spekulative Denken von einem Bedürfnis her versteht, das dieses Denken nicht geschaffen hat und noch nicht einmal objektiv vorfindet – weil es nämlich von diesem Bedürfnis erzeugt ist, über das es keine Macht hat. Diese Skepsis sucht jede Selbstgewißheit des Selbstbewußtseins durch den Ausblick auf ein vergangenes und ein zukünftiges Einssein mit allen Dingen, das durch keine Zäsur des Bewußtseins gesprengt ist, zu relativieren. Was ist aber diese Skepsis, die die Philosophie überflüssig machen möchte? Ist sie selbst wieder ihrem Wesen nach ein Denken oder versteht sie sich als Epiphänomen einer Tätigkeit von ganz anderer, religiöser, politischer oder poetischer Art? Wie dem auch sei, es wird bemerkenswert bleiben, daß Schellings Zuwendung zur Welt der Natur ihrer Intention nach keinen Rückfall in einen längst abgetanen philosophischen Dogmatismus bedeutet, sondern einem auf die Spitze getriebenen Zweifel gegenüber dem Sinn und den Möglichkeiten der Philosophie überhaupt entspringt.

1 Über die Vorgeschichte dieser Verbindung zwischen Postulatenlehre und Offenbarungstheologie vgl. jetzt: D. Henrich, *C. I. Diez, Hegel-Studien* Bd. 3, 1965, S. 276 ff.
2 Über seine Einstellung zu dieser Theologie vgl. vor allem seine Briefe an Hegel vom 5. 1. sowie vom 4. 2. und 21. 7. 1795. (*Aus Schellings Leben. In Briefen*, ed. G. L. Plitt, Bd. 1, 1869, S. 71-80.)
3 Alle nicht näher bezeichneten Nachweise beziehen sich hinfort auf: *Fr. W. J. v. Schellings sämmtliche Werke*, 1856-61.
4 Es ist vor allem von W. Metzger (*Die Epochen der Schellingschen Philosophie von 1795 bis 1802*, 1911; vgl. S. 4 f.) wahrscheinlich gemacht worden, daß Schelling, wenn überhaupt, dann erst in den Jahren 1795 bis 1797 vorübergehend zum Fichteaner geworden ist.
5 Schellings Brief an Fichte vom 3. 10. 1801, in *Fichtes und Schellings philosophischer Briefwechsel*, 1856, S. 102.
6 Seine eigenen späteren Beurteilungen dieser frühesten Schriften sind keineswegs einheitlich; so will Schelling nach den 1827 in München gehaltenen Vorlesungen *Zur Geschichte der neueren Philosophie* in seinen frühen Schriften nur der Ausleger Fichtes gewesen sein (X, 95 ff.). Die Vorrede zum zweiten Abdruck der Abhandlung *Vom Ich* in der Ausgabe von 1809 charakterisiert diese Schrift aber gerade durch jene Merkmale (vgl. I, 159), die im Lichte der Selbstdarstellung von 1827 (X, 99 f.) den Differenzpunkt gegenüber Fichte bezeichnen.
7 Das ist der Sinn des »Spinozismus« beim jungen Schelling. Vgl. dazu seinen Brief an Hegel vom 4. 2. 1795 (Plitt, I, 74 ff.)
8 Analog ist die Methode Schellings in seiner Schrift *Ueber die Möglichkeit einer Form der Philosophie überhaupt*. Schelling versucht hier die obersten Prinzipien der Philosophie durch eine Analyse ihres Begriffes zu gewinnen. In diesem Sinne macht sich diese Schrift die »Form« jeder Philosophie zum Thema (I, 92); der Inhalt ist aber durch die Form schon mitgegeben.
9 Vgl. dazu auch den Brief Schellings an Hegel vom 4. 2. 1795.
10 Schelling spricht sogar von einem »absoluten Zustand [...] in dem wir, nur uns selbst gegenwärtig, [...] ein höheres Leben leben« (I, 321).
11 Im Brief an Hegel vom 4. 2. 1795 heißt es: »Unser höchstes Bestreben ist die Zerstörung unserer Persönlichkeit, Uebergang in die absolute Sphäre des Seins, der aber in Ewigkeit nicht *möglich* ist« (Plitt, I, 77).
12 Vgl. R. Schneider: *Schellings und Hegels schwäbische Geistesahnen*, 1938, S. 85 ff.
13 I, 216.
14 Aufmerksamkeit verdient auch die Tatsache, daß Schelling das »Ich bin«, das die Stelle des obersten Grundsatzes einnimmt, in der Schrift *Vom Ich* konsequent mit einem Ausrufungszeichen versieht (I, 168, 179, 204, 260 f., 210; vgl. auch 238, 309). Dieser oberste Grundsatz ist kein Gegenstand des Erkennens; er ist nicht als Aussage formuliert und

daher weder wahr noch falsch, sondern er ist Inhalt einer Forderung. Mit dem imperativischen Charakter des obersten Grundsatzes hängt es zusammen, daß er, für sich betrachtet, gar keinen »Sinn« hat: »So erfährst du, was das Ich sey, nicht durch den Grundsatz, sondern umgekehrt, was der Grundsatz bedeute, muß dir das Ich in dir sagen« (I, 450).
15 W. Schulz, *Die Vollendung des deutschen Idealismus in der Spätphilosophie Schellings*, 1955, bes. S. 49ff., 65ff.
16 *WW* (ed. I. H. Fichte) I, 97.
17 Sehr aufschlußreich ist hier das zweite Stück der *Abhandlungen zur Erläuterung des Idealismus der Wissenschaftslehre* von 1797, vor allem I, 370ff., 392f.
18 Dies fand zunächst noch den Beifall Fichtes. So hat Fichte gerade die Einleitung der *Ideen* (Novalis gegenüber) sehr gelobt (*Fr. Schlegel und Novalis*, ed. M. Preitz, 1957, S. 104). Vgl. außerdem den Brief Fichtes an Schelling vom 22. 10. 1799, in *Fichtes und Schellings philosophischer Briefwechsel*, 1856, S. 21 f.
19 Philosophie ist daher selbst keine Wissenschaft, die man, als einen Inbegriff von Sätzen, erlernen könnte, sondern »sie ist der wissenschaftliche Geist, den man zum Lernen schon mitbringen muß, wenn dasselbe nicht in ein lediglich historisches Wissen ausschlagen soll« (I, 417); vgl. I, 306.
20 Vgl. I, 352, 417f., 306ff., 341; IV, 232.
21 Dieser »philosophische Naturzustand« entspricht bei Schelling zunächst dem mythischen Bewußtsein, wie er es schon in der Schrift von 1793 *Ueber Mythen, historische Sagen und Philosopheme der ältesten Welt* untersucht hatte; vgl. I, 73 f.
22 Vgl. I, 369ff.
23 Vgl. die dazu parallelen Ausführungen I, 359 f.: »Es gibt ein Talent zu trennen, was nie getrennt, und in Gedanken abzusondern, was in der Natur überall verbunden ist. Dieß ist ein zum Philosophiren unentbehrliches, aber äußerst unglückseliges Talent, wofern es nicht mit dem *philosophischen*, wieder zu vereinigen, was man getrennt hat, verbunden ist; denn nur diese beiden zusammengenommenen machen den Philosophen«.
24 Hegel entwickelt in seiner ersten philosophischen Druckschrift, der *Differenz des Fichteschen und Schellingschen Systems der Philosophie* von 1801, zumindest äußerlich noch als guter Schellingianer, ähnliche Gedankengänge. Man beachte vor allem den Abschnitt *Bedürfniß der Philosophie* (*WW* I, ed. Glockner, 44-49), wo Hegel mit dem für ihn so wichtigen Begriff der Entzweiung arbeitet, der bei Schelling erst in der zweiten Auflage der *Ideen* (1803) erscheint; in ihr ist im übrigen auch das Wort »Spekulation« durch »Reflexion« ersetzt (II, 13ff.).
25 Von hier aus ist es zu verstehen, wenn Schelling ein »Philosophiren über Philosophie« auch in späterer Zeit bewußt meidet, z. B. IV, 84, IX, 211.

Denn die Reflexion konserviert jene Trennung, die durch die Philosophie selbst gerade überbrückt werden sollte.
26 In einer späteren Arbeit wird diese Differenz auch terminologisch fixiert, der Aufsatz *Ueber das Verhältniß der Naturphilosophie zur Philosophie überhaupt* unterscheidet in diesem Sinne gleich zu Beginn zwischen Naturphilosophie und spekulativer Physik (v, 107ff.).
27 Von hier aus ist auch die eigenartige *Neue Deduktion des Naturrechts* von 1795 zu verstehen. Diese Deduktion bezweckt den Aufweis, daß das Naturrecht ein widersprüchlicher Begriff ist und sich notwendig selbst zerstört (I, 279). Denn das Recht bedürfe zu seiner Verwirklichung einer positiven Zwangsordnung; eine solche bindet sich aber nicht notwendig an das Recht. Das Problem einer Rechtsordnung ist also prinzipiell unlösbar. Daß die politischen Implikationen bei Schelling in einer von ihm veröffentlichten Schrift nur zwischen den Zeilen zu finden sind, versteht sich von selbst (vgl. vor allem die *Nachschrift* I, 279f.).
28 Die Bedeutung, die die Französische Revolution für den »Tübinger Freundeskreis« hatte, ist bekannt und in der Forschungsliteratur oft behandelt worden. Daß Schelling noch später der Ruf, ein verkappter Revolutionär zu sein, vorausging, beweist der Brief Plitt I, 91f. Vgl. auch Goethes Brief an Voigt vom 29. 5. 1798.
29 Die Parallelisierung von »Welt« und »Wissenschaft« ist durchaus wörtlich zu nehmen. Das bestätigt auch die Vorrede zur Schrift *Vom Ich*, wo sich Schelling der Öffentlichkeit gegenüber natürlich wesentlich vorsichtiger ausdrückt, aber keinen Zweifel daran läßt, daß die Verwirklichung des Ideals der Wissenschaft nur der Vorbereitung der Verwirklichung des politisch-sozialen Ideals dient (I, 158f.).
30 Vgl. dazu auch den Kant-Nekrolog Schellings aus der Würzburger Zeit (IV, 3ff.).
31 Vgl. dazu den Schluß der Miszelle *Ueber Offenbarung und Volksunterricht* (I, 482).
32 Vgl. dazu aus den Vorlesungen über die *Philosophie der Kunst* V, 427.
33 Über die Stellung der Kunst im System Schellings vgl. die ausgezeichnete systemimmanente Interpretation von D. Jähnig, *Schelling. Die Kunst in der Philosophie*, 1966.
34 Zum Gedanken der »ins Leben« übergehenden Philosophie vgl. aus den *Briefen über Dogmatismus und Kriticismus* I, 340f.; 417; auch der Schluß der Einleitung zur zweiten Auflage der *Ideen* (II, 72f.) entwikkelt diesen Gedanken. – Auch bei dieser Idee hat Oetinger Pate gestanden; vgl. dazu E. Benz, *Schellings theologische Geistesahnen*, Abh. d. Geistes- u. Sozialwiss. Kl. d. Akad. d. Wiss. u. d. Lit. in Mainz, Jg. 1955, Nr. 3, S. 64ff.; ferner R. Schneider, a.a.O., S. 46.
35 *Die Weltalter, Fragmente,* ed. M. Schröter, 1946, S. 9. – Zur anarchistischen Utopie und zur Kritik des Staates vgl. aus den *Stuttgarter Privat-*

vorlesungen VII, 461 ff., ferner die Fassung dieses Abschnitts in der von Schelling korrigierten Georgiischen Nachschrift, mitgeteilt bei A. Hollerbach, *Der Rechtsgedanke bei Schelling*, 1957, S. 190 f.

36 Vgl. H. Fuhrmans in *F. W. J. Schelling, Briefe und Dokumente*, Bd. 1, 1962, S. 153 ff.

37 Diese Unbefangenheit zeigt sich besonders deutlich, wenn man die 1797 erschienene Urfassung der *Ideen* berücksichtigt. (Die Gesamtausgabe enthält einen Abdruck der zweiten Auflage von 1803; diese Auflage ist durch umfangreiche Zusätze erweitert.)

38 So sehr sich auch Schelling der Erfahrung verpflichtet weiß, so macht ihm doch die bloße Berufung auf sie noch keine Erkenntnis aus. Die Erfahrung liefert selbst keine Maßstäbe für ihre Beurteilung; daher kommt gerade der Naturphilosophie die Aufgabe zu, auf eine oberste Einheit der Erfahrung zu dringen (vgl. IV, 533 f.)

39 Vgl. dazu auch den Brief an Ch. H. Pfaff vom 6. 3. 1798 (*F. W. J. Schelling, Briefe und Dokumente*, ed. Fuhrmans, 1962, I, 120); vgl. auch III, 276 ff.; II, 559.

40 So lehnt Schelling beispielsweise aus diesen Gründen den Begriff einer Lebenskraft ab: I, 388; III, 80 f., 152. Vgl. auch II, 28, 49, 260, 293 f., 307, 526 f. Dazu Metzger, a.a.O., 68 f.

41 »Die Natur hat in ihrer ganzen Oekonomie nichts zugelassen, was für sich und unabhängig vom ganzen Zusammenhange der Dinge existiren könnte, keine Kraft, die nicht durch eine entgegengesetzte beschränkt, nur in diesem Streit ihre Fortdauer fände, kein Produkt, das nicht durch Wirkung und Gegenwirkung allein geworden wäre, was es ist, und das unaufhörlich zurückgäbe, was es empfangen hat und unter neuer Gestalt wieder erhielte, was es zurückgegeben hatte. Dieß ist der große Kunstgriff der Natur, durch welchen allein sie den beständigen Kreislauf, in welchem sie fortdauert, und damit ihre eigne Ewigkeit sichert.« (II, 111 f.; vgl. auch II, 350.)

42 Manche scheinbaren Widersprüche unter Schellings Aussagen über die Aufgabe der Naturphilosophie gehen auf seine auch sonst oft zu beobachtende Sorglosigkeit in terminologischen Dingen zurück. Ein Beispiel: In § 3 der *Einleitung zu dem Entwurf eines Systems der Naturphilosophie* soll die These begründet werden »Die Naturphilosophie ist speculative Physik« (III, 274); hier ist die an der Idee einer letzten systematischen Einheit des Wissens orientierte, aber doch zunächst von planmäßig angestellten Experimenten ausgehende Wissenschaft gemeint (vgl. oben Anm. 38). Wenn dagegen der Aufsatz *Ueber das Verhältniß der Naturphilosophie zur Philosophie überhaupt* eine Trennung zwischen Naturphilosophie und spekulativer Physik vornimmt (V, 107 f.), so meint »spekulative Physik« zwar ebenfalls jene auf systematische Einheit der Erfahrung ausgehende Wissenschaft, die unter der Bedingung der Entzweiung steht. Die Naturphilosophie hat es aber hier

gerade mit der diesseits der Entzweiung liegenden urständlichen Natur zu tun, die, streng genommen, noch nicht einmal Gegenstand der Reflexion sein kann.

Maurice Merleau-Ponty:
Der Naturbegriff

Mit der Wahl des Naturbegriffes als des einzigen Gegenstandes der diesjährigen – und auch der nächstjährigen – Vorlesung scheinen wir einem unzeitgemäßen Thema eine besondere Aufmerksamkeit zu schenken. Die Verlassenheit aber, in die die Naturphilosophie geraten ist, beruht auf einer bestimmten Konzeption des Geistes, der Geschichte und des Menschen. Man gestattet sich, diese Gegebenheiten als reine Negativität zu deuten. Kehrt man indes zur Naturphilosophie zurück, dann wendet man sich nur scheinbar von diesen gewichtigen Problemen ab und versucht, eine nicht *unmaterialistische* Lösung [solution qui ne soit pas immatérialiste] vorzubereiten. Wenn wir von jeglichem Naturalismus einmal absehen: eine Ontologie, die die Natur verschweigt, schließt sich im Unkörperlichen ein und vermittelt deshalb ein schiefes Bild vom Menschen, vom Geist und von der Geschichte. Wenn wir auf das Naturproblem eingehen, dann bekräftigen wir damit in zweifacher Hinsicht unsere Überzeugung, daß sie für sich allein genommen weder die Lösung des ontologischen Problems selbst noch einen untergeordneten oder zweitrangigen Bestandteil dieser Lösung darstellt.

Es scheint zunächst verwunderlich, daß marxistische Philosophen diesem Problem – das eigentlich das ihre sein sollte – so wenig Beachtung geschenkt haben. Der Naturbegriff [concept de Nature] tritt bei ihnen selten, dann aber blitzartig auf. Er soll anzeigen, daß man sich im An-sich, in einem massiven Sein [être massif], im reinen Objekt befindet. Kann aber unser Wissen-von-der-Natur dem Naturobjekt jene ontologische Rolle zuweisen? Diese Frage wird bei den Marxisten gar nicht aufgeworfen. Die Gewißheit, daß man sich prinzipiell im ›Objektiven‹ befindet, läßt einen beachtlichen Spielraum für Unachtsamkeiten gegenüber Inhalten (insbesondere gegenüber der Kenntnis von Natur und Materie) wie auch für viele abstrakte Konstruktionen offen. Diese schlechte Dialektik hat vielleicht ihren Ursprung bei Marx selbst. Im *Manuskript von 1844*[1] wird die Natur bald als prinzipieller Gleichgewichtszustand, als unbewegliches Sein, das sich nach abgeschlossener menschlicher Geschichte wieder schließen wird, – bald aber als dasjenige ausgelegt, wodurch menschliche Geschichte verneint und verwandelt wird. Diese beiden Vorstellungen werden weder gemeistert noch aufgehoben, sondern aneinander gereiht; – und schließlich werden sie willkürlich in der Absolutheit »gegenständlicher Tätigkeit« *(Thesen über Feuerbach²)* miteinander vermischt. Es mag also sein, daß die Philosophie selbst eine ganz objektivistische Naturidee voraussetzt, um sie bald zu bejahen, bald zu verneinen. Wenn ein marxistischer Philosoph wie G. Lukács *(Der junge Hegel)* von der Annahme ausgeht, der Marxismus könne den Naturalismus Feuerbachs nicht einfach gegen den Idealismus Hegels ausspielen, dann wagt er damit kaum die Beschreibung der dritten Möglichkeit, nämlich des wahren *Mediums* der Dialektik, sondern predigt ohne genauere Begründung den ›Materialismus‹ in einem fort.³ Aus diesem Grunde ist man um so weniger versucht, eine Konfrontation zwischen der Naturkonzeption Engels' und unserer bald fünfzigjährigen Naturerkenntnis herbeizuführen. Die berühmteste Geschichtsphilosophie gründet auf einem nie geklärten und vielleicht mythischen Begriff. Reines Objekt, Sein an-sich, in dem alles enthalten ist, das sich in der menschlichen Erfahrung aber nicht ausweisen läßt, weil menschliche Erfahrung von Anfang an dieses Sein bearbeitet und verwandelt. Für sie ist die Natur überall und nirgends; – sie ist wie eine Zudringlichkeit. Der Versuch, dieses Problem zu erhellen, steht also nicht abseits der Geschichte.

Sobald man sich aber auch nur ein wenig an dieses Problem heranmacht, steht man wahrlich vor einem Rätsel, das das Subjekt, den Geist, die Geschichte und die Philosophie insgesamt angeht. Denn die Natur ist nicht nur Objekt oder Partner des Bewußtseins in einem Erkenntnisdialog [tête-à-tête de la connaissance]. Sie ist ein Ding, dem wir entsprungen sind, in welchem nach und nach Ursachen gesetzt wurden, bis zu dem Punkt, da sie sich zu einem Dasein [existence] zusammenschmolzen.⁴ Doch fortwährend trägt die Natur das Dasein, sie liefert ihm stets neue Materialien. Mag es sich nun um die individuelle Tatsache der Geburt oder um das Entstehen der Institutionen und der Gesellschaften handeln, so ist der ursprüngliche Bezug von Mensch und Sein nicht ein solcher von Für-sich-Sein und An-sich-Sein. Denn in jedem wahrnehmenden Menschen setzt sich dieser Bezug fort. Mag seine Wahrnehmung von geschichtlichen Bedeutungen noch so belastet sein, so entleiht sie dem Primordialen wenigstens doch ihre Art und Weise, die Sache und deren zweideutige Evidenz darzulegen. Die Natur, sagte

Lucien Herr in einem Kommentar[5] zu Hegel, zeigt sich im hellsten Tageslicht. Die Verschränkung des seit Urzeit Gegebenen mit der Gegenwart, der Appell des Urzeitlichen an die jüngste Gegenwart bringt das reflexive Denken in arge Verlegenheit. Angesichts des reflexiven Denkens bestehen alle Raumfragmente für sich, koexistieren indes nur im Schauen der Reflexion und durch das reflexive Denken hindurch. Jedes Weltmoment wird inexistent, sobald es nicht mehr gegenwärtig ist; mit andern Worten, einzig durch Reflexion wird es als ein vom vergangenen Sein (être passé) getragenes verstanden. Könnte man in Gedanken alles Bewußtsein ausschalten, so bliebe nur ein Sprudeln von augenblicklichem Sein, das, sobald es erschienen ist, auch schon vernichtet wird. Die phantomartige und dennoch hartnäckige Existenz vergangenen Seins wird in ein Gesetzt-Sein [être-posé] verwandelt, das klar oder verworren, erfüllt oder lückenhaft, auf alle Fälle aber das genaue Korrelat unserer Erkenntnisakte ist. Im äußersten Grenzbereich des Geistes findet man lediglich eine *mens momentanea seu recordatione carens*, d. h., eigentlich nichts. Beharren wir auf der Aussage, daß eine Welt unter Absehung allen Bewußtseins ein Nichts ist, daß eine Natur ohne Zeugen nicht gewesen wäre und nicht bestehen könnte, so müssen wir dennoch irgendwie ein ursprüngliches Sein anerkennen, das weder ein Subjektsein noch ein Objektsein darstellt, die Reflexion aber unter allen Umständen in Verwirrung bringt: zwischen diesem ursprünglichen Sein zu uns selbst gibt es weder eine Ableitung noch einen Bruch. Es gibt weder die dichte Textur eines Mechanismus noch die Transparenz eines Ganzen, das seinen Teilen vorausliegt.[6] Man kann sich weder vorstellen, daß das Sein sich selbst erzeugt, – denn dann würde es zu einem unendlichen Sein –, noch daß es durch ein Anderes erzeugt wird, – denn damit würde es zum bloßen Produkt, zu einem toten Resultat abgestempelt werden. Wie Schelling sagte: in der Natur ist ein Etwas, wodurch sie als unabhängige Bedingung der Tätigkeit sogar Gott aufgezwungen wird. Das also ist unser Problem.

Bevor wir uns an die Lösung heranzumachen versuchten, mußten wir das Problem aus verschiedenen Denktraditionen hervorholen. Wir entschlossen uns, im Laufe dieses Jahres zuerst jene historischen Elemente zu betrachten, die unsern Naturbegriff gebildet haben. Erst anschließend haben wir begonnen, in der Entwicklung des Wissens jene Anzeichen eines neuen Naturbewußtseins aufzuspüren. Diese Arbeit konnte während dieses [akademischen] Jahres nur die physikalische Natur selbst betreffen. Im nächsten [akademischen] Jahr werden wir fortfahren, das Lebens- und Kulturbewußtsein anhand zeitgenössischer Analysen zu untersuchen. Erst dann werden wir in der Lage sein, die philosophische Bedeutung des Naturbegriffes zu fixieren. [...]

Der Kantische Humanismus und die Natur

Der Kantianismus verzichtet auf eine Ableitung des natürlichen Seins aus dem unendlichen Sein als dessen einzige Manifestation – doch geschieht das nicht um der Erkenntnis und Untersuchung des bloßen Seins [être brut] willen. Die *Kritik der reinen Vernunft*[7] weist ein derartiges Unterfangen ja zurück, wenn sie die Natur als ›*Inbegriff der Gegenstände der Sinne*‹[8] [deutsch im Orig.] bestimmt, die unter die ›*Naturbegriffe*‹[9] [deutsch im Orig.] des menschlichen Verstandes subsumiert werden. Die Natur, von der wir sprechen können, ist lediglich Natur für uns; unter diesem Gesichtswinkel bleibt sie das Objekt, das Descartes im Sinne hatte, nur daß es sich hierbei um ein durch uns konstruiertes Objekt handelt.

Indes, Kant ist über den Rahmen dieser anthropologischen Philosophie hinausgegangen. Der Organismus, in dem jede Tatsache Ursache und Wirkung jeder anderen und damit Ursache ihrer selbst ist, wirft das Problem der Selbsterzeugung des Ganzen [autoproduction du tout], oder genauer, einer Totalität auf, die im Unterschied zur menschlichen Technik mit eigenen Materialien arbeitet; diese Totalität taucht gewissermaßen aus diesen Materialien hervor. Offenbar entdeckt man in einem weltlichen Seienden [un être du monde] eine Relationsart, die nicht diejenige der äußerlichen Kausalverbindung ist, d. h. ein ›Inneres‹, das sich aber mit der Innerlichkeit des Bewußtseins nicht deckt. Die Natur ist also etwas anderes als ein Objekt. Kant sagt, man brauche nicht wieder auf einen neuen Newton zu warten, um das Sein eines Grashalmes anhand der Kausalverbindung zu verstehen. Wie können diese natürlichen Ganzheiten begründet werden? Wird man den Bereich der Kausalerklärung einerseits, den Bereich der Totalität andererseits wie zwei Aspekte menschlichen Erkennens nebeneinander stellen? Wird man davon ausgehen müssen, daß diese beiden in den Erscheinungen lokalisierten Arten des Erfassens (freilich unter der

Einschränkung des Dinges an sich) gleichermaßen berechtigt sind und sich gegenseitig nicht ausschließen? Aber der Rückzug der Phänomene auf den menschlichen Bereich läßt *per definitionem* an einen Bereich des Dinges an sich denken, wo die verschiedenen menschlichen Perspektiven, weil gemeinsam aktuell, auch verträglich sind. Damit die Kausalerklärung auf der einen, die Erfassung des Ganzen auf der andern Seite endgültige Berechtigung beanspruchen können, genügt die Aussage nicht, daß Kausalität und Totalität im dogmatischen Sinne falsch seien. Vielmehr gilt, daß beide *in Anbetracht* der Dinge wahr sind; falsch sind sie aber, insofern sie sich ausschließen. Die Idee eines diskursiven Verstandes, der in der Befolgung seiner Aufgabe unsere Erfahrung in eine Ordnung bringt, impliziert im mindesten die andere Idee eines ›nicht-diskursiven Verstandes‹, der die Möglichkeit der Kausalerklärung *und* der Wahrnehmung des Ganzen begründen würde. Die Philosophie der menschlichen Vorstellung ist nicht falsch, sie ist oberflächlich. Sie unterstellt eine Vermittlung von These und Antithese, eine Vermittlung, in welcher der Mensch Schauplatz ist, die er aber nicht selbst herstellt.

Diesen Weg, den die romantische Philosophie gehen wird, verfolgt Kant letztlich nicht. Obwohl er vor Schelling das Rätsel der organischen Totalität (jener natürlichen Produktion, in der Form und Materie denselben Ursprung haben, und die deshalb auch alle Analogie zur menschlichen Technik in Zweifel zieht) beschrieben hat, versteht er den *Naturzweck*[10] [deutsch im Orig.] als durchaus berechtigte anthropologische Determination. Kein Subjekt kann den Ganzheitsbetrachtungen aus dem Wege gehen; sie bringen unser Wohlgefallen zum Ausdruck, das wir in der Feststellung einer spontanen Übereinstimmung von Zufälligkeit des Daseins und Gesetzgebung des Verstandes empfinden. Diese Betrachtungen bezeichnen kein konstitutives Moment des Seins der Natur, sondern die glückliche Begegnung unserer Vermögen. Die Natur, Summe aller ›Sinnesgegenstände‹, wird durch die *Naturbegriffe*[11] [deutsch im Orig.] der Newtonschen Physik bestimmt. Zwar denken wir dabei mehr an deren Gegenstand, doch handelt es sich da auch nur um *unsere* Reflexionen. Wollten wir die Naturbegriffe anhand der Eigenschaften der Dinge selbst realisieren, würden wir durch das greifbare Versagen der Teleologie daran gehindert werden. Unter diesem Blickwinkel würden die Naturbetrachtungen höchstens eine ›Dämonologie‹ ergeben. Im ›Freiheitsbegriff‹[12], und nur da, also im Bewußtsein und im Menschen, gewinnt die Übereinstimmung [conformité] der Teile und des Begriffs einen eigentlichen Sinn; die Teleologie der Natur ist Widerspiegelung des ›*homo noumenon*‹. Die Wahrheit des Finalismus ist das Bewußtsein der Freiheit. Einziges Ziel der Natur ist der Mensch; nicht weil sie ihn ermöglicht und erschafft, sondern weil der Mensch ihr dank seiner Autonomie den Anschein der Finalität gibt.

Der gegen Ende des XIX. Jahrhunderts neuerstandene Kantianismus bestätigt den Sieg der anthropologischen Philosophie über die Naturphilosophie, die Kant lediglich gestreift, die seine Nachfolger aber zu entfalten beabsichtigt haben. Léon Brunschvicg[13] wollte den besten Teil des Kantianismus durch eine Tilgung der Scheidung von apriorischer Verstandesstruktur und Faktizität der Erfahrung hinüberretten, die bei Kant zum Ideal einer Verstandesanschauung geführt hatte, aber dennoch die Rätselhaftigkeit der radikalen Ursprünglichkeit des Naturseins ungelüftet ließ. Doch kann ein Heilmittel das Übel auch verschlimmern: falls wir, wie Brunschvicg sagt, von einer Architektonik der Natur zu sprechen kein Recht haben; falls die Verstandesbegriffe, die an der Zufälligkeit der Erfahrung teilhaben, stets mit einem ›Faktizitätskoeffizienten‹ belastet und an irgendeine Struktur der Welt gebunden sind; falls unsere Gesetze nur unter der Voraussetzung bestimmter *Synchronismen*, durch die sie ausgedrückt, folglich nicht hervorgebracht werden, einen Sinn haben sollen; falls es, wie die Stoiker glaubten, eine bloße [unité brute], das Universum zusammenhaltende Einheit gibt, angesichts welcher das Bewußtsein eher Ausdruck als Bedingung ist – dann ist das Sein der Natur tatsächlich kein Objekt-Sein [être-objet] mehr. Das Problem einer Naturphilosophie stellt sich also von neuem.

Ansätze einer Naturphilosophie

Schelling stellt ganz offen die cartesische Idee eines notwendigen Seins in Frage. Für ihn, wie auch schon für Kant, ist sie »der Abgrund für die menschliche Vernunft«:[14] das notwendige Sein wäre nicht das ursprünglichste, könnte es sich nicht selbst bezweifeln. Tut es das und wirft es, wie Kant sagte, die Frage ›*Woher bin ich denn?*‹[15] [deutsch im Orig.] auf, dann widerlegt es sich selbst als das ursprünglichste. Reflexion ist unabschließbar; sie kann sich nicht zur Idee des notwendigen Seins erheben. Während Kant aber die Reflexion als Nicht-Wissen und als Mangel verstand (der durch eine Metaphysik des Subjekts gegebenenfalls aufzuheben wäre), betrachtet Schelling den ›Abgrund‹ als letzte Realität. So bestimmte er das Absolute als dasjenige, das *»grundlos«*[16] [deutsch im Orig.] ist, als »Überseiendes«,[17] das »die große Tatsache der Welt«[18] in sich trägt. Weil das Absolute nicht Grund seiner selbst mehr ist, absolute Antithese des Nichts, besitzt die Natur keine absolute Positivität der ›einzig möglichen Welt‹ mehr: Die *»erste Natur«*[19] [deutsch im Orig.] ist ein zweideutiges und »barbarisches Prinzip«,[20] wie Schelling sagt; es kann zwar aufgehoben werden, wird aber nie so beschaffen sein, als ob es nie gewesen wäre, und wird nie als zweitrangig in bezug auf Gott angesehen werden. Umso weniger darf von einer Erklärung des Rätsels natürlicher Produktion durch unsere menschlichen Urteilsvermögen und Reflexionen die Rede sein. Was Kant eines Tages, an der äußersten Grenze seiner nüchternen Überlegungen, gleichsam geträumt hat, das versucht Schelling zu denken, oder genauer, zu *leben* [deutsch im Orig.] und zu *erleben* [deutsch im Orig.]. Dabei wird es sich um eine »intellektuelle Anschauung«[21] handeln, die kein schleierhaftes Vermögen enthält, die hingegen einer noch nicht in Ideen zerlegten Wahrnehmung gleichzusetzen ist und in der alle Dinge ›Ich‹ sind, weil das ›Ich‹ noch nicht zum Subjekt der Reflexion geworden ist. Hier sind Licht und Luft nicht, wie bei Fichte, das Medium des Sehen und Hörens,[22] d. h. das Kommunikationsmedium vernünftiger Lebewesen, sondern Symbole »des ewigen der Natur eingebildeten Urwissens«.[23] Gefangenes und stummes Wissen, das einzig durch den Menschen befreit wird, das aber auch zur Aussage nötigt, daß der Mensch das bewußte Werden natürlicher Produktivität darstellt und zur Natur wird, indem er sie, um der Erkenntnis willen, in Distanz hält. Die Natur ist bei Schelling (gleiches ließe sich von den mit ihm befreundeten Dichtern und Schriftstellern kaum sagen, und ebensowenig von jenem Lügengeist [mauvais génie], der ihn von seinen Prinzipien abgebracht hat) im Prinzip nie Veranlassung zu einer zweiten Klärung des Rätsels natürlicher Produktion durch unsere menschliche Wissenschaft oder Gnosis, die die in der »Ekstase«[24] der intellektuellen Anschauung gesehenen Naturbezüge zu einer zweiten Kausalität objektiviert und verwandelt.

Es ist lediglich die Bemühung vorhanden, über die Schwere der wirklichen Welt Rechenschaft abzulegen und die Natur anders als »Ohnmacht«[25] (Hegel) und Abwesenheit des Begriffes zu verstehen. G. Lukács ehrt Schelling mit der Aussage,[26] er habe die »Lehre der Widerspiegelung in die Transzendentalphilosophie« eingeführt; doch beklagt Lukács die ›idealistische‹ oder ›mystische‹ Wendung. Als Irrationalität erachtet er ohne Zweifel die Idee eines Austausches von Natur und menschlichem Bewußtsein, eines inneren Bezuges von Mensch und Natur. Und dennoch befindet sich die Natur in der ›Lehre der Widerspiegelung‹ auf der Stufe des durch uns reflektierten *Objekts*. Will die Philosophie nicht unmaterialistisch [immatérialiste] sein, dann muß sie zwischen Mensch und Natur einen engeren als den bloßen Widerspiegelungsbezug herstellen. Natur und Geist kommunizieren tatsächlich nur in uns und durch unser leibliches Sein hindurch. Dies ist ein Bezug, der den Verkehr mit der menschlich-geschichtlichen Umwelt weder aufhebt noch ersetzt: er spornt uns lediglich dazu an, ihn selbst als wirksamen Kontakt zu erfassen, statt auch ihn wie die ›Spiegelung‹ eines historischen Prozesses an sich zu konstruieren.

---

1 Vgl. Karl Marx, *Ökonomisch-philosophische Manuskripte (1844)*, 578 ff. Zum ersten Punkt – nämlich zur Natur als Gleichgewicht – kann folgendes aus Marx' Schrift erwähnt werden: »Der *Mensch* ist unmittelbar *Naturwesen*. Als Naturwesen und als lebendiges Naturwesen ist er teils mit *natürlichen Kräften*, mit *Lebenskräften* ausgerüstet, ein *tätiges Naturwesen;* diese Kräfte existieren in ihm als Anlagen und Fähigkeiten, als *Triebe;* teils ist er als natürliches, leibliches, sinnliches, gegenständliches Wesen ein *leidendes*, bedingtes und beschränktes Wesen […].« (578) Zum zweiten Punkt – nämlich zur Natur als einer durch menschliche Geschichte verwandelten – wäre zu zitieren: »Und wie alles Natürliche *entstehen* muß, so hat der *Mensch* seinen Entstehungsakt, die *Geschichte*, die aber für ihn eine gewußte und darum als Entstehungsakt mit Bewußtsein sich aufhebender Entstehungsakt ist. Die Geschichte ist die wahre Naturgeschichte des Menschen.« (579) Vgl. auch 587. Merleau-Ponty gibt den Titel der Marxschen Schriften so an: *Manuscrit économico-politique* [sic] *de 1844*. Vgl. auch Anm. 7.

2 Zitat aus Marx, *Thesen über Feuerbach*, 5-7; These 1, S. 5: »Der Hauptmangel alles bisherigen Materialismus (den Feuerbachschen mit einge-

rechnet) ist, daß der Gegenstand, die Wirklichkeit, Sinnlichkeit nur unter der Form des *Objekts oder der Anschauung* gefaßt wird; nicht aber als *sinnliche menschliche Tätigkeit, Praxis;* nicht subjektiv. Daher die *tätige* Seite abstrakt im Gegensatz zu dem Materialismus von dem Idealismus – der natürlich die wirkliche, sinnliche Tätigkeit als solche nicht kennt, entwickelt. Feuerbach will sinnliche – von den Gedankenobjekten wirklich unterschiedene Objekte: aber er faßt die menschliche Tätigkeit selbst nicht als *gegenständliche* Tätigkeit!«

3 Gemeint sind hier die Ausführungen Lukács' in seiner Schrift *Der junge Hegel*, 683 ff., besonders 685.

4 Der Ursprung dieser Thematik dürfte bei Bergson zu finden sein; Anklänge daran bereits in *Lob der Philosophie*.

5 Merleau-Ponty beruft sich hier auf Lucien Herrs Artikel *Hegel* in der *Grande Encyclopédie*, Band XVI.

6 Man kann in diesen Ausführungen eine Fortsetzung der an Sartre geübten Kritik aus den *Aventures de la Dialectique* (siehe dort das Kapitel *Sartre et l'ultra-bolchévisme*, 131-271 [dt. 115-244]) erblicken. Merleau-Pontys These ist – schlagwortartig formuliert – die, daß ein extremer Materialismus letztlich nichts anderes sei als ein extremer Subjektivismus oder Intellektualismus.

7 Warum Merleau-Ponty die *Kritik der reinen Vernunft* nennt und nicht die *Kritik der Urteilskraft* wird nicht besonders klar; in der Vorlesung selbst hat er die erste Schrift kaum erwähnt, jedenfalls aber nicht interpretiert. Und was den auf 95 stehenden Satz aus der *Kritik der reinen Vernunft* anbelangt, so ist dieser aus einem bei Schelling vorkommenden Zitat aus Kant gezogen, vgl. Anm. 15. Die beiden an dieser Stelle erwähnten Begriffe stammen jedenfalls aus der *Kritik der Urteilskraft*, wie durch die Nachschriften bestätigt wird.

8 Vgl. Kant, *Kritik der Urtheilskraft*, 174: »Begriffe, sofern sie auf Gegenstände bezogen werden, unangesehen ob ein Erkenntniß derselben möglich sei oder nicht, haben ihr Feld, welches bloß nach dem Verhältnisse, das ihr Object zu unserem Erkenntnißvermögen überhaupt hat, bestimmt wird. – Der Theil dieses Feldes, worin für uns Erkenntniß möglich ist, ist ein Boden *(territorium)* für diese Begriffe und das dazu erforderliche Erkenntnißvermögen. Der Theil des Bodens, worauf diese gesetzgebend sind, ist das Gebiet *(ditio)* dieser Begriffe und der ihnen zustehenden Erkenntnißvermögen. Erfahrungsbegriffe haben also zwar ihren Boden in der Natur, als dem Inbegriffe aller Gegenstände der Sinne, aber kein Gebiet (sondern nur ihren Aufenthalt, *domicilium*): weil sie zwar gesetzlich erzeugt werden, aber nicht gesetzgebend sind, sondern die auf sie gegründeten Regeln empirisch, mithin zufällig sind.«

9 Zitat aus Kants *Kritik der Urtheilskraft*, 174: »Unser gesammtes Erkenntnißvermögen hat zwei Gebiete, das der Naturbegriffe und das der

Freiheitsbegriffe; denn durch beide ist es *a priori* gesetzgebend.«
10 Vgl. Kant, *Kritik der Urtheilskraft*, § 80, 417ff.
11 Vgl. das in Anm. 9 Angeführte.
12 Zum Freiheitsbegriff, vgl. Kants *Kritik der Urtheilskraft*, Einleitung, II, xvii, 174ff. Vgl. auch Anm. 9.
13 Die Knappheit der Ausführungen über Léon Brunschvicgs Neo-Kritizismus in der Vorlesungszusammenfassung täuscht; Merleau-Ponty hat diesem Denker mehrere Vorlesungsstunden gewidmet, in denen er sowohl die Größe dieser Philosophie wie auch deren schwerwiegende Mängel unterstrichen hat. Als Leitfaden seiner Interpretation wählte er das Verhältnis zwischen – um mit Husserl zu sprechen – lebensweltlicher Erfahrung und reiner Theorie, ein Verhältnis, dessen erste Seite durch Merleau-Ponty besonders analysiert wurde.
14 Zitat aus Schelling, *Philosophie der Offenbarung*, Buch 1, 164: »Aber eben dasjenige in Gott, vermöge dessen er [sc. der Begriff] das grundlos Existirende ist, nennt Kant den Abgrund für die menschliche Vernunft; was ist dieß anders als das, wovor die Vernunft stille steht, vor dem sie verschlungen wird, dem gegenüber sie zunächst nicht mehr ist, nichts vermag?«
15 Das Wort Kants steht bei Schelling, *Philosophie der Offenbarung*, Buch 1, 163 und stammt aus der *Kritik der reinen Vernunft*, 409. (Vgl. auch Anm. 7.)
16 Vgl. Anm. 14.
17 Der Ausdruck ›Überseiendes‹ findet sich in Schellings Schrift *Philosophie der Offenbarung*, Buch 1, 160: »Wenn Gott sein Prius im *actus* hat, so wird er seine Gottheit in der Potenz haben, darin daß er die *potentia universalis*, als diese das Überseyende, der Herr des Seyns ist.«
18 Vgl. Schelling, *Darstellung des philosophischen Empirismus*, 274: »Aus diesem Beispiel erhellt, daß in allen möglichen Untersuchungen die Ausmittlung der reinen, der wahren Thatsache das Erste und Wichtigste, aber auch zugleich das Schwerste ist. Die Ursache, warum uns besonders im Einzelnen der Natur so viel räthselhaft erscheint, ist, weil wir noch gar nicht einmal dahin gekommen sind, die eigentliche Thatsache zu wissen. Wenn nun aber die Ausmittlung der Thatsache in der Natur dem Natur-, in der Geschichte dem Geschichtsforscher angehört, so fällt die große Thatsache der Welt lediglich der Philosophie anheim, die ja davon auch den Namen Weltweisheit erhalten hat, der jedoch nur für die eine Seite paßt, denn die Philosophie hat noch einen größeren Inhalt als die Welt.«
19 Vgl. Schelling, *Die Weltalter*, 595: »Also findet sich, daß die erste Natur von sich selbst im Widerspruch ist, nicht in einem zufälligen, oder in den sie von außen versetzt wäre (denn es ist nichts außer ihr), sondern in einem nothwendigen, mit ihrem Wesen zugleich gesetzten, der also genau gesprochen ihr Wesen selbst ist.« Vgl. auch a.a.O., 715: »In der

Beschreibung jenes Urzustandes hatten wir nur das allgemeine Schicksal einer sich aus eigenen Kräften und ganz für sich selbst entwickelnden Natur vor Augen. Denn dem Menschen hilft der Mensch, hilft auch Gott; der ersten Natur aber in ihrer schrecklichen Einsamkeit kann nichts helfen, sie muß diesen Zustand allein und für sich durchkämpfen.«

20 Zum ›barbarischen Prinzip‹, vgl. Schelling, *Die Weltalter*, 718-719: »Ein Gott, dessen höchste Kraft oder Äußerung in Denken oder Wissen besteht, außer dem alles andere nur noch ein leeres Schematisiren seiner selbst ist; eine Welt, die nur noch Bild, ja Bild von dem Bild, ein Nichts des Nichts ist, ein Schatten von dem Schatten; Menschen, die auch nur noch Bilder, nur Träume von Schatten sind; ein Volk, das in guthmütigem Bestreben nach sogenannter Aufklärung wirklich dahin gekommen ist, alles in uns in Gedanken aufzulösen, aber mit dem Dunkel auch alle Stärke und jenes (stehe hier immer das rechte Wort) barbarische Princip, das überwunden aber nicht vernichtet, die Grundlage aller Größe und Schönheit ist, verloren hat; dieß sind wohl die nothwendigen gleichzeitigen Erscheinungen, wie wir sie auch zusammen gesehen.«

21 Vgl. zur ›intellektuellen Anschauung‹ Schellings *Vorlesungen über die Methode des akademischen Studiums*, 277 und die *Erlanger Vorträge*, 23 ff.

22 Vgl. Anm. 23.

23 Vgl. Schelling, *Über das Verhältnis der Naturphilosophie zur Philosophie überhaupt*, 533: »Das Licht ist kein Durchbrechen des göttlichen Princips in der Natur, kein Symbol des ewigen der Natur eingebildeten Urwissens: es ist, damit die leiblich aus zäher und modificabler Materie zusammengesetzten Vernunftwesen, indem sie zueinander sprechen, zugleich einander sehen können, so wie die Luft, damit, indem sie einander sehen, sie zugleich miteinander sprechen können.«

24 Zur ›Ekstase‹ bei Schelling – bezeichnenderweise greift Merleau-Ponty hier zur Heideggerschen Schreibweise, denn in seinem Text steht ›ekstase‹ (vgl. auch *Phénoménologie de la perception*, 480) – siehe die *Erlanger Vorträge*, 23: »[...] intellektuelle Anschauung, um auszudrükken, daß das Subjekt hier nicht in das sinnliche Anschauen, in ein wirkliches Objekt verloren sey, sondern verloren, sich selbst aufgebend in dem, was gar nicht Objekt seyn kann. Allein eben weil dieser Ausdruck erst einer Erklärung bedarf, so ist es besser, ihn ganz bei Seite zu setzen. Eher könnte man für jenes Verhältnis die Bezeichnung Ekstase gebrauchen.«

25 Vgl. Hegel, *Philosophie der Religion*, I, 427: »Das Licht hat dann die Finsternis sich gegenüber; in der Natur fallen diese Bestimmungen so auseinander: das ist die Ohnmacht der Natur, daß das Licht und seine Negation nebeneinander sind, obzwar das Licht nicht die Macht ist, die

Finsternis zu vertreiben.«
26 Merleau-Ponty bezieht sich hier auf folgende Stelle der Schrift von Lukács: »Einerseits führt er [sc. Schelling], in scharfem Gegensatz zu Kant und Fichte, die Lehre der Widerspiegelung in der Transzendentalphilosophie ein, andererseits gibt er der Widerspiegelung eine extrem idealistische, in die Mystik hinüberwachsende Fassung.« In der Ausgabe der *Werke* Lukács' befindet sich diese Stelle in Band 9, 122.
[Alle Anmerkungen vom Übersetzer, stellenweise gekürzt von den Herausgebern. Schelling-Zitate referieren auf die Schröter-Jubiläumsausgabe.]

Ernst Bloch
Natur als organisierendes Prinzip –
Materialismus beim frühen Schelling*

[...] Wie anders aber wirkt ein Empfinden nun ein, das ganz einfühlend sich ins Draußen wandte. Und nicht nur einfühlend, sondern so kräftig wie lebendig mitmachend, um in einem derart sich einschwingenden Denken so untrocken zu bleiben wie der Fluß der Dinge selber. Der frühe *Schelling* gab dazu das zustimmende Zeichen, und ein angeblicher Rohstoff, selber in sich schaffend, schien sich dadurch zu einem eigenen Leben zu weiten. Der junge Freund Goethes, poetisch-farbiger Bilder voll, sah statt des geschnittenen Holzes, fremden Nicht-Ichs Blumen, Bäume, Wälder, Schaffenstrieb überall, unserer eigenen Kraft verwandt. So setzte er die Natur, wo sie erstarrt, auch völlig quantifiziert schien, in ihren krafthaften, schöpferischen, ja vorkörperlichen Fluß. Das Ich, wenn es zum Nicht-Ich griff, brauchte nicht erst auf sich zu reflektieren, es lebte intuitiv wie und auch als das Hervorbringende der Natur selbst. Die ersten Schriften Schellings (bis 1801) befassen sich ausschließlich mit diesem Mitwissen des erzeugenden, gärend tätigen Wegs, der zur Materie führt und zugleich deren Weg ist. Schelling will die Materie aus den Kräften dieser Urtätigkeit, den anziehenden und abstoßenden, nochmals entstehen lassen, gleichsam vor den Augen des Lesers, doch ebenso im Objekt selber; er glaubt also, die Materie »einleuchtend zu machen«. Das ist ihm die anders *transzendentale* Begründung der Materie und eben deshalb, von vornherein, die dynamisch-lebendige, eben eine, welche die Natur als sich produzierend begreift. Nichts anderes ist der Sinn des hochfahrend ausgedrückten Satzes: »Über die Natur philosophieren heißt die Natur schaffen, [...] denn philosophieren läßt sich über keinen Gegenstand, der nicht in Tätigkeit zu versetzen ist. Philosophieren über die Natur heißt, sie aus dem toten Mechanismus, worin sie befangen scheint, herauszuheben, sie mit Freiheit gleichsam zu beleben und in eigene freie Entwicklung versetzen« (*Werke* III, 1856 – 61, 13). Nicht eigentlich das Denken, sondern die Spontaneität im Denken bleibt derart das Prius der Natur oder die im Naturobjekt zugleich wirksame Produktion des

---

* Der Titel stammt von den Herausgebern

Objekts. Die transzendentale Tätigkeit, wodurch das Subjekt zum Objekt kommt, ist zugleich die Naturtätigkeit oder ursprüngliche Produktivität der Natur, wodurch diese ihre Objekte (Produkte) heraussetzt. Man hat hier also gleichsam eine Umkehrung wie Ergänzung der Kantischen transzendentalen Methode; die Erkenntniskritik Kants fragt: Wie kommt das Subjekt zum Objekt?, Schelling fragt dazu weiter: Wie kommt das Objekt zum Subjekt?, also entwicklungsgeschichtlich voran zum Menschen, und diese Umkehrung der zuerst erkenntnistheoretischen Frage macht dann den Topos der Schellingschen Naturphilosophie, – von Schwere zu Licht zu Leben, schließlich Bewußtsein. Folgerichtig führt die transzendental-dynamische Begründung auch hier zu einer dynamischen Theorie der Materie; wie Fichte macht auch Schelling Kants Lehre von der Attraktion und Repulsion sich zu eigen, begrüßt sie als Morgenröte der wahren Naturwissenschaft. Abstoßung und Anziehung sind Grundkräfte der Anschauung wie der Natur; die Abstoßung erzeugt den Raum, indem sie sich von einem Punkt nach allen Richtungen ausbreitet; die Anziehung erzeugt den Punkt, der nur in einer einzigen Richtung fortfließt, die Zeit. »Die Abstoßung oder Expansivkraft der Natur ist die Tendenz zur Entwicklung mit unendlicher Geschwindigkeit; dadurch aber entstünde nur absolutes Außereinander. Die Anziehung oder Attraktivität ist demgegenüber zugleich die retardierende; wäre sie aber unbeschränkt, so entstünde nur absolutes Ineinander oder der Punkt. Die Natur kann keines von beiden sein; sie ist ein Außereinander in dem Ineinander und ein Ineinander im Außereinander – vorerst also ein in der Evolution nur Begriffenes – zwischen absoluter Evolution und Involution Schwebendes« (*Werke* III, 262); kurz: keine von beiden Kräften würde für sich die bestehende materielle Dichte bilden. Erst beide zusammen erzeugen eine raum- und zeiterfüllende Kraftwirkung; erst die Synthesis beider schafft Materie. So hat auch Schelling die Grundkräfte aus Fichtes *Wissenschaftslehre* mit den materiellen Grundkräften aus Kants *Metaphysischen Anfangsgründen der Naturwissenschaft* in mehr als kühnem Bogen verbunden. Die Atomistik lehnt Schelling ab, sie ist ihm »eine träge Art zu philosophieren« oder eine Konsequenz jener empirischen Betrachtungsweise, welche – anders als die transzendentale – die Natur nur als Gegebenes betrachtet. Das Atom ist nach Schelling schon deshalb kein Baustein der Materie, weil es ja selber – Materie ist; lediglich reine Intensitäten, Dualismen, Polaritäten gelten als Elemente der Natur. Diese Dualismen sind eben wieder Attraktion und Repulsion, in unaufhörlichem Wechselschlag: »Zurückstoßungskraft ohne Anziehungskraft ist formlos, Anziehungskraft ohne Zurückstoßungskraft objektlos. Jene repräsentiert die ursprüngliche, bewußtlose, geistige Selbsttätigkeit, die ihrer Natur nach unbeschränkt ist, diese die bewußte, bestimmte Tätigkeit, die allein erst Form, Schranke und Umriß gibt [...] Daß überhaupt eine Materie etwas Reales ist, werden wir der Repulsivkraft zuschreiben; daß aber dieses Reale unter diesen bestimmten Schranken, dieser bestimmten Form erscheint, muß nach Gesetzen der Anziehung erklärt werden« (*Werke* II, 234 ff.). Sehr merkwürdig erscheint in dieser Konstruktion der Materie Repulsivkraft als Quell des materiell Realen schlechthin; man wird sehen, daß Schelling, in seiner weniger transzendentalen Epoche, die bloße »Abstoßung« bis zum zentrifugalen »Abfall« (der Ideen von Gott) erweitert. Beim frühen Schelling jedenfalls ist alles Dasein noch transzendental-geistig beruhigt: Materie ist »nichts anderes als der Geist im *Gleichgewicht* seiner Tätigkeit erblickt«. Und Schelling fügt mit ausdrücklicher Berufung auf Leibniz hinzu: »Es braucht nicht weitläufig gezeigt zu werden, wie durch diese Aufhebung [...] alles realen Gegensatzes zwischen Geist und Materie, indem diese selbst nur der erloschene Geist oder umgekehrt jener die Materie, nur im Werden erblickt, ist, einer Menge verwirrender Untersuchungen über das Verhältnis beider ein Ziel gesetzt wird« (*Werke* III, 453). Wie überall bei Schelling bricht aus der transzendentalen Begründung oder »Deduktion« der Materie bereits ihre *metaphysische* Theorie hervor, das heißt das Selbständigwerden des Objekts von der Kant-Fichteschen Subjektbeziehung. Man sah schon, die transzendentale Frage hatte gelautet: wie kommt das Subjekt zum Objekt, der Geist zur Natur? – die metaphysisch-naturphilosophische lautet umgekehrt: wie kommt das Objekt zum Subjekt, die Natur zum Geist? An die Stelle der transzendentalen tritt derart die organisch-historische Konstruktion; so wird die dynamische Theorie der Materie (besonders in den Schriften von 1803-1807) durch eine übermechanische, qualitative *Potenzierungslehre* der Materie ergänzt. Früh schon hatte Schelling bestimmt: »Es muß gezeigt werden, wie die Produktivität allmählich sich materialisiert und in immer fixiertere Produkte sich verwandelt, welches dann eine systematische *Stufenfolge* in der Natur geben würde [...]« (*Erster Entwurf* usw., 1799, *Werke* III, 302).

Solche Stufen faßt nun die ausgeführtere Naturphilosophie Schellings zu *Potenzen* zusammen; der Geist, der in der Natur sich depotenzierte, kehrt mittels ihrer zu sich zurück. Erste Potenz ist die Schwere, sie bindet und vereinigt die beiden Kräfte der Anziehung und Abstoßung; zweite Potenz ist das Licht, es löst jenes Band wieder auf und macht den undurchdringlichen Raum der schweren Materie wieder durchdringlich. Dritte Potenz (über die Stufen Magnetismus, Elektrizität, Chemismus hinweg) ist das Leben (mit den Stufen Reproduktion, Irritabilität, Sensibilität); sein Dasein ist ständige Störung des Gleichgewichts, Metamorphose. Die Schwere ist das verkörpernde, das Licht das beziehende Prinzip derselben materiellen Natur, oder: »Das Dunkel der Schwere und der Glanz des Lichtwesens bringen erst zusammen den schönen Schein des Lebens hervor«, oder: »Die Schwere wirkt auf den Keim der Dinge ein, das Lichtwesen aber strebt die Knospe zu entfalten, um sich anzuschauen«, oder: »Das dunkle Band der Schwere ist in den Verzweigungen des Pflanzenreichs gelöst und dem Licht angeschlossen, die Knospe des Lichtwesens bricht in dem Tierreich auf« (*Werke* II, *Von der Weltseele*, 369 ff.). In der Lebenspotenz oder Metamorphose »spielt das Licht gleichsam mit der Schwerkraft«, das alles aber bleibt in der Materie, in ihrer weit über den Mechanismus hinaus phantasierten Natur beschlossen: »Wie die körperlichen Dinge der Leib der Materie sind, so ist die ihr eingebildete Seele das Licht« (*Werke* v, 330). Eigentümlich ist in dieser ersten Entwicklungsgeschichte der Natur nicht nur das bodenlose Analogie- und Parallelenspiel der Einzelheiten (worüber Spott genug vergossen scheint), nicht nur die anders bedenkliche Teleologie, sondern *der Primat der organischen Materie im Verhältnis zur anorganischen.* Dergestalt daß statt allem *mechanischen* Materialismus gleichsam ein *organischer* herauskommt, samt der Sensibilität als erstem Anzeichen von Seele = Bewußtsein. In der Lebenspriorität der Schellingschen Naturphilosophie wirkt so auch ein letzter Versuch bürgerlicher Philosophie zu mechanisch-vitaler Symbiose, Teile, welche bei Kant auseinandergefallen waren, nochmals, im Stadium immer höherer Sensibilität, zusammenfassend. Von daher (an die *Kritik der Urteilskraft* anschließend) das Pathos der Kunst als eines ebenso sinnkräftigen wie teleologischen Erkenntnisprinzips; von daher die Erhebung der Kunst zum Organon der Philosophie: »Die Kunst ist eben deswegen dem Philosophen das Höchste, weil sie ihm das Allerheiligste gleichsam öffnet, wo in *ewiger und ursprünglicher Vereinigung* gleichsam in Einer Flamme brennt, was *in der Natur und Geschichte* gesondert ist, und was im Leben und Handeln, ebenso wie im Denken, ewig sich fliehen muß« (*Werke* III, 628). Von daher, aus dem letzten Willen zur *Einheit* der Erzeugung, auch die beständige Angleichung der »Natur« an ihren Produktions- und Bildreflex in der »Poesie« und die oft nur poetisch verstehbare Phantastik in romantischer Naturphilosophie. Eine »organisierende oder allgemeine Natur«, auch Weltseele genannt, liegt hier der Poiesis Natur insgesamt zugrunde, vermittelt zwischen einer organischen und anorganischen Reihe, fluktuiert zwischen organischer und anorganischer Natur. Das Leben jedenfalls ist das Prinzip, das Tote ist abgeleitet: »Die unorganische Natur als solche existiert nicht« (*Werke* IV, 206); freilich sind schon »in der ersten Materie als dem primum existens (der ersten quantitativen Differenz des Seins), wenn nicht der Wirklichkeit, *doch der Möglichkeit nach alle Potenzen enthalten*« (l. c., 150). Weiter: »Der Organismus entfaltet die Materie nicht nach ihren Accidenzen, sondern der Substanz nach«; schließlich (die Erde selbst als »fernes, tiefverschlossenes Feuer« bestimmend, das sich teils mineralisierte, teils aber im Organismus nach oben flammt): »Wie die Pflanze in der Blüte sich schließt, so die ganze Erde im Gehirn des Menschen, welches die höchste Blüte der ganzen organischen Metamorphose ist« (l. c., 207, 210). All dies stellt eine der verblüffendsten Umkehrungen in der gewohnten Ordnung des anorganischen Sockels, der organischen Statue dar; vielmehr: der Basis selber wird ein Organisierendes vorgelegt, ins Innere gelegt, gleichsam eingemauert, das nun, in Pflanzen, Tieren, Menschen, wieder hervorbricht und das Anorganische unter sich sieht, schließlich, wie auch Hegel später sagt, als »Riesenleichnam«, als »scheidenden Koloß zu unseren Füßen«. Aristoteles hatte die Pflanzen und Tiere als nicht gelungene Menschen bezeichnet, Schelling wendete diese Bestimmung auf die anorganisch vorliegende (ausgeglühte) Materie selber an. Wie buchstäblich Schelling dieses Prius oder organisch Innere meint, zeigt noch folgender Lehrsatz: »Die Organisation jedes Weltkörpers (z. B. der Erde) ist das *herausgekehrte Innere dieses Weltkörpers selbst* und durch innere Verwandlung (z. B. der Erde) gebildet« (l. c., 207). Und damit über das organisierende Prius (also nicht nur den Primat des Organischen) kein Zweifel sei, fährt die Erläuterung fort: »Die jetzt vor uns liegende anorganische Materie ist freilich nicht die, woraus Tiere und Pflanzen geworden sind, denn sie ist vielmehr dasjenige von der Erde, was nicht Tier und Pflanzen werden oder sich bis zu dem Punkt verwandeln konnte, wo es organisch wurde, also das Residuum der organischen Metamorphose; wie Steffens sich vorstellt, das nach außen gekehrte Knochengerüste der ganzen organischen Welt.« Ja, das Gleichnis vom Friedhof (statt der Basis) wirkt auf Schelling so stark, daß auch die kreißenden Gräber nicht fehlen; wo aber das Tote selbst aufersteht, nicht nur die Toten. In diesem Allgemeinsten »bedenke man, daß wir die gewöhnlichen und bisher herrschenden Vorstellungen von der Materie gar nicht einräumen, indem man aus dem bisherigen ersehen muß, wie wir eine innere Identität aller Dinge und eine potentiale Gegenwart von allem in allem behaupten und also selbst die sogenannte tote Materie nur als *eine schlafende Tier- und Pflanzenwelt* betrachten, welche, durch das Sein der absoluten Identität belebt, in irgendeiner Periode, *deren Ablauf noch keine Erfahrung erlebt hat, auferstehen könnte*« (l. c., 208). Hier aber verwendet Schelling nicht Kunst schlechthin, sondern christliche Kunst als Organ der Philosophie; eine Naturschrift-Allegorik, eine Hieroglyphendeutung der Natur selber, im Sinn des Barock, lag bei Schelling ohnehin vor: »Die Natur ist für uns ein uralter Autor, der in Hieroglyphen geschrieben hat, dessen Blätter kolossal sind, wie *der Künstler* bei Goethe sagt. Eben derjenige, der die Natur bloß auf dem empirischen Weg erforschen will, bedarf gleichsam am meisten Sprachkenntnis von ihr, um die für ihn ausgestorbene Rede zu verstehen. Im höheren Sinn der Philologie ist dasselbe wahr. Die Erde ist ein Buch, das aus Bruchstücken und Rhapsodien sehr verschiedener Zeit zusammengesetzt ist. Jedes Mineral ist ein wahres philologisches Problem« (*Werke* v, *Über die Methode des akademischen Studiums*, 246f.). Und was gar die letzte Lösung dieser Naturrätsel angeht, gleichsam des Ithaka ihrer Fahrt, so endet das *System des transzendentalen Idealismus* (1801) poetisch-mythologisch in den Sätzen: »Was wir Natur nennen, ist ein Gedicht, das in geheimer, wunderbarer Schrift verschlossen liegt. Doch könnte das Rätsel sich enthüllen, würden wir die Odyssee des Geistes darin erkennen, der wunderbar getäuscht, sich selber suchend, sich selber flieht; denn durch die Sinnenwelt blickt nur wie durch Worte der Sinn, nur wie durch halbdurchsichtigen Nebel das Land der Phantasie, nach dem wir trachten« (*Werke* III, 628). E. T. A. Hoffmanns beleuchtete Nebelbilder, vor allem aber die heimlich-unheimliche Chymie-Materie des Novalis kommen von hierher; die Natur ist, wie Novalis völlig Schellingisch sagt, »eine versteinerte Zauberstadt«. Ja bei Schelling entsteht, wenn er sagt, daß auch die anorganischen Gräber kreißen, gerade die anorganischen, gleichsam der Widerschein des jüngsten Tags in der Materie selber. Die auferstehende »Intelligenz« am Ende der Objektivität ist viel mehr paradiesisch als gärende Intelligenz des transzendentalen Anfangs. Kant hatte die Natur, unter anderem, als dasjenige bestimmt, zu dem ein Subjekt lediglich hinzugedacht werden kann; Schelling setzt das Natursubjekt (bewußtlose Intelligenz, natura naturans) als Erzeugendes der Erkenntnis, Produzierendes der Natur, Auferstehendes der Geschichte zugleich. Subjekt wie Ursprung der Materie ist die *Unruhe* nach dem Etwas-Sein, Objekt-Sein; Subjekt der aufgeschlossenen, prozessual beendeten Materie ist die Ruhe der Identität von Subjekt und Objekt. Die Materie aber enthält »der Möglichkeit nach alle Potenzen«, also auch die letzte, den »Sabbath der Natur«; es ist das die kühnste Ausdehnung der, wie sich zeigt, immer noch unvergessenen Möglichkeitsdefinition des Aristoteles. Darin deutet sich an: die Möglichkeiten der Materie reichen über die bisher realisierten, über organische Blüte und selbst über den Menschen hinaus, der letzte »Silberblick« der gärenden Weltmasse ist in ihr noch nicht erschienen.

Desto sonderbarer meldete sich, aus dem Jubel des Werdens heraus, ein erstes Dunkel an. Der Wille, die Materie »einleuchtend zu machen«, stieß auf eine Schranke; auf das Einzelne, hier als Endliches, Hartes. Es ist das die alte, wohlbekannte Schranke; neu aber ist, daß sie gerade im wildesten genetischen Vernunftrausch wiederkam. Schelling hatte sich selbst zu denen gerechnet, »in denen die Natur sieht, und die in ihrem Sehen Natur geworden sind«; er hatte sich als Liturg dieser Physik aufgetan. Noch seine Schrift *Bruno* (1802) hatte einheitlichen Lebenszusammenhang ohne Rest gefeiert: »In diesem allgemeinen Leben entsteht keine Form äußerlich, sondern durch innere, lebendige und von ihrem Werk ungetrennte Kunst. Es ist Ein Verhängnis aller Dinge, Ein Leben, Ein Tod; nichts schreitet vor dem anderen heraus, es ist nur Eine Welt, Eine Pflanze, von der alles, was ist, nur Blätter, Blüten und Früchte, jedes veschieden, nicht dem Wesen, sondern der Stufe nach, Ein Universum, in Ansehung desselben aber alles herrlich, wahrhaft göttlich und schön, es selbst aber unerzeugt an sich, gleich ewig mit der Einheit selbst, eingeboren, unverwelklich« (*Werke* IV, 314). Dieser fast stammelnde Dithyrambus könnte, bei aller Entwicklungsgeschichte, nicht monistischer sein; die *Vorlesungen über die Methode* (1803) bestimmen das »An sich der Materie« ohne dunklen Kern: als »Akt der ewigen Selbstanschauung des Absoluten, sofern dieses in jenem (dem Akt), sich objektiv und real macht« (*Werke* V, 327). »Der erste und allgemeine Typus der Raumerfüllung ist notwendig, daß die sinnlichen Einheiten, wie sie als Ideen aus dem Absoluten, als dem Centro, hervorgehen, ebenso in der Erscheinung aus einem gemeinschaftlichen Mittelpunkt [...] geboren werden und wie ihre Vorbilder zugleich abhängig und selbständig seien« (l. c., 328); kurz, das materielle Universum ist, wie beim frühesten Schelling, noch »aufgeschlossene Ideenwelt«. Doch bald eben springt dieser pantheistische Monismus; die Schrift *Philosophie und Religion* (1804), vollends die *Untersuchungen über das Wesen der menschlichen Freiheit* (1809) machen mit der transzendental deduzierten Materie Schluß; diese wird vielmehr zum »dunkelsten aller Dinge«. Wir sind in der Schellingschen Freiheitslehre bereits dem Einzelheit-Allgemeinheit-Problem historisch begegnet, doch über den Umweg der sinnlichen Endlichkeit schlägt sie auch in das Problem der Materie ein. Es ist die Sinnlichkeit und Undurchdringlichkeit der Materie, das Zusammengezogene und Harte, das sie vorzüglich als Frucht des »Abfalls der Ideen von Gott« erkennen läßt. Damit reißt also die Stetigkeit ab »zwischen dem obersten Prinzip der Intellektualwelt und der endlichen Natur«; jetzt bestimmt Schelling: »Der Ursprung der Sinnenwelt ist nur als ein vollkommenes Abbrechen von der Absolutheit, durch einen Sprung, denkbar« (*Werke* VI, 38). Es ist sowohl für den Freiheitsbegriff wie für den Empiriebegriff der Restaurationszeit bezeichnend, daß die Freiheit nur aus dem »Abfall« hergeleitet wurde und die bloß physische Empirie (im Unterschied zu einer metaphysischen) aus dem »Urzufall, ja dem Urbösen in Gott« und seinen Folgen. Freilich fehlt Tiefsinn auch hier nicht, ja hier am wenigsten in Schellings Philosophie, nur: er hat mit Empirie nicht das mindeste gemein, er geht dem rationalen Idealismus mit der Mythologie des – Sündenfalls zu Leibe. Demungeachtet steckt Böhmescher Tiefsinn in der energischen Betonung des Willenscharakters im *Daß* des Existierens überhaupt, der nicht-rationalen *Intensität* im *Fond* des historischen Prozesses.

Schelling legt dies Nicht-Rationale allerdings in einen Urgott und nennt es den »Ungrund«, eben das Urböse in Gott (woraus der Abfall zur Endlichkeit stammt). Aber jenseits dieser bodenlosen Mythologie finden sich höchst bemerkenswerte Notierungen des »ersten Zufälligen, sich selbst Ungleichen« im primum existens der Materie, des materiellen Außenseins überhaupt. Schelling verbindet die Unruhe der noch unbefangenen, gestaltlosen, objektlosen Intensität mit dem alten Aristotelischen appetitus materiae nach Form; mit der Erweiterung, daß der Appetitus als »das erste sich zu etwas Machen, das erste Objektivwerden« seine Sucht, sein Emotional-Alogisches, seine Intensität auch im primum existens des Objektiv- oder Materiell-Seins beibehält. Die Münchener *Vorlesungen zur Geschichte der Philosophie* enthalten darüber die denkwürdigen Worte: »Das unbefangene Sein ist überall nur das, was sich selbst nicht weiß; sowie es sich selbst Gegenstand wird, ist es auch schon ein befangenes. Wenden Sie diese Bemerkungen auf das Vorliegende an, so ist das Subjekt in seiner reinen Wesentlichkeit *als* nichts – eine völlige Bloßheit von Eigenschaften – es ist bis jetzt nur Es selbst und so weit eine völlige Freiheit von allem Sein und gegen alles Sein; aber es ist ihm unvermeidlich, sich selbst anzuziehen, denn nur *dazu* ist es Subjekt, daß es sich selbst Objekt werde, da vorausgesetzt wird, daß nichts *außer* ihm sei, das ihm Objekt werden könne; *indem* es aber sich selbst anzieht, ist es nicht mehr als *nichts*, sondern als Etwas – in dieser Selbstanziehung also liegt der Ursprung des Etwasseins oder des objektiven, des gegenständlichen Seins überhaupt. Aber *als* das, was es ist, kann sich das Subjekt nie habhaft werden, denn eben im sich Anziehen *wird* es ein Anderes, dies ist der Grund-Widerspruch, wir können sagen, das Unglück in allem Sein – denn entweder *läßt* es sich, so ist es als nichts, oder es zieht sich selbst an, so ist es ein anderes und sich selbst Ungleiches, – nicht mehr das mit dem Sein, wie zuvor, Unbefangene, sondern das sich mit dem Sein befangen hat – es selbst empfindet dieses Sein als ein zugezogenes und demnach zufälliges [...] Das erste Seiende, das primum existens, wie ich es genannt habe, ist also das erste Zufällige (Urzufall). Diese ganze Konstruktion fängt also mit der Entstehung des ersten Zufälligen – sich selbst Ungleichen –, sie fängt mit einer *Dissonanz* an und *muß* wohl so anfangen« (*Werke* x, 100f.). Man hat hier eine der tiefsinnigsten, auch unbekanntesten Stellen des deutschen Idealismus vor sich (Hegel stellt nichts Tieferes zur Seite); fast unübersehbar ist der Reichtum der Anspielungen; vor allem im Sinn echter Subjekt-Unruhe des Sich-Anziehens und darin doch nicht Befriedetseins, Objektiviertseins, also im Sinn der unbefriedigten Frage, des unglücklichen Grund-Widerspruchs in allem Etwas-Sein. Die Stelle ist erzdialektisch und von der Hegelschen Dialektik darin unterschieden, daß der Stachel des dialektischen Prozesses, der Grund-Widerspruch bereits die erste Setzung des Seins, mithin bereits in die Thesis, ja noch vor dieselbe gelegt wird; nicht nur in die Antithesis, in die Sphäre der ausgebrochenen Differenz. Aber nicht nur das factum brutum der Existenz ist nach Schelling ein Zufälliges (das heißt »von der Notwendigkeit Losgesagtes«), sondern auch das Faktum der weiteren Objektivation enthält – in gemindertem, vor allem qualitativ anderem Sinn – Zufall. Der erste oder Urzufall ist in einer Daßheit schlechthin, der sich setzenden Intensität; der folgende Zufall ist der einer unzureichend objektivierten Daßheit, des Subjektseins, von dem Schelling sagt: »es selbst empfindet dieses Sein als ein zugezogenes und demnach zufälliges«. Näher nun – von diesen noch vieldeutigen, bei Schelling selber unausgeführten Bestimmungen hinweg – zur Materie: so hat sie Schelling in den gleichen Vorlesungen unmittelbar ins Etwassein eingebaut. »Als jenes erste überhaupt Etwas-Sein des zuvor freien und als nichts seiendes Subjekts, als das mit sich selbst also befangene oder verfangene Subjekt, als dieses erste wurde die Materie erklärt [...] Diese Materie, die nur das erste Etwas-Sein ist, ist allerdings nicht die Materie, die wir jetzt vor uns sehen, die geformte und mannigfach gebildete, also namentlich auch nicht die schon körperliche Materie; was wir als Anfang und erste Potenz, als das Nächste am Nichts bezeichnen, ist vielmehr selbst die *Materie dieser Materie*, [...] ihr Stoff, ihre Grundlage; denn jene Materie, die nur das erste Etwas-Sein überhaupt ist, wird [...] unmittelbar zum Gegenstand eines Prozesses, in dem sie verwandelt und zur Grundlage eines höheren Seins gemacht wird, und nur, indem sie dazu wird, nimmt sie jene sinnlich erkennbaren Eigenschaften an« (l. c., 104). Was freilich jene *körperliche Materie* angeht (zum Unterschied von der materia prima, dicht am Nichts ihres Subjekts), so taucht sie Schelling, zunächst, völlig in die Mythologie des Sündenfalls ein. Sie eben wird »das dunkelste aller Dinge«, sie ist ein »bloßes Idol der Seele«, als einer selber gefallenen, wodurch diese die wahren Wesen nur wie durch einen Spiegel erkennt; körperliche Materie ist ein »Schattenbild des Hades« und »gehört, inwiefern sie nichts anderes als die Negation der Evidenz (!), des reinen Aufgehens der Realität in die Idealität ist, ganz und gar zu der Gattung der Nichtwesen« (*Werke* VI, 46). Lehrreicher als diese Neuplatonismen ist die Beziehung, welche die Materie des späten Schellingschen Systems zu den ehemaligen Grundkräften der Attraktion und Repulsion aufweist. Obwohl Schellings Spätmaterie dedizierte Nicht-Schöpfung ist, indem sie dem Abfall entstammt, der Verstocktheit des In-sich-selbst-Seins und der Zusammenziehung, hat sie doch eben deshalb Bezüge zur ehemaligen Dynamik, sogar doppelte, wenngleich in einer Umkehrung. In den frühen *Ideen zu einer Philosophie der Natur* (1797) hatte Schelling der Repulsivkraft das Real-Objekthafte an der Materie, der Anziehungskraft aber die bestimmten Formen als Effekt zugeschrieben (vgl. oben S. 218). Auch bei Nicht-Deduktion des bloßen Sündenfalls bleibt hier die Abstoßung als zentrifugales Motiv, mithin als Kategorie des Abfalls, die Anziehung als zentripetale Kategorie der Verflochtenheit mit den trotz des Abfalls, im Sein des Abfalls enthaltenen Ideen. »Die Geschichte ist ein Epos, im Geiste Gottes gedichtet; seine zwei Hauptpartien sind: die, welche den Ausgang der Menschheit von ihrem Centro bis zur höchsten Entfernung von ihm darstellt, die andere, welche die Rückkehr«; und Schelling teilt weiter mit: »Jene Seite ist gleichsam die Ilias, diese die Odyssee der Geschichte«; das heißt: »In jener war die Richtung zentrifugal, in dieser wird sie zentripetal« (*Werke* VI, *Philosophie und Religion*, 57). Aber daneben wieder, in den späteren Schriften Schellings, enthält Materie außer dem abfallenden doch auch das zusammenziehende als verdunkelndes Wesen, mithin gerade die zentripetale Attraktion; ja in den *Weltaltern* (1815) dreht sich gesamte Wertnegativität des Abfalls oder des »Neins in der Gottheit« um: gerade »als Nein ist die Gottheit ein an sich ziehendes Feuer« (*Werke* VIII, 299), mithin Attraktion, und die »harte Bedeckung« des realen Materiellseins wichtigste Vorbedingung der Lichtfrucht. So macht letzterdings nicht die Repulsivkraft (wie in den ersten *Ideen* Schellings), sondern umgekehrt die Attraktionskraft das Reale an der Materie: »Ein jeder erkennt an, daß die Kraft der Zusammenziehung der eigentlich wirkende Anfang jedes Dinges ist. Nicht von dem Leichtenfalteten, sondern vom Verschlossenen, das nur mit Widerstreben sich zur Entfaltung entschließt, wird die größte Herrlichkeit der Entwicklung erwartet. Nur jene uralte heilige Kraft des Seins wollen viele nicht anerkennen und möchten sie gleich von Anfang verbannen, ehe sie in sich selbst überwunden der Liebe nachgibt« (l. c., 344). Hier also bemerkt man jene helleren Lichter wieder, welche auch die körperliche Materie – obzwar sie »das dunkelste aller Dinge«, »die Negation der Evidenz« geworden ist – in Einleuchtung zurückzuführen suchen; freilich in eine archaisch-mystische. Nun gehört »die Lehre vom Ursprung der Materie [...] mit zu den höchsten Geheimnissen der Philosophie« (*Werke* VI, 47); werden diese »Geheimnisse« auch immer wieder mit der alten orphischen oder Sündenfalls-Mythologie behoben (Fall, Schuld, Leib, Kerker): so ist der Glaube an Natur als versteinerte Zauberstadt des *Menschen* doch ebenso stark. Schellings Materie bleibt somnambulisch und redet in Steinzungen; »Wunder der Geschichte, Rätsel des Altertums, die Unwissenheit verwarf, wird Natur uns aufschließen« (*Werke* VII, 247). Diese ist nicht nur die *Ilias* des Geistes, sondern vordeutender Zeichen voll oder verschlossene Mantik der Geschichte: »Die Natur ist das erste oder alte Testament, da die Dinge noch außer dem Centro und daher unter dem Gesetz sind. Der Mensch ist der Anfang des neuen Bundes, durch welchen als Mittler [...] Gott (nach der letzten Scheidung) auch die Natur annimmt und sie zu *sich* macht. Der Mensch ist also der Erlöser der Natur, auf den alle Vorbilder derselben zielen. Das Wort, das im Menschen erfüllt wird, ist in der Natur als ein dunkles, prophetisches (noch nicht völlig ausgesprochenes) Wort. Daher die Vorbedeutungen, die in ihr selbst keine Auslegung haben und erst durch den Menschen erklärt werden [...] Wir haben eine ältere Offenbarung als jede geschriebene, die Natur. Diese enthält Vorbilder, die noch kein Mensch gedeutet hat, während die der geschriebenen ihre *Erfüllung* und Auslegung längst erhalten haben« (*Werke* VII, 411, 415). Hinzuzufügen wäre: nicht nur die Auslegung steht noch aus, sondern ebenso die Erfüllung; die Natur ist nicht nur Vorgeschichte der den Menschen bereits gewordenen Geschichte. Das materielle Universum ist nicht nur eine Sphinx, die sich, wie die des Oedipus, in den Abgrund stürzt, nachdem man ihr Rätsel durch das Wort *Mensch* gelöst hat; das war so bei Hegel. Sondern die »ewig schaffende Urkraft der Welt, die alle Dinge aus sich selbst erzeugt und werktätig hervorbringt« (*Werke* VII, 293) ist mitsamt ihrem Leib und mitsamt ihrer Materie auch beim spätesten und transzendentesten Schelling historisch noch nicht abgegolten. Auch die »Krisis des jüngsten Tags« scheidet Materie nicht völlig als Phlegma aus, im Gegenteil: der Apokalyptiker Schelling hofft, »daß die ganze Innenwelt, wie sie ursprünglich sein sollte, in der *Außenwelt äußerlich sichtbar* dargestellt werde«. Er will selbst das Ende der Dinge nicht »völlig von der Natur sich losgerissen denken, während es doch schlechterdings notwendig ist, daß, nachdem die Natur sich für den Menschen getrübt hat und ihm undurchsichtig geworden, auch sie in einem künftigen Zustand ihm sich verkläre, Äußeres und Inneres einst in Einklang gesetzt [...]« (*Werke,* 2. Abt., IV, *Philosophie der Offenbarung,* 211). Bei alldem freilich bleibt auch in Schellings so beschaffener letzter Naturfeier die Materie eine Kruste der Idee, nicht ihr Substrat. Trotzdem hofft die Darstellung gezeigt zu haben, und weiter zu zeigen, daß streckenweise auch im spekulativen Idealismus (sofern er ein ebenso objektiver geworden ist) die Materie keineswegs quantité négligeable ist oder bloße Kruste, deren Wahrheit wäre, keine zu haben. Sie gilt hier als der produzierende Anstoß des Etwasseins und hat – in der bisherigen Entwicklung der Natur – ihren Lohn noch nicht dahin.

Zur Rechts- und Staatsphilosophie
(1796-1800)

Alexander Hollerbach
Schellings Rechts- und Staatsbegriff in den Jahren 1796-1800*

[...]
Die [...] Schelling-Literatur hat sich nur sehr wenig mit der *Neuen Deduktion des Naturrechts* beschäftigt. Man nahm vor allem an den formalen Schwächen – deren sich Schelling ja durchaus bewußt war – Anstoß. [...] Dieses Urteil, dem man im ganzen auch heute noch zustimmen kann, enthebt uns allerdings nicht der Aufgabe, den sachlichen Gehalt der Naturrechtsschrift im einzelnen zu analysieren, indem wir einläßlicher als sonst üblich ihrem Gedankengang folgen.

Mit dem Dasein des Menschen als einem zur vernünftigen Selbstbestimmung fähigen Wesen ist die unbedingte, weil auf ein Unbedingtes zielende[1] Forderung gegeben, das »absolute Sein« zu erreichen, im höchsten Sinne »zu sein«, ein Wesen an sich zu werden. Dazu bedarf es absoluter Freiheit, einer Freiheit also, die durch nichts anderes als durch sich selbst bestimmt wird, der keine heteronomischen Bestimmungskräfte in den Objekten entgegenstehen. Diese Freiheit wird sich schließlich in absoluter Beherrschung der Welt äußern, »die ganze Welt ist mein moralisches Eigentum«.[2] Aber dieses Streben nach freier Beherrschung vollzieht sich in dieser empirischen Welt, in der sich der Expansion des Ich physische und moralische Widerstände entgegenstellen. Nicht nur reicht das physische Können zur Bestimmung und Beherrschung der Objekte nicht aus – die »physische Kausalität« findet ihre Grenze in der heteronomischen Bestimmtheit der Natur – auch die »Kausalität der Freiheit«, das Dürfen, findet seine Grenze in der moralischen Welt freier Wesen, denen allen dieselbe unbeschränkte autonome Freiheit im Hinblick auf das Absolute zukommt.[3] »Wo meine *moralische* Macht Widerstand findet, kann nicht mehr *Natur* sein. Schauernd stehe ich still. Hier ist *Menschheit!* ruft es mir entgegen, ich darf nicht weiter.«[4] So kennzeichnet Schelling mit großem Pathos die soziale Urerfahrung der Grenze und des Widerstandes durch den anderen. Die jeweils gleiche autonome Freiheit führt zu unendlich gleichsinnigem Streben vieler Menschen, das nicht nur in vertikaler Richtung auf das Absolute hin verläuft,

---

* Der Titel dieses Beitrags stammt von den Herausgebern.

sondern sich auch in der horizontalen Ebene ausbreiten will. Da dies im empirischen Raum und in der empirischen Zeit dieser Welt geschieht, so stoßen die strebenden Freiheiten notwendig aufeinander, sie erfahren sich in ihrer »Koexistenz« gegenseitig als Widerstände. In diesem Kampf der Freiheiten wird aus der Erfahrung der moralischen und physischen Grenze, aus dem Widerstandserlebnis, das »Individuum«[5] geboren.

Das Individuum, von dem mit schwungvoller Begeisterung gesprochen wird,[6] muß aber im Streit der empirischen Freiheiten zumindest seine Freiheit überhaupt behaupten;[7] denn dies ist notwendig, soll ich die höchste Forderung des freien Strebens nach der Absolutheit erfüllen können, diese Forderung sanktioniert geradezu die Individualität meines Willens.[8] Diese Selbst-Behauptung ist nur durch eine wechselseitige Beschränkung der empirischen Freiheiten möglich, damit sich das »Miteinander-Sein« (wie wir heute sagen würden) in Wahrung der Freiheit überhaupt verwirklichen kann. So kommt Schelling wie Kant, aber von anderen Prämissen, nämlich dem Denken des absoluten Ich, aus, zu der Erkenntnis einer normativen Sozialordnung, die so beschaffen sein muß, »daß das empirische Streben aller anderen zugleich mit dem seinigen bestehen könne«.[9]

Ist für Schelling der Bereich des absoluten Strebens der der »Moral«, so bezeichnet er die Ordnung der verträglichen Freiheiten als den Bereich der »Ethik«. Schelling versteht also Moral als absolute Individualmoral, Ethik ist demgegenüber Sozialmoral. Ziel der Moral ist das absolute Sein,[10] Ziel der Ethik die Verträglichkeit der empirischen Freiheiten solcher moralisch strebenden Wesen zur Sicherung[11] der Moral. Die Ethik findet ihre Grundlage im »allgemeinen Willen«.[12] Dieser Begriff, der hier etwas unvermittelt eingeführt wird, kennzeichnet jene Ordnung der Sozialverträglichkeit; er beherrscht von da an mit seinem Widerspiel zum »individuellen Willen« alle weiteren Deduktionen.

Wie ist das Verhältnis von Ethik und Moral, von allgemeinem und individuellem Willen gestaltet? Die im Streben nach dem Absoluten begründete, im Kampf der Freiheiten sich formende Individualität ist das Primäre, der allgemeine Wille das Sekundäre. Dieser ist dem Primären dienstbar mit seiner Aufgabe der Sicherung; insofern besteht nicht etwa wechselseitige Bedingung, sondern nur die Bedingung des allgemeinen durch den individuellen Willen. So groß die Notwendigkeit der Sicherung durch den allgemeinen

Willen ist, so gibt ihm das noch nicht die Gleichwertigkeit mit der zu sichernden individuellen Freiheit. Bedingungsweise Abhängigkeit bedeutet zugleich Bestimmbarkeit durch das Bedingende. Das Primäre ist die Freiheit überhaupt, Schelling nennt sie die »Form« des individuellen Willens; Wille überhaupt ist Freiheit. Diese Form bestimmt nun auch die Form des allgemeinen Willens, auch diese kann nur Freiheit sein, denn ohne Freiheit gibt es überhaupt keinen Willen. Insofern stimmen also individueller und allgemeiner Wille überein, dies ist die Grundlage einer formalen Identität. – Der Inhalt, die »Materie« des Wollens, wird aber ebenso vom individuellen Willen her bestimmt, denn nur zum Zweck der Wahrung des individuellen Willens ist auch allgemeiner Wille. Letztes Ziel des individuellen Willens ist »Moralität« im Sinne von Streben nach absoluter Übereinstimmung mit sich selbst im »absoluten Sein«, deshalb muß »Moralität« zugleich auch Materie des allgemeinen Willens sein. Aber im empirischen Bereich bleibt das Spannungsverhältnis zwischen allgemeinem und individuellem Willen bestehen. Hier fragt Schelling: Wie ist es möglich, »den empirischen Willen aller und den empirischen Willen des Individuums übereinstimmend zu machen?«[13] Die Versöhnung des Willens aller und des individuellen Willens ist nur möglich in der übergreifenden »Allgemeinheit«, der durch »Hinzusetzung« gebildeten Summe aus Einzelheit und Vielheit. (Hier schwingt also durchaus ein additives Moment mit!) Diese Allgemeinheit wiederum ist neue Einheit, die aus der ständigen dialektischen Korrelation von individuellem und allgemeinem Willen lebt. Diese dauernd neu zu gewinnende, inhaltlich im einzelnen nicht festlegbare Einschränkung auf die Allgemeinheit kann nur in der Dimension der ursprünglichen Absolutheit des Willens überhaupt geschehen, zu der jeder individuelle Wille hinstrebt.

»Ich soll nicht handeln, wie die übrigen alle handeln; sondern, wie *ich* handle, sollen alle übrigen handeln. Aber damit alle übrigen handeln, wie ich handle, soll ich handeln, wie alle übrigen handeln können.«[14] Die ganze moralische Welt muß meine Handlung (ihrer Materie und Form nach) wollen können: dann entspricht meine Handlung dem höchsten Gebot aller Ethik. Unmittelbar mit diesen neuen Formulierungen des kategorischen Imperativs verbindet Schelling den unverrückbaren materialen Grundsatz der idealistischen Ethik: »handle so, daß durch deine Handlung […] kein vernünftiges Wesen als bloßes *Objekt*, sondern als mithandelndes

Subjekt gesetzt wird«.[15]

Hatte Schelling bis jetzt gezeigt, wie allgemeiner Wille überhaupt möglich ist, so wird nun erneut das Verhältnis von individuellem zu allgemeinem und das von individuellem Willen zu individuellem Willen betrachtet, im Hinblick auf die Selbst-Behauptung gegenüber diesen beiden Widerständen.

Dem allgemeinen Willen kommt die Bestimmung der Materie meines Willens zu. Demgegenüber behaupte ich meinen Willen durch die Form der Freiheit, die überhaupt bedingt, daß es einen allgemeinen Willen gibt, der die Kraft hat, meine Handlung der Materie nach zu bestimmen. Das bleibt im Grunde immer eine Ich-Bestimmung, da der allgemeine Wille durch meinen individuellen Willen mitkonstituiert ist. Ich kann mich allerdings dem allgemeinen Willen nur insofern unterwerfen, als ich durch ihn den individuellen Willen behaupte.[16] Die Behauptung gegenüber anderen individuellen Willen geschieht einfach durch Unterwerfung unter den allgemeinen Willen – »ich lege mir selbst den allgemeinen Willen als Gesetz auf«,[17] denn der allgemeine Wille bedeutet eben die Verträglichkeit der individuellen Willen.

Die Ethik vertritt die Allgemeinheit des Willens (der Materie nach). Welche Wissenschaft aber vertritt das Prinzip des individuellen Willens, das doch das Bedingende des allgemeinen Willens ist, die deswegen auch primär ist gegenüber der Ethik, so fragt nun Schelling. Die Ethik fordert imperativ die Bestimmung des individuellen Willens durch den allgemeinen Willen der Materie nach, aber absolute Bestimmung der Materie nach führt bei der engen Zusammengehörigkeit von Form und Materie[18] in der Tendenz zur Aufhebung auch des individuellen Willens qua Form, d. h. meiner Freiheit überhaupt. Deshalb muß es als andere Teil-Wissenschaft der Moral eine Wissenschaft geben, die ganz die Wahrung des Individuellen zu ihrem Prinzip macht. Diese Aufgabe kann nicht imperativ gefordert werden, sie ist gar keine Aufgabe, sondern unverzichtbare Voraussetzung kategorischen Charakters, denn individueller Wille der Form nach ist Freiheit, Freiheit aber ist Sein. Diese Freiheit aber behauptet sich nicht in der einmaligen Setzung, sondern nur in der dauernden Durchsetzung gegenüber der Widerständigkeit des Sollens. Deshalb ist das Prinzip jener neuen Wissenschaft – wir erinnern uns an den oben [19] dargestellten Vorentwurf der *Neuen Deduktion* – praktische Möglichkeit gegenüber der Wirklichkeit des ethischen Gebotes. Die Ethik fordert

Aufhebung des individuellen Willens der Materie nach, aber wenn anders sie sich nicht selbst zerstören will, muß sie die Behauptung des individuellen Willens sichernd ermöglichen und seine Bestimmung auch der Materie nach zulassen. Die praktische Wirklichkeit des ethischen Gebotes heißt Sollen (Pflicht). Die praktische Möglichkeit heißt Dürfen. Was ich darf, ist recht, das Recht besteht also im Dürfen, es ist ganz frei von Geboten.[20] Recht ist somit immer und nur Anspruch, subjektives Recht, das nicht in einer objektiven Pflichtenordnung, sondern allein im Prinzip der Individualität begründet ist.[21] Rechtswissenschaft und Ethik vertreten also zwei entgegengesetzte Prinzipien. Aber da das Dürfen nur im Gegensatz zum Sollen bestimmt ist, ist es nicht absolute Willkür, sondern hat zum Inhalt die Wahrung des individuellen Willens, meiner Freiheit überhaupt; nur insofern ich meinen Willen überhaupt gegenüber der Pflicht behaupten muß, darf ich in Widerspruch dazu handeln, ich darf dann aber auch alles, habe ein Recht zu allem, »was der Form des Willens überhaupt gemäß ist«, ohne welches der Wille aufhören müßte Wille zu sein.[22] Damit glaubt Schelling eine klare Unterscheidung von Rechtswissenschaft und Ethik gefunden zu haben.

Zum Schluß dieses ersten Teils seiner Abhandlung gibt Schelling noch einmal das oberste Problem aller Moralphilosophie an. Es ist der absolute Wille. »Dieser kann in einer moralischen Welt nur durch Vereinigung der höchsten Individualität mit der höchsten Allgemeinheit des Willens erreicht werden«, so charakterisiert Schelling treffend das Spannungsverhältnis zwischen »Werde selbst« und »Werde allgemein« am idealistischen Moraldenken.[23]

Im zweiten Teil der Abhandlung wird der oberste Grundsatz des Rechts analysiert und eine Deduktion von »ursprünglichen Rechten« versucht. Dabei ist wiederum die Unterscheidung von Materie und Form methodisches Leitprinzip.

Zunächst werden die früher schon gewonnenen Bestimmungen des Verhältnisses zwischen individuellem und allgemeinem Willen nun mit dem für Recht stehenden Terminus »Dürfen« wiederholt.[24] Die Beziehungen zwischen Materie und Form werden aber näher präzisiert. Überhaupt Dürfen ist immer auch ein etwas Dürfen, ohne etwas Dürfen gibt es auch kein Dürfen überhaupt. Das unmittelbare Recht an die Form meines Willens ist deshalb zugleich ein mittelbares Recht an die Materie. Die weitere Konsequenz aus diesem engen Nexus zwischen Materie und Form ist die, daß die Aufhebung der Form auf dem Weg über die Aufhebung der Materie geschieht.[25] Völlige Aufhebung der Materie führt also letzten Endes auch zur Aufhebung der Form. Wenn dies aber geschieht, dann tritt der Mensch in die Sphäre der beherrschbaren Objekte zurück, da ihm die Freiheit überhaupt verloren gegangen ist.

Diese neue Einsicht in den Zusammenhang zwischen Materie und Form erlaubt jetzt eine genauere Fassung des schon früher[26] formulierten Grundsatzes aller Rechtsphilosophie insofern, als nun nicht mehr einseitig auf die Behauptung der Form abgestellt, sondern indem erkannt wird, daß die Form letztlich nur durch die Materie behauptet werden kann. Dies gilt freilich, wie betont werden muß, mit der notwendigen Einschränkung, daß die Materie meines Willens nur insoweit behauptet werden kann, als sie Ausdruck freier Bestimmung und zur Wahrung von Freiheit überhaupt notwendig ist.[27] Die Materie des individuellen Willens ist also beschränkbar und bestimmbar, aber nur bis zu der Grenze, wo, wie wir sagen können, der »Wesensgehalt« des Dürfens auch der Materie nach angetastet würde, der sich jedenfalls in einem Minimum von »etwas Dürfen« noch muß konkretisieren können, ohne zur leeren Hülse des Dürfens überhaupt zu werden. Form behauptet sich nur dadurch, daß ihre Macht der Bestimmung der Materie gewahrt wird gegenüber anderen Mächten, die die Materie meines Willens zu bestimmen trachten.[28] [...]

Gegenüber diesen drei Widerständigkeiten gibt es drei entsprechende »Urrechte«,[29] die Schelling im einzelnen in sehr gekünstelter, an die Grenze des Nachvollziehbaren gehender Form ableitet.

a. Im Gegensatz gegen den allgemeinen Willen steht mir das Recht der moralischen *Freiheit* zu. Es ist ein »Recht der völligen Freiheit des individuellen Willens in Rücksicht auf material gesetzmäßige so gut als auf material gesetzwidrige Handlungen.« Zwar darf der allgemeine Wille die Materie meines Willens bestimmen, aber er kann dieses Recht nicht ausüben, ohne den Willen überhaupt und damit sich selbst aufzuheben; er hat also nur ein unvollkommenes Recht – insofern sind also auch material gesetzwidrige Handlungen gegen ihn möglich.[30]

b. Im Gegensatz gegen individuellen Willen steht mir ein Recht der formalen *Gleichheit* zu. Es bedeutet das Recht, meine Individualität gegen jede andere (der Form und Materie nach) zu behaupten.

c. Im Gegensatz gegen »Willen überhaupt«[31] steht mir ein Recht auf die Erscheinungswelt, auf *Sachen,* auf Objekte überhaupt zu. Schelling nennt es »Naturrecht im engern Sinne«, was nichts anderes meint als ein Recht zur Beherrschung der Natur, sofern und solange mir dort kein bestimmter menschlicher Wille entgegentritt. Dann reicht das Dürfen so weit wie das Können, das Recht so weit wie die Macht. Dieses freie Naturbeherrschungsrecht äußert sich als das Herrschaftsrecht des Eigentums auch noch nach der Besitzergreifung. Wenn nämlich etwas von mir beherrschtes und bestimmtes Objekt ist, ist es für jedes andere moralische Wesen kein Objekt mehr.

Am Schluß faßt Schelling noch einmal besonders die Gegensätzlichkeit zwischen individuellem und allgemeinem Willen ins Auge. Sie wird jetzt radikalisiert und damit jeder Versuch aufgegeben, zu einer Harmonisierung zwischen den beiden Mächten zu kommen. Allerdings muß man sich dabei dessen bewußt bleiben, daß Schelling hier nur von der äußersten Konfliktsituation spricht. Wenn es um die Selbstbehauptung des individuellen Willens geht, muß er in seine ursprüngliche Uneingeschränktheit zurücktreten. »Alles, selbst der allgemeine Wille, beugt sich vor der Freiheit des Individuums, wenn sie zu ihrer eigenen Rettung wirksam ist. Der allgemeine Wille existiert nicht mehr, sobald es Rettung der Freiheit gilt.«[32] Absolute Selbstbehauptung bedeutet dann aber auch notwendig Aufhebung jeder Handlung, mit welcher die Selbstheit meines Willens nicht bestehen kann.[33] Solche Aufhebung geschieht durch Zwang, denn Zwang wird bestimmt als ein Streben, die Selbstheit des Willens aufzuheben.[34] Zwang wiederum erzeugt notwendig Gegenzwang; denn wenn ich zur Selbstbehauptung überhaupt berechtigt bin, so auch dazu, jedem Streben, mich zu zwingen, dasselbe Streben entgegenzusetzen. Dieser Gegenzwang ist mein Recht; mein Recht (und nur dieses, nicht auch das »Recht« des allgemeinen Willens[35]) im Gegensatz gegen fremden Willen wird Zwangsrecht. Wer Zwang gegen mich übt, zerstört in sich selbst die Freiheit, er verläßt die gemeinsame Basis der Freiheit und tritt in die Sphäre der Natur zurück. Er wird so Objekt für mich, das ich heteronomisch, durch Naturgesetze bestimme. »Also wird jedes Recht notwendig Naturrecht für mich, d. h. ein Recht, das ich nach bloßen Naturgesetzen behaupte, und im Streit gegen welches jedes Wesen bloßes Naturwesen für mich ist.«[36]

Ist aber denn ein solches Naturrecht noch Recht? Zwingen, nach

Naturgesetzen behandeln, ist doch eine Frage des Könnens. Es ist nicht gewährleistet, daß derjenige, der Gegenzwang, also das eigentliche Zwangsrecht ausübt, auch die Oberhand behält. Schelling sagt dann auch deutlich: »Das Naturrecht in seiner Konsequenz (insofern es zum Zwangsrecht wird) zerstört sich notwendig selbst, d. h. es hebt alles Recht auf. Denn das letzte, dem es die Erhaltung des Rechts anvertraut, ist physische Übermacht«.[37]

Das Naturrecht, da es sich, zum Zwangsrecht geworden, selbst zerstört, muß also bei der Lösung sozialer Konflikte, ja schon bei der Begründung von Gemeinschaft überhaupt, versagen. Aber es ist nun einmal »Forderung der Vernunft«, daß das Physische durch moralische Gesetze bestimmt wird, daß Naturmacht mit der Moralität verbunden sein muß. Das Problem ist also, einen »Zustand« zu finden, »in dem auf der Seite des Rechts immer auch die physische Gewalt ist«.[38] Die Lösung dieses Problems ist aber die Aufgabe einer »neuen Wissenschaft«, von der Schelling hier jedoch nicht mehr näher spricht. [...]

Schelling hat das Problem des Naturrechts früher, aber auch viel einseitiger als Fichte vom Boden der *Wissenschaftslehre* aus angepackt. Insofern kommt der *Neuen Deduktion des Naturrechts* eine gewisse wissenschaftsgeschichtliche Bedeutung zu. Fichte hatte zwar auch in seinen früheren Schriften Einzelfragen des Naturrechts, insbesondere die Vertragstheorie, behandelt, aber noch keine systematische Deduktion versucht. Vor allem hatte Fichte in seinen Frühschriften noch nicht wie später jene scharfe Trennung zwischen Moral und Recht gezogen. Dies getan zu haben nahm Schelling offenbar als eigenständige neue Leistung für sich in Anspruch. Er unterscheidet dabei in eigenwilliger Terminologie zwischen Ethik und Rechtslehre, welche beide Wissenschaften aber im Gesamtrahmen der Moral als dem Streben nach dem Absoluten befaßt sind. Recht ist im Gegensatz zur Ethik keine objektive, sich auf dem allgemeinen Willen aufbauende Pflichtenordnung, sondern eine Ordnung des subjektiven Dürfens, Recht ist nur subjektives Recht. Es wird also nicht zwischen Sittlichkeits- und Rechtspflichten, bzw. (im Sinne Kants) zwischen Moralität und Legalität unterschieden,[39] vielmehr ist die Einheit der Pflichtenordnung gewahrt. Das ist aber nur ein scheinbarer Gewinn, da für Schelling das subjektive, individualistische Prinzip, und zwar gerade weil das von der »Moral« als dem Streben nach absoluter Individualität her gefordert ist, doch so übermächtig ist, daß es sich letzten Endes gegenüber jeder objektiv-allgemeinen Pflicht durchsetzt. Normalerweise ist der allgemeine Wille durchaus das Bestimmende, und er soll es sein. Ja es hat bisweilen den Anschein, als sollte zwischen dem Einzel- und dem allgemeinen Willen eine Harmonie gefunden werden können. Aber im entscheidenden Konfliktsfall erhält doch das individuelle Prinzip den absoluten Vorrang, wenn es gilt, die Individualität meines Willens zu wahren. Deshalb kann der Gedanke des allgemeinen Willens nicht die Grundlage für die Idee eines objektiven Rechts bieten. Für Schelling kann, wie an einer Stelle[40] angedeutet wird, auch ein Vertrag nicht den allgemeinen Willen und damit objektives Recht konstituieren; denn es ist für ihn ebenso wie für Fichte ein »unveräußerliches Recht des Menschen [...] auch einseitig, sobald er nur will, jeden seiner Verträge aufzuheben«.[41] Der Bestand von Verträgen könnte nur garantiert werden durch eine »unendliche Reihe *freier* Entschließungen«.

Das absolute individualistische Prinzip äußert sich in den drei, an politische Maximen jener Zeit gemahnenden Urrechten der Freiheit, Gleichheit und des Eigentums.

Besondere Beachtung verdient Schellings Naturrechtsbegriff. Es ist nicht ausgeschlossen, daß gerade sein sprachphilosophisches Interesse,[42] das von Anfang an in ihm lebendig war, ihn dazu geführt hat, den Begriff Naturrecht so wörtlich wie möglich zu verstehen. In seinem Sprachgebrauch klingt zwar überall noch das Verständnis von Naturrecht als Recht, das aus der vernünftigen freiheitlichen Wesensstruktur des Menschen folgt, nach. Aber Naturrecht im eigentlichen Sinne, insofern es sich als Zwangsrecht realisieren muß, ist nach Schelling ein Recht, das ich (eben im Zwang) »nach bloßen *Naturgesetzen* behaupte, und im Streit gegen welches jedes Wesen bloßes *Natur*wesen für mich ist«.[43] Schellings Naturbegriff aber ist hier ganz rationalistisch-mechanistisch aufgefaßt, der Freiheit, Autonomie, dem Geist entgegengesetzt; die Natur ist die Welt der heteronomisch beherrschbaren Objekte. In der Natur entscheidet nicht das Recht, sondern nur noch physische Gewalt, so daß Schellings Naturrecht hier in der Tat auf ein »Recht des Stärkeren« hinausläuft. Es ist aber sehr aufschlußreich, wie Schelling aus diesem seinem Verhältnis des Naturrechtsbegriffs ausdrücklich die Konsequenz zieht, daß sich so das Recht letztlich selbst zerstört, weil es sich einer Macht anvertraut, die den Menschen nicht mehr in seinem wahren Wesen, niemals beherrschbares Objekt und Mittel für andere zu sein, achtet.

Naturrecht ist für Schelling also ein Recht, das sich nach den Gesetzen der Natur verwirklicht, damit aber seinen Rechtscharakter verliert, weil es so nicht mehr im gemeinsamen Raum der Freiheit, sondern im Raum der Natur wirkt.

Eng damit zusammenhängend, aber doch unterschieden davon, versteht Schelling Naturrecht noch in einem zweiten (bzw. dritten) »engeren Sinne«, wenn er als drittes Urrecht ein Recht auf die Erscheinungswelt, auf Sachen, proklamiert. Naturrecht ist hier Naturbeherrschungsrecht; hier ist das Recht, nach Naturgesetzen die Welt der Natur zu bestimmen, sozusagen legitim, weil Schelling dieses Urrecht nur insoweit anerkennt, als mir kein bestimmter Widerstand in einem Freiheitswesen entgegentritt.

Schelling hat mit seinem Naturrechtsbegriff das Naturrecht als Recht geradezu ad absurdum geführt. Es darf angenommen werden, daß Schelling gerade diese Begriffsentlarvung als Novum empfand und diese als eine originelle Leistung ansah. Er liefert in strenger Deduktion eine Destruktion des Naturrechts, an dessen Stelle etwas ganz anderes treten muß, ein System des Einklangs von physischer Gewalt und Recht. Es ist deshalb Vorsicht am Platze, mit Zeltner in der *Neuen Deduktion* ebenso wie im *Systemprogramm* einen anarchischen Grundzug sehen zu wollen. Anarchie ist der Gegenbegriff zu staatlicher und sozialer Ordnung überhaupt. Schelling lehnt diese aber keineswegs ausdrücklich ab, er läßt das Problem hier offen. Sein System bleibt somit zwar im Negativen, Destruktiven haften, aber er selbst deutet an, indem er eine neue Wissenschaft fordert, darüber hinauskommen zu wollen.

[...]

Die neue Wissenschaft, die Schelling am Schluß seiner Abhandlung ankündigt, hat das Problem eines Zustandes zu lösen, »in dem auf der Seite des Rechts immer auch die physische Gewalt ist.[44]

[...]

[Diese neue Wissenschaft entwirft Schelling im *System des transzendentalen Idealismus* von 1800. In dessen praktischem Teil stehen theoretisches und praktisches Selbstbewußtsein] von vornherein in Beziehung zu fremden Intelligenzen, denen in gleicher Weise Selbstbestimmung zukommt. So wird zwar wiederum die Sphäre des »Miteinander-Seins«, wie wir heute sagen würden, nur in der Widerständigkeit einer freien Intelligenz vorgestellt. Aber diese Widerständigkeit ist ab initio gegeben, sie konstituiert erst den Raum, in dem Selbstbestimmen überhaupt möglich ist; Miteinander-Sein ist ein Ur-Konstituens des Menschen. Aber Schelling führt diese Gedanken über die ursprüngliche Sozialität des Menschen nicht weiter aus. »Fremde Intelligenz« hat nicht den Rang und die personale Würde eines lebendigen Du, sie bleibt im Grunde bloße Bedingung für die Realisierung meines Selbstbewußtseins und meiner Selbstbestimmung.[45] Die Realisierung des Wollens bleibt freie Tat des Ich.

Die Koexistenz der freien Intelligenz hat eine prästabilierte Harmonie zur Voraussetzung, eine gemeinsame Vorstellungswelt, die »nur aus unserer gemeinschaftlichen Natur« folgt.[46] Wie ist eine solche Harmonie möglich? Sie besteht darin, »daß unmittelbar durch das Setzen einer Passivität in mir, welche zum Behuf der Freiheit notwendig ist, weil ich nur durch ein bestimmtes Affiziertwerden von Außen zur Freiheit gelangen kann, Aktivität außer mir als notwendiges Korrelat und für meine eigne Anschauung gesetzt ist [...]«.[47] Schelling verwahrt sich ausdrücklich gegen die umgekehrte Ansicht, daß durch Aktivität außer mir Passivität in mir gesetzt, so daß jene das Ursprüngliche, diese das Abgeleitete sei. Vielmehr ist die »unmittelbar durch meine Individualität gesetzte Passivität Bedingung der Aktivität, welche ich außer mir anschaue«.[47] Gerade durch diesen Gedanken ist der Vorrang des Ich in der Ermöglichung der Harmonie gewahrt, denn »in den Einwirkungen der Intelligenzen auf mich erblicke ich nichts als die ursprünglichen Schranken meiner eigenen Individualität«.[48] Dieses Verhältnis ist freilich »völlig wechselseitig«; denn obwohl andere Intelligenzen nur durch Negationen in mir gesetzt sind, muß ich sie als unabhängig von mir existierend anerkennen. »Kein Vernunftwesen kann sich als solches bewähren, als durch die Anerkennung anderer als solcher«.[48] Damit sind zwar auch »ursprüngliche« Schranken gesetzt. Aber Schelling kommt nicht über die formale Bestimmung der Sozialität des Menschen als einer »Wechselwirkung vernünftiger Wesen«[49] hinaus. Ohne diese »nie aufhörende« Wechselwirkung würde ich, als isoliertes Vernunftwesen, allerdings weder zum Bewußtsein der Freiheit noch zum Bewußtsein der objektiven Welt als solcher gelangen.[50]

In dieser Wechselwirkung von vernünftig-freien Wesen, an welche die Forderung auf reine Selbstbestimmung ergeht, gründet auch »der kategorische Imperativ, oder das Sittengesetz, welches Kant so ausdrückt: du sollst nur wollen, was alle Intelligenzen wollen können, aber was alle Intelligenzen wollen können, ist nur das reine Selbstbestimmen selbst, die reine Gesetzmäßigkeit.«[51] Im Rahmen der transzendentalphilosophischen Ableitung bedeutet so das Sittengesetz, ebenso wie die Wirkung einer anderen Intelligenz überhaupt, lediglich eine »Bedingung des Selbstbewußtseins«, das Sittengesetz wird zu einer rein metaphysischen, nicht aber ethischen Kategorie. Das Sittengesetz in dieser Fassung fordert höchste Allgemeinheit, es wendet sich an mich »als Intelligenz überhaupt« und »schlägt [...] alles nieder, was zur Individualität gehört«.[52]

Dem reinen Selbstbestimmen, das solches »Werde allgemein« zum Ziele hat, stellt sich aber »der nach außen gehende Trieb« des Eigennutzes, der Glückseligkeit, der Willkür, ein zentrifugaler »Naturtrieb« entgegen, der nicht Geboten, sondern Naturgesetzen folgt.[53] Die Forderung des Sittengesetzes ist aber unbedingt. Wie kann gegenüber solchem Widerstreit die Möglichkeit ihrer Erfüllung gesichert werden? Denn ob alle Vernunftwesen ihr Handeln durch die Möglichkeit des freien Handelns aller übrigen einschränken oder nicht, dies hinge bei der bloßen Herrschaft des Naturtriebes von einem absoluten Zufall, der Willkür, ab. »So kann es nicht sein. Das Heiligste darf nicht dem Zufall anvertraut sein. Es muß durch den Zwang eines unverbrüchlichen Gesetzes unmöglich gemacht sein, daß in der Wechselwirkung aller die Freiheit des Individuums aufgehoben werde«.[54]

Wie aber ist Zwang möglich, da doch kein Vernunftwesen gezwungen, sondern allenfalls bestimmt werden kann, sich selbst zu zwingen? Der Zwang richtet sich aber (hier ist wiederum die Nähe zu Kant deutlich spürbar) nicht gegen die Freiheit, sondern gegen den eigennützigen Trieb, der noch der Sphäre der Natur angehört. Beste Sanktion gegen ihn wäre deshalb ein in der Natur selber gelegener Gegenzwang – der Gedanke der »poena naturalis« klingt hier an –, »die Außenwelt müßte gleichsam so organisiert werden, daß sie diesen Trieb, indem er über seine Grenze schreitet, gegen sich selbst zu handeln zwingt«.[54] Aber da dies nicht möglich ist, so kann Schelling sagen: »Es muß eine zweite und höhere Natur gleichsam über den ersten errichtet werden, in welcher ein Naturgesetz, aber ein ganz anderes, als in der sichtbaren Natur herrscht, nämlich ein Naturgesetz zum Behuf der Freiheit. Unerbittlich, und mit der eisernen Notwendigkeit, mit welcher in der sinnlichen Natur auf die Ursache ihre Wirkung folgt, muß in dieser zweiten Natur auf den Eingriff in fremde Freiheit der augenblickliche Widerspruch gegen den eigennützigen Trieb erfolgen. Ein solches Gesetz […] ist das Rechtsgesetz, und die zweite Natur, in welcher dieses Gesetz herrschend ist, die Rechtsverfassung, welche daher als Bedingung des fortdauernden Bewußtseins deduziert ist«.⁵⁵ Rechtsgesetz ist ein mit Zwangscharakter ausgestattetes Naturgesetz, das den Zweck hat, Freiheit zu gewährleisten. Nur in diesem Ziel liegt es begründet, daß die Rechtsverfassung eine »höhere« Natur und das Rechtsgesetz ein »ganz anderes« Naturgesetz genannt werden können. Sonst besteht Gleichheit zwischen Natur- und Rechtsgesetz, auch dieses soll wirken wie ein Naturgesetz in mechanisch-notwendiger Verknüpfung von Ursache und Wirkung. Die Rechtslehre ist – hier schließt Schelling ganz an Fichte an – kein Teil der Moral, sie ist für die Freiheit eben das, »was die Mechanik für die Bewegung, indem sie nur den Naturmechanismus deduziert, unter welchem freie Wesen als solche in Wechselwirkung gedacht werden können.« Die Rechtsverfassung ist nur »das Supplement der sichtbaren Natur«, sie ist deshalb keine moralische Ordnung. Der Naturmechanismus des Rechts steht zwar im Dienste der Freiheit, aber er selbst hat keinen Anteil an ihr. Doch auch umgekehrt kann und darf das Recht nicht zum verfügbaren Werkzeug der Freiheit einer moralischen Ordnung, die zu leicht in Despotismus ausarten kann, gemacht werden. Das Rechtsgesetz vertritt zwar, vom Ziel her gesehen, die Stelle der Vorsehung, aber es ist der Form nach nicht mit Überlegung und Vorbedacht handelnde Vorsehung. Die Rechtsverfassung ist »wie eine Maschine, die auf gewisse Fälle zum voraus eingerichtet ist, und von selbst, d. h. völlig blindlings, wirkt, so bald diese Fälle gegeben sind«.⁵⁶ So muß etwa auch der Wille des Richters völlig hinter der Herrschaft des Gesetzes, dem »Naturgang des Rechts«, zurücktreten; andernfalls ist die »Heiligkeit des Rechts« bedroht.

So wie die rechtliche Ordnung eine naturhafte Ordnung in ihrer Wirkweise ist, so ist sie es auch ihrer Entstehung nach. Nicht durch Zufall und Willkür (Schelling meint hier wohl insbesondere: nicht durch Vertrag) ist die Rechtsverfassung entstanden. Vielmehr hat »die allgemein ausgeübte Gewalttätigkeit« – Hobbes' »bellum omnium contra omnes« hat hier wohl vorgeschwebt – einen Naturzwang zur Folge gehabt, der die Menschen getrieben hat, »eine solche Ordnung, ohne daß sie es selbst wußten, und so, daß sie von den ersten Wirkungen einer solchen unversehens getroffen wurden, entstehen zu lassen«.⁵⁷ Die Ordnung der Rechtsverfassung,

die sich jeweils als Staatsverfassung darstellt, ist mithin nicht eine freie Stiftung der Menschen, die Verfassungen sind »ursprünglich nicht durch Vernunft, sondern durch den Zwang der Umstände gestiftet«,[58] rechtlich-staatliche Ordnung wächst dem Menschen also mit naturhafter Notwendigkeit zu, sie ist ihm als notwendiges Übel verfügt. Aber solchermaßen entstandene, oft auf Unterdrückung gegründete Verfassungen haben nur »temporären Charakter«. Denn nach Überwindung des anfänglichen Zustandes der Not greift nunmehr auch die Vernunft gestaltend ein. Das hat nicht zur Folge, daß die Staatsverfassungen als »von Menschenhänden gebaut und eingerichtet«[59] erscheinen; die Entwicklung der Vernünftigkeit kann auch dazu führen, daß eine Verfassung sich auflösen wird, »da es natürlich ist, daß ein Volk unter dem Drang der Umstände manche Rechte erst aufgibt, die es nicht auf ewig veräußern kann, und die es früher oder später zurückfordert, wo denn der Umsturz der Verfassung unvermeidlich [...] ist«.[60] Wirken in dieser geschichtlichen Darlegung noch (an Fichte gemahnende) staatsvertragliche Gedanken nach, so betont Schelling aber doch sogleich, daß grundsätzlich in einer guten Verfassung »Insurrektion [...] so unmöglich sein muß als in einer Maschine«.[61]
[...]
Wir versuchen, die wichtigsten Momente des hier dargestellten Rechts- und Staatsdenkens noch einmal zu verdeutlichen.
(1) Schelling sieht die auf der Wechselwirkung freier Individuen beruhende Sozialstruktur des Menschen klarer als noch in der *Neuen Deduktion*. Sie hat nunmehr stärker den Charakter einer objektiven, ursprünglichen Verfügung gewonnen; nur im Raum einer vorgängigen Gemeinsamkeit kann sich die Freiheit der Individuen entfalten. Gleichwohl ist immer noch die individualistische Ausgangsposition maßgebend. Die Rolle des Individuums als Mitmensch erschöpft sich noch darin, Bedingung des Selbstbewußtseins und Selbstbestimmens des Individuums zu sein. Vom Verständnis als Koexistenz und bloßer Wechselwirkung konnte noch keine Brücke zu einem Gemeinschaftsgedanken von ethischem Gewicht geschlagen werden.
(2) Herrschte in der Rechtsauffassung der *Neuen Deduktion* eine subjektivistische Grundtendenz, so konstatieren wir hier bei allem Festhalten am Ausgangspunkt der individualistischen Freiheit eine Wendung ins Objektivistische. Recht wird nunmehr nicht primär als subjektives Recht, als Anspruch und Dürfen, gesehen; Recht ist

Rechtsgesetz und konstituiert (im Staat und in der Staatenföderation) die objektive Ordnung der Rechtsverfassung, die erst den Raum des Dürfens schafft und dieses gewährleistet. Alles Recht dient zwar so letzten Endes dem subjektiven Recht der Freiheit, aber dessen absoluter Primat tritt zurück. Das Recht als objektive Institution wird nicht mehr dem allgemeinen Willen, der (Pflicht-) Ethik schroff entgegengesetzt; das Recht soll vielmehr gerade die Erfüllung des obersten Sittengesetzes mit seinem Anspruch auf allgemeine Gesetzmäßigkeit, auf ein mit der Koexistenz freier Wesen verträgliches Handeln möglich machen. Das Recht ist allerdings jetzt nicht mehr, wie in der *Neuen Deduktion*, Bestandteil der Moral und nur der Ethik entgegengesetzt; jetzt trennt Schelling Recht und Moral im Sinne Fichtes (dessen Einfluß hier überhaupt unverkennbar ist) durch eine tiefe Kluft. Die Rechtsverfassung ist nur dazu da, Freiheit zu gewährleisten. Ist sie somit zwar auch nicht Selbstzweck, so gibt ihr diese Dienstbarkeit gegenüber der Freiheit und Sittlichkeit allein schon eine Würde, eine »Heiligkeit«.

(3) So sehr aber das Recht im Dienste der Freiheit steht, so wenig ist es selbst eine Ordnung der Freiheit. *Sittliche* Würde kommt ihm nicht zu. Recht ist im Gegenteil eine Naturordnung, eine Naturordnung höherer Stufe freilich, die aber auch nach Gesetzen der Natur verfährt. Es besteht somit eine formale Identität zwischen Naturgesetz und Rechtsgesetz. Hier verschlingen sich in eigentümlicher Weise Idealismus und Naturalismus.

Die idealistische Sorge um die absolute Wahrung von Autonomie und Freiheit des Menschen führt zur Einsicht in die stete Gefährdung, wenn die Wahrung der Freiheit selbst einer Ordnung der Freiheit (die immer anfällig ist für ein Umschlagen in Despotismus) anvertraut wäre. Eine naturhafte Ordnung, beruhend auf Zwang und dem Prinzip einer instinktartigen Reaktion, soll dies sicherer gewährleisten. Der Naturalismus, der hier, wenn auch nicht in einer Entfaltung bis ins einzelne, zum Ausdruck kommt, ist aber keineswegs schon die Frucht der neuen Position Schellings in der Naturphilosophie, er ist noch nicht organistischer Naturalismus. In einer für Schelling selbst geradezu anachronistischen Weise (wie im nächsten Kapitel deutlich werden wird) wird mit überkommenen Formeln Natur als empirisch erfahrbarer, rational konstruierbarer Mechanismus gedacht, als blinde Verknüpfung von Ursache und Wirkung. In der Natur folgt auf eine Pulsion eine Repulsion,

Grenzüberschreitung löst automatischen Zwang aus. So soll es auch in der Rechtsverfassung sein. Recht wird somit zur »Sozialmechanik«.[62]

Hier wirkt besonders deutlich Spinozistisches Gedankengut nach. Auch für Spinoza ist der Staat Fortsetzung der Naturordnung. Der Staat ist ihm eine Ordnung, »welche aus dem Kausalnexus der menschlichen Leidenschaften notwendig folgt [...] eine Macht, welche nach den Gesetzen äußerer Notwendigkeit entsteht und erhalten wird: die Politik wird zur Mechanik des Staats«.[63]

Für den Schelling der *Neuen Deduktion* war Naturrecht das unverzichtbare Recht des Individuums, nach Naturgesetzen zu verfahren. Im System des transzendentalen Idealismus ist daraus, bei gleichem Verständnis des Begriffes Natur, objektives Naturrecht geworden. Allerdings braucht Schelling gerade hier, wo es doch besonders naheläge, den Terminus Naturrecht nicht mehr, vielleicht, im Hinblick auf den früheren andersartigen Wortgebrauch, begrifflicher Konsequenz wegen.

(4) Die Rechtsverfassung prägt sich in der Staatsverfassung aus. Gemäß der Aufgabe der Rechtsverfassung ist der Staat nur Rechtsstaat. Er erhält den Charakter einer mechanistischen Zwangsordnung, wenngleich »zum Behufe der Freiheit«. Der Staat ist, wie Schelling ausdrücklich sagt, eine Maschine. In ihm geschieht Anwendung und Ausübung des Rechts nach der Art eines berechenbaren Subsumtions-Automatismus. Als Maschine ist der Staat etwas bloß empirisch Bestimmtes, er hat keinen Anteil an Ideen; dieser Gedanke des *Systemprogramms* hat also auch hier noch seine Gültigkeit. Es gibt keine eigentümliche Staatsmetaphysik.

Der einzelne Staat, das »Staatsindividuum«[64], ist selbst ungeschützt, er hat nur »prekäre Existenz«. Er ist bedroht durch Zufall und die Willkür der Menschen im Innern, durch die Rivalität anderer Staaten von außen. Auch die besteingerichtete Verfassung kann ihre Aufgabe, wie eine mechanistische Naturordnung zu wirken, nicht vollkommen erfüllen, wenn ihre Existenz nicht in einer mit Machtbefugnissen ausgestatteten Völkerrechtsordnung garantiert ist. Schellings Forderung nach einer »Staatenföderation« entspricht in ihrer Grundtendenz durchaus den Ideen Kants, die dieser in seiner Schrift *Vom ewigen Frieden* niedergelegt hat. Wenn auch für Schelling die Existenz der einzelnen Staaten in einem »Staat der Staaten« erhalten bleiben soll und (von der Gewaltenteilungslehre abgesehen) Montequieusche Gedanken der Bedingtheit der Verfassungen einmal berufen werden, so liegt doch der Akzent nicht auf der Individualität eines Staates, etwa als National- oder Volksstaat – wie Schelling hier überhaupt keinen Volksbegriff entwickelt –, sondern auf dem Universalistischen. In einem Staat der Staaten muß dann aber auch das Recht einen mehr universalistisch-abstrakten als individuell-konkreten Charakter annehmen.

Ist aber die neue Ordnung der Staatenföderation nicht ebenso wie die einzelne Staatsverfassung ein ungesicherter, im Konfliktsfall ohnmächtiger Mechanismus? Wer hütet den Hüter? Idealistisch konstruktives Denken, das in die Nähe des Utopischen gerät, gewinnt hier die Oberhand über naturalistisches Denken, indem die Frage nach dem Funktionieren des naturhaften Mechanismus in ihrem Gewicht gar nicht in den Blick kommt. Schelling nennt die neue Föderation der Staaten allerdings eine »Organisation«, was schon Metzger aufgefallen ist.[65] Zeigt sich hierin ein erster Ansatz zur Überwindung der mechanistischen Staats- und Rechtsauffassung? In der Tat wird hier dieser Terminus bei Schelling zum erstenmal mit Beziehung auf die rechtlich-staatliche Sphäre gebraucht. Aber er hat hier nicht den Sinn von »Organismus«. Die sich in einer Staatenföderation darstellende allgemeine Rechtsverfassung ist es ja gerade, die jener von Schelling geforderten mechanistisch wirkenden zweiten Naturordnung entspricht. So zeigt sich Schelling in seinem System des transzendentalen Idealismus noch ganz dem mechanistischen Staats- und Rechtsdenken verhaftet.

(5) Die besondere Leistung von Schellings *System* ist sein Versuch einer Geschichtsphilosophie. Er ist zwar an Kant orientiert, aber doch in Richtung auf eine (immanentistische) Geschichtsmetaphysik des Bewußt-Unbewußten, Naturhaft-Geistigen, Notwendig-Freien weitergebildet. Auch Fichte hat er damit überholt. Hier bahnt sich der Durchbruch zu einer unmechanistischen, im letzten ästhetischen Geschichtsauffassung an, die romantische Züge trägt.

---

1 § 5.
2 § 7.
3 § 15.
4 § 13.
5 Vgl. *Ideen zu einer Philosophie der Natur* II, 217: »[...] nur an der ursprünglichen Kraft meines Ich bricht sich die Kraft einer Außenwelt.

Aber umgekehrt auch [...] wird die ursprüngliche Tätigkeit in mir erst am Objekte zum Denken [...] [Anm.] So wird der freie Wille, nur an fremdem Willen gebrochen, zum *Recht* [...]«.

6 § 15 Anm. 1.
7 § 27.
8 § 23.
9 § 29.
10 § 3.
11 §§ 31, 33.
12 § 32.
13 § 36.
14 § 41.
15 § 45.
16 § 47.
17 § 50.
18 § 52.
19 S. 94 ff. [von Hollerbachs Arbeit]
20 § 75.
21 Wohl in uneigentlichem Sinne spricht Schelling (§ 100) einmal davon, daß der allgemeine Wille ein »Recht« an die Form meines Willens habe.
22 § 68.
23 § 71.
24 § 80.
25 §§ 84, 87.
26 § 68.
27 §§ 88, 89.
28 § 93.
29 § 140.
30 vgl. § 102.
31 Schelling versteht darunter die Sphäre des Nicht-Willens, die Natur.
32 § 144.
33 §145.
34 § 149.
35 § 151.
36 §161.
37 § 162.
38 § 163.
39 [Vgl. S. 95 f. in Hollerbachs Arbeit]
40 § 85 Anm.
41 *S. W.* VI, 159; vgl. Metzger, a.a.O., 139 Jäger, 45.
42 Vgl. z. B. I, 166; I, 209; später: V, 358, IX, 236; XI, 50ff.; XIII, 75, besonders deutlich VIII, 442: »[...] kann der Philosoph nicht umhin, einen ursprünglichen, wenn auch für uns jetzt unergründlichen Zusammenhang zwischen Wort und Sache anzunehmen, weil ohne einen solchen alle

menschliche Sprache als ein Werk entweder des blindesten Zufalls oder der regellosesten Willkür angesehen werden müßte, Annahmen, welche beide dem philosophischen Geist sehr widerstreiten.«

43 § 161.
44 § 163.
45 III 542; 546; 555.
46 III 543 f.
47 III 548.
48 III 550.
49 III 551.
50 III 556 f.
51 III 574.
52 vgl. III 575.
53 III 582.
54 III 582.
55 III 583.
56 III 584.
57 ebd.
58 III 585.
59 III 584.
60 III 585.
61 III 586.
62 Kantorowicz, in: *HZ*, Bd. 108 (1912), 315 Anm. 1, behauptet, die nähere Ausführung des Schellingschen Gedankens von der naturgesetzlichen Wirkweise der Rechtsordnung beruhe »zweifellos« auf Feuerbachs Theorie des psychologischen Zwangs, die dieser schon in seinem *Anti-Hobbes* von 1798, also zu einer Zeit, als die beiden Männer Jenenser Kollegen waren, vorgetragen hat. [...] Es ist aber fraglich, ob Schelling von dieser Schrift Feuerbachs überhaupt Notiz genommen hat. Schellings Theorie ist frei von allem Psychologisieren und bezieht sich auf die ganze Rechtsordnung, nicht bloß auf das Strafrecht. Ausschlaggebend aber ist, daß solche Gedanken Schelling schon in der Neuen Deduktion nicht fremd waren und daß sie auf Spinoza zurückweisen, wie sogleich gezeigt wird.
63 Kuno Fischer, *Spinozas Leben, Werke und Lehre*, Heidelberg 1946[6], S. 460 f. Bei Schelling spielen allerdings die »Leidenschaften« im Sinne Spinozas keine Rolle.
64 Schelling gebraucht diesen Terminus einmal (III, 587), aber wie sich aus dem Zusammenhang eindeutig ergibt, nicht im organistischen Sinne, sondern nur um den einzelnen Staat gegenüber der Gesamtheit der Staaten zu bezeichnen.
65 III = II, 586; vgl. Metzger, a.a.O., S. 243 Anm. 2.

Zur Bedeutung der Kunst
für die Philosophie (1800)

Dieter Jähnig
Die Schlüsselstellung der Kunst bei Schelling

I

Die Philosophie kann von einer Sache handeln, und sie kann ihr eigenes Verhältnis zu dieser Sache noch zum Thema machen. Vielleicht sollte dort, wo sie ihr Verhältnis zur Kunst behandelt, die erste Frage die sein, warum dieses Verhältnis verglichen mit der Tragweite der philosophischen Entwürfe von Natur, Gesellschaft oder Seele und trotz der Tragödienlehre des Aristoteles und Kants Lehre vom Geschmack so wenig entschieden und ergiebig geblieben ist. Um dieser Frage nachzugehen, müßte man freilich zuerst einsehen, daß sie mit Hegels Behauptung von der Ablösung der »schönen Kunst« durch die »Wissenschaft« nicht erledigt ist. Denn wenn die Kunst auch älter ist als die Philosophie, so kann doch nur ein Blinder der Meinung sein, daß in Ravenna oder Chartres, in Florenz oder Venedig, im Messias und noch in der Zauberflöte die Kunst nach der Seite ihrer höchsten Bestimmung nicht mehr gegenwärtig war. Offenbar bedarf, wie weit auch immer die geistes- und stilgeschichtlichen Analogien reichen, und wie tief auch die Vertrautheit von Kunsttheoretikern, etwa zur Zeit der Renaissance, mit der philosophischen Überlieferung reicht, die Kunst auch im Zeitalter der Philosophie dieser so wenig, wie sie ihrer vorher bedurft hat.

Erst dort aber auch, wo die Philosophie ihr eigenes Fundament, die Wahrheit, als »eine Art von Irrtum« in Frage stellt, wird die Kunst von der Philosophie verherrlicht, und zwar eben mit dem Argument, daß sie »mehr wert sei als die Wahrheit«; während Plato, der doch wohl wie kein anderer Philosoph gewußt hat, was Kunst ist, sie aus dem Staat der Philosophen verbannt hat und nach ihm, bis zu Nietzsche, die Geschichte der Philosophie via negationis bezeugt, daß auch die Philosophie ohne die Kunst auskommt.

Nur einmal, bei einem Philosophen und in dessen Lebenswerk auch nur für eine kurze Spanne, ist von einem anderen Bezug die Rede:

»Die Kunst [ist] das einzige wahre und ewige Organon zugleich und Document der Philosophie« (III, 627).

Mit diesem Satz aus Schellings 1799 in Jena vorgetragenen und im Frühjahr 1800 erschienenem *System des transzendentalen Idealismus* wird der Kunst, mit dem Titel, unter dem Aristoteles' Schriften zur Logik zusammengefaßt sind, die Rolle eines fundamentalen Instrumentes der Philosophie zugesprochen.

Gewiß kommt diese Hochschätzung der Kunst nicht ganz unvorbereitet, und sie bleibt auch nicht ganz folgenlos. Die Lehre Kants vom ästhetischen Gemütszustand als des subjektiven Zusammenspiels der Elemente der Erkenntnis, des Anschauungs- und des Begriffsvermögens, und seine Lehre vom Genie als einer Sondergabe, kraft welcher unter Menschen eine der Natur analoge Schöpferkraft erscheint, beide Lehren freilich mit dem Nachweis des Unvermögens zu wirklicher Erkenntnis im einen, des Unvermögens zu wirklicher Schöpfung im anderen Falle ausdrücklich verbunden, bilden eine wesentliche Voraussetzung für Schellings Konzeption der Kunst. Und mit Hegels Lehre vom Schönen als dem »sinnlichen Scheinen der Idee«, also einer Existenzform des »Geistes« in seiner Absolutheit, wenn auch durch die Form der Sinnlichkeit nur auf der untersten, auf Überwindung angelegten Stufe, wird der Kunst eine gewisse philosophische Relevanz in der Nachfolge Schellings noch zugebilligt.

Gleichwohl bleiben, bei Hegel wie bei Kant, an dem Prinzip ihrer Philosophie gemessen, die Gedanken zur Kunst in einer peripheren Stellung. Das drückt sich schon darin aus, daß Hegel seine Darstellung der *Ästhetik* niemals veröffentlicht hat und die Intention zum ästhetischen Teil der *Kritik der Urteilskraft* gerade in der Sicherung der theoretischen und praktischen Vernunft *gegen* illegitime Erkenntnis- und Moralansprüche der europäischen Ästhetik seiner Zeit zu suchen ist.

Ganz abgesehen aber auch von dieser Frage einer relativ und quantitativ verschiedenen Bedeutung der Kunst für die Philosophie unterscheidet sich Schellings Konzeption in einem prinzipiellen Sinn von jeglichem anderen philosophischen Bezug zur Kunst. In allen Fällen, wo in der Geschichte der Philosophie von Kunst gehandelt wird, ist sie ein *Gegenstand* der Philosophie. Als »Organon« jedoch, als Mittel ihrer Ausübung, wäre die Kunst nicht nur ein Gegenstand, sondern ein Bestandteil der Philosophie. Der Titel »Die Kunst in der Philosophie«[1] besagt also im Falle Schellings etwas *grundsätzlich* anderes als im Falle Kants oder Hegels.

Die Frage, ob diese instrumentale Rolle der Kunst in der Philosophie in der Tat besteht, ob der Anspruch, den Schelling in der zitierten Behauptung erhebt, berechtigt ist, bildet das Thema dieser Untersuchung.

Ein erster Hinweis (Punkt 2. der Einleitung) soll zunächst die Fraglichkeit, den Zweifel an Sinn und Recht jener Behauptung Schellings verdeutlichen, ein zweiter sodann (Punkt 3. der Einleitung) den Gesichtspunkt, unter dem dennoch eine so ausführliche Behandlung dieser Frage motiviert werden kann.

II

Das *System des transzendentalen Idealismus,* in dem die Behauptung von der »Organon«-Funktion der Kunst aufgestellt wird, gilt als das Hauptwerk der transzendentalphilosophischen Periode Schellings, in der die Geschichtsschreibung der Philosophie ebenso wie Schelling selbst in den späteren Darstellungen seiner Entwicklung den *Übergang* von der Fichte-Nachfolgeschaft zu der ersten »unabhängigen« Philosophie, dem *Identitäts-System*² erblickt. Innerhalb der Geschichte der Philosophie bildet diese Periode Schellings den Übergang vom »subjektiven« zum »objektiven Idealismus«. Diese biographische und historische Rolle des Transzendentalsystems als eines folgenschweren Übergangs ist nun seit jeher aufgezeigt und anerkannt worden, stets aber dabei die – in diesem System behauptete – Funktion der *Kunst* ignoriert, eliminiert oder bagatellisiert worden.

Die gleiche Mißachtung der instrumentalen Bestimmung der Kunst zeigt die Geschichtsschreibung der *Ästhetik.* In den zahlreichen älteren und neueren Würdigungen von Schellings Kunstphilosophie wird seine Deutung der Kunst im Transzendentalsystem stets nur als Vorbereitung (und das heißt schon im Lichte) der Vorlesungen über die *Philosophie der Kunst* aus der Zeit des Identitätssystems betrachtet. In den Referaten und Kritiken der philosophischen Theorien von der Kunst wird nicht einmal zum Problem gemacht, ob in der Konzeption der Kunst als eines »Werkzeugs« der Philosophie nicht ein zumindest denkwürdiger und in seiner Art unüberholbarer Begriff vom Wesen der Kunst enthalten sein könnte. Der äußere Grund dieses Vorbeigehens an Schellings eigentümlichstem Beitrag zur Ästhetik liegt darin, daß man seine

Gedanken zur Kunst im Wesentlichen nur in ihrer (als ausgemacht geltenden) Vorläuferschaft zu Hegel[3] und in ihrer (dem Grade nach umstrittenen) Abweichung von Kant[4] betrachtet. Der tiefere Grund aber ist in dem genannten *allgemein*-philosophischen Urteil über die Rolle der Kunst in Schellings Transzendentalsystem zu suchen.

Und hier ist jene Mißachtung erklärlich. Denn es ist der Gang der Philosophie selber, Schellings eigener wie das Auftreten seines Freundes und Gegners Hegel, in dem bei der Entfaltung aller übrigen Probleme jener Übergangsperiode der Gedanke von der Organon-Rolle der Kunst ebenso schnell wieder verschwunden ist, wie er aufgetaucht war. Während die im Horizont des Transzendentalsystems entworfene »Naturphilosophie«, während der in diesem System begründete Begriff von Geist und Geschichte, während in der Literatur und Ästhetik des 19. Jahrhunderts Schellings »romantische« Deutung der Kunst als eines *Themas* der Philosophie Epoche gemacht haben, scheint seine Deutung der Kunst als eines Instruments der Philosophie nur eine Episode zu bezeichnen. In demselben Moment, wo sich das Ziel der »Naturphilosophie« in Schellings *Identitäts-System* zu verwirklichen scheint, wo seine Konzeption der Geschichtlichkeit des Geistes von der *Phänomenologie* und *Logik* Hegels aufgenommen wird, ist von der Notwendigkeit eines »Organons« der Philosophie in Gestalt der Kunst keine Rede mehr. Diese *Folge* scheint zu dem Schluß zu berechtigen, daß die Kunst in der behaupteten Rolle kein Konstitutivum jenes Stadiums der Philosophie war, sondern nur eine auf dem sonst legitimen Weg vom »subjektiven« zum »objektiven Idealismus«, von der »Ich«- zur »Identitäts«-Philosophie, vom »ethischen« zum »logischen« Absolutismus irrtümlich eingeschlagene Sackgasse.

Diese negative Beurteilung der Organon-Rolle der Kunst in der Schelling-Forschung geht im Einzelnen von drei Gesichtspunkten aus, vom Standpunkt des Identitäts-Systems, von der Schelling-Kritik Hegels und von der gegen diese Kritik sich verteidigenden eigenen Beurteilung seiner Jenaer Philosophie durch den späten Schelling selbst. (In der Anmerkung die näheren bibliographischen Angaben.)[5]

1. Von der *Identitäts-Philosophie* her gesehen scheint die frühere Natur- und Transzendentalphilosophie in einem noch schwankenden Verhältnis gegenüber *Fichte* zu stehen. Erst auf dem Boden

des absoluten »Subjekt-Objekts« habe sich Schelling endgültig von dem Fichteschen »Ich« befreit (so zuletzt H. Plessner, Schelling-Tagung Bad Ragaz, 1954, 70 ff.). Die vorübergehende Begründung des ganzen Systems vermittels der Kunst erscheint dann als bloße Verhüllung jener Unentschiedenheit, als ein gewaltsamer Versuch, das Hinausgehen über Fichte zu sichern, während das Denken der Transzendentalphilosophie seinem Ansatz nach im Horizont des Fichteschen »Handelns«, auf der Grundlage der als moralische Selbstbestimmung verstandenen »intellektuellen Anschauung« befangen bleibt. Die »ästhetische Anschauung« kann danach allenfalls als »bestätigendes Erlebnis« (W. Metzger, *Die Epochen der Schellingschen Philosophie,* 1911, 11), als nachträgliches »Kriterium« (K. Schilling, *Natur und Wahrheit,* 1934, 117 ff.) gelten, keinesfalls aber als Konstitutivum dieser Philosophie. Die Kunst ist nach dieser Ansicht nicht »Organon *und* Dokument«, sondern lediglich Organon *als* Dokument, und damit eben in Wahrheit kein Organon. Auch die bedeutendste neuere Würdigung der Natur- und Transzendentalphilosophie Schellings durch W. Szilasi (*Schellings Anfänge* und *Schellings Beitrag zur Philosophie des Lebens,* 1954) glaubt bei der Interpretation von Herkunft, Gehalt und Bedeutung dieser Epoche Schellings auf eine nähere Behandlung des »ästhetischen« Elements verzichten zu können, womit diesem unausgesprochen erst recht eine lediglich nach- oder nebengeordnete Rolle zugewiesen wird.

2. Im Blick auf *Hegel* pflegt man zwar seit den ersten geschichtlichen Darstellungen der Ästhetik im 19. Jahrhundert bis zu der Untersuchung von H. Kuhn über *Die Vollendung der klassischen deutschen Ästhetik durch Hegel* (1931) in Schelling den Vorbereiter und Begründer jenes Begriffes von Kunst anzuerkennen, der in Hegels Formel des »sinnlichen Scheinens der Idee« seinen klassischen Ausdruck gefunden hat, sieht aber in der Erhebung der Kunst zum »Organon« der Philosophie nicht nur einen entschuldbaren Irrtum, sondern eine verhängnisvolle Verfehlung, nämlich einerseits (im Sinne des Schelling-Verdikts der *Phänomenologie*-Vorrede) eine »Ästhetisierung des Denkens«, die die Philosophie ihres eigentlichen, logisch-moralischen Grundzugs beraube, und zugleich eine »Intellektualisierung des ästhetischen Phänomens«, die die Kunst, mit einem übersteigerten Anspruch, in ihrem sinnenhaft-gefühlsmäßigen Wesen zerstöre (H. Kuhn, a.a.O., 64). Nach R. Kroners Kritik hat Schelling die »nicht denkende ästhe-

tische Anschauung« *an die Stelle* der »denkenden Vernunft«, die »Kunst« *an die Stelle* der »Logik« gesetzt. (*Von Kant bis Hegel*, Band 2, 1924, bes. 104-111). (Eine ähnliche Grundauffassung, nur mit umgekehrter, positiver Bewertung und dadurch von unvergleichlich reicherer interpretatorischer Ergiebigkeit erscheint auch bei Cassirer, der das »ästhetisch-dichterische« Element als einen Vorzug von Schellings Philosophie ansieht, welcher nur unter der dennoch herrschend bleibenden »begrifflich-konstruktiven« Form zu leiden habe.)

3. Dieses Verdikt über die Funktion der Kunst im Transzendentalsystem scheint nun in seiner *Spätphilosophie* Schelling selbst bestätigt zu haben. In den seit der Freiheitsschrift (von 1800) unternommenen Rechtfertigungen, Interpretationen und Neufassungen der »Naturphilosophie« behält die Philosophie der Jenaer Zeit in ihren wesentlichen Bestandteilen bis zuletzt (in den philosophischen Einleitungen in die *Philosophie der Mythologie und Offenbarung*), wenn auch in veränderter Plazierung, ihre Gültigkeit – mit Ausnahme der »Organon«-Rolle der Kunst. Und während sich Schelling gegen die Kritik Hegels an seiner Jenaer Philosophie im Ganzen ausdrücklich verteidigt, scheint er sie im Falle der Kunst anzuerkennen: die einstige Kunst-Theorie wird in diesen Rückblicken entweder ganz verschwiegen oder als *bloßer* Abschluß des Prozesses der »Naturphilosophie« betrachtet, in den sie sich zudem noch, ähnlich wie in Hegels Stufenbau des »absoluten Geistes«, mit der »Religion« und der beide übergreifenden »Philosophie« selbst teilen muß (so in den Münchener Vorlesungen zur *Geschichte der neueren Philosophie* von 1827, X, 117-119).

Der Grund scheint klar zu sein, nämlich eben jene veränderte *Plazierung* des Gedankenkreises der Jenaer Philosophie *innerhalb* der Spätphilosophie. Was damals ein autonomes Ganzes sein sollte, ist jetzt nur noch ein Teil. Gerade um der Autonomie und Universalität, um der Sicherung des Abschlusses willen, und einzig dazu, schien nun aber die Philosophie die Kunst gebraucht zu haben. Mit der Öffnung und Erweiterung des *Abschluß*-Themas von Schellings Philosophie: dem Problem der Einheit von Freiheit und Vernunft, im Neuaufbruch der Freiheits-Problematik seit 1809 und mit der Arbeit an der in das Problem der Schöpfung mündenden Begründung des *»Anfangs«* von Sein und Denken, ist die ganze Voraussetzung für ein Bedürfnis nach *ästhetischer* Sicherung und Begründung der Philosophie hinfällig geworden. So kann

W. Schulz in seiner grundlegenden Untersuchung der Spätwerks-Problematik über die Rolle der Kunst in der Transzendentalphilosophie sagen: »Auf die Bedeutung für das Ganze der Entwicklung Schellings bezogen erscheint diese Kunsttheorie als eine geniale *Verlegenheitslösung*« (*Die Vollendung des deutschen Idealismus in der Spätphilosophie Schellings*, S. 132).

Diese Beurteilung der Transzendentalphilosophie aus dem Ganzen von Schellings eigener Entwicklung und seinen eigenen Auffassungen von dieser Entwicklung scheint der allgemeinen Tendenz, an dem Bezug der Philosophie zur Kunst im Transzendentalsystem vorbeizugehen, endgültig recht zu geben. Eines freilich ist dem Spätwerk Schellings, der *Philosophie der Mythologie* und der *Philosophie der Offenbarung*, doch zu entnehmen, daß nämlich die – auch im Vergleich mit Kant und Hegel – ungewöhnliche philosophische Einschätzung der Kunst bei Schelling nicht auf seine frühe Philosophie beschränkt bleibt. Mit dem Ganzen dessen, was er als »Mythologie« und »Offenbarung« im Auge hat, also der vor-philosophischen, heidnischen und christlichen Theophanien, sieht er die Philosophie auf eine ursprünglich andere und eigengesetzliche menschliche Produktivität verwiesen und angewiesen, die ihr als ein nicht »aufzuhebender«, sondern ebenbürtiger und trotz ihres Alters die Keime des Künftigen bergender Partner gegenübersteht. Ihrer Wesensstruktur nach unterscheiden sich »Mythologie« und »Offenbarung« aber nach Schelling nur dadurch von der Kunst im besonderen Sinne (der bildenden Künste und der Dichtung), daß sie nicht das Werk eines (»genialen«) Individuums, sondern eines ganzen Geschlechts und damit einer Geschichts-Periode sind. Und zugleich bleibt die Mythologie auch als »Stoff« der Kunst auf diese als ihre Darstellung, ihren »Ausdruck« unmittelbar bezogen (vgl. XI, 241-243). Während für Hegel die Kunst nach der Seite ihrer höchsten, und d. h. für ihn ihrer geschichtlichen Bestimmung vergangen ist, ist Schelling in seinem Alterswerk der Ansicht, daß die »Größe« der alten Monumente der »neueren Zeit« nur so lange unerreichbar sei, »als nicht ein erhöhtes und erweitertes Bewußtseyn wieder ein Verhältniß zu den großen Kräften und Mächten gewonnen hat, in dem sich das Alterthum von selbst befand« (XI, 240).

Was auch, von Schelling her erläuternd, von Hegel oder Kierkegaard her kritisch, dazu zu sagen wäre, hier soll mit diesem Hinweis nur vermerkt werden, daß gerade das eigentliche Spätwerk noch keinen Beweis dafür liefert, daß Schellings philosophische Verbindung mit der Kunst weiter nichts als ein flüchtiges – »romantisches« – Abenteuer gewesen ist.

Die entwicklungs- und philosophiegeschichtlichen Vorbehalte gegen die Bedeutung der »Organon«-Rolle der Kunst sind damit natürlich nicht entkräftet. Insbesondere bleibt, wie viel auch immer man von Schellings allgemeiner Achtung der Kunst halten mag, der Einwand bestehen, daß Schelling selbst auf der Organon-Rolle der Kunst nur in jener kurzen Periode um 1800 besteht, die von einer entschiedenen Fichte-Nachfolgeschaft zu der entschiedenen Lösung von Fichte in der »Identitäts-Philosophie« überleitet. Der Überblick über die Schelling-Forschung hat gezeigt, daß man demgemäß die vorübergehende Berufung auf die Kunst als Ausdruck der *Unentschiedenheit* in jener Zwischenstellung zu verstehen pflegt.

Doch gerade diese Lage ließe auch eine ganz andere Vermutung zu, nämlich die, daß die instrumentale Funktion der Kunst nur darum im Fortgang, unter den neuen Fragen der Philosophie, so wenig mehr zur Diskussion stand wie *vor* dem Transzendentalsystem, weil ihre Aufgabe eben in der Erwirkung jenes geschichtlichen Wendepunktes bestand. Die Kunst könnte dann in den folgenden Stadien der Philosophie als »Organon« eben darum nicht mehr gebraucht worden sein, weil sie diese Aufgabe *erfüllt* hatte. Das aber hieße dann, daß die Bedeutung der »Organon«-Funktion genau so weit reichte und genau so schwer wöge, wie eben jenes durch das *System des transzendentalen Idealismus* bezeichnete Stadium innerhalb der Geschichte der Philosophie. Vielleicht verkennt man die Bedeutung der Kunst im Transzendentalsystem, weil man die Bedeutung des Transzendentalsystems selbst verkennt. Damit aber gelangt man vor eine nicht die Philosophie der Kunst, sondern die Geschichte der Philosophie betreffende Frage.

III

Um diese Möglichkeit eines positiven Verständnisses der Kunst als Organon der Philosophie prüfen zu können, muß man offenbar bedenken, um was für einen *Übergang* es sich hier überhaupt handelt. Eine Verkennung des Transzendentalsystems könnte, aufs Ganze gesehen, daran liegen, daß man in jenem Übergang das Verhältnis zwischen Vorher und Nachher (Fichte-Nachfolge und

Identitäts-System) zu sehr nach dem Schema einer Loslösung, statt nach dem einer Steigerung versteht.

Bei Schellings Schritt von Fichte zu seiner »eigenen« Philosophie handelt es sich ja in Wahrheit nicht einfach um eine Wendung vom »Subjektiven« zum »Objektiven«, vom »Ich« zur »Natur« schlechthin, sondern um eine Wendung innerhalb des »Idealismus«, um eine Übertragung des *Ich* auf die »Natur«, also eine »subjektive« Konzeption dessen, was für das ausdrückliche »Subjekt«, den Menschen, Objekt ist. Und das besagt, es handelt sich in der Objektivierung des Fichteschen »Ich« um eine Verabsolutierung der Subjektivität.

Was nun das Transzendentalsystem, und zwar gerade in seiner Übergangsstellung, philosophiegeschichtlich auszeichnet, ist der Sachverhalt, daß Schelling darin auf die mit dieser Wendung aufbrechende Problematik eigens reflektiert, und eben damit dem in der transzendentalen Denkart liegenden geschichtlichen Grundzug der Philosophie am nächsten bleibt. Das Transzendentalsystem muß, im Ganzen, verstanden werden als die für alle folgende »Entwicklung« Schellings den Horizont absteckende systematische Untersuchung der Rückwirkung seiner »Natur«-Konzeption auf das Problem der Wahrheit.

Das allgemeine Thema des Transzendentalsystems ist (nach einer Formulierung aus der Einleitung dieses Werkes) die Frage, »wie das Wissen überhaupt möglich sey« (III, 346). Das klingt nach einer bloßen Übernahme des Themas der *Wissenschaftslehre*. Allein für Schelling beruht die *Fraglichkeit* dieser Frage im Problem der Wißbarkeit der *»Natur«*. Mit dem Namen »Natur« aber ist für ihn das Seiende im Ganzen in der durch die »Naturphilosophie« geprägten Seinsweise (nämlich des »Subjekt-Objekts«) gemeint. Wissen nun ist die Sache des Menschen. Das als Problem der Wißbarkeit der »Natur«, der Möglichkeit der »Naturwissenschaft«, bezeichnete Thema der Transzendentalphilosophie macht also, konkreter formuliert, das Verhältnis des Menschen zum Seienden im Ganzen zum Problem.

In der »Identitätsphilosophie« tritt dieses Problem (als ausdrücklich diskutiertes) in den Hintergrund, um dann aber, in der zentralen Schrift Schellings, den *Untersuchungen über das Wesen der menschlichen Freiheit* von 1809, auf neuer Stufe wieder aufgerollt zu werden. Dabei wird in der einleitenden Darlegung des eigenen vorausgegangenen Denkens gerade die Leistung der Transzendentalphilosophie bekräftigt.

Wenn also das Transzendentalsystem bei allen lobenden Äußerungen über seine vollendete Form gewöhnlich *nur* als Übergang, nämlich von der völligen Abhängigkeit zur völligen Unabhängigkeit von Fichte behandelt wird, so soll hier garade in der Übergangsstellung ein philosophiegeschichtlicher Vorrang gesehen werden. Er beruht darin, daß Schelling seine eigene (in den Titel »Naturphilosophie« gefaßte) Intention im Horizont der von Kant und Fichte übernommenen *transzendentalphilosophischen* Fragestellung zu *begründen* sucht und *dabei* (und zwar um so nachhaltiger, als ein neues System von ihm hier noch gar nicht beabsichtigt ist und sein Schritt so von aller polemischen Einseitigkeit und Abseitigkeit frei bleibt) die Philosophie in ihrem geschichtlich relevanten Grundzug selbst verwandelt.

Für die Erläuterung des Transzendentalsystems bedeutet das konkret, daß man zuerst einmal den scheinbar so selbstverständlich an Fichte sich anschließenden *Ansatz* dieses Systems auf seine Neuartigkeit hin zu prüfen hätte. Und damit würde sich gegenüber der bisherigen Beurteilung der Kunst die nähere Vermutung ergeben, daß die Verkennung des kunstphilosophischen Abschlusses zusammenhängt mit einer Verkennung des prinzipiellen Ansatzes dieses Systems. Das würde zu der Aufgabe führen, mit dem *Ziel*, Schellings Behauptung über die Kunst zu prüfen, jener *prinzipiellen* Problematik nachzugehen, die dem Transzendentalsystem im Ganzen zugrunde liegt.

Die Frage nach der Rolle der Kunst in der Philosophie Schellings führt auf die Frage nach der Rolle Schellings in der Geschichte der Philosophie.

Der Bezug des ästhetischen (Abschluß-)Moments zum (allgemeinen) Grundzug des Transzendentalsystems wird nun schon vom bloßen Wortlaut her nahegelegt. In dem vielzitierten, aber meist auch nur zitierten Passus, der auf den Satz über die Funktion der Kunst als Organon und Dokument folgt, heißt es – in einem Gleichnis –, die Kunst sei dem Philosophen deswegen »das Höchste«, »weil sie ihm das Allerheiligste gleichsam öffnet, wo in ewiger und ursprünglicher Flamme brennt, was in Natur und Geschichte, im Denken und Handeln ewig sich fliehen muß« (III, 627). Wenn die Kunst dergestalt »das Höchste« sein soll, daß es darin um das Eine in den unter sich entgegengesetzten Bereichen von Denken und Handeln, von Natur und Geschichte geht und damit um das

Ganze der Philosophie, dann muß doch auch von dem Ganzen der Philosophie, dem Ganzen dieses Systems her der Sinn jener abschließenden Behauptung über die Kunst geprüft werden.

Der Satz aus dem Schluß des Systems, der die Kunst als Organon und Dokument der Philosophie bezeichnet, stellt als erwiesen fest, und zwar als durch den *Verlauf* dieses Systems erwiesen, was am Anfang behauptet worden war: »Der eigentliche Sinn, mit dem diese Art der Philosophie aufgefaßt werden muß, ist der *ästhetische*, und eben darum die Philosophie der Kunst das wahre Organon der Philosophie« (III, 351).

Der Grund der Behauptung von der Organon-Rolle betrifft also diese Philosophie im Ganzen, sowohl ihren gegensätzlichen Inhalten wie den verschiedenen Abschnitten ihres Ganges nach. Das besagt: wenn auch ausdrücklich von der Kunst erst im Schlußabschnitt gehandelt wird, ist es doch die Aufgabe des Lesers und Interpreten, an diesem ganzen Gang den ständigen Bezug zum Inhalt des Schlußabschnitts in den Blick zu bekommen.

[...]

1 Jähnigs zweibändige Arbeit, aus der wir das Einleitungskapitel bringen, trägt den Titel: *Schelling. Die Kunst in der Philosophie*. 1. Band: *Schellings Begründung von Natur und Geschichte*. 2. Band: *Die Wahrheitsfunktion der Kunst*. [Anm. d. Herausgeber]
2 In den Münchener Vorlesungen *Zur Geschichte der neueren Philosophie* beginnt das Kapitel über die eigene Identitätsphilosophie: »Ich gehe nun über zur Darstellung des Systems, wie es in der völligen Unabhängigkeit von Fichte hervorgetreten ist« (X, 99).
3 Das jüngste Beispiel dafür ist die Untersuchung *Wesen und Wirkung des Kunstwerks* (1960) von H. Kuhn, der sich im Ganzen hauptsächlich an Plato orientiert und die heutige Problematik (wie schon früher in der in der Anmerkung 4 erwähnten großen Untersuchung über die »Kulturfunktion der Kunst«, 1931) in der Auseinandersetzung mit Hegel diskutiert. Schellings Organon-Begriff wird zwar erwähnt und der dahin gehörige Hauptsatz aus dem Transzendentalsystem zitiert (S. 101 und 105 f.), der Sinn der »Organon«-Funktion aber auch nur (mit einem Anklang an den S. 15 erwähnten Ausdruck von W. Schulz) in der Überwindung einer »metaphysischen *Verlegenheit*« gesehen.
4 Die langehin (seit und durch Schopenhauer) verkannte Bedeutung von

Kants Ästhetik selber (auch in »aktueller« Hinsicht) wird neuerdings zunehmend herausgestellt:

W. Bröcker (dessen Dissertation schon der Ästhetik Kants gewidmet war): *Was bedeutet die abstrakte Kunst?*, in: *Kantstudien* 48, 1956/57, 485-501;

W. Biemel: *Die Bedeutung von Kants Begründung der Ästhetik für die Philosophie der Kunst*, 1959 (*Kantstudien*, Ergänzungshefte 77);

H. G. Gadamer: *Wahrheit und Methode*, Tübingen 1960;

G. Freudenberg: *Die Rolle von Schönheit und Kunst im System der Transzendentalphilosophie*, 1960 (*Beihefte zur Zeitschrift für philosophische Forschung*, 13). (Mit Transzendentalphilosophie ist hier die Philosophie Kants gemeint.)

M. Heidegger: *Nietzsche*, Band I, Pfullingen 1961, S. 126-135.

5 Die Titel der auf S. 323-325 erwähnten Schriften:

Wilhelm Metzger, *Die Epochen der Schellingschen Philosophie von 1795-1802*. Heidelberg 1911.

Ernst Cassirer, *Das Erkenntnisproblem in der Philosophie und Wissenschaft der neueren Zeit*, Band III: *Die nachkantischen Systeme*, 1920.

Richard Kroner, *Von Kant bis Hegel*, Band 1 1921, Band II 1924.

Helmut Kuhn, *Die Vollendung der klassischen deutschen Ästhetik durch Hegel*, Berlin 1931 (= H. Kuhn, *Die Kulturfunktion der Kunst*, Band I).

Kurt Schilling, *Natur und Wahrheit. Untersuchungen über Entstehung und Entwicklung des Schellingschen Systems bis 1800*, München 1934.

Helmut Plessner, *Das Identitätssystem*, in: *Verhandlungen der Schelling-Tagung Bad Ragaz*, = *Studia philosophica, Jahrbuch der Schweizerischen Philosophischen Gesellschaft*, 14, 1954, S. 68-80.

Wilhelm Szilasi, *Philosophie und Naturwissenschaft*, Dalp-Taschenbücher 347, Bern 1961.

Der Band enthält die Vorträge:

Schellings Anfänge und die Andeutung seines Anliegens (zuerst erschienen in den *Verhandlungen der Schelling-Tagung Bad Ragaz*, 1954),

Schellings Beitrag zur Philosophie des Lebens (zuerst erschienen in: *Gestaltende Kräfte des 19. Jahrhunderts*, Freiburger Dies Universitatis, 2, 1953/54, S. 115-138);

ferner mit wichtigen Äußerungen über Schelling:

Die Beziehungen zwischen Philosophie und Naturwissenschaft (1949),

Erfahrung und Wahrheit in den Naturwissenschaften (1949).

Walter Schulz, *Die Vollendung des deutschen Idealismus in der Spätphilosophie Schellings*, Stuttgart 1954;

Der Vortrag unter demselben Titel, in den *Verhandlungen der Schelling-Tagung Bad Ragaz*, 1954, S. 239-255.

Odo Marquard
Über einige Beziehungen zwischen Ästhetik und Therapeutik in der Philosophie des neunzehnten Jahrhunderts

I

Den Ausgangspunkt dieser Überlegung bilde der Hinweis auf zwei Bücher. Das eine erschien im ersten Jahr des neunzehnten Jahrhunderts. Das andere erschien im letzten Jahr des neunzehnten Jahrhunderts. Das eine ist Schellings *System des transzendentalen Idealismus*. Das andere ist Freuds *Traumdeutung*.

Schellings *System des transzendentalen Idealismus* erscheint im ersten Jahr des neunzehnten Jahrhunderts:[1] es erscheint drei Jahre nach seinen *Ideen zu einer Philosophie der Natur*, zwei Jahre nach seiner Weltseelenschrift, ein Jahr nach seinem *Ersten Entwurf eines Systems der Naturphilosophie;* es erscheint also 1800; und sein »sechster Hauptabschnitt« – der abschließende und entscheidende – enthält die »Deduktion eines allgemeinen Organs der Philosophie oder Hauptsätze der Philosophie der Kunst nach Grundsätzen des transzendentalen Idealismus«.[2] »Die Kunst« – schreibt Schelling dort – »ist [...] dem Philosphen das Höchste«:[3] »nicht nur das erste Prinzip der Philosophie« – schreibt er – »und die erste Anschauung, von welcher sie ausgeht, sondern auch der ganze Mechanismus, den die Philosophie ableitet, und auf welchem sie selbst beruht, wird durch die ästhetische Produktion objektiv«.[4] »Der eigentliche Sinn« – sagt deswegen Schelling – »mit dem diese Art der Philosophie aufgefaßt werden muß, ist also der ästhetische, und eben darum die Philosophie der Kunst das wahre Organon der Philosophie«:[5] Schelling begreift also offenbar die Wirklichkeit des Menschen exemplarisch von der Kunst und vom Künstler her, und er bringt das zur Geltung, indem er der Kunstphilosophie die zentrale Stelle gibt.[6] Schellings *System des transzendentalen Idealismus* rückt das Dasein repräsentativ unter ästhetischem Aspekt; es bestimmt die Philosophie zentral als Ästhetik.

Freuds *Traumdeutung* erscheint im letzten Jahr des neunzehnten Jahrhunderts: sie erscheint, wie Jones mitteilt,[7] faktisch am 4. November 1899; auf dem Titelblatt steht – just wie bei Husserls *Prolegomena zur reinen Logik*[8] nur deswegen, weil der Verleger es so wünschte – die Jahreszahl 1900. Die *Traumdeutung* ist nun jenes Werk, in dem sich Freuds Psychoanalyse zuerst[9] in großem Stile theoretisch formuliert hat; und sie ist zugleich jenes Werk, durch das sie aufhörte, eine nur medizinische Sonderdisziplin zu sein. »Bisher« – schreibt Freud – »hatte die Psychoanalyse sich nur mit der Auflösung pathologischer Phänomene beschäftigt«;[10] jetzt aber – so sagt er – »als die Analyse der Träume Einsicht in die unbewußten seelischen Vorgänge gab und zeigte, daß die Mechanismen, welche die pathologischen Symptome schaffen, auch im normalen Seelenleben tätig sind, wurde die Psychoanalyse zur Tiefenpsychologie und als solche der Anwendung auf die Geisteswissenschaften fähig«:[11] »der Weg« – schreibt Freud – »ins Weite, zum Weltinteresse ist ihr eröffnet«.[12] So ist die *Traumdeutung* also dasjenige unter Freuds Werken, das zuerst jenen Anspruch begründet hat, den der alte Freud – 1938 – dann so formulierte: »Wir haben erkannt, daß die Abgrenzung der psychischen Norm von der Abnormität wissenschaftlich nicht durchführbar ist [...] Wir haben damit das Anrecht begründet, das normale Seelenleben aus seinen Störungen zu verstehen«:[13] Freud begreift also offenbar die Wirklichkeit des Menschen exemplarisch vom Kranken aus und von dem her, der ihn heilt: vom Arzt. Freuds *Traumdeutung* rückt das Dasein repräsentativ unter therapeutischen Aspekt: sie bestimmt – wenn anders hier von Philosophie gesprochen werden darf – die Philosophie zentral als Therapeutik.

II

Zwei Bücher also: Schellings *System des transzendentalen Idealismus*, Freuds *Traumdeutung*. Beide sind ihrer Zeitstelle, ihrer Absicht, ihrer Denkungsart nach durchaus verschieden. Es scheint unsinnig, scheint zumindest waghalsig, sie zusammen zu nennen oder gar einen Zusammenhang zwischen ihnen zu sehen. Und doch soll gerade das hier versucht werden. Freilich: dieses Interesse für einen Zusammenhang zwischen Thesen Schellings und Freuds soll hier nur der Leitfaden sein für die Überlegung einer sehr viel allgemeineren Frage: der allgemeinen Frage nämlich nach dem Zusammenhang der – spätestens seit dem neunzehnten Jahrhundert und in auffälliger Gleichzeitigkeit bzw. Kontinuität sich herauszubildenden – philosophischen Konjunktur der Ästhetik und philosophischen Konjunktur der Therapeutik. Dabei nennt diese Überlegung »Ästhetik« das philosophische Geltendmachen der Kunst; sie nennt – analog – »Therapeutik« das philosophische Geltendmachen der Heilkunst. Hat der zeitliche Zusammenhang beider Konjunkturen einen sachlichen Grund und wenn ja welchen? – das ist die Frage.

III

Diese Frage gerade im Blick auf Schelling und Freud anzugehen: das wäre nun gewiß kein irgend diskutables Unternehmen, gäbe es nicht – trotz aller Verschiedenheit ihrer Ansätze – auch Verbindendes.

Mit ihrem Abstand ist es nämlich eine merkwürdige Sache. Das gilt schon vom zeitlichen Abstand – er trügt: Freud wurde nur zwei Jahre nach Schellings Tod geboren.[14] Darüberhinaus ist Schelling ja nicht der letzte Philosoph im Zeichen der Ästhetik, Freud nicht der erste Philosoph im Zeichen der Therapeutik: es gibt Mittelglieder, von ihnen wird noch die Rede sein. Außerdem existieren über Personen laufende Beziehungen zwischen beiden. Maria Dorer hat etwa auf den Einfluß seines Lehrers Theodor Meynert auf Freud hingewiesen: Meynert war Schüler Griesingers, dessen Lehrer war Herbart.[15] Dorer hat nicht reflektiert, daß Herbarts Lehrer Fichte gewesen ist.[16] Fichtes Schüler war Schelling. Zu Schellings Anhängern gehörte der große Physiologe Johannes Müller.[17] Dessen Schüler Ernst Brücke war der andere Lehrer Freuds.[18]

Freilich: all diese – und andere[19] – Beziehungen erklären keineswegs hinreichend, was nun doch wirklich einer Erklärung bedarf: es existieren nämlich sachliche Gemeinsamkeiten zwischen Schelling und Freud. Darauf haben (mehr oder minder beiläufig) so verschiedenartige Autoren aufmerksam gemacht wie – auf der Suche nach Tiefenpsychologien vor der Tiefenpsychologie – Josef Meinertz[20] oder – gewissermaßen bei der Sichtung seines Archivs verniedener Versuchungen – Arnold Gehlen[21] oder – im Verhältnis zu Freud nahe wohnend auf getrenntestem Zauberberge – Thomas Mann.[22] Und in der Tat: beide, Schelling und Freud, bemühen ein recht gleichgeartetes Ensemble von Grundbegriffen. Beide operieren z. B. mit einer Zwei-Tendenzen-Theorie:[23] Freud begreift diese beiden Tendenzen als die »Systeme« des »Unbewußten« und

»Bewußten«,[24] Schelling begreift sie als die »bewußtlose« und »bewußte Tätigkeit«;[25] beide verstehen die »unbewußte« Tendenz als »unbestimmten« d. h. »gestaltlosen« und »frei beweglichen«[26] »Trieb«;[27] beide charakterisieren die »bewußte« durch die Leistung der »Hemmung«[28] und »Verdrängung« (auch bei Schelling wörtlich!);[29] auf Grund dieser »Hemmungen« realisiert sich der Mensch, steigert er sich und wird geistig – nicht nur bei Freud,[30] auch bei Schelling;[31] beide begreifen also die Geschichte des Geistes als das, was »statt« einer unmittelbaren Befriedigung geschieht: als Produktion von »Scheinprodukten«[32] und »Ersatzbildungen«;[33] beide begreifen die Phänomene dieser Geschichte als unstabile »Synthesen«[34] und »Kompromißbildungen«;[35] beide lieben den Vergleich dieser Tendenzen mit den Kräften Repulsion und Attraktion;[36] beide denken »genetisch«[37] und verstehen, was sie dabei tun, als »Konstruktion«;[38] beide wollen Zufälliges nicht gelten lassen;[39] beide werden darum immer wieder einmal Deterministen, Fatalisten, Mechanisten gescholten;[40] beide attackieren wesentlich Selbsttäuschungen durch Bewußtmachung der unbewußten Vorgeschichte des Ich: »das Ich [...] erinnert [...] sich nicht mehr des Wegs, den es [...] zurückgelegt hat [...] es (hat) [...] den Weg zum Bewußtsein selbst bewußtlos und ohne es zu wissen zurückgelegt [...] (es) findet in seinem Bewußtsein nur noch gleichsam die Monumente, die Denkmäler des Wegs, nicht den Weg selbst. Aber eben darum ist es nun Sache der Wissenschaft [...] jenes Ich des Bewußtseins mit Bewußtsein zu sich selbst, d. h. ins Bewußtsein kommen zu lassen. Oder: die Aufgabe der Wissenschaft ist [...] eine Anamnese« – diese Sätze könnte man bei Freud vermuten, sie stehen aber bei Schelling.[41] All dieses – und vieles andere mehr –: es spricht nicht eben gegen eine gewisse Verwandtschaft beider Ansätze.

Diese Gemeinsamkeiten der Theorien Schellings und Freuds sind ohne Zweifel auffällig, sie sind erklärungsbedürftig. Sie interessieren die hier versuchte Überlegung nur unter einem sehr begrenzten Aspekt: sie interessieren sie einzig als ein gewichtiges Indiz für einen Zusammenhang zwischen Ästhetik und Therapeutik.

IV

Dieser Zusammenhang ist nun freilich noch undurchsichtig. Durchsichtig wird er – scheint es – erst dann, wenn man auf die zugleich zentralste und trivialste Gemeinsamkeit zwischen Schelling und Freud achtet: auf ihre Ernstnahme der Natur. Schellings Frühphilosophie hat ja ihre Eigenart nicht nur durch die zentrale Stellung der Ästhetik, sondern mindestens ebensosehr durch die zentrale Stellung der *Naturphilosophie*.[42] Und Freuds Theorie hat ja ihre Eigenart auch nicht allein durch die fundamentale Geltung der therapeutischen Optik, sondern mindestens ebensosehr durch ihre Aufmerksamkeit auf die fürs Menschenleben bestimmende Macht der Natur.[43] Dabei meinen – bei allen Unterschieden – beide eben gerade jene Natur, die wesentlich nicht als Objekt unter Kontrolle und Herrschaft des Menschen steht.[44] Vielleicht verhält es sich nun gerade so: weil für Schelling diese Natur die zentrale Stellung gewinnt, darum kommt es bei ihm zur zentralen Stellung auch des Ästhetischen; und weil bei Freud diese Natur ihre zentrale Stellung nicht verliert, darum kommt es bei ihm zur zentralen Stellung des Therapeutischen. Konjunktur der Ästhetik und Konjunktur der Therapeutik – offenbar haben sie je für sich einen ausgezeichneten Bezug zur Ermächtigung der Natur. Wenn aber Ästhetik und Therapeutik je für sich Zusammenhang haben mit der philosophischen Wende zur Natur: dann haben sie auch untereinander Zusammenhang. Und so ist es in der Tat: Ästhetik und Therapeutik und ihre Konjunkturen gehören zusammen als Organe bzw. Symptome des einen und selben Grundvorgangs: der philosophischen Ermächtigung nämlich der Natur. Der Weg der Philosophie zur Natur und zur Anerkenntnis ihrer Macht – ein Weg gerade des neunzehnten Jahrhunderts – etabliert die philosophische Geltung beider Formen, der Kunst und der Medizin, als Geltung von Formen einer Naturpräsenz: von Formen einer unriskanten Präsenz der Natur. Das sei hier die These.

v

Wenn es mit dieser These seine Richtigkeit hat: dann ist es sinnvoll, die Untersuchung des Zusammenhangs zwischen Ästhetik und Therapeutik und ihrer Konjunkturen wesentlich als Analyse dieser philosophischen Wende zur Natur durchzuführen. Darum widmet diese Überlegung dieser Wende ihre besondere Aufmerksamkeit; ihre Frage gilt zunächst den Motiven, den Antrieben, den Bedingungen der Nötigkeit dieser Wende; und sie verschreibt sich folgender Antwort: die philosophische Wende zur Natur wird erzwungen durch einen Schwächezustand der »in weltbürgerlicher Absicht«[45] geschichtlichen Vernunft: Ohnmacht der Vernunft etabliert die Macht des zur Vernunft Anderen, die Macht der Natur.[46]

Kronzeuge für diese Antwort ist – gewiß nicht allein [47] und gewiß nicht allzugern, doch ohne Zweifel in eindrucksvoller Weise – gerade jenes Buch, von dem diese ganze Überlegung ausging: Schellings *System des transzendentalen Idealismus*. Es handelt von der »Geschichte«,[48] und es bringt diesen Schwächezustand, diese Ohnmacht der Vernunft zur Geltung. Als »Vernunft der Gegenwart« nämlich bemerkt es überwiegend nur die theoretische Forschungsvernunft des Erkenntnissubjekts der Naturwissenschaften[49] und die moralische Gesinnungsvernunft des privaten Einzelnen:[50] für Schellings Philosophie ist – zugespitzt formuliert – die Vernunft der Gegenwart keine Vernunft der Gesellschaft. Die »Vernunft der Gesellschaft«[51] aber, die die Kampfverhältnisse der Gesellschaft zu Rechtsverhältnissen[52] und damit den Naturzustand der Gesellschaft zur »weltbürgerlichen Verfassung«[53] zähmt: sie rückt eben darum für Schellings Transzendentalsystem überwiegend in eine aussichtslos ferne Zukunft;[54] für Schellings Philosophie ist – zugespitzt formuliert – die Vernunft der Gesellschaft keine Vernunft der Gegenwart. Dieses Sich-Zurückziehen der Vernunft teils in die unendlich ferne Zukunft, teils ins Séparée[55] der bloßen Theorie und der bloßen Innerlichkeit definiert ihre Ohnmacht. Wo aber die Vernunft derart ohnmächtig ist, d. h. wo sie als Gegenwartsvernunft sich der Gesellschaft und als Gesellschaftsvernunft sich der Gegenwart versagt, überläßt sie just dadurch zwangsläufig die gesellschaftliche Gegenwart und Realität der Geschichte dem, was nicht verwirklichte Vernunft ist: der Natur. Gerade diese Konsequenz[56] macht Schellings Transzendentalsystem ausdrücklich und erkennt sie an, und zwar nicht allein durch Zusammenarbeit mit der *Naturphilosophie*,[57] sondern gerade auch durchs Transzendentalsystem selbst: durch seinen »fünften Hauptabschnitt«,[58] der – als eine Naturphilosophie in nuce – ja keine bloß anmutige Zwischenpastorale, sondern des frühen Schelling Grundaussage über die »Geschichte« ist.[59] Gerade »der Transzendentalphilosoph« – schreibt Schelling dort – »sieht wohl, daß das Prinzip derselben« – nämlich der »Natur« – »das Letzte in uns ist […] auf welches das ganze Bewußtsein mit allen seinen Bestimmungen aufgetragen ist«:[60] die Natur behauptet sich durch die Schwäche der Vernunft als »das Letzte« in der Geschichte, als die in ihr entscheidende Macht: die Vernunft und ihre Geschichte gibt sich in die Hände der Natur.[61]

VI

Das Offenlegen dieser unaufgelösten Macht der Natur ist ein notwendiger Akt der Aufklärung. Das Sich-Abfinden mit dieser Macht indessen ist ein Akt der Resignation: es kompensiert die durch Schwäche der Vernunft fehlende Kraft, die Natur in der Geschichte »aufzuheben«;[62] »Natur« wird faktisch zum Inbegriff jener unaufgelösten Probleme, vor deren Auflösung die vernünftige Geschichte resigniert. Gerade durch diese grundsätzliche Resignation aber entsteht nun eine Frage und wird unabweislich; diese: wie leben wir mit der Natur, wo sie derart unangetastet Macht hat über die Geschichte?

Schelling – und mit ihm ein Großteil der »romantischen« Naturphilosophie: am entschiedensten wohl Oken[63] – hat sich angesichts dieser Macht der Natur eben dadurch helfen wollen, daß er sie, die er nicht aufheben konnte, akzeptierte, lobte und zur rettenden Wahrheit erklärte: »alle Heilkraft« – sagt Schelling – »ist nur in der Natur«;[64] »Kommet her zur Physik« – ruft er aus – »und erkennet das Wahre!«.[65] Indes: diese »romantische« Naturverklärung ist grundsätzlich labil; sie ist darum innerhalb der Geschichte der philosophischen Wende zur Natur auch nur eine Antwort, und zwar eine transitorische.[66] Schopenhauer[67] ersetzt sie durch desperate, Feuerbach[68] durch abstrakt-sensualistische, Nietzsche[69] durch dionysische, Freud[70] durch nüchtern-skeptische Stellung zur Macht der Natur. Doch all dieser Verzicht auf ihre Erklärung bringt die Macht der Natur nicht zum Verschwinden, sondern nimmt ihr nur ihre erfreulichen Prädikate und entdeckt ihre bedrohlichen. Es setzt sich das durch, was man ihre définition noire nennen könnte: es zeigt sich, daß diese Natur, die doch stets irgendwie im Zeichen der »Möglichkeit« steht, ebendarum zum Garnichts Beziehungen unterhält; ihre scheinbar beglückende Ursprünglichkeit und Unmittelbarkeit demaskiert sich als Herd des Zunichtewerdens: als Zwang des Kämpfens und Zerstörens, als »Todestrieb«.[71] An der vormals heilen Natur bedrückt fortan ihre Unabänderlichkeit: die »ewige Wiederkehr des Gleichen«, der »Wiederholungszwang«.[72] Diese »définition noire« aber ist wahre

Definition:[73] sie ist wahr genau in dem Sinne, daß all jenes, was diese Natur zweifellos und echterweise »auch noch ist«, zeitkritische Instanz nämlich[74] und paradiesisches Refugium als Kompensat der Versachlichungen,[75] ihrer »définition noire« auf die Dauer nicht gewachsen ist und sich in deren Dienste zwingen läßt.[76] Es gibt auf der Basis der bloßen Wende zur Natur und Unmittelbarkeit offenbar keine Chance einer wirksamen und lebbaren Unterscheidung zwischen Vernichtung und Befreiung:[77] die Präsenz dieser mächtigen Natur »nur als Natur« ist – in ihrer dominierenden Tendenz – Präsenz nicht des Heilen, sondern Präsenz der Destruktion.

VII

Eben weil sich dies so verhält: darum gehört nun zu dieser ganzen philosophischen Wende zur Natur zugleich die Unbereitschaft, die gerufene und jedenfalls mächtige Natur »ohne weiteres« als Natur auftreten zu lassen; die Philosophie dieser Wende sieht sich vielmehr gezwungen, an dieser Natur Präsentierungsweisen zu entdecken, die die Natur zum Unriskanten zähmen. Hierhin gehört bereits der romantisch-naturphilosophische Versuch, diese unheimliche Natur mit viel Vernünftigkeit zu versetzen: ihr die Bestimmungen des »Ich« und »organisch«-Heilen zuzusprechen.[78] Hierhin gehört das Bedürfnis bereits des mittleren Schelling, diese Natur als »Grund in Gott« dessen Aufsicht zu unterstellen.[79] Hierhin gehören aber auch die eigentümlichen Versuche gerade jener Naturphilosophen, die – auf dem Wege einer Entzauberung der romantischen Naturphilosophie – die Destruktionsmacht dieser Natur durchschauten: zu Schopenhauers Philosophie des ziellosen Willenskreislaufs gehört der Ruf nach dem »Heiligen«, der ihn in sich zum Erlöschen bringt;[80] zu Nietzsches Philosophie des »amor fati« dieser »ewigen Wiederkehr des Gleichen« gehört der Ruf nach jenem »Übermenschen«, dem dieser »schwerste Gedanke« leicht und selig« ist.[81] Zur Machtergreifung der Natur gehört ganz allgemein die Suche nach den Chancen, sie auszuhalten: es gibt offenbar keine Möglichkeit, die Macht der Natur anzuerkennen, ohne zugleich jene Formen ihrer Präsenz als Nicht-Natur mitzurufen, die ihr Auftreten als vollendete Unmenschlichkeit verhindern.

Unter diesen Formen[82] müssen nun offenbar gerade jene besonders wichtig werden, die sich speziell dem Umgang mit der Natur widmen. Das aber sind in ausgezeichneter Weise Geniekunst und Medizin. Wo die Vernunft sich – notgedrungen – couragiert, die Macht der Natur anzuerkennen und dadurch ihre eigene Negation zu riskieren: da bedarf es gerade des Künstlers und des Arztes als der Organe einer – respektablen – Angst vor dieser Courage. Sie geraten in Funktionsverwandtschaft: Geniekunst und Heilkunst gewinnen – angesichts der riskanten Wende zur Natur als dem Retter – eine gemeinsame philosophische Rolle als die ebenso notwendigen wie ohnmächtigen Versuche des Menschen, vor diesem Retter sich zu retten. Das gilt gerade für das neunzehnte Jahrhundert. Eben weil durch seine philosophische Wende zur Natur dieses Problem des Sich-Rettens vorm Retter unvermeidlich entsteht: darum muß die Philosophie diese Wende durch transzendentale Nobilitierung gerade dieser modi vivendi mit der zur Macht gekommenen Natur überbieten.

VIII

Dies ist, scheint es, der Grund, aus dem bereits Schellings Transzendentalsystem mit seinem »fünften Hauptabschnitt« – obwohl doch in diesem die Wende zur Natur zur definitiven Lösung des Geschichtsproblems erhoben wird – nicht abschließen kann. »Die Natur«, schreibt Schelling an der schon zitierten Stelle: »Der Transzendentalphilosoph sieht es wohl, daß das Prinzip derselben das Letzte in uns ist [...] aber das Ich selbst sieht es nicht«:[83] das »Ich selbst« wagt es nicht zu sehen. Es wagt diese Macht der Natur zu sehen und zu akzeptieren erst im mildernden Reflex der »Kunstanschauung«,[84] so »daß« – schreibt Schelling – »dieses Reflektiertwerden des absolut Unbewußten [...] nur durch einen ästhetischen Akt der Einbildungskraft möglich ist«.[85] Darum also gehört zum »fünften Hauptabschnitt« des Transzendentalsystems der »sechste«;[86] es gehört zu Schellings Naturphilosophie insgesamt deren Überbietung durch die Ästhetik.[87] Dieser Zusammenhang aber ist allgemein: eben weil die Welt als die allzunatürliche sich erweist, muß sie gerade »als ästhetisches Phänomen gerechtfertigt«[88] werden. Gerade die Wende zur Natur zwingt die Philosophie, zentral zur Ästhetik zu werden; gerade angesichts der Macht der Natur gewinnt die Geniekunst philosophische Fundamentalgeltung, und zwar durch ihre Vermeidungskraft, ihre Kompetenz fürs Ersparen: als eine Form nämlich von »unriskanter« Präsenz der Natur.

Tauglich für diese Rolle ist just die Geniekunst, weil ihr Täter, das ästhetische Genie, zum Problem speziell der übermächtigen Natur besonders enge Beziehungen unterhält.

Einerseits nämlich ist das ästhetische Genie diesem Problem der übermächtigen Natur in besonderer Weise ausgesetzt; denn das Genie: kraft jener seiner Definitionen, die besonders seit der Kant-Schule[89] und bis in die Freud-Schule hinein[90] Geltung gehabt hat, ist es unmittelbar diese Natur; und eben gerade deswegen ist es in extremer Weise gezwungen, das Problem zu lösen, wie ein Mensch sosehr Natur sein und trotzdem als Mensch leben könne. Andererseits ist das ästhetische Genie diesem Problem der – in ihm selbst – übermächtigen Natur auch in besonderer Weise gewachsen: es hat die erstaunliche Fähigkeit, diese geschichtsbedrohende und geschichtsvernichtende Natur aus einem Schicksal der Realität in ein Spiel der Phantasie zu verwandeln und dadurch unriskant zu machen: und zwar nicht nur, indem es auf die mancherlei Gestalten der Natur[91] sich allein durch Klage und Sehnsucht bezieht, damit sie die »verlorene«, die »ferne« Natur sei und nicht die gefährlich-gegenwärtige;[92] sondern auch, indem es die bedrohliche »Gegenwart« dieser Natur ins Kunstwerk bannt: all jenes, was an dieser Natur zu leben es vermeiden muß, ihre Destruktivität also, entschärft es eben darum zum poetischen Sujet; das Scheitern, Zerbrechen, »Zunichtewerden«[93] und all seine Forderungen – und zwar gerade die, welche die Innerlichkeit des Einzelnen selber vollstreckt: die Regression zum Primären und Primitiven, die Sucht überhaupt nach Imperfekt, die Leidenschaft für Wunden und Zerrissenheit, für das Asoziale, für Nichts und den Tod, den Rausch der Selbstauflösung und die Begierde des Böseseins, den Zwang zur Perfektion in Defizienzen, die Virtuosität in der Saumseligkeit, den Drang zum Absurden und den Enthusiasmus des Mißlingens –: all dieses »dichtet« das ästhetische Genie, gerade um es nicht »sein« zu müssen; es malt den Teufel an die Wand, damit er nicht komme;[94] es operiert in Bezug auf die Natur als das Organ zur Vermeidung der Sünde, sie zu sein, statt sie zu dichten.[95]

Indes: diese Überlegung will nicht so sehr das Ästhetische kennzeichnen als vielmehr jene Frage, die entsteht, wenn das Ästhetische vor seinem Problem mit seiner Lösung versagt. Gerade das aber tut es. Das Ästhetische versagt, weil es ihm nicht gelingt, dieser Natur und ihrer Gefährlichkeit für die Geschichte jenen Grad an Unwirklichkeit, an ästhetischer Unriskanz zu verschaffen und zu erhalten, der ihre Rückverwandlung in Wirklichkeit[96] verhindert. Indiz für dieses Versagen ist der alsbald im Übermaß wachsende Aufwand an Zusatzaktionen zur Rettung dieser Unwirklichkeit: etwa die Konjunktur der Ironien.[97] Fast mehr als durch Mangel an Wirklichkeit disqualifiziert sich das Ästhetische durch diesen Mangel an Unwirklichkeit:[98] seine Vermeidungskraft wird unglaubwürdig, seine Ersparungspotenz wird zweifelhaft. Sein fortdauernd akutes Pensum, unriskante Präsenz nämlich der allzuriskanten Natur zu sein: das Ästhetische erfüllt es nicht mehr. Wer aber erfüllt dieses Pensum, wenn nicht mehr das Ästhetische es erfüllt? Das ist jetzt die Frage. Wie leben mit der Natur, wo sie Macht hat über die Geschichte, wenn es nicht mehr ausreicht, mit ihr »ästhetisch« zu leben?

IX

Nächstliegende Antwort auf diese Frage ist die Medizin: sie ist ja in exemplarischer Weise der Helfer des Menschen beim schwierigen Geschäft, mit seiner Natürlichkeit zu leben und auszukommen. Wo es nun – angesichts der philosophisch fortdauernden Wende zur Natur – weiterhin darum geht, die Schwierigkeiten der Geschichte als Bedrohlichkeiten der Natur zu bestehen; wo es zugleich aber nicht mehr ausreicht, diese Bedrohlichkeiten als Krisen der Innerlichkeit zu »dichten«: da muß es schließlich zum Versuch kommen, sie als »Krankheiten« zu »heilen« und dadurch unriskant und menschlich lebbar zu machen. Wo die Wende zur Natur und damit das Pensum ihrer unriskanten Präsenz fortdauert, führt innerhalb der Philosophie die Krise der Ästhetik zur Konjunktur der Therapeutik: weil »der Poet« als der »transzendentale Arzt« versagt, folgt ihm der reale Arzt im Amte des Hüters der »transzendentalen Gesundheit«.[99]

Bereits im frühen neunzehnten Jahrhundert wird dieser Wachwechsel akut: zu einer Zeit also, da die Medizin noch nicht durch den Wandel zur exakten Wissenschaft und die dadurch wachsenden Heilerfolge sich empfahl.[100] Indiz dafür sind mindestens zwei Phänomene gerade dieser Zeit: die Wende der Philosophie zur Medizin und die Wende der Medizin zur Philosophie.

Da ist einerseits die auffällige Wende der Philosophie zur Medizin. Repräsentativ ist ein weiteres Mal Schelling. Gerade zu jener Zeit etwa zwischen 1800 und 1806, wo er von der wirklichen Durchführung seiner Ästhetik Abstand nimmt,[101] kommt es bei ihm zur philosophischen Aufwertung der Medizin. Einen Hinweis gibt schon ihre merkwürdige Bedeutung für seinen Lebensgang in diesen Jahren der entscheidenden Wende seiner Philosophie: Schellings eigener therapeutischer Versuch – wie immer es damit bestellt gewesen sein mag – vertreibt ihn aus Jena;[102] Zwischenstation war Bamberg und die dortige Zusammenarbeit mit den Medizinern Marcus und Röschlaub;[103] auf deren Betreiben kommt es zu Schellings Würzburger Professur;[104] in München schließlich erwartet ihn Baader, der selber als Arzt begann. Dazu gehört eine bei Schelling wachsende philosophische Bedeutung der Heilkunst: bereits sein *Erster Entwurf eines Systems der Naturphilosophie* enthält ja zentral eine »Theorie der Krankheit«;[105] an seiner *Zeitschrift für spekulative Physik* beteiligt er – man denke an Eschenmayer, der damals noch Physikus, und an Hoffmann, der dort eine *Konstruktion der Krankheit* publiziert[106] – in beträchtlichem Ausmaß Ärzte; 1802 – im Jahr also von Schellings Landshuter medizinischer Ehrenpromotion[107] – handelt die naturphilosophisch entscheidende seiner *Vorlesungen über die Methode des akademischen Studiums* von der Medizin;[108] ab 1806 – also unmittelbar nach dem Ende seiner Kunstphilosophie-Vorlesungen[109] – gibt dann Schelling zusammen mit Marcus die *Jahrbücher der Medizin als Wissenschaft* heraus;[110] ἰατρὸς φιλόσοφος ἰσόθεος ist ihr Motto; »Sind die Naturforscher« – schreibt Schelling dort in der »Vorrede« – »alle [...] Priester [...] gewisser Naturkräfte: so bewahrt [...] der Arzt das heilige Feuer im Mittelpunkt [...] Die Arzneiwissenschaft ist die Krone und Blüte aller Naturwissenschaften«;[111] und die (spekulativen) Naturwissenschaften sind für Schelling die Grundwissenschaften. Gerade dort also, wo in Schellings Philosophie die Kunst ihre philosophische Fundamentalrolle verliert, gewinnt diese Fundamentalrolle die Medizin.[112] Das ist zugleich ein allgemeiner Vorgang:[113] wo die Ästhetik zurücktritt, kommt die Therapeutik zum Zuge.

Da ist andererseits die auffällige Wende der Medizin zur Philosophie: die Ärzte antworten auf ihren philosophischen Kursgewinn nicht nur mit neuen medizinischen Theorien, sondern damit, daß sie selber zu Philosophen werden. Es kommt darauf an – fordert etwa Kieser 1817 in seinem *System der Medizin* – »nach höheren, philosophischen Ansichten eine [...] Krankheits- und Heilungslehre zu geben«:[114] dazu gehört z. B. auch eine »philosophische Geschichte der Medizin«.[115] Es entsteht eine Fülle von Philosophien der Krankheit – diese mag nun als Disharmonie,[116] als Regression[117] oder gar als Sündenfall[118] verstanden werden. In einem ganz erstaunlichen Ausmaß ist zudem die »romantische Naturphilosophie« selbst vom Ärzten geschrieben worden: Kielmeyer, Eschenmayer, Windischmann, Ritter, Treviranus, Oken, Troxler, Schubert, Baader, Carus (um hier nur einige Namen zu nennen): das waren ja Ärzte, Pharmazeuten, Medizinprofessoren.[119] Schließlich aber entfaltet sich gerade in dieser ersten Hälfte des neunzehnten Jahrhunderts jenes Genre der Philosophie, das damals fast ausschließlich eine Domäne der Ärzte gewesen ist: die »Anthropologie«: es erscheint eine Unzahl einschlägiger Titel[120] und, unter der Direktion von Friedrich Nasse, eine eigene – freilich sehr psychiatrisch orientierte – *Zeitschrift für die Anthropologie:*[121] es war dies in der Tat – wie Heinroth in seinem *Lehrbuch der Anthropologie* von 1822 sagt – eine »Zeit, wo die Anthropologie ein Lieblingsgegenstand der Forscher« gewesen ist.[122] »Aus den Händen der Anatomen und Ärzte« – schreibt bereits 1810 Franz von Paula Gruithuisen in seiner *Anthropologie oder von der Natur des menschlichen Lebens und Denkens für angehende Philosophen und Ärzte–* »muß diese Lehre hervorkommen, so sagen selbst jene Philosophen, die keine Anatomen und Ärzte sind«;[123] denn es »ist keiner mehr im Stande Verborgenes im Menschen aufzufinden, als der forschende Arzt«.[124] Dabei spricht nun die Tatsache, daß ihre Verfasser Ärzte gewesen sind, nicht gegen die philosophische Wichtigkeit dieser Anthropologien, sondern für die philosophische Wichtigkeit der Ärzte: die heute übliche Geringschätzung dieser »nur physiologischen« Anthropologie – man lese aber nach, was Steffens dazu geschrieben hat,[125] und man lese die Bücher selbst[126] – ist durchaus fehl am Platz; nicht nur hat sie unter allen Ahnen der heutigen Anthropologie den eindeutigen Vorzug, daß sie sich wirklich »Anthropologie« genannt hat; sie nimmt auch ihre Thesen vorweg: »Der Mensch [...] nach seinen physischen Kräften [...] entdeckt man an ihm bald eine Schwäche und Mängel, vermöge welcher er mit den Tieren keinen Vergleich aushält [...] Aber vermöge seines Geistes« – der »ein absolut von der Natur verschiedenes [...] Wesen« ist und »nie erscheint«[127] – »ist er über die Natur erhaben«: das etwa ist kein Scheler-Zitat, sondern eine

Formulierung des Bonner Medizinprofessors Joseph Ennemoser aus seinen *Anthropologischen Ansichten* von 1828.¹²⁸ Gewiß Ähnliches hat Herder auch schon gesagt.¹²⁹ Jetzt aber sagen es die Ärzte; sie werden kompetent für philosophische Fundamentalthesen – und man muß fragen: wie kommen gerade die Ärzte dazu? Die hier vorgeschlagene Antwort ist eben diese: zur philosophischen Kompetenz der Ärzte kommt es im Zusammenhang einer philosophischen Konjunktur der Therapeutik, und zu dieser kommt es dort, wo die Philosophie zur Natur als der entscheidenden Macht sich wendet, und wo zugleich die Ästhetik als Philosophie des Lebens mit dieser Natur unzureichend wird und versagt.¹³⁰

X

Diese These kennzeichnet ein transzendentales Revirement und glaubt damit einen nicht unerheblichen Vorgang innerhalb der Philosophie des neunzehnten Jahrhunderts zu benennen: der Wachwechsel zwischen Ästhetik und Therapeutik, der freilich zunächst und weithin in der milden Form einer Wechselwirkung sich vollzieht. Zu einer solchen Wechselwirkung gehört, daß die einander ablösenden Potenzen Interesse füreinander entwickeln. Und so entsteht denn auch gerade im neunzehnten Jahrhundert zunehmend ästhetisches Interesse fürs Medizinische und medizinisches Interesse fürs Ästhetische.

Da ist einerseits das wachsende ästhetische Interesse fürs Medizinische: die – gerade in diesem Zeitraum – zunehmende erste Aufmerksamkeit der Dichtung und Literatur für den Kranken und den, der ihn heilt: den Arzt. Dieser Tatbestand läßt sich kaum kürzer charakterisieren als mit einer Formulierung von Hans Robert Jauß: »Die Beliebtheit« – schreibt er – »des Arztes als Zentralgestalt und moderner Held im Roman und Film der Gegenwart läßt leicht vergessen, daß seine literarische Rolle in der Vergangenheit weniger rühmlich, nämlich lange Jahrhunderte hindurch vornehmlich die einer Komödienfigur war [...] Der Wandel zu einer ernsten Auffassung der literarischen Arztrolle fällt wahrscheinlich in das XIX. Jahrhundert«.¹³¹ Entsprechendes mag vom Kranken gelten.¹³² Eine einschlägige Inventur der Figuren des Arztes und Kranken in der Literatur des neunzehnten Jahrhunderts ist freilich noch Desiderat.¹³³ Immerhin läßt sich – etwa allein schon angesichts des Robert Guiskard, des Wilhelm-Meister-Schlusses, der Artzgestalten E.T.A. Hoffmanns, vor allem aber angesichts des Aufschwungs der Arzt-Dichtung gegen Ende des Jahrhunderts[134] – wohl sagen: der Arzt und der Kranke, also die Akteure des Therapeutischen – sie erhalten gerade im betrachteten Zeitraum zunehmend auch literarische Anerkennung ihrer philosophisch wachsend gewichtigen Rolle als Erben der ästhetischen Lösung: Kunst und Literatur machen sich auf den Weg zum Zauberberg.[135]

Da ist andererseits das wachsende medizinische Interesse fürs Ästhetische: Künstlertum wird – gerade im neunzehnten Jahrhundert – zunehmend zum medizinisch-pathologischen Befund. Ein Vorspiel dazu ist das zeitliche Zusammentreffen des Auftretens von Ästhetik und anthropologischer Ärzte-Philosophie schon im achtzehnten Jahrhundert: 1750 erscheint Baumgartens *Aesthetica*, 1772 publiziert Platner die erste Fassung seiner *Anthropologie für Ärzte und Weltweise*.[136] Seither wird das Schöne und die Kunst zum festen Thema dieser medizinisch-philosophischen Anthropologien:[137] die Ärzte kümmern sich wachsend repräsentativ um die Ästhetik – sei es, daß sie darüber (wie schon Schiller) von der Medizin abkommen und zum reinen Künstler werden, sei es, daß sie (wie etwa Carus[138]) trotz ihres Künstlertums in betonter Weise Mediziner bleiben. In zunehmendem Maße aber rückt dabei die Ästhetik unter medizinischen Aspekt. Und so gehört in den Zusammenhang dieses Vorgangs nicht zuletzt auch jene Diskussion des »Genieproblems«, die – seit Moreau[139] und Lombroso[140] und bis zu Lange-Eichbaum[141] und Benn,[142] also spätestens seit der zweiten Hälfte des neunzehnten Jahrhunderts und bis in die Gegenwart hinein – »Genie und Wahnsinn« hat zusammenbringen wollen. Das ist nun zwar eine seit Platons *Ion* altehrwürdige Verbindung. Das Neue daran aber ist jetzt der Wandel des Wahnsinns vom »enthusiasmos« zum pathologischen Syndrom: ästhetische Produktivität wird zum Therapiesurrogat. Davon sind auch jene Versuche überzeugt, die ästhetische Symbole als Symptome durchschauen wollen. All das ist nur konsequent: wo statt der Ästhetik die Therapeutik zur amtierenden Grundphilosophie wird, verlangt nicht zuletzt gerade die Philosophie selber eine medizinische Diagnose der Problem- und Lösungslage des Ästhetischen. Darum erobert dieser medizinische Aspekt der Ästhetik ohne Schwierigkeit auch die Philosophen-Philosophie:[143] hierhin gehört Nietzsches Idee einer »Physiologie der Ästhetik«;[144] hierhin gehört die Genie-Wahnsinn-Diskussion Nietzsches mit dem Freud-Freunde Josef Paneth 1884 in Nizza;[145] hierhin gehört aber ebenso schon Schellings Genie-Wahnsinn-Theorie der *Stuttgarter Privatvorlesungen* von 1810;[146] und jüngst hat Pöggeler[147] wieder darauf aufmerksam gemacht, wie sehr auch bereits 1819 für Schopenhauer die Theorie des »Genies« in diesem Sinne mit der des »Wahnsinns« verbunden war:[148] einer Theorie des Wahnsinns übrigens, die Freud, seit Otto Rank ihn 1910 auf sie aufmerksam machte,[149] als die ihm selber bis dahin unbekannte Vorwegnahme seiner eigenen Neurosenlehre verstanden hat.[150] Und so ist schließlich Freuds Psychoanalyse selbst und ihre philosophische Attraktivität Position innerhalb einer durch wachsende Krise der Ästhetik wachsenden Konjunktur der Therapeutik.[151]

XI

Freud war zusammen mit Schelling der Ausgangspunkt dieser Überlegung. Schellings Philosophie repräsentierte die Ästhetik; Freuds Theorie repräsentierte die Therapeutik. Zugleich aber erregten Gemeinsamkeiten beider Theorien die Aufmerksamkeit dieser Betrachtung. Was sie dann vorgebracht hat: das waren freilich nur einige Vorüberlegungen zum Versuch, innerhalb der Philosophie des neunzehnten Jahrhunderts den Weg von Schelling zu Freud als den Vollzug eines Wachwechsels zwischen Ästhetik und Therapeutik zu begreifen, der unter den Bedingungen einer fortdauernden Schwäche der Vernunft und Resignation der Geschichtsphilosophie – also einer fortdauernden Macht der Natur – unvermeidlich wurde.

Dieser Versuch ist aber zugleich ein Versuch, die Gemeinsamkeiten zwischen Schelling und Freud zu verstehen. Und so bestand denn diese ganze Überlegung ebenso aus Vorüberlegungen zum Versuch einer Theorie des Grundes dieser Gemeinsamkeiten. Der betreffende Wachwechsel nämlich – das wurde betont[152] – ist eine Veränderung in der Besetzung derselben Rolle: nur wo Ästhetik und Therapeutik, wenn sie im betrachteten Zeitraum Geltung gewinnen, im Grunde dasselbe zu tun haben – wo beide den bedrohlichen Retter Natur zur Unbedrohlichkeit zähmen sollen –: nur dort können sie ja in dieser Funktion einander ablösen: der Wachwechsel zwischen Ästhetik und Therapeutik setzt ihre Funktionsverwandtschaft voraus. Wenn also die Theorien Schellings und

Freuds durch diesen Wachwechsel sich zueinander verhalten, dann sind sie funktionsverwandte Positionen; und aus dieser Funktionsverwandtschaft ihrer Theorien folgt, was aus Verwandtschaft zu folgen pflegt: nicht nur Streit, sondern vor allem Ähnlichkeit. Das impliziert: Freuds Psychoanalyse bezieht ihre philosophische Position innerhalb der Wachablösung der Ästhetik durch Therapeutik folgerichtig in der Form einer Wiederholung von Denkfiguren der transzendentalphilosophischen Wende zur Natur (die freilich zu Anfang des neunzehnten Jahrhunderts überwiegend noch nicht zur Therapeutik, sondern überwiegend noch zur Ästhetik führte); sie ist darum – kann man, ohne daß dies in diesem kurzen Versuch schon hinreichend belegt wäre, sagen – kein »Gegensatz«, sondern eher ein »Zustand« dieser Transzendentalphilosophie: darum jene Ähnlichkeit gerade der Theorien Schellings und Freuds, von der eingangs die Rede war.[153] Drei ihrer Elemente seien hier noch einmal eigens hervorgehoben:

Da ist erstens die grundsätzliche Ähnlichkeit in der Figur ihrer Aktionen: weil beide es mit der Natur unter den Bedingungen der Schwäche geschichtlicher Vernunft, d. h. weil beide es mit dieser Natur als einer unauflöslichen Macht zu tun haben, bleibt beiden einzig, diese Macht, die sie nicht »aufheben« können, wenigstens zu *erinnern*. Schelling tut das vertrauensvoll und modifiziert dieses Erinnern ästhetisch; Freud tut es besorgt und modifiziert dieses Erinnern therapeutisch. Für beide aber gilt der prinzipielle Vorrang der Anamnese.[154]

Da ist zweitens die grundsätzliche Ähnlichkeit in der Figur ihrer Hoffnungen: beide müssen – Schelling tut es enthusiastisch, Freud tut es skeptisch – hoffen, daß jene Unbedrohlichkeit, die die Erinnerung allein der Natur nicht zu verschaffen vermag, die Natur schließlich doch sich selber verschafft. Wo unangetastet der Bock der Gärtner ist, bleibt als letzte Hoffnung die, daß Böcke wirklich zu Gärtnern sich zu steigern vermögen. Diese Hoffnung aber braucht die Theorie einer besonderen »List der Vernunft« – die Theorie einer »Vernünftigkeit durch Natur«: Schelling gibt sie als Theorie einer »absoluten Produktivität« der »Natur«, die »Hemmungen« hat und sich darum vergeistigt;[155] Freud gibt sie als Theorie von Naturtrieben, die durch »Zielhandlungen« zur Geistigkeit gezwungen werden;[156] beides aber sind prinzipiell Sublimierungstheorien.

Da ist schließlich drittens die grunsätzliche Ähnlichkeit in der Figur ihrer Enttäuschungen: beide Ansätze glauben der »guten« Sublimierung nicht dauerhaft[157] und enden bei der These unüberwundener Bedrohlichkeit der Natur. Schelling überläßt die Formulierung dieser Enttäuschung Schopenhauer: »der Wille, welche die natura naturans ist«,[158] schreibt Schopenhauer, ist wesentlich »Selbstzerfleischung« und »nur ein fortdauernd gehemmtes Streben, ein immer aufgeschobener Tod«.[159] Freud formuliert diese Enttäuschung selber durch Theorie des übermächtigen »Todestriebs«[160] und schreibt: wir »können [...] uns nicht verhehlen, daß wir unversehens in den Hafen der Philosophie Schopenhauers eingelaufen sind«.[161] Selbst noch in der Art ihrer Enttäuschungen wiederholt Freuds Psychoanalyse Motive und Schicksale der vormals transzendental-philosophischen Wende zur Natur.[162]

XII

Damit sei diese Überlegung abgebrochen. Sie hat sich ans transzendentalphilosophische Pensum der Funktionsdiskussion gehalten. Sie hat dabei – in einigen Andeutungen – von nur einer Funktion gesprochen, in deren Erfüllung Ästhetik und Therapeutik in betrachteten Zeitraum Verwandtschaft und Rivalität entwickeln und in eins damit zu philosophischen Ehren kommen. Sie hat das getan: nicht als Durchführung einer These, sondern als Versuch zur Formulierung einer inskünftig zu erprobenden Arbeitshypothese. Es ist diese: wo die vernünftige »Geschichte in weltbürgerlicher Absicht« und das in ihr um der Freiheit willen verwirklicht Recht die Menschlichkeit nicht zu realisieren schien, sollte es die Natur tun; dieser riskante Retter aber bedurfte, um lebbar zu werden, unriskanter Präsenz; unriskante Präsenz der Natur: das war zunächst die Geniekunst, und es wird, wo diese zu schwach sich zeigt, die Heilkunst. Ästhetik und Therapeutik – sie beide haben also, wo sie im neunzehnten Jahrhundert zu Geltung gelangen, mindestens eine gemeinsame Funktion: beide sind definierbar als Versuche, unterm Eindruck der Ohnmacht und Resignation geschichtlich-weltbürgerlicher Vernunft, d. h. unterm Druck einer Übermacht der Natur der Menschlichkeit Präsenz zu bewahren. Beide agieren statt der Geschichtsphilosophie, aber auch statt ihrer schlimmen Negation.

1 Diese Überlegung folgt in der Datierung des Jahrhundertanfangs dem Irrtum Goethes und Schillers; vgl. Schiller an Goethe v. 1. 1. 1800, Goethe an Schiller v. 1. 1. 1800.
2 F. W. J. Schelling (hier zit. nach: *Sämtliche Werke*, Cotta: Stuttgart und Augsburg 1856/61) III 612-629.
3 III 628.
4 III 625/626.
5 III 351.
6 Innerhalb des Transzendentalsystems – vgl. III 349 – und als dritte Philosophie »über« Naturphilosophie und Transzendentalphilosophie: vgl. bes. IV 86 und 89 (*Über den wahren Begriff der Naturphilosophie* 1801).
7 E. Jones, *Sigmund Freud. Life and Work* I (1954) 395.
8 Vgl. Husserls Selbstanzeige seines Werks in: *Vierteljahrsschrift für wissenschaftliche Philosophie* 24 (1900) 512.
9 Nach gemeinsam mit M. Breuer entwickelten Thesen, zuerst: *Über den psychischen Mechanismus hysterischer Phänomene. Vorläufige Mitteilung* 1893.
10 S. Freud (hier zit. nach: *Gesammelte Werke*, Imago Publishing Co. Ltd.: London 1940ff.) XIV 73 (*Selbstdarstellung* 1925).
11 XIII 228 (*»Psychoanalyse« und »Libidotheorie«* 1923).
12 XIV 73 (*Selbstdarstellung* 1925).
13 XVII 125 (*Abriß der Psychoanalyse*).
14 Schelling starb am 20. 8. 1854; Freud wurde am 6. 5. 1856 geboren.
15 Vgl. M. Dorer, *Historische Grundlagen der Psychoanalyse* (1932) bes. 71-106, 128-143, 148-154, 160-170. Theodor Meynert (1833-1892): Prof. der Psychiatrie Wien. Wilhelm Griesinger (1817-1868): Prof. der Psychiatrie Berlin (Charité).
16 In Jena 1794-97.
17 Johannes Müller (1801-1858): Prof. für vergl. Anatomie und Psychologie zunächst Bonn (*Von dem Bedürfnis der Physiologie nach einer philosophischen Naturbetrachtung* 1825), ab 1833 Berlin.
18 Vgl. Freud XIV 35 ff.; Ernst Brücke (1819-1892; Freund von Helmholtz, Du Bois-Reymond, Ludwig): Prof. für Physiologie Wien.
19 Etwa die über Gustav Theodor Fechner (1801-1887) laufende: vgl. Dorer a.a.O., 106-112; Dorer reflektiert wiederum nicht, daß Fechner sich als »von Schellings Stamme gefallen« verstand. Ferner: Freuds Goethe-Verhältnis: vgl. XIV 34 und Jones a.a.O., I 48; sein verteidigendes Verhältnis zur *Naturphilosophie* XIV 102 (Die Widerstände gegen die Psychoanalyse 1925); die über den Studienfreund Josef Paneth (1857-1890) laufende Beziehung zu Nietzsche: Paneth berichtete über seine Gespräche mit Nietzsche Nizza 1883/84 (nicht, wie Jones vermutete, 1885; Themen: Gemeinplätze romantischer Naturphilosophie wie z. B. Unbewußtes, Phantasie, Genie-Wahnsinn etc.) brieflich an

Freud (vgl. Freuds Brief an Arnold Zweig v. 11. 5. 1934 abgedr. Jones a.a.O., III 488-490) wohl in ähnlicher Weise wie – vgl. die bei E. Förster-Nietzsche, *Das Leben Friedrich Nietzsches* II, 2 (1904) 481-493 auszugsweise abgedruckten Briefe Paneths – an seine Braut.

20 J. Meinertz, *Philosophie, Tiefenpsychologie, Existenz. Tiefenpsychologische Keime und Probleme in der Philosophie des deutschen Idealismus und in der Existenzphilosophie* (1958) 64-100.

21 A. Gehlen, *Über die Geburt der Freiheit aus der Entfremdung*, in: *Archiv für Rechts- und Sozialphilosophie* 40 (1952/53) 338-353: entdeckt insbes. einen »unsichtbaren ›roten Faden‹« von Fichte zu Freud.

22 Th. Mann, *Die Stellung Freuds in der modernen Geistesgeschichte* (Vortrag 1929), *Gesammelte Werke* X 256-280: betont insbes. Freuds »unbewußte Herkunft« aus der Romantik (speziell von Novalis) und deutet die Psychoanalyse – hier durchweg vollinhaltlich akzeptiert – als »diejenige Erscheinungsform des modernen Irrationalismus, die jedem reaktionären Mißbrauch unzweideutig widersteht«: a.a.O., 280.

23 Zum Ausdruck »Tendenzen« vgl. etwa Schelling III 17 (*Erster Entwurf eines Systems der Naturphilosophie* 1799) und Freud XIII 218 (*»Psychoanalyse« und »Libidotheorie«* 1923); hier kann nicht gezeigt werden, in welch starkem Maße diese Zwei-Tendenzen-Theorie im Zusammenhang der Tradition »hylemorphistischer« Zwei-Prinzipien-Lehren stehen.

24 Freud II/III 614ff. (*Die Traumdeutung*); vgl. die schöne Zusammenfassung XIII 218.

25 Grundbegriffe des Transzendentalsystems: III 348/349 und dann immer wieder; auch »das Unbewußte« III 351; »unbewußt« III 450; »eine jenseits des gemeinen Bewußtseins liegende Region« III 527 vgl. ff.

26 Vgl. Schellings Theorie des ἄμορφον III 31ff.: »Dem dynamischen Philosophen ist das Gestaltlose das Ursprüngliche [...] In der reinen Produktivität der Natur ist noch keine Bestimmung, also auch keine Gestalt«: III 31 Anm. 2 (*Erster Entwurf* 1799); darum die Rede vom »Proteus der Natur«: II 382 (*Von der Weltseele* 1798). Vgl. Freuds Theorie freier Beweglichkeit der Libido etwa XI 358 (*Vorlesungen zur Einführung in die Psychoanalyse* 1917), XVII 73 (*Abriß der Psychoanalyse* 1938), als Theorie der »Indifferenz« XIII 273 (*Das Ich und das Es* 1923) u. ö.

27 Auch bei Schelling: vgl. etwa III 19 (*Erster Entwurf* 1799) III 290, 291 (*Einleitung zu dem Entwurf eines Systems der Naturphilosophie* 1799) u. ö., im Anschluß an die Redeweise von Fichte und Schiller.

28 Grundbegriff von Schelling, *Erster Entwurf* 1799: III 15 und dann immer wieder; vgl. die entsprechende Begrenzungstheorie des Transzendentalsystems; bei Freud wird »Hemmung« teils Name für ein Symptom (*Hemmung, Symptom und Angst* 1926), in der allgemeinen Bedeutung aber durch den Begriff der »Zielhemmung« festgehalten:

vgl. etwa XIII 154ff. (*Massenpsychologie und Ich-Analyse* 1921) XIII 232 (»*Psychoanalyse*« *und* »*Libidotheorie*« 1923) usf.

29 Für Freud ist die »Verdrängungslehre [...] der Grundpfeiler [...] der Psychoanalyse«: X 54 (*Zur Geschichte der psychoanalytischen Bewegung* 1914); für Schelling vgl. II 374 (*Von der Weltseele* 1798) und – in der Form »zurückgedrängt (reflektiert)« – etwa III 304 (*Einleitung* [...] 1799) u. ö.

30 Sublimierungstheorie: vgl. zusf. etwa XIII 230/231 (»*Psychoanalyse*« *und* »*Libidotheorie*« 1923).

31 Potenzierungstheorie: vgl. IV 77 (*Allgemeine Deduktion des dynamischen Prozesses* 1800) und auch *Transzendentalsystem* III 450; Schelling nennt das auch »die Natur intelligent [...] machen«, a.a.O., 341 oder »aus dem Objektiven das Subjektive entstehen [...] lassen« IV 86/87 (*Über den wahren Begriff der Naturphilosophie* 1801); die Grundsätze dieser Theorie III 16 (*Erster Entwurf* 1799).

32 Schelling III 16ff. (*Erster Entwurf* 1799).

33 Freud etwa X 256 (*Die Verdrängung* 1915); vgl. XVII 131 (*Abriß der Psychoanalyse* 1938): »Die von direkter Befriedigung abgedrängten Triebansprüche werden genötigt, neue Bahnen einzuschlagen, die zur Ersatzbefriedigung führen.«

34 »Produkt (Synthesis)«: III 291, »endlich und unendlich zugleich«: III 290 (*Einleitung* [...] 1799), »Werk entgegengesetzter Tendenzen«: III 17 vgl. 19 u. ö. (*Erster Entwurf* 1799); vgl. *Transzendentalsystem* III 389ff.

35 Vgl. Freud u. a. II/III 690 (*Über den Traum* 1901), XIII 222 (»*Psychoanalyse*« *und* »*Libidotheorie*« 1923), XIV 71 (*Selbstdarstellung* 1925) u. ö.

36 Vgl. Schelling III 264ff. (*Erster Entwurf* 1799) III 299 (*Einleitung* [...] 1799) und bes. II 177ff. (*Ideen zu einer Philosophie der Natur* 1797) mit Bezug auf I. Kant, *Metaphysische Anfangsgründe der Naturwissenschaft* (1786), Werke ed. Cassirer IV, bes. 400-446 (Dynamik); vgl. Freud XVII 71: »Über den Bereich des Lebenden hinaus führt die Analogie unserer beiden Grundtriebe zu dem im Anorganischen herrschenden Gegensatzpaar von Anziehung und Abstoßung.« (Wandel und Kontinuität der Zweitendenzenlehre Freuds im Übergang zu seiner Spättheorie kann hier nicht in extenso reflektiert werden).

37 Vgl. etwa Schelling II 39 (*Ideen zu einer Philosophie der Natur* 1797): »Die Philosophie wird genetisch«; vgl. *Transzendentalsystem* III 378, 397, 427; Freuds Psychoanalyse will »die Arbeit einer genetischen Psychologie [...] leisten«: VIII 411 (*Das Interesse an der Psychoanalyse* 1913).

38 Vgl. etwa Schelling im *Transzendentalsystem* III 371, 376 u. ö.; Freud XVI 43ff. (*Konstruktionen in der Analyse* 1937).

39 Schellings Philosophie will sich in einer »freien Wiederholung wieder

der ursprünglichen Notwendigkeit jener Handlungen« der Geschichte des Selbstbewußtseins »bewußt [...] werden«: III 398 (*Transzendentalsystem* 1800); zu Freuds Theorie gehört die Betonung der »durchgehenden Sinnhaftigkeit und Determinierung auch der anscheinend dunkelsten und willkürlichsten seelischen Phänomene«: XIII 413 (*Kurzer Abriß der Psychoanalyse* 1928).

40 Übliches Argument nicht nur gegen Freud, sondern auch gegen die dialektische Transzendentalphilosophie (»mechanisch klappernder Dreitakt [...]«): als Fatalismusargument gegen Schelling aus dem Jacobi-Lager des Pantheismusstreits: vgl. die Zurückweisung bei Schelling VII 338ff. (*Freiheitsaufsatz* 1809).

41 X 94/95 (*Zur Geschichte der neueren Philosophie* 1827); vgl. auch *Transzendentalsystem* III 345, 351 u. ö.

42 Ab 1797 in wachsendem Maße, so daß *Die Naturphilosophie* sogar insgesamt zum Namen »des Systems, wie es in der völligen Unabhängigkeit von Fichte hervorgetreten ist«, werden kann: X 99.

43 »Wir zeigen alle noch zu wenig Respekt vor der Natur«: VIII 210 (*Eine Kindheitserinnerung des Leonardo da Vinci* 1910); »Wir sollten uns nicht so weit überheben, daß wir das ursprüngliche Animalische unserer Natur völlig vernachlässigen«: VIII 59 (*Über Psychoanalyse* 1910); vgl. Freuds Theorie der beiden großen nachkopernikanischen »Kränkungen« des Menschen (der »biologischen« und der »psychologischen«) zuerst XII bes. 6-12 (*Eine Schwierigkeit der Psychoanalyse* 1917) mit dem Resultat der »Behauptung [...] daß das Ich nicht Herr sei in seinem eigenen Haus«: XII 11. Vgl. das Gewicht der naturphilosophischen »Spekulation« XIII 23 ff. bes. 46 ff. (*Jenseits des Lustprinzips* 1920).

44 Vgl. einerseits Schellings Prinzip der »Autonomie der Natur«, demgemäß »keine fremde Macht in sie eingreifen (kann)« (III 17: *Erster Entwurf* 1799) und die dazugehörige Kritik des Experiments bes. III 276/277 (*Einleitung* [...] 1799) und des Fichteschen Prinzips der »Benutzung« der Natur bes. VII 17/18 (*Darlegung des wahren Verhältnisses der Naturphilosophie zu der verbesserten Fichteschen Lehre* 1806). Vgl. andererseits Freuds These von der Macht der Natur d. i des Es und der Ohnmacht des Ich: »Es gleicht [...] im Verhältnis zum Es dem Reiter, der die überlegene Kraft des Pferdes zügeln soll, mit dem Unterschied, daß der Reiter dies mit eigenen Kräften versucht, das Ich mit geborgten«: XIII 253 (*Das Ich und das Es* 1923).

45 Im Sinne von I. Kant, Idee zu einer allgemeinen Geschichte in weltbürgerlicher Absicht (1784); mit der Aufnahme dieser Kantischen Formulierung soll angedeutet werden, daß die konkrete Geschichtlichkeit der Vernunft nicht – wie heute weithin üblich – durch Abkehr von der »Rechtsphilosophie«, sondern allein durch Zuwendung zu ihr bestimmt zu werden vermag: Hegels Geschichtsphilosophie ist mit

Bedacht ein Teil der Rechtsphilosophie; und auch Schelling zieht »den Schluß [...], daß das einzig wahre Objekt der Historie nur das allmähliche Entstehen der weltbürgerlichen Verfassung sein kann, denn eben diese ist der einzige Grund einer« (nämlich »universellen«: ibid.) »Geschichte«: *Transzendentalsystem* III 592/593. »Ohnmacht der Vernunft«, d. h. ihr Verlust dieser konkreten Geschichtlichkeit meint im folgenden – im Gegensatz zu Schelers Begriff – keine ewige Verfassung, sondern einen prizipiell abänderlichen Schwächezustand der Vernunft.

46 Damit sei zugleich zum Ausdruck gebracht, daß innerhalb der »Vermittlungsbewegung der Subjektivität durch ihr Anderes« (W. Schulz, *Die Vollendung des deutschen Idealismus in der Spätphilosophie Schellings*, 1955, 290) die theologische – bzw. äquivalente: etwa seinsgeschichtliche – Bestimmung dieses »Anderen« als unselbstverständlich und fragil, seine Bestimmung als »Natur« hingegen als die allemal mächtige zu gelten hat. Darum ist dieses »Andere« primär das Bedrohliche. Die theologische Bestimmung dieses »Anderen« ohne Reflexion auf seine Bestimmung als »Natur« muß vollends chancenlos bleiben. So mag G. Lukács mehr im Recht sein, wenn er diese Vermittlungsbewegung der Vernunft durch ihr Anderes als *Die Zerstörung der Vernunft* (1954) begreift. Ihm gegenüber will nun die folgende Überlegung in bescheidenem Umfang geltend machen, daß gerade innerhalb dieser Bewegung Potenzen mit einer gewissen *Ersparungsrelevanz* sich entwickeln (von Lukács her müßte man von Progressivitätselementen innerhalb der indirekten Apologetik sprechen), die zu übersehen man sich kaum wird leisten können.

47 Vgl. etwa Herder, Kants Urteilskraftkritik und nicht zuletzt jene Denkbewegung Schillers von einer politisch-geschichtlichen Orientierung in den Briefen *Über die ästhetische Erziehung des Menschen* (1794) zur Natur-Orientierung in der Abhandlung *Über naive und sentimentalische Dichtung* (1795), die B. v. Wiese, *Friedrich Schiller* (1959) für den Problemzusammenhang »Politik und Ästhetik« (446-506) – vermutlich, um hier nicht an Resignation denken zu müssen – in überraschend geringem Maße betont hat.

48 Es will die »fortgehende Geschichte des Selbstbewußtseins [...] genau und vollständig [...] entwerfen« (III 331) und zu diesem Zweck »diejenigen Handlungen, die in der Geschichte des Selbstbewußtseins gleichsam Epoche machen, aufzählen, und in ihrem Zusammenhang miteinander aufstellen« (III 398). Ziel dieser Geschichte ist, daß ihr Täter – in Schellings Sprechweise das »Ich«: der, wie man sagen kann, einzige creator vere accusabilis – sich vobehaltlos und darum total unter die Augen zu treten vermag: gerechtfertigt vor sich und zufrieden mit sich, weil durch seine Geschichte eine in Wahrheit vernünftige und menschliche Welt entstanden ist.

49 Insbes. III 388-531 (Dritter Hauptabschnitt).
50 Insbes. III 532-581 (Vierter Hauptabschnitt excl. Formulierung seiner Aporie).
51 Genauer: Vernunft nicht *durch* die Gesellschaft, d. h. als Rationalisierung partikulärer Interessen (deren Inbegriff die Gesellschaft ist), sondern Vernunft *für* die Gesellschaft, d. h. als Macht ihrer Verwandlung zu einer menschenwürdigen Sphäre: als Potenz der Identität des Menschen mit sich durch die innerhalb der Gesellschaft durchgesetzte Nichtidentität des Menschen mit der Gesellschaft; diese Vernunft ist also real als jene Macht, die die Freiheit des Menschen von der Gesellschaft, d. h. von seiner Unterdrückung durch Gruppen – also sein Andersseinkönnen und menschlich, d. h. als Einzelner leben Dürfen – nicht nur als Wunsch der Innerlichkeit, sondern als realisierbares Recht garantiert: als Staat also oder als jenes nomen nescitur, das diese Freiheit gegen den Staat vertritt, wo dieser zur Identität mit einer Gruppe heruntergekommen und dadurch der Legitimität als Staat verlustig gegangen ist.
52 Vgl. Schelling III 583 ff.: die »universelle rechtliche Verfassung« (III 591), d. h. »die allgemeine Rechtsverfassung ist Bedingung der Freiheit« (III 593) und damit »der Materie nach [...] die beste Theodizee, welche der Mensch führen kann« (III 584); sie ist als »Staatsverfassung« (III 586) möglich letztenendes nur durch einen »Staat der Staaten« (III 587); »das allmähliche Realisieren der Rechtsverfassung ist [...] historischer Maßstab der Fortschritte des Menschengeschlechts« (III 593); aber dieser Progress bleibt unendlicher Progress, das Problem der Realisierung dieser Rechtsverfassung bleibt für Schelling ungelöst und aporetisch (III 593); die ganze Theorie des Rechts und der Geschichte als seines Progresses dient bei ihm einzig der Formulierung der Aporie der praktischen Vernunft.
53 III 592.
54 »Wir können uns also keine Zeit denken, in welcher sich die absolute Synthesis (sc. vgl. III 598) [...] vollständig entwickelt hat«: III 602. Vgl. dazu Hegels Diskussion des »unendlichen Progresses«: »Die praktische Vernunft, die zu ihm ihre Zuflucht nimmt [...] bekennt eben durch diese Unendlichkeit des Progresses ihre Endlichkeit und Untüchtigkeit, sich für absolut geltend zu machen«: *Werke* (Glockner) I 313: unendlicher Progress ist der Euphemismus für Aussichtslosigkeit.
55 Χωρισμός.
56 Sie – und nicht primär die zunehmende Rationalisierung der Lebenszüge – definiert das »Gesellschaftsproblem« zentral: es ist vor allem das Problem einer trotz aller Versachlichung latent zu natürlich gebliebenen Welt.
57 Die zur Transzendentalphilosophie bei Schelling zunächst als deren

Anwendung – vgl. II 4 (*Ideen zu einer Philosophie der Natur* 1797) –, dann komplementär – vgl. etwa *Transzendentalsystem* III 339-342 –, schließlich fundamental – vgl. etwa IV 92: »Priorität [...] der Naturphilosophie« (*Über den wahren Begriff der Naturphilosophie* 1801); vgl. auch Anm. 44 – sich verhält.

58 III 607-611.
59 Denn die »Aufgabe« (III 605/606), die er löst, folgt aus der Aporie der Geschichte (III 593 ff.): der »Erklärungsgrund der Geschichte« »kann [...] nicht [...] aus der Geschichte bewiesen werden« (III 606): ihn »gibt mir [...] allein die organische Natur« (III 608).
60 III 610.
61 Zu dieser ganzen – zunächst euphorischen, später deprimierten – Bewegung einer Depotenzierung der geschichtlichen Vernunft gehören als weitere – teils bei Schelling selber, teils erst später virulente – Phänomene u. a.: wachsende Unfähigkeit zu einer Theorie des »Endzwecks« der Geschichte und der Mittel seiner Verwirklichung; zunehmende Neigung, seine weltbürgerliche Definition und das Politische zu diskreditieren; Ausklammerung der Rechtssphäre aus der Fortschrittsdiskussion und Beschränkung dieser Diskussion – sei es fortschrittsfreundlich (Positivismus), sei es fortschrittsfeindlich (Lebensphilosophie und Existenzphilosophie) – auf die Sphäre allein der wissenschaftlichen Technik; Disqualifizierung des Rechts als Gesichtspunkts der Eigentlichkeit (zugunsten von Gnade, Liebe, Seinsgeschick usf.); Tabuierung des teleologischen Denkens überhaupt und Neigung zur Ausschau nach End-Bestimmungen, die keine Ziel-Bestimmungen sind (Tod, Du, Gott als der »ganz Andere« usf.); Absage an die Dialektik; Hegelkritik und Idealismuskritik; Tendenz zur Überführung der Geschichte aus ihrer »weltbürgerlichen« Definition in eine von dieser »verschiedene« (naturhaft-evolutionäre, ästhetische, mythologische, seinsgeschichtliche und in bestimmten Formen theologische, linguistische, ferner auch soziologische und dialogische) Definition; Neigung zum Geschichtspessimismus; Tendenzen zur Anthropologie, Typologie, zu Psychologismen; andererseits wachsendes Interesse fürs geschichtslos-Überzeitliche; usf. Dabei soll in gar keiner Weise bestritten sein, daß diese Resignationsformen der Geschichtsphilosophie selber zugleich durchaus auch wirklichkeitserschließend zu sein vermögen (vgl. dazu einschlägig etwa die von K. Gründer, *M. Heideggers Wissenschaftskritik in ihren geschichtlichen Zusammenhängen*, in: *Archiv für Philosophie* 11 (1962) 312 ff. beschriebene Figur der wissenschaftserzeugenden Rolle der Wissenschaftskritik).
62 Im Sinne Hegels: ihr »vermittelte« Präsenz zu verschaffen.
63 Vgl. seine Verwandlung der Gesamtphilosophie in Naturphilosophie (dazu Anm. 125) und die Bestimmung dieser als »Theosophie«: L. Oken, *Lehrbuch der Naturphilosophie* I (1809) 16; dazu die schöne In-

terpretation bei J. E. Erdmann, *Versuch einer wissenschaftlichen Da[r]stellung der Geschichte der neueren Philosophie* III, 3 (1853, *193[3]) 249-286; vgl. auch die einschlägige zustimmende Zitierung von Oke[n] durch C. G. Carus, *Vorlesungen über Psychologie* (1831, Ed. Darm[]stadt 1958) 41.

64 VII 19 (*Darlegung des wahren Verhältnisses der Naturphilosophie z[u] der verbesserten Fichteschen Lehre* 1806).

65 IV 76 (*Allgemeine Deduktion des dynamischen Prozesses* 1800).

66 Was das Fortdauern der Versuche, sie aufrechtzuerhalten (in so ve[r]schiedenartigen Ansätzen wie z. B. denen von Bachofen, Dilthey, Kla[]ges, Jung u. a.) und dadurch ihre Wahrheit (vgl. Anm. 75) geltend z[u] machen, natürlich nicht ausschließt.

67 Dessen Philosophie hier durchweg als Gestalt der »Naturphilosophie[«] – vgl. außer der in Anm. 158 nachgewiesenen Stelle: *Sämtliche Werke* ed. Deussen IV 131: »daß die natura naturans, oder das Ding an sic[h] der Wille [...]; die natura naturata aber, oder die Erscheinung, d[ie] Vorstellung [...] ist« (*Parerga und Paralipomena* Bd. I 1851); vgl. vo[n] zahlreichen Zeugnissen für die (auch durch Schopenhauers Zügelun[g] seiner Schimpfbereitschaft angesichts der Naturphilosophie Schelling[s] und seiner Schule dokumentierte) Verwandtschaft mit der Philosoph[ie] Schellings etwa die Lehre von den »Stufen der Objektivation« I 154 f[.] (*Die Welt als Wille und Vorstellung* 1819), bes. 170/171: Verwendun[g] Schellingscher Begriffe wie »Polarität« (171), »Potenzen« (172[)] »Hemmen« (195) usf. –, und zwar als deren konsequente und entzau[]berte Gestalt begriffen wird.

68 Dessen »neue Philosophie« – nicht zuletzt, weil sie Anthropologie sei[n] will: vgl. Abschnitt 9 – ebenfalls als (entzauberte) Gestalt der »Natu[r]philosophie« gelten kann, insofern sie »den Menschen mit Einschlu[ß] der Natur, als der Basis des Menschen, zum alleinigen, universalen un[d] höchsten Gegenstand der Philosophie – die Anthropologie also, m[it] Einschluß der Physiologie zur Universalwissenschaft (macht)«: L[.] Feuerbach, *Sämtliche Werke* II (1846) 343 (*Grundsätze der Philoso[]phie der Zukunft* 1843).

69 Vgl. als Leitsatz der hier zugrunde gelegten Interpretation F. Nietz[]sche, *Gesammelte Werke* (Musarionausgabe) XVIII 88: »›Rückkeh[r] zur Natur‹ immer entschiedener im umgekehrten Sinne verstanden a[ls] es Rousseau verstand. Weg vom Idyll und der Oper!« (*Der Wille z[ur] Macht* 1884/88 Aph. 117).

70 Vgl. Th. Mann, a.a.O. (vgl. Anm. 23), 276/277: Freuds »Einsicht i[n] die machtmäßige Überlegenheit des Triebs über den Geist [...] bedeu[]tet nicht das bewunderungsvolle Auf-dem-Bauch-Liegen vor diese[r] Überlegenheit und die Verhöhnung des Geistes«.

71 Vgl. die Ersetzung der Organismus-Attribute der Natur durc[h] Kampf-Attribute bereits bei Schopenhauer und Nietzsche (vgl. daz[u]

auch Darwin) bis zur Theorie der Aggressivität bei Freud: vgl. die wichtigen Stellen XIV 110/111 (*Neue Folge der Vorlesungen zur Einführung in die Psychoanalyse* 1933); vgl. Anm. 159.
72 Freuds Ausgangsphänomen für die Entwicklung seiner Theorie des Todestriebs XIII 9 ff. (*Jenseits des Lustprinzips* 1920), von ihm selber XIII 21 mit Nietzsches Formel »ewige Wiederkehr des Gleichen« charakterisiert. Auch für Schopenhauer war »das echte Symbol der Natur der Kreis, weil er das Schema der Wiederkehr ist: dieses ist in der Tat die allgemeinste Form in der Natur«: II 543 (*Die Welt als Wille und Vorstellung* Bd. 2 1844).
73 Die freilich erst »nachromantisch« herauskommt: aber die Konsequenzen und Resultate einer Position gehören zur Bestimmung dieser Position; von ihnen absehen heißt diese Position nur abstrakt betrachten. Wie die Bewegung der Verdüsterung der Natur zugleich die Krise des Ästhetischen vorantreibt und von ihr vorangetrieben wird, kann hier nicht diskutiert werden.
74 »Natur« im Gegensatz zum bloß Faktischen, bloß Bestehenden: das ist etwa erstens die Bedeutung des »Naturrechts« insbes. im Sinne der Aufklärung als Füsprecher nötiger Neuordnung der menschlichen Belange, ehe es seine Funktion wechselt und in die Dienste der Restauration tritt; und das ist etwa zweitens die Bedeutung des Natürlichen im Sinne des »Materiellen« jener elementaren Bedürfnisse, denen gegenüber sich jedes sogenannte »Höhere« ins Unrecht setzt, das sich *gegen* das Recht aller Menschen auf Befriedigung dieser Bedürfnisse durchzusetzen sucht.
75 So meint etwa C. G. Carus, *Psyche* (1846, ed. Klages 1926) 239 ja durchaus zutreffend, »daß jenes erst in unserer Zeit hervorgetretene Bestreben, sich zeitweise wie zu einer Art von Naturadoration hinauszustürzen in Wälder und Berge, Täler und Felsen, wirklich gleichsam eine Art von Instinkt ist, um sich ein Heilmittel zu suchen gegen die Krankheit des künstlichen Lebens«; vgl. zur Deutung des Zusammenhangs J. Ritter, »*Landschaft«. Zur Rolle des Ästhetischen in der modernen Welt* (1963).
76 Dieser »définition noire« muß auf lange Sicht hoffnungslos verfallen jede Wende zur Natur, die nicht die Geschichte und den in ihr erreichten Stand als ihre Bedingung erkennt und anerkennt und weiterführt: also jede Wende zur Natur, die gegen diesen Stand *nur* Natur geltend machen will und nicht eine neue geschichtliche Vermittlung und Präsenz dieser Natur; sie macht gegen ihn dann nur das geltend, was an dieser Wende und Natur Vernichtung des Erreichten und Rückfall in Barbarei ist – wie z. B. an der Natur als dem Hunger der Unterdrückten (wo er nicht geschichtlich sich organisiert) die bloße Zerstörung von Maschinen und Friedensordnung; oder an der Natur als Zuflucht vor der Versachlichung (wo sie nicht innerhalb einer geschichtlichen

Welt als deren Chance sich formiert, ihre Natürlichkeit endgültig aus sich heraus und ins privat-Ferienhafte zu verlegen) die bloße Rückkehr in den Naturzustand à la Hobbes und den Kampf als inneres Erlebnis und allgemeines Schrecknis; usf. Es nützt dann nichts, an dieser Wende nur das Zarte und Ätherische herauszukehren: es kann sich nicht halten und zergeht im massiv-Zerstörerischen. Das erzwingt dann als Gegenbesetzung die Formalisierung der Natur zu einer Bestimmung, die mit allem und jedem sich verträgt und faktisch mit dem Bestehenden und gerade Mächtigen paktiert und darüber hinaus vor allem damit beschäftigt ist, zu »gelten«. So gehört in diesen ganzen Zusammenhang auch das interessante Phänomen der überaus großen Anfälligkeit gerade des Naturbegriffs für Funktionswechsel.

77 Trotz der beständigen Versuche, es zu tun: etwa von Schillers Unterscheidung zwischen »wahrer« und »wirklicher Natur« (Säkularausgabe XII 233: Über naive und sentimentalische Dichtung 1795) über H. Steffens' Unterscheidung von »reinigender« bzw. »heiligender« und »verführerischer« Natur (*Anthropologie* 1822 Bd. 1 16) bis hin zu Freuds später Unterscheidung zwischen »Eros« und »Todestrieb«.

78 Vgl. Schelling III 341: »Die vollendete Theorie der Natur würde diejenige sein, kraft welcher die ganze Natur sich in eine Intelligenz auflöste« (*Transzendentalsystem*).

79 Vgl. Schelling VII 358 ff. (*Freiheitsaufsatz* 1809).

80 A. Schopenhauer I 446-471 (*Die Welt als Wille und Vorstellung* 1819).

81 F. Nietzsche XIV 179 (*Aus der Zeit des Zarathustra* 1882/86).

82 Man könnte von Tätern spezifischer Differenz zwischen Regression und Befreiung sprechen.

83 III 610.

84 III 611.

85 III 351.

86 III 612-629; vgl. oben Abschnitt 1.

87 Vgl. Anm. 7.

88 F. Nietzsche III 10, 46 u. ö. (*Die Geburt der Tragödie* 1872 bzw. 1886); »Hier, in dieser höchsten Gefahr des Willens, naht sich, als rettende, heilkundige Zauberin, die Kunst: sie allein vermag jene Ekelgedanken über das Entsetzliche oder Absurde des Daseins in Vorstellungen umzubiegen, mit denen sich leben läßt«: III 56/57; vgl. auch XIX 229 (*Der Wille zur Macht* 1888): »Wir haben die Kunst, damit wir nicht an der Wahrheit zu Grunde gehen«, wobei die Wahrheit die Natürlichkeitswelt des Willens zur Macht und der ewigen Wiederkehr ist; vgl. dazu die Bestimmungen der Kunst als nur momentaner »Trost« bei Schopenhauer, a.a.O., bes. I 315/316 und als nur »flüchtige Entrückung aus den Nöten des Lebens« durch »die milde Narkose, in die uns die Kunst versetzt« beim späten Freud: XIV 439 (*Das Unbehagen in der Kultur* 1930).

89 Vgl. I. Kant, *Kritik der Urteilskraft* (1790) § 46 *Werke*, ed. Cassirer, v 382/383: »daß Genie [...] als *Natur* die Regel gebe«; darum sind »die Dichter [...] schon ihrem Begriff nach, die Bewahrer der Natur«: F. Schiller, *Säkularausgabe* XII 183 (*Über naive und sentimentalische Dichtung* 1795); vgl. Schelling III 612 ff. (*Transzendentalsystem*): Genie ist jene Potenz, »in welcher« durch »Gunst der Natur« (III 615, 617) »die bewußtlose Tätigkeit durch die bewußte bis zur vollkommenen Identität mit ihr gleichsam hindurchwirkt« (III 613) und dadurch zur »Synthesis von Natur und Freiheit« (III 619) wird.
90 Vgl. insbes. Freuds »Naturschutzpark«-Theorie der Kunst: am klarsten XI 387 (*Vorlesungen zur Einführung in die Psychoanalyse* 1917); vgl. Anm. 151.
91 Landschaft, Kindheit, Primitivzustände der Menschheit etc.; vgl. Anm. 75.
92 Auch die Natur als »das ›Wahre‹, ›Echte‹ bedeutet die Ablehnung des Gegenwärtigen und ist schließlich nur das Anderswo und Anderswann, das Andere schlechthin,« wie C. Schmitt, *Politische Romantik* (²1925) mit intimer Kundigkeit interpretiert: die Natur hat nur als die »ferne« Geltung, und zwar nicht nur, weil der Romantiker sich überhaupt alle Realität vom Hals halten will, sondern gerade auch alle die, nach der er am meisten ruft.
93 Vgl. S. Kierkegaard, *Über den Begriff der Ironie mit ständiger Rücksicht auf Sokrates* (1841) übers. Schaeder (1929) 236: »daß das Zunichtewerden mit aufgenommen ist;« dies kann als allgemeine Charakteristik der Tendenz der Genieästhetik gelten: diese erfüllt sich eben nicht als Ästhetik der vollkommenen Harmonie des Einzelnen (»Freiheit«) mit dem Weltlauf (»Notwendigkeit«) d. h. als Ästhetik des Schönen, sondern als Ästhetik einzig der Harmonie des Einzelnen (»Freiheit«) mit seiner vollkommenen Negation durch den Weltlauf (»Notwendigkeit«) d. h. als Ästhetik des Nicht-Schönen: des Erhabenen, Tragischen, Pathetischen, Komischen, Häßlichen, Dionysischen, Grotesken, Skurrilen, Kauzigen, Humoristischen usf.: sie ist im Effekt nicht die Erlösungsästhetik der aufgelösten, sondern die Rückzugsästhetik der ertragenen Widersprüche und nicht die Ästhetik der begrüßten, sondern die der ausgehaltenen Natur. Hier kann nicht diskutiert werden, inwieweit vielleicht Schelling – der merkwürdige Fall eines Denkers mit maximaler Ästhetik-Intention und minimaler Ästhetik-Durchführung – alsbald auf eine zentrale Stellung der Ästhetik überhaupt verzichtet hat, gerade um diesen Trend der Genieästhetik nicht vollstrecken zu müssen.
94 Just das ist auch die Figur der »Verfallstheorien,« deren Erfreulichkeitsertrag und daran hängender Allgemeinerfolg gerade aus dieser Struktur begreiflich wird. Innerhalb des Künstlerischen ist ein vorzügliches Beispiel die Novelle, die ja gerade zu dieser Zeit in neuer und

bedeutender Weise zum Zuge kommt: wenn die Novelle – nach Deutung von B. v. Wiese, *Die deutsche Novelle von Goethe bis Kafka* (*1959) – eine Geschichte ist, für die »der Vorrang des Ereignisses vor den Personen« (15) d. h. die Überlegenheit des Ereignisses über die Einzelnen wesentlich ist, macht die angegebene Struktur plausibel, warum man sie gerade in Situationen schätzt und erzählt, in denen die Fatalität der Ereignisse den Individuen überlegen ist. Solange die derartige Katastrophensituation als transitorische gelten konnte (Pest etc.), markierte man sie durch Rahmenerzählung; seit sie als perennierende Weltverfassung gilt, wird ihre besondere Ankündigung durch Rahmenerzählung überflüssig: die Rahmenerzählung tritt teils ab, teils spezialisiert sie sich auf Markierung erfreulicher Situationen.

95 Vgl. S. Kierkegaard, *Gesammelte Werke*, ed. Hirsch XXIV/XXV 75 (*Die Krankheit zum Tode* 1849).

96 Nämlich jene Rück-Veräußerlichung der »verinnerlichten« Destruktion, wie sie – nach der schönen These zuerst von Lou Andreas-Salomé, *Friedrich Nietzsche in seinen Werken* (²1911) 220ff., bes. 224 und 226: Nietzsche habe aus einer »Befürchtung« bzw. »Qual« eine »begeisterte Überzeugung« gemacht, indem er, was zunächst Selbstzerstörung war, als Verfassung der Wirklichkeit erblickte und verkündete – zu Nietzsches Konzeption der »ewigen Wiederkehr des Gleichen« geführt hat: die Destruktion wird, wo sie nicht mehr in Innerlichkeit und Kunstwerk gebannt bleibt, zur Verfassung der Realität; der Künstler ist ein allzuschwacher »Aufhalter« dieses Großfalls einer – im Sinne von Freud I 63 (*Die Abwehr-Neuropsychosen* 1894) – »Konversion«.

97 Aus der bloß rhetorischen Figur werden sie zur »Daseinsform« (Pivcevic): zum Versuch, nicht nur der Wirklichkeit, sondern vor allem auch der Nichtigkeit und eigenen Destruktivität zu entgehen; dabei setzt in der »romantischen Ironie« der Ironiker »*sich* über sich selbst« (d. h. auch: über die eigene Destruktivität) »weg« (F. Schlegel, *Kritische Schriften*, ed. Rasch, 1956, 19), es setzt in der Ironie der indirekten Mitteilung Kierkegaards der Ironiker die *Anderen* über sich (den Ironiker und seine Destruktivität) selbst weg.

98 Den als Problem jene Interpretation zu vergessen geneigt ist, die am Ästhetischen nur seinen »Mangel an Wirklichkeit« bemerkt und beklagt. Daß letzterer ein gleichernstes Problem ist, bleibt damit unbestritten: vgl. v. Verf. *Kant und die Wende zur Ästhetik*, in: *Zeitschrift für philosophische Forschung* 16 (1962) bes. 371ff. 373.

99 Vgl. Novalis, *Werke*, ed. Wasmuth, III Frgmt. 1833 (1798).

100 Der ja erst um die Mitte des Jahrhunderts durch die Generation u. a. von Du Bois-Reymond, Ludwig, Brücke, Virchow im Gegenzug zur »naturphilosophischen« Medizin (von der hier zunächst die Rede sein wird) sich vollzog. Es scheint bemerkenswert, daß die »Konjunktur

der Therapeutik« *nicht* mit dem Zeitpunkt des Exakt-Werdens der Medizin d. h. durch naturwissenschaftlichen Erfolg, sondern *vor* diesem Zeitpunkt im Zusammenhang mit der philosophischen Wende zur Natur und der »romantischen Medizin« einsetzt. Vgl. zum Folgenden medizingeschichtlich: Werner, *Schellings Verhältnis zur Medizin und Biologie* (1909); das Kap. Romantische Ärzte in: R. Huch, *Die Romantik* II (⁵1917) 264-295; E. Hirschfeld, *Romantische Medizin*, in: *Kyklos* 3 (1930) 1-89; W. Leibbrand, *Romantische Medizin* (²1937); *Heilkunde. Eine Problemgeschichte der Medizin* (1954) bes. 330-349; *Die spekulative Medizin der Romantik* (1956); K. E. Rothschuh, *Geschichte der Physiologie* (1953) 91 ff.

101 Bezüglich der Kunstphilosophie-Vorlesungen 1802/05 gilt ja, was man angesichts der heute vorliegenden Editionen zu vergessen geneigt ist: »daß Schelling niemals im Sinn hatte, die Ästhetik als Ganzes zu ediren«: Sohn K. F. A. Schelling in: Schelling V XVI; die Kunstphilosophie-Vorlesungen sind gehalten nicht *als* sondern *statt* Durchführung der Ästhetik.

102 Denn im Zusammenhang mit dem Tod Auguste Böhmers (1800) stehen ja auch die Kontroversen mit der Jenaischen *A. L. Z.* um die »Bambergischen Theses«: vgl. dazu Schelling IV 548 ff. (*Benehmen des Obscurantismus gegen die Naturphilosophie* 1801).

103 Bes. Sommer 1800: unter dem Eindruck Schellings werden die anfänglichen »Brownianer« Adalbert Friedrich Marcus (1753-1816) und Andreas Röschlaub (1768-1853) zu Anhängern der »Naturphilosophie« und Bamberg zur Keimzelle der »naturphilosophischen« Medizin.

104 1803-1806.

105 III 220-239 (1799).

106 A. C. A. Eschenmayer, Spontaneität = Weltseele dortselbst 2 (1801) 1-68; Ph. Hoffmann, *Ideen zu einer Konstrukzion der Krankheit* 69-108.

107 Im Zuge des Landshuter Universitätsfestes 4.-7. 6. 1802, unmittelbar nach der Berufung Röschlaubs nach Landshut.

108 13. Vorlesung V 335-343 (gedr. 1803); Schelling betont dort zugleich; »daß die Wissenschaft der Medizin [...] nicht nur überhaupt philosophische Bildung des Geistes, sondern auch Grundsätze der Philosophie voraussetze«: V 340/341.

109 Letztmalig gehalten Würzburg WS 1804/1805.

110 1806/1808.

111 VII 131 (1806); 1808 wird Schelling Ehrenmitglied der Physikalisch-Medizinischen Sozietät zu Erlangen.

112 Versteht sich: bei Schelling nur als Zwischenstation des Übergangs von der naturphilosophisch-ästhetisch orientierten Frühphilosophie zur theologisch orientierten Spätphilosophie. Trotzdem scheint es mir zu wenig, Schellings »Wende zur Medizin« nur als Systemkomplettie-

rung und Auswirkung seiner Beschäftigung mit der eigenen Krankheit zu verstehen: selbst Hypochondrie ist bereits eine »ontologische Grundstellung« und als solche ernst zu nehmen und aufzuklären.

113 In seinen Zusammenhang gehört z. B. die Neigung der Nicht-Ärzte unter den »romantischen Naturphilosophen« zu Theorien der Medizin (etwa: J. J. Wagner, *Von der Philosophie und der Medicin, ein Prodromus für beide Studien* 1805; vgl. vor allem aber auch Novalis) und medizinischer Praxis: der junge Görres studiert 1793 mit Eifer Medizin und scheint auch vereinzelt praktiziert zu haben. Heinrich Steffens, *Was ich erlebte* IV (1841), schreibt 354: »Ich war selbst von meiner Kindheit an unter Ärzten erwachsen, meine Studien [...] waren dem ärztlichen Studium nahe verwandt, ja ich wäre Arzt geworden [...] Die Disciplinen der Arzneikunde waren mir keineswegs fremd, die Erfahrungen am Krankenbette wichtig [...] (ich war) überzeugt [...] von der hohen Bedeutung ärztlicher Erfahrung für die Ausbildung der Naturphilosophie«; und er suchte um die Jahrhundertwende den Kontakt mit Reil (vgl. 180-182) und dem Bamberger »medizinischen Institut« (vgl. bes. 350-362).

114 Dietrich Georg Kieser (1779-1862), *System der Medicin* I (1817) IV; er fordert und sieht, »daß die philosophische Ansicht des Lebens überhaupt [...] auch in der Medicin immer tiefere Wurzeln schlägt«: 95.

115 *Entwurf einer philosophischen Geschichte der Medicin.* a.a.O., 1-96; denn »um den Gang der Medicin und die Geschichte derselben ganz zu verstehen, muß man [...] mit der Geschichte der Philosophie bekannt sein. Jede wissenschaftliche Theorie ist nur ein Reflex [...] der Philosophie«:, a.a.O., 6.

116 Vgl. etwa die schon zit. Theorie von Schelling III 220-239 und von Ph. Hoffmann vgl. Anm. 106.

117 Z. B. Karl Richard v. Hoffmann (1797-1877), *Vergleichende Idealpathologie. Ein Versuch, die Krankheiten als Rückfälle der Idee des Lebens auf tiefere normale Lebensstufen darzustellen* (1839).

118 Früher und betonter noch als bei Johann Nepomuk v. Ringseis (1785-1880), *System der Medicin* (1841) 116-120, 241 und insbes. 243 ff. bei Carl Hieronymus Windischmann (1775-1839), *Über Etwas, was der Heilkunst Noth thut. Ein Versuch zur Vereinigung dieser Kunst mit der christlichen Philosophie* (1823, in Buchform 1824) bes. 70-139.

119 Zeitlebens Mediziner bzw. Pharmazeuten waren davon: Kielmeyer, Ritter, Treviranus, Oken, Troxler, Carus; Eschenmayer und Windischmann waren später Professoren zugleich für Philosophie und Medizin; Schubert wurde schließlich Prof. für Naturgeschichte, Baader Bergbaubeamter. Steffens betont a.a.O. 134, daß »die Naturphilosophie vorzüglich die Ärzte in Anspruch zu nehmen anfing«, »und die

Zahl der Anhänger, besonders unter den Ärzten, nahm sehr zu«: 251;
»Die Naturphilosophie hatte schon angefangen, ihren Einfluß, besonders auf die Arzneikunde, zu zeigen«: 354; vgl. 267 u. ö.

20 Es erschienen – außer den im folgenden zit. Büchern von Platner, Kant, Gruithuisen, Steffens, Heinroth, Ennemoser, Burdach, Carus, Lotze – Anthropologien u. a. von: Usteri (1791), Ith (1794/95), Metzger (1798), Pölitz (1800), Abicht (1801), Wenzel (1802), Funk (1803), Bartels (1806), Liebsch (1806), Fries (1807), Heinroth (1807), Görres (1810), Gruithuisen (1811), Troxler (1811), Weiß (1811), Geitner (1812), Suabedissen (1814/18), Neumann (1815/18), Schulze (1815), Hartmann (1820), Fries (1820/21), Hillebrand (1822/23), Maine de Biran (1823/24), Berger (1824), Ennemoser (1824 u. 1825), Bischoff (1827), Keyserling (1827), Siegwart (1827), Choulant (1828), Heusinger (1829), Bonstetten (1829), Suabedissen (1829), Weber (1829), Leupold (1834), Schubert (1837), Michelet (1840), Ennemoser (1849), I. H. Fichte (1856); Feuerbachs *Wesen des Christentums* erscheint 1841; vgl. auch die Reflexionen von C. A. Heinroth, *Über das Bedürfnis des Studiums der medicinischen Anthropologie* (1811) und C. F. Nasse, *Die Aufgaben der Anthropologie* (1823); dazu, daß Hegel in seiner *Encyclopädie* zwischen 1817 und 1830 den Abschnitt »Die Seele« in »Anthropologie« umbenennt; usf. Eine ausführlichere Charakteristik wird Verf. an anderer Stelle vorlegen und dort auch jener Entwicklung von einem »naturalistischen« zu einem »theologisch-personalistischen« Ansatz dieser Anthropologien nachgehen, die in der gegenwärtigen »medizinischen Anthropologie« ihre Parallele hat.

21 1818-22 als *Zeitschrift für psychische Ärzte*, 1823-26 als *Zeitschrift für Anthropologie*, 1830 als *Jahrbücher für Anthropologie und zur Pathologie und Therapie des Irreseins;* die psychiatrische Orientierung schließt allgemein-philosophisches Interesse und Aufsätze auch über die Anthropologie des AT ebensowenig aus wie substanzielle Beiträge zur Ästhetik wie z. B. die Abhandlung a.a.O., 1824 371-374: *Unglückliches Ende einer Künstlerinn durch Ekstase des Gefühllebens;* von Herrn Professor Grohmann.

22 Johann Christian August Heinroth (1773-1843; Prof. der psychischen Heilkunde Leipzig), *Lehrbuch der Anthropologie* (1822, hier zit. nach ²1831) VII; dabei gilt die Anthropologie als Fundamentalphilosophie: »die Naturlehre wie die Philosophie hat ihre Wurzeln wie ihren Gipfel in der Anthropologie«: 10; dabei hat nach der Meinung Heinroths »unstreitig [...] Schelling auch die Bahn zu einer Vollendung der Anthropologie gebrochen«: 35.

23 Franz v. Paula Gruithuisen (1774-1852; Prof. u. a. für Zootomie, später Astronom München), a.a.O., v; »Ist denn nicht gerade die Philosophie des Tages so perturbirt, daß uns endlich zur eigenen Erhebung und Orientierung eine physiologische Anthropologie höchst er-

wünscht seyn muß?« a.a.O., IV.

124 Joseph Ennemoser (1787-1854; Prof. der Medizin Bonn), *Anthropologische Ansichten oder Beiträge zur besseren Kenntniß des Menschen* (1828) V.

125 Henrich Steffens, *Anthropologie* (1822) 13 ff. im Zusammenhang der Argumentation gegen Kants Ablehnung der physiologischen Anthropologie; vgl. 7: »Daß er aber demohnerachtet genöthigt ist, eine solche […] physiologische Anthropologie der pragmatischen gegenüber zu stellen, beweist, welche Gewalt die Idee der wirklichen Einheit der Natur und des Geistes über ihn hatte« – welche Idee nach Steffens und in der Tat wirklich in dieser ganzen Zeit das »Interesse« an der Anthropologie begründet: a.a.O. 4, 8 ff. »Physiologische« Anthropologie bedeutet einfach *naturphilosophische* Anthropologie, und zwar zu einer Zeit, in der die Naturphilosophie« die Fundamentalphilosophie ist: »alle Philosophie ist nur Naturphilosophie«, schreibt programmatisch L. Oken, *Über den Wert der Naturgeschichte, besonders für die Bildung der Deutschen* (1809).

126 Etwa das zit. Lehrbuch Heinroths, das nicht nur in der Diskussion der *Geschichte und Literatur der Anthropologie* a.a.O., 13-36, sondern vor allem auch in den *Beilagen* 417-518 erheblichstes philosophisches Niveau zeigt. Auch darf nicht vergessen werden, daß z. B. eine Schrift wie Hermann Lotze, *Mikrokosmos. Ideen zur Naturgeschichte und Geschichte der Menschheit. Versuch einer Anthropologie* (1856) in der Zusammenhang dieser Ärzte-Anthropologien gehört: Lotze (1817-1881) begann als praktischer Arzt und Medizindozent (1839), ehe er sich 1840 philosophisch habilitierte.

127 Ennemoser, a.a.O., 33.

128 A.a.O. 38/39; vgl. M. Scheler, *Die Stellung des Menschen im Kosmos* (1927).

129 J. G. Herder, *Über den Ursprung der Sprache* (1770); *Ideen zur Philosophie der Geschichte der Menschheit* (1784 ff.); für Herder ist freilich der Geist der Natur ebensowenig entgegengesetzt wie für die frühen unmittelbar »naturphilosophischen« Anthropologien, die Ennemoser als Theorien der »Sublimation« (a.a.O., 25, 29 u. ö.) kritisiert.

130 Zu all diesem gehören weitere Phänomene: so z. B. nicht zuletzt die wachsende Disposition zu einem Revirement der in der Philosophie diensthabenden »Bildfelder« (Weinrich): die zunehmende Neigung, die »juristische« Metaphorik des deutschen Idealismus (Prozeß, Geschichte als Weltgericht, Deduktion im Sinne der Rechtslehrer etc.) durch »medizinische« zu ersetzen (Krankheit der Zeit, Diagnose, Suche nach Therapien etc.): wo der Arzt zum Weltweisen wird, muß schließlich auch umgekehrt der Weltweise als Arzt sich geben und ärztliche Sprache sprechen.

131 H. R. Jauß, *Die Ärztesatire in Marcel Prousts »Auf der Suche nach der*

   verlorenen Zeit«, in: *Die Waage* 4 (Aachen 1959) 109.
132 Diese Aussage ist ungesichert; Monographisches liegt nur partiell vor: vgl. etwa A. Schöne, *Interpretationen zur dichterischen Gestaltung des Wahnsinns in der deutschen Literatur* (ungedr. Diss. Münster 1952).
133 Als Vorarbeit zur Monographie vgl. L. Fauler, *Der Arzt im Spiegel der deutschen Literatur vom ausgehenden Mittelalter bis zum 20. Jhdt.* (Diss. Freiburg/Br. 1941); Bibliographisches darin nur in einigen Ansätzen 100/102. Einschlägiges bei E. Marquard, *Philologische Beobachtungen an Molières Komödie »L'Amour médecin«* (Mskpt. 1960: Staatsarbeit Münster) 4-13 und 66-76.
134 Fürs ausgehende 19. und beginnende 20. Jh. vgl. B. Wachsmut, *Der Arzt in der Dichtung unserer Zeit* (1939); F. Wittmann, *Der Arzt im Spiegelbild der deutschen schöngeistigen Literatur seit dem Beginn des Naturalismus* (1936).
135 Hierhin gehört die von B. v. Wiese, *Die deutsche Tragödie von Lessing bis Hebbel* (²1952) geschilderte Bewegung dieser Gattung von der Grenze der »Theodizee« »bis an die Grenze des Pathologischen« nicht weniger als die sich innerhalb der Tragödientheorie anbahnende Ablösung der »ästhetischen« Formel der Katharsis durch ihre »medizinische« Formel; usf.
136 Im gleichen Jahr beginnt Kant seine Anthropologie-Vorlesung; zu deren Vorbereitung wiederum gehören nicht weniger die *Beobachtungen über das Gefühl des Schönen und Erhabenen* (1764) als der *Versuch über die Krankheiten des Kopfes* (1764).
137 Vgl. bereits E. Platner, *neue Anthropologie für Ärzte und Weltweise* (1790) 339-371 und von den bisher zit. Arbeiten: Gruithuisen, a.a.O., 457-459 (Theorie zugleich der »Kunstgeschicklichkeit«); Heinroth, a.a.O., 220-228; Ennemoser, a.a.o., 70-84 (Theorie insbes. der Einbildungskraft); vgl. auch Karl Friedrich Burdach (1776-1847); Arzt in Leipzig und dann Medizinprof. in Dorpat und Königsberg), *Der Mensch nach den verschiedenen Seiten seiner Natur oder Anthropologie für das gebildete Publikum* (1836) §§ 374-390; C. G. Carus, *Psyche* (1846, ed. Klages 1926; Carus Psychologie berührt sich mit der Anthropologie, die er »bereits im Winter 1827/28 in einigen zwanzig Vorlesungen« gehalten hat: *Vorlesungen über Psychologie* 1831 Ed. Darmstadt 1958 xxxvi) bes. 131, 158, 242 u. ö. und seine ästhetischen Schriften.
138 Der (1789-1869) zwar Maler und Kunsttheoretiker (u. a. Neun Briefe über Landschaftsmalerei 1835) war, zugleich aber vergleichender Anatom, Gynäkologe, Leiter der geburtshilflichen Klinik und Leibarzt des Königs in Dresden blieb.
139 J. Moreau (de Tours), *La psychologie morbide dans ses rapports avec la philosophie de l'historie ou de l'influence des névropathies sur le dynamisme intellectuel* (1859). Vgl. W. Dilthey, *Dichterische Einbil-*

dungskraft und Wahnsinn (1886) *Gesammelte Schriften* IV 91: »Ist doch Frankreich nicht nur [...] lange der Hauptsitz psychiatrischer Wissenschaft, sondern auch psychiatrischer Phantasien gewesen, die ganz wohl mit unseren naturphilosophischen verglichen werden könnten. Sie sind eine Romantik des Materialismus.«
140 G. Lombroso, *Genio et folia* (1863).
141 W. Lange-Eichbaum, *Genie – Irrsinn und Ruhm* (1927); *Das Genie-Problem. Eine Einführung* (²1935).
142 Vgl. die Aufsätze von G. Benn: *Genie und Gesundheit* (1930); *Das Genie-Problem* (1930): *Gesammelte Werke* ed. Wellershoff 1 84-89 und 107-122. Vgl. in der Gegenwart noch einmal W. Muschg, *Tragische Literaturgeschichte* (²1953) 427ff. bes. 438-443.
143 Indirekt auch dort, wo – wie in der Anm. 139 zit. Abhandlung Diltheys – gegen die Irrsinnsthese die »Gesundheit« des Genies eingeklagt wird.
144 F. Nietzsche XV 389 (*Zur Genealogie der Moral* 1887).
145 Vgl. die oben Anm. 19 erwähnten Gespräche und die bei Förster-Nietzsche, a.a.O., 490 abgedruckte briefliche Äußerung Paneths: »Auch sprachen wir von der Verwandtschaft des Genies mit dem Wahnsinn.«
146 VII 470.
147 O. Pöggeler, *Schopenhauer und das Wesen der Kunst*, in: *Zeitschrift für philosophische Forschung* 14 (1960) 353-389.
148 Vgl. A. Schopenhauer, *Die Welt als Wille und Vorstellung* Bd. 1 (1819) I 226-228, Bd. 2 (1844) II 454-458.
149 O. Rank, *Schopenhauer über den Wahnsinn*, in: *Zentralblatt für Psychoanalyse* 1 (1910) 69-71.
150 Vgl. bes. X 53 (*Zur Geschichte der psychoanalytischen Bewegung* 1914).
151 Es ist plausibel, daß Arbeiten der Freud-Schule – wie z. B. O. Rank, *Der Künstler. Ansätze zu einer Sexualpathologie*(1907); *Das Inzestmotiv in Dichtung und Sage. Grundzüge einer Psychologie des dichterischen Schaffens* (1912); Th. Reik, *Flaubert und seine Versuchung des Heiligen Antonius. Ein Beitrag zur Künstlerpsychologie*. Mit einer Vorrede von Alfred Kerr (1912); u. a. – in den skizzierten Zusammenhang hineingehören. Auffällig aber ist, daß gerade diese »therapeutisch« orientierte Ästhetik – vgl. einschlägig von Freud selbst: *Der Dichter und das Phantasieren* (1908); *Formulierungen über die zwei Prinzipien des psychischen Geschehens* (1911) VIII bes. 234ff.; *Vorlesungen zur Einführung in die Psychoanalyse* (1917) XI bes. 386-391: die entscheidenden Kategorien sind »Phantasie«, »Spiel« (Kinderspiel), »Traum« (Tagraum) usf. – daß also gerade sie unter den gegenwärtigen Ästhetiken diejenige ist, die (in der Zeit der Romantikkritik) faktisch am meisten den Ansatz der »romantischen Genie-Ästhetik«

festhält: die Therapeutik vermag sich so wenig von ihrem Rivalen und Vorgänger im Amte zu lösen, daß sie ihn innerhalb ihrer eigenen Theorie konserviert.

152 Vgl. oben Abschnitt 7.
153 Vgl. oben Abschnitt 3.
154 Vgl. die zit. Stelle Schelling x 94/95 und etwa IV 77 (*Allgemeine Deduktion des dynamischen Prozesses* 1800): »Die platonische Idee, daß alle Philosophie Erinnerung sei, ist in diesem Sinne wahr; alles Philosophieren besteht in einem Erinnern des Zustandes, in welchem wir eins waren mit der Natur.« Und Freud XI 451/452 (*Vorlesungen zur Einführung in die Psychoanalyse* 1917): »Wir können das Ziel unserer Bemühungen in verschiedenen Formeln ausdrücken: Bewußtmachung des Unbewußten, Aufhebung der Verdrängungen, Ausfüllung der amnestischen Lücken, das kommt alles auf das Gleiche hinaus.«
155 Potenzierungstheorie: vgl. oben Anm. 28 u. 31.
156 Sublimierungstheorie: vgl. oben Anm. 30; zur einschlägig eingesetzten Theorie der Zielhemmung vgl. etwa Freud XIII bes. 155/156 (*Massenpsychologie und Ich-Analyse* 1921) u. a.
157 Der Präzedenzfall einer »schlimmen« Sublimierung ist die Geschichte des Schuldgefühls in Freuds Theorie des Unbehagens in der Kultur (1930), knapp zusammengefaßt bereits XIII 284 (*Das Ich und das Es* 1923): »Je mehr ein Mensch seine Aggression meistert, desto mehr steigert sich die Aggressionsneigung seines Ideals gegen das eigene Ich«: ibid. als »Sublimierung« beschrieben.
158 A. Schopenhauer II 653 (*Die Welt als Wille und Vorstellung* Bd. 2 1844).
159 A. Schopenhauer I 367 (*Die Welt als Wille und Vorstellung* Bd. 1 1819).
160 Vgl. XIII 40ff. mit der extremen These, »daß das gesamte Triebleben der Herbeiführung des Todes dient:« XIII 41 (*Jenseits des Lustprinzips* 1920).
161 XIII 53.
162 Von dort aus ergibt sich die Frage: was bedeutet es, daß jene Ansätze, die – sei es enthusiastisch: H. Marcuse, *Eros und Kultur. Ein philosophischer Beitrag zu Sigmund Freud* (1957); sei es elegisch: Th. W. Adorno, *Minima Moralia. Reflexionen aus dem beschädigten Leben* (1951) bes. 96-113, zum Verhältnis von Soziologie und Psychologie, in: Sociologica (1955) 11-45. – Freuds Psychoanalyse (mit guten und hier durchaus bejahten Gründen) als Marxismus-Ersatz in Anspruch zu nehmen suchen, dabei auf eine Position treffen, die sich durch Kontinuität zur transzendentalphilosophisch-romantischen Wende zur Natur definieren läßt?

Zum Identitätssystem (1801-1804)

G. W. F. Hegel
Vergleichung des Schellingschen Prinzips der Philosophie mit dem Fichteschen

Als Grundcharakter des Fichteschen Prinzips ist aufgezeigt worden, daß Subjekt = Objekt aus dieser Identität heraustritt und sich zu derselben nicht mehr wiederherzustellen vermag, weil das Differente ins Kausalitätsverhältnis versetzt wurde. Das Prinzip der Identität wird nicht Prinzip des Systems; sowie das System sich zu bilden anfängt, wird die Identität aufgegeben. Das System selbst ist eine konsequente verständige Menge von Endlichkeiten, welche die ursprüngliche Identität nicht in den Fokus der Totalität, zur absoluten Selbstanschauung zusammenzugreifen vermag. Das Subjekt = Objekt macht sich daher zu einem subjektiven, und es gelingt ihm nicht, diese Subjektivität aufzuheben und sich objektiv zu setzen.

Das Prinzip der Identität ist absolutes Prinzip des *ganzen* Schellingschen Systems; Philosophie und System fallen zusammen; die Identität verliert sich nicht in den Teilen, noch weniger im Resultate.

Daß absolute Identität das Prinzip eines ganzen Systems sei, dazu ist notwendig, daß das Subjekt und Objekt *beide* als Subjekt-Objekt gesetzt werden. Die Identität hat sich im Fichteschen System nur zu einem subjektiven Subjekt-Objekt konstituiert. Dies bedarf zu seiner Ergänzung eines objektiven Subjekt-Objekts, so daß das Absolute sich in jedem der beiden darstellt, vollständig sich nur in beiden zusammenfindet, als höchste Synthese in der Vernichtung beider, insofern sie entgegengesetzt sind, als ihr absoluter Indifferenzpunkt beide in sich schließt, beide gebiert und sich aus beiden gebiert.

Wenn die Aufhebung der Entzweiung als formale Aufgabe der Philosophie gesetzt wird, so kann die Vernunft die Lösung der Aufgabe auf die Art versuchen, daß sie eins der Entgegengesetzten vernichtet und das andere zu einem Unendlichen steigert. Dies ist der Sache nach im Fichteschen System geschehen; allein die Entgegensetzung bleibt auf diese Art, denn dasjenige, was als Absolutes gesetzt wird, ist durchs andere bedingt, und so wie es besteht, besteht auch das andere. Um die Entzweiung aufzuheben, müssen beide Entgegengesetzte, Subjekt und Objekt aufgehoben werden; sie werden als Subjekt und Objekt aufgehoben, indem sie identisch gesetzt sind. In der absoluten Identität ist Subjekt und Objekt aufeinander bezogen und damit vernichtet; insofern ist für die Reflexion und das Wissen nichts vorhanden. So weit geht das Philosophieren überhaupt, das nicht zu einem System gelangen kann; es ist mit der negativen Seite befriedigt, die alles Endliche im Unendlichen versenkt; es könnte wohl auch wieder zum Wissen herauskommen, und es ist eine subjektive Zufälligkeit, ob das Bedürfnis eines Systems damit verbunden ist oder nicht. Ist aber diese negative Seite selbst Prinzip, so soll nicht zum Wissen herausgegangen werden, weil jedes Wissen von einer Seite zugleich in die Sphäre der Endlichkeit tritt. An diesem Anschauen des farblosen Lichts hält die Schwärmerei fest; eine Mannigfaltigkeit ist in ihr nur dadurch, daß sie das Mannigfaltige bekämpft. Der Schwärmerei fehlt das Bewußtsein über sich selbst, daß ihre Kontraktion bedingt ist durch eine Expansion; sie ist einseitig, weil sie selbst an einem Entgegengesetzten festhält und die absolute Identität zu einem Entgegengesetzten macht. In der absoluten Identität ist Subjekt und Objekt aufgehoben; aber weil sie in der absoluten Identität sind, bestehen sie zugleich, und dies Bestehen derselben ist es, was ein Wissen möglich macht, denn im Wissen ist zum Teil die Trennung beider gesetzt. Die trennende Tätigkeit ist das Reflektieren; sie hebt die Identität und das Absolute auf, insofern sie für sich betrachtet wird, und jede Erkenntnis würde schlechthin ein Irrtum sein, weil in ihr ein Trennen ist. Diese Seite, von welcher das Erkennen ein Trennen und ihr Produkt ein Endliches ist, macht jedes Wissen zu einem Beschränkten und damit zu einer Falschheit; aber insofern jedes Wissen zugleich eine Identität ist, insofern gibt es keinen absoluten Irrtum. – So gut die Identität geltend gemacht wird, so gut muß die Trennung geltend gemacht werden. Insofern die Identität und die Trennung einander entgegengesetzt werden, sind beide absolut; und wenn die Identität dadurch festgehalten werden soll, daß die Entzweiung vernichtet wird, bleiben sie einander entgegengesetzt. Die Philosophie muß dem Trennen in Subjekt und Objekt sein Recht widerfahren lassen; aber indem sie es gleich absolut setzt mit der der Trennung entgegengesetzten Identität, hat sie es nur bedingt gesetzt, so wie eine solche Identität – die durch Vernichten der Entgegengesetzten bedingt ist – auch nur relativ ist. Das Absolute selbst aber ist darum die Identität der

Identität und der Nichtidentität; Entgegensetzen und Einssein ist zugleich in ihm.

Indem die Philosophie trennt, kann sie die Getrennten nicht setzen, ohne sie im Absoluten zu setzen; denn sonst sind es rein Entgegengesetzte, die keinen anderen Charakter haben, als daß das eine nicht ist, insofern das andere ist. Diese Beziehung auf das Absolute ist nicht wieder ein Aufheben beider, denn somit wäre nicht getrennt, sondern sie sollen als Getrennte bleiben und diesen Charakter nicht verlieren, insofern sie im Absoluten oder das Absolute in ihnen gesetzt ist. Und zwar müssen beide im Absoluten gesetzt werden – welches Recht käme dem einen vor dem anderen zu? Nicht nur das gleiche Recht, sondern die gleiche Notwendigkeit findet bei beiden statt; denn würde nur eines aufs Absolute bezogen, das andere nicht, so wäre ihr Wesen ungleich gesetzt und die Vereinigung beider, also die Aufgabe der Philosophie, die Entzweiung aufzuheben, unmöglich. Fichte hat nur eins der Entgegengesetzten ins Absolute oder es als das Absolute gesetzt; das Recht und die Notwendigkeit liegt ihm im Selbstbewußtsein, denn nur dies ist ein Sich-selbst-Setzen, ein Subjekt = Objekt, und dies Selbstbewußtsein wird nicht erst auf das Absolute als ein Höheres bezogen, sondern es ist selbst das Absolute, die absolute Identität. Sein höheres Recht, als das Absolute gesetzt zu werden, besteht eben darin, daß es sich selbst setzt, das Objekt hingegen nicht, welches allein durchs Bewußtsein gesetzt ist. Daß aber diese Stellung des Objekts nur eine zufällige ist, erhellt aus der Zufälligkeit des Subjekt-Objekts, insofern es als Selbstbewußtsein gesetzt ist; denn dies Subjekt-Objekt ist selbst ein Bedingtes. Sein Standpunkt ist darum nicht der höchste; es ist die Vernunft in einer beschränkten Form gesetzt, und nur vom Standpunkt dieser beschränkten Form aus erscheint das Objekt als ein nicht Sich-selbst-Bestimmendes, als ein absolut Bestimmtes. Es müssen daher beide in das Absolute oder das Absolute in beiden Formen gesetzt werden und zugleich beide als Getrennte bestehen; das Subjekt ist hiermit subjektives Subjekt-Objekt, – das Objekt objektives Subjekt-Objekt. Und weil nunmehr, da eine Zweiheit gesetzt ist, jedes der Entgegengesetzten ein sich selbst Entgegengesetztes ist und die Teilung ins Unendliche geht, so ist jeder Teil des Subjekts und jeder Teil des Objekts selbst im Absoluten, eine Identität des Subjekts und Objekts, – jedes Erkennen eine Wahrheit, so wie jeder Staub eine Organisation.

Nur indem das Objekt selbst ein Subjekt-Objekt ist, ist Ich = Ich das Absolute. Ich = Ich verwandelt sich nur dann nicht in: Ich soll gleich Ich sein, wenn das Objektive Ich selbst Subjekt = Objekt ist.

Indem das Subjekt sowohl als Objekt ein Subjekt-Objekt sind, ist die Entgegensetzung des Subjekts und Objekts eine reelle Entgegensetzung; denn beide sind im Absoluten gesetzt und haben dadurch Realität. Die Realität Entgegengesetzter und reelle Entgegensetzung findet allein durch die Identität beider statt.* Ist Objekt ein absolutes Objekt, so ist es ein bloß Ideelles sowie die Entgegensetzung eine bloß ideelle. Dadurch, daß das Objekt nur ein ideales und nicht im Absoluten ist, wird auch das Subjekt ein bloß ideelles, und solche ideale Faktoren sind Ich als Sich-selbst-Setzen und Nicht-Ich als sich Entgegensetzen. Es hilft nichts, daß Ich lauter Leben und Agilität, das Tun und Handeln selbst ist, das Allerrealste, Unmittelbarste im Bewußtsein eines jeden; sowie es dem Objekt absolut entgegengesetzt wird, ist es kein Reales, sondern ein nur Gedachtes, ein reines Produkt der Reflexion, eine bloße Form des Erkennens. Und aus bloßen Reflexionsprodukten kann sich die Identität nicht als Totalität konstruieren, denn sie entstehen durch Abstraktion von der absoluten Identität, die sich gegen sie unmittelbar nur vernichtend, nicht konstruierend verhalten kann. Eben solche Reflexionsprodukte sind Unendlichkeit und Endlichkeit, Unbestimmtheit und Bestimmtheit usw. Vom Unendlichen gibt es keinen Übergang zum Endlichen, vom Unbestimmten keinen Übergang zum Bestimmten. Der Übergang, als die Synthese, wird eine Antinomie; eine Synthese des Endlichen und Unendlichen, des Bestimmten und Unbestimmten aber kann die Reflexion, das absolute Trennen, nicht zustande kommen lassen, und sie ist es, die hier das Gesetz gibt; sie hat das Recht, nur eine formale Einheit geltend zu machen, weil die Entzweiung in

---

* Platon drückt die reelle Entgegensetzung durch die absolute Identität so aus: »Das wahrhaft schöne Band ist das, welches sich selbst und die Verbundenen eins macht. Denn wenn von irgend drei Zahlen oder Massen oder Kräften das Mittlere, was das Erste für dasselbe ist, eben das für das Letzte ist, und umgekehrt, was das Letzte für das Mittlere ist, das Mittlere eben dies für das Erste ist, – und dann das Mittlere zum Ersten und Letzten geworden, das Erste und Letzte aber umgekehrt, beide zum Mittleren geworden sind, so werden sie notwendig alle dasselbe sein; die aber dasselbe gegeneinander sind, sind alle eins.« [*Timaios*, Steph. 31-32]

Unendliches und Endliches, welche ihr Werk ist, verstattet und aufgenommen wurde; die Vernunft aber synthesiert sie in der Antinomie und vernichtet sie dadurch. Wenn eine ideelle Entgegensetzung Werk der Reflexion ist, die von der absoluten Identität ganz abstrahiert, so ist dagegen eine reelle Entgegensetzung Werk der Vernunft, welche die Entgegengesetzten nicht bloß in der Form des Erkennens, sondern auch in der Form des Seins, Identität und Nichtidentität identisch setzt. Und eine solche reelle Entgegensetzung allein ist die, in welcher Subjekt und Objekt beide als Subjekt-Objekt gesetzt werden, beide im Absoluten bestehend, in beiden das Absolute, also in beiden Realität. Deswegen ist auch nur in der reellen Entgegensetzung das Prinzip der Identität ein reelles Prinzip; ist die Entgegensetzung ideell und absolut, so bleibt die Identität ein bloß formales Prinzip, sie ist nur in einer der entgegengesetzten Formen gesetzt und kann sich nicht als Subjekt-Objekt geltend machen. Die Philosophie, deren Prinzip ein formales ist, wird selbst eine formelle Philosophie, wie denn Fichte auch irgendwo sagt[1], daß fürs Selbstbewußtsein Gottes – ein Bewußtsein, in welchem durch das Gesetztsein des Ich alles gesetzt wäre – sein System nur formale Richtigkeit hätte. Wenn hingegen die Materie, das Objekt, selbst ein Subjekt-Objekt ist, so kann die Trennung der Form und Materie wegfallen, und das System sowie sein Prinzip ist nicht mehr ein bloß formales, sondern formales und materiales zugleich; es ist durch die absolute Vernunft alles gesetzt. Nur in realer Entgegensetzung kann das Absolute sich in der Form des Subjekts oder Objekts setzen, das Subjekt in Objekt oder Objekt in Subjekt dem Wesen nach übergehen, – das Subjekt sich selbst objektiv werden, weil es ursprünglich objektiv oder weil das Objekt selbst Subjekt-Objekt ist, oder das Objekt subjektiv werden, weil es nur ursprünglich Subjekt-Objekt ist. Hierin besteht allein die wahre Identität, daß beide ein Subjekt-Objekt sind, und zugleich die wahre Entgegensetzung, deren sie fähig sind. Sind nicht beide Subjekt-Objekt, so ist die Entgegensetzung ideell und das Prinzip der Identität formal. Bei einer formalen Identität und einer ideellen Entgegensetzung ist keine andere als unvollständige Synthese möglich, d. h. die Identität, insofern sie die Entgegengesetzten synthesiert, ist selbst nur ein Quantum, und die Differenz ist qualitativ, nach Art der Kategorien, bei welchen die erste z. B. Realität in der dritten, wie die zweite, nur quantitativ gesetzt ist. Umgekehrt aber, wenn die Entgegensetzung reell ist, ist sie nur quantitativ; das Prinzip ist ideell und reell zugleich, es ist die einzige Qualität, und das Absolute, das sich aus der quantitativen Differenz rekonstruiert, ist kein Quantum, sondern Totalität.

Um die wahre Identität des Subjekts und Objekts zu setzen, werden beide als Subjekt-Objekt gesetzt; und jedes für sich ist nunmehr fähig, der Gegenstand einer besonderen Wissenschaft zu sein. Jede dieser Wissenschaften fordert Abstraktion von dem Prinzip der anderen. Im System der Intelligenz sind die Objekte nichts an sich, die Natur hat nur ein Bestehen im Bewußtsein; es wird davon abstrahiert, daß das Objekt eine Natur und die Intelligenz als Bewußtsein dadurch bedingt ist. Im System der Natur wird vergessen, daß die Natur ein Gewußtes ist; die idealen Bestimmungen, welche die Natur in der Wissenschaft erhält, sind zugleich in ihr immanent. Die gegenseitige Abstraktion ist aber nicht eine Einseitigkeit der Wissenschaften, nicht eine subjektive Abstraktion vom reellen Prinzip der andern, welche zum Behuf des Wissens gemacht würde und auf einem höheren Standpunkt insofern verschwände, daß an sich betrachtet die Objekte des Bewußtseins, die im Idealismus nichts sind als Produkte des Bewußtseins, doch etwas absolut anderes wären und ein absolutes Bestehen außer dem Wesen des Bewußtseins hätten, – und dagegen die Natur, welche in ihrer Wissenschaft als sich selbst bestimmend und in sich selbst ideell gesetzt wird, an sich betrachtet nur Objekt und alle Identität, die die Vernunft in ihr erkennt, nur eine ihr vom Wissen geliehene Form wäre. Es wird nicht vom inneren Prinzip, sondern nur von der eigentümlichen Form der anderen Wissenschaft abstrahiert, um jede rein, d.h. die innere Identität beider zu erhalten und die Abstraktion vom Eigentümlichen der anderen ist eine Abstraktion von der Einseitigkeit. Natur und Selbstbewußtsein sind *an sich* so, wie sie in der eigenen Wissenschaft einer jeden von der Spekulation gesetzt werden; sie sind deswegen so an sich selbst, weil es die Vernunft ist, die sie setzt, und die Vernunft setzt sie als Subjekt-Objekt, also als das Absolute, – und das einzige Ansich ist das Absolute. Sie setzt sie als Subjekt-Objekt, weil sie es selbst ist, die sich als Natur und als Intelligenz produziert und sich in ihnen erkennt.

Um der wahren Identität willen, in welche Subjekt und Objekt gesetzt, nämlich indem beide Subjekt-Objekt sind, und weil ihre Entgegensetzung daher eine reelle, also eins ins andere überzugehen fähig ist, ist der verschiedene Standpunkt beider Wissenschaften kein widersprechender. Wäre Subjekt und Objekt absolut entgegengesetzt, nur eins das Subjekt-Objekt, dann könnten die beiden Wissenschaften nicht nebeneinander in gleicher Würde bestehen; nur der eine Standpunkt würde der vernünftige sein. Beide Wissenschaften sind ganz allein dadurch möglich, daß in beiden ein und ebendasselbe in den notwendigen Formen seiner Existenz konstruiert wird. Beide Wissenschaften scheinen sich zu widersprechen, weil in jeder das Absolute in einer entgegengesetzten Form gesetzt ist. Ihr Widerspruch hebt sich aber nicht dadurch auf, daß nur eine derselben als die einzige Wissenschaft behauptet und von ihrem Standpunkt aus die andere vernichtet wird; der höhere Standpunkt, der die Einseitigkeit beider Wissenschaften in Wahrheit aufhebt, ist derjenige, der in beiden ebendasselbe Absolute erkennt. Die Wissenschaft vom subjektiven Subjekt-Objekt hat bisher Transzendentalphilosophie geheißen; die vom objektiven Subjekt-Objekt Naturphilosophie. Insofern sie einander entgegengesetzt sind, ist in jener das Subjektive das Erste, in dieser das Objektive. In beiden ist das Subjektive und Objektive ins Substantialitätsverhältnis gesetzt; in der Transzendentalphilosophie ist das Subjekt als Intelligenz die absolute Substanz, und die Natur ist Objekt, ein Akzidens, – in der Naturphilosophie ist die Natur die absolute Substanz, und das Subjekt, die Intelligenz, nur ein Akzidens. Der höhere Standpunkt ist nun weder ein solcher, in welchem die eine oder die andere Wissenschaft aufgehoben und entweder nur das Subjekt oder nur das Objekt als Absolutes behauptet wird, noch auch ein solcher, in welchem beide Wissenschaften vermengt werden.

Was das Vermengen betrifft, so gibt das der Naturwissenschaft Angehörige, in das System der Intelligenz gemischt, die transzendenten Hypothesen, die durch einen falschen Schein der Vereinigung des Bewußtseins und des Bewußtlosen blendend werden können; sie geben sich für natürlich aus und überfliegen auch wirklich das Palpable nicht, wie die Fiberntheorie des Bewußtseins; dagegen gibt das Intelligente als solches, in die Naturlehre gemischt, die hyperphysischen, besonders teleologischen Erklärungen. Beide Mißgriffe des Vermengens gehen von der Tendenz des Erklärens aus, zu dessen Behuf Intelligenz und Natur ins Kausalitätsverhältnis, das eine als Grund, das andere als Begründetes gesetzt werden, wodurch aber nur die Entgegensetzung als absolut fixiert und durch den Schein einer solchen formalen Identität, wie die Kausalidentität ist, der Weg zur absoluten Vereinigung völlig abgeschnitten wird.

Der andere Standpunkt, wodurch das Widersprechende beider Wissenschaften sollte aufgehoben werden, wäre derjenige, welcher eine oder die andere Wissenschaft nicht als eine Wissenschaft des Absoluten gelten läßt. Der Dualismus kann der Wissenschaft der Intelligenz sehr gut folgen und die Dinge doch noch als eigene Wesen gelten lassen; er kann zu diesem Behuf die Naturwissenschaft als ein solches System vom eigenen Wesen der Dinge nehmen; jede [Wissenschaft] gälte ihm, soviel sie will; sie haben friedlich nebeneinander Platz. Aber damit würde das Wesen beider Wissenschaften, Wissenschaften des Absoluten zu sein, übersehen, denn das Absolute ist kein Nebeneinander.

Oder es gibt noch einen Standpunkt, auf welchem die eine oder die andere Wissenschaft nicht als eine Wissenschaft des Absoluten gälte, nämlich derjenige, auf welchem das Prinzip der einen als im Absoluten oder das Absolute in der Erscheinung dieses Prinzips gesetzt aufgehoben würde. Der merkwürdigste Standpunkt ist in dieser Rücksicht der Standpunkt des gewöhnlich so genannten transzendentalen Idealismus; es wurde behauptet, daß diese Wissenschaft des subjektiven Subjekt-Objekts selbst eine der integrierenden Wissenschaften der Philosophie, aber auch nur die eine ist. Es ist die Einseitigkeit dieser Wissenschaft, wenn sie sich als die Wissenschaft κατ' ἐξοχήν behauptet, und die Gestalt, welche die Natur von ihr aus hat, aufgezeigt worden. Hier kommt noch die Form in Betrachtung, welche die Wissenschaft der Natur erhält, wenn sie von diesem Standpunkt aus erbaut wird.

Kant anerkennt eine Natur, indem er das Objekt als ein (durch den Verstand) Unbestimmtes setzt, und stellt die Natur als ein Subjekt-Objekt dar, indem er das Naturprodukt als Naturzweck betrachtet, zweckmäßig ohne Zweckbegriff, notwendig ohne Mechanismus, Begriff und Sein identisch. Zugleich aber soll diese Ansicht der Natur nur teleologisch, d. h. nur als Maxime unseres eingeschränkten, diskursiv denkenden, menschlichen Verstandes gelten, in dessen allgemeinen Begriffen die besonderen Erscheinungen der Natur nicht enthalten seien; durch diese *menschliche* Betrachtungsart soll über die Realität der Natur nichts ausgesagt sein; die Betrachtungsart bleibt also ein durchaus Subjektives und die Natur ein rein Objektives, ein bloß Gedachtes. Die Synthese der durch den Verstand bestimmten und zugleich unbestimmten

Natur in einem sinnlichen Verstande soll zwar eine bloße Idee bleiben; es soll *für uns Menschen* zwar unmöglich sein, daß die Erklärung auf dem Wege des Mechanismus mit der Zweckmäßigkeit zusammentreffe. Diese höchst untergeordneten und unvernünftigen kritischen Ansichten erheben sich, wenn sie gleich menschliche und absolute Vernunft einander schlechthin entgegensetzen, doch zur *Idee* eines sinnlichen Verstandes, d. h. der Vernunft; es soll doch *an sich*, das hieße in der Vernunft, nicht unmöglich sein, daß Naturmechanismus und Naturzweckmäßigkeit zusammentreffen. Kant hat aber den Unterschied eines *an sich Möglichen* und eines *Reellen* nicht fallenlassen, noch die notwendige höchste Idee eines sinnlichen Verstandes zur Realität erhoben, und deswegen ist ihm in seiner Naturwissenschaft teils überhaupt die Einsicht in die Möglichkeit der Grundkräfte ein Unmögliches, teils kann eine solche Naturwissenschaft, für welche die Natur eine Materie, d. i. absolut Entgegengesetztes, sich nicht selbst Bestimmendes [ist], nur eine Mechanik konstruieren. Mit der Armut von Anziehungs- und Zurückstoßungskräften[2] hat sie die Materie schon zu reich gemacht; denn die Kraft ist ein Inneres, das ein Äußeres produziert, ein Sich-selbst-Setzen = Ich, und ein solches kann, vom rein idealistischen Standpunkt aus, der Materie nicht zukommen. Er begreift die Materie bloß als das Objektive, das dem Ich Entgegengesetzte; jene Kräfte sind für ihn nicht nur überflüssig, sondern entweder rein ideell, und dann sind es keine Kräfte, oder transzendent. Es bleibt für ihn keine dynamische, sondern nur eine mathematische Konstruktion der Erscheinungen.[3] Die Durchführung der Erscheinungen, die gegeben sein müssen, durch die Kategorien kann wohl mancherlei richtige Begriffe, aber für die Erscheinungen keine Notwendigkeit geben, und die Kette der Notwendigkeit ist das Formale des Wissenschaftlichen der Konstruktion. Die Begriffe bleiben ein der Natur, so wie die Natur ein den Begriffen Zufälliges. Richtig konstruierte Synthesen durch Kategorien hätten darum nicht notwendig ihre Belege in der Natur selbst; die Natur kann nur mannigfaltige Spiele darbieten, welche als zufällige Schemate für Verstandesgesetze gelten könnten, – Beispiele, deren Eigentümliches und Lebendiges gerade insofern wegfiele, als die Reflexionsbestimmungen allein in ihnen erkannt werden. Umgekehrt sind die Kategorien nur dürftige Schemate der Natur.[4]

Wenn die Natur nur Materie, nicht Subjekt-Objekt ist, bleibt keine solche wissenschaftliche Konstruktion derselben möglich, für welche Erkennendes und Erkanntes eins sein muß. Eine Vernunft, welche sich durch absolute Entgegensetzung gegen das Objekt zur Reflexion gemacht hat, kann a priori von der Natur, nur durch Deduktion, mehr aussagen als ihren allgemeinen Charakter der Materie; dieser bleibt zugrunde liegen, die mannigfaltigen weiteren Bestimmungen sind für und durch die Reflexion gesetzt. Eine solche Deduktion hat Schein einer Apriorität daher, daß sie das Reflexionsprodukt, den Begriff, als ein Objektives setzt; weil sie weiter nichts setzt, bleibt sie freilich immanent. Eine solche Deduktion ist ihrem Wesen nach dasselbe mit jener Ansicht, die in der Natur nur äußere Zweckmäßigkeit anerkennt. Der Unterschied ist allein, daß jene systematischer von einem bestimmten Punkte, z. B. dem Leib des Vernunftwesens ausgeht; in beiden ist die Natur ein absolut von dem Begriff – einem ihr Fremden – Bestimmtes. Die teleologische Ansicht, welche die Natur nur [als] nach äußeren Zwecken bestimmt anerkennt, hat in Rücksicht der Vollständigkeit einen Vorzug, da sie die Mannigfaltigkeit der Natur, wie sie empirisch gegeben ist, aufnimmt. Die Deduktion der Natur hingegen, die von einem bestimmten Punkt ausgeht und wegen der Unvollständigkeit desselben noch Weiteres postuliert – worin dies Deduzieren besteht –, ist mit dem Postulierten unmittelbar befriedigt, welches unmittelbar so viel leisten soll, als der Begriff fordert. Ob ein wirkliches Objekt der Natur das Geforderte allein zu leisten vermöge, geht sie nichts an, und sie kann dies nur durch Erfahrung finden; findet sich das unmittelbar postulierte Objekt in der Natur nicht hinreichend, so wird ein anderes deduziert usf., bis der Zweck sich erfüllt findet. Die Ordnung dieser deduzierten Objekte hängt von den bestimmten Zwecken ab, von denen ausgegangen wird; und nur soweit, als sie in Rücksicht auf diesen Zweck eine Beziehung haben, haben sie Zusammenhang unter sich. Eigentlich aber sind sie keines inneren Zusammenhangs fähig; denn wenn das Objekt, das unmittelbar deduziert wurde, in der Erfahrung für unzureichend zu dem Begriff, der erfüllt werden soll, gefunden wird, so ist durch ein solches einziges Objekt, weil es äußerlich unendlich bestimmbar ist, die Zerstreuung in die Unendlichkeit aufgetan – eine Zerstreuung, die etwa nur dadurch vermieden würde, daß die Deduktion ihre mannigfaltigen Punkte zu einem Kreise drehte, in dessen inneren Mittelpunkt sie aber sich zu stellen nicht fähig ist, weil sie von Anfang an im Äußeren ist. Für den Begriff ist das Objekt, für das Objekt der Begriff ein Äußeres.

Keine der beiden Wissenschaften kann sich also als die einzige konstituieren, keine die andere aufheben. Das Absolute würde hierdurch nur in *einer* Form seiner Existenz gesetzt, und so wie es in der Form der Existenz sich setzt, muß es sich in einer Zweiheit der Form setzen; denn Erscheinen und Sich-Entzweien ist eins.

Wegen der inneren Identität beider Wissenschaften – da beide das Absolute darstellen, wie es sich aus den niedrigen Potenzen *einer* Form der Erscheinung zur Totalität in dieser Form gebiert –, ist jede Wissenschaft ihrem Zusammenhange und ihrer Stufenfolge nach der anderen gleich. Eine ist ein Beleg der anderen; wie ein älterer Philosoph davon ungefähr so gesprochen hat: die Ordnung und der Zusammenhang der Ideen (des Subjektiven) ist derselbe als der Zusammenhang und die Ordnung der Dinge[5] (des Objektiven). Alles ist nur in *einer* Totalität; die objektive Totalität und die subjektive Totalität, das System der Natur und das System der Intelligenz ist eines und ebendasselbe; einer subjektiven Bestimmtheit korrespondiert ebendieselbe objektive Bestimmtheit.

Als Wissenschaften sind sie objektive Totalitäten und gehen von Beschränktem zu Beschränktem fort. Jedes Beschränkte ist aber selbst im Absoluten, also innerlich ein Unbeschränktes; seine äußere Beschränkung verliert es dadurch, daß es im systematischen Zusammenhange in der objektiven Totalität gesetzt ist; in dieser hat es auch als ein Beschränktes Wahrheit, und Bestimmung seiner Stelle ist das Wissen von ihm. – Zu Jacobis Ausdruck, daß die Systeme ein organisiertes Nichtwissen[6] seien, muß nur hinzugefügt werden, daß das Nichtwissen – das Erkennen Einzelner – dadurch, daß es organisiert wird, ein Wissen wird.

Außer der äußeren Gleichheit, insofern diese Wissenschaften abgesondert stehen, durchdringen ihre Prinzipien sich zugleich notwendig unmittelbar. Wenn das Prinzip der einen das subjektive Subjekt-Objekt, das andere das objektive Subjekt-Objekt ist, so ist ja im System der Subjektivität zugleich das Objektive, im System der Objektivität zugleich das Subjektive, – die Natur so gut eine immanente Idealität als die Intelligenz eine immanente Realität. Beide Pole des Erkennens und des Seins sind in jedem, beide haben also auch den Indifferenzpunkt in sich; nur ist in dem einen System der Pol des Ideellen, in dem andern der Pol des Reellen überwiegend. Jener kommt in der Natur nicht bis zum Punkt der absoluten Abstraktion, die sich gegen die unendliche Expansion als Punkt in sich selbst setzt, wie das Ideelle sich in der Vernunft konstruiert;

dieser kommt in der Intelligenz nicht bis zur Einwicklung[7] des Unendlichen, das in dieser Kontraktion sich unendlich außer sich setzt, wie das Reelle sich in der Materie konstruiert.

Jedes System ist ein System der *Freiheit* und der *Notwendigkeit* zugleich. Freiheit und Notwendigkeit sind ideelle Faktoren, also nicht in reeller Entgegensetzung; das Absolute kann sich daher in keiner von beiden Formen als Absolutes setzen, und die Wissenschaften der Philosophie können nicht die eine ein System der Freiheit, die andere ein System der Notwendigkeit sein. Eine solche getrennte Freiheit wäre eine formale Freiheit, so wie eine getrennte Notwendigkeit eine formale Notwendigkeit. Freiheit ist Charakter des Absoluten, wenn es gesetzt wird als ein Inneres, das, insofern es sich in eine beschränkte Form, in bestimmte Punkte der objektiven Totalität setzt, bleibt, was es ist, ein nicht Beschränktes, wenn es also in Entgegensetzung mit seinem Sein, d. h. als Inneres betrachtet wird, demnach mit der Möglichkeit, es zu verlassen und in eine andere Erscheinung überzugehen. Notwendigkeit ist Charakter des Absoluten, insofern es betrachtet wird als ein Äußeres, als eine objektive Totalität, also als ein Außereinander, dessen Teilen aber kein Sein zukommt, außer in dem Ganzen der Objektivität. Weil Intelligenz sowohl als die Natur dadurch, daß sie im Absoluten gesetzt sind, eine reelle Entgegensetzung haben, kommen die ideellen Faktoren der Freiheit und Notwendigkeit einer jeden zu. Aber der Schein der Freiheit, die Willkür, d. h. eine Freiheit, in welcher ganz von der Notwendigkeit oder von der Freiheit als einer Totalität abstrahiert würde – was nur geschehen kann, insofern die Freiheit schon innerhalb einer einzelnen Sphäre gesetzt ist –, sowie der der Willkür für die Notwendigkeit entsprechende Zufall, mit welchem einzelne Teile gesetzt sind, als ob sie nicht in der objektiven Totalität und durch sie allein, sondern für sich wären, – Willkür und Zufall, die nur auf untergeordneteren Standpunkten Raum haben, sind aus dem Begriff der Wissenschaften des Absoluten verbannt. Hingegen Notwendigkeit gehört der Intelligenz an wie der Natur. Denn da die Intelligenz im Absoluten gesetzt ist, so kommt ihr gleichfalls die Form des Seins zu; sie muß sich entzweien und erscheinen; sie ist eine vollendete Organisation von Erkennen und Anschauen. Jede ihrer Gestalten ist durch entgegengesetzte bedingt, und wenn die abstrakte Identität der Gestalten als Freiheit von den Gestalten selbst isoliert wird, so ist sie nur *ein* ideeller Pol des Indifferenzpunktes der Intelligenz, der eine objektive Totalität als den anderen immanenten Pol hat. Die Natur dagegen hat Freiheit, denn sie ist nicht ein ruhendes Sein, sondern zugleich ein Werden, – ein Sein, das nicht von außen entzweit und synthesiert wird, sondern sich in sich selbst trennt und vereint und in keiner ihrer Gestalten sich als ein bloß Beschränktes, sondern als das Ganze frei setzt. Ihre bewußtlose Entwicklung ist eine Reflexion der lebendigen Kraft, die sich endlos entzweit, aber in jeder beschränkten Gestalt sich selbst setzt und identisch ist; und insofern ist keine Gestalt der Natur beschränkt, sondern frei.

Wenn daher die Wissenschaft der Natur überhaupt der *theoretische Teil*, die Wissenschaft der Intelligenz der *praktische Teil* der Philosophie ist, so hat zugleich jede wieder für sich einen eigenen theoretischen und praktischen Teil. Wie in dem System der Natur die Identität in der Potenz des Lichts, der schweren Materie nicht an sich, sondern als Potenz ein Fremdes ist, das sie zur Kohäsion entzweit und eint und ein System der anorganischen Natur produziert, so ist für die in objektiven Anschauungen sich produzierende Intelligenz die Identität in der Potenz des Sich-selbst-Setzens ein nicht Vorhandenes, – die Identität erkennt nicht sich selbst in der Anschauung; beides ist ein nicht auf ihr Handeln reflektierendes Produzieren der Identität, also Gegenstand eines theoretischen Teils. Ebenso hingegen wie im Willen die Intelligenz sich erkennt und sich als sich selbst in die Objektivität hineinsetzt, ihre bewußtlos produzierten Anschauungen vernichtet, so wird die Natur in der organischen Natur praktisch, indem das Licht zu seinem Produkte tritt und ein Inneres wird. Wenn es in der anorganischen Natur den Kontraktionspunkt nach außen in die Kristallisation als eine äußere Idealität setzt, so bildet das Licht in der organischen Natur sich als Inneres zur Kontraktion des Gehirns, schon in der Pflanze als Blume, in welcher das innere Lichtprinzip in Farben sich zerstreut und in ihnen schnell hinwelkt; aber in ihr, so wie fester im Tier, setzt es sich durch die Polarität der Geschlechter subjektiv und objektiv zugleich; das Individuum sucht und findet sich selbst in einem anderen. Intensiver im Inneren bleibt das Licht im Tier, in welchem es als mehr oder weniger veränderliche Stimme seine Individualität als ein Subjektives in allgemeiner Mitteilung, [als] sich erkennend und anzuerkennend setzt. Indem die Naturwissenschaft die Identität, wie sie die Momente der anorganischen Natur von innen heraus *rekonstruiert*, darstellt, hat sie in sich einen praktischen Teil. Der rekonstruierte, praktische Magnetismus ist die Aufhebung der nach außen sich in Pole expandierenden Schwerkraft, ihre Rekontraktion in den Punkt der Indifferenz des Gehirns und ihr Versetzen der zwei Pole nach innen, als zweier Indifferenzpunkte, wie sie die Natur auch in den elliptischen Bahnen der Planeten aufstellt; die von innen rekonstruierte Elektrizität setzt die Geschlechterdifferenz der Organisationen, deren jede durch sich selbst die Differenz produziert, um ihres Mangels willen sich ideell setzt, in einer anderen sich objektiv findet und die Identität durch Zusammenfließen mit ihr sich geben muß. Die Natur, insofern sie durch chemischen Prozeß praktisch wird, hat das Dritte, die Differenten Vermittelnde, in sie selbst als ein Inneres zurückgelegt, welches als Ton, ein inneres sich selbst produzierendes Klingen, wie der dritte Körper des anorganischen Prozesses ein Potenzloses ist und vergeht, die absolute Substantialität der differenten Wesen auslöscht und sie zur Indifferenz des gegenseitigen Sich-Anerkennens bringt, eines idealen Setzens, das nicht wieder wie das Geschlechtsverhältnis in einer reellen Identität erstirbt.

Wir haben bisher beide Wissenschaften bei ihrer inneren Identität einander entgegengesetzt; in der einen ist das Absolute ein Subjektives in der Form des Erkennens, in der anderen ein Objektives in der Form des Seins. Sein und Erkennen werden dadurch ideelle Faktoren oder Formen, daß sie einander entgegengesetzt sind; in beiden Wissenschaften ist beides, aber in der einen ist Erkennen die Materie und Sein die Form, in der anderen ist Sein die Materie, Erkennen die Form. Weil das Absolute in beiden dasselbe ist und die Wissenschaften nicht bloß die Entgegengesetzten als Formen, sondern insofern das Subjekt-Objekt sich in ihnen setzt, darstellen,[8] so sind die Wissenschaften selbst nicht in ideeller, sondern in reeller Entgegensetzung, und deswegen müssen sie zugleich in *einer* Kontinuität, als *eine* zusammenhängende Wissenschaft betrachtet werden. Insofern sie sich entgegengesetzt sind, sind sie zwar innerlich in sich beschlossen und Totalitäten, aber zugleich nur relative, und als solche streben sie nach dem Indifferenzpunkt; als Identität und als relative Totalität liegt er überall in ihnen selbst, als absolute Totalität außer ihnen. Insofern aber beide Wissenschaften des Absoluten und ihre Entgegensetzung eine reelle ist, hängen sie als Pole der Indifferenz in dieser selbst zusammen; sie selbst sind die Linien, welche den Pol mit dem Mittelpunkt verknüpfen. Aber dieser Mittelpunkt ist selbst ein gedoppelter, einmal Identität, das andere Mal Totalität, und insofern erscheinen beide Wissenschaften als der Fortgang der Entwicklung oder Selbstkonstruktion der Identität zur Totalität. Der Indifferenzpunkt, nach welchem die beiden Wissenschaften, insofern sie, von seiten ihrer ideellen Faktoren betrachtet, entgegengesetzt sind, streben, ist das Ganze, als eine Selbstkonstruktion des Absoluten vorgestellt, das Letzte und Höchste derselben. Das Mittlere, der Punkt des Übergangs von der sich als Natur konstruierenden Identität zu ihrer Konstruktion als Intelligenz, ist das Innerlichwerden des Lichts der Natur, – der, wie Schelling sagt,[9] einschlagende Blitz des Ideellen in das Reelle und sein Sich-selbst-Konstituieren als Punkt. Dieser Punkt, als Vernunft der Wendepunkt beider Wissenschaften, ist die höchste Spitze der Pyramide der Natur, ihr letztes Produkt, bei dem sie, sich vollendend, ankommt; aber als Punkt muß er sich gleichfalls in eine Natur expandieren. Wenn die Wissenschaft in ihn als Mittelpunkt sich gestellt und von ihm sich in zwei Teile geteilt hat und der einen Seite das bewußtlose Produzieren, der anderen das bewußte anweist, so weiß sie zugleich, daß die Intelligenz, als ein reeller Faktor, zugleich die ganze Selbstkonstruktion der Natur auf der andern Seite mit sich herübernimmt und das Vorhergehende oder ihr zur Seite Stehende in sich hat, sowie daß in der Natur, als einem reellen Faktor, das in der Wissenschaft ihr Entgegenstehende gleichfalls immanent ist. Und hiermit ist alle Idealität der Faktoren und ihre einseitige Form aufgehoben; dies ist der einzige höhere Standpunkt, auf welchem beide Wissenschaften ineinander verloren sind, indem ihre Trennung nur als ein Wissenschaftliches und die Idealität der Faktoren nur als ein zu diesem Behuf Gesetztes anerkannt ist. Diese Ansicht ist unmittelbar nur negativ, nur die Aufhebung der Trennung beider Wissenschaften und der Formen, in welchen sich das Absolute gesetzt hat, nicht eine reelle Synthese, nicht der absolute Indifferenzpunkt, in welchem diese Formen dadurch vernichtet sind, daß sie vereinigt beide bestehen. Die ursprüngliche Identität, welche ihre bewußtlose Kontraktion – subjektiv des Fühlens, objektiv der Materie – in das endlos organisierte Neben- und Nacheinander des Raums und der Zeit, in objektive Totalität ausbreitete und dieser Expansion die durch Vernichtung derselben sich konstituierende Kontraktion in den sich erkennenden Punkt (subjektiver) Vernunft, die subjektive Totalität entgegensetzte, muß beides vereinigen in die Anschauung des sich selbst in vollendeter Totalität objektiv werdenden Absoluten – in die Anschauung der ewigen Menschwerdung Gottes, des Zeugens des

Worts vom Anfang.

Diese Anschauung des sich selbst gestaltenden oder sich objektiv findenden Absoluten kann gleichfalls wieder in einer Polarität betrachtet werden, insofern die Faktoren dieses Gleichgewichts, auf einer Seite das Bewußtsein, auf der anderen das Bewußtlose überwiegend gesetzt wird. Jene Anschauung erscheint in der *Kunst* mehr in einen Punkt konzentriert und das Bewußtsein niederschlagend, – entweder in der eigentlich sogenannten Kunst als Werk, das als objektiv teils dauernd ist, teils mit Verstand als ein totes Äußeres genommen werden kann, ein Produkt des Individuums, des Genies, aber der Menschheit angehörend, – oder in der *Religion* als ein lebendiges Bewegen, das als subjektiv, nur Momente erfüllend, vom Verstand als ein bloß Inneres gesetzt werden kann, das Produkt einer Menge, einer allgemeinen Genialität, aber auch jedem Einzelnen angehörend. In der *Spekulation* erscheint jene Anschauung mehr als Bewußtsein, und im Bewußtsein Ausgebreitetes als ein Tun subjektiver Vernunft, welche die Objektivität und das Bewußtlose aufhebt. Wenn der Kunst in ihrem wahren Umfang das Absolute mehr in der Form des absoluten Seins erscheint, so erscheint es der Spekulation mehr als ein in seiner unendlichen Anschauung sich selbst Erzeugendes; aber indem sie es zwar als ein Werden begreift, setzt sie zugleich die Identität des Werdens und Seins, und das als sich erzeugend ihr Erscheinende wird zugleich als das ursprüngliche absolute Sein gesetzt, das nur werden kann, insofern es ist. Sie weiß sich auf diese Art das Übergewicht, welches das Bewußtsein in ihr hat, selbst zu nehmen, – ein Übergewicht, das ohnehin ein Außerwesentliches ist. Beides, Kunst und Spekulation sind in ihrem Wesen der Gottesdienst, – beides ein lebendiges Anschauen des absoluten Lebens und somit ein Einssein mit ihm.

Die Spekulation und ihr Wissen ist somit im Indifferenzpunkt, aber nicht an und für sich im wahren Indifferenzpunkt; ob sie sich darin befinde, hängt davon ab, ob sie sich nur als *eine* Seite desselben erkennt. Die Transzendentalphilosophie ist *eine* Wissenschaft des Absoluten, denn das Subjekt ist selbst Subjekt-Objekt und insofern Vernunft; setzt sie sich als diese subjektive Vernunft als das Absolute, so ist sie eine reine, d. h. formale Vernunft, deren Produkte, Ideen, einer Sinnlichkeit oder Natur absolut entgegengesetzt sind und den Erscheinungen nur als die Regel einer ihnen fremden Einheit dienen können. Indem das Absolute in die Form eines Subjekts gesetzt ist, hat diese Wissenschaft eine immanente Grenze; sie erhebt sich allein dadurch zur Wissenschaft des Absoluten und in den absoluten Indifferenzpunkt, daß sie ihre Grenze kennt und sich und dieselbe aufzuheben weiß, und zwar wissenschaftlich. Denn es ist wohl ehemals viel von den Grenzpfählen der menschlichen Vernunft gesprochen worden, und auch der transzendentale Idealismus anerkennt unbegreifliche Schranken des Selbstbewußtseins, in die wir einmal eingeschlossen sind; aber indem die Schranken dort für Grenzpfähle der Vernunft, hier für unbegreiflich ausgegeben werden, erkennt die Wissenschaft ihr Unvermögen, sich durch sich selbst, d. h. nicht durch einen *salto mortale* aufzuheben oder von dem Subjektiven, worein sie die Vernunft gesetzt hat, wieder zu abstrahieren.

Weil die Transzendentalphilosophie ihr Subjekt als ein Subjekt-Objekt setzt und hiermit eine Seite des absoluten Indifferenzpunktes ist, so ist allerdings die Totalität in ihr; die gesamte Naturphilosophie selbst fällt als ein Wissen innerhalb ihrer Sphäre, und es kann der Wissenschaft des Wissens, die nur einen Teil der Transzendentalphilosophie ausmachen würde, nicht verwehrt werden, so wenig als der Logik, auf die Form, die sie zum Wissen gibt, und auf die Identität, die im Wissen ist, Anspruch zu machen oder vielmehr die Form als Bewußtsein zu isolieren und die Erscheinung für sich zu konstruieren. Aber diese Identität, von allem Mannigfaltigen des Wissens abgesondert, als reines Selbstbewußtsein, zeigt sich als eine relative darin, daß sie aus ihrem Bedingtsein durch ein Entgegengesetztes in keiner ihrer Formen herauskommt.

Das absolute Prinzip, der einzige Realgrund und feste Standpunkt der Philosophie ist sowohl in Fichtes als in Schellings Philosophie die intellektuelle Anschauung, – für die Reflexion ausgedrückt: Identität des Subjekts und Objekts. Sie wird in der Wissenschaft Gegenstand der Reflexion; und darum ist die philosophische Reflexion selbst transzendentale Anschauung, sie macht sich selbst zum Objekt und ist eins mit ihm; hierdurch ist sie Spekulation. Fichtes Philosophie ist deswegen echtes Produkt der Spekulation. Die philosophische Reflexion ist bedingt, oder die transzendentale Anschauung kommt ins Bewußtsein durch freie Abstraktion von aller Mannigfaltigkeit des empirischen Bewußtseins, und insofern ist sie ein Subjektives. Macht die philosophische Reflexion sich insofern selbst zum Gegenstand, so macht sie ein Bedingtes zum Prinzip ihrer Philosophie; um die transzendentale Anschauung rein zu fassen, muß sie noch von diesem Subjektiven abstrahieren, daß sie ihr als Grundlage der Philosophie weder subjektiv noch objektiv sei, weder Selbstbewußtsein, der Materie entgegengesetzt, noch Materie, entgegengesetzt dem Selbstbewußtsein, sondern absolute, weder subjektive, noch objektive Identität, reine transzendentale Anschauung. Als Gegenstand der Reflexion wird sie Subjekt und Objekt; diese Produkte der reinen Reflexion setzt die philosophische Reflexion in ihrer bleibenden Entgegensetzung ins Absolute. Die Entgegensetzung der spekulativen Reflexion ist nicht mehr ein Objekt und ein Subjekt, sondern eine subjektive transzendentale Anschauung und eine objektive transzendentale Anschauung, jene Ich, diese Natur – beides die höchsten Erscheinungen der absoluten sich selbst anschauenden Vernunft. Daß diese beiden Entgegengesetzten – sie heißen nun Ich und Natur, reines und empirisches Selbstbewußtsein, Erkennen und Sein, Sich-selbst-Setzen und Entgegensetzen, Endlichkeit und Unendlichkeit – zugleich in dem Absoluten gesetzt werden, in dieser Antinomie erblickt die gemeine Reflexion nichts als den Widerspruch, nur die Vernunft in diesem absoluten Widerspruche die Wahrheit, durch welchen beides gesetzt und beides vernichtet ist, weder beide, und beide zugleich sind.

1 Vgl. Fichte, *Wissenschaftslehre*, SW, Bd. I, 253
2 Vgl. Kant, *Metaphysische Anfangsgründe der Naturwissenschaft*, A 34 f.
3 Ebenda, A VII
4 Ebenda, A XVI
5 Spinoza, *Ethik* II, Propos. VII
6 Vgl. Jacobi, *Werke*, Bd. III, S. 29
7 Vielleicht »Entwicklung«?
8 A: »darstellt«
9 *Zeitschrift für spekulative Physik*, Bd. II, Heft 2, S. 116

Ludwig Feuerbach
Kritik der Schellingschen Philosophie*

[...] Hegel hat [...] vom Uranfang seines Philosophierens an mit der Voraussetzung der absoluten Identität begonnen. Die Idee der absoluten Identität oder des Absoluten überhaupt war ihm schlechtweg eine objektive Wahrheit, und nicht nur eine, sondern die absolute Wahrheit, die absolute Idee selbst – die absolute, d. h. die nicht mehr bezweifelbare, die über alle Kritik und Skepsis erhabene Idee – eine übrigens psychologisch notwendige und *denkwürdige* Wirkung und Eigenschaft der Idee des Absoluten, daß der, welcher sie einmal hat, sie nicht mehr bezweifeln kann. Aber gleichwohl war die Idee des Absoluten ihrer *positiven* Bedeutung nach nur die Idee der Objektivität *im Gegensatz* gegen die Idee der Subjektivität der Kantisch-Fichteschen Philosophie. Die Schellingsche Philosophie haben wir daher nicht als die »*absolute*« Philosophie, wofür sie ihren Anhängern** galt, sondern als den *Gegensatz* der kritischen Philosophie zu begreifen. Schelling wollte anfänglich, wie bekannt, nur den entgegengesetzten oder umgekehrten Weg vom Idealismus gehen. Die Naturphilosophie war auch in der Tat zunächst nur der umgekehrte Idealismus und darum der Übergang von diesem in jene nicht schwer. Der Idealismus erblickte auch in der Natur Leben und Vernunft, aber nur als sein eigenes Leben, als seine eigene Vernunft; was er in ihr sah, das hatte er selbst in sie hineingelegt; was er daher der Natur gab, nahm er wieder in sich selbst zurück: Die Natur ist das verobjektivierte Ich, der von sich selbst außer sich angeschaute Geist. Der Idealismus war daher auch schon eine Identität von Subjekt und Objekt, von Geist und Natur, aber so, daß die Natur in dieser Einheit nur die Bedeutung des Objekts, des vom Geiste Gesetzten hatte. Es durfte daher nur die Natur aus den Banden, in die sie der Idealist geschlagen und an sein Ich angekettet hatte, zu selbständigem Dasein entlassen werden, um ihr *die* Bedeutung zu geben, die sie spä-

* Der Titel dieses Auszuges stammt von den Herausgebern.
** Auch die Hegelsche Philosophie kann nur dann richtig erkannt, gewürdigt und beurteilt werden, wenn man anerkennt, daß sie, ungeachtet sie formell den Fichteanismus in sich aufgenommen hat, doch ihrem *Inhalt* nach den Gegensatz zum Kant- und Fichteanismus bildet.

ter in der Naturphilosophie erhielt. Der Idealist sagte zur Natur: Du bist mein alter ego, mein anderes Ich; aber er betonte nur das Ich, so daß der Sinn seiner Rede war: Du bist der Ausfluß, der Abglanz meiner selbst, nichts Besonderes für dich selbst; der Naturphilosoph sagte das Nämliche, aber er betonte das *alter*: Sie ist allerdings dein Ich, aber dein *anderes*, darum für sich reales, von dir unterschiedenes Ich. Die Bedeutung der Identität von Geist und Natur war daher auch anfänglich in der Naturphilosophie eine rein idealistische. *»Die Natur ist nur der sichtbare Organismus unsers Verstandes«* (»Einleit. zu einem Entw. eines Systems der Naturphilos.«). »Der Organismus ist selbst nur eine *Anschauungsart* der Intelligenz« (»Transzend. Ideal.«, S. 265). »Es ist offenbar, daß das Ich, indem es die *Materie* konstruiert, eigentlich *sich selbst* konstruiert. – Dieses Produkt welches die Materie ist, ist also eine vollständige Konstruktion des Ichs, nur nicht für das Ich selbst, welches noch mit der Materie identisch ist« (ebend., S. 189). »Die Natur soll der sichtbare Geist, der Geist die unsichtbare Natur sein« (»Ideen zu einer Philos. der Natur«, Einleit., S. 64; s. ebendas. S. 128 u. flg. die treffliche Deduktion des Begriffs der Materie). Die Naturphilosophie sollte nur von dem Objektiven beginnen, aber zu demselben Resultat kommen, zu welchem der Idealismus durch und aus sich selbst kam. »Die notwendige Tendenz aller Naturwissenschaft ist, von der Natur aufs Intelligente zu kommen« (»Transz. Ideal.«, S. 3). »Das Objektive zum Ersten zu machen und das Subjektive daraus abzuleiten ist Aufgabe der Naturphilosophie! Alle Philosophie muß darauf ausgehen, entweder aus der Natur eine Intelligenz oder aus der Intelligenz eine Natur zu machen« (S. 6). Die Naturphilosophie ließ daher den Idealismus in seiner vollen Integrität bestehen; sie wollte eigentlich nur a posteriori beweisen, was der Idealismus a priori von sich ausgesagt hatte. Es war zwischen beiden nur ein Unterschied im Wege, in der Methode. Aber gleichwohl lag diesem entgegengesetzten Wege schon eine entgegengesetzte Anschauung zugrunde oder mußte sich doch wenigstens unvermeidlich aus ihm entwickeln. Es war unausbleiblich, daß die Natur auf diesem Wege eine Bedeutung *für sich selbst* erhielt. Das Objekt war schon aus den Schranken des subjektiven Idealismus entlassen, indem es auch nur als Objekt einer *besonderen* Wissenschaft gesetzt wurde. Wenn auch nicht an sich, so war doch wenigstens *für* die Naturphilosophie die Natur nicht ein Abgeleitetes, Gesetztes, sondern ein Erstes, Selbständiges. Und die Natur erhielt so eine dem Fichteschen Idealismus entgegengesetzte Bedeutung. Aber gleichwohl sollte auch *die* Bedeutung, welche die Natur im Idealismus und für ihn hatte, also die der Naturphilosophie schnurstracks entgegengesetzte Bedeutung, nach wie vor ihre Richtigkeit haben, der Idealismus überhaupt in allen seinen Rechten und Prätensionen ungeschmälert fortbestehen. Wir haben daher jetzt statt der einzigen absolut entschiedenen Selbständigkeit und Wahrheit des Fichteschen Ichs zwei Selbständigkeiten, zwei sich entgegengesetzte Wahrheiten, die Wahrheit des Idealismus, welcher die Wahrheit der Naturphilosophie leugnet, und die Wahrheit der Naturphilosophie, welche ihrerseits wieder die Wahrheit des Idealismus leugnet. Für die Naturphilosophie existiert *nur* Natur, für den Idealismus *nur* Geist. Für den Idealismus ist die Natur nur Objekt, nur Akzidenz, für die Naturphilosophie Substanz, Subjekt-Objekt, das, was innerhalb des Idealismus die Intelligenz nur *sich* vindiziert. Aber zwei Wahrheiten, zwei Absolute, das ist ein Widerspruch. Wie kommen wir daher aus diesem Zwiespalt zwischen dem die Naturphilosophie negierenden Idealismus und der den Idealismus negierenden Naturphilosophie heraus? Nur dadurch, daß wir das *Prädikat*, worin beide übereinstimmen, zum *Subjekt* – so haben wir das Absolute, das Selbständige schlechtweg – und das Subjekt zum Prädikat machen: Das Absolute ist Geist *und* Natur. Geist und Natur sind nur Prädikate, Bestimmungen, Formen des einen und selben, des Absoluten. Was ist denn nun aber das Absolute? Nichts als das *Und*, die Einheit von Geist und Natur. Sind wir denn aber damit weitergekommen? Hatten wir nicht diese Einheit schon im Begriffe der Natur selbst? Die Naturphilosophie ist die Wissenschaft nicht von einem dem Ich entgegengesetzten Objekt, sondern von einem Objekt, das selbst *Subjekt*-Objekt ist, d. h., die Naturphilosophie ist zugleich Idealismus, die Verbindung des Begriffes des Subjektes und Objektes im Begriffe der Natur war eben die Aufhebung der Trennung, die der Idealismus gemacht hatte, der Trennung in ein Intelligentes und Nichtintelligentes, folglich die Aufhebung der Trennung der Natur und des Geistes. Wodurch unterscheidet sich also das Absolute von der Natur? Das Absolute ist die absolute Identität, das absolute Subjekt-Objekt, die Natur ist das objektive Subjekt-Objekt, die Intelligenz das subjektive Subjekt-Objekt. Ach, wie köstlich, wie überraschend! Hier befinden wir uns plötzlich wieder auf dem Standpunkt des idealistischen Dualismus; der

Natur wird in demselben Augenblick wieder entzogen, was ihr gegeben wurde. Die Natur ist Subjekt-Objekt mit dem plus [Mehr] *der Objektivität*, d. h. ihr positiver Begriff – wenn anders ein plus einen Begriff gibt –, sofern sie nicht verschwebt im Vakuum des Absoluten, sofern sie *Natur* ist, ist der der *Objektivität;* und ebenso der Begriff des Geistes, inwiefern er Geist ist, nicht ein vages, namenloses ens [Seiendes], der Begriff der *Subjektivität*, indem er zu seinem Merkmal das plus der *Subjektivität* hat. Sind wir nun aber gescheuter, als wir schon am Anfang waren? Haben wir nicht wieder das alte Kreuz der Subjektivität und Objektivität? Wird das Absolute gewußt, d. h., wird es aus dem Dunkel der absoluten Bestimmungslosigkeit, wo es nur ein Objekt der Vorstellung und Phantasie ist, an das Licht des Begriffes gezogen, so wird es nur gewußt *entweder* als Geist *oder* [als] Natur. Eine Wissenschaft *des Absoluten als solchen* gibt es nicht, sondern nach wie vor entweder eine Wissenschaft des Absoluten *als Natur* oder des Absoluten *als Geist*, entweder also Naturphilosophie oder Idealismus oder, wenn auch beides zugleich, doch so, daß die Naturphilosophie nur Philosophie des Absoluten als Natur ist, der Idealismus nur Philosophie des Absoluten als Geist. Wenn nun aber die Naturphilosophie zu ihrem Gegenstande das Absolute *als Natur* hat, so ist der *positive* Begriff lediglich der *Begriff der Natur,* d. h., das Prädikat wird wieder zum Subjekt und das Subjekt, das Absolute zu einem vagen, nichtssagenden Prädikat. Ich kann also geradezu das Absolute aus der Naturphilosophie *wegstreichen;* denn das Absolute gilt ebensogut vom Geiste als der Natur, ebensogut von diesem bestimmten Gegenstande als von einem andern ihm entgegengesetzten Gegenstande, ebensogut vom Lichte als der Schwere. Es verschwindet mir also das Absolute als ein rein Bestimmungsloses, ein nihil negativum [negatives Nichts] in dem Begriffe der Natur, oder wenn ich es mir aus dem Kopfe nicht schlagen kann, so verschwindet mir vor dem Absoluten die Natur. Die Naturphilosophie brachte es daher auch nur zu *verschwindenden* Bestimmungen und Differenzen, d. h. zu Differenzen und Bestimmungen, die in Wahrheit nur *imaginäre,* nur Vorstellungen von Unterschieden, aber keine realen Erkenntnisbestimmungen sind.

Die positive Bedeutung der Schellingschen Philosophie liegt aber ebendeswegen nur in der *Natur*philosophie, im Gegensatz zu der Beschränktheit des Fichteschen Idealismus, der nur ein negatives Verhältnis zur Natur hatte, daher man sich auch nicht zu verwunern hat, daß der Urheber der Naturphilosophie das Absolute nur von seiner realen Seite dargestellt hat, denn die Darstellung desselben von seiner idealen Seite lag ursprünglich schon hinter der Naturphilosophie im Fichteanismus. Allerdings stellte die Identitätsphilosophie eine verlorene Einheit wieder her, aber nicht insofern, als sie diese Einheit als das Absolute, als ein gemeinschaftliches und doch wieder von Geist und Natur unterschiedliches Wesen vergegenständlichte – denn dieses Absolute war nur ein *unentschiedenes Zwitterding* von Idealismus und Naturphilosophie, entsprungen aus dem Zwiespalt des Urhebers der Naturphilosophie zwischen sich als Idealisten und Naturphilosophen –, sondern nur insofern, als der Begriff dieser Einheit eben der Begriff der Natur als Subjekt-Objekt, also die Wiederherstellung der Natur überhaupt war.

Allein dadurch, daß die Naturphilosophie nicht genug hatte an *diesem* Gegensatz gegen den subjektiven Idealismus, der ihr positives Verdienst war, daß sie ihre Grenze verkannte, die absolute Philosophie sein wollte, trat sie in einen Gegensatz auch mit dem Positiven des Idealismus. Kant beging den Widerspruch – für ihn eine nicht hier zu erörternde Notwendigkeit –, daß er die *affirmativen, vernünftigen* Grenzen der Vernunft falsch auffaßte und auslegte, indem er sie als *Schranken* faßte. Schranken sind *willkürliche*, nicht sein sollende, aufhebbare Grenzen. Mit diesen Schranken nun verwarf die Identitätsphilosophie auch die positiven Grenzen der Vernunft und Philosophie. Die Einheit von Denken und Sein oder Anschauung in ihr war nicht[s] anders als die Einheit des *Denkens* mit der *Imagination*, denn die Imagination oder Phantasie ist das mit der Anschauung identische Denken. Die Philosophie wurde jetzt *schön*, poetisch, gemütlich, romantisch, aber dafür auch transzendent, abergläubisch, *absolut kritiklos*. Die Urbedingung aller Kritik, die Differenz zwischen dem Subjektiven und Objektiven, war verschwunden. Das *diszernierende* und *determinierende* Denken galt nur für eine endliche, *negative* Tätigkeit – was Wunder daher, daß die Identitätsphilosophie endlich macht- und kritiklos dem Mystizismus des Görlitzer Schusters anheimfiel.

In und mit dieser Philosophie nun begann Hegel zu philosophieren, keineswegs als abhängiger Schüler ihres Urhebers, sondern als Freund mit dem Freunde. Er ist der Wiederhersteller der Philosophie aus ihrem Abfall in das Gebiet der Imagination. Mit Recht hat ein Hegelianer auf ihn angewandt, was Aristoteles von Anaxagoras gesagt, daß er wie unter Trunkenen als der einzige Nüchterne unter den Naturphilosophen erschienen sei. Die Einheit von Denken und Sein bekam bei ihm eine rationelle Bedeutung – übrigens keine über die Kritik erhabene Bedeutung. Sein Prinzip ist der denkende Νοῦς [Geist]. Er nahm das Element des Rationalismus, den Verstand, der zwar nicht der Einbildung und Versicherung, aber der Sache nach in der Idee des Absoluten ausgeschlossen war, in die Philosophie auf, und zwar als ein Moment des Absoluten selbst. Der metaphysische Ausdruck hiervon ist der Satz: »Das Negative, das Differente, das der Reflexion Gegenständliche ist nicht nur negativ, nur als endlich, sondern als positiv, als wesenhaft zu fassen.« Hegel hat daher ein *negatives, kritisches* Element in sich. Aber gleichwohl bestimmte ihn die Idee des Absoluten. Obwohl er in ihm den Mangel des Verstandes – oder Formprinzips, beides ist ihm eins – anerkannte, obwohl er, indem er dieses Prinzip in dasselbe setzte, das Absolute selbst in der Tat anders bestimmte als Schelling, obwohl er also die Form zu einem Wesentlichen erhob, so hatte doch die Form – was ja notwendig in ihrem Begriffe liegt – zugleich wieder die Bedeutung des nur Formellen, der Verstand *doch* wieder eine nur negative Bedeutung. Der Inhalt ist wahr, ist spekulativ tief – so hieß es von der Philosophie des Absoluten –, aber der Begriff, die Form fehlt. Insofern war der Begriff, die Form, der Verstand als wesentlich gesetzt, inwiefern seine Abwesenheit als Mangel erkannt war. Aber indem der Inhalt wahr ist, ist ebendieser Mangel selbst nur ein *formeller* Mangel – hierin liegt zugleich der Beweis von dem, was oben über die Methode Hegels gesagt wurde. Der Philosophie gehört daher eigentlich nichts an als die Form, der Begriff. Der Inhalt – ob ihn gleich die Philosophie innerhalb ihrer selbst, inwiefern sie ihn bereits in die Begriffsform aufgenommen hat, selbsttätig erzeugen soll – ist ein *gegebener;* die Philosophie hat ihn nur zu begreifen vermittelst der kritischen Unterscheidung zwischen dem Wesentlichen und Unwesentlichen, d. i. dem, was die eigentümliche Form der Vorstellung, Sinnlichkeit usw. hinzutut. Die Philosophie hat daher bei Hegel wohl eine kritische, aber nicht *genetisch*-kritische Bedeutung. Die genetisch-kritische Philosophie ist die, welche einen durch die Vorstellung gegebenen Gegenstand – denn von unmittelbar, d. i. durch die *Natur*, gegebenen, rein wirklichen Gegenständen gilt unbedingt, was Hegel sagt – nicht dogmatisch demonstriert und begreift, sondern seinen *Ursprung* untersucht, welche zweifelt, ob der Gegenstand ein wirklicher Gegenstand oder nur eine Vorstellung, überhaupt ein psychologisches Phänomen ist, welche daher aufs strengste zwischen dem Subjektiven und Objektiven unterscheidet. Die genetisch-kritische Philosophie hat hauptsächlich das zu ihrem Gegenstande, was man sonst die causae secundae [Zweitursachen] nannte; ja, sie verhält sich, um durch ein *Gleichnis* dieses Verhältnis anschaulich zu machen, zur absoluten Philosophie – die, weil sie nur unter der Voraussetzung des Absoluten denkt, subjektive psychologische Prozesse und spekulative Bedürfnisse, z. B. den Jak. Böhm[e]schen Vermittlungsprozeß Gottes, zu Prozessen des Absoluten macht – *so*, wie sich zur theologischen Betrachtung der Natur, welche die Kometen oder sonstige merkwürdige Erscheinungen zu unmittelbaren Wirkungen Gottes macht, die rein physikalische oder naturphilosophische Anschauung verhält, die z. B. die von der Theologie auf den Teufel als ein persönliches Wesen gedeuteten Galläpfel aus einem unschuldigen Insektenstich ableitete. Die Hegelsche Philosophie ist *rationelle Mystik* – daher einzig in ihrer Art, daher zugleich anziehend, zugleich aber auch abstoßend ebensowohl für mystisch-spekulative Gemüter, welchen die Verbindung des Mystischen mit dem Rationellen ein unerträglicher Widerspruch ist, weil der Begriff sie enttäuscht, den mystischen Reiz der dunkeln Vorstellung zerstört, als für rationelle Köpfe, denen die Verbindung des rationellen Elementes mit dem mystischen zuwider ist. Die Einheit des Subjektiven und Objektiven, *wie* sie von Schelling ausgesprochen und an die Spitze der Philosophie selbst gestellt wurde und selbst bei Hegel noch zugrunde liegt, obwohl von ihm, aber nur formaliter, an den richtigen Platz, nämlich ans Ende der Philosophie, als Resultat, gesetzt, diese Einheit ist für die Philosophie ein ebenso unfruchtbares als verderbliches Prinzip, weil sie auch im besondern die Unterscheidung zwischen dem Subjektiven und Objektiven aufhebt, das genetisch-kritische, das konditionelle Denken: si fabula vera [wenn das Gesagte stimmt], vereitelt. So hat denn auch wirklich Hegel im besonderen manche[1] Vorstellungen, die nur subjektive Bedürfnisse ausdrücken, als objektive Wahrheit aufgefaßt, weil er nicht auf die Quelle, das *Bedürfnis* dieser Vorstellung zurückging, hie und da[2] als bare Münze angenommen und mit in die Rechnung gesetzt, was, bei Lichte besehen, noch höchst dubiöser Natur ist, das Sekundäre zum Primitiven gemacht und das eigentlich Primitive ent-

weder nicht berücksichtigt oder als das Untergeordnete auf die Seite gestellt.
[...]

Schelling und Hegel sind *Gegensätze*. Hegel repräsentiert das männliche Prinzip der Selbständigkeit, der Selbsttätigkeit, kurz, das idealische Prinzip; Schelling, das weibliche Prinzip der Rezeptivität, der Empfänglichkeit – erst rezipierte er Fichte, dann Plato und Spinoza, endlich J. Böhm[e] –, kurz, das materialistische Prinzip. H[egel] fehlt es an *Anschauung*, S[chelling] an *Denk-*, an *Bestimmungskraft*. S. ist Denker nur im *allgemeinen;* aber [so]wie es zur Sache kommt, im Besondern, Bestimmten, verfällt er in den Somnambulismus der Imagination. Der Rationalismus bei S. ist nur *Schein*, der Irrationalismus *Wahrheit*. H. bringt es nur zu einer *abstrakten*, dem irrationalen Prinzip, S. nur zu einer dem rationellen Prinzip widersprechenden *mystischen*, *imaginären* Existenz und Realität. H. ergänzt den Mangel an Realismus durch *derbsinnliche*, S. durch *schöne* Worte. H. drückt das Ungemeine gemein, S. das Gemeine ungemein aus. H. macht die *Dinge* zu *bloßen Gedanken*, S. bloße *Gedanken* – z. B. die Aseität in Gott – zu *Dingen*. H. täuscht die denkenden Köpfe, S. die *nicht* denkenden. H. macht die Unvernunft zur Vernunft, S. umgekehrt die Vernunft zur Unvernunft. S. ist die Realphilosophie im *Traume*, H. schon im *Begriffe*. S. negiert das abstrakte Denken *in der Phantasie*, H. im *abstrakten Denken*. H. ist als die *Selbstnegation* des negativen Denkens, als die Vollendung der alten Philosophie der negative Anfang der neuen; S. ist die alte Philosophie *mit der Einbildung der Illusion*, die neue Realphilosophie zu sein.
[...]

Jean-François Marquet:
Das Zeitproblem der Identitätsphilosophie*

Die Identitätsphilosophie denkt den Übergang des Pleroma der Freiheit in die Sphäre der Existenz, indem sie sich einer Reihe von Schemata bedient, die teils theologischen (der Abfall, die Inkarnation), teils platonistischen Ursprungs sind (das »Seelewerden« der Ideen). Im *Bruno* wird diese letztere Version auf besonders klare Weise von Anselm, dem Vertreter des abendländischen »Intellektualismus«, dargestellt: »Wenn also in der Idee eine unendliche Einheit ist der vorbildlichen und realen Welt, so entsteht die abgebildete Einheit aus ihr, wenn ein Begriff aus der unendlichen Fülle der gegenbildlichen Welt sich ein Einzelnes nimmt, worauf er sich bezieht, in welchem Fall er zu diesem sich wie die Seele zum Leib verhält« (IV, 317). Die Idee wird hier ausdrücklich als Identität von *Vorbild* und *Gegenbild* in Anschlag gebracht, sie wird also begriffen als ihrer Absonderung vom Absoluten zuvorbestehend, und diese Absonderung wird sodann auf das bezogen, was in der Idee im eigentlichen Sinne sie selbst ist, auf ihr *vorbildliches* oder unendliches Element: den Begriff. Wir haben mithin eine Reihe von Termen: das Unendliche, der Begriff, das *Vorbild*, das *Selbst*, die sich alle auf den subjektiven Pol der Idee beziehen, auf das, vermöge dessen sie eigentlich sie selbst ist; von diesem, und nicht von dem objektiven Pol wird die Initiative zur Aufspaltung ausgehen. Der Abfall der Idee, wie der Abfall Luzifers, entsteht paradoxerweise aus einem Überschwang, aus einer Zusammenziehung auf sich selbst, aus einer Anstrengung, sich ausschließlich als sich selbst zu setzen: denn [...] jede Position der Einheit hinterläßt und setzt voraus eine Mannigfaltigkeit – einen Körper –, und ebenso setzt die Idee, gerade indem sie sich als *Möglichkeit*, als Begriff, setzt, die *Realität* der besonderen Dinge ab. (Ein modernerer Sprachgebrauch, den wir aber in diesem Zusammenhang nicht für überzogen halten, würde sagen: das Subjekt enthüllt, indem es sich als Zukunft entwirft, um sich herum die Gegenwart von Objekten.) Diese Setzung mußte uns unmittelbar als Entstehungsakt der *Zeit* erscheinen; folglich mußten wir zugeben, daß die Einheit und Unabhängigkeit der Idee in der phänomenalen Welt dort sich wieder-

---

* Der Titel stammt von den Herausgebern.

herstellen, wo die Zeit zum Stillstand gebracht und in einem Individuum (das damit freilich unmittelbar aufhört, ein solches zu sein) wieder in Bewegung gesetzt wird. Dieser Besitz oder diese Meisterung der Zeit erlauben es einem Ding, in sich die Möglichkeit der anderen Dinge zu enthalten, sei es auf reale Weise (in dem Sinne, daß es sie produziert) oder auf ideale Weise (in dem Sinne, daß es sie erkennt): das Endliche setzt sich dem Unendlichen in dem Verhältnis gleich, wie es »die gewaltige Zeit mäßigt« (IV, 270). Die beiden Punkte, an denen sich diese Wiederaufnahme gänzlich vollendet, sind einerseits der Weltkörper (hier die Erde), andererseits sein *Gegenbild*, der Mensch: sie beide bilden die Stätte einer Reproduktion *»in nuce«* des gesamten Universums, einer Reproduktion, die im letzteren Falle auf rein ideale Weise im Wissen stattfindet. Wir sind darum letztlich an eine Analyse der Zeit verwiesen, wenn wir die ursprüngliche ›Uni-versio‹ verstehen wollen: hier liegt in der Tat ein zentrales Problem, denn um diesen Begriff der Zeit wird sich später das Gebäude der *Weltalter*-Philosophie wölben.

Wir wissen, daß das Absolute an sich Einheit und Differenz, Unendliches und Endliches, Ideales und Reales[1] ist – wir wissen ebenso, daß der Akt der Uni-versio seinen Ursprung in dem Faktum hat, daß die Einheit (das Ideale) sich als solche setzt, indem sie die Differenz von sich ausschließt und sie im gleichen Augenblick voraussetzt. Nun kann man das Ideale in seiner Entgegensetzung gegen das Reale als das *Mögliche* definieren; damit treffen wir auf einen neuen Gesichtspunkt hinsichtlich der ursprünglichen Absonderung, die man von nun an so darstellen kann: das Mögliche setzt sich selbst als möglich und setzt das Wirkliche als negiert. Man erkennt in dieser zwiefältigen Operation sofort den eigentlichen Akt der Zeit wieder, deren Werk gleichfalls darin besteht, eine Zukunft zu eröffnen und eine Vergangenheit auszuschließen; die Zukunft hat den Status einer reinen Möglichkeit, die Vergangenheit den einer reinen Wirklichkeit und gleichzeitig eines Abgelaufenen und Vollendeten. Die ursprüngliche Dimension der Zeit, oder vielmehr *»das Setzende der Zeit«* (IV, 251) ist mithin für jedes Ding seine Zukunft – d. h. seine Möglichkeit oder sein Begriff: die Zukunft ist es, die gleichsam die Initiative des Abfalls in die Hand nimmt und die eben dadurch ein Vergangenes *absetzt*, so wie die Linie, indem sie verläuft, allaugenblicklich eine Differenz (einen Punkt) unterdrückt und damit hinter sich zurückläßt. Wir erfassen hier, besser als irgend sonst, den ersten Akt, die »Berührung mit dem Zauberstab«, durch die sich das Universum auftut; als Entwurf einer Zukunft und Abstoßung einer Vergangenheit ist er uns am unmittelbarsten zugänglich.

Diese Theorie der Zeit, kurz im *Bruno* skizziert, wird aufgegriffen und gründlicher ausgeführt in den Würzburger Vorlesungen und, um die gleiche Epoche, in jenem als solcher nicht zustandegekommenen Dialog *Philosophie und Religion*. Was im *Bruno* Gegensatz von Idealem und Realem hieß, ist in den Würzburger Vorlesungen ausgedrückt als Gegensatz des *Affirmierenden* und des *Affirmierten,* der Identität und der Totalität: aber im Austausch der Begriffe bleibt die ursprüngliche Anschauung identisch. Die Zukunft wird weiterhin definiert als das, »was eigentlich die Zeit in der Zeit« ist (VI, 275), sie ist bloßer Begriff, reine Affirmation ohne ein Affirmiertes. Aber *was* affirmiert? Natürlich das, was gegenwärtig ist, denn es allein existiert im eigentlichen Sinne: die Gegenwart setzt sich in der Zukunft als reine Affirmation, aber das kann sie nur, indem sie sich zugleich in Beziehung zur Vergangenheit als einfach Affirmiertes setzt – als ein pures Resultat, dessen Prämissen, die Möglichkeit, verschwunden sind. Vergangenheit und Zukunft sind beide Attribute der Gegenwart, wie Länge und Breite Attribute der Tiefe, der dritten (allein positiven) Dimension des Raums, sind: genau aus diesem Grunde ist die Gegenwart die einzige Zeitdimension, von der man sagen kann, sie existiere, weil sie allein, wie die Idee, zugleich den Charakter des Affirmierenden und des Affirmierten hat. Die Gegenwart ist das Bild, das *Gegenbild* der Ewigkeit (VI, 276), sie wiedervereinigt auf synthetische (also relative, einen Abstand wahrende) Weise, was jene in *einer* absoluten Thesis gleichsetzt; die Vergangenheit und die Zukunft existieren nur in ihr, wie Länge und Breite allein in der Tiefe. Man sieht, daß sich der Akzent gleichwohl seit 1802 verlagert hat: es wird weniger der *Akt* der Zeit ins Auge gefaßt als das Problem, eine Antwort auf die Frage zu geben, was denn in ihm positiv sei, auf welche Weise die Identität sich in ihm reflektiere. Eine Veränderung, die [...] die Gesamtsicht der Würzburger Vorlesungen berührt.

Wir wollen uns jedoch unverzüglich mit einem Paradox auseinandersetzen, durch welches *Philosophie und Religion* unsere Aufmerksamkeit auf sich zieht: jenes einzig Positive – die Gegenwart, die Tiefe des Raums – ist genau genommen *nichts,* das ich jemals wahrnehmen könnte. Im Zentrum des Raums und der Zeit gibt es mithin nur einen leeren Fleck, und vielleicht manifestiert sich gerade in ihm »das absolute Nichts der endlichen Dinge« – denn diese Leere ist alles, was sie an Positivität besitzen. Der Sinn trifft stets nur auf Linien und Oberflächen, so wie die Seele, diese »stets zukünftige Leere«, immer nur in Zukunft oder Vergangenheit lebt. Wir sind mithin von neuem auf jenen zeitlichen Verlauf der Linie verwiesen, den schon der *Bruno* analysiert hatte: an diesem Punkt erwarten uns ein paar neue Zweideutigkeiten.

Philosophie und Religion bleibt in der Tat dem Bild der Linie treu, indem diese Schrift es allerdings auf eine ziemlich unerwartete Weise interpretiert: die Zukunft spielt nach ihrer neuen Definition für die Seele die Rolle der realen Einheit, »denn durch diese projiciren sich für sie die Dinge und gehen in ihre Selbstheit ein« (VI, 46); die Vergangenheit ist dagegen »für die Seele, wie der Raum, ein abgeschlossenes Bild, worin sie die Differenz als zurückgegangen, wieder aufgenommen in die Identität anschaut« (ebd.). Die Zukunft entspricht also hier dem ersten Moment der Einbildung [des Unendlichen ins Endliche], demjenigen, in welchem die Identität in die Differenz übergeht: meine Zukunft, das sind vor allem die Entwürfe, durch welche meine Freiheit sich bestimmt und die, solange sie noch bloß möglich sind, als solche klar voneinander abgehoben sind; einmal verwirklicht, gehen sie unter und werden vereinnahmt in der Kontinuität meiner Existenz, sie verwerfen sich in jener bruchlosen Linie, die sich nach und nach hinter mir abzeichnet und der ich es verdanke, daß ich im eigentlichen Sinne eine Identität habe. Greifen wir auf die oben eingeführte geometrische Illustration zurück: wenn ich eine Linie auf eine Oberfläche zeichne, bleibt jeder Punkt, an dem ich mich noch nicht befinde, als Punkt, d. h. als *möglicher* Ort meines Hinübergehens bestehen; ist er aber einmal in die Linie aufgenommen, hört er auf, in seiner Einzelnheit erkennbar zu sein, er besitzt keine Existenz mehr für sich, er vermischt sich mit den anderen. Aber wie und durch welche Etappen wird sich dieser Übergang verwirklichen? An genau dieser Stelle vervollständigt die Darstellung der Würzburger Vorlesungen diejenige von *Philosophie und Religion*.

Auf den ersten Blick scheinen die beiden Darstellungen einander zu widersprechen: *Philosophie und Religion* zufolge schaut die Seele in der Tat in der Zukunft die reale Einheit (d. h. die Einheit-in-der-Differenz) an, während die Vergangenheit wieder in die Identität aufgenommen ist; die Würzburger Vorlesungen – darin offensichtlich den Äußerungen des *Bruno* treuer – sehen dagegen in der Zukunft eine Setzung der Affirmation als solcher – *Affirmation* gilt hier gleich mit *Möglichkeit* und *Identität* – und stellen ihr als Korrelat eine Negation des Affirmierten (d. h. der Totalität oder auch der Differenz) gegenüber. »Die Vergangenheit dagegen ist Verneinung der Identität. Durch die Vergangenheit ist mein Zusammenhang aufgehoben mit dem, mit welchem ich eins war, z. B. mit den Verstorbenen, sie treten in Differenz mit mir durch die Zeit, da im All dagegen alles ungetrennt lebt und eins ist. Daher erscheint auch das zeitliche Vergehen als ein Zurückgehen in die Identität, das Affirmirte kommt wieder zu seinem Affirmirenden, der Mensch wird zu seinen Vätern versammelt, die Wirkung wird gleich dem Bewirkenden« (VI, 276).² In Wirklichkeit läßt sich dieser Widerspruch der beiden Texte lösen, und die Lösung ist umso interessanter, als sie uns, besser als irgend ein anderes Beispiel, das Spiel der *Einbildungskraft* erfassen läßt. Wir werden uns darum erlauben, dies im Detail darzustellen, auf die Gefahr hin, etwas umständlich zu entwickeln, was Schelling nur in äußerster Knappheit gibt.

Der Satz, in der Zukunft sei das Affirmierende *als solches* gesetzt, will besagen, daß es noch nicht ins Affirmierte übergegangen ist: dieses erschiene also gleichfalls noch als solches, es zeichnet sich, wie eine leere Form, als möglich auf dem Grunde meiner Freiheit ab. Ein Mögliches verwirklichen heißt also, nach und nach meine Affirmation in dies Affirmierte übergehen lassen, fortschreitend jenes diesem *einbilden*: wenn diese Einbildung (in der Handlung selbst) vollendet ist, wird das Affirmierende ganz und gar ins Affirmierte übergegangen, wird es das Affirmierte geworden sein: fortan nimmt es teil an der Vergangenheit, und was vordem Affirmation einer Identität (nämlich der meiner Freiheit) war, ist nurmehr Element einer Totalität (nämlich der meines Lebens). Die Identität *wendet sich* also, indem sie sich dem Besonderen einbildet, *hinaus* [*s'universe*]³ in die *Totalität;* wenn diese aber vollendet ist, d. h. wenn das Affirmierende ganz und gar ins Affirmierte übergegangen ist, wenn ich ganz und gar der Vergangenheit anheimgefallen bin (was nur im Tod stattfindet), vollzieht sich eine Umkehrung im anderen Sinn: die vollendete Totalität wird zu einem »abgeschlossenen Bild« (VI, 277), schließt sich in Identität zusammen. Was der Zeit ihren *Übergangs*charakter verleiht, ist genau der Umstand, daß sie eine unvollständige Identität –

unvollständig, da sie die Differenz bestehen läßt – einer unvollständigen Totalität – unvollständig, da sie sich erst durch meinen Tod vollendet – entgegensetzt: sie ist nichts anderes als das Phänomen der Ineinanderbildung dieser beiden Begriffe, bis hin zu dem Augenblick, da sie beide vom Tode vollkommen gleichgesetzt werden. Vergangenheit und Zukunft sind also *wesentlich* identisch: die Zukunft ist eine Identität, die Schritt um Schritt in Totalität übergeht, die Vergangenheit eine Totalität, die sich fortschreitend in Identität komplettiert. Die Differenz beider ist rein formal – daher der sehr spezielle Sinn, den der Ausdruck *Wesen* in diesem ganzen Passus der Würzburger Vorlesungen erhält: das Wesen ist das, »was sich per oppositum in einem Scheinbild reflektirt«; anders gesagt, das Wesen einer jeden besonderen Einheit ist gar nichts anderes als das, was ihm fehlt, um sich zu vervollkommnen. Ein jedes von ihnen sucht seine Wahrheit im anderen, und genau diese Situation veranlaßt ihre ständige Ineinanderbildung oder ihren unentwegten Übergang ineinander. Darum eben können wir in der Erfahrung der Zeit die Arbeit der *Einbildungskraft*, ihr ständiges Schweben, ihre jähen Umwendungen auf den Punkten eines relativen Ausgleichs [aux points de saturation] und die Art und Weise wie sie plötzlich auf den absoluten *Stillstand*, die vollständige Gleichheit, zuläuft, in einer wirklichen Erfahrung anschaulich erleben.

Wenn Schellings Theorie der Zeit als des Ursprungs der Endlichkeit sich zwischen 1802 und 1804 im großen und ganzen gleich blieb, so scheint ihr Ort im Inneren des Systems weniger konstant geblieben zu sein und sich mehr und mehr vom Zentrum an die Peripherie verlagert zu haben. Die Texte von 1802 sind beherrscht von der Idee des leidenden Gottes, der tragischen Fleischwerdung des Sohns: dies ist das heilige Drama, welches die Verbindung zwischen der *wahren* und der *wirklichen* Welt herstellt (oder vielmehr ihren Bruch bezeichnet). Umgekehrt [...] insistieren die später als 1805 geschriebenen Texte auf der *Einheit* der Welt, rehabilitieren vollständig die *Wirklichkeit* und verurteilen jeden Rekurs auf die Idee des *Abfalls*, die als unphilosophisch erklärt wird. Im Jahre 1804 steht diese Idee bei Schelling noch im Vordergrund, aber vermöge eines dialektischen Kunstgriffs, der in der Zweideutigkeit des Begriffs der *Form* gründet, gelingt es, das Ereignis selbst außerhalb des Absoluten zu setzen. Und da die Philosophie sensu stricto immer nur mit dem Absoluten zu tun hat, bricht sich die Idee einer anderen Philosophie Bahn, einer Philosophie von untergeordnetem Rang, deren Gegenstand genau das ist, was nicht das Absolute selbst ist – die insofern nur eine *negative* Philosophie sein kann.[4] Sie ist es, die die dramatischen Elemente, die wir nach und nach sich haben entfalten sehen, in sich versammeln und so das System von allem Makel, der der lauteren Fülle des Ἓν καὶ πᾶν noch anhaften mochte, reinigen und das *historische* Element austreiben wird, welches es darauf abgesehen zu haben schien, die kunstvolle Anordnung der vorangehenden Versuche zu verwirren.

1 Tatsächlich müßte man exakter sagen, daß es an ihm selbst (in seinem Wesen) *weder* das eine *noch* das andere ist (IV, 323; V, 29); aber unter der *Form* seiner Offenbarung betrachtet, ist es zumal und auf gleiche Weise das eine *und* das andere: darum kommt die *disjunktive* Form der Natur des Ewigen auch am nächsten (IV, 297; VI, 24–25).
2 In den *Aphorismen über die Naturphilosophie* (1806) wird Schelling die Idee aufrechterhalten, daß »das in der Zeit eigentlich Zeitliche die *Zukunft*« sei (CCXIV); die Vergangenheit ist dagegen der innerzeitliche Ausdruck der Negation der Zeit (des Raums) – sie ist *Simultaneität*, also Ewigkeit, aber unlebendige Ewigkeit, da sie sich dem Werden entgegensetzt. Die Gegenwart allein ist lebendige Ewigkeit, in der sich Vergangenheit und Zukunft, Sein und Werden durchdringen: die gesamte Dauer des Alls ist versammelt in der Kürze eines einzigen Augenblicks.
3 Im französischen Original kann Marquet Schellings etymologische Deutung des Wortes ›universio‹ nachbilden. Schelling hat in seinen späten Vorlesungen das Universum als das herausgewendete Eine (als unum versum) interpretiert, als die Herauswendung der potentiellen Einheit Gottes in die aktuelle Totalität und in das Außereinander der Potenzen, in denen die gründende Einheit nurmehr ex negativo waltet; vgl. XIII, 304, aber schon IV, 207 (Anm. d. Übers.).
4 Die Idee derselben ist schon in den *Vorlesungen über die Methode des akademischen Studiums* (V, 269) präsent, reduziert sich dort aber noch auf einen Vortrag über die relative Nichtigkeit der Dinge.

Helmuth Plessner
Das Identitätssystem

Schellings glückliche Zeit kulminiert in einer Philosophie des vollkommenen Ausgleichs. Die Spannungen zwischen Mensch und Gott, Erde und Himmel, die in verschiedenen Aspekten unter den Gegensätzen von Subjekt und Objekt, Geist und Natur, Sollen und Sein zu begrifflicher Behandlung kommen, fügen sich im Bilde des Identitätsgedankens in eine sich selbst tragende und aus sich selbst verständliche Wohlordnung, die um ihrer Einheit willen in Vieles gespalten, um ihrer Vielheit willen Einheit ist. Eine mit Gott einige, nicht nur mit ihm eine Welt, ein Kosmos nicht nur der Harmonie in allen seinen Teilen, sondern in Harmonie mit sich selbst, ein Kosmos als Harmonie, kennt allein die relative Macht des Negativen, kompensiert durch das ihm zugehörige Positive, nicht das radikal Böse, nicht den echten Zufall, nicht die Sinnlosigkeit. In solcher Welt findet ein mit sich zerfallenes Geschlecht von Extremisten kein Zuhause mehr. Unter den Erfahrungen der Niedertracht und Brüchigkeit des Menschen, die uns das 20. Jahrhundert gebracht hat, sind uns die Augen für den Schelling nach 1806 aufgegangen, während es scheint, als könnten wir für die so viel glanzvolleren Stadien seiner Entwicklung, die er bis dahin durchlaufen, heute nur noch Bewunderung haben, aber mit ihnen nichts Rechtes mehr anfangen.

Über diesen Teil seines Weges, von dem er dann abbog, um ihn Hegel, wie man lange Zeit glaubte, zu überlassen, hatte offenbar die Geschichte ihr Urteil gesprochen. Schelling schien die Aufgabe der Vermittlung und des Übergangs zugefallen, an den Positionen der Ichphilosophie Fichtes die Asymmetrie im Verhältnis zur Natur entdeckt zu haben und in rasch vollzogener Konsequenz zum Gedanken der Identitätsphilosophie des Idealrealismus vorgedrungen zu sein. In der Vorerinnerung zur *Darstellung seines Systems* von 1801 sagt er es selbst: »Ich habe das, was ich Natur- und Transzendentalphilosophie nannte, immer als entgegengesetzte Pole des Philosophierens vorgestellt; mit der gegenwärtigen Darstellung befinde ich mich im *Indifferenzpunkt*, in welchen nur der recht fest und sicher sich stellen kann, der ihn zuvor von ganz entgegengesetzten Richtungen her construirt hat.« In Hegels Schrift aus dem gleichen Jahr *Über die Differenz des Fichteschen und Schellingschen Systems der Philosophie* sieht es so aus, als stünden die Jugendfreunde aus dem Tübinger Stift in gemeinsamer Front, doch kündigt sich in ihr schon die Einsicht an, es müsse über die Fassung der Identität bei Schelling hinausgegangen und sie zu dem entfaltet und vollendet werden, was sich in ihrem Prinzip wie in einer Knospe verberge. Die Vorrede zur *Phänomenologie des Geistes* von 1807 führt den Bruch zwischen beiden herbei. In seiner Erwiderung schreibt Schelling. »Das, worin wir selbst wirklich verschiedener Überzeugung oder Ansicht sein mögen, würde sich zwischen uns ohne Aussöhnung kurz und klar ausfindig machen und entscheiden lassen, denn versöhnen läßt sich freilich alles, Eines ausgenommen. So bekenne ich, bis jetzt Deinen Sinn nicht zu begreifen, in dem Du den *Begriff* der Anschauung opponierst«. Mit der Durchbildung der Identitätsphilosophie zum dialektischen Panlogismus versucht Hegel den Schritt über Schelling hinaus, mit dem seine im bildhaften Denken und bloßer schematischer Konstruktion befangene, ihrer selbst erst ansichtig, noch nicht durchsichtig gewordene Philosophie der Natur und der Kunst zum Selbstverständnis gebracht und eben dadurch aus sich aufgehoben sein sollte.

War sie es wirklich? Der Gang der Dinge schien Hegel recht zu geben, Schelling durch ihn in direkter Anknüpfung überholt zu sein. Bis in die 40er Jahre von der Felsenmelodie seiner Dialektik übertönt, verblaßte Schellings Ruhm. Zu spät an Hegels Stelle als sein Gegner berufen, vermochte er weder die Alten noch das Junge Deutschland mehr zu überzeugen. Dieser christliche Theismus wollte nicht mehr zünden, weder bei Marx und Lassalle noch bei Kierkegaard. Unselig verknüpft mit der restaurativen Politik schien er, der einmal der Wortführer der Romantik gewesen war, dazu verurteilt zu sein, Exponent auch ihrer Spätphasen zu bleiben, der sich die Gesellschaft unter dem rasch wachsenden Druck der industriellen Revolution sehr bald entfremdete. Sein Frühwerk hatte sich geschichtlich erfüllt, die fast fünfzig Jahre währenden Mühen aber um das, was er die positive Philosophie, den philosophischen Empirismus nannte, sollten nur einem verhältnismäßig kleinen Kreis noch etwas bedeuten. Einem christlichen Denker leistete der Geist bürgerlicher Emanzipation – und in ihr kamen die vorwärtsdrängenden Kräfte zum Ausdruck – Widerstand. Das Gefälle zur Säkularisierung christlicher Frömmigkeit protestantischer Prägung war schon zu stark geworden. Schopenhauers irrationale und dem Naturalismus zugleich verwandte Willensmetaphysik paßte besser in die Abschieds- und Aufbruchsstimmung dieser Wendezeit.

Daß Schelling dem späteren 19. Jahrhundert kaum mehr als ein Name war, nicht nur der biologischen Entwicklungslehre, die sich gern auf Goethe und Lamarck berief, aber die romantische Naturwissenschaft perhorreszierte, liegt an der in seinem Werk immer stärker gewordenen Verschmelzung von Spekulation und christlicher Theologie. Und wenn wir heute dazu neigen, das allzulang festgehaltene Vorurteil von seiner Zwischen- und Mittlerstellung in der Entwicklung von Fichte zu Hegel zu überprüfen und den Werken seit 1806 ihr volles Gewicht zu geben, dann hat das sein Gutes und ist als Korrektur Hegelscher Linientreue zu begrüßen, aber die Verführung ist groß, auch die davor liegende Produktion vom Ende her zu sehen. Man sollte in dieser Sache aber vorsichtig sein. Wird schon das Verständnis der Intentionen seiner späteren Jahre nur bedingt aus einer christlichen Existenzphilosophie im modernen Sinne Gewinn ziehen, um wieviel weniger das Verständnis seiner Entwicklung, die im Identitätssystem kulminiert. Wer hält schon in seinem Leben durch, was er sich in seiner Jugend davon vorgestellt hat? Den Plan eines Gegenstücks zu Spinozas Ethik freilich verwirklicht er skizzenhaft in der *Darstellung*. Aber was danach kommt, gewinnt er aus immer wieder erneuter Überprüfung der Tragfähigkeit seiner gedanklichen Mittel gegenüber der Erfahrung in Natur, Kunst und Religion. Um ihre Bewältigung als Erfahrung geht es ihm allerdings von Anfang an, an dieser Aufgabe hält er sein Leben lang fest und nur die Lösungsversuche verschieben sich je nach der Auffassung von den Grenzen zwischen dem, was möglich, wirklich und notwendig heißen darf. Es wird nicht unsere Sache sein können, die geschichtliche Eigenart des Identitätssystems zu analysieren, was gerade in der Absicht, es abzuheben von dem, was Hegel daraus gemacht hat, reizvoll wäre. Wir wollen vielmehr einige Schwierigkeiten zur Sprache bringen, die unserem Verständnis dieses Systems im Wege stehen und daher für eine Beurteilung auch seiner geschichtlichen Stellung nicht übersehen werden dürfen. Dazu müssen wir die Architektur des Ganzen ins Auge fassen.

Zusammengehalten ist es von dem Prinzip der Identität vom Sein des Seienden und dem Erkennen, wobei daran erinnert werden muß, daß in erster Annäherung Sein die Unabhängigkeit, ja Gleichgültigkeit gegen sein Erkanntwerden, Erkennen die Richtung auf das Seiende bedeutet. Aus dieser Getrenntheit beider Dimensionen in erster Annäherung ergibt sich der Dogmatismus des puren Seins als der Substanz, die durch sich ist und begriffen wird, in zweiter Annäherung der Kritizismus, der diese Aussage von dem aussagenden Subjekt, für das es sich als solches zu erkennen gibt, abhängen läßt. Vereinfacht auf einen Gegensatz gebracht, heißt das: es stehen sich zwei Prinzipien gegenüber, deren Monismen einander ausschließen. In radikaler Ausbildung dort bei Spinoza, hier bei Fichte, stellt das Sein die Möglichkeit des Erkennens, das Ich die Realität der Natur in Frage. Nur wenn das All=Eine selbst als Erkennen gefaßt und damit die Substanz zum Substanz=Subjekt erweitert, dem Sein die Sehe, um den Fichteschen Ausdruck zu gebrauchen, ursprünglich zugesprochen wird, kommen wir aus dem hoffnungslosen Wettstreit heraus. Nur als Erkennen selbst ist Sein möglich, das aus seinem Wesen folgt. Da ein Außer-ihm von dem es erkannt werden könnte, in keiner Hinsicht mehr Spielraum hat, muß dieses dem Sein einwohnende Erkennen sich mit ihm der Sphäre und dem Gehalt nach decken und daher mit ihm nicht nur zusammenfallen, sondern identisch sein. Insofern ist das alleine Sein Selbsterkennen oder Vernunft. Als Sicherkennen ist es Subjekt=Objekt. Der naive Realismus und der in kritischer Haltung nicht weniger naive Idealismus müssen zu den radikalen Gegenpositionen, in denen vom Sein her die Möglichkeit des Erkennens, vom Subjekt her die Möglichkeit des Seins verloren gehen, gesteigert werden, damit die Unausweichlichkeit einer dritten Position, und zwar der absoluten Identität beider Gegenpositionen, zwingend wird.

Diese Identität des Subjekt=Objekt ist nicht mehr die des Fichteschen Ich und insofern nicht mehr idealistisch, sondern hat den Bannkreis von Subjektivität und Objektivität durchbrochen. Es ist nicht mehr primär Setzung und sekundär Gesetztsein, nicht mehr fundierende Konstitution und fundiertes Konstitutivum, sondern Beides in Einem: gegründetes Gründen, getragene Aktion, doch gegründet und getragen durch Sich. Die Identität des absoluten Prinzips ist ein Verhältnis zu sich. Absolute Einheit und Sichselbstgleichheit drücken jede für sich die Eine Identität des Absoluten aus, welche Verdoppelung Schelling daher mit »Identität der Identität« bezeichnet. In der Naturphilosophie hatte er das Gegenstück zum subjektiven Idealismus Fichtes, in dem die Natur zum bloßen Material der Pflichterfüllung – man muß schon sagen: fatal seherisch – depraviert worden war, geliefert und sie als objektiven Idealismus unter der Formel: alles ist Ich in der Gegenrichtung zur Formel des ersten: Ich ist alles entwickelt, nach einem Umkehrungsverfahren, das dem Fichteschen nur in konträrer Ergänzung zur Seite trat, den Boden seiner Philosophie selbst aber nicht verließ. Nun stößt er im Identitätssystem zum absoluten Idealismus, dem Idealrealismus vor, dessen Prinzip das Ich nicht mehr sein kann, sich vielmehr zum Ich=Es vertieft. Die Fichtesche Wissenschaftslehre suchte die Bedingungen der Möglichkeit des Zusichkommens des Ich und fand auf diesem Wege den Grund für die Konstitution einer Welt. Schellings Naturphilosophie geht den Gegenweg zu den Bedingungen der Möglichkeit der Natur und findet dabei den Grund für die Konstitution eines Ich. Dort wie hier bezieht aber das ganze Verfahren aus Kants Gedanken der Konstitution des Objekts durch das Subjekt und seine Erkenntnisbedingungen das Prinzip der durchgängigen Korrelation beider Pole der Erkenntnis.

An diesem Prinzip hält Schelling auch jetzt fest, macht es nur, da Erkennen und Sein schlechthin zusammenfallen sollen, zum Weltprinzip. Hatte er schon mit seiner Naturphilosophie versucht, das einseitige Übergewicht des Subjekts innerhalb der idealistischen Konzeption auszugleichen, was in den Augen vieler seiner naturphilosophischen Mitstreiter eine Halbheit war, so kam nun mit der Aufhebung des Primats der Subjektivität die endgültige Korrektur der Asymmetrie. Die Wiedereinsetzung des parmenideischen Prinzips der Selbigkeit von Denken und Sein durfte jedoch nicht in die alte Ratlosigkeit führen, was solcher hermetisch in sich verkapselten Wahrheit die erscheinende Welt zu bedeuten habe. Bei Parmenides ist sie nicht legitime Erscheinung, sondern illegitimer Schein, hervorgerufen durch das menschliche Unvermögen, Ja und Nein konsequent auseinanderzuhalten, und verführt von der Neigung, im Nichtsein eine Art von Sein zu sehen. Um diesen Akosmismus abzuwehren, nicht wieder in die Zweiheit einer Wahrheit ohne Welt, einer Welt ohne Wahrheit zu geraten, bedarf es auf dem Grunde des Subjekt-Objektcharakters des Seins des Seienden, d. h. seiner Erscheinbarkeit, nur des Prinzips der Abstufung oder der Entwicklung. In gradueller Differenzierung abgestuften Selbsterkennens beharrt die in jeder ihrer Phasen wie im Ganzen vollendete

Vernunft. Sie, die absolute Identität »ist actu, so wie sie nur potentia ist«. Der Unterschied von Potentialität und Aktualität ist nur ein Kennzeichen des phaenomenon bene fundatum, des erscheinenden Weltprozesses und gehört ihm allein an, nicht ein solcher des Verhältnisses der Identität zum Prozeß, des Wesens zur Erscheinung, als wäre das Wesen der Keim und die sich entwickelnde Erscheinung sein entfaltetes und ausgereiftes Produkt. »Die absolute Identität ist nicht Ursache des Universums, sondern das Universum selbst. Denn Alles, was ist, ist die absolute Identität selbst, das Universum aber ist alles, was ist.«

In jeder Erscheinung manifestiert sich, stellt sich dar, vertritt sich auf dem Grunde seiner wesenhaften Vertretbarkeit das Absolute. Im Verhältnis zu ihm als Basis ist eine bestimmte Erscheinung ein Modus der absoluten Identität, nicht mehr, aber auch nicht weniger als sie, eine nach dem Prinzip der Differenzierung graduell getönte Art und Weise ihrer selbst. Da sie für sich genommen pure Indifferenz ist, muß für jeden differenten Modus, soll er ihr nicht widersprechen, ein Ausgleich sein. Dieser Ausgleich erfolgt durch die Reihe aller Gradabstufungen hindurch oder als Welt. Den jeweiligen Einheitsgrad des Subjektiven und Objektiven mit dem Worte »Potenz« (in Analogie zum mathematischen Begriff) bezeichnet, heißt das, die Dinge bilden eine Potenzenreihe auf der Basis der Identität. Innerhalb der Reihe kommt keiner ein völlig selbständiges Dasein zu, und wie jede auf alle anderen angewiesen bleibt, sind sie alle absolut gleichzeitig, ergänzen sich mithin zur totalen Indifferenz $\pm O$ und sind unter der Form von ihnen allen die absolute Identität. Der unglücklich gewählte Begriff der quantitativen Differenz zur Bezeichnung des in jeder Erscheinung verschiedenen Übergewichts, mit welchem in dem Grundverhältnis Subjekt=Objekt bald die eine, bald die andere Seite vorherrscht, bald den reellen und bald den idellen Charakter der Potenzreihe bestimmt, darf natürlich nicht dahin verstanden werden, als gäbe er die Grundlage für eine Messung ab. Er ist vielmehr ein analogisch-symbolischer Ausdruck für das Gegenverhältnis der Polarität, deren Variabilität nicht das Verhältnis selbst, wohl aber die Nachdrücklichkeit und Gewichtigkeit des einen oder anderen Pols für die Konstitution der jeweiligen Erscheinung festlegen will.

Das Symbolon der wahren Philosophie, ihre Hypotypose, um Kants Ausdruck zu gebrauchen, ist das Schema zweier gerader Linien von gleicher Größe und entgegengesetzter Richtung, begriffen als gleiche Hälften in *einer* geraden, deren Mittelpunkt die Indifferenz darstellt. Wird die letztere durch die Gleichung A = A, die quantitative Differenz durch A = B (A = Subjektives, B = Objektives), das Übergewicht mit + bezeichnet, so haben wir folgendes Schema, welches Schelling für die Grundformel seines ganzen Systems erklärt:

$$\frac{\overset{+}{A=B} \qquad \qquad \overset{+}{A=B}}{A=A}$$

Diese Linie vergleicht sich dem Magneten, der in der Mitte den Indifferenzpunkt, an den Enden entgegengesetzte Polarität zeigt. Jeder Teil der magnetischen Linie ist wie der Magnet mit denselben Eigenschaften der Indifferenz und Polarität, jeder Punkt kann Indifferenzpunkt sein, so daß an diesem Schema das System sich deutlich darstellt, »wie das letztere nie aus dem Indifferenzpunkt herauskommt« (K. Fischer, *Gesch. der neueren Philosophie* VII, 2. Aufl. 1899, 558). Mit ihm ist die Form des Seins der absoluten Identität dargestellt, im ganzen aller Potenzen wie im einzelnen jeder Potenz für sich, in denen Natur und Geist in der Kette ihrer Produktion sich die Waage halten.

Schellings Welt ist eine Welt des Einander, in der die Gegensätze das Füreinander gewährleisten, ein Kosmos, der einem Jeden seine Stelle zuweist, eine gerichtete Metamorphose im Sinne wachsender Befreiung und Steigerung der Subjektivität, zweckmäßig ohne Zweck, sich selbst genug, doch offen und kulminierend im Kunstwerk der in der Welt sich erkennenden Wahrheit, der in der Weltproduktion sich darstellenden Schönheit, eine Evolution von der Materie als dem primum existens bis zum Werk des Genies, eine erwachende Poesie. Aus dem Bewußtlosen sich erhebend entfaltet sich die Potenzkette der anorganischen und organischen Natur, der der Mensch verhaftet bleibt, obwohl er sie in seinem Selbstbewußtsein durchbricht, bis in seinen genialen Schöpfungen die Identität des Bewußtlosen und des Bewußtseins, der Natur und des Geistes zur Darstellung kommt. So ist der Mensch der Ort, an welchem das Universum zu dem wird, was es ist, das Ganze sich repräsentiert, die Identität der Identität sich als solche ausdrückt. »Unsere Behauptung«, so heißt es in der Erläuterung des § 30 seiner *Darstellung,* »ist aufs deutlichste ausgedrückt die, daß, könnten wir alles, was ist, in der Totalität erblicken, wir im ganzen ein vollkommenes quantitatives Gleichgewicht von Subjektivität und Objektivität, also nichts als die reine Identität, in welcher nichts unterscheidbar ist, gewahr würden, so sehr auch in Ansehung des einzelnen das Übergewicht auf die eine oder andere Seite fallen mag, daß also doch auch jene quantitative Differenz keineswegs *an sich*, sondern nur in der Erscheinung gesetzt ist. Denn da die absolute Identität, – das, was schlechthin und in allem ist, – durch den Gegensatz von Subjektivität und Objektivität gar nicht affiziert wird, so kann auch die quantitative Differenz jener beiden nicht in bezug auf die absolute Identität oder an sich stattfinden, und die Dinge oder Erscheinungen, welche uns als verschieden erscheinen, sind nicht wahrhaft verschieden, sondern realiter Eins, so daß zwar keines für sich, aber alle in der Totalität, in welcher die entgegengesetzten Potenzen ursprünglich sich gegeneinander aufheben, die reine ungetrübte Identität selbst darstellen. Diese Identität ist nicht das Produzierte, sondern das Ursprüngliche, und sie wird nur produziert, weil sie *ist*. Sie ist schon in allem, was ist. Die Kraft, die sich in die Masse der Natur ergießt, ist dem Wesen nach dieselbe mit der, die sich in der geistigen Welt darstellt, nur daß sie dort mit dem Übergewicht des Reellen, wie hier mit dem des Ideellen zu kämpfen hat, aber auch dieser Gegensatz, welcher nicht ein Gegensatz dem Wesen, sondern der bloßen Potenz nach ist, erscheint als Gegensatz nur dem, welcher sich außer der Indifferenz befindet und die absolute Identität nicht selbst als das Ursprüngliche erblickt. Sie erscheint nur dem, welcher sich selbst von der Totalität abgesondert hat und inwiefern er sich absondert, als ein Produziertes; dem, welcher nicht aus dem absoluten Schwerpunkt gewichen ist, ist sie *das erste Sein* und das Sein, das nie produziert worden ist, sondern ist, so wie nur überhaupt etwas ist, dergestalt, daß auch das einzelne Sein nur innerhalb derselben möglich, außerhalb derselben, auch wirklich und wahrhaft, nicht bloß in Gedanken abgesondert, nichts ist. Wie es aber möglich sei, daß von dieser absoluten Totalität irgend etwas sich absondere oder in Gedanken abgesondert werde, dies ist eine Frage, welche hier noch nicht beantwortet werden kann, da wir viel mehr beweisen, daß eine solche Absonderung nicht an sich möglich und vom Standpunkt der Vernunft aus falsch ist, ja (wie sich wohl einsehen läßt) die Quelle aller Irrtümer sei.«

Wenn man zur Vereinfachung dessen, was in diesen Sätzen steht, den grimmig-fröhlichen Ausspruch zitieren wollte, der liebe Gott sähe alle Dinge auf einem Haufen, so käme man allerdings in Teufels Küche und hätte Schelling gröblich mißverstanden. Im Zentralpunkt und für ihn gilt lautere Selbstbejahung. Für sein All ist Nichts. In ununterscheidbarer Helle trifft die Sicht sich selbst, sind Sehe und Licht eins. Wodurch aber kommt es zu Farben, warum kommt es zur Trübung, an der die gebrochenen Unterschiede hervortreten? Da eine Emanation der Identität nach Schelling, wie wir gehört haben, unmöglich ist, sie nicht aus sich heraustreten und die Mannigfaltigkeit des einzelnen begründen kann, vielmehr als Einheit in der Mannigfaltigkeit mit ihr identisch ist, so müssen im Hinblick darauf, daß die absolute Identität in der Form der quantitativen Indifferenz, der reinen Gleichgewichtigkeit des Subjektiven und Objektiven, die Welt aber als quantitative Differenzen ist, diese *in* der Indifferenz und nicht *aus* ihr begriffen werden. Ableitung ist unmöglich, denn es herrscht keine Hierarchie. Sie, die Indifferenz muß nicht etwas werden, was sie nicht von sich aus bereits ist. Wir haben gehört, daß die Identität »actu ist, so wie sie nur potentia ist«. Dynamis und Energeia fallen in ihr zusammen. Wie drückt sich das für die Indifferenz aus, in der sie manifest ist? Wirklich oder actu ist die Indifferenz allein insofern, als sie im Indifferenzieren, d. h. im Ausgleichen der Differenzen besteht, die also, wenn auch gleich ursprünglich mit der Einheit, ihr als Mannigfaltigkeit vorgeordnet sein müssen, will das Indifferenzieren spielen. Als aufzuhebender Kontrapart ist die Differenz die notwendige Voraussetzung der Indifferenz, nach Schellings Wort ihr Grund. Setzen wir die quantitative Differenz mit dem Wesen der Natur gleich, so ist Natur der Grund des Seins der Identität, im Absoluten Grund seiner Offenbarkeit, jedenfalls actu. Ob auch potentia, ist nicht gesagt, womit denn auch die anfängliche Frage: warum ist Vieles und nicht nur das Eine, oder mehr schlecht als recht formuliert: warum hat Gott die Welt geschaffen? zwar nicht beantwortet, aber doch in ein neues Licht gerückt ist. Natur als absolute Identität verstanden, sofern sie nicht als seiend, sondern als Grund ihres Seins betrachtet wird, heißt dem bewußtlosen Leben und der niederen Potenz die tragende Funktion im Verhältnis zur höheren des Geistes zuerkennen, die idealistische Rechtfertigung der Natur endgültig verlassen und die spinozistische Formel Deus sive natura als umkehrbare Gleichung aufgeben. Was Pantheismus schien, zeigt sich als Panentheismus. Der absolute Idealismus setzt in seinem Kulminationspunkt die Differenz des Faktischen als Grund seiner selbst. Ein spekulativer Empirismus, ein Positivismus der Weltoffenbarung mit einer Trennung nicht nur des Daß vom Was, sondern seiner Vorordnung kündigt sich an, wie ihn die Freiheitsschrift von 1809 dann zu entwickeln beginnt.

Bevor ich die Darstellung des Systems beende und mich mit der Frage unseres gegenwärtigen Verhältnisses zu ihm befasse, muß allerdings noch ein wesentlicher Zug erwähnt werden, von dem nur flüchtig bisher die Rede war. Schellings Philosophie ist in einem Maße der Erscheinung in ihrer Anschaulichkeit verpflichtet, wie es jedenfalls in der Geschichte des nachmittelalterlichen Denkens bis auf ihn selten zu finden ist. Anschauung will sie sein und vermitteln, den Begriff zu ihr hinführen, so daß die Vernunft in der Sache am einzelnen Ding wie am ganzen Gefüge plastisch gestalthaft hervortritt. In dieser Auffassung vom spekulativen Lebensnerv alles wirklichen Erkennens weiß er sich mit Goethe, aber auch mit dem Kant der *Kritik der Urteilskraft* einig, wobei nicht vergessen werden sollte, daß die Philosophie Kants Vernunftkritik die Abgrenzung der Erscheinung gegen das Übermaß rationalistischen Anspruchs und die Erkenntnis der Eigenart aller Anschaulichkeit verdankt. Mythos, Natur, Kunst, die Themen seines Lebens von Jugend an, konfrontieren auf je verschiedene Weise zwar, die Manifestation des Wesens in der Erscheinung. In ihr stellt sich das Absolute dar, gleichsam, ausdruckhaft, analogisch-symbolisch. So das Endliche im Unendlichen zu begreifen, bedarf es der spezifisch philosophischen Kunst produktiver Anschauung, die mit dem intellectus archetypus nicht verwechselt werden sollte. In der *Kritik der Urteilskraft* heißt es: »Alle Hypotypose (Darstellung, subjectio sub adspectum) als Versinnlichung ist zwiefach: entweder *schematisch*, da einem Begriffe, den der Verstand faßt, die korrespondierende Anschauung apriori gegeben wird, oder *symbolisch*, da einem Begriffe, den nur die Vernunft denken, aber dem keine sinnliche Anschauung angemessen sein kann, eine solche untergelegt wird, mit welcher das Verfahren der Urteilskraft, demjenigen, was sie im Schematisieren beobachtet, bloß analogisch, das ist mit ihm bloß der Regel dieses Verfahrens, nicht der Anschauung selbst, mithin bloß der Form der Reflexion, nicht dem Inhalte nach, übereinkommt« (*Kritik der Urteilskraft*, Ausg. Kehrbach 228/29).

Wie sein ganzes Indifferenzsystem der Weltvernunft im Bilde magnetischer Bipolarität entworfen ist, so jedoch, daß die symbolische Hypotypose die Gestaltung des Ganzen bis in alle seine Teile beherrscht – und das war von den Anfängen der Naturphilosophie an bei ihm immer so –, kehrt das Thema der produktiven Anschauung bei der Erörterung der *Ideen* wieder. Wir wissen, jede Potenz im Stufengang der Weltentwicklung stellt die Identität auf eine bestimmte Art und Weise dar. Diese Darstellungsarten sind die Ideen im Sinne Platos, Arten der Vernunft in der Welt und gegründet in, wenn auch nicht ableitbar aus der Idee des Selbsterkenntnischarakters der Identität –, insofern mit den Potenzen identisch. Ihnen, den Ideen, ist es noch nicht gegeben, den Weg zur Realität zu finden. Dazu bedürfen sie wiederum eines *Symbols,* wollen sie das Denken, eines *Ideals,* wollen sie das Handeln bestimmen, in denen nunmehr die Idee vertreten und dargestellt wird. Jede Idee ist zugleich konkret und allgemein, weder bloß subjektiver Begriff noch objektiv wie ein Ding, sondern je spezifizierte Identität von Ding und Begriff, besondere Urgestalt im Kontinuum, die dieses selbst nicht zersplittert, da sie es in seiner Gänze wiederum nur repräsentiert. Die Aufgabe der Philosophie der Natur und der Kunst, die Logik mit eingeschlossen, besteht darin, die Ideen begreiflich und anschaulich zu machen und an dem für sie bezeichnenden Urbild = Abbildverhältnis zu den ihnen zugehörigen Gegenständen die Mannigfaltigkeit des Universums symbolisch zu begreifen, in genau der Zweideutigkeit, die diesem Worte zukommt, gleichnishaft *und* direkt. Die Abständigkeit des einzelnen Dinges soll nicht vertuscht und verklärt, sondern eingehalten werden. Seiner Abgefallenheit als pures Faktum, das freilich das Identitätsdenken in die Krise treibt und schließlich sprengt, trägt das Moment der bloßen Ähnlichkeit des Abbilds mit dem Urbild, der Analogiecharakter des symbolischen Denkens bereits Rechnung.

Für die produktiv-intellektuelle Anschauung, dem spezifischen Organ der Philosophie, gilt – und das zeigen die hier erwähnten Schwierigkeiten, über welche Hegel im Element des Begriffs sich von vornherein hinwegsetzt – daß sie sich nur als ästhetische Anschauung objektivieren kann. Was läge näher als die Vermutung, das Kunstsystem der Philosophie sei die ihr entsprechende Objektivation. Aber dieser Versuchung widersteht Schelling: »*Das Kunstwerk* nur reflektiert mir, was sonst durch nichts reflektiert wird, jenes absolut Identische, was selbst im Ich sich schon getrennt hat.« Kants Auffassung vom Genie, das wie die Natur wirkt, bleibt ihm maßgebend. Der Denker kann nichts verkörpern, seiner

Intuition und Diskursivität ist durch die produktive Anschauung der Vernunft, in der er sich bewegt, das Glück der sinnlichen Realisierung versagt.

Schellings Verdienst, die *Kritik der Urteilskraft* zum Leitfaden seines Hinausgehens über Fichte gemacht zu haben, ist immer gewürdigt worden. Umso bereitwilliger, als seine Philosophie der Natur, mit der er den ersten entscheidenden Schritt tat, sich nicht nur von Fichte her legitimiert. Anknüpfend an die »Analytik der Grundsätze« und die *Metaphysischen Anfangsgründe der Naturwissenschaft,* will auch sie den Übergang von der Transzendentalphilosophie zur Physik, freilich nicht nur zur Physik der anorganischen Welt. Die Welt des Lebendigen rückt bei ihr in den Mittelpunkt, der damals bereits gewachsenen Bedeutung biologischen Wissens entsprechend, bereichert aber die Physik nicht nur um ein neues Gebiet der Erfahrung, sondern sprengt zugleich ihren Begriff, gestaltet ihn um und unterstellt die gesamte Natur der Jurisdiktion des Organismusgedankens. Daß dabei die Naturphilosophie an, wenn auch inzwischen überholten, Tatsachen und Theorien der Mechanik, des Magnetismus, Galvanismus, der Chemie und Biologie anschließt, gereicht ihr freilich zur Ehre, obwohl es ihre Lektüre heute erschwert. Bedenken erregt von jeher nur ihr Leitgedanke, »es gebe kein wahres System, das nicht zugleich ein organisches Ganzes wäre«. Berechtigt denn die aus Kant geschöpfte Gewißheit von der Natur als dem sichtbaren Organismus unseres Verstandes zu einer spekulativen Bemeisterung der gesamten Erfahrung? Wie ist die Offenheit der Empirie noch zu sichern, wenn der formale Apriorismus im Sinne Kants verlassen und zu einem materialen Apriorismus erweitert wird? Wo läuft die Grenze zwischen Apriori und Aposteriori, zwischen Möglich und Wirklich? Da aber die Naturphilosophie erklärtermaßen die Vorstufe zur Identitätsphilosophie bildet, geriet und gerät diese wiederum in den Verdacht, eine auch schon von daher zweifelhafte Konstruktion eines Weltgebäudes zu sein, das selbst zur damaligen Erfahrung in einem nur hypothetischen und symbolischen Verhältnis stand. Die allzu durchsichtige Art, in der das Polaritätsprinzip an den Erscheinungen des Mechanismus, Magnetismus, Galvanismus, Chemismus und der organischen Welt durchvariiert wird, verliert vollends für den Naturwissenschaftler jede Überzeugungskraft, wenn es auch noch das Schema für die Gegensätze des Idealen und Realen, des Subjektiven und Objektiven hergeben soll, da aus der indifferenten Nacht des Absoluten nichts an den Tag kommen kann, was nicht zuvor in sie hineingezaubert worden ist. Weshalb es dann heißt, Schellings Polaritäts-, Differenz- und Indifferenzkonstruktionen seien müßige Spielerei, entbehrten jeder echten Erkenntniskraft und seien so viel wert wie die von Molières Arzt vorgebrachte Erklärung des Schlafs aus der vis dormitiva.

Man darf die Naturphilosophie nicht für eine Hypothese halten, die im Wege experimenteller Forschung nachgeprüft werden kann – ein Mißverständnis, dem Schelling durch viele Äußerungen Vorschub leistet, da seine Art, Natur zu analysieren, der Goetheschen verwandt ist, die im Gebiet der Farbenlehre das Experiment in jedem Falle demonstrativ gebraucht hat. Nur dann, wenn man diesen Fehler vermeidet und sie als den hypothetischen Entwurf einer Kategorienlehre der erscheinenden Natur ansieht, melden sich diejenigen Schwierigkeiten, deren Lösung die Identitätslehre bringen soll. Mit ihnen muß man rechnen und dabei von dem Gedanken der Erkenntnis ausgehen, der Schellings Naturerfahrung leitet. Er deckt sich weder mit dem Kantischen noch mit dem heute maßgebenden Begriff, darf aber, wenn man einmal zum Zweck der Orientierung mit grobem Kontrast arbeitet und Galilei als den Begründer des modernen Verfahrens Aristoteles als dem Klassiker des überholten Verfahrens der Naturwissenschaft gegenübergestellt, nicht ohne Einschränkung dem Letzteren zugerechnet werden. Zwischen diesen Extremen stellt die Goethe-Schellingsche Naturerkenntnis eine merkwürdige Übergangsform dar, für welche alles darauf ankommt, die Erscheinung als Manifestation eines totalen Zusammenhangs zu begreifen, gegebenenfalls auch unter Einsatz experimenteller und messender, quantifizierender Methoden, doch nie zum Zweck ihrer Manipulierbarkeit und Beherrschung, vielmehr allein zum Zweck ihres anschauenden Verständnisses. »Die Erscheinungen selbst sind die Lehre« heißt also nicht die bloß methodische Einschränkung, den Zusammenhang empfindungsmäßiger Daten in ihrem gleichzeitigen oder aufeinander folgenden Auftreten nach Regeln, die für Gesetze gelten können, operabel zu machen, sondern zielt auf ein Verständnis, das sich an der Anschauung der Erscheinung selbst sättigt und in ihr zur Ruhe kommen will.

Ein derart verstehendes Erkennen gibt es und es spielt im vertrauten Umgang zwischen den Menschen und ihrer Umwelt die

Hauptrolle. Erst wenn dieser vertraute Zusammenhang nicht mehr funktioniert, müssen Wege der Erklärung beschritten werden. An solchen nicht seltenen Ersatzmethoden für unmöglich gewordenes Verstehen zeigt sich das allmähliche Auseinandertreten von Anschauung und Begreifen, die nun beide einen aufschlußreichen Wandel durchmachen bzw. gewisse ihrer Komponenten schärfer hervortreten lassen. Das Anschauen konzentriert sich und verarmt zugleich zu Beobachtung und Wahrnehmung, das Begreifen steigert sich zur Theorie. Die unmittelbare Umgänglichkeit weicht und macht einer mittelbar gezwungenen und erzwungenen, mehr oder weniger berechnenden Art der Beeinflussung Platz, die auf Beherrschung hinausläuft. Womit im ganzen nur gezeigt werden soll, daß Anschauung, Begriff und Praxis ihre Tönung und ihr Gewicht wechselweise voneinander empfangen. Sympathetisches Verständnis bedingt eine andere Art der Beherrschung und eine andere Art der Anschauung als theoretischer Einblick in das Objekt, auch wenn er und die ihm koordinierte Weise von Einflußnahme sich den Umgangsformen sympathetischen Verständnisses nie ganz entziehen. Der begreifenden Theorie erwachsen bisher verdeckt gebliebene Möglichkeiten praktischen Wirkens, nur bekommt die Sache zugleich ein anderes Gesicht, das Blickfeld weitet sich, planende Methode tritt an die Stelle instinktiver oder traditioneller Sicherheit und kann ihr gefährlich werden. Ein guter Botaniker ist noch lange kein guter Gärtner und wird ihn nie überflüssig machen, aber seine Gepflogenheiten auf die Dauer revolutionieren.

In der Entwicklung der Naturwissenschaft hat sich dieser Wandel der Erkenntnisrichtung vom verstehenden zum erklärenden Begreifen vielfach unbemerkt durchgesetzt. Das Programm der Mathematisierung bedeutete für die Forschungspraxis einen entscheidenden Einschnitt. Doch wurde, solange als zu seiner Rechtfertigung der Satz dienen konnte, das Buch der Natur sei in mathematischen Zeichen geschrieben, die Erkenntnistheorie davon zunächst nicht berührt. Auch Aristoteles hätte versucht, im Buch der Natur zu lesen, nur den Text mißverstanden. Daß dieser Text gegeben sei und zwar so, wie es Galileis Programm aussprach, stand auch für die Antiaristoteliker fest. Gott hat der Natur die Maße gegeben, in deren Zahlenverhältnissen Proportion, Harmonie, Weisheit und Schönheit niedergelegt sind. Nach dem Maß seiner Vollkommenheit gearbeitet, zeigt die Schöpfung in Statik und Dynamik jene Vernünftigkeit, die zugleich zwingend und befreiend ist, da in ihrem Licht sich alles von selbst versteht. An den Schriftzügen Gottes entlangfahrend, begreift der Mensch die gesetzliche Ordnung auf mathematische Weise dank seiner Ebenbildlichkeit zum göttlichen Geiste. Was nicht etwa heißen soll, daß in der Praxis der mathematisch gerichteten planmäßig experimentierenden Naturforschung des 17. und 18. Jahrhunderts nicht schon jene weitgehende Unabhängigkeit von Dingen der Theologie bestanden hätte, die dann langsam erst die Emanzipation von ihr auch in der Theorie der Erkenntnis reifen ließ. Nur zur Rechtfertigung des eigenen Tuns nach Anlage und Durchführung griff man auf die theologisch-ontologische Deckung zurück und sah sich dann in der Qualität des Schülers, der nachspricht, was Gott, der Lehrer und Schriftsteller, ihm vorgesprochen hat. Die ganze Metaphysik des 17. bis zur Mitte des 18. Jahrhunderts mit ihrer Fixierung an Mathematik und Theologie läßt sich aus keinem anderen Gesichtspunkt als diesem begreifen und ist in ihrem wissenschaftlichen Gesichtskreis überdies von dem Vorwiegen mechanisch-physikalischer und astronomischer Entdeckungen bestimmt, denen Chemie, Physiologie und Biologie erst mit erheblicher Verspätung Gleichwertiges an die Seite zu stellen vermochten.

Mit der zunehmenden Schwächung und schließlichen Preisgabe des theologisch-ontologischen Selbstverständnisses der Vernunft zugungsten ihrer vollendeten Autonomie im kritischen Werk Kants kommt das Neue in der Praxis der exakten Wissenschaft auch theoretisch zum Durchbruch. Der Forscher soll sich nicht mehr als Schüler verstehen, der Vorgesagtes nachspricht und an den göttlichen Schriftzügen in der Natur gehorsam entlangfährt, sondern als der bestallte Richter, der die Natur wie Zeugen behandelt und sie nötigt, auf seine Fragen zu antworten. Zur Ermittlung des wahren Tatbestandes gehört die Freiheit, sich ein Bild von der Sache zu machen, ihn zu antizipieren, die Führung nicht den Dingen, sondern der Versuchsanordnung anzuvertrauen und die Begriffe so zu handhaben, daß sie durch Erscheinungen bestätigt oder widerlegt werden. An Gesetzmäßigkeit der Natur festzuhalten, gebietet nicht ihr göttlicher Ursprung, sondern das moralische Interesse, in dessen Dienst auch der Forscher steht, der Pionier im Kampf um die Mündigkeit des Menschen schlechthin. Er und nicht sie, nicht sie allein entscheiden über den Charakter der Gesetzmäßigkeit und über das, was im gegebenen Fall als Gesetz zu gelten at und was nicht. Der Rigorismus des exakten Verfahrens, Garantie des echten Erkenntniserfolges im stetigen Fortschritt, Garantie auch der echten Zusammenarbeit der Forscher, entspricht allein der Ethik des über sich selbst bestimmenden Menschen, die es ihm verbietet, Gott als einem, wenn auch liebevollen Diktator zu gehorchen und seine Worte in der Natur nachzubeten. Darum Einschränkung der Erkenntnis auf die Regeln meßbarer Nachprüfbarkeit, darum Empirie als Respektierung des Zufälligen im Rahmen der Notwendigkeit, darum Abhebung der Erscheinung vom Ding an sich und wiederum Abhebung der für sich blinden Anschauung vom für sich leeren Begriff. Einem in der Anschauung selbst geborgenen Verständnis, Verständnis der Theoria im griechischen Sinne, war damit die Möglichkeit genommen.

Physik und Chemie konnten sich eher mit dieser Auffasung befreunden als eine Biologie, die zu Schellings Zeit kaum eine Möglichkeit sah, von deren Methode zu lernen, vielmehr gerade im Begriffe stand, als vergleichende und historische Morphologie unter der Entwicklungsidee eine Wissenschaft sui generis zu werden. Exakte Erklärung bedeutet den Entwurf eines Zusammenhanges, der meßbare Eingriffe im Sinne einer Voraussage erlaubt. Auf diese Art in eine geplante Aktion, das Experiment, eingebaut, verliert die Erklärung den Charakter der contemplatio. Das Operieren mit Modellen steht nur im Dienste des Verfügbarmachens und hat – denken wir etwa an Bohrs Atommodell und seine Korrekturen – einen bloß heuristischen, keinen definitiven Aussagewert mehr. Das Verständnis will nicht wie früher in einer Sicht zur Ruhe kommen, sondern die Sache in eine beherrschbare Konstellation von Bedingungen auflösen, wobei die mehr oder weniger anschauungsgebundenen Wortbedeutungen eliminiert und durch mathematische Symbole ersetzt werden. Es wäre ungenau und altmodisch, zu sagen, die Theorie hätte sich in den Dienst der Praxis gestellt, was, von außen gesehen, für das Verhältnis der Forschungen zu Technik und Industrie oft zutrifft. Richtig muß es heißen, daß die Theorie selbst ein Stück Praxis geworden ist, wodurch die Anwendung der Theorie in der Praxis sich von selbst ergibt. Unser Naturverständnis ist Technik in statu nascendi, adäquate und darum höchster Bewunderung würdige Antwort auf eine Welt, deren Ordnung keinen Ausdruckswert mehr besitzt, weil sie durch keinen Sinn mehr zusammengehalten wird. Wir verstehen uns auf Natur, aber sie verstehen wir nicht mehr.

Die Verkuppelung von Abstraktion mit Aktion bei gleichzeitig schwindender Geborgenheit bestimmen unser zunehmendes Mißverhältnis zu dem, was noch immer Welt heißt, aber den Anspruch dieses Wortes nicht mehr erfüllt. Ein im späten 19. Jahrhundert sich erst schüchtern vorwagendes Bewußtsein von der vollendeten Zufälligkeit alles Seienden wird durch keine Idee von Entwicklung und Fortschritt mehr aufgefangen und findet auch nicht mehr einen Halt, eine Mitte an der eigenen Subjektivität. Unter dem Druck der industriellen Revolution hat der Entfremdungsprozeß, dem Menschen und Dinge seit langem ausgesetzt sind, eine Situation der extremen Verlorenheit geschaffen, die an der Existenzphilosophie und dialektischen Theologie von heute abzulesen ist. Um die Wende zum 19. Jahrhundert dagegen waren das theologische Interesse an und in der Philosophie noch viel zu stark und die Emanzipation der Naturwissenschaft von der Philosophie noch viel zu schwach ausgeprägt, die Gewißheit von der Weltgemäßheit des Menschen, der Menschlichkeit der Welt noch zu groß, als daß nicht die Philosophie im Namen des sinnvollen Kosmos und im Zeichen des Lebens der Entfremdung der Natur durch die Naturwissenschaft Einhalt hätte gebieten müssen.

Dieser Konflikt zwischen Lebensverständnis und exakter Erklärung ist aber durch den Fortschritt der Wissenschaft vom Organischen keineswegs obsolet geworden, sondern hat im Gegenteil an Dringlichkeit und Schärfe nur gewonnen. Wenn es in den *Wahlverwandtschaften* heißt: »Mit den Bäumen, die um uns blühen [...] mit jeder Staude, an der wir vorbeigehen, mit jedem Grashalm über den wir hinwandeln, haben wir ein wahres Verhältnis, sie sind unsere echten Kompatrioten«, dann drückt sich darin nicht nur ein franziskanisches Gefühl aus, sondern eine bis heute ungehobene Erkenntnis.

Schelling hat sich an ihr versucht. Sollte er uns auch kein Führer zu ihr mehr sein, dann gewiß ein Mahner, den Kompatriotismus mit der Welt gerade da, wo sie keine mehr ist, ernst zu nehmen und ihm seine Wahrheit im Elemente des Gedankens zu erobern.

Eine frühsozialistische Verteidigung
Schellings (1842)

Einleitung

Leroux' im April- und im Maiheft der *Revue Indépendante* von 1842 erschienene Artikel *De Dieu*[1] und *Du Cours de Philosophie de Schelling*[2] sind herausragende, aber keineswegs singuläre Dokumente der frühsozialistischen Schellingrezeption in Frankreich. Die Forschung ist an ihnen – die immerhin Marx, Ruge, Rosenkranz und andere Hegelianer zu teilweise aufwendigen Stellungnahmen veranlaßten – so gut wie achtlos vorübergegangen. Die Rekonstruktion des Kontextes, in welchem eine französische Schellingrezeption, die ungefähr zwischen der Juli- und Februarrevolution zu datieren ist, möglich wurde, bleibt vorderhand ein Desiderat, zu dessen Einlösung der auszugsweise Abdruck des zweiten der genannten Texte von Leroux anregen möchte.

In Anbetracht der Forschungssituation müssen wir uns darauf beschränken, eine bestimmte Linie der Tradition herauszuarbeiten, in der Leroux' Aufsatz steht. Sie führt auf Heinrich Heine zurück, der Leroux schon im Jahre 1832 »in der Salle Taitbout als einen der Bischöfe des Saint-Simonismus«[3] kennen gelernt haben will und uns glaubwürdig versichert, Leroux selbst habe ihm nach Erscheinen von *De l' Allemagne dépuis Luther* offen gestanden, seinen Begriff von deutscher Philosophie nach der Lektüre dieses Buches, das bekanntlich das »Schulgeheimnis« derselben »unumwunden auszuplaudern« behauptet, geändert zu haben.[4]

In der Tat hat gerade diese Arbeit einen kaum zu überschätzenden Einfluß auf die französischen Sozialisten, aber auch auf die Junghegelianer (Feuerbach und Marx eingeschlossen) gehabt, so wie sie umgekehrt ohne die Anregung durch Barthélemy-Prosper Enfantin, dem sie gewidmet ist, vielleicht nicht entstanden wäre. Was Heines Behandlung der Schellingschen Philosophie betrifft, so ist sie sichtlich ein Reflex des dominanten Einflusses der Saint-Simonisten, unter dem Heine während der Niederschrift sich befand. Trotz massiver Kritik im einzelnen wird die emanzipatorische Mission der Naturphilosophie preisend herausgestellt. Revolutionär sei sie nicht im Sinne des jakobinistischen Moralterrors – ihn und seine Degradierung der Natur auf eine Schranke der Pflicht hatte Schelling ja gerade gegeißelt –, sondern dadurch, daß sie den oppositiv gedachten Begriff von Freiheit auf einen solchen Freiheitsbegriff hin überschritten habe, in welchem Natur eine zutiefst humane Qualität gewinnt. Als ein geistbeseelter Spinozismus korrespondiere die Schellingsche Naturphilosophie der Sozialutopie der Saint-Simonisten, indem sie im Reich des Gedankens jene »große Weltzerrissenheit« überwinde, die »Materie rehabilitiere, in ihre Würde wiedereinsetze«.[5] Damit klingt das Leitmotiv an, das die ganze Schrift gliedert und beherrscht und das eine offen eingestandene Affinität zu Schellingschen Gedanken hat. Sie gewährten Heine – in Saint-Simonistischer Interpretation – die Vision einer sozialen Umwälzung von Grund auf, die ohne die »revolutionären Gifte« der Jakobiner, ohne die »Usurpation« einer »spiritualistischen Welteinrichtung« hie und der absoluten Selbstmächtigung der Materie da eine natürliche Gleichheit aller Menschen begründet, die in ihrer naturgewordenen Humanität die Gottheit anbeten.[5] Heine hat damit als einer der ersten in Deutschland ein sozialpolitisches Konzept vorgetragen, das Spuren in Marx' *Ökonomisch-philosophischen Manuskripten*, aber auch noch in Marcuses Plädoyer für die Emanzipation der Sinnlichkeit hinterlassen hat – auf Schelling selbst hat der Marxismus (auch in seinen revisionistischen Positionen) kaum je sich berufen.

Freilich macht Heine – aus Gründen, die hier nicht dargelegt werden können[6] – einen sehr großen Unterschied zwischen dem »kühnen Protestanten«,[7] dem gewesenen »Lichtmenschen«, und dem späten Schelling, den er mit Aufbietung seines ganzen Sarkasmus als einen religiösen Retrograd und Reaktionär darzustellen bemüht ist. Diese Ablehnung ist einer der Gründe dafür, warum Hegel in gewisser Weise die vom späten Schelling verfehlte Aufgabe einer »Heiligung der Natur und Wiedereinsetzung des Menschen in seine Gottesrechte«[8] übernehmen muß und als Kronzeuge für ein Programm aufgeboten wird, das er in solcher Form sicher weder zu vertreten noch zu legitimieren geeignet ist.[9] Dieser Rollenwechsel und diese Kritik waren es aber gerade, die Stellungnahmen einiger französischer Sozialphilosophen provoziert haben, unter denen die Namen Prosper Enfantin und Pierre Leroux herausragen.

Enfantin war es, dem Heine *De l'Allemagne* in der Überzeugung, »daß es dem Bedürfnis Ihres Geistes zu entsprechen vermag«,[10] gewidmet hatte. Sein langes kurioses Antwortschreiben vom ›Nildamme, den 11. Oktober 1835‹, verdient unser Interesse, da es, ohne Hegels Namen zu erwähnen, in einem größeren Passus zu Heines Schellingdarstellung sich äußert.

»Da wir eben von Gerechtigkeit reden, so gestatten Sie mir die Frage: wissen Sie *ganz bestimmt,* daß Herr Schelling sich [an die Münchener Katholikenpartei (Zusatz der Herausgeber)] verkauft hat?

Ich möchte lieber glauben, daß Herr Schelling, wie einige andre Philsophen, als er sich ein wenig mehr mit der *praktischen Anwendung* seiner Lehren beschäftigte, zu der Einsicht gelangte, daß seine Philosophie nicht immer genügend Rücksicht nahm auf ein Element, das bei den menschlichen Angelegenheiten sehr wichtig ist, nämlich die Zeit. Sonderbar! man sollte meinen, die Gelehrten, die Theoretiker, die Männer des Geistes, des Gedankens, der Zahl, der *Zeit,* müßten weniger *stürmische Eile* haben, als die Politiker, Theorien verwirklicht zu sehen; aber ganz und gar nicht. Ich glaube jedoch, daß es dereinst der Fall sein wird, freilich unter *einer* Bedingung: sie müssen vor Allem, wie Lessing, an das *ewige Leben* glauben. Heutigen Tags ist dieser Glaube selten bei den Philosophen; auch flüchten sie sich oft, wenn sie beim Eingehen auf die Dinge praktische Unmöglichkeiten in ihren Systemen bemerken, vom Wege abgelenkt, in die Bahn ihrer Vorgänger, dort in den Tag hinein und selbst im Widerspruch mit ihren alten Theorien fortwandelnd; aber diese ganz natürliche Reaktion zeugt minder von Egoismus, als von Verlegenheit; sie beweist nicht, daß man *wissentlich* daran arbeitet, Unheil über die Völker zu bringen.

Da ich vom ewigen Leben gesprochen habe, so möchte ich Sie fragen, ob Sie nicht erstaunt sind, daß Sie, der in diesen beiden ersten Bänden von Religion, Philosophie und Moral handelt, Nichts gesagt haben über das ewige Leben, über die Frage: ›*Woher komme ich?* und *wohin gehe ich?*‹, über die Belohnungen und Strafen, mit einem Wort über den Fortschritt des *Seins,* – Sie, der so schön über den Fortschritt der *Menschheit* spricht. [...]

Diese Abschweifung auf Herrn Schelling führt mich zu einer allgemeineren Bemerkung.

Sie lieben Deutschland zu sehr, lieber Herr, und Sie haben mir selbst einen zu offenbaren Beweis Ihrer Zuneigung gegeben, als daß ich fürchten müßte, Sie zu verletzen, wenn ich das Urtheil, welches ich über Ihr Werk abgebe, bis zum Tone des Tadels steigere. Ich gestatte mir daher, es zu thun.

Nein, für Deutschland thut es nicht noth, daß man durch *profanierende Scherze* die Macht der Religion neutralisiere. Durch ernste, würdige Mittel gilt es die Religion der Deutschen, nicht zu neutralisieren, sondern umzugestalten; und nicht mehr durch herbe Kritik von Männern, die trotz ihrer Fehler der Menschheit große Dienste erwiesen haben, darf man Meinungen und Handlungen bekämpfen, die man für rückschrittlich hält; [...] die bedeutenden Menschen sind noch nicht so zahlreich, daß wir uns beeilen sollten, einen Theil derselben in den Koth zu schleudern.«[11]

Trotz seines missionarischen Eifers, der Bedenken erregen muß, ist dieser Passus wirkungsgeschichtlich von Interesse; zeigt er doch, daß einer der »pères« der »école« oder vielmehr »famille Saint-Simonienne«, der 1796 geborene Bankierssohn Barthélemy-Prosper Enfantin, gerade den Schelling gewidmeten Passagen der Heineschen Schrift – unbeirrt von, ja in offenem Widerspruch zu Heines besonders scharfer Polemik – sympathisierende Aufmerksamkeit zuwendet, (den Namen des von Heine gepriesenen Hegel erwähnt der lange Brief nicht). So wie Heine den Giordano Bruno – à propos des Schellingschen Dialogs, der diesen Namen im Titel führt – bezeichnenderweise »einen der edelsten Märtyrer *unserer Doktrin*«[12] nennt, nimmt Enfantin Schelling für einen Theoretiker Saint-Simonistischer oder, wie er gelegentlich sagt, »pantheistischer Politik«. Bemerkenswerter noch ist, daß Enfantin Schellings Schritt zur Religion nicht nur nicht entschuldigt, sondern gutheißt, indem er dafürhält – und diese Ansicht dürfte sich eigentlich auf Heine selbst berufen –, daß die Religiosität der deutschen Philosophie revolutionäres Potential enthalte, das sich »umgestalten« lasse. Sie neutralisieren hieße, dies Potential ungenutzt lassen, ja es vernichten.

Die religiöse Emphase in Enfantins Schreiben muß im Klima des Marxismus, der die »Kritik der Religion (für) die Voraussetzung aller Kritik«[13] erklärt, befremdlich erscheinen. Marx und Engels haben den »socialisme réligieux« wiederholt attackiert – zumal die These »Le Christianisme c'est le communisme«, indem sie freilich einen seiner Hauptvertreter, den anerkannt größten Denker unter ihnen, nämlich den Saint-Simonistischen Gedanken nahestehenden »Metaphysiker« Pierre Leroux – er war eine Zeitlang Herausgeber von *Le Globe*, dem Organ der »Schule« – einen »hervorragenden Geist« (Engels),[14] ja ein »Genie« (Marx)[15] nennen.

In Leroux' Sozialphilosophie tritt das Konzept der Rehabilitation der Materie gegenüber der Rolle, die etwa Enfantin ihm zugedacht hatte, in dem Maße in den Hintergrund, in welchem die Hoffnung auf einen Zustand »de la liberté de tous er de chacun«[16] in Gestalt einer »communion de l'homme avec ses semblables et avec la nature«[17] eschatologische Züge annimmt. Die religiöse Dimension von der Gesellschaft trennen, hieße »den Kopf eines Menschen von seinem Körper trennen«:

>»Die Gesellschaft ohne die Religion ist eine Abstraktion, die ihr euch da schafft; es ist ein absurdes Hirngespenst, das niemals in der Wirklichkeit bestanden hat. Das menschliche Denken ist unteilbar, es ist zugleich gesellschaftlich und religiös, das heißt, es hat zwei Aspekte, die sich entsprechen und sich gegenseitig hervorbringen. Dieser Erde entspricht dieser Himmel, und umgekehrt: aus dem gegebenen Himmel ergibt sich die Erde.«[18]

Der Menschheit – und das ist hier vor allem »la classe la plus nombreuse et la plus pauvre«[19] – die religiöse Zuversicht verweigern, würde darum bedeuten, die »Lehre vom Fortschritt und von der Perfektibilität, die Lehre vom Ideal«[20] um ihre inspiratorische Kraft zu bringen; der Bewegung, die zu einer sozialistischen und solidarischen Gesellschaft führt (beide Adjektive sind in dieser Bedeutung Leroux' Neuschöpfungen),[21] ihre Zukunft, ihr ideologisches Selbstbewußtsein, mit einem Wort: ihre Transzendenz zu rauben. Jede sittliche Aktion weiß sich – und darin stimmt Leroux seinem Vorbild Rousseau zu – gerade in ihrer Ausrichtung auf ein hienieden herzustellendes Ziel von einem Glauben in Regie genommen, der das Erstrebte als möglich unterstellt. Ohne eine gemeinsame Mythologie gäbe es keine Verständigung unter solidarisch Handelnden über die Zwecke, die die Aktion rechtfertigen, damit zugleich über die sittliche Norm:

>»Si la Démocratie n'est pas une religion, toute révolution démocratique est un crime.«[22]

Aber die in der gemeinsamen Mythologie intersubjektiv gültig kodierte Norm ist dennoch nicht ein reines Jenseits, sondern das religiöse Selbstverständnis der in ihrem Namen Handelnden:

>»En regardant ce qu'on nomme la terre, nous rencontrons aussi bien la perspective de l'infini et le champ de l'idéal divin [...]. Le ciel, le véritable ciel, c'est la vie, c'est la projection infinie de notre vie.«[23]

Die Nähe dieser Konzeption zu der im *Ältesten Systemprogramm* erhobenen Forderung nach einer neuen Mythologie²⁴ ist ebenso auffällig wie der in ihr implizierte Protest gegen Heines Saint-Simonistische Selbstvergötterungslehre. Leroux' Essay über Schellings Berliner Vorlesung 1841/42, aus dem wir im folgenden ein paar charakteristische Auszüge bringen, ist ebenso wie Enfantins Schreiben vor dem Hintergrund der Heineschen Schrift über *Religion und Philosophie in Deutschland* zu lesen. Bekanntlich bestand das »Schulgeheimnis« der deutschen Philosophie, das Heine »unumwunden [...] ausgeplaudert« und damit Leroux beeindruckt zu haben behauptet, darin, daß die großen Idealisten hinter einer Wolke von »mystischem Nebel« in Wahrheit »gegen das Christentum denselben Krieg geführt« haben, den seinerzeit die griechischen Aufklärer gegen »die ältere Mythologie geführt« hatten.²⁵

Man wird die Intention des umfänglichen Artikels aus Leroux' Feder darum mißverstehen, wenn man ihn vordergründig als Plädoyer für Schellings »Philosophie der Offenbarung« und gegen Hegel liest. Der Name Hegel ist viel eher Chiffre für eine Ideologie, die sich – wie Heine – auf seinen Namen beruft, wenn sie den Gedanken der Perfektibilität und des Fortschritts – dem Leroux sich entschieden anschließt – um seine religiöse Transzendenz bringt, indem sie Geschichte vorschnell im Menschen, so wie er ist, zum Stillstand bringt. Sollte, wie Heine sie genommen hat, Hegels Inkarnationslehre in der Vergötterung des Menschen *als* eines endlichen Wesens bestehen, so hat sie das Problem mit seiner Lösung verwechselt: denn unentscheidbar wird nun, nach welchem Kriterium sich der Mensch *als Gott* soll erkennen können, wenn die Gottheit mit seinem endlichen Selbstbewußtsein zusammenfällt.²⁶ Die Folge ist eben jene immanentistische Selbstvergötterungslehre, die Leroux den Junghegelianern²⁷ und den um Prosper Enfantin gescharten Saint-Simonisten vorhält,²⁸ die er beide nicht ganz zu unrecht für von Heine beeinflußte Hegelianer hält (»Je prends Hegel dans ses disciples«²⁹). Enfantins Aufforderung »*de se poser* lui-même, *se poser Dieu*«, habe eine neue Phase des Saint-Simonismus eingeleitet, »où il s'égara totalement et se perdit.«²⁸

Unter der Voraussetzung eines strengen Reflexionsverhältnisses von französischer Politik und deutscher Theorie – Leroux hält daran unbeirrt fest³⁰ – gewinnt Schellings hegelkritische Erneuerung des Offenbarungsglaubens darum einen Vorbildcharakter für die sozialistische Praxis. Brieflich eingegangene Warnungen der Berliner Hegelianer, die reaktionäre Implikation der Offenbarungsphilosophie nicht zu verkennen, erschüttern Leroux' Zuversicht in die weltgeschichtliche Mission des deutschen Idealismus ebenso wenig wie die Tatsache, daß sein Gegner, der konservative Victor Cousin, Schellings Sache in Frankreich vertritt.[32]

»Nous persistons«, entgegnet er, »à juger tout autrement l'œuvre de ›ce pauvre viellard‹. [...] La condamnation que Schelling a prononcé sur le système de son disciple ne peut être qu'une inspiration de sa conscience, et c'est à nos yeux une inspiration de la vérité.«[33]

Ganz freilich erfüllt Schelling Leroux' Hoffnung auf Verkündigung einer »Religion der Zukunft« nicht, indem er eine immanente Erneuerung des Christentums zu geben verspricht.[34] Schelling scheint von solchen Erwartungen Kenntnis gehabt zu haben, denn zu Beginn seiner Vorlesung erwähnt er kurz eine »von Frankreich ausgehende Sage«, die auch in Deutschland Anhänger gefunden habe, daß »etwas Neues an die Stelle des Christenthums treten müsse. Aber diesen kann man die Frage entgegenstellen: Habt ihr das Christenthum denn schon erkannt? Wie, wenn eine Philosophie erst seine Tiefen aufschlösse?«[35]

Unter einer Bedingung ist Leroux bereit, diesen philosophischen Aufschluß abzuwarten, daß nämlich unter dem »nouveau Christianisme«[36] ein den Protestantismus wie den Katholizismus zugleich mit der Hegelschen Trennung von Philosophie und Religion[36a] hinter sich lassendes Christentum zu verstehen sei, das sich auf das Evangelium Johannis berufe, wie Schelling selbst dies am Schluß einer Münchener Vorlesung getan habe.[37] Dieser Hinweis ist aufschlußreich, stellt man ihn in den Kontext des romantischen Sozialismus in Frankreich: Er gibt einesteils einen Wink auf eine bestimmte halb-apokryphe Johannestradition, derzufolge das Johannesevangelium das Ende des Christentums und einen unendlichen Fortschritt der Menschengattung bis hin zu einer Gesellschaft der Liebe verheiße und die sich unter anderem auf Lessing berufe.[38] Zum anderen zeigt er, daß Leroux sich über Schellings Vorlesungen schon früher berichten ließ.

In der Tat gibt es eine Reihe französischer ›Christkommunisten‹ (der Lamennais-Schüler Cluxis[39] ist nur einer von ihnen), die nach München fuhren, um Schelling zu hören. Ohne diese Tatsache bleibt Marxens Aufforderung an Feuerbach unverständlich, gegen diese Schellingrezeption, die er auf ein skandalöses Mißverständnis

zurückführt, in einer Kampfschrift zu Felde zu ziehen:
»Wie geschickt«, schreibt Marx, »hat Herr von Schelling die Franzosen zu ködern gewußt, vorerst den schwachen ekletischen *Cousin*, später selbst den genialen *Leroux*. Dem Pierre Leroux und seinesgleichen[40] gilt Schelling nämlich noch immer für den Mann, der an die Stelle des transzendenten Idealismus den vernünftigen Realismus, der an die Stelle des abstrakten Gedankens den Gedanken mit Fleisch und Blut, der an die Stelle der Fachphilosophie die Weltphilosophie gesetzt hat! Den französischen Romantikern und Mystikern ruft er zu: ›Ich die Vereinigung von Philosophie und Theologie‹, den französischen Materialisten: ›Ich die Vereinigung von Fleisch und Idee‹, den französischen Skeptikern: ›Ich der Zerstörer der Dogmatik‹, mit einem Wort: ›Ich… Schelling!‹«[41]

Leroux' Artikel hat, wie nicht anders zu erwarten, auch unter den Hegelianern im engeren Sinne großes Ärgernis erregt. Rosenkranz antwortete mit einem *Sendschreiben an Pierre Leroux über Hegel und Schelling* (Königsberg 1843). Arnold Ruge wünscht sich, Bakunin[42] möchte »darüber an *Pierre Leroux* schreiben und ihm die ganze Sache authentisch und deutlich vortragen« (Brief an Fröbel vom 8. 3. 43).[43] Bei einem späteren Besuch, über den er am 6. 9. 1843 seiner Frau berichtet, hat Ruge selbst sich mit Leroux über den »großen Charlatan, *Schelling*«, unterhalten, in dem jener »den Befreier der Deutschen und Franzosen von dem Joch des Hegelschen Systems erblickt«. Offenbar hat er den »unendlich liebenswürdigen Franzosen« von seiner Meinung nicht abzubringen vermocht.[44]

---

1 Pierre Leroux, *De Dieu ou de la Vie considerée dans les êtres particuliers et dans l'Être universel. Premier fragment. Revue Indépendante*, Tome III, 1842, avril. Dieser Essay ist bedeutender als der zweite, entfernt sich allerdings weiter als dieser vom Referat der Schellingschen Vorlesung. Es war aus Raumgründen unmöglich, ihn mitabzudrucken.
2 Leroux hat Schellings Einleitungsvorlesung vom 15. 11. 1841 im III. Band seiner R. I. (1842) mit einem einführenden Vorspann abgedruckt. Im übrigen bezieht er seine Informationen überwiegend aus einem Bericht der *Augsburger Allgemeinen Zeitung*, den er voll und ganz akzeptiert, »vorausgesetzt, man verleiht ihm den Sinn, den wir ihm geben« (l.c., 345).

3 Heinrich Heine, *Lutezia.* In: *Sämtliche Werke.* Hg. von O. Walzel, Leipzig 1910, Bd. IX, 358.
4 L.c., 228, und *Briefe über Deutschland.*
5 Heinrich Heine, *Beiträge zur deutschen Ideologie.* Hg. von Hans Mayer, Frankfurt/M.–Berlin–Wien 1971, 53; vgl. 104
6 Vgl. dazu Manfred Frank, *Heine und Schelling,* In: *Internationaler Heinekongreß 1972,* Hamburg 1973 (= Heine-Studien), 281-306. Heines Vorwurf der Parteigängerei mit der Münchener Kongregation ist sachlich nicht begründet.
7 Heinrich Heine, *Beiträge zur deutschen Ideologie,* l.c., 176
8 L.c., 104
9 Vgl. Heine berühmtes Gedicht ›Doktrin‹, l.c., xxi
10 Adolf Strodtmann, *Heinrich Heines Leben und Werke,* 2 Bde., Berlin 1869, Bd. 1, 298 (= Widmung zur 1. Auflage von *De l'Allemagne*). Vgl. ebd. zum Verhältnis Heines zu Enfantin und zum Saint-Simonismus im allgemeinen 284-319.
11 L.c., 314/4
12 Heinrich Heine, *Beiträge,* l.c., 102
13 *MEW* 1, 378, (= *Einl. zur Kritik der Hegelschen Rechtsphilosophie*)
14 *MEW* 1, 487 (= *Fortschritte der Sozialreform auf dem Kontinent*)
15 *MEW* 27, 420 (Brief von Marx an Feuerbach vom 3. 10. 1843)
16 Pierre Leroux, *Cours d'économie politique. Revue encyclopédique,* octobre 1833. (zit. bei David Owen Evans, *Le socialisme romantique. Pierre Leroux et ses contemporains.* Paris 1948, 84).
17 *De l'Humanité,* Tome I, 1840, 140
18 Pierre Leroux, *Die Gesellschaft liegt im Staube,* in: *Die frühen Sozialisten,* hg. von F. Kool und W. Krause, München 1972, Bd. 1, 283/4
19 *De la Philosophie et du Christianisme, R. E.,* août 1832 (zit. Evans, 79).
20 *Réfutation de l'Éclectisme,* 1841 (zit. Evans, 62).
21 Evans, l.c., 69f.
22 *Revue Encyclopédique,* août 1832 (zit. Evans, 78)
23 *De l'Humanité,* I, 228
24 Natürlich ist an eine strukturelle Homologie, nicht an eine direkte Abhängigkeit gedacht. Die Forderung nach »Versinnlichung der Ideen« begleitet das gesamte Werk Schellings. Marx zitiert Schelling in seiner Dissertation über diesen Punkt beifällig (*MEW,* 1. Ergänzungsband, 573). Übrigens teilt Leroux Schellings Kritik an der Verselbständigung des Staates, an den »tyrannischen Theorien«, die, statt den Staat zu einem »Glied in der Kette des Fortschritts« zu machen, ihn vergöttern und die Verwaltung in »une hydre géant« verzaubern, »qui embrasse de ses replis la société tout entière« (zit. Evans, 84 u. 71 [= *Cours d'économie politique*]).
25 Heinrich Heine, *Briefe über Deutschland*
26 Pierre Leroux, *Du Cours de philosophie de Schelling. Aperçu de la si-*

tuation de la philosophie en Allemagne. *Revue Indépendante*, Bd. III 1842, 308
27 L.c., 316
28 L.c., 331 ff.
29 L.c., 312
30 L.c., 333
31 L.c., 290/1
32 L.c., 329 ff.
33 L.c., 330
34 L.c., 345
35 H. E. G. Paulus (Hg.): *Die endlich offenbar gewordene Philosophie der Offenbarung*, Darmstadt 1843, 213. (Es handelt sich um den Text einer Nachschrift von Schellings Berliner Vorlesung 1841/2, den Paulus widerrechtlich in Umlauf brachte).
36 *Du Cours*, l.c., 335
36a In der *Préambule* zu *Du Christianisme* (l. c. 581) vergleicht Leroux Hegels Trennung der Praxis der ökonomischen »Arbeitsteilung«. Hegel habe aus der Einheit von Philosophie und Religion die »*spécialité-philosophie*« ausgesondert, »si j'ose appliquer à un pareil sujet et langage des nos marchands et de nos industriels.«
37 L.c., 336. Schon 1802 hatte Schelling »das Christenthum« nur als den »Weg zur Vollendung«, nicht schon als diese selbst, bezeichnet. In ihr hebe es sich als der griechischen Religion Entgegengesetztes auf; »dann ist der Himmel wahrhaft wieder gewonnen und das absolute Evangelium verkündet« (*WW* v, 120).
38 Vgl. Lessings *Das Testament Johannis*. Auch Enfantin nennt Lessing wiederholt in seinem Schreiben. 1829 hatte Eugène Rodrigues eine französische Übersetzung der *Erziehung des Menschengeschlechts* angefertigt. Zum Kontext bei Lessing vgl. Kurz, *Mittelbarkeit und Vereinigung*, l.c., 29 f.
39 Vgl. *Aus Schellings Leben. In Briefen*. Hg. von Plitt. III, 87/8; 98/9, und H.-J. Sandkühler, *Freiheit und Wirklichkeit. Zur Dialektik von Politik und Philosophie bei Schelling*. Frankfurt/M. 1968, 259. Lamennais selbst war im Jahre 1832 in München mit Schelling zusammengetroffen. Beide Denker scheinen füreinander große Sympathie empfunden zu haben. Ihr Gespräch soll die »geistige Befreiung der Völker« und die im Namen »eines neuen Glaubens« erstrebte Vereinigung der Menschheit behandelt haben (vgl. Geneviève Lewis, *Lamennais et Schelling*. In: *Revue philosophique*, Paris 1954, 347-351). – Interessanterweise berichtet uns Hans Kapfinger (*Der Eoskreis 1828-1832*, München 1929, 117), daß die politisch-katholische Rechte auf den Besuch des Sozialisten verärgert reagiert habe, ja daß Görres vielleicht aus diesem Grund mit seinen Freunden von der *Eos* abgesprungen sei. Diese Tatsache wäre ein weiterer Beleg für die von Frank (*Heine und Schelling*, l.c.)

vertretene Ansicht, daß Schelling mit den Münchner Ultramontanen – entgegen Heines Behauptung – nichts zu schaffen hatte.

40 Damit sind wohl die Saint-Simonisten gemeint, wie der Kontext lehrt.
41 Marx an Feuerbach, 3. 10. 1843 (*MEW* 27, 420). Vermutlich bezieht sich Marx auf Schellings 1834 erschienene *Vorrede zu einer philosophischen Schrift des Herrn Victor Cousin*, die auch in französischer Sprache gedruckt wurde und sicherlich neben Heines *De l'Allemagne* und Cousins Schriften das Hauptdokument der Schellingrezeption in Frankreich darstellt.
42 Bakunin war bekanntlich Hörer der Schellingschen Vorlesung im Berliner WS 1841/2. Kurzfristig enthusiasmiert von Schellings Gedanken, deren Wirkung sich in seinen frühen philosophischen Schriften nachweisen lassen (vgl. *Michail Bakunins sozial-politischer Briefwechsel mit A. I. Herzen und Ogarjow*, Stuttgart 1895, XXIII), wurde er bald zum erbitterten Kritiker der ›Positiven Philosophie‹. Arnold Ruge nennt ihn als Verfasser der später allgemein Friedrich Engels zugeschriebenen Kampfschrift *Schelling und die Offenbarung*, die noch von einer immanent idealistischen Position aus gegen Schelling argumentiert (vgl. Ruges Brief an Rosenkranz vom April 1842. In: *Arnold Ruges Briefwechsel und Tagebuchblätter*. Hg. von Paul Nerrlich, Berlin 1886, Bd. 1, 273). Wir bedanken uns an dieser Stelle für die Auskunft, die uns Arthur Lehning über Bakunins Verhältnis zu Schelling erteilte.
43 A. Ruge, l.c., 300
44 L.c., 334

Pierre Leroux
Über Schellings philosophische Vorlesung
Aperçu zur Lage der Philosophie in Deutschland

Mit der Veröffentlichung von Schellings erster Berliner Vorlesung (vom 15. November 1841, Anm. d. Übers.)[1] in der letzten Nummer dieser Zeitschrift verfolgten wir zugleich das Ziel, unsere Leser auch mit den Ergebnissen dieser Vorlesung vertraut zu machen.

Nach unserer Ansicht gibt es nichts für das Fortschreiten der allgemeinen Wissenschaften und aller Einzeldisziplinen Wichtigeres als dieses Ereignis, das auch in Deutschland so großes Aufsehen erregt hat: Schelling ist in Berlin, auf Hegels Lehrstuhl! Nach fünfundzwanzig Jahren des Schweigens ergreift er, der Vater der deutschen Philosophie, wieder das Wort; denn seine Lehrer Kant und Fichte waren offensichtlich nur Wegbereiter derjenigen Denkbewegung, die eigentlich erst mit ihm ihren Anfang nahm und auf Hegel, Krause, Oken, Baader, die Gebrüder Schlegel und die gesamte deutsche Literatur und Wissenschaft fortgewirkt hat.

Der Zeitpunkt übrigens ist von Bedeutung. Deutschland strebt nach politischer Einheit. Kann es angesichts der Spaltung in Katholiken und Protestanten, die wiederum in zwanzig verschiedene Sekten zersplittert sind, diese Vereinigung ohne eine gewisse religiöse Einheit zustande bringen?[2] Deutschlands Bestimmung (génie) liegt auf dem Gebiet des Gedankens. Wenn es noch kein politisches Leben besitzt, wenn es in jeder Hinsicht ein eigenartiges Gebilde aus Feudalismus und Neuerung, aus Freiheit und Zwang, darstellt, so deshalb, weil der Gedanke, der es zu wahrem Leben erwecken wird, noch nicht gereift ist. Noch sinnt Deutschland, wie schon seit fünfzig Jahren. Nun aber, nach einem halben Jahrhundert, steht Schelling erneut auf, um zu verkünden, daß er im Besitz *der Wahrheit* sei.

Wird Schelling sein Versprechen erfüllen? Wird er die Philosophie vor jenem Niedergang bewahren können, dem Hegel sie entgegentrieb? Was wird in Deutschland aus dieser vom Geist der Wissenschaftlichkeit und Voltaires zugleich geprägten Bewegung des Unglaubens werden, die an den Universitäten gärt? Schelling verspricht ein Bündnis von Philosophie und Religion, das auf un-

zerstörbaren Grundsätzen basiert. Verfügt er wirklich über den Friedensvertrag?
Werden die Deutschen durch seine Kraft verwirklichen, was Börne die Bestimmung ihrer Nationalität genannt hat? »In den Werkstätten der Menschheit gibt es zwei Völker, denen die Vorsehung die Aufgabe übertragen zu haben scheint, die Arbeiten aller anderen Völker zu überwachen und zu lenken, ihnen den Tagesablauf einzuteilen und den Lohn auszuzahlen: nämlich das französische und das deutsche Volk. Dem ersten wurde die Leitung der praktischen Arbeiten und der Künste anvertraut, dem zweiten die Leitung der theoretischen Arbeiten, der Wissenschaften und der Spekulation. Die Theorie ist furchtsam und hinhaltend, die Praxis aber unüberlegt und übereilt: daher rührt ihre Zwietracht. Daher rührt auch die Unvergleichbarkeit der seelischen Verfassung und Geistesart der deutschen und der französischen Nation, die sich, obwohl ihre Grenzen aneinandertreten, wesensmäßig weit getrennt wissen. Es ist die Aufgabe der Franzosen zu zerstören, das alte und zerrüttete soziale Gebäude niederzureißen und einen neuen Weg zu bahnen und zu ebnen; die Aufgabe der Deutschen hingegen ist es, ein neues soziales Gebäude zu begründen und aufzurichten. In Freiheitskriegen wird Frankreich immer an der Spitze der anderen Länder stehen, aber auf dem zukünftigen Friedenskongreß, zu dem sich alle Völker Europas versammeln werden, wird Deutschland den Vorsitz innehaben. […] Das geistige Deutschland ähnelt einer erhabenen Alpenlandschaft. Wie groß und majestätisch ist ihre Zackenkrone, deren ewige Gletscher über der Erde gleißen. In Deutschland ist das lautere Licht einheimisch, die anderen Länder durchglüht die wärmende Sonne. Diese lebensfeindlichen Berge haben die zu ihren Füßen liegende Erde befruchtet. Auf ihnen entspringen die breiten Ströme der Geschichte der großen Nationen und der großen Ideen. Den Deutschen eignet Genie, den Franzosen Talent. Den einen die schöpferische Kraft, den anderen die praktische Kraft des Scharfsinns (esprit). Auf deutschem Boden sind all die großen Ideen gewachsen, die von geschickteren, unternehmenderen oder glücklicheren Nationen in die Tat umgesetzt wurden. Deutschland ist der Ursprung aller europäischen Revolutionen; es ist die Mutter aller weltverändernden Entdeckungen. Ihr verdankt die Menschheit das Pulver, die Buchdruckerkunst und die Reformation.«[3]
Wohlan, möge Deutschland abermals die große Entdeckung ge-

bären, die alle übrigen vollendet; möge sie von den Gletschern des deutschen Geistes zu uns herabfließen,[4] dem nach Börne schon das Pulver, die Buchdruckerkunst und die Reformation entsprungen sind. Möge die Reformation, die seit drei Jahrhunderten nach Vollendung strebt, sie endlich finden, und möge Deutschland sie herbeiführen! Möge Schelling Luthers Werk vollenden! oder besser (denn darin liegt das eigentliche Problem), möge er es abschließen, um uns endlich aus der Phase der Kritik, die das menschliche Denken seit diesen drei Jahrhunderten von Ruine zu Ruine eilen läßt, herausführen.

Wir Franzosen haben die uns von Börne zugewiesene Rolle lange genug gespielt: das alte Gebäude zu zerstören und abzureißen, den Weg zu bahnen und zu ebnen. Wenn es die Aufgabe der Deutschen ist, ein neues soziales Gebäude zu begründen und zu errichten, so sei es! Er komme, er komme endlich – dieser zukünftige Friedenskongreß, der alle Völker Europas versammeln wird; und, was uns Franzosen angeht, wir werden den Vorsitz leichten Herzens Deutschland zubilligen.[5] [...]

Die Hegelianer

[...]

Alle Religion besteht Hegel zufolge in der Inkarnation Gottes in Menschen. Gott existiert nicht auf untätige Weise, denn die absolute Idee, Gott, strebt nach Verwirklichung. Das Resultat dieser ersten Bewegung ist die Natur. Das Universum manifestiert alle Phasen und alle Konstellationen der aus sich selbst entlassenen Idee. Die Idee, die sich ihrer selbst entäußert hat, strebt dem Selbstbewußtsein entgegen, und dieses Phänomen, Wunder oder letzte Anstrengung der Schöpfung, ereignet sich im Menschen. Aber dieses Wunder beschränkt sich nicht auf die Schöpfung des Menschen; im Leben der Menschheit selbst setzt es sich fort. Die unterschiedlichen Religionen, die sich bis zum heutigen Tage auf der Erde manifestieren, können als eine fortgesetzte Schöpfung betrachtet werden; denn sie sind der Ausdruck dieser Entwicklung, dieser Bewegung des göttlichen Wesens im Menschen; und deren Phasen entsprechen ihnen. Das Christentum ist die letzte dieser Phasen. »Im Christentum«, sagt Hegel, »erscheinen die Bewegungen des Geistes beinahe unverhüllt. Repräsentieren Vater

Sohn und Heiliger Geist nicht eigentlich das Endliche, das Unendliche und die Vermittlung beider; zuerst die Einheit, dann die Verschiedenheit und schließlich die Rückkehr zur Einheit? Denn dies ist das Gesetz der Entwicklung der Idee.«[6]

Hegel glaubte, damit das eigentliche Wesen der Religion eingeholt zu haben, und seine Schüler glauben das immer noch; doch gerade darin hat sich Hegel gewaltig geirrt, und darin irren auch seine Schüler. Das Wesen der Religion besteht nämlich nicht allein in dem Prinzip: »Der Mensch ist eine Inkarnation Gottes«, oder in jenem, das dasselbe nur in einer anderen Form sagt: »Gott ist in jedem von uns.«

Wenn die Religion nur auf dieser Wahrheit beruhte, läge ihr ganzes Wesen in dem folgenden Bibelvers beschlossen: »Gott schuf den Menschen zu seinem Bilde«, (Genesis 1, 27) oder auch in jenem Halbvers Vergils: *Est deus in nobis.*

Sicherlich ist Gott, der allgegenwärtig ist, auch in jedem von uns: *In Deo vivimus, et movemur, et sumus,* sagt der Heilige Paulus. Man könnte Hegel nach der Erklärung fragen, auf welche Weise denn Gott in uns sei, wie wir nach seinem Bilde gemacht wurden und wie wir dieses Bild Gott immer ähnlicher machen können.

Offensichtlich hat Hegel das Problem für die Lösung selbst genommen.

Mehr noch: Hegels Äußerung ist grundsätzlich widersprüchlich.

Denn einerseits läßt er alle Religion darin bestehen, *sich als Gott zu wissen,* und andererseits gibt er, nach seinen Kategorien der aufeinanderfolgenden Religionen, vor, daß dieses *Sichwissen als Gott* der einzigartige Charakter des Christentums gewesen und daß Jesus darum Gott sei, weil er als erster wußte, daß er Gott war. Aber wenn schon die mosaische Genesis dieselbe Wahrheit oder dasselbe Wissen ausspricht, wie kann dann Hegel daraus ein Charakteristikum des Christentums machen! Besteht die Genesis nicht gleich drei Mal auf dieser Ähnlichkeit Gottes und des Menschen?[7] Dieses Wissen, daß wir Gott oder besser, daß wir Gott ähnlich seien, hat sich also schon zweitausend Jahre vor Christus offenbart. Und wenn man der jüdischen Bibel all jene orientalischen Denkmäler, die diese Erkenntnis in sich bergen, hinzufügt und an das kontemplative Leben der Inder denkt, das auf eben dieser Einsicht gründet, was wird dann aus dem Gesetz der religiösen Entwicklung bei Hegel?

Man wird wahrhaft nicht umhin können zu bemerken, daß Hegel

mit seiner ganzen Logik und all seinen Begriffen nichts wirklich Grundlegendes den von Schelling übernommenen Konzeptionen hinzugefügt hat. Schellings noch undeutliche Intuition einer absoluten Identität hatte Hegel auf die breite Bahn einer *ewig fortschreitenden Schöpfung* geleitet. Schelling, das ist wahr, sah die Natur nach Art der Poeten und Physiker eher im Raum als in der Zeit, eher in der Natur als in der Geschichte. Auf undeutliche Weise hatte er die *Identität* (um seinen Ausdruck zu benutzen) zwischen dem bemerkt, das da im Steine schläft oder im Tiere träumt und dem, das im Menschen denkt. Er gewahrte das Denken in dem, was man Materie nennt. Das Licht, so sagte er, ist eine vollständige Geometrie; und die Kristallisation ist ein unbewußter Gedanke. Dies: die Identität in der Natur, in den sichtbaren Manifestationen der göttlichen Idee, war im groben der Grundgedanke Schellings. Hegel hat dem die Geschichte hinzugefügt; er wollte die Identität auch in der historischen Entwicklung nachweisen und von dort aus auch sein System der Religion begründen. Doch zu welchem Schluß ist er gelangt? Gott verkörpert sich nacheinander in den verschiedenen Religionen und wird sich im Menschen seiner selbst bewußt. Das ist wahr.[8] Aber wenn man Hegel fragt, worin denn diese Verkörperung bestehe, so weiß er nur eines zu antworten: darin, *sich als Gott zu wissen*. Aber um sich als Gott zu wissen, so kann man ihm entgegenhalten, muß man bereits wissen, was Gott ist. Sokrates sagte seinerzeit dem Menschen: erkenne dich selbst. Hegel sagt zu uns, uns zu erkennen heiße wissen, daß wir Gott sind. Lehre er uns doch erst einmal ein wenig, was Gott ist und inwiefern wir Gott sind. Hegel hat dieser Aufforderung nie anders nachzukommen gewußt als mit der Formel vom Endlichen, vom Unendlichen und der Vermittlung beider. Dies aber ist keine Antwort: denn diese seit Monsieur Cousin so fatal bekannte Formel erklärt weder Gott noch den Menschen.

Das letztendliche Ergebnis der Hegelschen Philosophie faßt trefflich ein Wort zusammen, das wir einst nach einem Diner von einem geistreichen deutschen Schriftsteller und direktem Schüler Hegels hörten: »Freunde, wir alle sind Götter, die gut gespeist haben.« […]

Einige Grundzüge des Hegelschen Evangeliums

Ich suche Hegel in seinen Schülern zu erkennen. Kann ich da einen geeigneteren wählen als M. Michelet aus Berlin? Professor Michelet repräsentiert, wie die Deutschen zu sagen pflegen, das linke Zentrum der Hegelschen Philosophie. Es folgt eine Passage seines Werkes über die Persönlichkeit Gottes und die Unsterblichkeit der Seele, das er 1841 in Berlin publiziert hat. Sie ist in einem französischen Buch zitiert, das über dasselbe Thema handelt und in derselben Stadt erschienen ist.[9] (Folgt ein längerer Zitat-Auszug aus der Arbeit von Gros, Anm. d. Übers.)

Examinieren wir kurz die Stichhaltigkeit des Hegelschen Evangeliums:

1. *Nur im Menschen ist Gott sich seiner bewußt.* Das ist, wie wir gesehen haben, das eigentliche Prinzip Hegels. Die einzige Hegel geläufige Formel des Lebens ist die vom Unendlichen, vom Endlichen und der Vermittlung beider; Gott, den Hegel nicht anders denn als Unendlichkeit kennt, hat im Zustand der Unendlichkeit kein Selbstbewußtsein; deshalb verkörpert er sich in der Natur, ohne allerdings auch hier seiner selbst bewußt zu werden. Erst wenn er, von Entwurf zu Entwurf fortschreitend, bei der Schaffung des Menschen angelangt ist, kommt ihm Selbstbewußtsein zu und weiß er sich im Menschen. Michelet hat genau begriffen, daß dieses Prinzip einem radikalen Atheismus gleichkommen könne. Und er beeilt sich denn auch hinzuzufügen, daß der Grund dieser vom Menschen angenommenen Persönlichkeit nicht von ihm selbst, sondern von Gott herrühre. Gott hat kein Selbstbewußtsein und weiß sich nicht; und dennoch erlangt er Selbstbewußtsein und Wissen seiner selbst, indem er sich im Menschen verkörpert. So hat er gewissermaßen auf ewige Weise ein Selbstbewußtsein erlangt. Aber Michelet bemerkt nicht, daß er durch diesen Kommentar den ganzen Wert seiner ersten Aussage zerstört und die Idee seines Lehrers durch diese seine Interpretation zerrinnt. Denn wenn Gott, das ewige Sein, sich im Menschen weiß, und sich sogar ewig im Menschen weiß, so weiß er sich offensichtlich ewig. Also auch wenn er den Menschen nicht erschafft oder sich nicht im Menschen weiß, so weiß er sich doch und besitzt Selbstbewußtsein. Er bedarf nicht des Menschen als Werkzeug, um sich zu wissen. Im Gegenteil: Weil er sich weiß, erzeugt er zu gegebener Zeit nach dem Plane seiner Theodizee dieses Werkzeug, in dem er sich individuiert weiß

449

und das Mensch heißt. Also hat Gott unabhängig von der Erschaffung des Menschen Bewußtsein. Dieses ewige Bewußtsein Gottes kann dem Menschen Antwort geben und die Erschaffung des Menschen erwirken; aber es ist wesentlich von dessen Erschaffung verschieden. Wenn etwas in Gott ist, das ewig dem Bewußtsein Gottes im Menschen antwortet, so hat Gott offensichtlich ewigerweise Selbstbewußtsein. Was also bleibt von der Überzeugungskraft des Aphorismus: Gott habe nur im Menschen Selbstbewußtsein? Dieser Aphorismus hat nur diesen einen Sinn: der Mensch hat ein ausgeprägtes Bewußtsein oder ausgeprägtere Kenntnis von Gott als alle anderen Kreaturen. […]

2. *In den vorchristlichen Zeiten suchte sich die Persönlichkeit Gottes noch, zu sich gefunden hat sie erst in Christus.* Es handelt sich immer noch um denselben Gedankengang, der hier auf die Religionen übertragen wird. Hegel zufolge ist das Christentum nichts als das Fortschreiten der göttlichen Idee, die zum Selbstbewußtsein gelangt ist. Der Mensch hat sich schließlich als Gott erkannt; endlich hat er die wesentliche Einheit von göttlicher und menschlicher Natur erkannt, die Verkörperung des Unendlichen im Endlichen. Diese Phase des göttlichen Fortschreitens heißt das Christentum.

Hierzu eine Bemerkung: Nein, die Religion im allgemeinen besteht nicht nur darin, sich als Gott zu wissen, sondern auch darin, um Gott zu wissen. Nein, das Christentum im besonderen besteht nicht nur aus der Verkörperung. Man glaubt wirklich zu träumen, wenn man Männer wie Hegel und Michelet die Religion auf diese Beteuerung zurückführen sieht: *Wir sind Gott;* ohne zu bedenken, daß diese Frage unmittelbar die folgende nach sich zieht: *Was ist Gott?* Man glaubt weiterhin zu träumen, wenn man sie trotz ihres Wissens um die vorchristlichen Religionen versichern sieht, daß es gerade das Charakteristikum des Christentums ausmache, daß Jesus sich Gott nennt. Und sie versichern das allen Ernstes, obwohl sie sehen, daß vor Jesus bereits Alexander sich Sohn des Jupiter genannt hatte und daß alle römischen Kaiser unterschiedslos als Götter angesehen wurden. Wie denn! Vergessen sie etwa, daß alle indischen Wiedergeborenen sich vergöttern und daß es seit der sechstausend Jahren der Geschichte nicht einen einzigen orientalischen Fakir gibt, der sich nicht als Gott wüßte? Haben sie denn nie etwas von den Veden und all den anderen orientalischen Zeugnissen gehört oder gelesen? Selbst das Evangelium hätte ihnen zeigen können, daß Jesus nicht der erste ist, in dem diese Inkarnation des Unendlichen im Endlichen sich erfüllte; denn was sagt Jesus im Johannes-Evangelium, als die Juden ihm vorwerfen, daß er sich Sohn Gottes nenne? Er antwortet ihnen mit einem Zitat aus der Schrift, in dem die Immanenz Gottes in allen Menschen auf eindeutige Weise verkündet wird.[10] Nun, diese Stelle aus der Heiligen Schrift und viele gleichartige entstammen vielen Jahrhunderten vor der Zeit Jesu.

3. Die übrigen Beteuerung des Herrn Michelet sind nur Weiterentwicklungen des hegelschen Prinzips, daß die Religion im allgemeinen und das Christentum im besonderen auf dem Wissen darum beruhen läßt, daß wir Gott sind. Zunächst manifestiert sich dieses blinde *Streben Gottes, Selbstbewußtsein zu erringen,* nur undeutlich; aber schließlich gewinnt Gott in einem Menschen Selbstbewußtsein. Zu Hegels und Herrn Michelets Schaden hat dieser Mensch, d. h. Jesus, niemals gesagt: Ich bin Gott, sondern er hat stets Gott verherrlicht. Wohl hat er Gott in sich gefühlt, aber er hat darum niemals gesagt: Ich bin Gott. Der ihm von seinen Jüngern verliehene Name des *Sohnes Gottes* hat keineswegs diesen Sinn. Immer hat Jesus zwischen sich und Gott unterschieden. Gar nicht zu reden von dieser so zuverlässigen und klaren Textstelle und von vielen anderen, auf die sich die Socinianer so entschieden stützen: »*Das ist aber das ewige Leben, daß sie dich, der du allein wahrer Gott bist, und den du gesandt hast, Jesus Christus, erkennen.*«[11] Es bedarf, wie uns scheint, schon einer gewissen Blindheit, um im Christentum nur diese vorgebliche Identifikation Gottes und des Menschen zu sehen. [...]

Hat Schelling also Unrecht, wenn er jetzt Hegel und seine Schule anklagt, aus der Religion und dem Christentum nichts als eine nichtige Fantasmagorie gemacht zu haben? Schelling hat dieses Urteil anläßlich seiner Äußerungen über die historische Erklärung des Christentums durch die hegelsche Schule abgegeben. Und welche Erklärung konnte schon folgen aus einer Philosophie, die tatsächlich das Wesen der Religion auf die Verkörperung des Unendlichen im Endlichen reduziert und deren Ausgangspunkt es ist, Gott als Idee zu begreifen, die kein Selbstbewußtsein hat, dies aber – man weiß nicht recht wie – im Menschen gewinnt? Alle ewig göttlichen Wahrheiten, die das Christentum in seinen Symbolen umfaßt, mußten den Schülern Hegels entgehen. Sie sahen überall nur die Inkarnation. Ihre Augen wurden getrübt durch die trügerische Formel vom Unendlichen, vom Endlichen und von ihrer Vermittlung.

Dies also ist geschehen. Hegels Philosophie machte aus Gott selbst ein Produkt der Schöpfung. Konnten da seine Schüler folgenden Schluß vermeiden: *Das Christentum ist ein natürliches Produkt des menschlichen Geistes*? Und mußten sie nicht von dieser zu einer anderen Folgerung gelangen: *Das Christentum ist ein historisches Produkt des menschlichen Geistes*?

War nicht Hegel selbst, wie wir gesehen haben, seinen Schülern mit diesen Schlußfolgerungen vorausgegangen? Lassen seine religiösen Kategorien, indem sie nur scheinbar aus Gott die Folge der Religionen hervorgehen lassen, nicht die Entwicklung der Religionen allein aus dem menschlichen Geist entspringen? Denn Gott kommt erst dann wirkliche Existenz und Göttlichkeit zu, wenn der Mensch, dieses Geschöpf des unbewußten, sich selbst nicht kennenden Gottes, ihn als Gott anerkannt hat.[12] [...]

Hegels System ist nichts als eine Kritik

[...]
In dem Punkt muß man durchaus auf Hegels Seite stehen: seine Philosophie ist wie die Voltaires nur *eine Kritik*, nichts anderes. Sie ist keine solide Konstruktion, sondern eine Destruktion. Aber die großen Zerstörer haben nur deshalb Zerstörungskraft, weil sie keimhaft schon etwas von der Wahrheit besitzen, die sich erst nach ihnen manifestieren wird.

Akzeptieren wir die durch Hegel vollzogene Zerstörung, aber akzeptieren wir nicht sein System.

Machen wir uns die Wahrheit zu eigen, die es Hegel erlaubte, ein mächtiger Zerstörer im dogmatischen Gewande zu sein; aber lassen wir uns nicht länger über die Nichtigkeit dieses scheinbar so überragenden Gewandes täuschen.

Nicht Hegels System wird weiterleben, es ist tot. Die Verdammung, die Schelling jüngst über dieses System ausgesprochen hat, ist sein letzter Streich auf deutschem Boden. Der Geist, der dieses System inspirierte und Hegel den Mut gab, es zu erbauen, dieser Geist wird leben. Und dieser Geist ist die göttliche Idee des *Fortschritts in Natur und Menschheit*.

Der Geist, der Condorcet und Saint-Simon beflügelte, hat auch Hegel bei der Konstruktion seines Systems erleuchtet. Dies macht den Wert (moralité) von Hegels Werk aus. [...]

Die Doktrin des Herrn Enfantin ist eine Anleihe bei Hegel

[...]
Früher oder später muß die Wahrheit zutage treten. Frankreich kennt die von Enfantin entwickelten Ideen. Sicherlich wird man eines Tages wissen, daß Enfantins Metaphysik eindeutig die Hegels ist, und daß die Schule Saint-Simons durch ihn auf Abwege geraten ist.

Die Schule der Saint-Simonisten bewahrte einen reinen göttlichen Keim in ihrer Lehre von der Perfektibilität, die direkt aus der Philosophie des 18. Jahrhunderts folgt; aber es gebrach ihr an einer Metaphysik, als die Hegelianer ihr aus Berlin die hegelsche Lehre, die Inkarnation, überbrachten.

Da sich auf dem Grunde des Hegelianismus, wie wir oben bereits gezeigt haben, unter der obersten Formel von der Inkarnation des Unendlichen im Endlichen die Lehre des Fortschritts in der Natur und in der Religion wiederfand, ließ sich eine Verbindung zwischen beiden Schulen leicht knüpfen. Hegels Schüler wurden Saint-Simonisten und die Saint-Simonisten Hegelianer. Turgots, Condorcets und selbst Saint-Simons vernünftige Ideen wurden nur noch als schwacher Abglanz des aus Deutschland strahlenden Lichtes angesehen. Die gleichzeitige Vorlesung von Herrn Cousin, der denselben Pantheismus mit großem Erfolg lehrte, vermehrte noch die Illusionen der drei oder vier Männer, die damals das formulierten, was man viel später den Katechumenen und der Öffentlichkeit als Dogma verkündete.

Wäre hier der geeignete Ort, um auf Details einzugehen, so könnten wir leicht beweisen, daß die Verfasser dieses Dogmas die Philosophie Hegels sehr genau kannten, daß der erste sie noch aus dem Munde des Meisters selbst vernahm, daß der zweite genaueste Kenntnis hatte von allen Versuchen der Suche nach dem Absoluten in Deutschland und im Norden und daß der dritte schließlich die deutsche Theologie und Bibelexegese genau kannte. Im Grunde waren es diese drei Männer, alle drei den deutschen Philosophen selbst in ihrer Kenntnis der deutschen Philosophie ebenbürtig, die der hegelschen Lehre von der Inkarnation zum Durchbruch verhalfen. Mit seiner natürlichen Begabung für die Metaphysik, seiner Gewandtheit des Geistes und seinem unbändigen Applikationswillen war Enfantin tatsächlich zunächst nur der Herausgeber dieser Arbeit der saint-simonistischen Hegelianer.

Warum machte man aus Saint-Simon einen Gott? Dieser Philosoph selbst hatte niemals daran gedacht. Mit dem Schlüssel, den ich soeben beigebracht habe, ist das leicht zu beantworten, denn Hegels Lehre von der Inkarnation erklärt das vortrefflich. In ihrem Wesen reduziert sich die Religion auf die Inkarnation. Der Inhalt der Religion besteht nur darin, daß wir uns als Gott wissen. Jesus *hat sich als Gott gesetzt*, sagt Hegel, also ist er Gott; denn jedes göttliche Werk und jeder religiöse Fortschritt besteht darin, sich als Gott zu wissen. Die Vernunft der anderen Schüler Saint-Simons verwirrte sich angesichts dieser Aphorismen der Hegelianer, und die Bewunderung für ihren Meister veranlaßte sie, ihn als Gott anzusehen und ihm unter diesem Namen zuzujubeln.

Aber wenn sich ein neuer Fortschritt ereignete, so konnte dessen Träger offenbar mit gleichem Recht Gott genannt werden wie Saint-Simon. Diese Hegelsche Metaphysik keimte auch in Enfantins Kopf weiter, der sich schließlich *selbst setzte, sich als Gott setzte;* so daß auch in dieser neuen Phase der Saint-Simonismus völlig auf Abwege geriet und sich verirrte. [...]

Schelling glaubt an ein neues Christentum

[...]
Das Moment, das in unserem Jahrhundert den Philosophen ausmacht oder aber ihn zur Folgenlosigkeit verurteilt, wenn er es nicht eindeutig akzeptiert, ist die Religion des Fortschritts, die Religion der menschlichen Gleichheit und die Religion der Zukunft.

Mächtige Theorie des Fortschritts, göttlicher Atem der Perfektibilität, du triumphierst: was bedeuten die Menschen! was bedeuten Schelling, Hegel, Enfantin oder Cousin, oder was bedeuten wir alle, die wir dich zu erkennen streben und die wir dich doch nur so unzulänglich kennen! Vor dir sind die Menschen nichts. Du hast sie zu deinem Lobpreis ausersehen, das ist alles. Kaum haben sie deinem Gesetz ihre Achtung bezeugt, sind sie schon vergangen, während du triumphierst. Selbst in ihren Irrtümern triumphierst du. In ihren Systemen bist allein du das Große und Wahre. Ihre Systeme irren, aber sie dienen dazu, dich den Menschen zu offenbaren und zu enthüllen, oh Wahrheit (Vérité).

Wir hätten freilich gerne gesehen, daß Schelling bei der Zurückweisung des falschen Hegelschen Systems von Anfang an dieses große, von Leibniz und Lessing erahnte, Gesetz des unaufhaltsamen Fortschritts in Natur und Menschheit anerkannt hätte und daß er daraus ohne Umschweife eine Religion der Zukunft gefolgert hätte, die allen Religionen der Vergangenheit überlegen wäre. Wenn Schelling den Fortschritt geleugnet hat, so konnte er das bei Hegel zerstören, was er zurecht ein falsches System genannt hat; aber der Geist, der Hegel beflügelte und ihn dieses falsche System ersinnen ließ, wird selbst gegen Schelling auf den Ruinen dieses falschen Systems sich durchsetzen.

Hegel hatte das Christentum *die absolute Religion* genannt; er hatte es durch den Titel der *letzten aller Religionen* ausgezeichnet, aber nur, um es den Eingeweihten zu erleichtern, seinen Charakter als Religion selbst aufzuheben. Er hatte konzediert, daß das Christentum *die höchste Erhebung des Geistes in der religiösen Spähre* sei; vorausgesetzt allerdings, daß man ihm zugestehe, der letzte *Punkt der Entwicklung des Geistes sei nicht die Religion, sondern die Philosophie*. Man mußte, wie Schelling es auch tat, diese Unterscheidung mit Füßen treten. Es gibt nur eine Wahrheit; und wenn das Christentum die *absolute Religion* ist, kann nichts über ihm sein.

Diese Nebeneinanderstellung einer unabhängigen Philosophie, die die Religion erklärt, und einer unabhängigen Religion, die dennoch nicht Philosophie ist, ist die denkbar größte Absurdität, wenn nicht die größte Scheinheiligkeit.

Aber zugleich galt es, noch mehr zu wagen. Mit der Identifikation von Religion und Philosophie mußte man die Religion erneuern und sich nicht aufs Christentum allein versteifen. Man mußte weiter gehen als Hegel; man mußte den fatalen Zirkel durchbrechen, in den Hegel sich zumindest scheinbar einsperrte, wenn er das Christentum als *absolute Religion* bezeichnete.

Weil man die List verachtete, mußte man sein Heil in der Kühnheit suchen.

Oder aber man mußte einzig der Inspiration folgen, die aus deinem Herzen sprach, großer und ehrwürdiger Schelling! Wir kennen die Tiefe deines Denkens. Du hast es nicht vergeblich deinen Freunden anvertraut. Du glaubst an ein neues Christentum, an das Christentum des heil. Johannes. Du glaubst, daß das Christentum von Jesus bis in unsere Tage nur zwei seiner drei Entwicklungsstufen verwirklicht hat. Du glaubst, daß der heil. Petrus, der heil. Paulus und der heil. Johannes in einer Linie der Sukzession[13] die drei verschiedenen Gesichter ihres Herrn repräsentieren; und daß die ersten beiden bereits auf der Erde geherrscht oder Jesus zur Herrschaft verholfen haben, während der dritte ihn seinerseits erst noch zur Herrschaft wird kommen lassen. Eben deshalb beendetest du deine vor zehn Jahren gehaltene Münchener Vorlesung mit den bezeichnenden Worten: »Hätte ich in unserer Zeit eine Kirche zu bauen, ich würde sie dem heil. Johannes widmen.«[14] Heute errichtest du wunderbarer Weise diese Kirche; und vielleicht darf sich dein königlicher Schüler, der dich nach Berlin berufen hat, schmeicheln, daß das vom heil. Johannes getragene Banner Christi eines Tages an den Ufern der Spree jenes ersetzen wird, das ehemals an den Ufern des Tiber unter der Herrschaft des heil. Petrus wehte.

Und nur deshalb nimmst du Rücksicht auf die Christen des heil. Petrus, in deren Mitte du ja deine Kirche errichten willst. Du entsagst Luther wie dem Katholizismus; und du sprichst in deinem Herzen: »Die römische Kirche berief sich aufs Christentum des heil. Petrus; und nach dem Christentum des heil. Paulus begriff sich Luther und der Protestantismus mit seinen tausend, der reinen Vernunft entwachsenen Sekten.« Aber wenn du dein neues Christentum errichten willst, so zögerst du, und deine Stimme stockt, anstatt klar zu sagen: »Ich komme im Namen einer neuen Phase des Christentums.«

Doch Deutschland versteht dich nicht, und ganz Europa wird dich nicht besser verstehen. Siehst du nicht die tausend protestantischen Sekten nach deinem Symbol verlangen? Siehst du nicht, wie der Katholizismus sich erhebt und zu dir spricht: Wenn die Offenbarung eine Notwendigkeit ist, so zeigten Sie uns außerhalb der römischen Kirche die Fortsetzung der seit Jesus bis in unsere Tage andauernden Offenbarung.

Welche Autorität kann deine Philosophie in Anspruch nehmen, wenn sie die protestantischen Sekten aufheben will? Und welche, um die Katholiken vom heil. Petrus zum heil. Johannes zu leiten?

Wenn diese Philosophie als die Wahrheit vernommen werden soll, so begreife doch, daß du selbst inspiriert bist, daß du selbst Offenbarer bist! Woraus hast du denn diese Philosophie geschöpft, die du nicht aufgibst und die dich gleichwohl ans Christentum glauben läßt? Antworte uns darauf, du Schüler Spinozas und Brunos. Wie! du bekennst dich als Christ und wagst nicht in deinen ersten Worten zu verkünden, daß dein Christentum den Spinoza, der dich inspirierte, und den Bruno, den du in deiner Jugend rehabilitiert hast, wieder in seine Rechte einsetzen wird. [...]

Schellings religionsgeschichtliche Anschauungen über die Zeiten seit Jesus sind falsch

[...]
Bisher hat kein Dogma das Christentum zu ersetzen vermocht. Daraus schließt Schelling im Gegensatz zu uns, daß dieses Christentum seine ganze Entwicklung noch nicht abgeschlossen hat. Selbstverständlich ist Schelling durch den Protestantismus beeinflußt, wie wir durch das 18. Jahrhundert und die französische Revolution. Im Grunde geht es in diesem Streit um den jeweiligen Wert jener halben Negation, Protestantismus geheißen, einerseits und jener vollständigen Negation, die von Frankreich ihren Ausgang nahm, andererseits.

Aber es gibt – ganz unabhängig von uns – Tatsachen, die uns Klarheit verschaffen können. Diese Tatsachen wollen wir Schelling entgegenhalten.

Ich behaupte, daß Schellings Ansicht über die seit Jesus bis heute verstrichene Zeit falsch ist. Das Christentum hat nicht nur zwei seiner drei Phasen vollendet, sondern alle drei. Der heilige Petrus, der heilige Johannes und der heilige Paulus haben bereits in dieser Abfolge nacheinander das Banner Christi getragen.

Wie erklärt sich Schelling denn, daß der heilige Paulus (der in der menschlichen Trinität dem Denken [raisonnement], der Intelligenz [intelligence] entspricht)[15] unmittelbar auf den heiligen Petrus folgen könnte, (der in dieser selben Trinität den Sinn [sensation] verkörpert)? Bedurfte es nicht offensichtlich des heiligen Johannes, (der den Geist [sentiment] verkörpert) als Band zwischen den beiden, um die Welt des heiligen Petrus in die des heiligen Paulus übergehen zu lassen?

Diese Phase hat es wirklich gegeben. Die Reformation im Namen des heiligen Johannes ist der im Namen des heiligen Paulus vorausgegangen.

Eine recht bemerkenswerte Tatsache ist Schelling entgegenzuhalten. Im 13. Jahrhundert vertraten die Anhänger des *Ewigen Evangeliums* eine der seinen sehr analoge Auffassung, die aber die seine *ipso facto* vernichtet. Der tiefsinnige Denker des 13. Jahrhunderts, Amaury, lehrte, »die Religion habe drei Phasen, analog denen der

Regentschaft der drei Personen der Trinität. Während des mosaischen Gesetzes habe die Regierungszeit des Vaters gewährt. Die des Sohnes, oder besser die christliche Religion könne nicht immer währen; die Zeremonien und Sakramente, mit denen diese Religion sich umgab, dürften nicht ewig sein. Es müsse eine Zeit kommen, da diese Mysterien aufhören und also die Religion des Heiligen Geistes beginnen müsse, in der die Menschen keiner Sakramente mehr bedürfen und dem höchsten Wesen eine rein geistige Ehrung erweisen.«[16] Amaury gründete seine Lehre auf das Johannesevangelium. Er erläuterte: »die Herrschaft des heiligen Geistes ist vom heiligen Johannes vorausgesagt worden, sie wird auf die christliche Religion folgen, wie das Christentum auf die mosaische Religion gefolgt ist.«[17]

Diese Lehre von einem neuen Evangelium, von einer dem Christentum, sowohl im Hinblick auf die Lehre als auch auf die Ausübung überlegenen Religion war damals nicht nur Amaury eigen: sie breitete sich in der ganzen Kirche aus.

Die Schüler des heiligen Franziskus predigten das Ende des Christentums durch die Herankunft einer neuen Religion mit der gleichen Kühnheit und dem gleichen Vertrauen wie die Schüler des David de Dinants, seinerseits ein Schüler Amaurys. [...]

(Es folgen weitere Hinweise auf religiöse Bewegungen des Mittelalters und der frühen Neuzeit, die ähnliche Thesen vertraten. Anm. d. Übers.)

[...] Seit dem 13. Jahrhundert haben die Christen des heiligen Johannes das Ende des Christentums angekündigt. Wie kann Schelling uns dann heute von einem Christentum des heiligen Johannes sprechen?

Welch merkwürdiger Gegensatz zwischen dem Pariser Philosophieprofessor im 13. Jahrhundert und dem Berliner Philosophieprofessor im 19.! Amaury lebte noch in der Blütezeit des Christentums; aber er sagte, vom Johannesevangelium begeistert, das Ende des Christentums voraus; während Schelling, in den letzten Tagen des Christentums lebend, in der Blütezeit des Christentums zu stehen glaubt, indem er sieht, daß die Philosophie sich dem Johannesevangelium anpassen kann.

Aber diese wechselseitige Abweichung ist kein einfacher Gegensatz in der Denkungsart dieser beiden Männer. Es gibt ein klärendes Verbindungsglied zwischen ihnen: tatsächlich findet das Ende des Christentums durch die Herankunft einer neuen Religion in der Philosophie und im Johannesevangelium statt.

Amaury widerlegt Schelling. Wenn Schelling von einer dritten, zukünftigen Phase des Christentums träumt, kann man ihm unter Verweisung auf seinen philosophischen Vorgänger sagen: Da habt ihr bereits eure Epoche eines johannäischen Christentums.

Schelling hat Hegel gegenüber recht

Schelling wagte nicht, seine geheimen Gedanken über das Christentum offen darzulegen. Mit der Folge, daß man seine scheinbare Rückkehr zum Protestantismus nicht verstand. Alle seine Vorschläge sind in ein schiefes Licht gerückt und haben jenen rückschrittlichen, rückwärtsgewandten Anstrich bekommen, den ihm der von uns oben zitierte Berichterstatter[18] vorhält.

Wir dagegen hüten uns wohl, wie unser Berichterstatter zu behaupten, daß Schelling rückwärtsgewandt sei und ein rückwärtsgewandtes Werk vollende, indem er Hegel bekämpft oder besser ihn verdammt: denn wir glauben das Gegenteil.

Schelling will der Philosophie durch eine Vereinigung mit der Religion *eine Seele* schenken.

Bei Hegel hat die Philosophie keine Seele, sie ist nur eine Logik. Man nannte Hegels System [und zwar war es ein Bewunderer, der das tat,] *die Theologie der Logik*. Das ist angemessen, denn Hegels Gott ist nur eine Idee.

Das ganze zwischen Schelling und Hegel ausgetragene Problem ist, ob Gott existiert oder nur ein nichtiges Wort ist.

Wenn Gott existiert und sich in der Welt manifestiert, ist die allgemeine Welteinrichtung selbst göttlichen Charakters. Es gibt eine Vorsehung und sie äußert sich in der Humanität. Folglich ist das Christentum nicht ohne göttlichen Ratschluß entstanden. Das Christentum ist nicht eine rein intellektuelle Konzeption, sondern, wie Schelling sagt, eine Tatsache; diese hat ihren Ursprung in Gott und ihre Mitte in der Person Christi, wie uns das durch das Evangelium überliefert ist.

Anscheinend selbst auf die alte Offenbarung zurückgehend, erweist Schelling dem menschlichen Geist einen großen Dienst. Hegels Philosophie ist ein so gewaltiger Irrtum, daß diese Reaktion notwendig geworden ist.

Ein aus Berlin zurückkehrender Hegelianer antwortete, von unserem Freund M. Edgar Quinet über den Eindruck befragt, der Schellings Vorlesung auf ihn gemacht habe: »Er hat mein Vertrauen in die Hegelsche Philosophie zerstört; aber er hat nichts an seine Stelle gesetzt.«

Das Vertrauen eines Hegelianers in die Hegelsche Philosophie zu zerstören, will aber bereits etwas heißen.

Schluß

[...]

Über Frankreich, das 18. Jahrhundert und die Revolution kam die Lehre von der Perfektibilität in die Philosophie, und deshalb waren wir gewohnt, sie als eine rein französische Angelegenheit zu betrachten. Heute sehen wir beglückt, daß auch Deutschland hinter hegelschen Formeln sich heimlich aus dieser Quelle nährt, daß es diese Nahrung – andere würden sagen: dieses Gift – ist, die dieses System für viele edle Geister noch so anziehend macht. Es freut uns zu sehen, daß die *Lehre von der Perfektibilität* Gemeingut Deutschlands und Frankreichs ist, und wir danken Gott dafür.

Die Zeit naht, da man nicht länger mehr eine oder mehrere deutsche oder französische Philosophien kennen wird, sondern nur noch eine einzige, und sie wird zugleich eine Religion sein.

Vor einigen Jahren schrieben wir:

»Wahrhaftig korrespondiert von nun an die Philosophie mit den drei Grundbegriffen des psychologischen Schemas (formule) des Menschen.[19] Aus der Dreieinigkeit der Bestimmungen des menschlichen Geistes als *Empfindung – Gefühl – Erkenntnis*, folgt, daß die Philosophie oder Religion ebenso unteilbar aus *Politik – Moral – Metaphysik* besteht. Denn als Politik ist die moderne Philosophie die *Lehre von der Gleichheit;* als Moral ist sie die *Lehre von der Humanität*, von der Solidarität aller Menschen in jener Gemeinschaftlichkeit (être collectif), in der Gott uns zu leben angewiesen hat; als Wissenschaft oder Metaphysik schließlich ist sie die *Lehre von der Dreieinigkeit,* denn seit zwei Jahrhunderten ist dies das psychologische Schema (formule), auf das alle philosophischen Anstrengungen hingewirkt haben. Bedürfte es eines anderen Namens als desjenigen der Religion oder der Philosophie, um diese Einheit auszudrücken, so würden wir gerne das Gesamt dessen, das wir soeben bestimmt haben, die Lehre von der Perfektibilität nennen.«[20]

Und wir fügten, um diese Bezeichnung zu erklären, die wir der Philosophie oder der neuen Religion zu geben uns erlaubten, hinzu:

»Uns scheint, daß es die Französische Schule, die in dieser Formel (formule) die große Bewegung der Zerstörung des religiösen und politischen Mittelalters zusammengefaßt hat, aus zwei Gründen verdient hat, jenem Baum der Zukunft, den sie gleichsam mit ihren eigenen Händen gepflanzt hat, als Stamm zugerechnet zu werden, hatte sie doch zum einen an dieser Zersetzung der Vergangenheit und der daraus resultierenden großen Erneuerung des menschlichen Geistes den Hauptanteil, und hat sie doch zum anderen mit richtigem Gefühl den entscheidenden Punkt des Problems in allen seinen Aspekten, nämlich die Zukunftsperspektive jeder Sache, der sie, anstatt sie an die Vergangenheit zu fesseln, den fortschrittlichen Anstoß gab, erkannt und ergriffen. Deshalb gebührt ihr, daß wir respektvoll ihre Parole (formule) bewahren und ihr Banner immer höher halten: *In hoc signo vinces*. Aber welchen Namen die Zukunft dieser Einheit von Wissenschaft, Gefühl und menschlicher Tätigkeit auch immer geben wird, eines ist sicher: daß drei Begriffe diese Einheit konstituieren: *Dreieinigkeit*, *Menschlichkeit* (humanité) und *Gleichheit*.« [...]

Es scheint tatsächlich so zu sein, daß Hegel nach seiner Lektüre von Goethes *Faust* sich vorstellte, Faust selbst, den Doktor, den vergeblich nach der Wahrheit suchenden Philosophen Faust, in Mephistopheles, seinen Gegenspieler im Goetheschen Drama, verwandeln zu können, um sich nach Vollendung dieser bemerkenswerten Operation zu sagen: sieh da, endlich gelingt Faust die Lösung seines Problems.

Schelling zerstört mit einem Handstreich diese Konzeption, die (wie wir wissen) so viele Schüler der Philosophie in Frankreich und Deutschland abgestoßen hat.

Dafür gebührt Schelling Ehre; wir können uns nicht entschließen, ein so notwendiges Werk als Rückschritt zu bezeichnen.

Aber damit gibt Schelling sich nicht zufrieden. Er unterstreicht die metaphysische Seite der Philosophie und vindiziert dem durch die absurde hegelsche Trinität irregeführten Geiste der deutschen Philosophen aufs neue den Gedanken Gottes und der göttlichen Dreieinigkeit. Zu wenig detailliert sind die Mitteilungen der *Augs-*

burger Allgemeinen Zeitung, um eine Beurteilung des von Schelling vorgestellten metaphysischen Systems leisten zu können. Wir heben nur folgenden Satz heraus: »Durch Schelling sind wir im wirklichen Besitz eines Monotheismus, der in der Einheit Gottes die Unterschiedenheit der Personen zu begreifen erlaubt.« Diejenigen unserer Leser, die unseren Essay über Gott in der letzten Nummer zur Kenntnis nehmen konnten, werden verstehen, daß das Hauptproblem der Philosophie tatsächlich hierin beschlossen liegt.

Wir gestehen unsere Verwirrung: allen von der *Augsburger Allgemeinen Zeitung* zitierten Sätzen (propositions) Schellings stimmen wir bei, vorausgesetzt, man deutet sie in unserem Sinne. Wir sagen sogar: diese Sätze haben wir aufgestellt, verbreitet und bewiesen; unsere Arbeiten können das beglaubigen.

Ja, das Christentum ist eine göttliche Tatsache, wie Schelling sagt. Wir ergänzen bloß: es ist eine Tatsache, der eine andere, nicht weniger göttliche, folgen wird. Die Offenbarung existiert, aber sie ist ewig und geschieht doch zugleich progressiv. Die mosaische Offenbarung enthielt im Keim das Christentum. Das Christentum enthält seinerseits im Keim die neue Religion der Humanität, zu deren Vermittlung Schellings Offenbarungsphilosophie heute ihren Beitrag leistet.

Der große Vorwurf, den man Schelling macht, ist, die Offenbarung als etwas wesentliches anzuerkennen; während man uns vorhält, daß wir uns als Weggefährten Schellings deklarieren. Wir sind zutiefst überzeugt von einer fortschreitenden Offenbarung in der Menschheit, die sich nicht allein, wie die Rationalisten glauben, durch die menschliche Vernunft vollbringt. […]

So gestehen wir der Offenbarung *einen göttlichen Charakter* zu, aber in ihrem Vollzug erkennen wir ein Werk der Menschheit. Wir gestehen der Offenbarung einen *göttlichen Charakter* zu, und dennoch sind wir keine Christen und verurteilen jeden Götzendienst. Wenn wir in unseren Überlegungen, wie der ehrwürdige Vater der deutschen Philosophie seinen Glauben an die Offenbarung bestimmt, uns diesen Satz seiner ersten Vorlesung wieder ins Gedächtnis rufen: »Damals, als es (sc.: das deutsche Volk, Anm. d. Übers.) die große That der Befreiung in der Reformation vollbrachte, gelobte es sich selbst, nicht zu ruhen, bis alle die höchsten Gegenstände, die bis dahin nur blindlings erkannt waren, in eine ganz freie, durch die Vernunft hindurchgegangene Erkenntnis aufgenommen, in einer solchen ihre Stellung gefunden hätten.«[21] Wenn wir uns, sage ich, dieses bemerkenswerten Satzes erinnern, so scheint uns Schelling im Irrtum zu sein, wenn er glaubt, daß er die Offenbarung anders als wir verstehe. Denn wenn Sie alles entschleiern wollen, können wir ihm entgegnen, geschieht auch dies offensichtlich durch Gottes Eingebung; dadurch, daß *das Wort, das jeden in die Welt eintretenden Menschen erleuchtet,* Sie in diesem Augenblick heller erleuchtet als die anderen Menschen.

Wenn wir weiterhin glauben, daß die Überzeugung vom notwendigen Anbruch eines neuen Christentums in dreißigjährigen Überlegungen in der Tiefe von Schellings Seele sich gefestigt hat, so scheint uns um so mehr, daß Schelling sich in der Meinung irrt, die Offenbarung anders als wir zu verstehen.

Er vermochte nicht, zu einer klaren Trennung zwischen der wesenhaft göttlichen Offenbarung und den Offenbarern, denen das Wort anvertraut wird, zu gelangen: das ist alles.

Er sagt *Offenbarung* und man versteht *Offenbarer;* und die einen rufen aus: Da seht ihr seine Rückkehr zum Portestantismus oder zum Katholizismus, während die Hegelianer ihn als Abtrünnigen bezeichnen.

Und wir selbst, die wir unparteiisch unser Urteil aussprechen, haben, nach der Lektüre der protestantischen Apologie seiner Vorlesungen in der *Augsburger Allgemeinen Zeitung* gesagt: »Das von Schelling gestellte Problem ist *das Christentum zu erklären, ohne seinen göttlichen Gehalt zu vernichten.* Wir fürchten, daß Schelling das nicht erreichen konnte, *ohne dem Götzendienst zu verfallen.*«

Aber wir werden mit respektvoller Haltung seine weiteren Erläuterungen abwarten. Sollte er unverändert an seiner Idee von einer dritten Phase des Christentums festhalten, so werden wir dennoch nicht aufhören, sein Werk als das größte zu betrachten, das einem Denker dieses Jahrhunderts zu vollenden aufgegeben war. Und wenn unser Glaube auch von dem seinen abweicht, so werden wir ihm doch zum Teil selbst dieses Glaubens entgegenbringen. Denn wer vermag zu beurteilen, auf wieviel Wegen und Umwegen seine Gedanken seit fünfzig Jahren nach Frankreich gelangt sind und unsere Seele durchdrungen haben, auch wenn unsere geistige Nahrung nicht unmittelbar von ihm bereitet ist.

Mag also dieses Deutschland, dessen Lebendigkeit seit einem halben Jahrhundert aus seinem Leben gespeist wird, ihn augenblicklich verkennen, wie es scheint, wir werden unsere Gedanken dennoch zu äußern wagen.

Man sollte wohl wissen, daß Schelling nicht rückwärts gewandt ist. Er hat sich in die Phalanx jener großen Geister eingereiht, die alle mit unterschiedlichen Formulierungen eine *neue Religion* ankündigen.

Ich wiederhole: es wird eine Zeit kommen, in der es nicht mehr eine oder mehrere deutsche oder französische Philosophien geben wird, sondern es wird sein eine einzige Philosophie, die zugleich eine Religion ist.

---

1 Anm. d. Übers.: *Revue Indépendante*, 1842, avril, 5 (8) – 16. Vgl. Schellings WW xiv, 357-367.
2 Anm. d. Hrsg.: Mit solchen Erwägungen mag Leroux sich auf Gedanken beziehen, die Schelling in ganz ähnlicher Form am Schluß seiner regelmäßig in den Kursus der Vorlesung über »positive Philosophie« eingeflochtenen *Geschichte der neueren Philosophie* vorzutragen pflegte (x, 195 f.; vgl. xi, 515 f. und 589 f.). Übrigens schließt die These, daß ohne »eine gewisse religiöse Einheit« ein politischer Zusammenhalt unmöglich sein werde, an die Forderung des frühen Schelling nach einer »neuen Mythologie« an, die die ›Partikularmythologie‹ der Individuen in einer »gemeinschaftlichen Anschauung vereinigen« und »in der letzten Ausbildung zur Religion« sich steigern werde (ii, 73; v, 405 f.; vi, 571 ff.). Vgl. auch das letzte Zitat dieses Aufsatzes.
3 Anm. d. Übers.: Aus einer in französischer Sprache geschriebenen Rezension »De l'Allemagne par Henri Heine«; in: *Sämtliche Schriften*, ed. I. und P. Ruppmann, Bd. ii, Düsseldorf 1964, S. 890 f. Zuerst in »Reformateur« vom 30. Mai 1835.
4 Anm. d. Übers.: Vgl. Börne, a.a.O., Bd. iii, S. 111 »die deutschen Frostkünstler (so übersetze ich sehr sauber das französische Glacier) [...]«
5 Anm. d. Übers.: vgl. Leroux: »De Dieu«, in: *La Revue Indépendante*, Tome 3, avril 1842, S. 21: »Wir haben häufig von Frankreich gesagt, was Schelling über Deutschland sagt.«
6 Vgl. M. Barchou de Penhoen: *L'Histoire de la Philosophie Allemande*, Bd. ii.
7 Genesis, Kap. i, Vers 26: Faciamus hominem ad imaginem et similitudinem nostram. – ebd., Vers 27: Et creavit Deus hominem ad imaginem suam; ad imaginem Dei creavit illum. – Kap. v, Vers 3: Et genuit ad imaginem et similitudinem suam. – Kap. ix, Vers 6: Ad imaginem quippe

Dei factus est homo.
8 Vorausgesetzt, daß man darunter nicht dasselbe versteht wie Hegel. Der Leser wird bald bemerken, warum wir diesen Vorbehalt anmelden.
9 Gros: *De la personnalité de Dieu et de l'immortalité de l'âme; examen de quelques résutats de la philosophie allemande.* Berlin 1841.
10 Johannes Kap. x, Vers. 30-38
11 Johannes Kap. xvii, Vers 3

Ich hätte diese Textstellen gern zitiert, aber sie nähmen zu viel Raum in Anspruch: Man findet sie in dem ›De l'Humanité‹ betitelten Werk auf der Seite 924 (Bd. ii). – Wirklich treiben Hegel und seine Schule auf erschreckendste Weise den Mißbrauch mit dem Götzendienst, dem die Christenheit verfallen ist, um daraus, genau im Gegenteil, auf die Negation Gottes zu schließen. Ohne den wahren Sinn des Wortes zu begreifen, sagen die Götzendienst treibenden Christen: Jesus ist auf absolute Weise Gott. Hegel und seine Schule geben das zu, oder besser, scheinen das zuzugeben, um daraus zu schließen: Also ist Gott niemand anderes als Jesus; und sie ergänzen: Also ist Gott nichts anderes als der Mensch. Nur ein angemessenes Verständnis Jesu und eine genaue Würdigung seiner Offenbarung können uns gleichzeitig vor dem Götzendienst der einen und dem offensichtlichen Atheismus oder besser auch dem Götzendienst dieser anderen bewahren: denn welcher Götzendienst übersteigt den, der uns alle zu Gott erklärt, indem er Gott nicht mehr über uns stehen läßt? Ich preise mich glücklich, bewußt an dieser Würdigung von Jesus wahrer Natur gemäß den eigenen Zeugnissen des Christentums gearbeitet zu haben. In dem Buch ›*De l'Humanité*‹ habe ich folgende drei Fragen behandelt:
1. *Wie dachte Jesus über die Natur Gottes;*
2. *Wie dachte Jesus über seine eigene Natur;* und
3. *Was lehrte Jesus ursprünglich.*

Auf diese Schrift verweise ich zuversichtlich den Leser, den Hegels logischer Schluß aus der gewöhnlichen Ansicht über Jesus als *Sohn Gottes* entmutigt hat. Dort wird er finden, daß Jesus niemals die ihm von Hegel unterstellte Philosophie lehrte, nämlich, daß wir alle Gott seien.

12 Fénelon hat gesagt: Der Mensch bewegt sich, aber Gott lenkt ihn. Im Hegelschen System verhält es sich umgekehrt: der Mensch lenkt Gott. Ohne den Menschen hätte Gott nie existiert, auch dann nicht, wenn er existierte: Das ist der Grundsatz des Hegelianismus. Nicht wir haben diesen Satz erfunden. Gerade eben, bei der Korrektur der Fahnen dieses Aufsatzes bringt eine Nummer der *Phalange* einen Schelling betreffenden, an uns adressierten Brief eines klugen deutschen Hegelianers. Dieser bemerkenswerte Brief, der große philosophische Kenntnisse beweist, schließt mit der von uns oben zitierten und kursiv gesetzten Formel, die als eigentliche Entdeckung Hegels und als Parole seiner Schule vorgestellt wird (Siehe die Nummer der Phalange vom Freitag,

den 22. April!). *Die Phalange* kündigt eine Fortsetzung des Briefes von Dr. A. Weill an. Wir glauben, dort eine erneute Bestätigung unserer Beurteilung der deutschen Philosophie zu finden. Wenn wir uns täuschen sollten, bitten wir nur darum, berichtigt zu werden. Die Schüler Fouriers, die diese Zeitung herausgeben, billigen uns gerechterweise zu, daß wir uns nur von der Wahrheitsliebe leiten lassen; kein Leser ihres Blattes würde ihnen dasselbe Zeugnis verweigern.

13 Vgl. Schellings WW xiv, 302/3 im Kontext.
14 Anm. d. Hrsg.: Schon C. L. Michelet (*Entwicklungsgeschichte der neuesten Deutschen Philosophie*, l.c., S. 122) hat Leroux darauf aufmerksam gemacht, daß Schelling nicht nur »die Münchener schon vor längerer Zeit gehaltenen Vorlesungen«, sondern auch die Berliner Vorlesung 1841/42 mit der Verkündigung der »Religion des Johannes als des neuen Christenthums« geschlossen habe. Vgl. Schellings WW, xiv, 332: »Hätte ich in unserer Zeit eine Kirche zu bauen, ich würde sie dem heiligen Johannes widmen. Aber früher oder später wird eine gebaut werden, die die drei Apostelfürsten vereinigt, da die letzte Potenz die frühere nicht aufhebt oder ausschließt, sondern sie verklärend in sich aufnimmt. Diese würde dann das wahre Pantheon der christlichen Kirchengeschichte seyn.«
15 Anm. d. Hrsg.: Vgl. zu dieser Analogisierung wiederum Schelling WW xiv, 303 ff., 326 ff.
16 Pluquet, *Dictionnaire des Hérésies*.
17 Ibid.
18 Von der *Augsburger Allgemeinen Zeitung*, deren Bericht Leroux eingangs zitiert und eingehend erörtert hatte. (Anm. d. Übers.)
19 Anm. d. Hrsg.: Vgl. Schellings »anthropologisches Schema«, WW x, 289-294.
20 *Refutation de l'éclectisme*.
21 Vgl. unser voriges Heft. Anm. d. Übers.: F. W. J. Schelling: Erste Vorlesung in Berlin (15. Nov. 1841), in: WW xiv, 366.

Anhang

Quellennachweise

Horst Fuhrmans, *Schelling im Tübinger Stift*. Aus: *F. J. W. Schelling. Briefe und Dokumente*. Bd. 1, Bonn 1962, S. 9-40. Abdruck mit freundlicher Genehmigung des Bouvier Verlags.

Alle Briefe Fichtes, Hegels, des Vaters Schelling und Schellings sind demselben Band sowie dessen 1973 erschienenem Ergänzungsband entnommen. Das *Epikurisch Glaubensbekenntniss Heinz Widerporstens* stammt ebenfalls aus dem 11. Band dieser Ausgabe (S. 205-214). Abdruck mit freundlicher Genehmigung des Bouvier Verlags.

Die Auszüge aus Kants *Kritik der Urteilskraft* sind der *Theorie-Werkausgabe* des Suhrkamp Verlags (S. 458-463; 482-488; 503-505; 522-527; 532-535) entnommen. Diese Ausgabe ist identisch mit der sechsbändigen Kant-Ausgabe des Insel Verlags, Wiesbaden 1956 ff.

Hölderlins Briefe. Aus: Friedrich Hölderlin, *Große Stuttgarter Ausgabe*, hg. von F. Beißner, Bd. VI. S. 154-156; 190f.; 202f. Abdruck mit freundlicher Genehmigung des Kohlhammer Verlags.

Friedrich Hölderlin, *Urtheil und Seyn*. L.c., Bd. IV, S. 216f. Abdruck mit freundlicher Genehmigung des Kohlhammer Verlags.

Das Älteste Systemprogramm des deutschen Idealismus. Aus: *Das Älteste Systemprogramm. Studien zur Frühgeschichte des deutschen Idealismus*, hg. von R. Bubner. Bonn 1973, S. 263-265. Abdruck mit freundlicher Genehmigung des Bouvier Verlags.

Xavier Tilliette, *Schelling als Verfasser des Systemprogramms?* L.c., S. 35-52. Abdruck mit freundlicher Genehmigung des Bouvier Verlags.

Harald Holz, *Die Struktur der Dialektik in den Frühschriften von Fichte und Schelling*. Aus: *Archiv für Geschichte der Philosophie*, 52. Band, 1970, S. 71-90. Abdruck mit freundlicher Genehmigung des de Gruyter Verlags.

Wolfgang Wieland, *Die Anfänge der Philosophie Schellings und die Frage nach der Natur*. In: *Natur und Geschichte. Karl Löwith zum 70. Geburtstag*. Stuttgart/Berlin/Köln/Mainz 1967, S. 406-440. Abdruck mit freundlicher Genehmigung des Kohlhammer Verlags.

Maurice Merleau-Ponty, *Der Naturbegriff*. Aus: *Vorlesungen I*. Berlin 1973, S. 88-90; 93-96; 318f.; 325f.; 328-330. Abdruck mit freundlicher Genehmigung des de Gruyter Verlags.

Ernst Bloch, *Das Materialismusproblem, seine Geschichte und Substanz*. Frankfurt/M. 1972, S. 216-229.

Alexander Hollerbach, *Schellings Rechts- und Staatsbegriff in den Jahren 1796-1800*. Aus: Ders., *Der Rechtsgedanke bei Schelling. Quellenstudien zu seiner Rechts- und Staatsphilosophie*. Frankfurt/M. 1957, S.

102-138. Abdruck mit freundlicher Genehmigung des Autors.

G. W. F. Hegel, *Vergleichung des Schellingschen Prinzips der Philosophie mit dem Fichteschen*. Aus: *Differenz des Fichteschen und Schellingschen Systems der Philosophie. Theorie-Werkausgabe* Bd. 2, Frankfurt/M. 1970, S. 94-115.

Ludwig Feuerbach, *Kritik der Schellingschen Philosophie*. Aus: *Zur Kritik der Hegelschen Philosophie;* der Nachsatz über Schelling und Hegel aus den *Vorläufigen Thesen zur Reformation der Philosophie.* In: *Gesammelte Werke*, hg. von W. Schuffenhauer, Bd. 9, Berlin/DDR 1970, S. 46-51 und S. 256/7. Abdruck mit freundlicher Genehmigung des Akademie Verlags.

Helmut Plessner, *Das Identitätssystem*. Aus: *Studia Philosophica. Jahrbuch der Schweizerischen Philosophischen Gesellschaft*, Bd. XIV, Basel 1954, S. 68-84. Abdruck mit freundlicher Genehmigung des Verlags für Recht und Gesellschaft.

Dieter Jähnig, *Die Schlüsselstellung der Kunst bei Schelling*. Einleitung zu den beiden Bänden von Dieter Jähnig, *Schelling. Die Kunst in der Philosophie*. 1. Bd.: *Schellings Begründung von Natur und Geschichte*, Pfullingen 1966, S. 9-19; 2. Band: *Die Wahrheitsfunktion der Kunst*, Pfullingen 1969. Abdruck mit freundlicher Genehmigung des Neske Verlags.

Odo Marquard, *Über einige Beziehungen zwischen Ästhetik und Therapeutik in der Philosophie des neunzehnten Jahrhunderts*. Aus: Ders., *Schwierigkeiten mit der Geschichtsphilosophie*, Frankfurt/M. 1973, S. 85-106; 185-212.

Jean-François Marquet, *Das Zeitproblem der Identitätsphilosophie*. Aus: Ders., *Liberté et existence. Étude sur la formation de la philosophie de Schelling*, Paris 1973. Abdruck mit freundlicher Genehmigung des Gallimard Verlags. Deutsche Übersetzung von Manfred Frank.

Pierre Leroux, Auszüge aus: *Du Cours de Philosophie de Schelling. Apperçu de la Situation de la Philosophie en Allemagne.* In: *Revue Indépendante*, Tome III, Mai 1842, S. 289-348 (gekürzt). Deutsche Übersetzung von Renate Helligrath und Jochen Hörisch.

Zeittafel

1762	Rousseau: *Emile*	
1769		Napoleon Bonaparte geb.
1770	Hölderlin, Hegel, Beethoven geb.	
1775	Schelling geb.	
1776		Erklärung der Menschenrechte in Virginia
1778	Rousseau gestorben.	
1780	Lessing: *Erziehung des Menschengeschlechts*	
1781	Kant: *Kritik der reinen Vernunft* Schiller: *Die Räuber*	
1782	Flucht Schillers aus Stuttgart	
1784	Herder: *Ideen zu einer Philosophie der Geschichte der Menschheit* Kant: *Beantwortung der Frage: Was ist Aufklärung*	
1785	Jacobi: *Über die Lehre des Spinoza in Briefen an den Herrn Moses Mendelssohn*	
1787	Herder: *Gott, einige Gespräche über Spinozas System.* Jacobi: *David Hume über den Glauben.* Schubart nach zehnjähriger Kerkerhaft entlassen.	
1788	Kant: *Kritik der praktischen Vernunft*. Schiller: *Die Götter Griechenlands / Die Künstler*. Hölderlin und Hegel treten in das Tübinger Stift ein.	
1789		14. Juli, Paris: Sturm auf die Bastille 14. Juli, Paris: Föderationsfest
1790	Kant: *Kritik der Urteilskraft*. Nach Schulbesuch in Bebenhausen und Nürtingen wird Schelling mit 15 Jahren ins Tübinger Stift aufgenommen. Er wohnt mit Hölderlin und Hegel in der gleichen Stube.	

	Schelling studiert Theologie und hört zunächst Philosophie, Geschichte, Physik, Exegese.	
1791	Schelling: *Kommentar zum Timaios* (1791/92?) G. Forster: *Ansichten vom Niederrhein* (-1794). W. v. Humboldt: *Ideen über Staatsverfassung*	Verfassung von 1791 in Frankreich, Entstehung republikanischer Clubs.
1792	Schelling: Magisterdissertation: *Antiquissimi de prima malorum humanorum origine philosophematis Genes. III explicandi tentamen criticum et philosophicum*. Specimina: *Über die Möglichkeit einer Philosophie ohne Beinamen, nebst einigen Bemerkungen über die Reinholdische Elementarphilosophie*. *Über die Übereinstimmung der Critik der theoretischen und praktischen Vernunft, besonders in Bezug auf den Gebrauch der Categorien, und der Realisierung in der letzteren*. (Beide bislang unauffindbar.) Kantianisierende, revolutionäre Kommentare zum Römer- und zum Galaterbrief (1792/93). WS 1792/93: Beginn des theologischen Studiums. Im Stift bildet sich ein politischer Club, Schelling, Hölderlin und Hegel sind Mitglieder. Fichte: *Versuch einer Kritik aller Offenbarung*.	20. 9. Schlacht bei Valmy Ab 21. 9.: Herrschaft der Konvention (-Okt. 1795)
1793	Schelling: *Über Mythen, historische Sagen und Philosopheme der ältesten Welt*. Kant: *Die Religion innerhalb der Grenzen der bloßen Vernunft*. Storr: *Annotationes theologicae ad philosophicam Kantii de religione doctrinam*. Fichte: *Zurückforderung der Denkfreiheit von den Fürsten Europens, die sie bisher unterdrückten* (anonym) / *Beitrag zur Berichtigung der Urteile des Publikums über die französische Revolution* (anonym). Schiller: *Über Anmut und Würde*. Hegel: *Tübinger Fragment* (Religion ist eine). Mai: Der Herzog im Stift. Untersuchungen	13. 7.: Ermordung Marats. 31. 10.: Hinrichtung der Girondisten.

der revolutionären Umtriebe.
Juni: Fichte kommt durch Tübingen.
Herbst: Hölderlin und Hegel verlassen das Stift. Hölderlin wird Hauslehrer in Waltershausen bei Charlotte von Kalb, Hegel wird Hofmeister in Bern

794 Fichte: *Über den Begriff der Wissenschaftslehre / Grundlage der gesammten Wissenschaftslehre / Die Bestimmung des Gelehrten.*
Schelling: *Über die Möglichkeit einer Form der Philosophie.*
Hölderlin: *Fragment von Hyperion.*
Mai: Fichte in Tübingen

5. 4.: Hinrichtung Dantons.
27. 7. (9. Thermidor): Hinrichtung Robespierres. Ende des terreur.

795 Schelling: *De Marcione Paullinarum epistolarum emendatore* (Theol. Examensdissertation bei Storr) / *Vom Ich als Prinzip der Philosophie / Philosophische Briefe über Dogmatismus und Kritizismus.*
Kant: *Zum ewigen Frieden.* Schiller: *Briefe über die ästhetische Erziehung des Menschen.*
Goethe: *Wilhelm Meisters Lehrjahre* (-1796)
Hölderlin: *Urteil und Sein* (1794/95).
Sinclair: *Philosophische Raisonnements.*
Niethammer lädt Schellin zur Mitarbeit am *Philosophischen Journal* ein. Schelling verwirft den Plan, als Schriftsteller nach Hamburg zu gehen und wird Hauslehrer der Barone von Riedesel aus Darmstadt. Hofmeister gelten als »gefährliche Menschen«, mokiert sich Schelling, als Opfer der »französischen Propaganda«. Hölderlin studiert in Jena, hört begeistert Fichte. Ende Juli: Begegnung Schellings mit Hölderlin in Tübingen. November: Reise nach Stuttgart. Mitte Dezember: Begegnung mit Hölderlin in Nürtingen.
Ende Dezember: Hölderlin wird Hofmeister bei der Familie Gontard in Frankfurt

Okt. 1795-Nov. 1799: Regierung des Directoire

1796 Schelling: *Neue Deduktion des Naturrechts / Abhandlungen zur Erläuterung des Idealismus der Wissenschaftslehre* (-1797).

Französische Armeen dringen bis Frankfurt und Stuttgart vor.

Fichte: *Die Grundlage des Naturrechts nach den Prinzipien der Wissenschaftslehre.*
Schiller: *Über naive und sentimentalische Dichtung.* F. Schlegel: *Über den Begriff des Republikanismus.*
April: Schelling trifft Hölderlin in Frankfurt. Hegel: *Eleusis.* An Hölderlin.
Das sog. *Älteste Systemprogramm* (Juni 1796?)

Verschwörung des Babeuf wird aufgedeckt.

1797 Schelling: *Aus der Allgemeinen Übersicht der neuesten Philosophischen Literatur* (-1798) / *Einleitung zu den Ideen zu einer Philosophie der Natur* / *Ideen zu einer Philosophie der Natur.*
Kant: *Metaphysik der Sitten.* Fichte: *Erste und zweite Einleitung in die Wissenschaftslehre.*
Hölderlin: *Hyperion* (-1799) / *Empedokles-Fragmente* (1797 ff.).
Hegel: *Moralität, Liebe, Religion* (1797/98).
Schelling begegnet Fichte, Novalis, A. W. Schlegel. Schiller und Niethammer betreiben seinen Ruf nach Jena

Dez.: Eröffnung des Rastatter Kongresses. Süddeutsche Republikaner, unter ihnen Hölderlin, planen eine schwäbische Republik.

1798 Schelling: *Von der Weltseele, eine Hypothese der höheren Physik.*
Kant: *Der Streit der Fakultäten* / *Die Anthropologie in pragmatischer Hinsicht.*
Fichte: *Das System der Sittenlehre.* Hegel: *Vertrauliche Briefe über das vormalige Verhältnis d. Waadtlandes (Pays de Vaud) zur Stadt Bern* / *Über die neuesten Verhältnisse Württembergs, besonders über die Gebrechen der Magistratsverfassung.*
Schelling reist nach Jena und begegnet Goethe, der seine Reserviertheit gegenüber Schelling aufgibt. Offenbar geht Schelling der Ruf einer »Sansculotten-Tournure« (Goethe) voraus. Auf Empfehlung Goethes erhält Schelling eine a. o. Professur in Jena. Begegnungen mit F., A. W. und Caroline Schlegel in Dresden (18. 8.-1. 10.).
In Jena Umgang mit Fichte, Schiller, Goethe, Ritter, Schubert, Steffens.
Hölderlin zieht nach Homburg:

April: Proklamation der Helvetischen Republik
Bonaparte in Ägypten. Die Hoffnungen auf eine schwäbische Republik zerschlagen sich.

Homburger Fragmente

799 Schelling: *Erster Entwurf eines Systems der Naturphilosophie / Einleitung zu dem Entwurf eines Systems der Naturphilosophie oder über den Begriff der spekulativen Physik.*
Hegel: *Der Geist des Christentums und sein Schicksal.* Schleiermacher: *Reden über die Religion an die Gebildeten unter ihren Verächtern.* Novalis: *Die Christenheit oder Europa.* Hölderlin: *Hyperion,* Bd. 2.
Juli: Vergebliche Bitte Hölderlins an Schelling um Mitarbeit an seiner Zeitschrift *Iduna.*
Herbst: F. Schlegel, L. Tieck und Dorothea Veit ziehen nach Jena. Liebe zwischen Caroline und Schelling. Wegen des Atheismusstreits muß Fichte Jena verlassen: »Ich bin ihnen ein Demokrat, ein Jakobiner; dies ist's.« Schelling erwägt, mit nach Berlin zu gehen.

Napoleon wird Erster Konsul, eine »Art von Dictator« (Hölderlin).

800 Schelling: *System des transzendentalen Idealismus / Über die Jenaische Allgemeine Literaturzeitung / Allgemeine Deduktion des dynamischen Prozesses.*
Fichte: *Der geschloßne Handelsstaat / Die Bestimmung des Menschen.* Hegel: *Die Verfassung Deutschlands* (-1802).
Der Jenaer Kreis löst sich auf. Mai: Caroline und Schelling verlassen Jena. Juli: Carolines Tochter Auguste stirbt.
Oktober: Schelling kehrt nach Jena zurück.

801 Schelling: *Über den wahren Begriff der Naturphilosophie / Darstellung meines Systems der Philosophie.*
Fichte: *Darstellung der Wissenschaftslehre.*
Hegel: *Differenz des Fichteschen und Schellingschen Systems der Philosophie.*
Januar: Hegel kommt nach Jena. Fichte kündigt seine Wissenschaftslehre in der *Allgemeinen Zeitung* an und spricht von seinem »geistvollen Mitarbeiter, Hrn. Prof. Schelling«. Beginn des Zerwürfnisses mit Fichte

Friede von Lunéville.

1802	Schelling: *Bruno oder über das göttliche und natürliche Prinzip der Dinge* / *Vorlesungen über die Methode des akademischen Studiums* / *Philosophie der Kunst* / *Über das Wesen der philosophischen Kritik überhaupt* / *Fernere Darstellungen aus dem System der Philosophie*	
1803	Schelling: *Philosophie der Kunst*. Schelling geht aus dem verleideten Jena als Professor an die Universität Würzburg	Reichsdeputationshauptschluß
1804	Schelling: *Philosophie und Religion* / *Propädeutik der Philosophie* / *System der gesamten Philosophie*	

Alphabetisches Verzeichnis der
suhrkamp taschenbücher wissenschaft

Adorno, Ästhetische Theorie 2
– Drei Studien zu Hegel 110
– Kierkegaard 74
– Negative Dialektik 113
– Philosophische Terminologie Bd. 1 23
– Philosophische Terminologie Bd. 2 50
Arnaszus, Spieltheorie und Nutzenbegriff 51
Barth, Wahrheit und Ideologie 68
Becker, Grundlagen der Mathematik 114
Benjamin, Charles Baudelaire 47
– Der Begriff der Kunstkritik 4
Bernfeld, Sisyphos 37
Bilz, Studien über Angst und Schmerz 44
– Wie frei ist der Mensch? 17
Bloch, Das Prinzip Hoffnung 3
– Geist der Utopie 35
Blumenberg, Der Prozeß der theoretischen Neugierde 24
– Säkularisierung und Selbstbehauptung 79
Bourdieu, Zur Soziologie der symbolischen Formen 107
Broué/Témime, Revolution und Krieg in Spanien. 2 Bde. 118
Bucharin/Deborin, Kontroversen 64
Childe, Soziale Evolution 115
Chomsky, Aspekte der Syntax-Theorie 42
– Sprache und Geist 19
Cicourel, Methode und Messung in der Soziologie 99
Einführung in den Strukturalismus 10
Eliade, Schamanismus 126
Erikson, Identität und Lebenszyklus 16
– Der junge Mann Luther 117

Erlich, Russischer Formalismus 21
Foucault, Die Ordnung der Dinge 96
– Wahnsinn und Gesellschaft 39
Griewank, Der neuzeitliche Revolutionsbegriff 52
Habermas, Erkenntnis und Interesse 1
Materialien zu Habermas' ›Erkenntnis und Interesse‹ 49
Hegel, Phänomenologie des Geistes 8
Materialien zu Hegels ›Phänomenologie des Geistes‹ 9
Materialien zu Hegels Rechtsphilosophie Bd. 1 88
Materialien zu Hegels Rechtsphilosophie Bd. 2 89
Henle, Sprache, Denken, Kultur 120
Holenstein, Roman Jakobsons phänomenologischer Strukturalismus 116
Kant, Kritik der praktischen Vernunft 56
– Kritik der reinen Vernunft 55
– Kritik der Urteilskraft 57
Kant zu ehren 61
Materialien zu Kants ›Kritik der praktischen Vernunft‹ 59
Materialien zur ›Kritik der Urteilskraft‹ 60
Kenny, Wittgenstein 69
Kojève, Hegel. Kommentar zur Phänomenologie des Geistes 97
Koselleck, Kritik und Krise 36
Kracauer, Geschichte – Vor den letzten Dingen 11
Kuhn, Die Struktur wissenschaftlicher Revolutionen 25
Lacan, Schriften 1 137
Lange, Geschichte des Materialismus 70

Laplanche – Pontalis, Das Vokabular der Psychoanalyse 7
Leclaire, Der psychoanalytische Prozeß 119
Lévi-Strauss, Das wilde Denken 14
Lorenzen, Methodisches Denken 73
– Wissenschaftstheorie 93
Lorenzer, Sprachzerstörung und Rekonstruktion 31
Luhmann, Zweckbegriff und Systemrationalität 12
Lukács, Der junge Hegel 33
Macpherson, Politische Theorie des Besitzindividualismus 41
Malinowski, Eine wissenschaftliche Theorie der Kultur 104
Marxismus und Ethik 75
Mead, Geist, Identität und Gesellschaft 28
Miliband, Der Staat in der kapitalistischen Gesellschaft 112
Minder, Glaube, Skepsis und Rationalismus 43
Mittelstraß, Die Möglichkeit von Wissenschaft 62
Mommsen, Max Weber 53
Moore, Soziale Ursprünge 54
O'Connor, Die Finanzkrise des Staates 83
Oppitz, Notwendige Beziehungen 101
Parsons, Gesellschaften 106
Piaget, Das moralische Urteil beim Kinde 27
– Die Bildung des Zeitbegriffs beim Kinde 77
– Einführung in die genetische Erkenntnistheorie 6
Plessner, Die verspätete Nation 66
Pontalis, Nach Freud 108
Quine, Grundzüge der Logik 65
Ricœur, Die Interpretation 76
v. Savigny, Die Philosophie der normalen Sprache 29
Schelling, Über das Wesen der menschlichen Freiheit 138

Materialien zu Schellings philosophischen Anfängen 139
Scholem, Zur Kabbala und ihrer Symbolik 13
Schütz, Der sinnhafte Aufbau der sozialen Welt 92
Seminar: Der Regelbegriff in der praktischen Semantik 94
– Die Entstehung von Klassengesellschaften 30
– Familie und Familienrecht Bd. 1 102
– Familie und Familienrecht Bd. 2 103
– Politische Ökonomie 22
– Medizin, Gesellschaft, Geschichte 67
– Religion und gesellschaftliche Entwicklung 38
– Sprache und Ethik 91
Solla Price, Little Science – Big Science 48
Spinner, Pluralismus als Erkenntnismodell 32
Sprache, Denken, Kultur 120
Strauss, Spiegel und Masken 109
Szondi, Die Theorie des bürgerlichen Trauerspiels 15
– Das lyrische Drama des Fin de siècle 90
– Poetik und Geschichtsphilosophie I 40
– Poetik und Geschichtsphilosophie II 72
Témime/Broué, Revolution und Krieg in Spanien. 2. Bde. 118
Uexküll, Theoretische Biologie 20
Watt, Der bürgerliche Roman 78
Weizsäcker, Der Gestaltkreis 18
Winch, Die Idee der Sozialwissenschaft und ihr Verhältnis zur Philosophie 95
Wittgenstein, Philosophische Grammatik 5
Zimmer, Philosophie und Religion Indiens 26